제4판

International Financial Reporting Standards

IFRS 회계원리

한진수 남혜정 공저

ACCOUNTING PRINCIPLES

도서출판 시대가치

4판 머리말

기업들이 생산하는 회계정보에 대한 관심이 어느 때보다 높아지고 있다. 동학개미운동으로 주식투자에 관심이 높아지면서 기업가치에 대한 이해와 평가방법을 배우려는 열기가 뜨겁다. 그러나 2011년 상장기업을 대상으로 도입된 한국채택국제회계기준(K-IFRS)은 지속적으로 개정되고 있으며, 기업들이 생산한 회계정보를 이해하기 위해서는 새로운 회계기준에 대한 지식이 필요하다.

저자들은 학교에서 회계학을 가르친 경험을 바탕으로 하여 회계학에 입문하려는 학생이나 일반인에게 회계학의 큰 줄기들을 이해할 수 있도록 회계학의 기본목적, 회계학과 자본시장과의 관계 및 회계학의 역할 등을 포함하여 회계학의 기본원칙 및 다양한 회계학 분야 등을 쉽게 학습할 수 있도록 집필하는 데 초점을 맞추었다. 특히 새롭게 도입된 국제회계기준의 관점에서 새로운 용어의 설명, 복식부기의 원리, 각 계정과목에 대한 회계 등을 충분히 알기 쉽게 설명하려고 노력하였다. 더불어 회계학의 기본 개념 및 원칙에 대한 이해는 반복적인 연습을 통해 쉽게 이해될 수 있으므로, 다양한 예제와 문제를 제시함으로써 회계학을 처음 접하는 학생들이 스스로 회계학의 기초개념을 이해할 수 있도록 최선의 노력을 투입했다. 이 책의 특징은 다음과 같다.

첫째, 한국채택국제회계기준(K-IFRS)에 따라 새롭게 도입된 용어와 개념을 쉽게 이해하고 해석할 수 있도록 국제회계기준에 사용되는 기본 용어와 개념에 대한 설명을 상세하게 하였으며, 기존의 회계용어와 개념이 국제회계기준에서 어떻게 변동하였는지를 이해할 수 있도록 쉽게 설명하였다. 이와 함께 한국회계기준원에서 제공하는 K-IFRS 회계기준을 직접 확인할 수 있도록 관련 챕터에 QR코드를 추가하였다.

둘째, 회계원리를 가르치는 교수님들이 한 학기에 모든 주제들을 강의할 수 있도록 회계학의 주제들을 단순화했다. 중간고사나 기말고사를 제외하면 15주 수업에서 다룰 수 있는 주제가 한정적이므로 회계학을 처음 배우는 학생들이 꼭 알아야 할 주제만으로 구성하였다. 재무회계의 기본적인 내용을 중심으로 각 장마다 객관식과 주관식 문제 및 다양한 형식의 문제를 보강함으로써 교수님들의 강의에 조금이나마 도움을 줄 수 있도록 하였으며, 학생 스스로도 문제풀이를 통해 본문에서 배운 지식을 점검할 수 있도록 하였다. 특히 학생 스스로 문제풀이 결과를 확인할 수 있도록 연습문제의 해답을 상세하게 기술하였다.

셋째, 회계정보 특히 재무회계정보의 작성원칙인 복식부기의 원리를 포함하여 자산회계, 부채회계 및 자본회계의 핵심적인 주제들을 부각시켰으며, 기본개념과 용어를 쉽게 이해할 수 있도록 예제와 문제를 추가하였다. 또한 회계학을 공부하는 학생들에게 필수적인 화폐의 시간가치 개념을 부록으로 첨부하였으며, 회계정보의 이용과 관련된 재무제표의 분석방법도 교재 내용에 포함시켰다.

저자들은 대학교에서 회계학을 처음 접하는 학생들에게 회계학을 가르친 풍부한 경험을 기초로 독자들이 가능한 한 쉽게 이해하고 학습할 수 있도록 회계학의 기본개념과 이론을 설명하려고 최선을 다하였다. 이에 본 교재가 회계학을 처음 공부하는 학생들에게 회계학의 좋은 길잡이가 되기를 바라며, 또한 본 책으로 회계학을 공부한 학생이 공인회계사나 기타 회계전문가로 성장하고 발전하기를 희망한다.

저자들의 여러 가지 노력에도 불구하고 본 책은 아직도 부족한 점이 적지 않다. 저자들은 본 책이 좀 더 나은 교재가 될 수 있도록 계속 노력할 것을 약속드리며 독자들의 주저없는 충고와 비판을 부탁드립니다. 마지막으로 이 책의 출판을 위하여 물심양면으로 애써주신 도서출판 시대가치의 김광범 사장님과 편집부 직원들의 노고에 감사드립니다.

2021년 7월 남산 연구실에서
저자 일동

차 례

제 1 장 회계학의 기초개념

제 2 장 재무제표의 이해

제 3 장 회계기록의 원리

제 4 장 회계순환과정

제 5 장 상품매매업의 회계

제 6 장 유동자산과 유동부채

제 7 장 재고자산

제 8 장 비유동자산

제 9 장 비유동부채

제10장 주식회사의 자본회계

제11장 전환증권과 주당이익

제12장 증권시장과 재무제표분석

〈부록〉 화폐의 시간가치

CHAPTER 01

A·C·C·O·U·N·T·I·N·G

회계학의 기초개념

제 1 절 회계와 경제활동

1. 회계는 수학과 유사한가?

회계를 처음 배우는 학생들은 일반적으로 회계는 복잡하고 어려울 뿐만 아니라 숫자를 많이 다룰 것이 틀림없다고 생각하여 수학이나 통계학과 유사할 것이라고 미리 판단하기도 한다.

그러나 회계는 수학 또는 통계학과는 전혀 다르다는 것을 분명하게 알아둘 필요가 있다. 회계가 숫자를 많이 다루고 기초적인 계산이 필요한 경우는 있으나, 오히려 회계는 수학과는 전혀 다른 영역의 학문이라고 할 수 있다. 예컨대 수학이 주로 현상(phenomenon)을 논리적으로 해석하고 설명하며 또는 예측하기 위한 수단이라고 한다면, 회계는 경제적 활동과 현상을 측정하여 이를 정보화하여 전달하는 정보체계라는 점에서 수학과는 명백히 다르다고 할 수 있다.

이런 점에서 수학이나 통계학에 대한 깊은 지식이 없거나 수학을 별로 좋아하지 않는 학생도 회계는 얼마든지 잘할 수 있으며, 또한 수학이나 통계학에 비해 회계는 훨씬 이해하기 쉽다.

그러면 회계가 무엇인가를 설명하기 전에 먼저 경제활동과 회계와의 관계에 대하여 알아보기로 한다.

2. 경제활동과 회계

우리 인간은 경제생활과 매우 밀접한 관계를 갖고 살아간다. 먹고, 입고, 자는 것은 물론이고 학교에 가기 위해 버스나 지하철을 타거나 친구들과 커피를 마시거나 영화관을 가는 것과 같은 일상생활의 모든 행동이 경제생활과 연관된다. 이러한 경제활동(economic activity)을 할 때 우리는 한정된 경제적 자원(economic resources)을 가지고 최대의 만족이나 효과를 얻기를 원한다. 경제활동이 있는 곳에 회계적 사고 또는 회계적 방법이 필요하다. 인간의 삶이 있는 곳에는 항상 경제활동이 수반된다. 인간의 역사가 시작된 이래 곡식이나 사냥한 짐승을 서로 교환한다든가, 돈을 빌려주고 일정한 대가를 받거나, 일을 시키고 그 대가로 임금을 지불하는 것과 같은 경제활동이 있었던 것이다.

기원전 2,000여 년 전의 함무라비 법전에도 개인 간의 대차관계를 규정한 법이 포함되어 있다고 한다. 국가의 형태가 나타난 이후에 세금을 계산하고 거두는 것이라든가 예산을 지출하는 과정은 좀 더 발전된 형태의 경제생활이라고 할 수 있다.

경제활동이 있는 곳에는 반드시 어떤 형태로든지 회계적인 방법과 회계적 접근방법이 필요하였다. 고대와 중세를 거쳐 13~14세기에 상업이 발달되었던 이탈리아에서는 이미 오늘날의 복식부기와 거의 유사한 회계원리와 방법이 이용되었다. 당시에 사용되던 복식부기(double entry book-keeping)를 이탈리아의 성직자이며 수학자이던 루카 파치올리(Lucas Pacioli)가 1494년에 출간한 책에서 체계적으로 정리하였으며, 그 원리가 큰 변화 없이 오늘날에도 사용되고 있다.

산업혁명을 거쳐 자본주의 경제의 발전과 함께 인간의 경제생활은 점차 더 중요해지고 또한 복잡해졌는데, 이에 따라 회계도 함께 발전하였으며 그 중요성도 커지게 되었다.

경제활동의 대상은 재화 또는 서비스 등 경제적 자원(economic resources)이며, 이와 같은 경제적 자원을 획득하고 사용 또는 소비하는 것이 곧 경제활동의 핵심이 된다. 가계, 기업, 정부기관과 같이 경제활동을 영위하는 경제주체(economic entity)는 항상 필요한 경제적 자원을 획득하고 이를 사용하거나 소비하는 활동을 반복한다.

그런데 여기에서 중요한 것은 경제주체가 소유하고 있는 경제적 자원은 무한하지 않고 항상 제한되어 있다는 것이다. 만일 어떤 개인이나 조직이 경제적 자원을 제약 없이 무한대로 가지고 있다면 오늘날과 같은 경제학이나 경영학은 성립되지 아니하였을 것이고 물론 회계학도 필요하지 않게 되었을 것이다. 어떤 사람이 입고 싶은 옷이 얼마든지 있고, 쓰고 싶은 돈이 얼마든지 있다면 어떤 옷을 살까? 얼마짜리 점심을 먹을까?와 같은 합리적 선택(경제적 의사결정, economic decision making)을 위한 고민을 할 필요가 없기 때문이다.

소유하고 있는 경제적 자원이 제한되어 있다는 것은 영리를 목적으로 하는 기업은 말할 것도 없거니와 정부기관이나 종교단체 · 교육기관 · 사회단체 등과 같은 비영리기관을 포함하여, 증권에 투자하는 투자자, 기업에 돈을 빌려주는 은행 및 채권자, 기업에 납품하는 납품업자, 기업으로부터 임금을 받는 종업원 등이 경제주체인 이상 모두 마찬가지이다.

개인이든 기업이든 국가기관이든 경제활동에서 가장 중요한 문제는 제한된 경제적 자원을 어떻게 효율적으로 사용(배분)하느냐의 문제이다. 회계는 경제적 자원을 획득, 사용 또는 소비하는 등의 경제활동 자체를 기록하고 이를 종합하여 그 결과를 보고함으로써 각 경제주체가 효율적으로 자원배분문제를 해결할 수 있도록 한다. 그러므로 회계의 궁극적인 목적은 경제주체가 소유하고 있는 '자원의 효율적 배분'에 관한 합리적 의사결정을 하는 데 필요한 유용한 정보를 제공하는 것이다.

3. 현대기업의 특징과 회계의 중요성

기업(business corporation)은 재화 또는 서비스를 생산하고 고객에게 판매하여 이익을 창출하고, 창출된 이익을 분배하거나 재투자하는 활동을 하는 조직이라고 할 수 있다. 다시 말해, 기업의 외부로부터 취득한 인적자원과 물적자원을 바탕으로 내부 프로세스를 활용하여 부가가치를 창출하고 이를 외부로 인도하여 이익을 창출하면서 성장해 가는 조직인 것이다. 자본주의 경제의 발전 역사는 곧 기업 발전의 역사라고 할 수 있으며, 특히 거대기업을 가능케 한 주식회사는 자본주의 경제체제의 핵심이라고 할 수 있다. 오늘날 기업의 특징은 다음과 같다.

첫째, 현대의 기업은 무한경쟁과 불확실성 속에서 합리적 의사결정을 통하여 자원을 효율적으로 배분하지 못하면 살아남기 어렵다.

오늘날은 과거 어느 때보다 경쟁이 극심하고 기술이 급속도로 발전하고 있으며 정치 · 사회 · 문화적 환경도 급속도로 변화하기 때문에 불확실성이 극도로 높다. 이런 환경 속에서 기업은 보다 더 좋은 상품과 보다 더 질 높은 서비스를 보다 싼값으로 제공할 수 없으면 살아남기 어렵다. 기업은 재화나 서비스를 생산 · 공급하기 위하여 필요한 자본을 조달하고, 필요로 하는 원료와 인적자원을 조달하되 가장 효율적으로 조달하여야 하며, 또한 조달된 인적 · 물적 자원을 가장 효율적으로 사용하여야 한다. 특히, 오늘날 기업의 경제적 활동은 일반적으로 국경이 사라진 국제적 상황(global context)에서 이루어지고 있으며, 국제적 경쟁에서 이기기 위하여 기업은 점점 더 거대화되고 국제화되고 있는 것이 특징이다.

기업은 재화 또는 서비스의 생산을 위하여 필요한 물적 · 인적 자원을 획득하고 이를 최대한 효율적으로 사용함으로써 기업가치를 극대화하지 않으면 기업으로 계속 살아남기 어렵다. 기업경영에서 '자원의 효율적 배분' 문제는 곧 선택 가능한 여러 대안 중에서 가장 효율적인 대안을 선택하는, 의사결정(decision making)

의 문제와 직결된다. 기업의 전문경영자는 전술한 바와 같은 극심한 국제적 경쟁과 불확실성 속에서 매일매일 신속하게 합리적 의사결정을 할 수 있는 능력과 지식을 갖추고 있는 의사결정 전문가이어야 한다.

예컨대, 자동차회사에서 새로운 차종의 생산을 위하여 얼마나 투자할 것인가? 필요한 자금은 어떤 방법으로 조달할 것인가? 생산된 자동차의 판매가격은 얼마로 할 것인가? 종업원의 임금은 얼마나 인상할 것인가? 광고비로 얼마나 지출할 것인가? 연구개발을 위한 투자는 얼마나 할 것인가? 등과 같은 문제는 기업에서 항상 직면하는 중요한 의사결정의 예이다.

둘째, 현대의 기업은 거대화·국제화되었으며 이에 따라 기업에 자본을 제공한 투자자(출자자, 소유주) 및 채권자를 위시하여 공급자, 국세청, 노조 등 매우 다양한 **이해관계자집단**(interested parties)을 가지게 되며 또한 그 수가 방대하다.

예컨대, 현대자동차나 삼성전자에 투자한 투자자나 이 회사에게 돈을 빌려주고 이자를 받는 채권자는 국내는 물론이고 외국의 여러 나라에 퍼져 있으며 그 수가 수십만이 넘는다. 이들 이해관계자들은 기업의 재무상태와 경영성과에 대하여 깊은 관심과 이해관계를 가지고 있으며, 이들 이해관계자들도 경제주체로서 소유하고 있는 자원이 제한되어 있다는 점은 마찬가지이기 때문에 이들에게도 경제적 의사결정의 문제는 매우 중요하다.

예컨대, 어떤 회사의 주식을 살 것인가? 가지고 있는 주식을 팔 것인가? 아니면 계속 가지고 있으면서 가격이 더 오르기를 기다릴 것인가? 어떤 회사에 돈을 빌려줄 것인가? 이 회사는 정해진 날짜에 이자를 제대로 주고 또한 만기에 원금을 차질 없이 상환할 수 있을 것인가? 이 회사에 원료를 외상으로 주어도 나중에 문제가 없을까? 등과 같은 이해관계자들의 의사결정문제는 앞의 경영자의 경우와 마찬가지로 매우 중요하고 어려운 문제이다.

회계는 기업의 재무상태와 경영성과를 올바르게 나타내는 **재무정보**를 제공하며, 이 재무정보들은 이해관계자들이 소유하고 있는 경제적 자원을 효율적으로 배분하기 위한 의사결정에 유용하게 이용된다. 회계의 궁극적인 목적과 기능은 경영자를 포함하여 기업과 중요한 이해관계를 가지고 있는 투자자, 채권자 및 기타 이해관계자들에게 그들의 합리적 의사결정에 필요한 재무정보를 제공함으로써 그들이 소유하고 있는 자원을 효율적으로 배분하는 데 기여하는 것이다.

경제적 의사결정을 위해서는 항상 의사결정으로부터 얻을 수 있는 효익(benefits)과 이에 따르는 원가(costs)를 평가하여야 하는데, 이와 같은 효익과 원가의 평가는 단순한 지식이나 경험 또는 직관으로 할 수 있는 것이 아니고 합리적 의사결정에 필요한 정보(information)가 있어야 하는 것이다.

회계가 제공하는 주요 정보는 기업의 재무상태와 경영성과와 관련된 재무정보이다. 앞에서도 설명한 바와 같이 그 규모가 거대하고 복잡하며 활동이 국제화되어 있는 기업의 재무상태와 경영성과를 올바르게 측정한다는 것은 쉬운 일이 아니다. 예컨대, IBM이나 현대자동차 또는 삼성전자와 같은 거대하고 복잡한 제조업의 순이익이 얼마이고 순자산이 얼마인가를 정확하게 측정하는 일은 매우 어려운 문제이다. 만일 기업의 재무상태나 경영성과를 나타내는 정보를 고의 또는 착오로 잘못 알려주게 되면 이 정보를 이용한 경제주체의 의사결정이 왜곡되고, 이로 인하여 자원의 효율적 배분이 이루어지지 않게 되는 결과를 초래할 수 있기 때문이다.

회계주체의 재무상태와 경영성과를 투명하게 나타내는 문제나 자원의 효율적 배분의 문제는 정도의 차이는 있을 수 있으나 영리를 목적으로 하지 않는 병원, 대학, 사회복지기관, 종교기관, 정부기관과 같은 비영리조직의 경우에도 기업의 경우와 마찬가지로 중요한 문제가 된다.

4. 기업과 회계정보이용자

현대의 기업은 다양한 이해관계자집단을 가지게 된다는 것을 앞에서 설명하였다. 이들 이해관계자들은 그들이 소유한 자원을 효율적으로 배분하기 위하여 기업에 대한 다양한 정보를 요구하고 이를 의사결정에 이용한다. 이런 점에서 이해관계자를 정보이용자(users of information)라 한다.

정보이용자는 그들이 기업 내부에 있느냐 기업 외부에 있느냐에 따라 내부이용자(internal users)와 외부이용자(external users)로 구분된다. 경영자와 노조(종업원)는 내부이용자라 할 수 있고, 주주를 비롯한 투자자, 은행 등의 채권자, 공급자, 소비자, 정부기관(국세청), 각종 분석기관, 규제기관 등은 외부이용자라고 할 수 있다.

이상을 요약하여 표시하면 [그림 1-1]과 같다.

(1) 경영자

경영자는 대표적인 내부이용자인데, 주어진 경제적 자원을 효율적으로 활용

그림 1-1 회계와 정보이용자

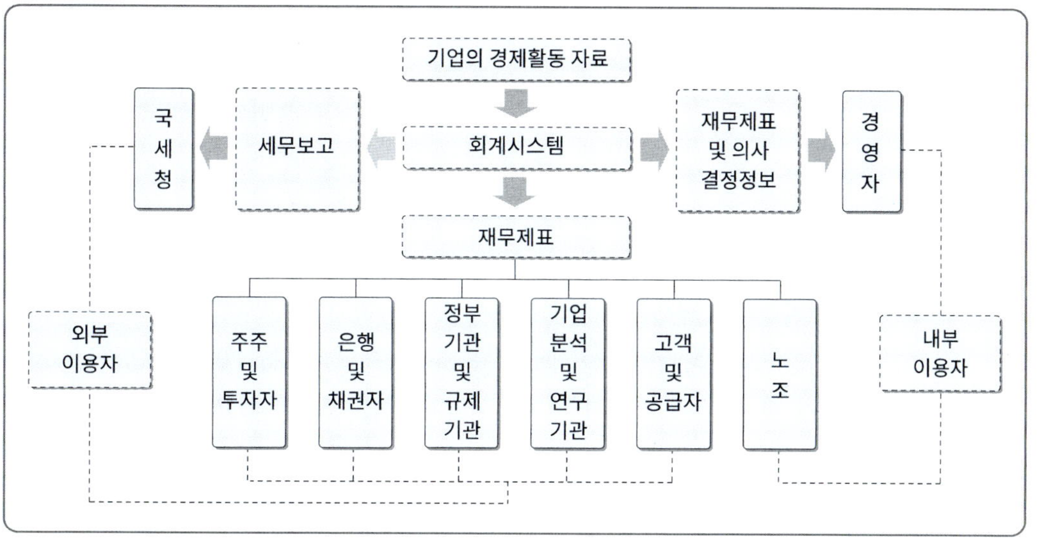

하여 이익을 창출하고 이를 효율적으로 배분하는 역할을 담당하고 있다. 이를 위해 경영자는 기업활동에 대한 전체적인 계획을 세우고, 인적자원의 확보 및 조직화를 통해 계획을 실행에 옮기며, 계획이 적절하게 수행되었는지를 평가하고 통제한다. 이와 같은 경영활동을 효과적으로 수행하기 위해서는 회계정보를 적절히 활용하여야 하며, 경영자는 회계정보의 대표적인 내부이용자가 된다.

(2) 주주 및 투자자

주주 및 투자자는 기업이 필요한 자금을 자본시장을 통해 공급하는 자금의 공급자이다. 이들 그룹은 기존의 투자자인 주주와, 미래에 그 기업의 주식을 구입하려는 잠재적 투자자로 나눌 수 있다. 현재의 투자자들은 보유 중인 주식을 계속 보유할 것인가, 더 구입할 것인가, 처분할 것인가 등의 의사결정을 내려야 한다. 또한 주식을 구입하거나 처분할 경우 그 시기를 언제로 할 것인가에 대한 의사결정도 필요하다.

잠재적 투자자들은 어느 기업에 투자를 할 것인가, 투자를 한다면 언제, 얼마를 투자할 것인가에 대한 의사결정을 내려야 한다. 따라서 이들 투자자 및 예비투자자들은 각 기업에 대한 회계정보를 필요로 하며, 이를 분석하여 해당 기업의 재무상태 및 경영성과를 파악하여야 바람직한 투자의사결정을 내릴 수 있게 된다.

(3) 은행 및 채권자

은행을 비롯한 채권자들도 기업에 필요한 자금을 간접적으로 제공한다. 채권자 그룹은 자금을 공급하고 이자를 받는 투자자라고 할 수 있다. 채권자는 기업이 발행한 회사채를 구매하거나 기업에 자금을 융통해 주고, 그 대가로서 일정한 기간마다 이자를 지급받고 회사채나 대여금의 만기가 되면 원금을 회수한다.

채권자들도 해당 기업의 회계정보를 분석함으로써 채권이나 대여금의 이자와 원금을 상환할 수 있는지에 대한 채무지급 능력을 파악할 필요가 있다. 또한 회사채의 추가구입 여부, 회사채 처분 및 보유기간 등을 판단하기 위해 해당 기업의 회계정보를 활용하게 된다.

(4) 정부기관 및 세무당국

주주 및 채권자 외에 세무당국을 비롯한 정부기관도 회계정보의 주요한 외부 이용자 그룹에 해당한다. 정부는 여러 가지 형태의 기업과 관련된 공시제도를 갖추고 있으며, 일반 투자자들은 이러한 공시제도를 기업의 환경과 경영성과를 파악하는 데 활용할 수 있다. 또한 정부기관이 경제정책을 세우는 데 있어 기업의 회계정보는 반드시 필요하다. 예를 들어, 당기순이익이 너무 많이 실현되는 산업의 회사에게는 이익률을 낮추도록 조정할 수 있고, 기업경쟁력 제고가 필요한 산업에 대한 정책을 세울 때에도 회계정보를 기초로 한다. 최근에 화두가 되고 있는 경제민주화에 대한 방향이나 정책을 수립할 때에도 재벌기업을 비롯한 대기업의 회계정보와 중소기업의 회계정보를 비교하여 활용하게 된다. 또한 독과점 규제나 정부의 조달물품 구매가격을 산정하기 위해서도 관련 기업의 회계정보를 필요로 한다.

세무당국에서는 기업이 적절한 법인세를 납부하고 있는지를 알기 위해 회계정보를 필요로 한다. 자본주의 국가에서 기업이 납부한 세금은 정부예산의 중요한 부분을 차지하고 있기 때문에 이익을 창출한 기업은 그에 맞는 수준의 세금을 납부하여야 한다. 세무당국은 동종산업의 다른 회사에 비해 세금을 적게 납부하거나 세금탈루 등의 의혹이 있는 기업에 대해서는 세무조사를 통해 그 기업의 회계정보를 자세히 검증하기도 한다.

(5) 그 밖의 회계정보 이용자

기업의 근로자들은 회계정보를 통해 지급받는 임금의 적정성이나 직업의 안정성, 자기계발 가능성 및 승진 가능성 등을 파악할 수 있다. 그리고 노동조합의 경우 임금인상이나 상여금, 근로조건 등을 정하는 협상에 회계정보를 활용한다.

원자재 부품 또는 생산시설 등을 공급하는 공급자들은 거래하고 있는 기업이 충분한 지불능력을 갖추고 있는지의 여부와 장기적으로 거래를 지속할 수 있는 재무능력과 성장가능성 등을 파악하기 위해 해당 기업의 회계정보를 필요로 한다. 또한 공급가격 등을 결정할 때에도 회계정보를 활용한다.

경제정의실천연합과 같은 NGO 그룹과 이익집단들은 기업활동이나 경제정책이 자신들의 설립목적에 유리하도록 이끌거나 바람직한 방향으로 나아가도록 회계정보를 이용한다. 그리고 증권회사나 재무분석가 및 투자자문그룹은 자신들이 상대하는 고객들이 합리적인 투자의사결정을 내릴 수 있도록 회계정보를 분석하여 이들에게 조언을 하는 데에 활용한다.

이상에 열거한 회계정보 이용자그룹 이외에도 기업평가 및 분석을 담당하는 기관이나 대학을 비롯한 연구기관에서도 기업의 회계정보를 활용한다.

5. 회계란 무엇인가?

지금까지 경제생활과 회계 그리고 기업과 회계와의 관계에 대하여 설명하였다. 앞에서 설명한 것을 요약하여 **회계**(accounting)는 다음과 같이 정의할 수 있다.

> 회계란, "경제주체의 경제활동을 인식하고 측정하여 재무상태 및 경영성과의 평가와 경제적 의사결정에 필요한 재무정보를 생산하여 이해관계자들에게 전달하는 정보시스템"이다.

이러한 회계의 정의에 대해 좀 더 상세하게 살펴보자.

첫째, 회계는 **정보시스템**이다.

정보(information)란 정보이용자가 의사결정을 하는 데 사용할 수 있도록 '잘 정리된 자료(processed data)'를 말한다. 정보는 의사결정을 하는 데 있어서 도움을 줄 수 있도록 그 형식과 내용이 잘 정리되어 있어야 한다. 그렇지 않은 것은 자료에 불과한 것이 되고 만다. 정보시스템은 자료의 입력, 정보의 생성, 그리고 정보의 전달과정을 모두 포함하는 것이다. 회계는 기본적으로 경제주체의 경제활동에 대한 자료를 인식하고 측정하여 이를 재무정보로 만들어 이를 필요로 하는 사람에게 전달하는 정보시스템이다.

둘째, 회계는 경제주체의 재무상태와 경영성과를 나타내는 **재무정보**(financial information)를 생성·전달하는 정보시스템이다.

회계는 회계가 가지고 있는 독특한 방법에 의하여 경제주체, 특히 기업의 경제활동을 인식하고 이를 측정하여 기업의 재무상태와 경영성과를 나타내는 재무정보를 생성한다. 여기에서 **인식**(recognition)이란 기업의 생산, 판매, 구매, 인사, 기획, 광고 등과 같은 여러 가지 활동 중에서 특정 활동을 정보의 대상으로 식별하고 선택한다는 것을 의미하며, **측정**(measurement)이란 식별된 대상을 수량화하여 기록(recording)하는 것을 말한다. 회계는 기업의 경제활동을 대상으로 하는데 이 경제활동을 측정하는 데 사용되는 측정척도(scale of measurement)를 무엇으로 할 것인가가 중요한 문제가 된다.

사람의 키를 측정하는 데는 cm를 사용하고, 체중을 측정하기 위해서는 kg을 사용하는데, 기업의 경제활동, 즉 기업의 매출액이나 순이익과 같은 정보를 측정하기 위해서는 무슨 척도를 사용하는가? 회계에서 사용하는 측정단위는 화폐단위(unit of money)이다. 그렇기 때문에 회계시스템에서 생성·제공되는 정보는 매출액 ₩20,000, 순이익 ₩10,000 등과 같이 모두 화폐수량, 즉 화폐액으로 표시되며, 이처럼 화폐액으로 표시된 정보를 재무정보 또는 **회계정보**(accounting information)라고 한다. 회계가 때로는 비화폐적 정보(non-monetary information)를 취급하는 경우가 있으나 이것은 특별한 경우이고, 회계는 기본적으로 기업의 경제활동에 대하여 화폐액으로 측정된 재무정보를 생성하고 전달하는 정보시스템이며, 회계가 제공하는 주요 재무정보는 기업의 경영성과 또는 재무상태를 나타내는 정보인 것이다.

여기에서 한 가지 유의해야 할 점은 회계에서 측정척도를 화폐단위로 한다는 것은, 회계는 화폐단위로 측정 가능한 활동을 대상으로 한다는 것을 의미하며, 아무리 중요한 활동이나 사건이라 할지라도 화폐단위로 측정이 불가능한 것은 재무정보에 포함되지 않는다는 것을 의미한다. 예컨대 내가 대학에 합격한 것은 중요한 사건이지만 회계측정의 대상이 되지 않지만 등록금을 냈다든지, 입학축하를 위하여 식당에서 저녁을 샀으면 이는 화폐단위로 측정이 가능하기 때문에 회계기록의 대상이 되고 또한 재무정보에 포함된다.

기업에서 경쟁기업이 신제품을 내놓았다든지, 우수한 영업부장이 회사를 그만두고 개인사업을 하기로 한 것과 같은 정보는 기업경영에서 중요한 정보이겠지만 재무정보에 포함되지 않는다. 그러나 경쟁기업의 신제품으로 인해 우리 회사의 이번 달 매출액이 1천만원 감소하였다든지 새로 부임한 부장에게 보너스를 얼마 지급하였다는 것은 재무정보에 포함된다.

셋째, 회계는 다양한 이해관계자들에게 그들의 의사결정에 유용한(useful) 재무정보를 생성 · 전달하는 정보시스템이다.

자본주의가 발전되기 전 과거의 기업은 그 규모가 작을 뿐만 아니라 대개는 출자자가 한 명이나 두 명 정도이고 기업의 경영도 소위 소유(출자자)와 경영이 분리되지 않고 출자자가 곧 경영자가 되는 소유경영이 일반적인 형태였다. 이와 같이 소규모의 소유경영의 기업형태에서는 회계의 기능도 제한적일 수밖에 없었다.

그러나 오늘날의 기업은 그 규모가 거대하고 이해관계자그룹이 다양할 뿐만 아니라 이해관계자의 수도 과거와는 비교할 수 없을 만큼 매우 많은 것이 일반적이다. 우선 기업에 자금을 제공하는 출자자(주주, 소유주)는 어느 다른 이해관계자들보다도 기업과 가장 깊은 이해관계를 가지고 있다. 주식회사의 경우에 주주는 기업의 경영성과가 좋으면 많은 배당금을 받고 주식가격도 오르게 되어 이득을 볼 수 있지만, 기업의 경영성과가 나쁘면 배당을 받을 수 없을 뿐만 아니라 주식의 가격도 떨어져서 손해를 보게 됨은 물론이고, 만일 기업의 성과가 계속 악화되는 경우에는 출자한 금액마저 회수 불가능한 경우도 발생할 수 있다.

기업에게 자금을 빌려준 채권자도 주주 못지않게 기업과 중대한 이해관계를 가지고 있다. 기업의 재무상태가 양호하고 경영성과가 좋으면 정해진 일자에 이자를 받고 만기가 되면 원금을 상환받지만, 만일 회사의 경영이 악화되면 이자를 제때에 못 받는 것은 물론이고 원금도 전부 또는 일부를 못 받게 될 수 있다.

이상에서 살펴본 바와 같이 투자자와 채권자는 기업의 경영성과가 그들의 투자수익에 직접 영향을 주기 때문에 기업의 재무상태와 경영성과뿐만 아니라 미래의 경영 전망에 대하여도 깊은 관심을 가지고 예의 주시하고 분석해야 한다. 따라서 이들은 항상 기업의 재무상태와 경영성과를 평가할 수 있는 정보를 필요로 하고 이를 의사결정에 이용한다.

투자자 및 채권자 이외에도 국세청, 노조(종업원), 경영자, 공급자, 소비자, 규제기관, 신용평가기관, 공인회계사회, 각종 연구분석기관 등 기업과 이해관계를 가지고 있는 그룹은 매우 다양하고 그 수도 매우 많다. 기업과 이해관계자와의 이해관계의 내용은 앞에서 설명한 투자자 및 채권자와 꼭 같지는 않지만 대체로 기업의 재무상태와 경영성과와 관련된다는 점에서는 크게 다르지 않다고 할 수 있다.

회계는 이와 같은 다양한 이해관계자들에게 경제적 의사결정에 유용한 재무정보를 제공하는 정보시스템이다. 기업의 경영책임자는 재무상태와 경영성과를 나타내는 재무정보를 진실하고 정확하게 작성하여 이를 필요로 하는 이해관계자들에게 전달해야 할 책임과 의무가 있다. 회계라는 용어는 모아서 계산한다는 뜻을 가지고 있고, 이는 계산한다는 의미를 강하게 나타내고 있다. 그러나 영어의 **accounting**이라는 단어는 책임을 진다는 의미도 가지고 있다. 즉, 회계는 회계주체의 경제활동에 대한 재무정보를 올바르게 측정할 책임을 수행하는 것이며, 또한 경영자는 이해관계자들에게 그들이 필요로 하는 재무정보를 전달해 주는 책임을 수행해야 하는 것이다.

'경제적 의사결정에 유용한 재무정보'는 이해관계자들이 그들의 제한된 경제적 자원을 효율적으로 배분하는 데 기여할 수 있는 정보이어야 한다는 것을 의미한다. 그러므로 현대회계는 회계가 제공하는 정보가 이해관계자들이 그들의 경제적 자원을 효율적으로 배분하기 위한 경제적 의사결정에 과연 유용하게 이용될 수 있는가에 대하여 항상 깊은 관심을 가질 뿐만 아니라, 다양한 이해관계자들이 어떤 내용과 형태의 정보를 필요로 하는지에 대하여 깊은 관심을 가지는 것이다. 이런 점에서 현대회계는 의사결정유용성회계(decision usefulness accounting) 및 정보이용자 중심의 회계(user-oriented accounting)라고 할 수 있다.

재무정보가 의사결정에 유용하기 위해서는 무엇보다도 먼저 제공되는 재무정보가 기업의 재무상태와 경영성과를 올바르게 표시해야 한다. 만일 재무정보가 기업의 재무상태나 경영성과를 올바르게 표시하지 못하고 사실을 왜곡하여 표시함으로써 회계의 투명성이 결여될 때에는 이 정보를 가지고 의사결정을 하는 경제주체의 자원배분을 왜곡시키게 된다는 것은 앞에서도 이미 설명하였다. 회계가 제공하는 정보는 자본주의사회에서 자원의 효율적 배분을 실현하는 데 핵심적인 기능을 한다. 이런 점에서 회계를 자본주의 경제체제의 **파수꾼**(watchdog)이라고 부르기도 한다. 또한 회계가 정보의 제공을 통하여 기업 내부에서는 물론이고 기업 외부에 있는 이해관계자들과도 의사소통을 하는 기능을 한다는 점에서 회계를 **기업의 언어**(language of business)라고도 한다.

제 2 절 회계와 회계규범

1. 회계규범: 일반적으로 인정된 회계원칙

사회의 질서와 선량한 풍속을 지켜나가기 위하여 모든 인격주체들이 준수해야 하는 도덕규범 및 법규범이 필요한 것과 마찬가지로 회계실무에서도 회계행위를 하는 데 있어서 모두가 지켜야 할 일정한 규범이 필요하다.

기업의 재무상태와 경영성과를 나타내는 회계정보는 다양한 이해관계자들의 의사결정에 직접적으로 영향을 미치기 때문에 그 정보는 기본적으로 **신뢰성**(reliability)을 갖추어야 하며, 동시에 다양한 정보이용자가 이해할 수 있도록 **이해가능성**(understandability)도 갖추어야 한다. 회계가 제공하는 정보가 신뢰성과 이해가능성을 갖도록 하기 위해서 회계대상의 인식과 측정 및 기록에서부터 재무정보의 생성과 전달 등 회계의 전 과정에 있어서 모든 회계주체들이 준수해야 하는 통일된 규범이 필요하다. 이 규범을 회계에서는 '일반적으로 인정된 회계원칙'이라 한다.

일반적으로 인정된 회계원칙(generally accepted accounting principles: GAAP)이란, 일반적으로 타당하다고 공식적으로 인정된 회계실무상의 규범을 말한다. '일반적으로 타당하다고 인정된'이라는 것은 회계전문가집단과 이해관계자집단의 합의에 의하여 설립된 회계기준설정기관에 의하여 공식적으로 발표된 회계기준을 말한다. 이러한 일반적으로 인정된 회계원칙의 의미를 요약하면 다음과 같다.

① 회계실무에서 모든 회계주체들이 준수해야 하는 규범이다.
② 회계전문가집단과 이해관계자집단의 합의에 의하여 공식적으로 인정된 실무기준이다.
③ 기업환경의 변화에 따라 계속적으로 변화 적응되어야 한다. 이 점에서 도덕규범 또는 법규범과 차이가 있다.

회계의 대상이 되는 기업의 경영활동이나 경제현상은 항상 끊임없이 변화하는 것이므로 일반적으로 인정된 회계원칙은 불변의 법칙이나 원리와 같은 것이 될 수 없다. 또한 도덕규범이나 법규범과 같이 쉽게 변동될 수 없는 것이 아니라 회계의 대상과 환경의 변화에 따라 계속하여 변화하는 실무상의 지침이다.

회계정보가 회계기준을 준수하지 않고 만들어지는 경우에 이는 신뢰할 수 없는 정보로 판정되며, 믿을 수 없는 엉터리 정보는 결국 정보이용자의 의사결정에 부정적인 영향을 미치게 되므로 회계정보를 생산하는 회계담당자(accountants)는 물론이고, 회계정보를 이용하는 이해관계자들은 GAAP 내용을 잘 아는 것이 매우 중요하다.

모든 회계주체들이 준수해야 할 회계기준을 누가, 어떤 방법과 절차에 의하여 결정할 것인지는 매우 중요한 문제이다.

우리나라의 회계기준은 정부기관의 하나인 「증권감독원」 또는 「금융감독원」 등 공적 기관이 그 설정권한을 가지고 있었으나, 1999년에 민간기구의 하나로 설립된 「**한국회계연구원**」(Korea Accounting Institute: KAI) 산하의 「**한국회계기준위원회**」(Korea Accounting Standards Board)로 이 권한이 이관되었다. 오랫동안 정부 주도하에 설정되어 오던 회계기준이 미국 등 선진국가에서와 마찬가지로 민간부문(private sector)인 전문가단체에 의하여 설정되게 된 것은 커다란 변화라고 할 수 있다. 한국회계연구원은 2006년 초에 「**한국회계기준원**」으로 명칭을 변경하였다.

2. GAAP과 회계의 투명성

최근에 우리나라뿐만 아니라 회계가 잘 발달되어 있는 미국에서도 **회계의 투명성**(accounting transparency)이 중요한 사회적인 문제가 되고 있다. 여기에서 투명성이란 '속까지 비치어 환하다'는 말이며, 속까지 비치어 환하게 될 수 있는 투명한 회계보고란, 사실을 거짓으로 꾸미지 아니하고 사실대로 진실하게 작성된 회계보고를 의미한다. 그렇다면 어떻게 기업의 재무상태와 경영성과를 사실대로 진실하게 보고할 수 있는가? 항상 변화무쌍한 기업의 경제현상을 '진실'하게 측정하고 보고한다는 것은 매우 어려운 문제이다.

예컨대, 거대하고 복잡한 기업의 '진실한 순이익'은 무엇이며 과연 어떻게 정확하게 측정할 수 있는가? 이는 쉬운 문제가 아니다. 왜냐하면 일반적으로 사회현상 또는 경제현상을 진실하고 정확하게 측정한다는 것은 매우 어려운 것이기 때문이다.

회계에서는 투명한 회계정보란 '진실한 회계정보'를 의미하기보다는 '신뢰할 수 있는 회계정보'를 의미한다. 여기에서 신뢰할 수 있는(reliable) 회계정보란 'GAAP에 따라 작성된 회계정보'를 의미하는 것이다. 그러므로 회계담당자들은 모든 회계정보를 GAAP에 따라 작성하여야 하며, 기업에서 보고하는 회계정보가 GAAP에 따라 작성된 것이면 신뢰할 수 있는 회계정보로 인정되는 것이고, 신뢰할 수 있는 회계정보가 곧 투명한 회계정보가 되는 것이다.

결국, 투명한 회계정보냐 투명하지 않은 회계정보냐 하는 것은 그 정보가 GAAP에 따라 작성되었는가의 여부에 달려 있는 것이며, 공인회계사의 기본적인 기능은 기업의 회계정보가 GAAP에 따라 작성되었는가 여부를 독립적이고 객관적인 입장에서 확인해 주는 일이다.

회계가 기업의 경영성과나 재무상태를 사실과 다르게 왜곡하여 표시하는 것을 '회계분식' 또는 '분식회계'라고 한다. 과거 미국의 엔론(Enron)사와 월드컴(World-Com)사의 문제, 우리나라의 대우그룹의 문제는 회계분식이 사회에 얼마나 큰 영향을 미치는가를 잘 나타낸 사건이라 할 수 있다.

그래서 최근에는 '회계의 투명성'을 어떻게 확보할 수 있는가가 회계학에서 중요한 연구의 대상이 되고 있다.

3. 우리나라의 GAAP

우리나라 최초의 일반적으로 인정된 회계기준은 1958년에 재무부 고시로 공표된 「기업회계원칙」이다. 이 「기업회계원칙」은 수차례의 개정을 거듭하다가 1981년에 기존의 「기업회계원칙」을 「**기업회계기준**」으로 명칭을 바꾸고 관련된 기준들을 통합하였다. 이 기준은 기업환경의 변화에 따라 여러 차례 개정을 거치면서 우리나라에서 가장 중요한 회계기준의 역할을 해왔다. 그러나 1999년에 「한국회계연구원」(2006년 「한국회계기준원」으로 명칭 변경)이 설립된 이후에는 기존의 「기업회계기준」의 개정을 하는 대신에 「**기업회계기준서**」를 발표하기 시작하였다.

2007년에 우리 정부는 국제회계기준(IFRS: International Financial Reporting Standards)을 전면적으로 도입하기로 결정하고, 2008년부터 IFRS를 번역한 「**한국채택국제회계기준**(K-IFRS)」을 발행하기 시작하였다. IFRS는 국제회계기준심의위원회(IASB: International Accounting Standards Board)에서 제정한 국제회계기준을 의미한다.

우리나라의 경우 2011년 회계연도부터 상장기업은 K-IFRS에 입각하여 재무제표를 작성하여야 한다. 2013년 회계연도부터는 모든 공기업의 회계기준도 K-IFRS를 따르도록 하고 있다. 그러나 비상장 중소기업의 경우 「기업회계기준」과 「기업회계기준서」를 계속 적용할 수 있다. 따라서 우리나라는 GAAP의 다중성이 당분간 지속될 것으로 여겨진다. 즉, 현재 우리나라의 경우 「기업회계기준」, 「기업회계기준서」 및 「한국채택국제회계기준(K-IFRS)」이 혼재하는 형태이다.

참고로 미국의 경우 민간기구인 「재무회계기준심의회」(FASB: Financial Accounting Standards Board)에서 제정한 기준인 「재무회계기준서」(SFAS: Statements of Financial Accounting Standards)가 미국기업들이 회계보고서를 작성할 때 준수하여야 할 GAAP이 된다.

4. 국제회계기준(IFRS)

기업은 기업의 정보를 필요로 하는 정보이용자들에게 기업의 재무상태, 경영성과, 전망 등에 대한 재무정보를 보고하여야 한다. 재무보고서의 형태와 내용을 어떻게 할 것인가에 대해서는 각 국가별로 오랫동안 발전과정을 거쳐왔으며, 최근까지 대부분의 국가들이 독자적인 회계기준을 가지고 있었기 때문에 국가간의 비교가 거의 불가능하고 자본자유화 등에 걸림돌이 되어왔다.

다국적기업의 규모와 숫자가 증가함에 따라 이들에 대한 과세 문제가 대두되면서 각국 정부들도 회계기준의 통일성 및 국제적인 회계기준 제정의 필요성을 실감하게 되었다.

이와 같은 필요에 따라 회계전문가들은 국제회계기준의 통합을 위한 노력을 경주하여 왔다. 1973년에는 국제회계기준위원회(IASC: International Accounting Standards Committee)가 창립되었으며, 2000년에는 100여 개국 이상의 지지를 받게 되었다.

IASC는 2001년에 IASB(International Accounting Standards Board)라는 이름으로 개명하여 재출범하였다.

IASB에서 제정하는 회계기준이 **IFRS**이며 오늘날에는 100여 개국 이상이 IFRS를 자국의 회계기준으로 채택하고 있다.

국제적으로 통일된 회계기준을 사용하게 되면 다음과 같은 장점이 있다.

- 외국 증권시장에의 상장 등 국제화가 용이해진다.
- 자본자유화가 용이해진다.
- 기업의 자본비용(cost of capital)이 저렴해진다.
- 회계기준 제정 비용이 절감된다.
- 여러 국가의 증권시장에 상장된 기업들의 회계처리 비용이 절감된다.
- 국가간 재무제표의 비교가능성이 현저히 향상된다.

제 3 절 회계학의 영역과 분류

회계학을 분류하는 방법은 회계의 대상과 영역에 따라 다르다. 회계의 대상은 경제주체(가계, 기업 또는 정부기관 등의 비영리단체) 전부를 망라하기 때문에, 기업을 대상으로 하면 '기업회계'가 되고, 정부기관을 대상으로 하면 '정부회계'가 된다.

자본시장과 주식회사 제도가 발달한 자본주의 국가에서는 오래전부터 기업을 대상으로 하는 기업회계가 발전되어 왔으며, 기업회계는 재무회계(financial accounting), 관리회계(managerial accounting), 회계감사(auditing), 세무회계(tax accounting), 회계정보시스템(accounting information system)의 다섯 가지 영역으로 분류할 수 있다.

회계학의 분류는 [그림 1-2]와 같이 요약할 수 있다.

1. 재무회계

재무회계(financial accounting)란 투자자, 채권자 등 외부정보이용자들에게 기업의 재무상태와 경영성과를 나타내는 회계정보의 제공을 목적으로 하는 회계를 말한다.

기업의 경영성과와 재무상태를 나타내는 회계정보를 생성하여 이를 필요로 하는 이용자에게 전달하는 것은 회계의 가장 기본적인 기능이라고 설명하였는데, 재무회계는 정보이용자 그룹 중에서 외부정보이용자에게 기업의 회계정보를 제공하는 것을 목적으로 하며, 회계에서 가장 중요하고 골격이 되는 회계영역이다.

회계학을 이해하기 위해서는 먼저 재무회계를 확실히 이해하는 것이 필요하다. 재무회계를 잘 알지 못하고 다른 회계영역을 이해하는 것은 매우 어려운 일이다. 그러므로 회계학을 처음 배우는 학생은 먼저 재무회계의 기초원리를 배우게 되는데, 그 과정을 교육할 목적으로 집필된 저서가 본 교재이다. 재무회계는 다음에 설명하는 관리회계와 비교할 때 다음과 같은 특징이 있다.

① 재무회계는 기업의 경영성과와 재무상태를 나타내는 회계정보를 생성하고 보고하는 회계분과이다. 특히, 기업의 재무상태와 경영성과를 나타내는 재

그림 1-2 회계학의 영역과 분류

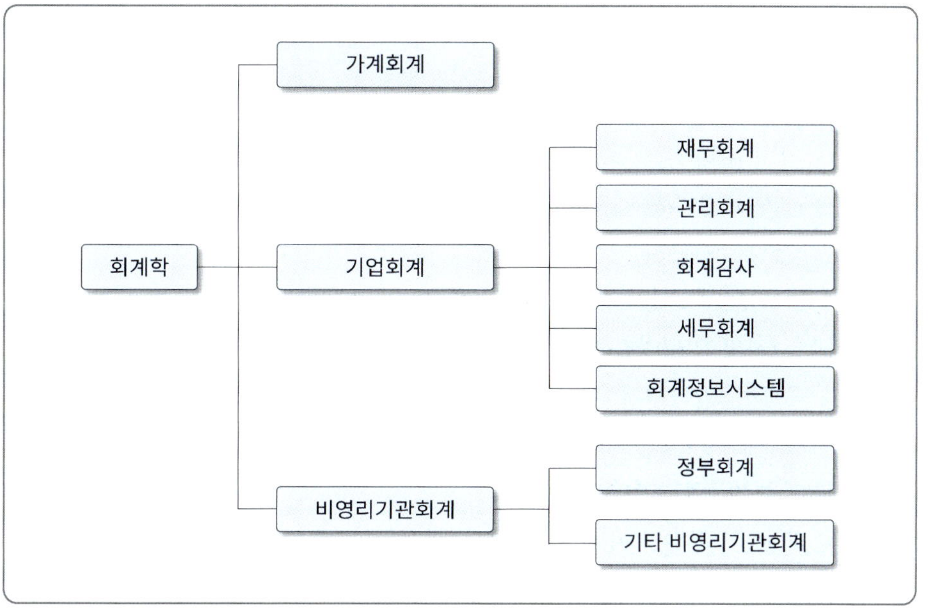

무제표(financial statements)의 작성과 보고는 재무회계가 가지는 가장 중요한 기능이라고 할 수 있다. 따라서 재무회계는 회계에서 가장 중요하고 핵심이 되는 회계영역이라고 할 수 있다.

② 재무회계에서 제공하는 정보는 이해관계자들이 기업의 경영성과와 재무상태를 평가하기 위하여 필요로 하는 가장 중요한 정보이므로 정보이용자들이 정보의 내용을 손쉽게 이해할 수 있어야 하고(이해가능성), 동시에 정보가 진실하여 신뢰할 수 있어야 한다(신뢰성). 재무정보가 이용자들이 이해가능하고 신뢰할 수 있기 위해서는 재무정보를 생성함에 있어서 모든 기업들이 '일반적으로 인정된 회계원칙'을 준수하여야 한다. 재무회계에서는 신뢰할 수 있는 재무제표의 작성을 위하여 일반적으로 인정된 회계원칙을 준수하는 것이 무엇보다도 가장 중요하다. 재무정보가 신뢰할 수 있느냐의 여부는 그 정보가 일반적으로 인정된 회계원칙에 따라 만들어졌는가의 여부에 따라 판정된다는 것을 명확히 이해해야 한다.

③ 재무회계는 다양한 외부이용자들을 대상으로 하기 때문에 정보의 이해가능성(understandability)과 비교가능성(comparability)을 갖도록 하기 위하여 재무제표는 일정한 통일된 형식에 따라 작성 보고되어야 한다.

④ 재무회계에서는 수시로 정보를 제공하는 것이 아니라 분기보고, 반기보고 또는 연차보고 등 정기적으로 보고한다.

2. 관리회계

관리회계(managerial accounting)는 기업의 경영자에게 경영의사결정에 필요한 정보를 제공하는 회계영역이다. 경영자가 기업의 내부정보이용자라는 점에서 내부보고회계(internal reporting)라고 할 수 있다.

기업의 경영자는 극심한 경쟁과 불확실성 속에서 제품가격의 결정, 자본의 조달방법, 임금결정, 광고비의 책정, 원료의 조달, 생산공장의 확장과 신규투자의 결정, 새로운 제품의 개발과 시장의 개척 등에 관하여 항상 합리적인 의사결정을 해야 한다. 합리적인 경영의사결정을 하기 위해서는 경영자의 직관이나 지식만으로 가능한 것이 아니며, 의사결정에 적합한 정보를 필요로 한다.

경영자에게 경영의사결정에 필요한 정보를 시기를 놓치지 않고 제공할 수 있는 유능한 관리회계 담당자가 되기 위해서는 재무회계에 대한 이론과 실무에 대한 지식뿐만 아니라 경영학, 경제학, 수학, 통계학, 계량경제학, 의사결정이론 등 인접학문에 대한 전문적 지식과 조직적이고 분석적 사고능력을 갖추는 것이 필요하다. 훌륭한 회계전문가는 재무회계뿐만 아니라 관리회계에 대한 전문적인 능력을 가져야 함은 물론이다. 관리회계는 재무회계와 비교할 때 다음과 같은 특징을 갖는다.

① 관리회계는 내부이용자인 경영자에게 경영의사결정에 필요한 정보를 제공하는 회계분야이다.
② 관리회계에서 제공하는 정보는 정보의 목적적합성(relevance)이 중요하다.
③ 관리회계는 재무회계에서와 같이 일정한 회계원칙이나 기준에 지나치게 얽매이지 않고 기업이나 경영자에 따라 여러 가지 다른 형태로 제공된다.
④ 관리회계에서 제공하는 정보는 일정한 형식과 통일성이 중요시되지 않는다.
⑤ 정보의 내용이 미래지향적이고, 정보의 제공이 정기적이 아니라 수시로 필요에 따라 이루어지는 경우가 많다.

이상에서 설명한 재무회계와 관리회계의 특징을 요약하면 <표 1-1>과 같다.

표 1-1 재무회계와 관리회계의 비교

	재무회계	관리회계
보고대상	외부정보이용자(투자자, 채권자 등)	내부정보이용자(경영자)
보고시기	정기보고	수시보고
기준	GAAP	원가계산시스템
형식	일정한 형식	일정한 형식 없음
보고내용	주로 재무제표와 부속자료	주로 원가, 예산, 기타 분석자료이지만 제한 없음

3. 세무회계

세무회계(tax accounting)는 개인 또는 법인이 납부해야 할 납세액의 결정과 관련되어 있는 회계와 세법에 대한 이론과 실무를 연구하는 회계분야이다.

모든 경제주체는 세법이 정하는 바에 따라 반드시 세금을 내야 한다. 세금은 모든 개인은 물론 법인이 출생(설립)함으로부터 시작하여 무덤(해산)에 이를 때까지 항상 따라다닌다고 할 수 있으며, 세금을 과세하는 과세관청과 세금을 내는 납세자 간에는 항상 갈등과 긴장관계가 있기 마련이다. 그러므로 공정한 납세는 민주주의 국가에서 가장 중요한 문제이며 동시에 합리적 조세정책은 자본주의 경제체제에서 매우 중요한 정책수단의 하나라고 할 수 있다.

세금은 납세자의 소득에 과세되는 소득세, 재화나 서비스의 거래단계에서 과세되는 매출세 또는 부가가치세, 소득세 중에서도 개인납세자에게 과세되는 개인소득세와 법인에게 과세되는 법인소득세, 중앙정부가 과세하는 국세와 지방자치단체가 과세하는 지방세 등 헤아리기 힘들 만큼 그 종류가 많다. 대부분의 세금은 기본적으로 회계기록을 근거로 하여 계산된다고 할 수 있으므로 회계와 세법과는 깊은 관계를 가지고 있다.

그러므로 회계전문가는 합리적인 조세부담을 위해서 회계와 세법의 내용 그리고 회계와 납세액의 계산과의 관계를 잘 이해하고 있어야 한다. 또한 세법상에는 재정경제정책적 목적으로 규정된 여러 가지 특별한 조항들이 있기 때문에 회계전문가는 이에 대한 내용을 잘 이해하고 이에 따른 합리적 조세계획(tax planning)도 수립할 수 있어야 한다. 이런 문제들을 연구하는 것이 세무회계이다.

4. 회계감사

회계감사(auditing)란 기업이 제공한 재무제표가 일반적으로 인정된 회계원칙에 따라 올바르게 작성되었는지 확인하기 위하여 증거를 수집하고 평가하며, 그 결과를 이해관계자에게 전달하는 체계적인 과정을 말한다.

기업은 기업의 재무상태와 경영성과를 표시하는 재무제표를 작성하여 정기적으로 이해관계자들에게 제공한다. 투자자, 채권자 등 정보이용자들은 특별한 경우를 제외하고는 회계전문가들이 아닐 뿐만 아니라 기업 내에 있지 않고 기업 외부에 있으므로 기업이 제공한 재무제표가 과연 신뢰할 수 있도록 작성되었는가를 알 수 없다. 그러므로 기업뿐만 아니라 이해관계자들로부터도 독립된 신분을 가지고 있고, 회계에 대한 전문적인 지식을 가진 전문가에 의하여 재무제표의 신뢰성 여부가 확인되어야 할 필요가 있다.

독립적 신분과 전문적 지식을 가지고 있다고 공적으로 자격이 인정된 사람이 바로 공인회계사(certified public accountants: CPA)이고, 공인회계사가 기업이 제공한 재무제표의 신뢰성 여부를 판정하는 것이 곧 회계감사이다. 회계감사는 재무제표의 신뢰성 여부를 판정하는 것이라는 점에서 국세청에서 하는 세무조사나, 감사원이나 증권감독원 같은 곳에서 부정을 적발하기 위해서 하는 감사와는 다른 것이다.

기업의 회계감사를 담당하는 공인회계사는 기업의 방대한 회계기록과 자료의 확인을 통하여 감사증거를 수집해야 하며, 모든 회계기록과 재무제표가 일반적으로 인정된 회계원칙에 부합한지 여부의 확인과 판정을 위해 필요한 자료를 수집하고 이를 평가해야 하기 때문에 회계감사에 대한 이론과 기법을 잘 알고 있어야 할 뿐만 아니라 회계에 대한 전문적 지식을 소유하여야 하는 것은 물론이고, 독립적인 신분과 철저한 직업윤리를 지킬 수 있어야 한다.

공인회계사는 회계감사 결과 재무제표의 신뢰성 여부 또는 그 수준을 나타내는 감사의견(audit opinion)을 이해관계자에게 알려주어야 한다. 이해관계자들은 공인회계사의 감사의견을 보고 이를 기초로 하여 의사결정을 하기 때문에 공인회계사의 감사의견은 기업뿐만 아니라 이해관계자들에게도 중대한 영향을 미치게 된다.

참고 공인회계사제도의 의의와 역할

1. 공인회계사란 무엇인가?

공인회계사는 국가가 시행하는 일정한 시험에 합격하여 공식적으로 그 자격을 인정받은 회계전문가이다. 공인회계사는 회계전문가로서 고객에게 회계서비스를 제공하고 대가를 받는 것을 업으로 하는 자유직업인이다.

공인회계사제도는 자본주의의 꽃이라 할 수 있는 주식회사를 중심으로 하는 기업형태가 발전함에 따라 생긴 제도이다. 그러므로 공산주의 사회체제 하에서는 오늘날과 같은 현대적인 회계는 물론 공인회계사제도가 있을 필요가 없다. 회계와 함께 공인회계사제도는 철저하게 자본주의의 발전과 함께 운명을 같이한다고 할 수 있다. 자본주의의 발달에 따라 기업의 소유와 경영이 분리되고 기업의 규모가 거대화·국제화되었으며, 이에 따라 주주, 채권자, 정부기관, 노조, 소비자, 공급자, 경영자 등 기업과 이해관계를 가진 다양한 이해관계자 그룹이 생성되었고, 이들에게 제공되는 재무정보의 중요성이 더욱 커짐에 따라 회계와 공인회계사제도도 함께 발전되어 왔다.

공인회계사는 기업의 소유자, 채권자, 경영자 및 기타 이해관계자 중 그 어느 쪽에도 치우치지 않는 신분상의 독립성과 전문적 지식을 가지고 기업이 이해관계자들에게 제공한 재무제표가 신뢰할 수 있는 것인지 여부를 객관적으로 확인하여 주는 것을 기본적 기능으로 한다. 회계와 공인회계사제도는 기업과 이해관계자와의 관계가 원만하게 유지되게 하는 기능을 한다.

최초로 공인회계사제도를 채택한 나라는 영국이다. 산업혁명 이후 기업활동이 활발해지고 경제생활이 복잡해짐에 따라 공인회계사의 필요성이 생기게 되었고, 영국에서는 「칙허회계사」(Chartered Accountant)라고 하였으며, 1880년에 「잉글랜드-웨일즈 칙허회계사회」(Institute of Chartered Accountants in England and Wales)가 창립되어 오늘날까지 이르고 있다.

미국에서는 1887년에 처음으로 「미국회계사협회」(American Institute of Accountants: AIA)가 창립되었고, 그 후에 「미국공인회계사협회」(American Institute of Certified Public Accountants: AICPA)로 개칭되어 오늘에 이르고 있으며, 2012년 12월 말 현재 미국에는 50만여 명의 CPA가 활동하고 있다.

우리나라에서는 1945년 12월에 「한국계리사회」가 창설되었으며, 1966년 7월에 「한국공인회계사회」(Korean Institute of Certified Public Accountants: KICPA)로 개칭되어 오늘에 이르고 있다. 우리나라에서는 1997년 'IMF 외환위기' 사태 이후에 '회계분식'과 회계의 '투명성'이 중요한 문제로 부각되었으며, 이와 관련하여 기업의 최고경영자 및 공인회계사의 사회적 책임에 대하여 뜨거운 논란이 되고 있다.

회계정보를 생성하여 제공하는 책임은 최고경영자에게 있으나 이를 감시하고 확인하는 것은 공인회계사의 책임이다. 그러나 회계는 단순한 기록과 계산을 하는 과정이 아니고 일정한 원리와 상당히 복잡한 회계기준을 적용하는 과정이기 때문에 회계의 투명성에 대한 가장 일차적인 책임은 회계업무를 담당하는 회계전문가에게 있다고 할 것이다.

2. 공인회계사의 업무

공인회계사의 업무를 요약하면 다음과 같다.

(1) 회계감사

회계감사는 공인회계사의 가장 기본적이고 주된 업무로서, 감사대상회사의 재무제표가 일정한 회계기준에 따라 작성되었는지 여부를 감사함으로써 재무제표의 신뢰성에 대한 회계감사인으로서 감사의견을 표명하는 데 목적이 있다. 우리나라의 「주식회사의 외부감사에 관한 법률」에 의하면 증권시장에 주식을 상장한 상장회사와 일정한 기준에 속하는 주식회사는 반드시 공인회계사로부터 회계감사를 받도록 하고 있다. 공인회계사의 회계감사 기능은 증권시장, 금융기관, 주주와 채권자, 정부기관 등을 연결시켜줌으로써 자본주의경제시스템이 가능하도록 하는 것이다.

(2) 세무서비스

공인회계사는 감사업무 이외에 법인세와 소득세의 세무조정계산서의 작성업무와 절세를 위한 자문을 하기도 한다. 세법은 그 규정이 매우 복잡하고 또 자주 바뀌기 때문에 공인회계사는 이에 관한 전문적인 지식을 가지고 세무자문 및 세무상담 등 세무서비스(tax service)를 한다.

(3) 경영자문서비스(management advisory service)

경영자문은 고객회사의 경영관리상의 문제점에 대해 이를 해결할 수 있도록 조언하고 기술적으로 돕는 역할을 말한다. 공인회계사는 감사과정에서 발견한 내부통제상의 문제점에 대해 조언하기도 하며, 회사의 설립이나 기업의 합병 등에 대해서도 자문업무를 한다. 최근 들어 공인회계사의 경영자문 역할이 매우 증대되고 있다. 이는 우리나라 기업의 해외진출은 물론이고 외국기업의 국내진출이 많아지면서 이와 관련된 제반 자문업무를 주로 공인회계사들이 담당하며, 기업결합(M&A), 기업의 구조조정(restructuring) 및 빅딜 과정에서 기업의 평가, 시스템의 구축 등에 관한 컨설팅 업무가 크게 확대되고 있기 때문이다.

5. 정부회계

우리나라 정부기관의 예산회계시스템은 전통적으로 현금주의에 의한 단식부기를 사용해 왔기 때문에 재정의 투명성, 회계의 책임성 및 성과측정을 위한 재정정보 산출이 곤란하였다. 1980년대 이후 대부분의 선진국에서는 기업에서 사용되고 있는 복식부기 회계제도를 정부기관에 도입하여 합리적 재정운영을 위한 수단으로 사용하기 시작하였다.

우리나라의 경우 1997년의 IMF 외환위기 이후 정부회계제도 개혁을 위해 복식부기 도입이 검토되었고, 2005년 8월에 지방재정법에 복식부기 회계제도 도입을 명시화하여, 2007년 회계연도부터 모든 지방자치단체가 전면적인 시행을 하게 되었다. 향후 지방자치단체를 비롯한 정부기관에서 복식부기 도입이 정착되기 위해서는 예산회계를 담당하는 공무원들에게 복식부기 회계제도에 대한 교육이 충분히 이루어져야 할 것이다. 복식부기가 정부회계에 정착되면 지방자치단체의 자산에 대한 관리 및 이용의 효율화는 물론이고 체계적인 재정상태와 성과평가를 위한 정보를 산출할 수 있게 된다. 이는 지방자치단체장과 공무원의 경영마인드를 향상시키는 것은 물론이고 지방자치단체 간의 '삶의 질'과 '재정효율성' 등을 비교할 수 있어 국민에 의한 재정통제기능이 활성화되리라 기대된다. 정부기관의 복식부기 도입은 회계담당자의 영역을 확대함은 물론이고, 공인회계사를 비롯한 회계전문가의 업무영역도 확대될 것이다.

중앙정부의 경우 기획예산처 산하에 디지털예산·회계기획단을 설치하여 복식부기 도입을 추진하여 왔으며, 2012 회계연도부터 국회에 중앙정부의 복식부기 재무제표를 제출하고 있다.

연습문제

EXERCISES

▣ 서술형 문제

1. 현대기업의 특징에 대해 설명하시오.
2. 회계란 어떻게 정의되고 있는지 설명하시오.
3. 기업의 경영자는 회계정보를 어떻게 유용하게 사용하는지 설명하시오.
4. 회계는 '기업의 언어'라고 하는데 이는 무엇을 의미하는지 설명하시오.
5. 회계정보를 필요로 하는 정보이용자를 내부이용자와 외부이용자로 구분하여 그 각각에 대해 설명하시오.
6. 재무회계와 관리회계를 비교 설명하시오.
7. 공인회계사의 업무는 무엇이며, 공인회계사가 자본주의 경제체제에서 중요시되는 이유를 설명하시오.
8. 회계의 투명성이란 무엇인지 설명하시오.
9. 회계분식이 무엇인지 설명하고 회계분식이 경제에 미치는 영향을 설명하시오.
10. 일반적으로 인정된 회계원칙이란 무엇인지 설명하시오.
11. 우리나라의 GAAP에 대하여 설명하시오.
12. 회계와 자원의 효율적 배분과의 관계에 대하여 설명하시오.
13. 회계감사란 무엇이며 왜 필요한지 설명하시오.
14. 세무회계는 무엇을 연구하는 학문인지 설명하시오.
15. 회계정보시스템이 회계학의 영역으로 편입되는 환경에 대해 설명하시오.
16. 회계학의 분류와 영역에 대해 설명하시오.
17. 국제회계기준의 필요성에 대해 설명하시오.

▣ 객관식 문제

1. 다음 중 회계의 의미를 가장 함축적으로 표현한 것은?
   ① 거래의 기록과정
   ② 기업에 관한 재무정보의 전달과정
   ③ 경영자의 성과평가과정
   ④ 기업의 결산처리과정
   ⑤ 거래의 측정과정

2. 다음 중 관리회계와 관계가 가장 먼 것은?
   ① 정기적 보고
   ② 경영자
   ③ 내부정보이용자
   ④ 정보의 목적적합성
   ⑤ 원가분석 및 예산

3. 다음 중 GAAP과 관계가 가장 먼 것은?
   ① 회계감사
   ② 관리회계
   ③ 회계의 투명성
   ④ 기업회계기준서
   ⑤ 외부정보이용자

4. 다음 중 회계실체(accounting entity)가 될 수 있는 것은?
   ① 기업의 본사
   ② 해외에 있는 지점
   ③ 서울특별시
   ④ ①과 ②
   ⑤ ①, ②, ③ 모두 가능

5. 다음 중 공인회계사의 회계감사와 관계가 가장 먼 것은?
   ① 기업의 회계직원의 회계상의 오류와 부정을 적발한다.
   ② 기업경영의 합리화를 위한 경영정책의 수립을 도와준다.
   ③ 기업에서 작성하는 재무보고서가 올바르게 작성되도록 도와준다.
   ④ 기업이 작성한 재무보고의 신뢰성 여부를 확인한다.
   ⑤ 기업의 최고경영자의 경영투명성에 대한 검증을 한다.

6. 다음 중 내부정보이용자로 분류되는 그룹은?
   ① 기업경영을 책임진 경영자
   ② 기업에 출자한 투자자
   ③ 기업에 자금을 빌려준 채권자
   ④ 정부기관 중에서 국세청
   ⑤ 공인회계사

7. 기업의 이해관계자에게 기업의 재무상태와 경영성과를 나타내는 재무보고서를 작성하여 제공할 책임이 있는 사람은?
① 공인회계사
② 소유주
③ 채권자
④ 경영자
⑤ 투자자

8. 다음 중 회계시스템의 한 과정이라고 볼 수 없는 것은?
① 경제활동에 대한 자료의 수집
② 회계대상의 기록
③ 회계대상의 측정
④ 회계정보의 전달
⑤ 경영성과의 예측

9. 다음 중 공인회계사의 회계감사의 기능과 관계가 없는 것은?
① 재무보고의 신뢰성을 제고한다.
② 자원의 비효율적 배분을 방지한다.
③ 회계의 투명성을 제고한다.
④ 기업의 경영성과를 증대한다.
⑤ 정답 없음

10. 다음 중 관리회계가 제공하는 정보와 관계가 없는 것은?
① 제품의 가격결정에 필요한 정보
② 공장의 확장을 위한 의사결정정보
③ 임금문제에 대한 노조와의 협상전략을 위한 정보
④ 기업이 납부하는 납세액을 결정하기 위한 정보
⑤ 내년도 매출예상을 계산하기 위한 정보

11. 다음 중 우리나라의 GAAP으로 채택하고 있는 것은?

a. K-IFRS	b. 기업회계기준
c. 기업회계기준서	d. FASB Statements

① a, b
② a, c
③ a, d
④ a, b, c
⑤ 모두 채택

CHAPTER 02

A·C·C·O·U·N·T·I·N·G

재무제표의 이해

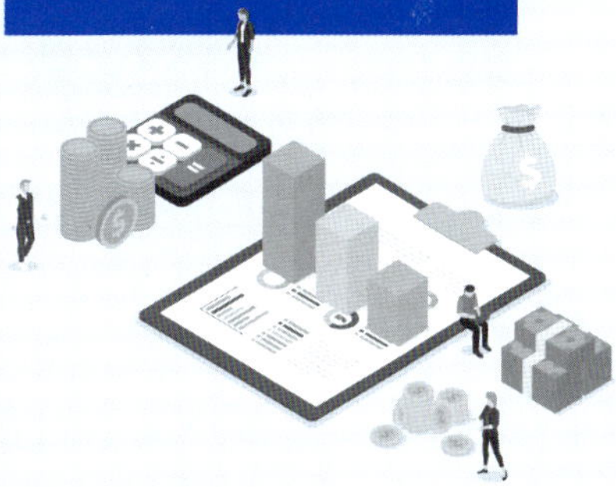

제 1 절 재무제표의 의의와 구조

1. 재무제표란 무엇인가?

K-IFRS1001호

재무제표의 표시

재무회계란 경제주체의 재무상태와 경영성과 등에 대한 재무정보를 인식·측정하고 전달하여 외부 정보이용자의 합리적인 의사결정에 도움을 주는 정보체계라고 정의할 수 있다. 기업은 재무보고(financial reporting)라는 과정을 통해 회계정보를 외부의 정보이용자들에게 전달하는데, 표준화된 재무보고서를 재무제표라고 한다. 이를 요약해서 표현하면, **재무제표(financial statements)**란 기업의 재무상태와 경영성과 및 재무상태의 변동을 표시하는 일정한 형식의 회계보고서를 말한다. 회계보고서가 하나가 아니라 여러 가지라는 의미에서 '제표'라고 한다. 즉, 재무적 정보를 나타내는 여러 가지 보고서라는 뜻이다. 재무제표는 일반적으로 회계기간의 종료시점(이를 결산일이라고 한다)에 작성 보고된다는 점에서 **결산보고서**라고도 하고, 회계에서는 정규의 회계기간을 1년으로 하고 있으며 따라서 매 회계연도의 결산일에 한 번 정규의 재무제표를 작성 보고한다는 의미에서 **연차보고서(annual reports)**라고도 한다.

재무제표는 연차보고서가 정규의 보고서이지만 상장회사의 경우에는 3개월을 회계기간으로 하는 **분기보고서(quarterly reports)** 및 6개월을 회계기간으로 하는 **반기보고서(semi-annual reports)**를 작성하여 공개하도록 하고 있다. 기업에서는 내부의 분석과 평가의 목적으로 매월 말을 기준으로 하는 **월말보고서(monthly reports)**를 작성하는 경우가 많다.

재무제표는 기업의 회계기간 동안의 경영성과뿐만 아니라 결산시점의 재무상태 및 회계기간 중의 현금흐름(cash flow) 등 기업 경영과 관련된 중요한 정보를 포함하고 있으므로 기업의 경영을 책임지고 있는 경영자에게는 물론이고 투자자, 채권자 등 외부 이해관계자들에게 매우 중요한 보고서이다.

재무제표는 재무상태표(statement of financial position), 포괄손익계산서(statement of comprehensive income), 현금흐름표(statement of cash flows) 및 자본변동표(statement of changes in equity) 등 4가지로 구성되며, 이 4가지를 **기본적 재무제표(primary financial statements)**라고 한다. 비상장 중소기업의 경우 자본변동표 대신 이익

잉여금처분계산서(statement of retained earnings)를 작성하여도 무방하다. 이 외에 기본적 재무제표의 내용을 이해하는 데 도움을 주기 위하여 추가되는 재무제표에 대한 주석(footnotes)도 재무제표에 포함된다.

2. 재무상태표

(1) 재무상태표의 의의

재무상태표(statement of financial position)는 특정 시점에서 기업의 재무상태를 표시하는 회계보고서를 말한다. 여기에서 재무상태(financial position)란 결산일 현재 기업이 보유하고 있는 자산과 부채와 자본의 구성상태를 의미한다.

즉, 재무상태표는 기업의 경영활동을 마감하는 특정 시점(이를 재무상태표일이라고도 한다) 현재의 기업이 보유하고 있는 자산, 부채, 자본의 금액(잔액, balance)을 알기 쉽도록 일목요연하게 요약하여 표시한 회계보고서이다. 재무상태표는 기업회계기준서에서는 **대차대조표**(balance sheet)로 불리운다.

(2) 재무상태표의 구조와 작성방법

회계기록의 원리를 쉽게 이해하기 위해서 먼저 재무상태표의 구조를 이해하는 것이 도움이 된다.

재무상태표의 구조를 간단하게 표시하면 <표 2-1>과 같다.

재무상태표는 보고서의 명칭(재무상태표)과 회사의 명칭, 그리고 재무상태표의 작성일과 금액단위를 반드시 표시하여야 한다. 외국에서는 회사의 명칭을 재무상

표 2-1 재무상태표의 구조

재 무 상 태 표

2020년 ×월 ×일 현재

○○회사 (단위: 원)

자 산 (assets)	부채(liabilities)
	자본(owners' equity)

태표라는 보고서의 명칭 위에 표시하는 것이 일반적이나 우리나라에서는 보고서의 왼쪽 상단에 표시하는 것이 일반적이다. 재무상태표는 특정 일자 현재의 재무상태를 나타내는 회계보고서이기 때문에 반드시 특정 시점, 즉 재무상태표 작성기준일(balance sheet date)을 표시해야 한다.

재무상태표 작성 시 가장 핵심이 되는 원리는 <표 2-1>에서 보는 바와 같이 왼쪽에는 자산을 표시하고, 오른쪽에는 부채와 자본을 표시한다는 것이다. 즉, 재무상태표의 왼쪽에는 자산에 속하는 항목들을 일정한 순서와 분류에 따라 그 명칭(계정과목, 이에 대해서는 후에 설명한다)과 금액을 나열하고, 오른쪽에는 부채에 속하는 항목과 자본에 속하는 항목을 일정한 순서와 분류에 따라 나열한다.

예컨대, 동국정보시스템(주)의 결산일이 2020년 12월 31일이고 이날 현재 이 회사가 보유하고 있는 자산과 부채 및 자본이 다음과 같다면 재무상태표는 <표 2-2>와 같이 작성된다.

자산 :		부채 :	
현금	₩1,500,000	은행차입금	₩3,000,000
재고자산	₩2,500,000	자본 :	
건물	₩5,000,000	자본금	₩6,000,000

<표 2-2>에서 보는 것처럼 재무상태표를 왼쪽과 오른쪽으로 나누어 왼쪽에는 자산을 표시하고, 부채와 자본을 오른쪽에 표시하는 형식으로 작성된 것을 **계정식**(account form) **재무상태표**라고 한다. 계정식 외에 <표 2-3>에서 보는 것처럼 **보고식**(report form) **재무상태표**가 있는데 이는 자산과 부채 및 자본을 왼쪽과 오른쪽으로 나누지 않고 일렬 종으로 나열하는 형식을 말한다.

계정식 재무상태표에서는 다음 세 가지에 대하여 유의할 필요가 있다.

첫째, 자산에 속하는 항목들은 반드시 왼쪽에 표시하고, 부채 및 자본에 속하는 항목들은 반드시 오른쪽에 표시해야 한다는 것이다. 즉, 자산은 자기의 위치(position)가 왼쪽이고, 부채와 자본은 자기의 위치가 오른쪽이라는 것이며, 이 위치를 어기는 경우에는 재무상태표가 틀려지게 된다.

둘째, 왼쪽의 합계액은 반드시 오른쪽의 합계액과 일치해야 한다는 것이다. 즉, 자산의 합계액은 부채와 자본의 합계액과 일치해야 한다는 것이다. 이것을 **회계등식**(accounting equation)이라고 하는데, 이에 대해서는 나중에 상세히 설명할

표 2-2 계정식 재무상태표의 예

재 무 상 태 표

2020년 12월 31일 현재

동국정보시스템(주) (단위: 원)

과 목	금 액	과 목	금 액
자 산		부 채	
현 금	1,500,000	은행차입금	3,000,000
재고자산	2,500,000	자 본	
건 물	5,000,000	자본금	6,000,000
자산총계	9,000,000	부채와 자본총계	9,000,000

표 2-3 보고식 재무상태표의 예

재 무 상 태 표

2020년 12월 31일 현재

동국정보시스템(주) (단위: 원)

과 목	금 액
자 산	
현 금	1,500,000
재고자산	2,500,000
건 물	5,000,000
자산총계	9,000,000
부채와 자본	
은행차입금	3,000,000
부채합계	3,000,000
자본금	6,000,000
자본합계	6,000,000
부채와 자본총계	9,000,000

것이다.

셋째, 회계에서는 기록과 보고를 위하여 항상 왼쪽과 오른쪽으로 나누게 되는데, 왼쪽을 **차변**(debits)이라 하고, 오른쪽을 **대변**(credits)이라고 한다. 차변 또는 대변이라는 용어는 왼쪽 또는 오른쪽이라는 것 외에 별다른 의미를 가지지 않는다. 학생들은 이 생소한 용어에 현혹될 필요가 없다. 다만, 자산은 자신의 위치가 항상 차변(왼쪽)이고, 부채와 자본은 자기의 위치가 대변(오른쪽)이라는 것을 기억하는 것이 회계원리를 빨리 이해하는 데 매우 중요하다.

(3) 재무상태표의 구성요소

재무상태표는 특정 시점에서 기업이 보유하고 있는 자산과 부채와 자본의 구성상태를 나타내는 회계보고서라는 것을 이해하였을 것이다. 즉, 재무상태표의 구성요소는 자산, 부채, 자본이다.

재무상태표를 이해하기 위해서는 재무상태표의 구성요소인 자산, 부채, 자본이 무엇인가를 이해해야 한다. 이에 대하여 상세히 설명하기로 한다.

1) 자 산

① 자산이란 무엇인가?

회계학에서 자산에 대한 정의는 상당히 복잡하다. 그러나 그 내용을 요약하면, **자산(assets)**이란 기업이 거래를 통하여 취득하였고, 현재 기업이 지배(control)하고 있는 **미래의 경제적 효익(future economic benefits)**을 말한다.

즉, 자산의 본질은 '미래의 경제적 효익'이라 할 수 있는데, 경제적 효익이란 직접 또는 간접적으로 기업의 미래 현금창출에 기여하는 잠재력, 즉 미래에 현금유입을 가져다줄 수 있는 가능성이 있는 것을 의미한다. 기업의 영업활동 과정에서 현금유입을 가져올 수 있는 가능성이 있는 유형 또는 무형의 경제적 자원은 모두 자산이다. 회계에서 자산은 법률적인 소유권이 있느냐 없느냐가 중요한 것이 아니고 경제적 효익이 있느냐가 중요하다. 그러므로 회계에서 자산은 상식적으로 사용되는 재산이라는 의미보다는 훨씬 넓은 개념이다. 법률적으로 재산이라고 할 수 없는 것도 회계에서는 자산에 포함되는 경우가 있다.

재무상태표에 표시되는 자산은 **화폐액**으로 측정할 수 있는 것이어야 한다. 비록 경제적 효익이 있다 할지라도 화폐액으로 측정할 수 없는 것은 회계상 자산으로 인식하지 않으며, 예상이나 추정으로는 자산이 될 수 없고 반드시 과거 실제거래에 의해서 획득된 것만이 자산이 되는 것이다. 예컨대, 우수한 능력을 가진 경영자나 기술자, 종업원의 높은 사기 또는 고객들의 호감과 같은 것은 중요한 경제적 효익이 있다고 할 수 있으나 화폐단위에 의한 측정이 불가능하므로 회계상의 자산으로 인식하지 않는다.

② 자산의 분류

재무상태표에 표시되는 자산은 일정한 기준에 따라 여러 가지로 분류하여 표시한다. 부채와 자본의 경우도 마찬가지인데 이와 같은 분류는 재무상태표 정보를 이해하고 분석하는 데 도움을 주기 위한 것이다. 기업의 자산과 부채 및 자본의 내용은 기업의 특성과 규모에 따라 매우 복잡하며 복잡한 내용을 적절한 분류 없이 나열만 하는 경우에 이를 이용하는 사람들이 의사결정을 하는데 매우 불편한 것은 당연하다.

자산은 유동자산(current assets)과 비유동자산(non-current assets)으로 구분한다. 유동자산은 당좌자산(quick assets)과 재고자산(inventories)을 포함하고, 비유동자산은 투자자산(long-term investments), 유형자산(tangible assets), 무형자산(intangible assets) 및 기타비유동자산(other non-current assets)을 포함한다. 유동이냐 비유동이냐의 구분은 자산이 현금으로 전환되는 속도(기간)에 따라 나누어진다. 즉, 단기간 내에 현금으로 전환될 수 있는 자산은 유동자산으로 분류되고, 장기간에 걸쳐 사용되는 자산은 비유동자산으로 분류된다.

여기에서 단기냐 장기냐의 분류기준은 일반적으로 1년을 기준으로 한다. 기업회계기준서에는 1년 기준원칙과 병행하여 정상영업주기(normal operating cycle) 개념을 도입하여 자산을 유동자산과 비유동자산으로 구분한다. 일반적으로 1년 이내의 기간에 현금화할 수 있는 자산이 유동자산이다. 그러나 조선업이나 포도주제조 등의 양조산업과 같이 영업주기가 수년이 걸리는 업종에서는 영업주기 내에 판매되는 재고자산을 유동자산으로 분류한다.

유동자산은 다시 현금화되는 속도가 비교적 빠른 당좌자산(quick assets)과 생산 또는 판매를 통하여 현금화되는 재고자산(inventories)의 두 가지 유형을 포함한다. 현금및현금성자산, 단기금융예금, 매출채권, 단기매매증권 등은 유동자산 중에서도 현금화되는 속도가 빠르기 때문에 당좌자산에 포함되고, 상품, 원재료, 제품 등은 판매 또는 생산과정을 거쳐야 현금화되기 때문에 재고자산에 포함된다.

비유동자산은 투자자산, 유형자산, 무형자산 및 기타비유동자산을 포함하는데, 투자자산은 장기투자 목적으로 보유하고 있는 자산을 말하며, 장기금융자산, 투자부동산 등이 여기에 속한다. 유형자산과 무형자산은 영업에 장기간 사용할 목적으로 보유하고 있는 비유동자산으로 토지, 건물, 기계장치 등과 같이 실물적 형태가 있는 자산은 유형자산에 포함되고, 특허권이나 영업권 등과 같이 형태가 없는 자산은 무형자산에 포함된다. 기타비유동자산은 이연법인세자산과 같이 비유동자산으로 투자자산, 유형자산 및 무형자산에 속하지 않는 자산에 해당한다. 비유동자산은 기업회계기준서에서는 고정자산(fixed assets)이라 부른다.

자산은 물가수준의 변동에 따라 구매력 손익이 발생하는가의 여부에 따라 **화폐성자산**(monetary assets)과 **비화폐성자산**(non-monetary assets)으로 분류할 수도 있다. 현금, 예금, 매출채권 등과 같이 일정량의 화폐액으로 확정되어 시간의 경과와 함께 물가수준이 변동하면 이에 따라 구매력 손익(purchasing power gain or loss)이 발생하는 성격을 가진 자산을 화폐성자산이라 한다.

예를 들어, 2020년 1월 초에, ₩1,000,000의 매출채권이 있었는데, 이를 2020년 12월 31일까지 회수하지 못하였다고 하자. 2020년 1월 초의 물가지수가 100이었으나 12월 말의 물가지수가 110이었다면 ₩1,000,000의 매출채권은 그 실질가치가 10% 하락하게 되어 그만큼의 구매력 손실(purchasing power loss)을 입게 되는 것이다.

비화폐성자산은 상품, 제품, 원재료, 건물, 토지 등과 같이 그 가치가 일정량의 화폐액으로 확정되어 있지 않고 그 자체가 실질가치를 유지하고 있는 자산을 말한다. 비화폐성자산은 물가수준의 변동에 따른 구매력 손익이 발생하지 않음은 물론이다.

자산의 유동성 여부 및 보유목적에 따른 자산의 분류를 요약하면 다음 [그림 2-1]과 같다. 한국채택국제회계기준은 자산을 유동성과 비유동성 자산으로 구분

그림 2-1 자산의 분류

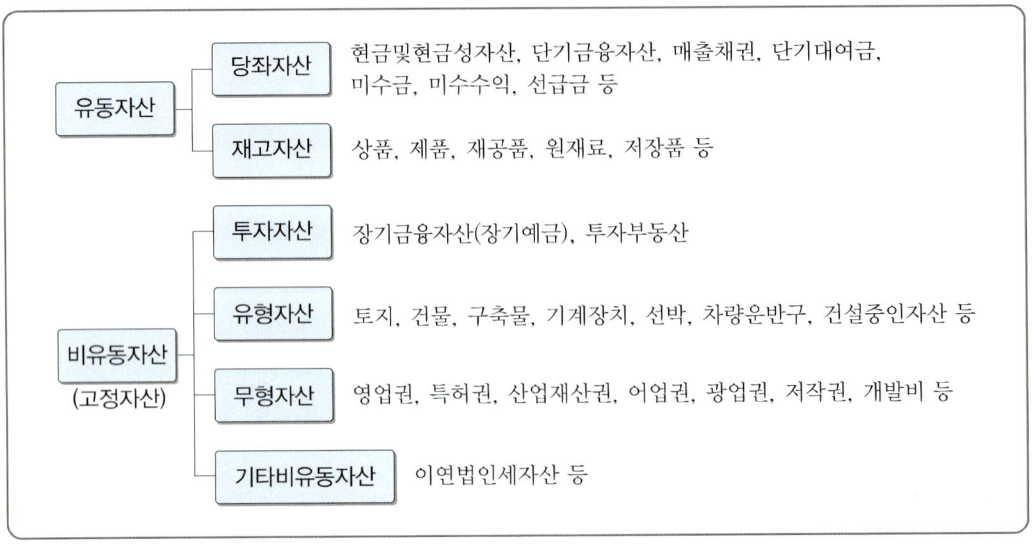

하거나 유동성배열법에 따라 자산을 재무상태표에 보고하도록만 요구할 뿐 상세한 자산의 분류에 대해서는 규정하지 않고 있다.

2) 부　채

① 부채란 무엇인가?

부채(liabilities)란 이미 발생한 사건의 결과로 '기업이 현재시점에서 부담하고 있는 경제적 의무'를 말한다. 회계학에서의 부채는 이미 발생한 사건의 결과로 현재 기업이 부담하고 있는 **경제적 의무**(economic obligation)이면 모두 부채에 속한다. 이는 반드시 법적인 권리·의무관계의 확정에 따라 부채가 되는 것이 아니라 기업의 경영활동 결과로 경제적 효익을 희생해야 할 가능성, 즉 경제적 의무를 부담하는 것이면 회계상으로는 부채가 된다는 것을 의미한다.

법률상의 부채가 되기 위해서는 반드시 채무액, 채권자, 상환일자 등이 확정되어 있어야 하나 회계에서의 부채는 위와 같은 법률적 요건이 충족되지 않더라도 미래에 경제적 효익을 희생할 가능성이 있는 것이면 부채가 되기 때문에 법률적인 의미의 채무 개념보다 넓은 의미를 지니고 있다. 아직 소송이 완료되지 않은 배상책임 등과 같은 것을 재무상태표상에 부채로 표시하는 것은 좋은 예라 할 수 있다.

② 부채의 분류

부채는 **유동부채**(current liabilities)와 **비유동부채**(non-current liabilities)로 분류한다. 자산과 마찬가지로 부채의 경우에도 일반적으로 재무상태일로부터 1년 이내에 지급기한이 도래하는 부채는 유동부채로 구분되고, 만기일 또는 상환일이 1년 이상인 부채는 비유동부채로 분류된다. 따라서 비유동부채라 하더라도 상환기일이 1년 이내로 다가오게 되면 이를 비유동부채에서 유동부채로 변경시켜 분류하여야 한다. 비유동부채는 기업회계기준서에서는 고정부채(fixed liabilities)라고 부른다.

자산의 분류에서와 마찬가지로 부채도 물가수준의 변동에 따라 구매력 손익이 발생하는가의 여부에 따라 **화폐성부채**(monetary liabilities)와 **비화폐성부채**(non-monetary liabilities)로 분류할 수 있다. 부채는 일반적으로 화폐액으로 확정되어 있기 때문에 대부분의 부채는 화폐성부채에 속한다. 그러나 미래에 재화나 서비스를 제공할 의무를 부담하고 있는 선수금이나 선수수익과 같은 부채계정은 화폐가치가 변동하여도 이로 인한 구매력 손익이 나타나지 않기 때문에 비화폐성부채에 속한다.

유동성 기준에 따라 부채의 분류를 요약하면 [그림 2-2]와 같다.

그림 2-2 부채의 분류

유동부채	단기금융부채(매입채무, 단기차입금, 미지급금), 선수금, 예수금, 미지급비용, 미지급법인세, 선수수익 등
비유동부채 (고정부채)	사채, 장기차입금, 장기 제품보증충당부채, 장기성매입채무, 이연법인세부채, 장기미지급금 등

3) 자 본

① 자본이란 무엇인가?

자본은 회계를 처음 배우는 학생들이 가장 혼동을 많이 하는 용어인 것 같다. 먼저 회계에서 사용되는 자본은 경제학이나 경영학 또는 상법에서 사용하는 자본이라는 말과는 다른 개념으로 사용된다.

경제학에서는 자본이 재화나 용역을 생산하는 데 투입되는 가치있는 밑천이란 의미로 사용된다. 경영학이나 상법에서 자본이라는 용어는 총자산이라는 의미로 사용되기도 하고, 때로는 자본금이라는 의미로 사용되기도 하며, 어떤 때는 출자액이라는 의미로 사용되기도 한다. 그러나 회계에서의 자본은 이상의 경우와는 다른 의미로 사용된다.

회계에서 자본(owners' equity 또는 shareholders' equity)은 '자산에서 부채를 차감한 후의 남은 잔여지분'을 말한다. 즉, 자산에서 부채를 차감한 잔액을 말한다. 기업이 소유한 자산에서 채권자에게 귀속될 채권자지분인 부채를 차감하고 남은 잔액은 소유주(주주)에게 귀속될 지분이고, 이 소유주(또는 주주)지분을 회계에서는 자본이라고 한다. 자산에서 부채를 차감한 잔액은 기업이 보유하고 있는 순자산(net assets)이다. 그러므로 자본은 곧 기업의 순자산을 의미하기도 한다.

예컨대, 현재 기업이 보유하고 있는 총자산이 ₩1,000,000이고 이 시점 현재의 부채가 ₩400,000이라고 한다면 자본은 ₩600,000이며 동시에 이 금액은 기업이 보유하고 있는 순자산액이다. 자산총액 ₩1,000,000 중에서 ₩400,000은 채권자에게 귀속될 채권자지분(creditors' equity)이고, 채무를 갚고 난 나머지 ₩600,000은 기업의 소유주에게 귀속될 소유주지분(owners' equity)이다.

그러면 소유주지분이라고 하지 왜 자본이라고 하여 초보자에게 혼란을 주는가? 이것은 일본이나 우리나라에서 자본이라는 용어가 오랫동안 사용되어 왔기 때문이다. 미국, 캐나다 등 서구 국가에서는 자본(capital)이라는 용어는 잘 사용하지 않고 'owners' equity'라는 용어를 사용하고 있다. 우리나라에서도 자본 대신에 소유주지분 또는 주주지분이라는 용어를 사용하는 것이 바람직하겠다.

② 자본의 분류

자본은 자본금(capital stocks), 자본잉여금(capital surplus), 자본조정(capital adjustments), 기타포괄손익누계액(accumulated other comprehensive income), 이익잉여금(retained earnings)으로 구분한다. 이 중에서 자본금, 자본잉여금과 자본조정은 회사의 소유주와의 거래에서 발생한 출자자본이고, 기타포괄손익누계액과 이익잉여금은 출자된 자본으로 영업활동을 통해 기업이 벌어들인 이익누계액 중에서 소유주에게 배분(배당)하지 않고 기업이 보유하고 있는 자본이다.

자본금은 소유주의 출자원금 또는 주식회사의 발행주식의 액면가총액(발행주식수×액면가액)을 의미한다.

자본잉여금은 기업의 영업활동 이외의 원인으로 인하여 발생한 자본(또는 순자산)의 증가분을 의미하며, 주식발행초과금이 대표적인 예이다. 자본잉여금은 영업활동 결과로 발생한 잉여금이 아니므로 주주에게 배당할 수 없다.

자본조정은 주주와의 거래에서 발생하는 자본의 변동항목으로서 자본금이나 자본잉여금에 속하지 않는 항목을 말하는데, 주식할인발행차금이나 자기주식(treasury stocks)이 대표적인 자본조정항목이다.

기타포괄손익누계액은 포괄손익(comprehensive income) 중에서 당기순손익에 포함되지 않는 것을 말하는데, 위험회피파생상품평가손익, 해외사업환산손익이 대표적인 예이다. 여기서 포괄손익이란 자본의 변동 중에서 주주와의 거래에서 생긴 자본의 변동을 제외한 모든 변동을 의미하는데 포괄손익의 주요 구성요소가 당기순이익이다.

이익잉여금은 기업이 영업활동을 통하여 벌어들인 이익 중에서 회사에 현재 유보되어 있는 것을 의미한다. 당기의 순이익은 이익잉여금에 포함되며 주주에 대한 배당금을 차감한 후에 재무상태표상에는 이익준비금, 임의적립금, 미처분이익잉여금 등으로 분류하여 표시한다. 포괄손익계산서상의 기타포괄손익은 재무상태표상의 이익잉여금으로 가지 않고 기타포괄손익누계액항목으로 별도로 자본에 표시한다. 자본에 대한 상세한 설명은 제10장에 포함되어 있다.

자본의 분류를 요약하면 [그림 2-3]과 같다.

그림 2-3 자본의 분류

자본금	보통주자본금, 우선주자본금
자본잉여금	주식발행초과금, 감자차익, 자기주식처분이익 등
자본조정	주식할인발행차금, 자기주식, 감자차손, 자기주식처분손실, 배당건설이자, 미교부주식배당금 등
기타포괄손익누계액	위험회피파생상품평가손익, 해외사업환산손익 등
이익잉여금	법정적립금, 임의적립금, 미처분이익잉여금

(4) 재무상태표의 양식

재무상태표는 위에서 설명한 원칙에 따라 작성하여야 하는데, 일반적으로 인정된 회계원칙에 따라 상세하게 구분한 재무상태표의 양식은 다음 <표 2-4>와 같다.

표 2-4 재무상태표 양식

재 무 상 태 표

제×기 20××년×월×일 현재 / 제×기 20××년×월×일 현재

○○회사 (단위: 원)

과 목	당 기		전 기	
자 산				
유동자산		×××		×××
당좌자산		×××		×××
현금및현금성자산	×××		×××	
단기금융자산	×××		×××	
매출채권	×××		×××	
선급비용	×××		×××	
재고자산		×××		×××
상(제)품	×××		×××	
원재료	×××		×××	

비유동자산		×××		×××
투자자산		×××		×××
투자부동산				
장기금융자산	×××		×××	
유형자산	×××	×××	×××	×××
토 지				
설비자산	×××		×××	
(−) 감가상각누계액	×××		×××	
무형자산	(×××)	×××	(×××)	×××
영업권				
산업재산권	×××		×××	
개발비	×××		×××	
기타비유동자산	×××	×××	×××	×××
이연법인세자산				
자산총계	×××	×××	×××	×××
부 채				
유동부채		×××		×××
단기차입금				
매입채무	×××		×××	
미지급비용	×××		×××	
비유동부채	×××	×××	×××	×××
사 채				
부채총계	×××	×××	×××	×××
자 본				
자본금		×××		×××
보통주자본금				
자본잉여금	×××	×××	×××	×××
주식발행초과금				
자본조정	×××	×××	×××	×××
자기주식				
기타포괄손익누계액	×××	×××	×××	×××
해외사업환산손익				
이익잉여금(또는 결손금)	×××	×××	×××	×××
법정적립금				
임의적립금	×××		×××	
미처분이익잉여금	×××		×××	
(또는 미처리결손금)	×××		×××	
자본총계		×××		×××
부채 및 자본총계		×××		×××

3. 포괄손익계산서

(1) 포괄손익계산서의 의의

포괄손익계산서(statement of comprehensive income)는 일정기간 동안 경영활동의 결과인 경영성과를 보여주는 회계보고서이다. 기업의 경영성과를 나타내는 가장 중요한 지표는 포괄이익(comprehensive income)이라 할 수 있다. 포괄이익이란 영업을 통해 창출되는 모든 수익에서 모든 비용을 차감한 금액이다. 그런데 수익과 비용 중에서 순이익(net income)에 포함되지 않고 자본으로 보고되는 기타포괄손익항목이 존재한다.

따라서 포괄이익이란 순이익과 기타포괄손익의 합을 의미한다. 포괄손익계산서는 일정기간(회계기간)의 수익의 내용과 비용의 내용을 상세하게 표시하고, 수익에서 비용을 차감하여 회계기간의 순이익(이를 당기순이익이라고 한다)을 나타내고 여기에다 기타포괄손익을 조정한 포괄손익을 나타내는 보고서로서 재무상태표와 함께 가장 중요한 회계보고서라고 할 수 있다. 포괄손익계산서는 기업회계기준서에서는 손익계산서(income statement)라고 부른다.

(2) 포괄손익계산서의 구조와 작성방법

재무상태표의 구조와 함께 포괄손익계산서의 구조를 이해하는 것이 회계기록의 원리를 이해하는 데 매우 중요하다.

포괄손익계산서는 일정기간의 경영성과를 나타내는 보고서이므로 반드시 경영성과를 계산한 기간, 즉 회계기간을 표시하여야 하며, 포괄손익계산서라는 보고서의 명칭과 회사명칭 및 금액표시단위를 명시하여야 한다.

포괄손익계산서는 크게 두 영역으로 구분되는데 당기순손익을 구하는 부분과 당기순손익에서 기타포괄손익을 조정하는 부분으로 구성된다. 당기순손익을 구하는 부분은 총수익에서 총비용을 차감하여 총수익이 총비용을 초과하면 당기순이익이 되고 총비용이 총수익을 초과하면 당기순손실이 된다.

포괄손익계산서의 구성요소는 수익과 비용이다. 회계기간의 수익과 비용의 내용을 상세하게 알 수 있도록 항목별로 나열한 다음 수익에서 비용을 차감하여 당기의 순이익(또는 순손실)을 산출하여 표시한다. 여기에다 당기에 발생한 기타포괄손익을 가감하여 총포괄손익을 구한다.

예제 2-1

동국정보시스템(주)의 회계연도는 1월 1일부터 12월 31일이며 2020년도의 수익과 비용의 내역은 다음과 같다. 이 자료에 의하여 포괄손익계산서를 작성하라.

수 익:		비 용:	
용역수익	₩10,000,000	급 여	₩6,000,000
이자수익	1,000,000	광고비	2,000,000
잡수익	1,000,000	사무실임차료	1,000,000
		사무실관리비	500,000
		접대비	500,000
		소모품비	1,000,000

풀이

포괄손익계산서(보고식)

2020년 1월 1일부터 2020년 12월 31일까지

동국정보시스템(주) (단위: 원)

계정과목	금 액
수 익	
용역수익	10,000,000
이자수익	1,000,000
잡수익	1,000,000
(−) 비 용	
급 여	6,000,000
광고비	2,000,000
사무실임차료	1,000,000
사무실관리비	500,000
접대비	500,000
소모품비	1,000,000
당기순이익	1,000,000
기타포괄손익	−
총포괄이익	1,000,000

포괄손익계산서(계정식)

2020년 1월 1일부터 2020년 12월 31일까지

동국정보시스템(주) (단위: 원)

비 용		수 익	
급 여	6,000,000	용역수익	10,000,000
광고비	2,000,000	이자수익	1,000,000
사무실임차료	1,000,000	잡수익	1,000,000
사무실관리비	500,000		
접대비	500,000		
소모품비	1,000,000		
당기순이익	1,000,000		
합 계	12,000,000	합 계	12,000,000

기타포괄손익은 회계학을 처음 배우는 학생에게 어려운 개념이기 때문에 중급회계에서 배우기로 한다. 기타포괄손익이 없으면 당기순손익이 바로 포괄손익과 동일하다.

(3) 포괄손익계산서의 형식

일반적으로 인정된 회계원칙에 따르면 포괄손익계산서의 형식에 대해서는 엄격하게 규정하고 있지 않다. 이용자들이 쉽게 이용할 수 있도록 포괄손익계산서를 작성하면 된다.

포괄손익계산서도 재무상태표와 마찬가지로 **계정식 포괄손익계산서**와 **보고식 포괄손익계산서**로 구분한다. 계정식은 재무상태표와 마찬가지로 왼쪽과 오른쪽으로 구분하여 오른쪽에는 수익을 왼쪽에는 비용을 표시하는 형식을 말한다.

보고식은 앞의 예제에서 본 바와 같이 양쪽으로 나누지 않고 수익을 먼저 표시하고 다음에 비용을 표시하며, 맨 나중에 당기순이익을 표시하는 형식, 즉 종적인 형식으로 작성하는 것을 말한다. 일반적으로 인정된 회계원칙에 따르면 일반적으로 계정식 포괄손익계산서보다 보고식으로 작성되는데, 그 이유는 2년치 손익정보를 비교해서 표시하여야 하기 때문이다.

또, 당기순이익을 구할 때 수익과 비용을 여러 단계로 구분하여 작성하느냐 여부에 따라 **일단계식 포괄손익계산서**(single-step comprehensive income statement)와

다단계식 포괄손익계산서(multiple-step comprehensive income statement)로 구분한다. 일단계식이란 수익과 비용을 여러 가지 단계로 분류하지 않고 일렬로 통합하여 표시하고 맨 나중에 당기순이익 하나만을 표시하는 형식을 말한다. 다단계식이란 다음 <표 2-5>에서 보는 바와 같이 수익과 비용을 여러 가지 단계로 표시하며, 따라서 기업의 이익도 매출총이익, 영업이익, 법인세비용차감전순이익, 당기순이익 등과 같이 몇 개의 단계로 구분하여 작성하는 것을 말한다.

포괄손익계산서는 보고식이면서 다단계식으로 작성하는 것이 일반적이다. 다단계 포괄손익계산서의 표준형식을 예시하면 다음의 <표 2-5>와 같다.

다단계 구분포괄손익계산서는 기업의 이익을 매출총이익, 영업이익, 법인세비용차감전순이익, 당기순이익의 4단계로 구분하여 작성하는 것을 말한다. 다단계 구분손익계산서를 작성할 때에 각 단계의 이익은 다음과 같이 산출한다.

매출액 − 매출원가 = 매출총이익
매출총이익 − 판매비와관리비 = 영업이익
영업이익 + 영업외수익 − 영업외비용 = 법인세비용차감전순이익
법인세비용차감전순이익 − 법인세비용 = 당기순이익

당기순이익을 계산한 후 여기에 기타포괄손익을 가감하여 총포괄손익을 구한다.

표 2-5 다단계 포괄손익계산서 양식(보고식)

포괄손익계산서

제×기 20××년 ×월 ×일부터 20××년 ×월 ×일까지
제×기 20××년 ×월 ×일부터 20××년 ×월 ×일까지

회사명 (단위: 원)

과 목	당 기		전 기	
매출액		×××		×××
〈매출원가〉		×××		×××
매출총이익(또는 매출총손실)		×××		×××
〈판매비와관리비〉		×××		×××
급 여	×××		×××	
퇴직급여	×××		×××	
복리후생비	×××		×××	
임차료	×××		×××	
접대비	×××		×××	
감가상각비	×××		×××	
대손상각비	×××		×××	
영업이익(또는 영업손실)		×××		×××
영업외수익		×××		×××
이자수익	×××		×××	
배당금수익	×××		×××	
임대료	×××		×××	
〈영업외비용〉		×××		×××
이자비용	×××		×××	
외환차손	×××		×××	
법인세비용차감전순손익		×××		×××
<법인세비용>		×××		×××
당기순이익(또는 당기순손실)		×××		×××
기타포괄손익		×××		×××
총포괄손익		×××		×××
주당손익				
기본주당순손익		×××		×××
희석주당순손익		×××		×××

(4) 재무상태표와 포괄손익계산서의 연결관계

재무상태표와 포괄손익계산서는 서로 직접 연결되는 관계를 가지고 있는데, 재무상태표는 회계기간 중의 경영성과가 모두 반영된 후의 회계기간 말 현재의 재무상태를 표시하는 회계보고서이고, 포괄손익계산서는 회계기간의 경영성과를 표시하는 회계보고서이기 때문이다.

포괄손익계산서상의 당기순이익은 기간 중의 수익에서 비용을 차감하여 산출되는데, 이러한 이익은 기업소유주의 몫이므로 재무상태표상에 소유주의 몫인 자본으로 표시되어야 한다. 즉, 포괄손익계산서상의 순이익은 결산일에 작성되는 재무상태표상의 순자산의 증가를 의미한다.

만일 회계기간 중에 기타포괄손익을 포함한 다른 원인으로 인한 자본 및 부채의 증감이 없었다면, 기말의 재무상태표상의 자산합계액에서 기초의 부채와 자본합계액을 차감한 나머지 잔액은 당기 중에 순수한 영업활동의 결과로 인한 자본증가액을 의미한다. 그러므로 재무상태표상에서 산출된 순자산 증가액은 포괄손익계산서에서 산출된 당기순이익과 반드시 일치하여야 한다. 만일, 이 두 수치가 서로 일치하지 않으면 두 보고서 중 하나가 틀렸든지 아니면 두 보고서가 모두 틀렸다는 것을 의미한다.

요약하면 재무상태표상의 순자산의 증가액은 당기순이익을 의미하며, 이를 이익잉여금이라는 항목에 포함하여 표시한다.

재무상태표가 영업활동 결과로 실현된 재무상태와 당기순이익을 표시하는 보고서라면, 포괄손익계산서는 당기순이익이 어떻게 산출되었는지 그 내역을 상세하게 설명한 명세표의 성격을 가진다고 할 수 있다. 재무상태표와 포괄손익계산서와의 관계를 표시하면 <표 2-6>과 같다.

표 2-6 포괄손익계산서와 재무상태표의 연결관계

포괄손익계산서

2020년 1월 1일 ~ 2020년 12월 31일

동국정보시스템(주) (단위: 원)

계 정 과 목	금 액	
수 익		
용역수익		10,000,000
이자수익		1,000,000
잡수익		1,000,000
비 용		
급여	6,000,000	
광고비	2,000,000	
사무실임차료	1,000,000	
사무실관리비	500,000	
접대비	500,000	
소모품비	1,000,000	
당기순이익	1,000,000	
	12,000,000	12,000,000

재 무 상 태 표

2020년 12월 31일 현재

동국정보시스템(주) (단위: 원)

계 정 과 목	금 액	계 정 과 목	금 액
자 산		부 채	
현금	1,500,000	은행차입금	3,000,000
재고자산	2,500,000	자 본	
건물	5,000,000	자본금	5,000,000
		이익잉여금(당기순이익)	1,000,000
자산총계	9,000,000	부채와 자본총계	9,000,000

(5) 수익과 비용의 의의

1) 수익이란 무엇인가?

앞에서 본 바와 같이 포괄손익계산서의 주요 구성요소는 수익과 비용이다. 그러므로 포괄손익계산서를 이해하기 위해서는 수익과 비용이 무엇인가를 확실하게 이해해야 한다. 회계원리를 처음 배우는 학생들 중에는 수익과 비용의 개념을 분명하게 이해하고 있지 않기 때문에 여러 가지 어려움을 당하는 경우를 많이 볼 수 있다.

일상생활에서 수익이라는 용어는 여러 가지 의미로 사용된다. 예를 들어, 수입이라는 의미로 사용되기도 하고, 때로는 이익이란 의미로도 사용된다. 그러나 회계에서 사용되는 수익이라는 용어는 수입 또는 이익과는 구분되는 의미로 사용된다는 점을 명심하기 바란다.

수입(cash receipts)은 현금의 입금액을 의미하며, **이익**(income)은 전술한 바와 같이 수익이 비용을 초과하는 금액을 말한다. 회계에서 말하는 **수익**(revenue)은 기업이 일정기간 동안에 고객에게 재화나 용역(service)을 제공함으로써 받은 경제적 효익의 유입액을 말한다. 경제적 효익의 유입액은 곧 고객에게 제공한 재화나 서비스의 대가를 의미한다. 백화점과 같은 상품매매업에서는 고객에게 판매한 상품의 대가, 즉 매출액(sales)을 말하며, 제조업에서는 제품을 생산하여 고객에게 판매한 매출액을 의미한다. 운수업, 금융업, 보험업, 공인회계사업, 변호사업 등과 같은 서비스업에서는 고객에게 서비스를 제공하고 받은 대가가 수익이다. 쉽게 말하면 고객에게 판매한 재화 또는 서비스의 판매액을 의미한다고 이해하면 될 것이다. 중요한 것은 수익을 수입, 이익, 이윤 또는 소득 등의 개념과 혼동하지 않는 것이다.

여기서 수익은 고객에게 제공한 재화나 서비스의 판매액을 의미하므로 재화나 용역의 대가를 고객으로부터 현금으로 받았느냐 아니면 외상으로 하였느냐 하는 것은 수익금액과 상관이 없다. 예를 들어, 상품을 ₩70,000에 판매하고 ₩50,000은 현금으로 받고 나머지 ₩20,000은 외상으로 하였을 경우, 현금수입은 ₩50,000이지만 수익은 ₩70,000이 되는 것이다.

여기에서 한 가지 유의할 것은 포괄손익계산서상의 수익은 재무상태표상의 자본, 즉 순자산의 증가를 의미한다는 것이다. 수익은 경제적 자원의 유입을 의미하기 때문이다.

2) 수익의 분류

기업이 고객에게 판매하는 재화 또는 서비스의 종류는 이루 헤아릴 수 없을 만큼 많기 때문에 수익의 종류도 많을 것은 당연하다. 이와 같이 많은 종류의 다양한 수익을 포괄손익계산서에 어떻게 표시하는가?

수익도 재무상태표에서 자산, 부채 또는 자본과 마찬가지로 일정한 기준으로 분류하여 표시하는 것이 일반적이다. 우리나라의 일반적으로 인정된 회계원칙에서는 수익을 크게 매출수익(영업수익)과 영업외수익 2가지로 분류할 수 있다.

① 매출액

매출액(sales revenue)은 기업의 주된 영업활동을 통해 고객에게 판매한 재화 또는 서비스의 판매액을 말하며, 수익 중에서 가장 금액이 크고 중요한 수익이다. 매출액은 기업의 영업활동이 얼마나 활발하였는가를 나타내는 매우 중요한 정보라고 할 수 있다. 일반적으로 매출액은 포괄손익계산서의 맨 처음에 표시된다.

② 영업외수익

영업외수익(non-operating revenue)은 기업의 주된 영업활동 이외의 부수적인 활동의 결과로 발생한 수익이나 비정상적인 사건의 결과로 인하여 발생한 차익을 말한다.

각종 예금으로부터 발생하는 이자수익, 주식투자에서 발생하는 배당금수익 등 이외에도 단기매매증권의 평가이익 또는 처분이익, 유형자산처분이익, 외환차익 등이 여기에 속한다.

영업외수익은 기업의 기본적인 영업활동에서 발생한 수익이 아니므로 다단계 구분손익계산서를 작성하는 경우 별도의 항목으로 구분하여 표시함으로써 영업이익의 산출에서는 제외되고, 당기순이익의 산출에 포함시킨다.

3) 비용이란 무엇인가?

비용도 앞에서 설명한 수익과 마찬가지로 회계를 처음으로 배우는 학생들이 혼동을 많이 하는 용어이다. 일상생활에서 흔히 사용되는 비용과 유사한 용어로서 지출, 손실, 또는 원가와 같은 용어를 들 수 있는데, 이것들은 회계에서 사용되는 비용의 개념과는 판이하게 다르다는 점을 분명하게 알아두어야 한다.

지출(cash disbursement)은 문자 그대로 현금이 경제주체의 밖으로 나가는 것을 의미하고, 손실(loss)은 수익보다 비용이 초과한 경우 또는 투입보다 산출이 작은 경우에 그 초과액을 의미한다. 원가는 비용의 개념과 유사하나 원가는 일정한 목적물 또는 대상에 투입된 자원을 의미하는 용어로 사용된다. 매출액의 원가, 상품의 원가, 건물의 원가 등이 그 예이다.

회계에서 비용(expense)은 수익을 얻기 위해 유출되거나 소비된 경제적 효익을 의미한다. 수익과 마찬가지로 비용도 반드시 현금의 지출과 일치할 필요가 없다. 현금지출액과 일치할 수도 있고 일치하지 않을 수도 있다. 현금의 지출이 있었느냐 또는 이익이냐, 손실이냐와 관계없이 수익을 위하여 희생된 경제적 자원의 가액이 바로 비용이다. 예컨대, 구멍가게에서 주인이 부담하는 집세, 전기세 그리고 판매된 상품의 매입원가 등이 바로 비용이다.

여기에서 한 가지 유의할 것은, 수익은 자본(순자산)의 증가를 초래하는 반면에, 비용의 발생은 자본의 감소를 초래한다는 점이다. 그러므로 수익이 비용을 초과하면 순이익이 발생하고, 이 순이익은 곧 자본의 순증가액을 의미하는 반면에, 비용이 수익을 초과하면 순손실이 발생하고, 이 순손실액은 곧 자본의 순감소액을 의미하는 것이다. 이 점을 잘 이해하면 앞에서 설명한 재무상태표와 포괄손익계산서의 연결관계를 확실히 이해할 수 있을 것이다.

예제 2-2

동국전자대리점에서 3월 한 달 동안에 냉장고 10대를 대당 ₩1,200,000씩 받고 팔았는데 판매대금 중 ₩5,000,000은 현금으로 받고 나머지는 3개월 후에 받는 조건으로 판매하였다. 또한 냉장고 10대를 제조업자로부터 대당 ₩1,000,000씩 외상으로 매입하였으며, 종업원의 급여로 ₩300,000, 광고비로 ₩200,000을 지급하였다. 동국전자대리점의 3월의 수익과 비용은 얼마인가? 또한 3월의 순이익은 얼마인가?

풀이

(1) 3월의 수익과 비용의 계산 :

수 익 :

냉장고 10대 매출액 ₩12,000,000

비　용 :

냉장고 10대 매입원가	₩10,000,000
급여	₩300,000
광고비	₩200,000
비용합계	₩10,500,000

(2) 3월의 순이익의 계산

수익합계(₩12,000,000) − 비용합계(₩10,500,000) = 순이익(₩1,500,000)

4) 비용의 분류

기업의 규모와 특성에 따라 차이가 있겠으나 비용의 종류는 매우 많은데, 이렇게 많은 종류의 비용을 의미없이 일렬로 나열한다면 이와 같은 정보는 정보로서의 가치를 상실하게 된다. 일반적으로 인정된 회계원칙은 비용을 성격별로 구분하거나 기능별로 구분하도록 규정하고 있다.

다단계식 포괄손익계산서를 작성할 때에는 이와 같이 다양한 종류의 비용을 기능별로 분류하여 표시하는 것이 일반적이다. 비용을 기능별로 구분하면 다음과 같이 4가지로 구분하여 표시할 수 있다.

비용
- 매출원가
- 판매비와관리비
- 영업외비용
- 법인세비용

① 매출원가

매출원가(cost of sales 또는 cost of goods sold)란 제품, 상품 등의 매출액에 대응되는 원가로서 판매된 제품이나 상품 등에 대한 제조원가 또는 매입원가이다. 즉, 당기간 중에 판매된 제품 또는 상품의 원가를 의미하며, 이는 매출액에 직접 대응되는 비용이다.

예컨대, 전자제품 판매대리점에서 TV세트 10대를 대당 ₩500,000씩 매입하였고, 이 중 8대를 ₩700,000씩 판매하였을 경우에 매출액(매출수익)은 ₩5,600,000이고, 매출원가는 ₩4,000,000이다. 여기에서 주의할 것은 TV를 10대 매입하였으나(매입액 ₩5,000,000) 매출원가는 판매된 수량 8대의 매입원가, 즉 ₩4,000,000이라는 점이다. 즉, 회계기간에 판매된 상품의 매입원가가 매출원가라는 비용이 되며 팔리지 않은 상품의 매입원가는 자산이다. 그러나 매출원가를 산출하는 것은 이렇게 단순하지 않다. 매출원가를 산출하는 방법에 대하여는 제5장에서 다시 상세히 설명할 것이다.

다단계식 포괄손익계산서를 작성할 때에 매출액과 매출원가를 대응시켜 표시하고 매출액에서 매출원가를 차감하여 **매출총이익**(gross income)을 산출한다.

② 판매비와관리비

판매비와관리비(selling & administrative expense)란 재화 또는 서비스의 판매와 기업의 경영을 위하여 지출되는 판매관련 비용과 일반관리와 관련된 비용을 말한다.

광고비, 접대비, 사무실관리비, 여비 및 교통비, 통신비, 본사 임직원의 급여 등과 같이 상품의 매입 또는 제품의 제조활동과 직접 관계되지 않고, 상품 또는 서비스의 판매활동 또는 기업의 일반적인 경영관리와 관련된 비용을 말한다.

다단계식 포괄손익계산서를 작성할 때에 매출총이익에서 판매비와관리비를 차감하여 **영업이익**(operating income)을 산출한다.

③ 영업외비용

영업외비용(non-operating expense)은 기업의 기본적인 영업활동 이외의 부수적 활동의 결과로 발생하는 비용이나, 비정상적인 사건의 결과로 발생한 차손(손실)을 말한다. 앞에서 설명한 영업외수익과 차익(이득)의 항목과 대비되는 항목이다.

차입금으로부터 발생하는 이자비용, 증권투자에서 발생하는 당기손익인식공정가치측정금융자산(단기매매증권) 평가손실 및 처분손실, 재고자산평가손실, 외화환산손실, 유형자산처분손실, 사채상환손실 등이 여기에 속한다.

다단계식 포괄손익계산서상에는 영업이익에서 영업외수익과 차익을 가산하고 영업외비용과 차손을 차감하여 법인세비용차감전순이익을 산출한다.

④ 법인세비용

자연인이든 법인이든 모든 인격은 납세의무를 부담한다. 회사는 법인이므로 회사가 일정기간에 벌어들인 순이익에 대하여 소득세를 납부하여야 한다. 회사가 부담하는 소득세를 포괄손익계산서상의 비용항목으로 표시한 것을 **법인세비용**(income tax expense)이라고 한다.

포괄손익계산서상에 표시되는 법인세비용은 법인세법 등 법령에 따라 산출한 법인세비용부담액에서 이연법인세의 당기 변동액을 가산 또는 차감하여 산출된다. 법인세비용차감전순이익에서 법인세비용을 차감하여 **당기순이익**(net income)을 산출한다.

(6) 포괄손익(순손익)의 결정방법

포괄손익은 기업의 경영성과를 종합적으로 나타내주는 성과지표 중 하나이다.

포괄손익은 순손익과 기타포괄손익의 합인데 기타포괄손익이 없다면 포괄손익과 순손익이 같다. 앞으로 설명의 편의를 위해 기타포괄손익은 없다고 가정한다. 기업의 순이익은 어떻게 산출하는가 하는 문제는 회계에서 가장 중요하고도 어려운 문제이다.

순이익의 산출방법을 이해하려면 기업의 순이익이 무엇인가에 대한 정확한 정의를 알아야 하는데 여기에서는 이에 대한 복잡한 설명은 생략하고, 위에서 설명한 재무상태표 및 포괄손익계산서에 표시되는 순이익이 어떤 원리로 산출되는가에 대하여 가급적 간단하게 설명하고자 한다.

예를 들어보자. 어떤 사람이 콩나물 장사를 시작했다. 아침에 콩나물 ₩50,000어치를 사서 저녁 늦게까지 모두 팔았으며, 판매액은 ₩85,000이었다. 낮에 점심값으로 ₩6,000, 차비로 ₩3,000을 지출했다.

이 경우에 콩나물장수의 하루 동안의 순이익은 얼마인가?

콩나물장수의 하루 동안의 순이익은 다음과 같은 원리로 산출할 수 있다.

하루 동안의 수익(콩나물판매액) ₩85,000 − 콩나물판매를 위해 희생된 경제적 효익(비용) ₩59,000 = 당기순이익 ₩26,000

이 접근방법은 당기의 수익에서 당기의 비용을 차감한 잔액을 당기순이익으로 하는 방법이다. 수익이 비용보다 크면 순이익이 산출되고, 비용이 수익보다 크면 순손실이 산출된다. 앞에서 설명한 포괄손익계산서는 이와 같은 원리로 작성되며 이를 **포괄손익계산서 접근방법** 또는 **회계적 접근방법**이라고 한다.

순이익을 산출하는 방법으로는 경제학적 접근방법도 있는데, 이는 기말의 순자산가치에서 기존의 순자산가치를 차감한 금액, 즉 기간 중의 순자산의 증가액을 순이익으로 하는 방법을 말한다. 이 방법을 사용하기 위해서는 기초와 기말의 모든 자산과 부채를 그 시점의 가치로 평가함으로써 인플레이션 영향이 모두 반영되어야 한다. 이론적으로는 경제학적 접근방법이 보다 우수하고 타당한 방법이라고 할 수 있다.

그러나 일반적으로 기업은 다양하고 거대한 금액의 자산과 부채를 보유하고 있으며 자산은 여러 가지 원인에 의하여 수시로 변화하기 때문에 순자산가치를 기준으로 순이익을 산출하는 것은 현실적으로 매우 어려운 문제일 뿐만 아니라 산출된 순이익의 객관성을 확보하기가 쉬운 일이 아니다. 따라서 회계에서는 이 방법을 채택하지 아니하고 포괄손익계산서 접근방법을 채택하고 있는 것이다.

요약하면, 회계에서는 순이익을 다음과 같은 **수익 · 비용모델**에 의하여 산출하고 있으며, 이와 같은 방법으로 산출된 순이익은 회계에서 채택하고 있는 방법에 의하여 산출된 이익이라는 의미에서 **회계상의 이익**(accounting income)이라고도 한다.

<회계상의 이익>

당기순이익	=	당기의 수익총액	−	당기의 비용총액
포괄이익	=	당기순이익	(+)−	기타포괄손익

이 방법은 기간 중에 발생한 수익과 비용의 내역을 상세하게 알 수 있을 뿐만 아니라 수익과 비용은 객관적으로 측정이 가능하므로 결국 이 방법은 기업의 순이익을 비교적 신뢰성 있게 측정할 수 있다는 장점이 있다.

4. 기타 주요 재무제표

주요 재무제표에는 재무상태표와 포괄손익계산서 외에 현금흐름표 및 자본변동표가 있다.

회계원리 과정에서는 주로 재무상태표와 포괄손익계산서에 대해서만 공부를 하게 되고 나머지 재무제표에 대해서는 재무회계 및 중급회계에서 상세하게 공부하게 되므로 여기에서는 간단히 소개만 하기로 한다.

(1) 현금흐름표

현금흐름표(statement of cash flows)는 기업의 일정기간 동안의 현금흐름에 대한 정보를 나타내는 회계보고서이다. 여기에서 **현금흐름**이란, 현금의 유입과 유출, 그리고 현재의 현금의 보유상태를 의미한다. 즉, 현금흐름표는 기업이 필요로 하는 현금을 어떻게 조달하였으며, 조달된 현금을 어떻게 사용했는가를 보여주는 회계보고서이다.

현금흐름표는 비교적 최근에 기본적 재무제표의 하나로 포함된 것이다. 이것은 기업을 평가하는 데 기업의 재무상태와 경영성과 이외에 기업의 현금흐름에 대한 정보의 중요성이 매우 커졌기 때문이다. 현금흐름표의 중요성은 점차 더욱 커지고 있다고 할 수 있으며, 때에 따라서는 다른 어떤 재무제표보다도 더 중요하게 이용된다고 할 수 있다.

흑자도산이란 용어가 있는데 이는 기업이 이익(흑자)을 내고 있으면서도 자금의 부족으로 채무를 상환할 능력이 없어 부도를 낸 것을 의미한다. 기업의 현금흐름에 대한 관리의 실패에 기인된 것이다.

기업경영에 있어 순이익의 관리가 가장 중요한 문제이지만 현금흐름에 대한 관리도 못지않게 중요하다. 영업활동에서 아무리 많은 순이익을 실현하더라도 기업을 무리하게 확장하거나 비유동자산에 지나치게 투자하는 경우에 기업의 현금흐름은 악화되는 것이다.

현금흐름표는 기업의 경제활동에서 조달되는 자금과 경제활동을 위하여 사용되는 자금을 보여주도록 되어 있다. 기업의 경제활동은 다음 세 가지로 요약된다.

영업활동(operating activities) : 재화 및 서비스의 생산과 판매활동
투자활동(investing activities) : 조달된 자금을 자산에 합리적으로 투자하는 활동
재무활동(financing activities) : 기업이 필요로 하는 자금의 조달 및 상환활동

현금흐름표는 위와 같은 기업의 경제활동의 결과로 조달된 현금과 경제활동을 위하여 사용된 현금을 알기 쉽게 표시하고, 동시에 기말 현재 전기와 비교하여 당기의 현금의 변동을 보여준다.

포괄손익계산서에 표시되는 당기순이익은 발생주의원칙을 기준으로 계산된 것이기 때문에 기업의 실제 현금흐름과는 차이가 있다. 따라서 포괄손익계산서에 나타나는 정보만으로는 미래의 현금흐름을 예측하고 계획을 세우는 데 한계가 있기 때문에, 현금흐름표는 중요한 회계정보를 제공한다고 할 수 있다.

현금흐름표의 구조와 작성원리를 요약하면 [그림 2-4]와 같다.

그림 2-4 현금흐름표의 구조와 작성원리

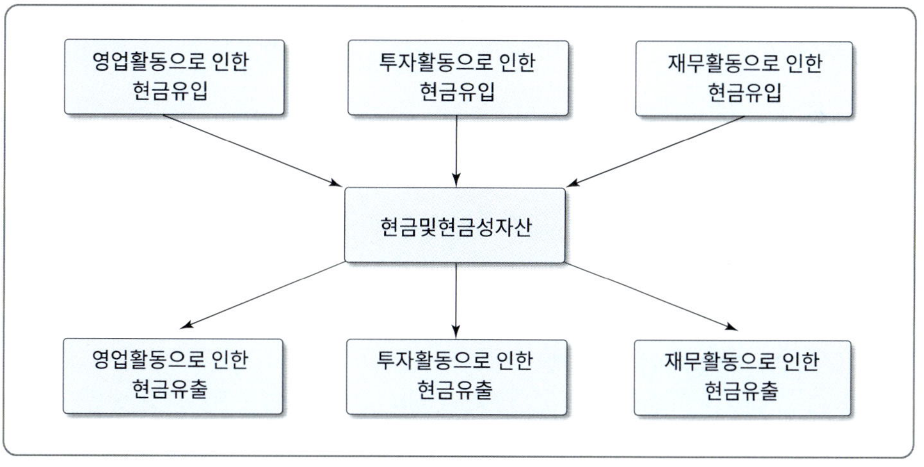

(2) 자본변동표

자본변동표(statement of changes in equity)란 회계기간 동안 소유주지분(자본)의 변동을 구성항목별로 구분하여 보고하는 회계보고서이다. 앞에서 설명한 바와 같이 자본은 자본금, 자본잉여금, 자본조정, 기타포괄손익누계액, 이익잉여금으로 구성되어 있는데, 자본변동표는 이러한 구성항목들의 기초잔액, 변동사항, 기말잔액을 표시하는 재무보고서이다.

5. 재무제표 작성시 준수사항

재무제표는 회계정보이용자에게 유용한 재무정보를 전달하는 재무보고의 주요수단이므로 일반적으로 인정된 회계원칙에 따라 작성되어야 하며, 일정한 기준과 규정을 준수하여야 한다. 재무제표 작성시 준수하여야 할 일반원칙에는 다음과 같은 사항이 있다.

(1) 재무제표의 공정한 표시와 GAAP의 준수

재무제표는 기업의 재무상태, 경영성과 및 현금흐름을 공정하게 표시하여야 하는데, 여기서 공정하게 표시된 재무제표란 K-IFRS, 기업회계기준, 기업회계기준서 등 우리나라에서 인정되는 GAAP의 내용을 준수하여 적정하게 작성된 재무제표를 의미한다.

(2) 계속기업의 전제

기업의 재무제표는 계속기업(going concern)을 전제로 작성하여야 한다. 기업을 청산하거나 경영활동을 중단할 의도를 가지고 있는 특수한 상황을 제외하고는 계속기업을 전제로 재무제표를 작성한다. 재무제표가 계속기업의 기준하에 작성되지 않는 경우에는 그 사실과 함께 배경과 이유를 공표하여야 한다.

(3) 발생기준 회계

기업은 현금흐름표를 제외한 재무제표 작성시 발생기준(accrual basis)에 따라 작성되어야 한다. 발생기준 회계란 기업실체의 경제적 사건이나 거래에 대해 관련된 수익과 비용을 인식함에 있어 현금의 유출입이 있는 기간이 아니라 당해 거래가 발생한 기간에 인식하는 것을 의미한다.

(4) 중요성과 통합표시

재무제표 작성시 유사한 항목은 중요성을 고려하여 구분하여 표시한다. 상이한 성격이나 기능을 가진 항목은 구분하여 표시하되, 중요하지 않은 항목은 통합하여 표시할 수 있다. 여기서 중요성(materiality)이란 재무제표 이용자의 의사결정에 영향을 미치는 정도를 나타내는 개념으로, 경영자는 이용자의 관점에서 해당 항목의 성격이나 금액의 크기를 고려하여 판단해야 한다.

(5) 상계 금지

K-IFRS, 기업회계기준, 기업회계기준서 등 우리나라의 GAAP에서 요구하거나 허용하지 않는 한 자산과 부채, 수익과 비용은 서로 상계하지 아니한다. 자산과 부채를 서로 상계하거나 수익과 비용을 서로 상계하여 표시하는 경우 회계정보 이용자가 기업의 재무상태나 경영성과를 이해하고 분석하는 데 방해가 될 수 있다고 판단되기 때문이다.

(6) 보고 빈도

일반적으로 비교정보를 포함하여 전체 재무제표는 1년 단위로 작성하여 보고한다. 그러나 회계기간의 변경으로 인해 재무제표의 보고기간이 1년을 초과하거나 미달하는 경우, 그 이유를 설명하고, 재무제표에 표시된 금액이 완전하게 비교 가능하지 않다는 사실을 추가로 공시하여야 한다.

(7) 비교재무제표의 작성

재무제표의 기간별 **비교가능성**(comparability)을 제고하기 위해 전기(prior period) 재무제표상의 모든 재무정보를 당기의 재무정보와 비교하는 형식으로 표시하여야 한다. 또한 전기 재무제표상의 비계량정보가 당기(current period)의 재무제표를 이해하는 데 관련된 경우에는 이를 당기의 비계량 정보와 비교하여 공시하여야 한다.

(8) 표시의 계속성

비교가능성을 제고하기 위하여 재무제표 항목의 표시와 분류는 매 회계기간마다 동일하여야 한다. 이를 **계속성**(consistency)**의 원칙**이라 하며 K-IFRS에서 달리 정하는 경우를 제외하고는 매기 동일한 기준을 적용하여 표시하여야 한다.

제 2 절 회계등식

회계는 기업의 경제활동을 인식하고 측정하여 기록한 다음, 이 기록자료를 이용하여 재무제표를 작성한다. 회계의 대상이 되는 경제활동을 인식하고 기록하기 위해서는 일정한 원리를 따라야 한다. 이 회계기록의 원리를 이해하기 위해서는 먼저, 다음에 설명하는 회계등식에 대하여 잘 이해해야 한다.

1. 회계등식의 구조

앞에서도 설명한 것처럼 회계등식은 회계기록의 기본적인 원리가 될 뿐만 아니라 재무상태표와 포괄손익계산서의 작성원리가 된다.

회계에서는 자산이 존재하면 반드시 그 금액만큼 자산에 대한 청구권이 존재한다고 전제한다. 예컨대, 자산이 ₩50,000 존재하면 반드시 이 자산에 대한 청구권이 ₩50,000만큼 존재한다는 것이다. 즉, 자산 ₩50,000에 대하여 그 소유를 주장할 수 있는 권리가 ₩50,000만큼 있다는 것이다.

자산에 대한 이 권리를 **청구권**(claim) 또는 **지분**(equity)이라고 한다.

자산과 지분의 상호관계는 다음과 같은 식으로 나타낼 수 있다.

자 산 ₩50,000	=	지 분 ₩50,000	……………………………… (2.1)

예컨대, 어떤 사업가가 ₩70,000을 출자하고, 은행으로부터 ₩30,000을 차입하여 남산주식회사를 설립하였다고 가정하자. 이 경우에 남산주식회사의 자산은 ₩100,000이고, 이 중 ₩70,000은 소유주에게 귀속되는 **소유주청구권**(owners' claim) 또는 **소유주지분**(owners' equity)이고 나머지 ₩30,000은 채권자인 은행에게 귀속될 **채권자청구권**(creditors' claim) 또는 **채권자지분**(creditors' equity)이다. 소유주지분은 곧 자본을 의미하고 채권자지분은 부채를 의미한다. 이 관계를 식으로 표시하는 경우 식 (2.1)은 다음과 같이 다시 쓸 수 있다.

자 산 ₩100,000	=	채권자지분 ₩30,000	+	소유주지분 ₩70,000	································ (2.2)
‖		‖		‖	
자 산 ₩100,000	=	부 채 ₩30,000	+	자 본 ₩70,000	································ (2.3)

식 (2.3)은 회계기록의 기본적인 원리가 되는 것으로서 이를 **회계등식**(accounting equation) 또는 **재무상태표등식**(balance sheet equation)이라고 한다.

식 (2.3)은 다시 다음과 같이 변형할 수 있다.

자산(₩100,000) − 부채(₩30,000) = 자본(₩70,000)
또는
자산(₩100,000) − 자본(₩70,000) = 부채(₩30,000)

앞에서 설명한 재무상태표는 바로 이 회계등식을 기초로 하여 작성된다는 것을 이해하였을 것이다.

기업의 경영활동은 대부분 기업의 자산, 부채 및 자본의 변화를 가져오게 되며, 이러한 경영활동의 결과는 회계등식으로 표시할 수 있다. 자산, 부채 및 자본의 변화를 가져오는 기업의 모든 경영활동은 회계기록의 대상이 되며, 이것을 회계등식의 원리에 따라 회계장부에 기록하는 것이 재무회계의 기초가 되는 복식부기의 원리이다.

여기에서 포괄손익계산서의 구성요소인 수익과 비용을 대입하여 회계등식을 확장하여 보자.

기업의 순이익은 수익에서 비용을 차감하여 산출한다는 것을 앞에서 여러 차례 설명하였다. 수익은 고객에게 재화 또는 서비스를 제공한 대가로 유입되는 경제적 자원을 의미하므로 수익이 발생하면 기업의 자본(순자산)이 증가한다. 비용은 수익을 얻기 위하여 희생한 경제적 자원을 의미하므로 비용이 발생하면 기업의 자본이 감소한다.

자본의 증가는 자산의 증가 또는 부채의 감소를 의미하고, 자본의 감소는 자산의 감소 또는 부채의 증가를 의미한다.

따라서, 앞의 식 (2.3)을 다음과 같이 바꾸어 쓸 수 있다.

자 산	=	부 채	+	자 본	+	(수익 − 비용)	……………………(2.4)

위의 식 (2.4)에서 (수익 − 비용) = 순이익이므로 다음 식 (2.5)도 성립된다.

자 산	=	부 채	+	자 본	+	당기순이익	……………………(2.5)

2. 회계등식의 이해

이상의 회계등식을 이해하기 위해 예제를 통하여 좀 더 상세히 설명하기로 한다.

예제 2-3

동국방송국의 야구해설가로 근무하던 홍길동은 작년 연말에 정년퇴직을 하였다. 어떤 사업을 할까 고민을 하던 중 가구공장을 하는 형님이 화물운송업을 하는 것이 어떠냐는 권유를 하였다. 형님은 가구공장을 하기 전에 화물운송업을 오랫동안 해왔기 때문에 홍길동 씨에게 화물운송업에 대한 많은 조언을 해 줄 수 있고, 또한 형님이 운영하는 가구공장의 물건을 배달하는 일도 맡을 수 있을 것으로 생각되어 화물운송업을 하기로 결정하였다. 회사의 상호는 본인의 이름을 따서 '홍길동운수회사'로 하고, 그동안 모아둔 저금과 퇴직금 중 ₩50,000,000을 현금으로 출자하여 2020년 1월 1일에 회사를 설립하였다.

회사설립 시점에 있어서 이 회사의 재무상태를 회계등식에 맞추어 표시한다면 다음과 같다.

자 산	현 금 ₩50,000,000	자본금 ₩50,000,000	자 본

이를 다시 회계등식으로 표시하면 다음과 같다.

자 산	=	부 채	+	자 본
현 금	=	없 음	+	자본금
₩50,000,000	=	0	+	₩50,000,000

여기서 유의해야 할 것은 홍길동 개인이 소유하고 있는 자산이나 부채는 회사와는 별개의 것이기 때문에 앞의 회계등식은 홍길동 개인의 재무상태를 표시하는 것이 아니라 기업실체인 홍길동운수회사의 재무상태를 나타내주는 것이라는 점이다. 회계정보를 보고할 때에는 비록 조그마한 구멍가게라 하더라도 가게 자체를 가게의 소유주인 자연인과 별개의 독립된 경제단위로 하여 회계보고를 하는 것이다.

예제 2-4

2020년 1월 5일에 홍길동운수회사는 화물트럭 2대를 ₩40,000,000에 현금으로 구입하였다. 당분간은 회사업무를 본인이 직접 처리하기로 결정하고, 화물트럭을 운전할 기사 2명만 우선 채용하였다.

2020년 1월 5일의 거래가 끝난 후, 이 회사의 재무상태는 다음과 같이 표시된다.

<table>
<tr><td rowspan="2">자 산</td><td>현 금
₩10,000,000</td><td rowspan="2">자본금
₩50,000,000</td><td rowspan="2">자 본</td></tr>
<tr><td>화물트럭
₩40,000,000</td></tr>
</table>

즉, 이 회사는 자산총액이나 자본총액에는 변동이 없으나 자산의 구조가 현금 ₩50,000,000 중 ₩40,000,000이 다른 자산인 화물트럭으로 변화하였다. 거래 이후의 회계등식은 다음과 같다.

자 산	=	부 채	+	자 본
현금+화물트럭	=	없 음	+	자본금
₩10,000,000+₩40,000,000	=	0	+	₩50,000,000

예제 2-5

2020년 1월 10일에 홍길동운수회사는 사업자금이 부족하여 은행으로부터 ₩30,000,000의 대출을 받았다.

은행대출을 받은 후의 회사의 자산은 은행차입금의 회사유입으로 인하여 ₩80,000,000으로 늘어나게 되며, 이 중 ₩30,000,000은 은행의 청구권을 의미하는 채권자지분, 즉 부채가 된다. 1월 10일의 재무상태는 다음과 같이 표시된다.

자 산	현 금 ₩40,000,000	은행차입금 ₩30,000,000	부 채
	화물트럭 ₩40,000,000	자본금 ₩50,000,000	자 본

이를 회계등식으로 표시하면 다음과 같다.

자 산	=	부 채	+	자 본
현금+화물트럭	=	은행차입금	+	자본금
₩40,000,000+₩40,000,000	=	₩30,000,000	+	₩50,000,000

기업의 경제활동 결과는 반드시 자산, 부채 및 자본의 변화를 수반하게 되고 그렇기 때문에 기업의 경제활동으로 인한 자산, 부채 및 자본의 변화는 그것이 어떤 형태이든지 이 회계등식으로 표현할 수 있다는 것을 알 수 있다.

자 산	=	부 채	+	자 본
기초의 자산	=	기초의 부채	+	기초의 자본

여기에서 특정 회계기간이 경과한 후 회계기간 중에 발생한 수익과 비용을 대입하여 보자. 수익은 자본의 증가요인이 되고 비용은 자본의 감소요인이 되며, 수익에서 비용을 차감한 잔액은 당기순이익이 된다는 것은 이미 설명하였다. 기말의 당기순이익은 소유주지분, 즉 기말의 자본에 포함된다. 이 관계를 식으로 표시하면 다음과 같다.

기간의 수익	−	기간의 비용	=	당기순이익
기말의 자산	=	기말의 부채	+	기초의 자본 +당기순이익
기말의 자산	=	기말의 부채	+	기초의 자본 +(수익 − 비용)
기말의 자산	=	기말의 부채	+	기말의 자본

예제 2-6

2020년 12월 31일까지 홍길동운수회사가 운송을 해주고 받은 운송수익의 총액은 ₩100,000,000이었다. 일년 동안 운전기사 2명의 월급 ₩40,000,000, 휘발유값 ₩20,000,000, 그리고 잡비 ₩10,000,000 등을 지출하였다. 결국, 일년 동안 영업을 한 결과, 운송수익 ₩100,000,000에서 비용 ₩70,000,000을 차감한 ₩30,000,000의 당기순이익이 발생하였다. 일년 동안 경영활동을 반영한 후 2020년 12월 31일의 이 회사의 회계등식은 다음과 같이 된다.

자 산	=	부 채	+	자본금	+	수 익	−	비 용
현금+ 화물트럭	=	은행 차입금	+	자본금	+	운송수익	−	비용합계
₩70,000,000 + ₩40,000,000	=	₩30,000,000	+	₩50,000,000	+	₩100,000,000	−	₩70,000,000

1월 10일의 재무상태와 12월 31일의 재무상태를 그림으로 표시하여 비교하면 다음과 같다.

〈1월 10일의 재무상태〉

자 산 ₩80,000,000	현 금 ₩40,000,000	은행차입금 ₩30,000,000	부 채 ₩30,000,000
	화물트럭 ₩40,000,000	자본금 ₩50,000,000	자 본 ₩50,000,000

〈12월 31일의 재무상태〉

자 산 ₩110,000,000	현 금 ₩70,000,000	은행차입금 ₩30,000,000	부 채 ₩30,000,000
		자본금 ₩50,000,000	자 본 ₩80,000,000
	화물트럭 ₩40,000,000	당기순이익 ₩30,000,000	

일년간의 당기순이익 ₩30,000,000은 자본에 포함되어 12월 말 현재의 자본은 ₩80,000,000이 된다.

이상에서 설명한 회계등식은 다음 장에서 설명하는 분개의 원리에 직결된다는 것을 유념해 두기 바란다.

제 3 절 재무회계의 기초이론

재무보고를 위한 개념체계

앞에서 살펴본 바와 같이 재무회계는 기업의 경제적 활동을 측정하여 이를 통하여 유용한 정보를 생산하여 잠재적 혹은 현재 외부이용자에게 보고하는 것이다. 즉, 재무회계는 외부이용자를 위한 보고이다. 외부이용자를 위한 보고를 하기 위해서는 외부이용자들이 공통적으로 원하는 정보가 무엇인지를 파악해야 하고, 이러한 정보가 외부이용자에게 유용하기 위해서는 어떠한 질적 특성을 갖추어야 하는지 그리고 기업의 어떤 경제적 활동을 측정해야 하는지 등에 대한 이론이 필요하다. 이러한 재무회계의 이론적 기초를 제공하기 위해 회계기준을 제정하는 기관들이 「재무보고를 위한 개념체계」를 작성하여 공표한다. 여기서는 이러한 개념적 체계에 포함된 기초적인 이론을 간략하게 살펴보기로 한다.

1. 기본가정(basic assumptions)

외부이용자에게 유용한 재무정보를 생산하기 위해서는 몇 가지 가정이 필요하다. 재무보고를 수행하는 현행 회계실무의 밑바탕에 깔려 있는 대표적인 기본가정은 크게 세 가지, 즉 ① 계속기업의 가정, ② 기업실체의 가정, ③ 회계기간의 가정이 있다. 최근에 공표된 「재무보고를 위한 개념체계」에 따르면, 계속기업의 가정만이 언급되고 있고 나머지는 구체적으로 언급되고 있지 않다. 그러나 회계를 이해하는 데 이러한 가정을 이해하는 것이 우선되어야 하므로 여기서는 세 가지 가정 모두에 대해 살펴본다.

(1) 계속기업의 가정

계속기업의 가정(assumption of going concern)이란 기업은 영속적으로 존재하고 그 기업의 경영활동도 영구히 계속된다고 가정하는 것이다. 물론 기업의 영속성이 절대적으로 보장되는 것은 아니다. 우리는 파산이나 청산을 하는 기업을 많이 볼 수 있다. 그러나 회계는 기업이 경영활동을 청산하거나 중요하게 규모를 축소할 의도를 갖고 있지 않으며, 예상가능한 기간 동안 영업은 계속한다는 가정 하에서 이루어져야 한다는 것이다.

(2) 기업실체의 가정

기업실체의 가정(assumption of business entity)은 기업이 그 자체로서 존재하며, 기업의 소유주나 다른 기업과 분리된 독립적인 하나의 실체라는 것이다. 아무리 조그마한 개인기업이나 구멍가게라 하더라도 회계정보를 기록하거나 보고할 때는 그 조직 자체가 하나의 독립된 기업실체가 되고 이 실체가 회계주체 또는 회계실체(accounting entity)가 된다는 가정이다. 그러므로 기업의 회계는 기업의 소유주가 회계의 주체가 되는 것이 아니라 기업자체(기업실체)가 회계의 주체가 되는 것이다. 즉, 모든 회계행위는 기업실체의 입장에서 이루어져야 하는 것이다.

(3) 회계기간의 가정

회계기간의 가정(assumption of time period 또는 periodicity)은 회계정보의 측정과 보고는 인위적으로 설정한 시간간격(time intervals), 즉 **회계기간**을 기준으로 한다는 가정이다. 정규의 회계기간은 1년이다. 그러나 6개월(반기) 또는 3개월(분기)을 회계기간으로 하는 중간보고서를 작성하기도 한다. 기업이 자체의 내부목적을 위하여 1개월을 회계기간으로 할 수 있는 것은 물론이다. 회계기간의 가정은 계속기업의 가정과 관련을 갖고 있다. 따라서 학자에 따라서는 회계기간의 가정을 계속기업의 가정에 포함시켜 설명하기도 한다.

회계연도(accounting year)는 반드시 역년(calendar year)과 일치할 필요가 없다. 회계연도는 기업에서 임의로 정하면 된다. 어떤 회사는 6월 1일부터 다음 연도 5월 31일까지, 또 어떤 회사는 10월 1일부터 다음 연도 9월 30일까지 등으로 회사가 임의로 정한다. 일반적으로 회사의 설립일을 회계연도 개시일로 한다. 본 책에서는 특별한 언급이 없으면 회계연도는 매년 1월 1일부터 12월 31일까지로 가정한다.

2. 유용한 회계정보의 질적특성

재무회계의 주요 목적은 현재 및 잠재적 외부이용자의 의사결정에 유용한 재무정보를 전달하는 것이다. 그렇다면 이러한 목적을 달성하기 위해서는 어떠한 정보가 의사결정자에게 유용한 정보일 것인지가 결정되어야 한다.

회계정보의 질적특성(qualitative characteristics)이란 회계정보가 유용하기 위해 갖추어야 할 주요 특성을 말하며, 회계정보의 유용성을 판단하는 기준이 된다.

회계정보의 질적특성으로는 목적적합성(relevance)과 충실한 표현(faithful representation)이라는 근본적 질적특성과 이를 보강하는 질적특성인 비교가능성, 검증가능성, 적시성 및 이해가능성이 있다.

(1) 근본적 질적특성

1) 목적적합성

목적적합성(relevance)이란 정보가 이용자의 의사결정 목적에 부합해야 한다는 속성을 말한다. 의사결정은 하나 이상의 대안이 존재하고 그 대안 중에서 최적의 대안을 선택하는 것이므로, 대안 간에 차이를 발생시키지 않는 공통적인 정보는 목적적합한 정보가 아니다. 예를 들어, 위험(risk)이 동일한 두 투자안 중에서 수익률이 높은 투자안을 선택하는 의사결정에서 위험에 관한 정보는 목적적합한 정보가 아니다.

목적적합성은 의사결정을 함에 있어서 이와 같은 정보가 없는 경우와 비교하여 '보다 유리한 차이를 낼 수 있음(capable of making a favorable difference)'을 의미한다.

목적적합한 정보가 되기 위한 하부 속성으로는 예측가치(predictive value)와 확인가치(feedback value)가 있다. 예측가치는 정보이용자가 의사결정을 함에 있어 미래를 예측할 수 있는 속성을 의미한다. 의사결정은 미래에 대한 것이므로 각 대안과 관련된 미래를 예측하는 데 도움이 되지 않는다면 이러한 정보는 목적적합한 정보일 수 없다.

확인가치는 정보이용자의 당초 기대치 또는 예측치를 확인하거나 수정함으로써 정보이용자의 의사결정에 영향을 미칠 수 있는 능력을 말한다. 정보의 예측가치와 확인가치는 상호 관련이 있다. 그러나 정보가 예측능력을 지니기 위하여 반드시 미래에 대한 예측정보 그 자체일 필요는 없으며, 과거의 사건도 그 표시방법에 따라 정보의 예측능력을 향상시킬 수 있다.

예를 들어, 포괄손익계산서의 비경상적, 또는 비반복적인 항목을 구분 표시할 경우 포괄손익계산서의 예측가치는 향상된다.

목적적합한 정보란 예측을 하는 데 도움이 되거나(예측가치), 또는 그 사건의 결과에 대한 정보이용자의 당초 기대치를 확인, 수정할 수 있게 함으로써(확인가치) 의사결정에 차이를 가져올 수 있는 정보를 말한다.

2) 표현충실성

표현충실성(representational faithfulness)이란 제공하는 회계정보에 오류(error)나 편의(bias)가 없고, 그 정보가 표현하려고 하는 내용을 충실하게 표현하여 정보이용자가 믿을 수 있다는 것을 의미한다. 표현충실성을 갖기 위해서는 서술이 완전하고, 중립적이며, 오류가 없어야 한다.

표현충실성이란 정보가 전달하고자 하는 현상을 충실하게 표현해야 한다는 의미이다. 즉, 나타내고자 하는 현상을 왜곡없이 표현한 정보는 신뢰성을 갖게 되며 유용한 정보가 되는 것이다.

예를 들어 소개팅을 시켜주기 위해 소개해 줄 사람에 대한 정보를 전달할 때 그 정보가 소개시켜 줄 사람을 충실하게 표현해야 유용할 것이다. 회계정보도 기업의 활동을 측정해서 정보를 생산하는데, 기업의 재무상태와 경영성과를 충실하게 표현할 때 그 회계정보가 유용할 것이다.

중립적 서술이란 정보이용자가 정보를 유리하게 또는 불리하게 받아들일 가능성을 높이기 위해 편파적이 되거나, 강조되거나, 혹은 그 밖의 방식으로 조작되지 않는 속성을 말한다. 정보가 신뢰성을 갖기 위해서는 어느 한쪽으로 치우침이나 편의가 없이(free from bias) 중립적이어야 한다.

완전한 서술(completeness)이란 중요한 정보가 누락되지 않아야 한다는 것이다. 즉, 정보이용자가 현상이나 사건에 대한 이해를 하거나 의사결정을 함에 있어 필요한 모든 정보를 포함하는 것을 의미한다. 예를 들어, 소개시켜 줄 사람의 얼굴모습에 대한 것만 표현하고 그 사람의 인간성이나 성격적 특성, 외모 등을 표현해주지 않으면 그 정보는 완전한 정보가 아니다.

(2) 보강적 질적특성

1) 비교가능성

비교가능성이란 재무정보가 기업 간의 비교분석(비교가능성: comparability) 및 동일기업의 기간 간의 비교분석(계속성: consistency)을 가능하게 하는 정보의 특성을 의미한다. 예를 들어, 기업 간에 동일한 측정방법을 사용하는 경우 두 기업을 비교하기가 쉬워지고, 동일한 기업이 매기간 동일한 회계처리방법을 사용한다면 기간 간 비교가 쉬워지므로 의사결정에 보다 유용한 정보가 될 수 있다.

재무정보의 비교가능성을 높이기 위해서는 재무제표의 작성에 있어서 적용된 회계처리기준이나 회계처리방법의 변경 등이 충분히 공시되어 정보이용자가 기업 간 또는 동일기업의 기간별 회계처리방법의 차이를 파악할 수 있어야 한다.

2) 검증가능성

검증가능성(verifiability)은 합리적인 판단력이 있고 독립적인 서로 다른 관찰자가 어떤 서술이 충실한 표현이라는 데 반드시 완전히 일치하지는 못하더라도, 대체로 의견이 일치할 수 있다는 것을 의미한다.

3) 적시성

적시성(timeliness)이란 의사결정에 영향을 미칠 수 있도록 의사결정자가 정보를 제때에 이용가능하게 하는 것을 의미한다.

4) 이해가능성

회계정보가 의사결정에 유용하게 활용되기 위해서는 **이해가능성**(understandability)이 있어야 한다. 즉, 이용자가 회계정보를 쉽게 이해할 수 있어야 하는데, 이해가능성은 두 가지 측면을 갖는다. 하나는 회계정보가 이해가능한 형태로 제공되어야 한다는 것이며, 또 다른 하나는 이용자가 회계정보를 이해할 수 있는 능력을 가져야 한다는 것이다. 다만, 어느 회계정보가 의사결정에 유용하다고 여겨짐에도 불구하고 그 정보가 일부 이용자에게 이해가능성이 약하다는 이유로 정보제공에서 제외해서는 안 된다.

3. 회계원칙: 인식 및 측정

재무회계에서 산출되는 정보의 주요 구성요소는 자산, 부채와 자본, 수익과 비용이다. 이익은 수익에서 비용을 차감하여 계산한다. 즉, 재무상태와 관련된 구성요소에는 자산, 부채와 자본이 있으며, 성과를 나타내는 주요 구성요소에는 수익과 비용이 있다. 여기서는 이러한 주요 구성요소를 어떻게 인식하고 측정하는가 하는 문제를 간략하게 살펴보고자 한다.

회계학에서 인식(recognition)이란 재무제표 요소의 정의에 부합하고 일정한 기준을 충족하는 항목을 선택하는 과정을 의미하고, 측정(measurement)이란 인식 대상으로 선택된 요소들을 화폐금액으로 전환하는 과정을 말한다. 여기서는 자산의 인식 및 측정원칙과 이익(수익과 비용)을 측정하기 위한 발생주의와 현금주의에 대해서 간략히 살펴본다.

(1) 역사적 원가원칙

역사적 원가원칙(historical cost principle)은 모든 자산은 원칙적으로 취득 당시의 교환가격, 즉 취득원가로 표시한다는 것이다. 이를 역사적 원가주의 또는 취득원가주의(acquisition costs principle)라고도 한다.

역사적 원가주의가 주장되는 이유는, 취득원가는 자산을 취득할 당시의 교환가격이므로 객관성이 있고 검증가능성을 갖고 있기 때문이다. 즉, 자산을 취득원가로 표시함으로써 회계정보의 신뢰성을 확보할 수 있기 때문이다. 또한 취득원가주의는 보유자산의 시가평가에 따르는 평가손익을 인식하지 않는 것을 원칙으로 하기 때문에 보수주의 회계원칙에 부합한다고 할 수 있다. 이런 이유 때문에 회계에서 오랫동안 전통적으로 지켜져 온 회계원칙이다.

그러나 취득원가는 재무제표 작성일 현재의 시가와 차이가 있는 경우가 많으므로 정보의 유용성을 해치는 문제가 있다. 따라서 오늘날에는 역사적 원가주의가 상당히 퇴색되어 철저하게 지켜지지 않고 있는 실정이다.

(2) 발생주의와 현금주의

발생주의(accrual basis)란 수익과 비용은 현금의 수입 또는 지출과 관계없이 발생한 때를 기준으로 인식한다는 원칙이다. 발생주의 회계원칙을 기준으로 한다는 것은 현금주의 회계원칙을 따르지 않는다는 것을 의미한다. 발생주의 회계원칙은 기업회계에서 가장 중요한 회계원칙의 하나라고 할 수 있다.

현금주의(cash basis)는 회계인식을 할 때에 현금의 수입 또는 현금의 지출시점을 기준으로 인식하는 회계원칙으로서 발생주의와 대립되는 개념이다. 이는 수익이나 비용을 인식할 때 발생한 사실을 기준으로 하지 않고 현금의 수입이나 지출의 시점을 기준으로 하는 것이다.

예컨대, 12월의 전기요금 ₩100,000을 그 이듬해 1월에 현금으로 지급했을 경우에, 발생주의에 의하면 전기요금 ₩100,000은 이듬해에 현금으로 지급했을지라도 12월의 비용으로 인식해야 한다. 그러나 현금주의에 의하면 이듬해 1월의 비용으로 인식해야 하는 것이다.

기업회계에서는 반드시 발생주의를 적용해야 하는데, 이는 기업회계에서는 기간손익계산을 합리적으로 하자는 데 가장 큰 이유가 있다. 기간손익계산은 일정기간의 영업성과를 평가하는 데 근간이 된다. 영업성과를 평가할 경우 어떤 연도의 성과 또는 어떤 월의 성과 등과 같이 기간의 개념이 없이 성과를 평가하는 것은 불합리하기 때문이다.

그러므로 기간손익계산보다 현금의 수입과 지출이 더 중요하다고 볼 수 있는 정부기관, 종교단체, 학교와 같은 비영리기관에서는 현금주의를 적용하는 경우가 많이 있다. 그러나 이와 같은 비영리기관일지라도 성과평가를 합리적으로 하고자 하는 경우에는 발생주의를 적용하는 것이 바람직하다.

(3) 발생주의에 의한 수익과 비용의 인식과 측정

앞에서 살펴보았듯이 발생주의에 따르면 수익과 비용은 현금의 유입이나 지출과 관계없이 발생한 시점에 인식된다. 그러나 수익이란 특정 시점에서 발생하는 것이 아니고 상품의 매입, 보관, 판매 및 대금회수까지의 기간에 연속적으로 발생하므로 회계목적으로 어느 시점에 인식할 것인가 하는 실무적인 문제가 제기된다. 일반적으로 수익은 실현시점에 기록되고(수익실현의 원칙) 비용은 그 성격상 수익을 창출하는 데 희생되는 것이므로 자기가 창출한 수익과 같은 기간에 기록되어야 할 것이다(수익 · 비용 대응의 원칙).

수익실현의 원칙(revenue realization principle)은 수익은 실현되었을 때 이를 포

그림 2-5 판매기준에 의한 수익인식

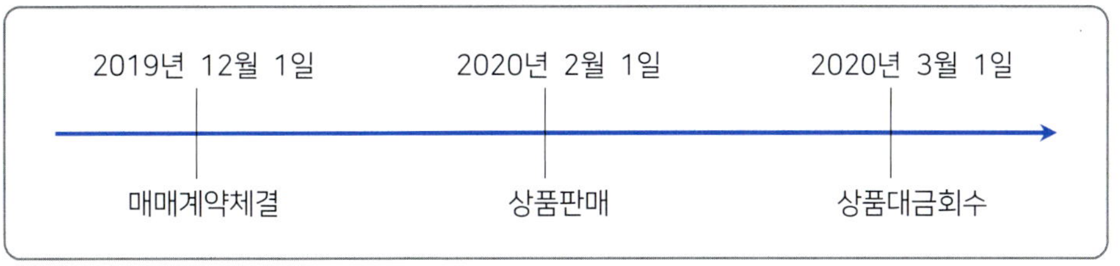

괄손익계산서상의 수익으로 인식한다는 원칙이며 **실현주의**라고도 한다. 따라서 실현되지 않은 미실현수익(unrealized revenue)은 일종의 예상수익이므로 포괄손익계산서상의 당기의 수익으로 인식하면 안 된다는 원칙이다.

수익은 비록 발생했더라도 실현되지 않았으면 이를 인식하면 안 되고 실현된 시점에서 인식해야 한다는 실현주의를 적용할 때에 가장 문제가 되는 것은, 수익의 실현시점을 어느 때로 할 것인가 하는 문제이다. 이것은 고객에게 제공되는 재화 또는 서비스의 특성에 따라 달라질 수 있으나 회계에서는 일반적으로 재화 또는 서비스를 고객에게 제공한 시점(판매기준)을 수익실현시점으로 본다. 물론 특수한 경우에는 판매되기 이전 생산시점 또는 판매 이후 현금회수시점에서 수익을 인식하는 경우도 있다. 수익인식기준에 대한 상세한 내용은 중급회계에서 배우게 된다.

[그림 2-5]에서 발생주의에 의한 수익 인식시점은 2020년 2월 1일이 된다. 그러나 현금주의에 의한 수익 인식시점은 3월 1일이 된다.

발생주의에서는 수익(revenue)과 비용(expense)이란 용어를 사용하며, 현금주의에서는 수입(receipts, 또는 세입)과 지출(disbursement, 또는 세출)이라는 용어를 사용한다.

수익 · 비용 대응의 원칙(matching principle)은 일정기간에 발생한 수익과 비용을 대응시켜 당기순이익을 산출하는 것을 원칙으로 한다는 것이다. 즉, 비용은 관계된 수익이 인식되는 동일한 기간의 비용으로 인식해야 한다는 것이 수익 · 비용 대응의 원칙이다.

일정기간의 수익과 비용이 서로 대응이 되어야 기간손익을 명확히 계산할 수가 있고, 또한 그 기간의 경영성과를 올바로 측정할 수가 있게 된다. 수익 · 비용 대응의 원칙은 일정기간의 경영성과를 보고하는 포괄손익계산서를 작성하는 원칙이 된다.

자습문제

SELF-STUDY

[1] 다음 빈칸에 알맞은 금액을 써넣으시오.

	자 산	부 채	자 본
① 동국상사	2,000,000	(　　　)	500,000
② 한국상사	2,500,000	1,800,000	(　　　)
③ 민국상사	2,200,000	(　　　)	700,000
④ 대한상사	(　　　)	1,000,000	600,000

풀이 자산 = 부채 + 자본 이라는 회계등식을 이용한다.

① 1,500,000　② 700,000　③ 1,500,000　④ 1,600,000

[2] 다음 빈칸에 알맞은 금액을 계산하여 써넣으시오.

	동국상회	한국상회	민국상회
현 금	2,000	(②)	3,000
매출채권	28,000	35,000	140,000
비 품	5,000	7,000	27,000
미지급금	6,000	10,000	20,000
매입채무	20,000	350,000	(③)
자본금	(①)	5,000	50,000

풀이 각 계정이 자산, 부채, 자본 중 어디에 속하는가를 먼저 파악해야 한다. 현금, 매출채권, 비품은 자산에 속하며, 미지급금과 매입채무는 부채에 속하고, 자본금은 자본에 속한다. 분류가 끝나면 회계등식에 대입한다.

① 동국상회의 자본금 = 자산(35,000) − 부채(26,000) = 9,000
　자산 : 2,000 + 28,000 + 5,000 = 35,000
　부채 : 6,000 + 20,000 = 26,000

② 한국상회의 현금 = 365,000 − (35,000 + 7,000) = 323,000
　부채 : 10,000 + 350,000 = 360,000
　자본 : 5,000
　자산 : 360,000 + 5,000 = 365,000

③ 민국상회의 매입채무 = 120,000 − 20,000 = 100,000
자산 : 3,000 + 140,000 + 27,000 = 170,000
자본 : 50,000
부채 : 170,000 − 50,000 = 120,000

[3] 김순자 씨는 미용실을 시작하였다. 1개월 동안 발생한 아래의 거래들을 다음의 회계등식에 따라 기록하시오.

자 산		부 채		자 본		수 익		비 용
현금 + 소모품 + 비품	=	미지급금	+	자본금	+	용역수익	−	급 료

① 현금 ₩50,000을 투자하여 영업을 시작하다.
② 소모품 ₩2,000을 외상으로 구입하다.
③ 머리손질용 기계 등 비품 ₩39,000을 현금으로 구입하다.
④ 한 달 동안 미용실 이용손님으로부터 ₩7,000의 현금수입이 있었다.
⑤ 종업원 급료로 ₩3,000을 지급하였다.
⑥ 소모품 ₩1,500을 구입하고 ₩1,000은 현금으로 지급하고 나머지는 외상으로 하다.

풀이

	자 산			부 채		자 본		수 익		비 용
①	현 금	50,000				자본금 50,000				
②	현 금 소모품	50,000 2,000		미지급금 2,000		자본금 50,000				
③	현 금 소모품 비 품	11,000 2,000 39,000		미지급금 2,000		자본금 50,000				
④	현 금 소모품 비 품	18,000 2,000 39,000		미지급금 2,000		자본금 50,000		용역수익 7,000		
⑤	현 금 소모품 비 품	15,000 2,000 39,000		미지급금 2,000		자본금 50,000		용역수익 7,000		급 여 3,000
⑥	현 금 소모품 비 품	14,000 3,500 39,000		미지급금 2,500		자본금 50,000		용역수익 7,000		급 여 3,000
		56,500	=	2,500	+	50,000	+	7,000	−	3,000

[4] 다음 그림은 동국컨설팅(주)가 경영활동을 수행한 과정을 그림으로 나타낸 것이다.

(1) 다음 그림을 보고 어떤 영업활동이 발생하였는지 설명하시오.

① 2020년 1월 3일

현 금 100,000	자본금 100,000

→

② 2020년 1월 10일

현 금 30,000	자본금 100,000
사무실 전세금 70,000	

→

③ 2020년 1월 15일

현 금 10,000	자본금 100,000
사무실 전세금 70,000	
컴퓨터 10,000	
비 품 10,000	

(2) 2020년 1월 20일에 회사 운영자금이 부족할 것으로 예상되어 하나은행에서 ₩20,000을 빌렸을 경우, 이를 그림으로 나타내보시오.

풀이

(1) ① 현금 ₩100,000을 투자하여 사업을 시작하다.
② 사무실을 임차하고 현금 ₩70,000을 지급하다.
③ 컴퓨터와 비품을 구입하고 현금 ₩20,000을 지급하다.

(2) 은행에서 자금 ₩20,000을 차입하여 현금이라는 자산이 늘어난 동시에 부채가 늘어나게 되었다.

현 금 30,000	은행차입금 20,000
사무실 전세금 70,000	자본금 100,000
컴퓨터 10,000	
비 품 10,000	

[5] 다음은 재무상태표의 계정과목들이다.

a. 유동자산 b. 유동부채 c. 투자자산 d. 유형자산 e. 무형자산
f. 비유동부채 g. 자본 h. 재무상태표의 항목이 아니다.

다음의 항목들이 앞에 제시된 재무상태표상의 계정과목들 중 어디에 속하는지 ( ) 안에 적으시오.

① ( ) 투자목적으로 보유하고 있는 토지
② ( ) 일상적인 영업활동에 사용할 목적으로 보유하고 있는 적금
③ ( ) 상품의 외상판매
④ ( ) 제품생산을 위해 구입한 원재료
⑤ ( ) 상품의 외상매입
⑥ ( ) 사무실에 있는 소파, 책상 등의 집기비품
⑦ ( ) 2개월 후에 지급하기로 약정한 어음
⑧ ( ) 3년 후에 상환하기로 하고 은행에서 받은 장기융자
⑨ ( ) 다른 기업에 돈을 빌려주고 받은 이자
⑩ ( ) 소유주지분

풀이

① c. 토지는 유형자산이지만 투자목적이므로 투자자산이 된다.
② a. 현금으로서 유동자산의 한 항목이다.
③ a. 매출채권으로서 유동자산의 한 항목이다.
④ a. 원재료나 반제품, 제품 등은 재고자산의 한 항목이며 재고자산은 유동자산에 속한다.
⑤ b. 매입채무로서 유동부채의 한 항목이다.
⑥ d. 집기비품은 일회성 소모품이 아니므로 유형자산이 된다.
⑦ b. 지급어음으로서 유동부채가 된다.
⑧ f. 상환기간이 장기(보통 1년 이상)인 부채는 비유동부채가 된다.
⑨ h. 이자수입은 수익항목이므로 재무상태표 항목이 아니다.
⑩ g. 소유주지분은 자본을 가리키는 것이다.

[6] 다음은 (주)동국의 2020년 12월 31일의 각 계정의 잔액이다. 연말의 자본금을 계산하시오.

현 금	4,000,000	미지급급료	6,000,000
매출채권	25,000,000	매입채무	22,000,000
기계설비	40,000,000	자본금	( )

풀이 회계등식에 의해 기말의 자본금을 구하면 다음과 같다.

자 산		부 채		자 본
현금+매출채권+기계설비	=	미지급금+매입채무	+	자본금

재무상태표를 작성할 때에는 회사명과 작성일을 반드시 기재하고 왼쪽에 자산을 오른쪽에 부채와 자본을 기록한다.

∴ 자본금=(4,000,000+25,000,000+40,000,000)−(6,000,000+22,000,000)
=41,000,000

재 무 상 태 표

2020년 12월 31일 현재

(주)동국 (단위: 원)

과 목	금 액	과 목	금 액
자 산		부 채	
현 금	4,000,000	매입채무	22,000,000
매출채권	25,000,000	미지급금	6,000,000
기계설비	40,000,000	자 본	
		자본금	41,000,000
자산총계	69,000,000	부채와 자본총계	69,000,000

[7] 다음은 동국주식회사의 2020년 1월 1일부터 12월 31일까지의 자료이다. 이 자료를 이용하여 일단계식 포괄손익계산서와 다단계식 포괄손익계산서를 작성하시오.

매출액	550,000	매출원가	320,000
감가상각비	6,000	급료	65,000
판매비	8,000	이자수익	12,000
법인세비용	12,000		

풀이 일단계식 포괄손익계산서에서는 수익과 비용을 각각 집계하여 당기순이익을 계산하며, 다단계식 포괄손익계산서에서는 매출총이익, 영업이익, 법인세비용차감전순이익, 당기순이익으로 구별하여 손익을 계산한다.

(1) 일단계식 포괄손익계산서

포괄손익계산서

2020년 1월 1일 ~ 2020년 12월 31일

동국주식회사 (단위: 원)

수 익		
매출액	550,000	
이자수익	12,000	562,000
비 용		
매출원가	320,000	
감가상각비	6,000	
급료	65,000	
판매비	8,000	
법인세비용	12,000	411,000
당기순이익		151,000

(2) 다단계식 포괄손익계산서

포괄손익계산서

2020년 1월 1일 ~ 2020년 12월 31일

동국주식회사 (단위: 원)

Ⅰ. 매출액		550,000
Ⅱ. 매출원가		320,000
Ⅲ. 매출총이익		230,000
Ⅳ. 판매비와관리비		
1. 급료	65,000	
2. 감가상각비	6,000	
3. 판매비	8,000	79,000
Ⅴ. 영업이익		151,000
Ⅵ. 영업외수익		
1. 이자수익	12,000	12,000
Ⅶ. 법인세비용차감전순이익		163,000
Ⅷ. 법인세비용		12,000
Ⅸ. 당기순이익		151,000

[8] 다음의 거래들은 자산, 부채, 자본, 수익 및 비용에 어떠한 영향을 미치는지 설명하시오.

1. 신주를 발행하여 현금이 입금되다.
2. 비품을 현금으로 구입하다.
3. 매출채권을 회수하다.
4. 기계설비를 외상으로 구입하다.
5. 급료를 현금으로 지급하다.
6. 은행이자를 현금으로 받다.
7. 화재로 인해 상품이 타버리다.

풀이 자 산=부 채+자 본+수 익−비 용

	자 산	부 채	자 본	수 익	비 용
1.	+		+		
2.	+, −				
3.	+, −				
4.	+	+			
5.	−				+
6.	+			+	
7.	−				+

연습문제

EXERCISES

▣ 서술형 문제

1. 재무제표의 종류에 대해 설명하시오.
2. 재무상태표에는 어떠한 회계정보가 나타나는지 설명하고 그 중요성을 설명하시오.
3. 자산의 정의와 자산의 분류방법에 대해 설명하시오.
4. 부채의 정의와 부채의 분류방법에 대해 설명하시오.
5. 자본의 정의와 분류방법에 대해 설명하시오.
6. 매출원가가 무엇인지 설명하시오.
7. 영업외수익에 대하여 설명하시오.
8. 영업외비용에 대해 설명하시오.
9. 현금흐름표는 어떠한 회계정보를 제공하는지 설명하시오.
10. 자본변동표는 어떠한 회계정보를 제공하는지 설명하시오.
11. 회계등식이란 무엇인지 설명하시오.
12. 수익과 비용에 대해 설명하시오.
13. 재무제표 작성시 준수사항에 대해 설명하시오.
14. 재무보고의 기본 가정에 대해 설명하시오.
15. 회계정보의 표현충실성에 대해 설명하시오.
16. 취득원가주의원칙에 대하여 설명하고 취득원가주의의 장점과 단점에 대해 설명하시오.
17. 회계정보의 목적적합성에 대해 설명하시오.
18. 회계정보의 신뢰성에 대해 설명하시오.
19. 회계정보의 비교가능성에 대해 설명하시오.
20. 회계정보의 검증가능성에 대해 설명하시오.
21. 회계정보의 이해가능성에 대해 설명하시오.
22. 발생주의와 현금주의를 비교 설명하고, 발생주의의 장점에 대해 설명하시오.
23. 수익실현의 원칙을 설명하시오.
24. 수익 · 비용 대응의 원칙을 설명하시오.

▣ 객관식 문제

1. 다음 중 재무상태표의 구성요소가 아닌 것은?
① 자산 ② 부채
③ 자본 ④ 수익
⑤ 정답 없음

2. 다음 중 회계등식을 나타낸 것은?
① 자본＝자산－비용 ② 자산＝부채＋비용
③ 부채＝자산－수익 ④ 자산＝부채＋자본
⑤ 자산＝수익＋자본

3. 우리나라 기업들은 일반적으로 차입금에 대한 의존도가 높은 편이다. 이와 같은 상황은 다음 중 어느 항목에 영향을 미치는가?
① 매출원가 ② 판매비와관리비
③ 영업이익 ④ 영업외비용
⑤ 매출총이익

4. 다음 중 당기순이익을 구하기 위한 적절한 공식은 무엇인가?
① 기말자산＋기말부채＋기초부채
② 기말자산＋기말부채＋기초자본
③ 기말자산－기말부채－기초자본
④ 기말자산－기말부채＋기초자본
⑤ 기말자산＋기말부채－기초자본

5. 다음 중 포괄손익계산서 항목이 아닌 것은?
① 매출 ② 감가상각비
③ 미지급비용 ④ 판매비와관리비
⑤ 정답 없음

6. 실현주의 회계원칙(수익실현의 원칙)에 대한 다음 설명 중 가장 맞게 설명한 것은?
① 수익은 고객에게 판매한 재화나 서비스의 대가를 현금으로 확실하게 회수하는 시점에서 인식한다.

② 비용은 발생주의에 따라 현금의 지출과 관계없이 발생된 사실에 따라 인식하나, 수익은 현금의 수입이 수반되지 아니하면 수익으로 인식하지 않는다.
③ 예상되는 수익과 예상되는 비용은 발생주의에 따라 수익과 비용으로 인식한다.
④ 수익은 일반적으로 재화나 서비스를 고객에게 제공된 시점에 실현된 것으로 본다.
⑤ 정답 없음

7. 다음 중 기간손익계산을 합리적으로 하고자 하는 회계원칙과 가장 관계가 깊은 것은?
① 역사적 원가주의 ② 수익실현의 원칙
③ 수익 · 비용 대응의 원칙 ④ 발생주의 원칙
⑤ 계속성의 원칙

8. 다음 중 기업회계기준을 따를 경우 포괄손익계산서에 보고되지 않는 것은?
① 자본 ② 기타포괄손익
③ 수익과 비용 ④ 당기순이익
⑤ 정답 없음

9. 다음 중 취득원가주의 회계원칙과 관계가 가장 먼 것은?
① 객관성 ② 화폐가치 안정
③ 신뢰성 ④ 합리적 기간손익계산
⑤ 정답 없음

10. 동국상사는 2019년 10월에 상품 10개를 ₩100,000씩 매입하였다. 2020년도에 이 상품 중 8개를 ₩150,000씩 판매하였다. 이 경우에 2020년도 포괄손익계산서상의 매출액은 ₩1,200,000, 매출원가 ₩800,000, 매출총이익은 ₩400,000으로 표시된다. 상품 10개 매입액 ₩1,000,000이 2019년도의 비용으로 표시되지 않고, 2020년도에 판매된 상품의 매입원가가 매출원가로 표시되는 회계처리방법과 관계가 가장 깊은 것은?
① 실현주의 ② 역사적 원가주의
③ 신뢰성 ④ 수익 · 비용 대응의 원칙
⑤ 계속성

11. 다음 중 재무상태표(계정식)의 오른쪽(대변)에 표시되어야 할 항목은?
① 이자수익 ② 건물
③ 매입액 ④ 이익잉여금
⑤ 매출액

12. 다음 중 재무상태표 항목이 아닌 것은?
① 현금 ② 토지
③ 매출 ④ 장기차입금
⑤ 이익잉여금

13. 다음 중 포괄손익계산서의 구성요소가 아닌 것은?
① 수익 ② 이익
③ 손실 ④ 비용
⑤ 부채

14. 은행차입금에 대한 이자 ₩50,000을 현금으로 지급하였을 경우 다음 중 옳은 것은?
① 자산감소, 자산증가 ② 자산감소, 부채감소
③ 자산감소, 비용발생 ④ 자산증가, 수익발생
⑤ 자산증가, 자본감소

▣ 주관식 문제

1. 다음 항목을 자산, 부채, 자본으로 분류하시오.
① 자본잉여금 ② 차량운반구
③ 선수임대료 ④ 매출채권
⑤ 매입채무 ⑥ 선급보험료
⑦ 사채 ⑧ 토지
⑨ 대여금 ⑩ 미처분이익잉여금
⑪ 미지급급여 ⑫ 장기예금

2. 다음 항목을 수익과 비용으로 분류하시오.

① 매출액	② 임차료
③ 급여와 임금	④ 용역수익
⑤ 지급이자	⑥ 광고비
⑦ 수입이자	⑧ 임대료수익
⑨ 배당수익	⑩ 법인세

3. 다음의 빈칸에 알맞은 금액을 구하시오.

1)	총수익	−	총비용	=	순이익(손실)
	₩200,000		₩150,000		( )
2)	자 산	−	부 채	=	자 본
	₩350,000		₩200,000		( )

4. 다음은 2020년 6월의 '동국 컨설팅'의 영업활동이다. 이 영업활동들을 다음의 회계등식에 따라 분석하시오.

자 산		부 채		자 본		수 익		비 용
현금＋보증금 ＋비품	＝	미지급금 ＋ 미지급전화료	＋	자본금	＋	컨설팅 수입	−	전화료＋급여 ＋전기료

① 현금 ₩30,000,000을 자본금으로 출자하여 사업을 시작하다.
② 사무실을 임차하고 보증금으로 ₩20,000,000을 지급하다.
③ 사무실용 책상, 컴퓨터 등의 비품 ₩3,000,000을 외상으로 구입하다.
④ 경영컨설팅을 해주고 컨설팅 대가로 ₩3,000,000을 현금으로 받다.
⑤ 6월분 전화요금으로 ₩200,000이 나왔으나 지급하지 않고 있다.
⑥ 직원의 월급으로 ₩2,000,000을 현금으로 지급하다.
⑦ 6월분 전기료 ₩100,000을 현금으로 지급하다.
⑧ 비품 외상값 중 ₩2,000,000을 현금으로 지급하다.

5. 다음 빈칸의 금액을 구하시오.

회 사	자 산	부 채	자 본
A	( )	₩2,750,000	₩1,500,000
B	₩5,000,000	( )	₩2,000,000
C	₩3,640,000	₩2,250,000	( )

6. 다음은 2020년 12월 31일 현재의 동국(주)의 회계자료이다. 이 자료를 이용하여 자본금을 구하시오.

현 금	2,500	건 물	200,000
매출채권	75,000	기계설비	125,000
차량운반구	22,000	미지급금	35,000
은행차입금	112,000	매입채무	136,000
자본금	( )		

7. 다음은 동국(주)의 2020년 1월 1일부터 2020년 12월 31일까지의 수익과 비용에 관한 자료이다. 이 자료를 이용하여 당기순이익을 구하시오.

매출액	800,000	매출원가	200,000
사무실임차료	65,000	급 료	320,000
광고비	20,000	이자수익	22,000
당기순이익	( )	이자비용	30,000

8. 동국(주)의 2020년 1월 1일 현재의 자산총액은 ₩1,000,000, 부채총액은 ₩300,000이었다. 2020년 회계기간 중의 수익은 ₩2,000,000, 비용은 ₩1,500,000이었으며, 기간 중에 부채의 변동은 없었다. 2020년 1월 1일과 12월 31일의 자본은 각각 얼마인가?

9. 동국상사의 2020년 1월 1일 현재의 자산은 ₩2,000,000, 부채는 ₩800,000이었다. 2020년 동안 영업을 한 결과 2020년 12월 31일(결산일) 현재의 부채는 ₩1,000,000, 2020년도 수익은 ₩3,000,000이었다. 2020년 12월 31일 현재 동국상사의 자산총액은 ₩2,700,000이다. 2020년도의 비용총액은 얼마인가?

10. 동국주식회사의 2020년 1월 1일 현재 재무상태표상의 자산합계액은 ₩300,000, 부채합계액은 ₩100,000, 자본금은 ₩150,000이었고 2020년 12월 31일 현재의 재무상태표상의 자산합계액은 ₩350,000이고 부채합계액은 ₩120,000, 자본금은 ₩150,000이다. 2020년도 포괄손익계산서상의 당기순이익은 얼마인가?

11. (주)동국은 부채를 사용하고 있지 않은 기업이다. 이 기업의 자산이 ₩50,000,000일 경우 자본은 얼마인가?

12. 다음 중 재무상태표에 표시되어야 할 항목을 모두 고르시오.

매출	매출채권	은행차입금
매입	매입채무	종업원대여금
이자비용	이익잉여금	임대료수익
매출원가	기계설비	미지급광고비

Slow and steady wins the race.

– Robert Lloyd(1733–1764) 영국시인 –

CHAPTER 03

A·C·C·O·U·N·T·I·N·G

회계기록의 원리

제 1 절 회계상 거래와 계정

1. 회계상 거래

회계에서 말하는 거래(transactions)란 회계기록의 대상이 되는 모든 경제적 활동과 사건(events)을 말한다. 기업의 경제적 활동 또는 경제적 사건이 발생하면 기업의 자산, 부채 또는 자본의 변화를 가져오게 된다. 이런 의미에서 거래란 기업의 자산, 부채 및 자본의 변화를 가져오는 모든 경제적 사건을 의미한다고 할 수 있다.

이런 점에서 회계에서 사용되는 거래라는 용어는 일상생활에서 사용되는 거래의 의미와는 다르다. 예컨대, 도난을 당했다든가 화재로 손실을 입었을 경우 일상생활에서는 '거래'라고 하지 않지만, 도난이나 화재는 자산의 변화를 초래하게 되므로 회계에서는 이를 거래로 보아 이에 대한 회계기록을 해야 한다. 또한 자동차나 기계장치 등을 경영활동을 위하여 사용하는 경우에 상식적으로는 이를 거래라고 하지 않으나 이들을 사용함으로써 그 가치가 변화되기 때문에 회계상으로는 거래가 된다.

회계는 거래를 재무회계의 원칙에 따라 인식하고 측정하여 회계장부에 기록하고, 이 기록을 근거로 하여 재무제표를 중심으로 하는 재무정보를 만들어낸다. 그러므로 회계기록은 거래를 인식하는 것으로부터 시작된다고 할 수 있다.

요약하면, 첫째 기업의 자산과 부채 및 자본의 증가나 감소를 가져오고, 둘째 그것이 화폐액으로 표시될 수 있는 것이면 모두 회계상의 거래가 되며, 이와 같은 거래는 모두 회계기록의 대상이 된다.

회계상의 거래와 회계상의 거래가 아닌 사건을 예로 들면 다음과 같다.

〈회계상 거래에 해당하는 사건〉

- 화재로 인하여 창고에 있던 상품 일부가 소실되다.
- 회사의 현금을 도난당하다.
- 현금을 빌리고 차용증서를 작성해주다.
- 상품을 외상으로 구입하다.

- 기계장치를 1년 동안 사용하다.
- 종업원의 급료 중 일부를 지급하지 못하다.
- 상품을 외상으로 매출하다.

〈회계상 거래가 아닌 사건〉
- 사무실로 사용하기 위하여 건물주와 건물임대차조건을 합의하다.
- 신입사원을 채용하다.
- 회사 사장이 국회의원에 당선되다.
- 거래처와 1년간의 원재료 공급계약을 체결하다.
- 거래처에 상품을 납품하기로 계약을 체결하다.
- TV광고를 위하여 방송국과 계약조건을 합의하다.
- 외국 자본을 도입하기 위하여 외국 투자자와 계약을 체결하다.
- 훌륭한 기술자를 확보하기 위하여 대학과 산학협동관계를 맺다.
- 국제적 경쟁력을 키우기 위하여 외국의 유명회사와 기술제휴를 하다.
- 유능한 영업부장이 경쟁업체에 스카우트되어 가다.

2. 계정과 총계정원장

(1) 계정의 의의와 형식

거래가 발생하면 일정한 회계적인 원리, 즉 복식부기원리에 의하여 이를 인식하고 기록하여야 하며, 그 기록결과를 분류하고 종합함으로써 회계정보가 생성된다.

계정(accounts)이란 거래를 기록하고 보고하기 위한 일정한 형식의 계산단위를 말한다. 계정은 각각의 계정명칭이 있어야 하는데, 이를 **계정과목**(title of account)이라 한다. 회계를 한자로 '會計'라고 쓰는데, 이는 '계정을 모은다'는 의미이며, 영어의 'accounting'도 계정(accounts)을 정리한다는 의미이다.

현금의 수입과 지출은 현금계정에 기록하며, 상품의 증가와 감소는 상품계정에 기록하고, 교통비 ₩5,000을 현금으로 지급하는 거래가 발생하면 교통비계정과 현금계정에 동시에 기록한다.

계정의 일반적인 형식은 <표 3-1>과 같으나, 이것은 일종의 표준형식을 예시한 것이기 때문에 회사의 형편에 따라 얼마든지 변형하여 사용할 수 있다.

표준형식은 정해져 있지 않지만 계정은 일반적으로 최소한의 형식을 가지고 있는데, 다음 표에서 보는 바와 같이 반드시 계정과목명과 차변기입란 및 대변기입란이 있어야 하고, 이 밖에 거래기록일자 및 거래의 내역을 간단히 기입할 수 있는 적요란(description)이 있다.

표 3-1 계정의 형식

계 정 과 목 명

일 자		적 요	분면	차 변	대 변	잔 액

(2) T계정과 거래의 기록

학교의 회계학 교육이나 실무에서 편의를 위해서 위의 계정의 형식을 간단히 표시하기 위하여, 계정의 형식 중에 없어서는 아니되는 차변과 대변만을 표시한 <표 3-2>와 같은 간단한 형식을 사용하는데, 이를 **T계정**(T-accounts)이라고 한다.

T계정은 모양이 영어 대문자 T와 유사하다고 해서 붙여진 이름이다. T계정은 어떤 계정의 증가나 감소에 관한 금액을 차변 또는 대변에 적음으로써 그 계정의 변동에 관한 내용을 간단하게 표시하여 파악할 수 있게 된다.

표 3-2 T계정의 기본적 형태

계 정 과 목 명

(차 변)	(대 변)

(3) 차변과 대변

계정은 반드시 차변과 대변이 있어야 한다고 하였는데, 여기에서 **차변**(debits)이란 계정의 왼쪽기입란을 의미하며, **대변**(credits)이란 계정의 오른쪽 기입란을 의미한다. 즉, 차변과 대변 그 자체는 특별한 의미를 가지는 것이 아니라 단순히 계정의 왼쪽과 오른쪽을 의미하는 것이다. 회계에서는 항상 왼쪽을 차변이라 하고, 오른쪽을 대변이라 한다고 이해해 두면 될 것이다. 중요한 것은 모든 계정과목은 반드시 차변과 대변이 있어야 하고, 모든 거래는 그 내용에 따라 계정의 차변 또는 대변에 기록되어야 한다는 점이다.

(4) 총계정원장

기업의 경제활동은 복잡하고 방대하여 수많은 거래가 발생하며, 회계는 이러한 거래를 분석하여 해당되는 계정에 기록해야 한다. 그러므로 기업은 현금, 단기금융자산, 매입, 매출, 상품, 매출채권, 자본금, 차입금, 이자비용, 이자수익 등 많은 종류의 계정과목을 필요로 하게 된다. 회사에서 회계기록을 위하여 사용되는 계정을 모아놓은 장부를 **원장**(ledger) 또는 **총계정원장**(general ledger)이라고 한다.

총계정원장은 다음에 설명하는 분개장과 함께 회계에서 없어서는 안 되는 필수적인 **회계장부**(accounting books)이며 가장 중요한 장부이다. 이 두 개의 장부를 회계에서는 **주요장부**(main books of accounting)라고도 한다.

계정은 크게 재무상태표에 속하는 계정과 포괄손익계산서에 속하는 계정으로 분류한다. 재무상태표계정은 다시 자산에 속하는 계정, 부채에 속하는 계정, 자본에 속하는 계정으로 분류하고, 포괄손익계산서계정은 수익에 속하는 계정과 비용에 속하는 계정으로 분류한다. 어떠한 계정과목을 사용할 것인가 하는 것은 기업의 특성과 그 기업의 경제활동 내용에 따라 기업이 정하면 된다.

3. 계정의 분류

우리나라의 일반적으로 인정된 회계원칙에 따라서 기업들이 통상적으로 많이 사용하는 계정과목을 정리하면 다음 <표 3-3>과 같다.

표 3-3 계정의 분류

<table>
<tr><td rowspan="11">재무상태표계정</td><td rowspan="2">자산계정</td><td>유동자산</td><td>• 당좌자산 : 현금및현금성자산, 단기금융상품, 매출채권, 단기대여금, 미수금, 미수수익, 선급금 등
• 재고자산 : 상품, 제품, 원재료, 저장품, 재공품 등</td></tr>
<tr><td>비유동자산</td><td>• 투자자산 : 장기금융상품, 투자부동산 등
• 유형자산 : 토지, 건물, 구축물, 기계장치, 선박, 차량운반구, 건설중인자산 등
• 무형자산 : 영업권, 특허권, 산업재산권, 광업권, 지적재산권, 어업권, 개발비 등
• 기타비유동자산 : 이연법인세자산 등</td></tr>
<tr><td rowspan="2">부채계정</td><td>유동부채</td><td>매입채무, 단기차입금, 미지급금, 선수금, 예수금, 미지급비용, 미지급법인세, 미지급배당금, 선수수익 등</td></tr>
<tr><td>비유동부채</td><td>사채, 장기차입금, 장기성매입채무, 이연법인세부채, 장기미지급금 등</td></tr>
<tr><td rowspan="5">자본계정</td><td>자본금</td><td>보통주자본금, 우선주자본금 등</td></tr>
<tr><td>자본잉여금</td><td>주식발행초과금, 감자차익, 자기주식처분이익 등</td></tr>
<tr><td>자본조정</td><td>주식할인발행차금, 배당건설이자, 자기주식, 감자차손, 자기주식처분손실, 미교부주식배당금 등</td></tr>
<tr><td>기타포괄손익누계액</td><td>해외사업환산손익, 위험회피파생상품평가손익 등</td></tr>
<tr><td>이익잉여금</td><td>법정적립금, 임의적립금, 미처분이익잉여금 등</td></tr>
<tr><td rowspan="2">포괄손익계산서계정</td><td colspan="2">수 익</td><td>매출, 이자수익, 배당금수익, 임대료수익, 단기금융자산처분이익, 외환차익, 유형자산처분이익, 사채상환이익 등</td></tr>
<tr><td colspan="2">비 용</td><td>매출원가, 급여와임금, 여비교통비, 통신비, 지급임차료, 감가상각비, 보험료, 광고선전비, 지급이자, 단기금융자산처분손실, 유형자산처분손실, 사채상환손실 등</td></tr>
</table>

제 2 절 분 개

1. 분개란 무엇인가?

회계기록은 분개로부터 시작된다. 그러므로 분개는 회계기록의 최초 단계라고 할 수 있다. 분개가 무엇인지 모르면 회계기록의 시작부터 할 수 없게 된다. 그러므로 분개가 무엇인지, 분개는 어떤 원리에 의하여 이루어지는지를 확실히 아는 것이 회계원리 과정에서 가장 중요한 부분이다. 분개의 원리를 분명히 이해해야 한다는 것을 재차 강조하고 싶다.

분개(journalizing)란 기업에서 매일매일 발생하는 거래를 식별하여 이를 기록할 계정과목과 금액을 결정하고, 해당 계정의 차변 또는 대변에 기록하는 절차를 말한다.

예컨대, "은행으로부터 6개월 만기로 현금 ₩1,000,000을 차입하였다."는 거래가 발생하면 '현금' 계정의 차변에 ₩1,000,000, '단기차입금' 계정의 대변에 ₩1,000,000을 기록해야 한다. 이와 같은 회계기록 절차를 회계에서는 분개라고 한다. 분개가 무엇인가를 요약하면 다음과 같다.

① 회계기록의 대상이 될 거래를 식별한다.
② 거래를 기록할 계정과목을 결정한다.
③ 각 계정에 기록할 금액을 결정한다.
④ 각 계정의 차변에 기록할 것인가, 대변에 기록할 것인가를 결정한다.

2. 분개의 중요성

회계기록은 분개로부터 시작되기 때문에 분개는 회계에 있어서 개시기입(original entry)이라고 할 수 있다. 위에서도 설명한 것처럼 분개를 모르면 회계기록을 시작할 수 없을 뿐만 아니라, 분개가 잘못되면 분개 이후의 모든 회계절차에 착오가 생기게 되며, 잘못된 분개로부터 잘못된 회계정보가 산출된다. 또한 계정과목의 결정, 기록대상 금액의 결정, 차변과 대변의 결정 등을 포함하는 분개는 회계에 대한 전문적 지식을 소유하고 있는 사람의 전문적 판단에 의하여 이루어질 수 있는 것이다. 컴퓨터 기술이 매우 발달한 요즈음도 컴퓨터가 분개를 하지는 못한다. 왜냐하면 분개는 회계에 대한 전문적 지식을 기초로 하는 판단과정이 필요한데 현재의 컴퓨터로는 이와 같은 판단을 수행할 수 없기 때문이다.

회계과정은 분개로부터 시작하며 최종적인 산물인 재무제표 작성으로 끝난다. 그러므로 분개는 회계시스템에 있어서 가장 중요하고 기본적인 과정이라고 할 수 있다.

3. 분개장과 분개전표

분개과정은 분개장(journal)이라고 하는 회계장부에 기록한다. 분개장과 총계정원장은 회계시스템에 있어서 반드시 필요한 회계장부라는 점은 앞에서 설명한 바 있다. 일반분개장(general journal)의 표준형식은 다음과 같다.

분개장에서 가장 중요한 부분은 역시 차변란과 대변란이다. 모든 회계장부는 반드시 차변과 대변이 있어야 한다. 분개장의 일자는 거래의 발생일자를 기입하고, 적요란에는 계정과목명 및 거래의 내용을 요약하여 기록한다. 원면은 해당 계정이 총계정원장의 어디에 있는지를 나타낸다.

분개장의 일반적인 형식은 <표 3-4>와 같으나 이것은 일종의 교과서적인 표준형식이지 반드시 이와 같은 형식의 분개장을 사용해야 하는 것은 아니다.

분개장은 분개의 내용을 기록하기 위한 형식이기 때문에 거래발생 일자와 거래의 내역을 기록할 수 있고, 차변과 대변을 표시할 수 있으면 되기 때문에 회사에서 각자의 특성에 맞도록 얼마든지 변형하여 사용할 수 있다.

표 3-4 일반분개장의 형식

분 개 장

일 자		적 요	원면	차 변	대 변

일반적으로 거래가 다양하고 분량이 많은 큰 기업에서는 분개장 대신에 각각의 분개를 한 장의 종이에 기록할 수 있도록 한 분개전표(slips)를 많이 사용한다. 물론, 거의 모든 기업에서 분개전표는 전산시스템으로 이루어져 있고 분개를 입력하면 그 이후의 재무제표 작성 절차는 자동으로 이루어진다. 학교 강의에서는 분개를 일일이 분개장이나 전표에 기입하기가 불편하므로 다음과 같이 차변과 대변만을 표시함으로써 분개를 나타낸다. 즉, "은행으로부터 6개월 만기로 ₩1,000,000을 현금으로 차입했다."의 분개를 다음과 같이 표시할 수 있다.

(차변) 현 금 ······················ 1,000,000
(대변) 단기차입금 ······················ 1,000,000
또는
(차변) 현 금 1,000,000 (대변) 단기차입금 1,000,000
또는
현 금 1,000,000 / 단기차입금 1,000,000

4. 분개의 법칙

거래란 회계주체의 자산, 부채 및 자본의 변화를 가져오는 경제적 사건이라는 점은 이미 설명한 바 있으며, 이 거래를 해당되는 계정과목의 차변 또는 대변에 기록하는 절차를 분개라고 설명하였다.

그러면 분개는 어떠한 원리에 따라 하는가? 분개를 하는 데 따라야 되는 법칙이 있는데, 이것을 분개의 법칙이라고 한다. 분개의 법칙을 요약하면 다음과 같다.

① 자산에 속하는 계정은 증가하면 그 계정의 차변에, 감소하면 대변에 기입한다.
② 부채에 속하는 계정은 증가하면 그 계정의 대변에, 감소하면 차변에 기입한다.
③ 자본에 속하는 계정은 증가하면 그 계정의 대변에, 감소하면 차변에 기입한다.
④ 수익에 속하는 계정은 증가하면 그 계정의 대변에, 감소하면 차변에 기입한다.
⑤ 비용에 속하는 계정은 증가하면 그 계정의 차변에, 감소하면 대변에 기입한다.

앞의 5가지 분개의 법칙을 T계정으로 표시하면 다음과 같다.

자 산	
증가	감소

부 채	
감소	증가

자 본	
감소	증가

수 익	
감소	증가

비 용	
증가	감소

이상의 분개의 법칙은 제2장에서 공부한 다음의 회계등식과 일치되는 것을 알 수 있다.

자 산 = 부 채 + 자 본

위의 회계등식에서 자산은 차변에, 부채와 자본은 대변에 위치하며, 자산의 증가액 또는 감소액(차변의 증감)은 반드시 부채 및 자본의 증가액 또는 감소액(대변의 증감)과 일치해야 한다. 결국, 분개는 항상 차변의 금액과 대변의 금액이 일치하여야 한다. 그러므로 분개장의 차변합계액과 대변합계액은 반드시 서로 일치해야 하는 것이다.

분개의 법칙은 회계학을 처음 배우는 학생들에게는 매우 생소할 뿐만 아니라 복잡하고 혼란스럽다는 생각이 들 수 있다. 그러나 제2장에서 설명한 재무상태표의 구조 및 회계등식을 기억하면 혼동되지 않고 기억하기도 쉬울 것이다.

분개의 법칙을 기억할 때 회계등식과 재무상태표의 구조를 이용하여 자산의 증가는 차변, 부채와 자본의 증가는 대변으로 기억하면 될 것이다.

수익은 자본을 증가시키므로 대변에, 비용이 발생하면 자본을 감소시키기 때문에 자본의 감소를 나타내는 차변에 기록한다는 것을 기억하면 일부러 분개의 법칙을 암기하려고 애쓰지 않아도 쉽게 기억할 수 있을 것이다.

분개의 법칙의 결합관계를 표시하면 다음 [그림 3-1]과 같다.

그림 3-1 분개의 법칙과 거래의 10요소

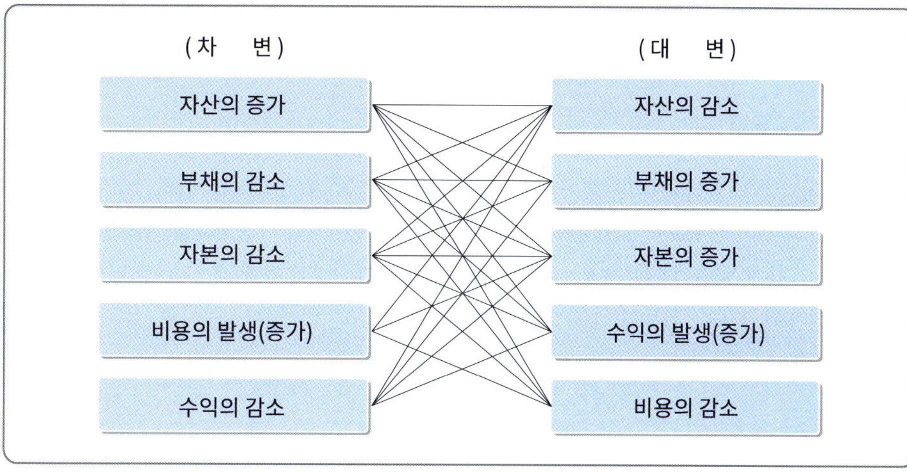

5. 거래의 이중성과 복식부기

기업의 경제활동을 회계시스템에 입력하여 회계정보를 생성하기 위해서는 제일 먼저 회계기록의 대상이 되는 거래를 식별·결정하고 다음에 이 거래를 분석하여 분개를 해야 한다.

분개를 하기 위해 거래를 분석하여 보면 어떠한 거래이든지 반드시 차변에 미치는 요인과 대변에 미치는 요인으로 분리되며, 동시에 각 계정의 차변에 미치는 영향과 대변에 미치는 영향이 똑같다는 것을 알 수 있다. 즉, 차변과 대변에 동일한 금액의 변동을 가져온다는 것이다. 이와 같은 거래의 특성을 **거래의 이중성**(duality of transactions)이라고 한다.

거래의 이중성에 따라 차변과 대변에 같은 금액을 두 번 기록하게 되기 때문에 이러한 회계기록 방법을 **복식부기**(double entry book-keeping)라고 한다.

분개의 법칙과 복식부기는 중세 이태리의 도시국가에서 상인들에게 널리 사용되었으며, 1494년에 이태리의 수학자이며 신학자인 루카 파치올리(Luca Pacioli)가 이를 요약하여 책으로 저술하였고, 500여 년이 지난 오늘날까지 거의 변함없이 사용하고 있다.

거래의 이중성과 분개의 법칙이 서로 어떻게 관계를 가지는가를 예를 들어 설명하여 보자.

예제 3-1

현금 ₩80,000,000을 출자하여 사업을 시작한 거래를 분개하라.

풀이

이는 현금(자산)이 ₩80,000,000 증가함과 동시에 출자금(자본금)이라는 자본이 ₩80,000,000이 증가한 거래이다. 따라서 현금계정의 차변(자산의 증가)과 자본금계정의 대변(자본의 증가)에 기록되며 다음과 같이 분개를 하게 된다.

(차) 현　금　　80,000,000　　(대) 자본금　　80,000,000
　(자산의 증가)　　　　　　　　　(자본의 증가)

예제 3-2

은행으로부터 ₩20,000,000을 대출받은 거래를 분개하라(단, 상환만기일이 1년 이내인 경우).

풀이

이 경우는 은행으로부터 대출을 받음으로써 현금(자산)이 ₩20,000,000 증가한 반면에 은행차입금이라는 부채가 ₩20,000,000 발생한 거래이다. 따라서 현금계정의 차변(자산의 증가)과 단기차입금계정의 대변(부채의 증가)에 같은 금액을 기록하는 다음과 같은 분개를 해야 한다.

(차) 현　금　　20,000,000　　(대) 단기차입금　　20,000,000
　(자산의 증가)　　　　　　　　　(부채의 증가)

* 상환만기일이 1년 이상인 경우에는 장기차입금으로 기록한다.

예제 3-3

사무용 건물을 ₩30,000,000에 구입하고 대금은 현금으로 지급한 거래를 분개하라.

풀이

이 거래의 경우 건물이라는 자산이 ₩30,000,000 증가하는 한편, 현금이라는 자산이 감소하였다. 따라서 건물계정의 차변(자산의 증가)과 현금계정의 대변에 기록되며, 다음과 같은 분개를 하면 된다.

(차) 건 물 30,000,000 (대) 현 금 30,000,000
(자산의 증가) (자산의 감소)

예제 3-4

비품 ₩800,000을 현금으로 구입한 거래를 분개하라.

풀이

이 거래로 인하여 비품이라는 자산이 ₩800,000만큼 증가하는 한편, 현금이라는 자산은 ₩800,000만큼 감소하였다. 따라서 비품계정의 차변(자산의 증가)과 현금계정의 대변(자산의 감소)에 기록되며 다음과 같이 분개를 하게 된다.

(차) 비 품 800,000 (대) 현 금 800,000
(자산의 증가) (자산의 감소)

* 비품은 장기간 사용되는 가구, 컴퓨터 등을 의미하며, 소모품은 1년 이내에 소비되는 문구류 등을 의미한다.

예제 3-5

비품 ₩500,000을 외상으로 구입한 거래를 분개하라.

풀이

이 경우에는 비품(자산)이 ₩500,000 증가하는 한편, 미지급금(외상값)이라는 부채가 역시 ₩500,000 증가한 거래이다. 따라서 비품계정의 차변(자산의 증가)과 미지급금계정의 대변(부채의 증가)에 기록되며 다음과 같이 분개를 하게 된다. 여기에서 사용하는 미지급금계정은 상품 이외의 물건을 구입하고 그 대금을 지급하지 않을 경우에 사용되며, 상품을 매입하고 대금을 외상으로 한 경우에는 매입채무(또는 외상매입금)계정을 사용한다. 비용(예를 들어, 이자비용)을 지급하지 못한 경우에는 미지급비용계정을 사용한다.

(차) 비　품	500,000	(대) 미지급금	500,000
(자산의 증가)		(부채의 증가)	

예제 3-6

상품을 ₩1,000,000에 현금으로 매입한 거래를 분개하라.

풀이

이 거래에서는 상품을 사기 위해 현금(자산)이 ₩1,000,000 감소하였으므로 현금계정의 대변에 기록되어야 한다(자산의 감소). 한편, 상품의 매입은 매출수익을 얻기 위하여 비용이 발생한 것으로 보아 매입계정의 차변에 기록한다(비용의 발생). 상품 구입시에 상품계정을 사용하여 자산의 증가로 표시할 수도 있으나, 그러한 방법은 실무에서 사용하지 않고, 매입계정을 사용한다.

(차) 매　입	1,000,000	(대) 현　금	1,000,000
(비용의 발생)		(자산의 감소)	

* 상품의 매입과 매출에 관한 회계처리는 제5장에서 상세하게 설명한다.

예제 3-7

상품 ₩5,000,000을 외상으로 매입한 거래를 분개하라.

풀이

이 거래에서 상품의 매입은 [예제 3-6]에서 설명한 바와 같으며 대변에는 외상매입금이라는 부채계정을 기록한다(부채의 증가).

(차) 매　입	5,000,000	(대) 외상매입금	5,000,000
(비용의 발생)		(부채의 증가)	

* 외상매입금계정은 매입채무계정을 사용하여도 무방하다.

예제 3-8

상품 ₩2,000,000을 현금으로 판매한 거래를 분개하라.

풀이

상품의 매출액은 매출수익에 해당한다. 따라서 상품의 매출에 따라 ₩2,000,000의 수익이 발생하였기 때문에 매출계정의 대변에 기록한다. 상품을 팔고 현금이라는 자산이 증가하였으므로 현금계정 차변에 기록한다.

(차) 현 금	2,000,000	(대) 매 출	2,000,000
(자산의 증가)		(수익의 발생)	

예제 3-9

상품 ₩3,000,000을 외상으로 판매한 거래를 분개하라.

풀이

[예제 3-8]에서 설명한 바와 같이 상품매매업에서 상품의 매출액은 수익이다. 따라서 상품의 매출에 따라 ₩3,000,000의 수익이 발생하였기 때문에 매출계정 대변에 기록한다. 한편, 상품을 팔고 그 대가를 외상으로 하였기 때문에 외상매출금이라는 자산이 ₩3,000,000 증가하였으므로 매출채권계정 차변에 기록된다.

(차) 외상매출금	3,000,000	(대) 매 출	3,000,000
(자산의 증가)		(수익의 발생)	

* 외상매출금계정은 매출채권계정을 사용하여도 무방하다. 상품이 아닌 자산을 외상으로 매각하였을 경우에는 미수금계정을 사용한다.

예제 3-10

업무용 차량을 ₩2,500,000에 외상으로 매각한 거래를 분개하라.

풀이

업무용 차량을 매각하였으므로 자산이 감소한 대신에 미수금이라는 자산이 증가한 거래이다. 따라서 미수금계정의 차변과 차량운반구계정의 대변에 기록되며 다음과 같이 분개한다.

(차) 미수금 2,500,000 (대) 차량운반구 2,500,000
(자산의 증가) (자산의 감소)

* 상품이 아닌 자산을 외상으로 매각하였을 경우 외상매출금계정이 아닌 미수금계정을 사용한다.

예제 3-11

은행에서 대출받은 대출금 중에서 ₩500,000을 현금으로 갚은 거래를 분개하라.

풀이

대출금을 상환하였으므로 은행차입금(부채)이 ₩500,000 감소한 대신에 현금(자산)이 ₩500,000 감소한 거래이다. 따라서 은행차입금계정의 차변(부채의 감소)과 현금계정의 대변(자산의 감소)에 기록되며 다음과 같이 분개한다.

(차) 은행차입금 500,000 (대) 현 금 500,000
(부채의 감소) (자산의 감소)

예제 3-12

사무실을 임대하여 주고 임대료 ₩1,000,000을 현금으로 받은 거래를 분개하라.

풀이

사무실을 빌려주고 집세 ₩1,000,000을 받았으므로 수익(임대료수익)이 발생하였고, 동시에 현금(자산)이 ₩1,000,000 증가한 거래이다. 따라서 현금계정의 차변(자산의 증가)과 임대료수익계정의 대변(수익의 발생)에 기록되며, 다음과 같이 분개를 하게 된다.

(차) 현 금 1,000,000 (대) 임대료수익 1,000,000
(자산의 증가) (수익의 발생)

예제 3-13

은행차입금에 대한 5월분 이자 ₩50,000을 현금으로 지급한 거래를 분개하라.

풀이

이자비용이 발생하고 현금(자산)이 감소한 거래이다. 그러므로 이자비용계정 차변(비용의 발생)과 현금계정 대변(자산의 감소)에 기록되어야 한다.

(차) 이자비용 (비용의 발생)	50,000	(대) 현 금 (자산의 감소)	50,000

예제 3-14

업무용 차량을 ₩20,000,000에 구입하였는데 ₩5,000,000은 현금으로 지급하고 나머지는 외상으로 한 거래를 분개하라.

풀이

업무용 차량을 구입한 거래로 인하여 차량운반구라는 자산이 ₩20,000,000 증가하였다. 한편, 현금이라는 자산이 ₩5,000,000이 감소하였고, 미지급금이라는 부채가 ₩15,000,000 증가하였다. 따라서 차량운반구계정 차변에 자산의 증가가 기록되고, 현금계정 대변(자산의 감소)과 미지급금계정의 대변(부채의 증가)에 기록된다.

(차) 차량운반구 (자산의 증가)	20,000,000	(대) 현 금 (자산의 감소)	5,000,000
		미지급금 (부채의 증가)	15,000,000

예제 3-15

상품 ₩800,000을 매입하였는데 ₩500,000은 현금으로 지급하고 나머지는 외상으로 한 거래를 분개하라.

풀이

상품의 매입은 매입비용이 발생한 것으로 보아 매입계정의 차변에 기록한다. 한편 현금계정의 대변(자산의 감소)에 ₩500,000을 기록하고, 외상매입금계정의 대변(부채의 증가)에 ₩300,000을 기록한다.

(차) 매 입 (비용의 발생)	800,000	(대)	현 금 (자산의 감소)	500,000
			외상매입금 (부채의 증가)	300,000

예제 3-16

외상매출금 ₩1,000,000을 현금으로 회수한 거래를 분개하라.

풀이

현금이라는 자산이 증가하였으므로 현금계정의 차변에 ₩1,000,000을 기록하고, 외상매출금이라는 자산이 감소하였으므로 외상매출금계정의 대변에 ₩1,000,000을 기록한다.

(차) 현 금 (자산의 증가)	1,000,000	(대) 외상매출금 (자산의 감소)	1,000,000

예제 3-17

사무실을 임대하여 주고 임대보증금 ₩10,000,000을 현금으로 받은 거래를 분개하라.

풀이

임대보증금을 현금으로 받았으므로 자산(현금)이 증가하였고, 임대보증금은 임대가 만료되면 돌려주어야 하기 때문에 부채가 증가하였다. 따라서 현금계정의 차변과 임대보증금계정의 대변에 기록된다.

(차) 현 금 (자산의 증가)	10,000,000	(대) 임대보증금 (부채의 증가)	10,000,000

예제 3-18

사무실을 임차하고 임차보증금으로 ₩10,000,000과 당월 임차료 ₩500,000을 현금으로 지급한 거래를 분개하라.

풀이

임차보증금은 자산에 해당하므로 임차보증금이라는 자산이 증가하고, 임차료라는 비용이 발생하였다. 따라서 임차보증금과 임차료계정의 차변과 현금계정의 대변에 기록된다.

(차) 임차보증금 (자산의 증가)	10,000,000	(대) 현 금 (자산의 감소)	10,500,000
임차료 (비용의 증가)	500,000		

예제 3-19

당월 임차료 ₩500,000 중 ₩300,000만 현금으로 지급하고 나머지는 지급하지 못한 거래를 분개하라.

풀이

임차료라는 비용이 발생하였고, 자산(현금)이 감소하였으며 부채(미지급임차료)가 증가하였다. 따라서 임차료계정의 차변과 현금계정 및 미지급임차료계정의 대변에 기록된다.

(차) 임차료 (비용의 발생)	500,000	(대) 현 금 (자산의 감소)	300,000
		미지급임차료 (부채의 증가)	200,000

예제 3-20

위의 미지급임차료 ₩200,000을 현금으로 지급한 거래를 분개하라.

풀이

미지급임차료라는 부채가 감소하고, 현금이라는 자산이 감소하였다. 따라서 미지급임차료계정의 차변과 현금계정의 대변에 기록된다.

(차) 미지급임차료 (부채의 감소)	200,000	(대) 현 금 (자산의 감소)	200,000

이상에서 본 바와 같이 모든 거래는 차변에 영향을 미치는 요인과 대변에 영향을 미치는 요인으로 구분되며, 항상 차변과 대변에 똑같은 금액만큼 영향을 미친다는 것을 알 수 있다. 기업에서 거래가 발생할 때마다 차변에 영향을 미치는 요인과 대변에 영향을 미치는 요인을 분석하여 이를 분개의 법칙에 따라 분개를 하는 것이 바로 회계시스템에서 사용되는 복식부기의 기록 원리이다.

6. 거래의 추정

우리는 거래가 발생하면 이를 분개하는 법칙을 배웠다. 이를 역으로 이용하면 분개된 내용을 보고 어떠한 거래가 발생하였는지를 추정할 수 있다. 예를 들어, 다음과 같은 분개가 있다고 하자.

(차) 현 금	5,000,000	(대) 단기차입금	5,000,000

위의 분개는 현금계정이 차변에 기록되어 있으므로 자산(현금계정)의 증가를 의미하고, 단기차입금계정이 대변에 기록되어 있으므로 부채(단기차입금계정)의 증가를 의미한다. 따라서 위의 분개는 은행으로부터 단기로 현금 ₩5,000,000을 대출받은 거래를 분개한 것임을 추정할 수 있다.

이와 같이 분개된 내용을 보고 발생한 거래를 추정할 수 있는데, 예를 들어 설명하기로 한다.

예제 3-21

다음에 분개된 거래내용을 추정하라.

(차) 현 금 50,000,000 (대) 자본금 50,000,000

풀이

앞의 분개에서 현금계정이 차변에 기록되어 있으므로 현금(자산)이 증가하고, 자본금계정이 대변에 기록되어 있으므로 자본이 증가한 거래이다. 따라서 자본금 ₩50,000,000을 현금으로 출자하여 사업을 시작한 거래를 분개한 것임을 알 수 있다.

예제 3-22

다음에 분개된 거래내용을 추정하라.

(차) 차량운반구 30,000,000 (대) 미지급금 30,000,000

풀이

위의 분개는 차량운반구라는 자산이 증가하고, 미지급금이라는 부채가 증가한 거래이다. 따라서 ₩30,000,000의 자동차를 구입하고 그 대금을 외상으로 한 거래를 분개한 것임을 알 수 있다.

예제 3-23

다음에 분개된 거래내용을 추정하라.

(차) 매 입	3,000,000	(대)	현 금	2,000,000
			외상매입금	1,000,000

풀이

위의 분개는 매입이라는 비용계정이 차변에 있으므로 매입(비용)이 발생하고, 차변에 현금(자산)과 외상매입금(부채)이 기록되어 있으므로 현금(자산)이 감소하고 외상매입금(부채)이 증가된 거래이다. 따라서 상품 ₩3,000,000을 매입하였는데 ₩2,000,000은 현금으로 지급하고 나머지는 외상으로 한 거래를 분개한 것임을 알 수 있다.

예제 3-24

다음에 분개된 거래내용을 추정하라.

(차) 외상매출금	4,500,000	(대) 매　출	4,500,000

풀이

위의 분개는 차변에 외상매출금이 기록되어 있으므로 외상매출금이라는 자산이 증가하고, 대변에 매출이라는 수익이 기록되어 있으므로 매출이 발생한 거래이다. 따라서 상품 ₩4,500,000을 외상으로 판매한 거래를 분개한 것임을 알 수 있다.

예제 3-25

다음에 분개된 거래내용을 추정하라.

(차) 현　금	900,000	(대) 운송료수익	900,000

풀이

위의 분개는 차변에 현금이라는 자산이 기록되어 있으므로 현금이 증가하고, 대변에 운송료수익이 기록되어 있으므로 운송료수익이 발생한 거래이다. 따라서 운송료수익 ₩900,000을 현금으로 받은 거래를 분개한 것임을 알 수 있다.

예제 3-26

다음에 분개된 거래내용을 추정하라.

(차) 급여와임금 3,000,000 (대) 현 금 3,000,000

풀이

위의 분개는 차변에 급여와임금이라는 비용이 기록되어 있으므로 급여와 임금이 발생하고, 대변에 현금이라는 자산이 감소된 거래이다. 따라서 종업원에게 급여 ₩3,000,000을 현금으로 지급한 거래를 분개한 것임을 알 수 있다.

예제 3-27

다음에 분개된 거래내용을 추정하라.

(차) 임차보증금 10,000,000 (대) 현 금 10,000,000

풀이

위의 분개는 차변에 임차보증금이라는 자산이 기록되어 있고(자산의 증가), 대변에는 현금이라는 자산이 감소한 거래이다. 임차보증금은 건물이나 사무실을 임차할 때 지불하였다가 임차기간이 만료되면 돌려받는 것이기 때문에 자산계정에 속한다. 따라서 임차보증금 ₩10,000,000을 현금으로 지급한 거래를 분개한 것임을 알 수 있다.

예제 3-28

다음에 분개된 거래내용을 추정하라.

(차) 현 금 20,000,000 (대) 임대보증금 20,000,000

풀이

위의 분개는 차변에 현금이라는 자산이 증가하였고, 대변에는 임대보증금이라는 부채가 증가한 거래이다. 임대보증금은 건물이나 사무실을 임대하여 줄 때 받았다가 임대기간이 만료되면 돌려주는 것이기 때문에 부채계정에 속한다. 따라서 임대보증금으로 현금 ₩20,000,000을 받은 거래를 분개한 것임을 알 수 있다.

예제 3-29

다음에 분개된 거래내용을 추정하라.

(차) 현 금	500,000	(대) 미수임대료	500,000

풀이

위의 분개는 현금이라는 자산이 증가하였고, 미수임대료라는 자산이 감소한 거래이다. 따라서 받지 못했던 미수임대료 ₩500,000을 현금으로 받은 거래를 분개한 것임을 알 수 있다.

예제 3-30

다음에 분개된 거래내용을 추정하라.

(차) 미지급임차료	300,000	(대) 현 금	300,000

풀이

위의 분개는 미지급임차료라는 부채가 감소하였고, 현금이라는 자산이 감소한 거래이다. 따라서 지급하지 못했던 미지급임차료 ₩300,000을 현금으로 지급한 거래를 분개한 것임을 알 수 있다.

제 3 절 회계기록의 절차

1. 분개와 분개장의 기록

지금까지 분개의 법칙에 대하여 설명하였다. 회계기록은 거래의 분개로부터 시작된다. 분개는 회계기록의 대상이 되는 거래를 식별하여 기록할 금액 및 계정과목을 결정하고 각 계정의 차변에 기록할 것인가 대변에 기록할 것인가를 결정하는 과정이라고 하였다.

그러므로 거래를 식별하기 위해서는 거래와 관련된 자료, 예컨대, 청구서, 영수증, 세금계산서, 송장, 검수보고서, 품의서류 등과 같은 거래의 근거가 되는 증빙서류(source documents)를 먼저 획득해야 한다. 이와 같은 증빙서류는 거래가 발생한 현장으로부터 회계담당부서에 보내지고, 회계담당부서는 이 증빙서류를 근거로 하여 거래를 식별하고 분개를 하게 된다.

기업에서는 거래와 관련된 자료는 모두 회계담당부서로 보내지도록 하고 있다. 백화점이나 대형 슈퍼마켓 또는 호텔과 같은 기업에서는 거래가 이루어지는 현장(point of sales)에서 온라인을 통하여 직접 회계담당부서에 필요한 자료가 보내지게 하고 있다

분개의 기록은 어디에 하는가? 분개는 일반적으로 분개장(journal)이라고 하는 회계장부에 기록한다. 그러나 모든 회계장부가 그렇듯이 분개장도 기본적으로 기록일자와 거래내용 그리고 차변란과 대변란만 있으면 되는 것이므로 회사의 특성과 형편에 따라 얼마든지 변형된 분개장을 사용할 수 있으며, 필요에 따라서 일반분개장(general journal) 외에 특수분개장(special journal)을 사용하는 회사도 많이 있다.

다음의 예제를 통하여 분개장의 기록방법을 공부하기로 하자.

예제 3-31

다음은 동국고속화물주식회사의 2020년 5월 중 거래내역이다. 이 거래를 분개하고 분개장에 기록하라.

① 5월 1일	현금 ₩5,000,000의 출자로 화물운송을 목적으로 하는 동국고속화물주식회사를 설립하다.
② 5월 3일	동국은행으로부터 단기로 현금 ₩3,000,000을 차입하다.
③ 5월 5일	화물운송용 차량 10대를 ₩6,000,000에 구입하고 그 대금을 현금으로 지급하다.
④ 5월 10일	사무실용 건물을 임차하고 임차보증금 ₩1,000,000을 현금으로 지급하다.
⑤ 5월 15일	민국물산으로부터 의뢰가 있어 화물을 운송하여 주고 운송료 ₩1,500,000을 현금으로 받다.
⑥ 5월 20일	휘발유값 ₩100,000을 현금으로 지급하다.
⑦ 5월 30일	5월분 건물임차료 ₩200,000을 현금으로 지급하다.
⑧ 5월 30일	5월분 급여 ₩100,000을 현금으로 지급하다.
⑨ 5월 30일	은행차입금 중 ₩1,000,000을 현금으로 갚다.
⑩ 5월 31일	대한상회의 화물을 운송하여 주었으나 운송료 ₩300,000을 아직 받지 못하다.

풀이

분 개 장

동국고속화물(주)

일	자	적 요	원면	차 변	대 변
5	1	현 금	1	5,000,000	
		자본금	2		5,000,000
		현금 ₩5,000,000 출자로 회사설립			
5	3	현 금	1	3,000,000	
		은행차입금	3		3,000,000
		동국은행으로부터 현금 차입			
5	5	차량운반구	4	6,000,000	
		현 금	1		6,000,000
		화물운송용 차량구입			
5	10	임차보증금	5	1,000,000	
		현 금	1		1,000,000
		사무실 임차보증금 지급			
5	15	현 금	1	1,500,000	
		운송료수익	6		1,500,000
		화물운송료 현금으로 입금			
5	20	유류비	7	100,000	
		현 금	1		100,000
		유류비 지급			
5	30	임차료	8	200,000	
		현 금	1		200,000
		사무실임차료 지급			
5	30	급 여	9	100,000	
		현 금	1		100,000
		급여 지급			
5	30	단기차입금	3	1,000,000	
		현 금	1		1,000,000
		은행차입금 상환			
5	31	미수수익	10	300,000	
		운송료수익	6		300,000
		대한상회 운송료를 아직 받지 못함			
		합 계		18,200,000	18,200,000

분개장상의 원면은 해당되는 계정이 원장의 어느 페이지에 있는가를 표시한다. 분개장은 다음 두 가지의 의미를 가진다.

첫째, 기업의 경제적 활동을 분개의 법칙에 따라 회계시스템에 최초로 입력한 것이다.

둘째, 기업의 경제적 활동을 그 발생순서에 따라 회계적 방법으로 기록한 역사적 기록(historical recording)이다.

2. 원장과 전기

앞에서 설명한 바와 같이 원장(ledger)이란 분개로 인하여 분개장에 나타난 계정들을 일정한 순서대로 모아놓은 회계장부를 말한다.

분개장이 기업의 거래를 발생순서대로 계정과목에 기록한 장부인 데 대하여, 원장은 발생순서로 기록된 분개장의 기록을 계정과목별로 집계하여 일정한 순서대로 모아놓은 회계장부이다.

분개장의 기록을 보면, 발생한 거래별로 그 내역은 알 수 있으나 계정과목별로 집계되어 있지는 않다. 그러므로 분개장상의 분개내용을 계정과목별로 다시 집계할 필요가 있다. 분개장상의 분개내용을 각 계정별로 집계하기 위하여 분개의 내용을 각 해당 계정에 옮겨 기록하는 것을 회계에서는 전기(轉記, posting)라고 한다.

전기를 하는 방법은 간단하다. 즉, 분개장의 계정과목 차변과 대변에 기록된 금액을 원장의 해당 계정을 찾아 그 계정과목의 차변 또는 대변에 옮겨 기록하면 된다. 원장의 각 계정 적요란에는 흔히 그 거래의 상대계정과목을 기입하면 된다고 하나 그보다는 거래의 내용을 알 수 있도록 가급적 상세하게 기록하는 것이 바람직하다.

분개장을 원장에 전기하는 절차를 예시하면 <표 3-5>와 같다.

표 3-5 분개장에서 원장으로의 전기

분 개 장

(1)

일 자		적 요	원면	차 변	대 변
5	1	현 금	1	5,000,000	
		자본금	2		5,000,000
		현금 ₩5,000,000 출자로 회사설립			

원 장

현 금 계 정

(1)

일 자		적 요	분면	차 변	대 변	잔 액
5	1	회사출자금 입금	1	5,000,000		

자 본 금 계 정

(2)

일 자		적 요	분면	차 변	대 변	잔 액
5	1	현금출자로 회사설립	1		5,000,000	

앞의 내용을 간단하게 분개로 표시한 후 T계정에 옮기면 다음과 같다.

분 개 (차) 현 금 5,000,000 (대) 자 본 금 5,000,000

T계정

현금계정	
5,000,000	

자본금계정	
	5,000,000

분개장은 기업의 경영활동에 대한 역사적 기록일 뿐이기 때문에 이것 자체가 회계정보가 될 수는 없고 회계정보를 산출하기 위한 기초자료를 포함하는 장부이다.

분개장의 내용을 원장의 각 계정에 전기하여 각 계정을 집계하면 이것은 곧 각 계정별 회계정보가 되며, 이 각 계정별 회계정보를 일정한 원리에 따라 정리하여 재무제표를 작성할 수 있는 것이다. 그러므로 앞에서도 설명한 바와 같이 분개장과 원장은 회계시스템에서 없어서는 안 되는 주요 회계장부인 것이다.

지금까지 설명한 회계정보의 생성과정을 그림으로 요약하면 다음과 같다.

그림 3-2 분개와 전기

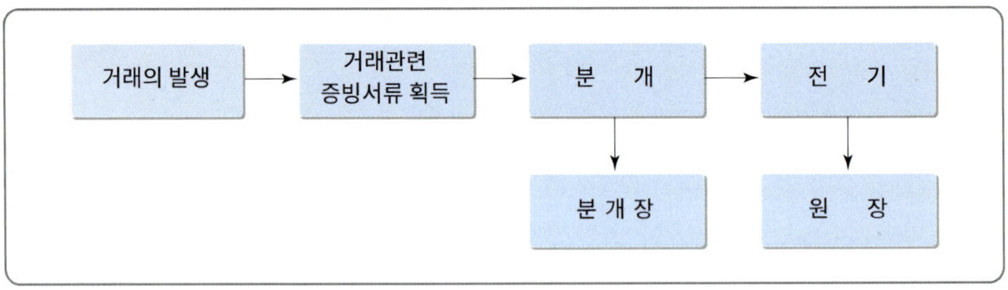

앞의 [예제 3-31]의 분개를 원장에 전기하고 마감하면 다음과 같다.

표 3-6 원장의 각 계정

현 금

(1)

일자		적 요	분면	차 변	대 변	잔 액
5	1	회사출자금 입금	1	5,000,000		5,000,000
	3	은행으로부터의 차입	1	3,000,000		8,000,000
	5	화물운송용차량 구입	1		6,000,000	2,000,000
	10	임차보증금 지급	1		1,000,000	1,000,000
	15	화물운송료 입금	1	1,500,000		2,500,000
	20	유류비 지급	1		100,000	2,400,000
	30	임차료 지급	1		200,000	2,200,000
	30	급여 지급	1		100,000	2,100,000
	30	은행차입금 일부 상환	1		1,000,000	1,100,000
	31	차기이월	1		1,100,000	
5	31	합 계		9,500,000	9,500,000	
6	1	전기이월		1,100,000		

자 본 금

(2)

일 자		적 요	분면	차 변	대 변	잔 액
5	1	현금출자로 회사설립	1		5,000,000	5,000,000
	31	차기이월		5,000,000		
5	31	합 계		5,000,000	5,000,000	
6	1	전기이월			5,000,000	

은행차입금

(3)

일 자		적 요	분면	차 변	대 변	잔 액
5	3	현금차입	1		3,000,000	3,000,000
	30	은행차입금 중 일부 상환	1	1,000,000		2,000,000
	31	차기이월		2,000,000		
5	31	합 계		3,000,000	3,000,000	
6	1	전기이월			2,000,000	

차량운반구

(4)

일 자		적 요	분면	차 변	대 변	잔 액
5	5	화물운송용 차량구입	1	6,000,000		6,000,000
	31	차기이월			6,000,000	
5	31	합 계		6,000,000	6,000,000	
6	1	전기이월		6,000,000		

임차보증금

(5)

일 자		적 요	분면	차 변	대 변	잔 액
5	10	임차보증금 지급	1	1,000,000		1,000,000
	31	차기이월			1,000,000	
5	31	합 계		1,000,000	1,000,000	
6	1	전기이월		1,000,000		

운송료수익

(6)

일 자		적 요	분면	차 변	대 변	잔 액
5	15	화물운송료 입금	1		1,500,000	1,500,000
	31	화물운송료 발생	1		300,000	1,800,000
		집합손익		1,800,000		
5	31	합 계		1,800,000	1,800,000	

유 류 비

(7)

일 자		적 요	분면	차 변	대 변	잔 액
5	20	유류비 지급	1	100,000		100,000
	31	집합손익			100,000	
5	31	합 계		100,000	100,000	

임 차 료

(8)

일 자		적 요	분면	차 변	대 변	잔 액
5	30	5월분 임차료 지급	1	200,000		200,000
	31	집합손익			200,000	
5	31	합 계		200,000	200,000	

급 여

(9)

일 자		적 요	분면	차 변	대 변	잔 액
5	30	5월분 급여 지급	1	100,000		100,000
	31	집합손익			100,000	
5	31	합 계		100,000	100,000	

미수수익

(10)

일 자		적 요	분면	차 변	대 변	잔 액
5	31	운송료 미수금	1	300,000		300,000
	31	차기이월			300,000	
5	31	합 계		300,000	300,000	
6	1	전기이월		300,000		

전기가 끝나고 결산일이 되면 재무제표를 작성하기 위하여 각 원장을 **마감(closing)**하여야 한다. 원장의 마감이란 결산일에 기록을 마감하고 차변과 대변의 합계액 및 기말잔액을 산출하는 과정이다.

앞의 예제에서 보면 현금계정, 자본금계정 등과 같은 재무상태표에 속하는 계정들은 잔액을 차변 또는 대변란에 **차기이월**이란 명목으로 기입하여 차변과 대변의 합계액을 일치시키고, 그 다음 회계기간의 기초에 **전기이월**이란 명목으로 다시 기입하는 것을 보았을 것이다. 그러나 급여, 운송료수익 등과 같은 포괄손익 계산서 계정들은 기말에 잔액을 **집합손익(income summary)**이라는 계정과목을 이용하여 비용계정은 대변에, 수익계정은 차변에 기입하여 차기이월 없이 마감하였다. 이것은 재무상태표 계정들은 잔액이 차기에 이월되지만, 손익계정들은 잔액이 차기로 이월되는 것이 아니라 당기의 순이익 산출에 포함되기 때문이다. 원장의 마감방법에 대하여는 제4장에서 상세히 설명할 것이다.

앞의 원장에서 보는 바와 같이 원장은 각 계정과목별로 기간 중의 증가액과 감소액 그리고 잔액을 표시해준다. 예컨대, 현금계정을 보면 5월 중에 ₩9,500,000의 현금이 입금되었으며 같은 기간에 ₩8,400,000의 지출이 있었고 그 입금과 지출의 내역을 일자별로 알 수 있다. 또한 5월 31일 현재 현금잔액이 ₩1,100,000인 것도 알 수 있다. 이것은 매우 중요한 정보이다.

이와 같이 원장은 각 계정별 거래내역에 대한 정보를 상세히 제공해주는 매우 중요한 회계장부이며, 이 원장의 자료를 가지고 각종 회계보고서를 작성할 수 있고 또한 의사결정에 필요한 여러 가지 회계정보도 얻을 수 있는 것이다.

앞에서 기록한 원장의 각 계정을 T계정을 사용하여 표시하면 다음과 같다.

현 금

5/1 자본금	5,000,000	5/1 차량운반구	6,000,000
3 은행차입금	3,000,000	10 임차보증금	1,000,000
15 운송료수익	1,500,000	20 유류비	100,000
		30 임차료	200,000
		30 급 여	100,000
		30 은행차입금	1,000,000
		31 차기이월	1,100,000
합 계	9,500,000	합 계	9,500,000
6/1 전기이월	1,100,000		

자 본 금

5/31 차기이월	5,000,000	5/1 현 금	5,000,000
합 계	5,000,000	합 계	5,000,000
		6/1 전기이월	5,000,000

은행차입금

5/31 현 금	1,000,000	5/3 현 금	3,000,000
5/31 차기이월	2,000,000		
합 계	3,000,000	합 계	3,000,000
		6/1 전기이월	2,000,000

차량운반구

5/31 현 금	6,000,000	5/31 차기이월	6,000,000
합 계	6,000,000	합 계	6,000,000
6/1 전기이월	6,000,000		

임차보증금

5/31 현 금	1,000,000	5/31 차기이월	1,000,000
합 계	1,000,000	합 계	1,000,000
6/1 전기이월	1,000,000		

운송료 수익

5/31 집합손익	1,800,000	5/15 현 금	1,500,000
		31 미수수익	300,000
합 계	1,800,000	합 계	1,800,000

유 류 비

5/20 현 금	100,000	5/31 집합손익	100,000
합 계	100,000	합 계	100,000

임 차 료

5/31 현 금	200,000	5/31 집합손익	200,000
합 계	200,000	합 계	200,000

급 여

5/30 현 금	100,000	5/31 집합손익	100,000
합 계	100,000	합 계	100,000

미수수익

5/30 운송료수익	300,000	5/31 차기이월	300,000
합 계	300,000	합 계	300,000
6/1 전기이월	300,000		

집합손익

유류비	100,000	운송료수익	1,800,000
임차료	200,000		
급 여	100,000		
당기순이익	1,400,000		
합 계	1,800,000	합 계	1,800,000

제 4 절 회계기록의 검증

회계는 아무리 거대하고 복잡한 기업의 거래일지라도 단순하게 분석하여 기록할 수 있으며 또한 그 기록결과의 정확성을 자신이 검증하는 기능을 가지고 있는 정교한 시스템이다. 그렇기 때문에 회계는 수백년 동안 그 기본원리가 변하지 않고 사용되고 있다고 할 수 있다.

제4절에서는 회계의 자체검증기능인 대차금액일치의 원리를 설명하고, 회계처리과정의 검증과 재무제표의 작성을 위한 준비단계인 시산표의 작성에 대해 알아보기로 한다.

1. 대차금액일치의 원리

모든 거래는 분개의 이중성에 의하여 항상 차변과 대변에 동일한 금액이 기록되며, 따라서 회계기간 거래 전체의 차변합계액과 대변합계액도 일치하게 된다. 이를 **대차금액일치**(equality of debits and credits)**의 원리** 또는 **대차균형의 원리**(principle of equilibrium)라고 한다.

이 원리는 모든 거래에 대하여 어떤 경우에도 성립한다. 만일 분개장, 원장, 다음에 설명하는 시산표, 그 밖의 어떤 회계기록도 차변의 합계액과 대변의 합계액이 일치하지 않으면 거래에 대한 분개가 잘못되었거나 분개된 내용이 잘못 전기되었음을 의미한다. 다시 말해, 회계기록의 어딘가에 잘못이 있음을 뜻한다.

모든 거래가 올바르게 분개되고 전기가 정확하게 이루어지면 대차금액일치의 원리에 따라 모든 계정의 차변합계액과 대변합계액은 반드시 일치하여야 한다. 만약에 차변과 대변의 합계금액이 일치하지 않는 경우에는 회계기록의 어딘가에 잘못이 있는 것이므로 이를 찾아 바로 잡아주어야 한다(물론 차변과 대변의 합계액이 일치한다고 해서 반드시 회계기록에 오류가 없다고는 할 수 없는데 이는 뒤에서 다시 설명한다).

이와 같이 회계는 차변합계금액과 대변합계금액을 비교함으로써 회계기록의 오류가 있는지 여부를 검증할 수 있게 된다. 이러한 대차금액일치의 원리를 회계의 **자기검증기능**(self-control function) 또는 **자체통제기능**이라고 한다.

2. 시산표의 작성

(1) 시산표의 의의

시산표(trial balances)란 원장의 모든 계정들을 일목요연하게 한데 모아 놓은 표이다. 계정과목의 수가 많고 거래내용이 복잡한 기업에서는 많은 계정과목들을 사용하기 때문에 원장의 내용이 매우 복잡하여 원장을 이용하여 직접 재무제표를 작성하기가 매우 불편하고, 오류가 발생할 가능성도 매우 높다. 시산표는 분개로부터 원장의 기록과 마감에 이르기까지의 회계기록에 잘못이 있는지의 여부를 확인하고, 또한 원장의 계정과목을 하나의 표로 정리함으로써 재무제표의 작성을 용이하게 하기 위해 작성하는 표이다.

시산표의 기능을 요약하면 다음과 같다.

① 거래의 분개로부터 원장에 전기 및 원장의 마감에 이르기까지의 회계기록에 오류가 없는가를 검증한다.
② 원장에 흩어져 있는 계정과목들을 한 표에 모아서 집계함으로써 재무제표의 작성을 용이하게 한다.
③ 시산표만으로도 기업의 재무상태와 경영성과를 어느 정도 알 수 있다.

여기서 유의하여야 할 것은 시산표를 작성하여 차변과 대변의 금액이 서로 일치한다고 해서 반드시 회계기록이 정확하다고 할 수는 없다는 것이다. 다음과 같은 경우는 시산표의 작성만으로는 확인되지 않는 오류이다.

① 회계거래가 발생하였음에도 불구하고 분개 자체를 누락한 경우
② 같은 거래를 두 번 이상 분개한 경우
③ 분개된 것을 전기할 때 차변과 대변을 모두 누락시킨 경우
④ 차변과 대변 중 동일한 면의 다른 계정과목에 전기한 경우, 예를 들어 현금계정 차변에 전기하여야 할 것을 당좌예금계정이나 매출채권계정의 차변에 전기한 경우
⑤ 분개에 나타난 차변과 대변을 정반대로 전기한 경우, 예를 들어 현금계정의 차변과 차입금계정의 대변에 전기해야 할 것을 현금계정의 대변과 차입금

계정의 차변에 전기한 경우

⑥ 차변과 대변에 우연히 동일한 금액의 오류가 발생한 경우

이상과 같은 오류가 발생했을 경우에는, 시산표만으로는 그 오류가 발견되지 않기 때문에 이러한 오류가 발생되지 않도록 기업은 기업 내부에 합리적인 **내부통제제도(internal control system)**를 사전에 구축하여야 한다.

내부통제제도란 회계상의 부정이나 오류가 발생되는 것을 방지하고, 기업이 소유하고 있는 자원의 낭비나 비효율적 이용을 방지할 뿐만 아니라 기업 내의 모든 부정과 오류를 방지하기 위하여 사전에 취하는 모든 조치를 말한다.

(2) 시산표의 작성방법

시산표는 원장의 각 계정의 금액을 집계하여 하나의 표로 만든 것이다. 여기에서 각 계정의 합계액만을 모아서 만든 합계시산표, 잔액만을 모아서 만든 잔액시산표, 합계와 잔액을 모두 모아서 만든 합계잔액시산표의 세 가지가 있으며, 결산수정분개 이전에 작성한 시산표이냐 이후에 작성한 시산표이냐에 따라 수정전 시산표와 수정후 시산표로 구분된다.

[예제 3-31]의 동국고속화물(주)의 2020년 5월 31일 현재의 합계잔액시산표를 작성하면 <표 3-7>과 같다.

시산표를 작성할 때 계정과목은 일반적으로 자산 · 부채 · 자본 · 수익 · 비용의 순서로 배열하며, 이래야 재무제표의 작성이 용이하다. 여기서 또 하나 알아두어야 할 사실은, 자산과 비용계정은 잔액이 차변에 생기고, 부채, 자본, 수익계정은 잔액이 대변에 생긴다는 사실이다. 이것은 자산이나 비용의 증가가 차변에 기록되고, 부채 · 자본 · 수익의 증가가 대변에 기록되기 때문에 당연한 결과라 하겠다.

3. 재무제표의 작성절차

원장을 마감하여 시산표를 작성한 다음에는 시산표를 기초로 하여 재무제표를 작성할 수 있다.

시산표 상의 자산과 부채 및 자본에 속하는 계정의 잔액을 재무상태표에 옮기고, 수익과 비용에 속하는 계정의 잔액을 포괄손익계산서에 옮겨 적은 다음 당기

표 3-7 합계잔액시산표의 예

합계잔액시산표

2020년 5월 31일 현재

동국고속화물(주) (단위: 원)

차변		계정과목	대변	
잔 액	합 계		합 계	잔 액
1,100,000	9,500,000	현 금	8,400,000	
1,000,000	1,000,000	임차보증금		
6,000,000	6,000,000	차량운반구		
300,000	300,000	미 수 수 익		
		자 본 금	5,000,000	5,000,000
		운송료수익	1,800,000	1,800,000
	1,000,000	단기차입금	3,000,000	2,000,000
100,000	100,000	유 류 비		
200,000	200,000	임 차 료		
100,000	100,000	급 여		
8,800,000	18,200,000	합 계	18,200,000	8,800,000

순이익을 산출하면 된다. 이때에 자산은 재무상태표의 차변에, 부채와 자본은 재무상태표의 대변에 옮겨 적고, 수익에 속하는 계정은 포괄손익계산서의 대변에, 비용은 포괄손익계산서의 차변에 옮겨 적어야 함은 물론이다.

각 계정들을 제 위치로 옮기지 못한 경우에는 재무상태표 및 포괄손익계산서의 작성에 오류가 발생하게 된다.

<표 3-7>의 합계잔액시산표를 가지고 재무상태표와 포괄손익계산서를 작성하면 <표 3-8>과 같다.

재무상태표의 자산합계액 ₩8,400,000에서 부채와 자본합계액 ₩7,000,000을 차감한 잔액 ₩1,400,000이 당기순이익이 되고, 이는 이익잉여금이라는 항목으로 표시된다. 포괄손익계산서에서는 수익합계액 ₩1,800,000에서 이 수익을 얻기 위하여 소비한 비용합계액 ₩400,000을 차감한 잔액(수익이 비용을 초과한 금액) ₩1,400,000이 당기순이익이 된다. 재무상태표에서 산출된 당기순이익과 포괄손익계산서에서 산출된 당기순이익은 반드시 서로 일치하여야 하며, 만일 이 금액이 서로 다르게 산출되었다면 그것은 곧 어딘가 잘못이 있음을 의미하는 것이다.

재무제표 작성절차에 대하여는 제4장에서 다시 한 번 상세히 설명할 것이다.

표 3-8 재무상태표와 포괄손익계산서

재무상태표(계정식)

2020년 5월 31일 현재

동국고속화물(주) (단위: 원)

자 산		부채와 자본	
현 금	1,100,000	단기차입금	2,000,000
임차보증금	1,000,000	자 본 금	5,000,000
차량운반구	6,000,000	이익잉여금	1,400,000
미 수 수 익	300,000		
자산합계	8,400,000	부채와 자본합계	8,400,000

포괄손익계산서(계정식)

2020년 5월 1일부터 2020년 5월 31일까지

동국고속화물(주) (단위: 원)

비 용		수 익	
유 류 비	100,000	운송료수익	1,800,000
임 차 료	200,000		
급 여	100,000		
당기순이익	1,400,000		
합 계	1,800,000	합 계	1,800,000

자습문제

SELF-STUDY

[1] 다음의 사건 중 회계상 거래에 해당하는 것을 고르시오.

① 새로운 기계를 구입하였는데 대금을 지급하지 못하다.
② 화재로 인하여 건물이 소실되다.
③ 종업원 300명을 신규채용하다.
④ 경리사원이 회사공금을 분실하다.
⑤ 사무실을 임차계약을 하다.
⑥ 예금의 이자가 통장에 입금되었다.
⑦ 사원에게 현금을 대여해주고 차용증서를 받다.
⑧ 현금의 실제 잔액이 장부상의 금액보다 부족한 것이 발견되다.

풀이 ① ② ④ ⑥ ⑦ ⑧

[2] 다음의 거래를 분개하시오.

① 사무실 비품을 ₩500,000에 구입하다. 구입대금 중 ₩300,000은 현금으로 지급하고 나머지는 외상으로 하다.
② 전화료 ₩150,000이 발생하였으나 아직 지급하지 않다.
③ 외상으로 구입한 비품대금 중 ₩150,000을 현금으로 지급하다.
④ 운송용역을 제공하고 현금 ₩300,000을 받다.

풀이 분 개

①	(차) 비 품	500,000	(대)	현 금	300,000
				미지급금	200,000
②	(차) 전화료	150,000	(대)	미지급전화료	150,000
③	(차) 미지급금	150,000	(대)	현 금	150,000
④	(차) 현 금	300,000	(대)	운송료수익	300,000

[3] 다음의 분개를 보고 거래를 추정하시오.

	차변	금액	대변	금액
①	(차) 미지급금	500,000	(대) 현 금	500,000
②	(차) 종업원대여금	200,000	(대) 현 금	200,000
③	(차) 현 금	2,000,000	(대) 은행차입금	2,000,000
④	(차) 현 금	750,000	(대) 임대료수익	750,000
⑤	(차) 이자비용	10,000	(대) 미지급이자	10,000
⑥	(차) 미지급이자	10,000	(대) 현 금	10,000

풀이 거래의 추정

① 자산의 구입대금 미지급액 ₩500,000을 현금으로 갚다.
② 사원에게 ₩200,000의 융자를 해주다.
③ 은행으로부터 ₩2,000,000을 차입하다.
④ 건물 등을 임대해주고 임대료 ₩750,000을 받다.
⑤ 지급해야 할 이자 ₩10,000이 발생하였으나 아직 미지급상태에 있다.
⑥ 미지급상태에 있던 이자 ₩10,000을 현금으로 지급하다.

[4] 다음은 동국(주)의 2020년 10월 1일부터 10월 31일까지의 거래를 T계정에 전기한 것이다. 거래를 추정하여 분개하시오.

현 금

일자	금액	일자	금액
10/1	50,000	10/ 2	20,000
10/15	300	10/12	750
		10/30	1,500

소모품

일자	금액	일자	금액
10/12	750		

비 품

일자	금액	일자	금액
10/5	2,500		

기계설비

일자	금액	일자	금액
10/2	20,000		

미지급금

일자	금액	일자	금액
10/30	1,500	10/5	2,500

용역료수익

일자	금액	일자	금액
		10/15	300

자 본 금

일자	금액	일자	금액
		10/1	50,000

풀이 거래와 분개

10월 1일 : ₩50,000을 출자(₩50,000의 주식을 발행)하여 사업을 시작하다.

(차) 현 금 50,000 (대) 자본금 50,000

10월 2일 : 현금 ₩20,000으로 기계를 구입하다.

(차) 기계설비 20,000 (대) 현 금 20,000

10월 5일 : 사무실용 비품을 ₩2,500에 구입하고 대금은 외상으로 하다.

(차) 비 품 2,500 (대) 미지급금 2,500

10월 12일 : 사무용 소모품 ₩750을 현금구입하다.

(차) 소모품 750 (대) 현 금 750

10월 15일 : 거래처에 용역을 제공하고 ₩300을 받다.

(차) 현 금 300 (대) 용역료수익 300

10월 30일 : 미지급금 ₩2,500 중 ₩1,500을 지급하다.

(차) 미지급금 1,500 (대) 현 금 1,500

[5] 다음의 거래를 분개하시오.

① 현금 ₩200,000을 출자하여 사업을 시작하다.

② 건물 ₩100,000을 외상으로 구입하다.

③ 비품 ₩1,500을 현금으로 구입하다.

④ 차량운반구 ₩100,000을 구입하고 대금 중 ₩70,000을 현금으로 지급하고 나머지는 외상으로 하다.

⑤ 운송용역을 해주고 현금 ₩7,200을 받다.

⑥ 외상으로 구입한 건물대금 중 ₩50,000을 갚다.

⑦ 이자 ₩200을 현금으로 지급하다.

⑧ 전화요금고지서 ₩120을 받았으나 아직 지급하지 않았다.

⑨ 운송용역을 해주고 현금 ₩4,500을 받다.

⑩ 종업원 급여 ₩3,000을 현금으로 지급하다.

풀이 분 개

① (차) 현 금 200,000 (대) 자본금 200,000

② (차) 건 물 100,000 (대) 미지급금 100,000

③ (차) 비 품 1,500 (대) 현 금 1,500

④	(차)	차량운반구	100,000	(대)	현 금	70,000
					미지급금	30,000
⑤	(차)	현 금	7,200	(대)	운송료수익	7,200
⑥	(차)	미지급금	50,000	(대)	현 금	50,000
⑦	(차)	이자비용	200	(대)	현 금	200
⑧	(차)	전 화 료	120	(대)	미지급전화료	120
⑨	(차)	현 금	4,500	(대)	운송료수익	4,500
⑩	(차)	급 여	3,000	(대)	현 금	3,000

[6] 앞의 문제 [5]의 분개를 T계정에 전기하시오.

풀이

현 금

①	200,000	③	1,500
⑤	7,200	④	70,000
⑨	4,500	⑥	50,000
		⑦	200
		⑩	3,000

건 물

②	100,000		

비 품

③	1,500		

차량운반구

④	100,000		

미지급금

⑥	50,000	②	100,000
		④	30,000

미지급전화료

		⑧	120

자 본 금

		①	200,000

운송료수익

		⑤	7,200
		⑨	4,500

이자비용

⑦	200		

전화료

⑧	120		

급 여

⑩	3,000		

[7] 문제 [6]의 각 계정을 마감하시오.

풀이

현 금

①	200,000	③	1,500
⑤	7,200	④	70,000
⑨	4,500	⑥	50,000
		⑦	200
		⑩	3,000
		차기이월	87,000
합 계	211,700	합 계	211,700
전기이월	87,000		

건 물

②	100,000	차기이월	100,000
합 계	100,000	합 계	100,000
전기이월	100,000		

비 품

③	1,500	차기이월	1,500
합 계	1,500	합 계	1,500
전기이월	1,500		

차량운반구

④	100,000	차기이월	100,000
합 계	100,000	합 계	100,000
전기이월	100,000		

미지급금

⑥	50,000	②	100,000
차기이월	80,000	④	30,000
합 계	130,000	합 계	130,000
		전기이월	80,000

미지급전화료

차기이월	120	⑧	120
합 계	120	합 계	120
		전기이월	120

자 본 금

차기이월	200,000	①	200,000
합 계	200,000	합 계	200,000
		전기이월	200,000

운송료수익

집합손익	11,700	⑤	7,200
		⑨	4,500
합 계	11,700	합 계	11,700

이자비용

⑦	200	집합손익	200
합 계	200	합 계	200

전화료

⑧	120	집합손익	120
합 계	120	합 계	120

급 여

⑩	3,000	집합손익	3,000
합 계	3,000	합 계	3,000

[8] 앞의 문제 [7]의 원장을 기초로 하여 합계잔액시산표를 작성하시오.

풀이

합계잔액시산표

2020년 12월 31일 현재

××회사 (단위: 원)

차변		계정과목	대변	
잔액	합계		합계	잔액
87,000	211,700	현금	124,700	
100,000	100,000	건물		
1,500	1,500	비품		
100,000	100,000	차량운반구		
	50,000	미지급금	130,000	80,000
		미지급전화료	120	120
		자본금	200,000	200,000
		운송료수익	11,700	11,700
200	200	이자비용		
120	120	전화료		
3,000	3,000	급여		
291,820	466,520	합계	466,520	291,820

[9] 다음의 거래를 분개하시오.

① 현금 ₩2,000,000을 주고 상품을 구입하다.

② 상품을 ₩3,000,000에 판매하고 ₩2,000,000은 현금으로 받고 나머지는 외상으로 하다.

③ 매출채권 ₩1,000,000을 현금으로 받다.

④ 이자비용 ₩50,000을 현금으로 지급하다.

⑤ 상품 ₩1,500,000을 매입하고 대금은 어음을 발행하여 주다.

풀이

	차변	금액	대변	금액
①	(차) 매입	2,000,000	(대) 현금	2,000,000
②	(차) 현금	2,000,000	(대) 매출	3,000,000
	매출채권	1,000,000		
③	(차) 현금	1,000,000	(대) 매출채권	1,000,000
④	(차) 이자비용	50,000	(대) 현금	50,000
⑤	(차) 매입	1,500,000	(대) 매입채무	1,500,000

[10] 다음의 분개로부터 거래를 추정하시오.

	차변	금액	대변	금액
①	(차) 은행차입금	1,000,000	(대) 현 금	1,000,000
②	(차) 매 입	2,000,000	(대) 매입채무	2,000,000
③	(차) 현 금	1,000,000	(대) 매 출	1,500,000
	매출채권	500,000		
④	(차) 매출채권	1,200,000	(대) 매 출	1,200,000
⑤	(차) 비 품	2,000,000	(대) 현 금	1,000,000
			미지급금	1,000,000

풀이

① 은행차입금 ₩1,000,000을 현금으로 상환하다.
② 상품 ₩2,000,000을 매입하고 대금은 외상으로 하다.
③ 상품을 ₩1,500,000에 판매하고 현금 ₩1,000,000을 받고 나머지 ₩500,000은 외상으로 하다.
④ 상품을 ₩1,200,000에 판매하고 대금은 외상으로 하다.
⑤ 비품을 ₩2,000,000에 구입하고 ₩1,000,000은 현금으로 나머지는 외상으로 하다.

[11] 다음 T계정을 보고 어떤 거래들이 발생했는지 설명하시오.

자 산 = 부 채 + 자 본

현 금

차변		대변	
①	100,000	②	500
④	10,000	③	70,000

은행차입금

차변		대변	
		④	10,000

자본금

차변		대변	
		①	100,000

소모품

차변		대변	
②	500		

임차보증금

차변		대변	
③	70,000		

풀이

① (차) 현 금 100,000 (대) 자 본 금 100,000

현금 ₩100,000을 출자하여 사업을 시작하다.

② (차) 소 모 품 500 (대) 현 금 500

소모품 ₩500을 구입하고 현금지급하다.

③ (차) 임차보증금 70,000 (대) 현 금 70,000

사무실을 임차하고 보증금으로 ₩70,000을 지급하다.

④ (차) 현 금 10,000 (대) 차 입 금 10,000

은행으로부터 현금 ₩10,000을 차입하다.

연습문제

EXERCISES

▣ 서술형 문제

1. 회계에서 거래란 무엇인지 설명하시오.
2. 분개란 무엇이며 분개의 중요성에 대하여 설명하시오.
3. 계정이란 무엇이며 왜 필요한지 설명하시오.
4. 전기(posting)란 무엇인지 설명하시오.
5. 자료(data)와 정보(information)의 차이에 대해 설명하시오.
6. 거래의 이중성에 대해 설명하시오.
7. 차변과 대변에 대해 설명하시오.
8. 복식부기에 대해 설명하시오.
9. 재무상태표계정의 분류에 대해 설명하시오.
10. 포괄손익계산서계정에 대해 설명하시오.
11. 대차금액일치의 원리를 설명하시오.
12. 시산표란 무엇인지 설명하시오.
13. 시산표상에서 확인되지 않는 오류에는 어떤 것이 있는지 설명하시오.
14. 시산표의 종류에 대해 설명하시오.
15. 회계의 자기검증기능이 무엇인지 설명하시오.
16. 분개의 법칙을 거래의 10요소와 함께 설명하시오.
17. 재무상태표계정의 마감에 대해 설명하시오.
18. 포괄손익계산서계정의 마감에 대해 설명하시오.
19. 내부통제제도에 대해 설명하시오.
20. 집합손익계정에 대해 설명하시오.

▣ 객관식 문제

1. 다음 사건 중 회계상의 거래에 해당하는 것은?
   ① 차입금을 상환하지 못할 경우 회사 건물 소유권을 이전하기로 하는 담보설정 계약을 체결하였다.
   ② 신규 종업원 300명을 채용하였다.
   ③ 사용 중인 기계가 낡아서 새로운 기계장치를 주문하였다.
   ④ 내년도 시즌 티켓을 미리 판매하였다.
   ⑤ 회사 사장이 국회의원에 당선되었다.

2. 다음의 거래요소 중 부채의 증가를 초래하는 것은?
   ① 자산의 감소　② 자본의 증가
   ③ 수익의 발생　④ 비용의 발생
   ⑤ 정답 없음

3. 다음 중 대차금액일치의 원리와 가장 거리가 먼 것은?
   ① 시산표의 차변합계금액과 대변합계금액은 일치한다.
   ② 모든 거래에 대하여 어떤 경우에도 성립한다.
   ③ 일반적으로 인정된 회계원칙의 하나이다.
   ④ 모든 거래는 차변과 대변에 같은 금액을 기록하는 이중성을 가지고 있다.
   ⑤ 회계의 자기검증기능을 가능하게 한다.

4. 다음 중 자본잉여금에 속하는 항목은?
   ① 주식발행초과금　② 이익준비금
   ③ 임의적립금　④ 법정적립금
   ⑤ 해외사업환산이익

5. 다음 중 회계상 거래에 해당되지 않는 것은?
   ① 업무용 건물을 ₩30,000,000에 구입하다.
   ② 화재로 상품 ₩100,000이 소실되다.
   ③ 종업원 급여 ₩200,000을 미지급하다.
   ④ 상품 ₩500,000을 주문하다.
   ⑤ 중고 기계를 팔고 새로운 기계를 구입하다.

6. 다음 중 다단계 포괄손익계산서상의 영업이익의 산출과 관계없는 계정과목은?

① 이자비용 ② 매출

③ 매입 ④ 출장비

⑤ 급여

7. 시산표를 작성함으로써 발견할 수 있는 오류에 해당하는 것은?

① 매출채권 ₩100,000을 현금으로 회수하고 현금계정 차변에 ₩100,000, 매출채권계정 대변에 ₩200,000으로 기입하였다.

② 매입채무 ₩200,000을 현금으로 상환하고 현금계정 대변에 ₩100,000, 매입채무계정 차변에 ₩100,000을 기입하였다.

③ 매출채권 ₩200,000을 현금으로 회수하고 현금계정 차변에 ₩100,000, 매출채권계정 대변에 ₩100,000으로 기입하였다.

④ 매입채무 ₩300,000을 현금으로 상환하고 현금계정 차변에 ₩300,000, 매입채무계정 대변에 ₩300,000으로 기입하였다.

⑤ 정답 없음

8. 2020년 12월분 종업원 급여 ₩1,000,000을 현금이 부족하여 지급하지 못하였다. 회사는 급여 ₩1,000,000에 대하여 아무런 회계기록을 하지 않았다. 이로 인하여 재무제표에 미치는 영향으로 맞는 것은?

① 수익의 과소계상, 자산의 과소계상

② 자산의 과소계상, 부채의 과소계상

③ 비용의 과소계상, 부채의 과대계상

④ 비용의 과소계상, 부채의 과소계상

⑤ 자산의 과대계상, 자본의 과대계상

9. 다음 중 부채를 감소시키는 거래는?

① 기계장치 ₩1,000,000을 현금으로 구입하다.

② 건물 임차료 ₩200,000을 현금으로 지급하다.

③ 건물 ₩2,000,000을 매각하고 대금을 3개월 후에 받기로 했다.

④ 은행으로부터의 차입금 ₩1,000,000을 현금으로 상환하였다.

⑤ 정답 없음

10. 다음 중 거래요소의 결합관계를 잘못 표시한 것은?

	차 변	대 변
①	자산의 증가	수익의 발생
②	비용의 발생	부채의 증가
③	자산의 증가	부채의 증가
④	수익의 감소	자산의 감소
⑤	부채의 감소	자산의 증가

11. 기계장치 ₩1,500,000을 구입하고, ₩1,000,000은 현금으로 지급하고 나머지는 외상으로 하였을 경우, 다음 중 옳은 것은?

① 자산은 ₩1,500,000 증가하고, 부채도 같은 금액이 증가한다.
② 자산은 ₩500,000 증가하고, 부채도 같은 금액이 증가한다.
③ 자산, 부채 모두 ₩1,000,000 증가한다.
④ 자산은 ₩1,000,000 감소하고, 부채는 같은 금액이 증가한다.
⑤ 자산, 부채 모두 변동이 없다.

▣ 주관식 문제

1. 다음의 경제적 사건 중에서 회계상의 거래라고 할 수 있는 것을 선별하시오.

① 이사회에서 사채를 발행하여 자금을 조달하기로 결정하였다.
② A상품 ₩500,000을 매입하고 대금은 외상으로 하다.
③ 사무실을 임차하고 임차료 ₩1,000,000을 지급하다.
④ 낡은 기계를 교체하기 위하여 새로운 기계를 주문하고 선급금 ₩200,000을 지급하다.
⑤ 새로운 공장을 ₩12,000,000에 신축하기로 건설회사와 계약하다.
⑥ 당좌예금통장을 정리해보니 이자수익 ₩20,000이 입금되어 있었다.
⑦ 사채이자 ₩350,000의 지급일자가 되었으나 지급하지 못하였다.
⑧ 관계회사로부터 ₩5,000,000에 달하는 물품을 구입해달라는 부탁을 받다.
⑨ 1년간의 보험료 ₩420,000을 현금으로 지급하였다.
⑩ 당좌예금에서 현금 ₩300,000을 인출하여 2년 만기 정기적금에 적립하다.

2. 다음의 계정과목을 자산, 부채, 자본, 수익, 비용으로 구분하시오.

① 미지급금	② 미지급비용	③ 매입채무(외상매입금)
④ 임차보증금	⑤ 선수수익	⑥ 급여
⑦ 미수수익	⑧ 이익잉여금	⑨ 매출채권(외상매출금)
⑩ 이자수익	⑪ 매출	⑫ 상품
⑬ 은행차입금	⑭ 장기저축예금	⑮ 당좌예금
⑯ 토지	⑰ 임차료	⑱ 임대료수익
⑲ 광고비	⑳ 선수금	

3. 다음의 거래를 분개하시오.

① 운송서비스를 제공하고 운송료 ₩1,000,000은 1개월 후에 받기로 하였다.
② 보통주식 액면 @₩10,000, 1,000주를 발행하고 주식대금을 현금으로 받았다.
③ 토지 ₩20,000,000을 구입하고 대금 중 ₩10,000,000은 수표를 발행하여 지급하고 잔액은 외상으로 하다.
④ 고객과 화물운송계약을 체결하고 운송료 ₩10,000,000을 현금으로 미리 받았다.
⑤ 화재보험계약을 체결하고 1년간의 보험료 ₩1,200,000을 수표를 발행하여 지급하였다.
⑥ 사무용비품 ₩1,000,000을 외상으로 구입하였다.
⑦ A상품 100개, @₩1,000을 매입하고 대금은 외상으로 하였다.
⑧ 외상매입금 중 ₩50,000을 현금으로 지급하였다.
⑨ 은행으로부터의 차입금이자 미지급분 ₩100,000을 현금으로 지급하였다.
⑩ 매출채권 ₩2,000,000을 현금으로 받다.
⑪ 이자비용 ₩200,000을 현금으로 지급하다.
⑫ 상품을 ₩150,000에 판매하고 ₩100,000은 현금으로 받고 나머지는 외상으로 하다.

4. 다음의 거래를 분개하고 T계정에 전기하시오.

① 건물을 임대하고 1년간 임대료 ₩1,200,000을 현금으로 받다.
② 현금 ₩10,000,000을 출자하여 회사를 설립하다.
③ 은행으로부터 현금 ₩10,000,000을 차입하다.
④ 은행차입금 중 ₩500,000을 현금으로 상환하다.

⑤ 신문에 상품광고를 게재하고 광고비 ₩1,000,000을 3개월 후에 지급하기로 하다.

5. 다음의 거래를 분개하시오.
① 현금 ₩1,000,000을 자본금으로 하여 사업을 시작하다.
② 기계장치 ₩420,000을 구입하고 대금은 외상으로 하다.
③ 자본을 늘리기 위하여 보통주식 2,000주를 주당 액면가액 ₩1,000으로 발행하고 주식대금을 현금으로 받다.
④ 신문광고를 하고 광고비 ₩600,000을 현금으로 지급하다.
⑤ 금월분 전기료 ₩503,000을 현금으로 지급하였다.
⑥ 운송서비스 계약을 체결하고 선수금으로 ₩450,000을 현금으로 받다.
⑦ 매매를 중개해 주고 수수료로 ₩500,000을 현금으로 받다.
⑧ 금월분 종업원 급여 ₩839,000을 현금으로 지급하다.
⑨ 사무실 임차료 ₩300,000을 현금으로 지급하다.

6. 위의 문제 5의 분개를 T계정에 전기하시오.

7. 다음의 분개를 보고 그 거래를 추정하시오.

	차 변		대 변	
①	현금	50,000,000	자본금	50,000,000
②	임차보증금	10,000,000	현금	10,000,000
③	비품	6,000,000	미지급금	6,000,000
④	당좌예금	40,000,000	현금	40,000,000
⑤	매출채권	4,000,000	매출	4,000,000
⑥	미지급금	6,000,000	당좌예금	6,000,000
⑦	현금	11,200,000	당좌예금	11,200,000
⑧	전기료	500,000	현금	500,000
⑨	유류비	700,000	미지급비용	700,000
⑩	급여	3,000,000	당좌예금	3,000,000

8. 다음은 4월 중에 발생한 거래를 원장에 전기한 것이다. T계정상의 금액을 보고 번호별로 각 거래를 추정하여 기술하시오.

현 금

①	100,000	②	50,000
③	100,000	④	30,000

매입채무

④	30,000	②	50,000
⑤	20,000		

은행차입금

		①	200,000

매출채권

③	100,000		

당좌예금

①	100,000	⑤	20,000

매 출

		③	200,000

매 입

②	100,000		

9. 다음의 T계정의 자료로부터 발생된 거래를 추정하시오.

현 금

④	75,000	①	50,000
		②	30,000
		③	10,000

건 물

③	30,000		

매 입

②	60,000		

비 품

①	50,000		

미지급금

		③	20,000

매 출

		④	75,000
		⑤	25,000

매출채권

⑤	25,000		

매입채무

		②	30,000

10. 다음은 동국컨설팅(주)에서 4월 중 발생한 거래들이다. 이들을 분개하고 각 분개를 원장(T계정)에 전기하시오. 그리고 원장을 마감한 다음 합계잔액시산표를 작성하시오.

4월 1일 주당 액면가액 ₩5,000인 보통주 10,000주를 발행하고 그 대금을 현금으로 받다.
3일 사무용 건물을 ₩10,000,000에 현금으로 구입하다.
4일 사무용 비품을 ₩8,000,000에 한국유통으로부터 구입하고 현금을 지급하다.
10일 현금 ₩30,000,000을 당좌예금에 입금하다.
13일 은행으로부터 ₩5,000,000을 단기차입하다.
19일 민국(주)에 컨설팅을 해주고 컨설팅수수료 ₩2,500,000은 외상으로 하다.
20일 신문광고와 광고전단을 제작 배포하고 그 비용 ₩1,000,000을 현금으로 지급하다.
22일 고객에게 컨설팅을 해주고 수수료 ₩1,200,000을 현금으로 받다.
23일 민국(주)로부터 컨설팅수수료 미수액 중 ₩1,500,000을 현금으로 받다.
27일 차량유지비 ₩300,000을 현금으로 지급하다.
28일 현금 ₩3,000,000을 당좌예금에 예입하다.
30일 4월분 전기료 ₩30,000이 고지되었으나 아직 납부하지 못했다.
30일 4월분 종업원급료 ₩800,000을 현금으로 지급하다.
30일 은행차입금 중 ₩2,000,000을 수표를 발행하여 갚다.

CHAPTER 04

A·C·C·O·U·N·T·I·N·G

회계순환과정

제 1 절 회계순환과정의 개요

1. 회계순환과정의 의의

회계순환과정(accounting cycle)이란 회계기간을 한 단위로 하여 매 기간마다 반복적으로 행해지는 회계절차를 의미하며, 매 회계기간마다 유사한 절차가 반복적으로 행해지기 때문에 순환과정(cycle)이라고 불리고 있다. 기업의 경영성과와 재무상태를 기간별로 보고하기 위하여 설정한 기간(time interval)을 회계기간(accounting period)이라고 한다.

매 회계기간 말에는 결산을 하게 되는데, 결산(closing accounts)이란 회계기간의 경영성과와 회계기말의 재무상태를 올바로 파악하기 위해 필요한 회계기록(결산 수정사항에 대한 수정분개)을 하고, 모든 계정을 마감하여 재무제표를 작성하는 제반 절차를 말한다.

기업은 매 회계연도 말에 정기적으로 결산을 하여야 하나 중간보고의 목적으로 월별, 분기별 및 반기별로 임시결산을 하기도 한다. 회계에서는 결산을 하는 회계기간 말을 결산일(closing date)이라고 한다.

2. 회계순환과정의 절차

회계기간마다 반복되는 회계순환과정은 크게 두 가지로 분류된다. 하나는 회계기간 중에 매일매일 발생하는 거래에 대한 회계절차이고, 다른 하나는 회계기말에 있어서의 결산절차이다. 다음에 요약한 회계절차 중에서 ①, ②, ③은 회계기간 중의 일상적 회계절차이며, ④부터는 결산절차에 해당한다.

〈일상적 회계절차〉

① 경제적 사건이 발생하면 이것이 회계거래인지를 식별하고 측정하며, 증빙서류(source documents)를 갖춘다.

② 회계거래를 분개하여 분개장(journal)에 기록한다. 분개장 대신 분개전표를 사용하는 경우 전표에 기록한다.

③ 분개된 기록을 원장(ledger)에 전기한다. 원장은 총계정원장(general ledger)이라 부르기도 한다.

〈결산절차〉

④ 원장의 각 계정을 임시로 마감하여 합계액과 잔액을 계산하여 수정전시산표(unadjusted trial balance)를 만든다.
⑤ 정확한 회계기간의 손익을 계산하기 위해 필요한 수정분개(adjusting entries)를 하고, 손익계정의 마감을 위한 마감분개(closing entries)를 한다.
⑥ 수정분개 및 마감분개 내용을 원장에 전기하고 계정을 마감한다.
⑦ 수정후시산표(adjusted trial balance)를 작성한다.
⑧ 재무제표(financial statements)를 작성한다.
⑨ 완성된 재무제표를 정보이용자에게 제공한다.

회계절차가 전산화된 기업에서는 분개를 정확하게 하여 컴퓨터에 입력하면 원장에의 전기와 시산표 작성 및 재무제표의 작성은 별로 어려운 일이 아니다. 그러나 회계거래를 식별하여 분개를 하는 일과 수정분개 등의 업무는 컴퓨터가 대신하지 못하며 회계전문가의 판단에 의해 이루어져야 한다. 따라서 회계업무에 컴퓨

그림 4-1 회계순환과정

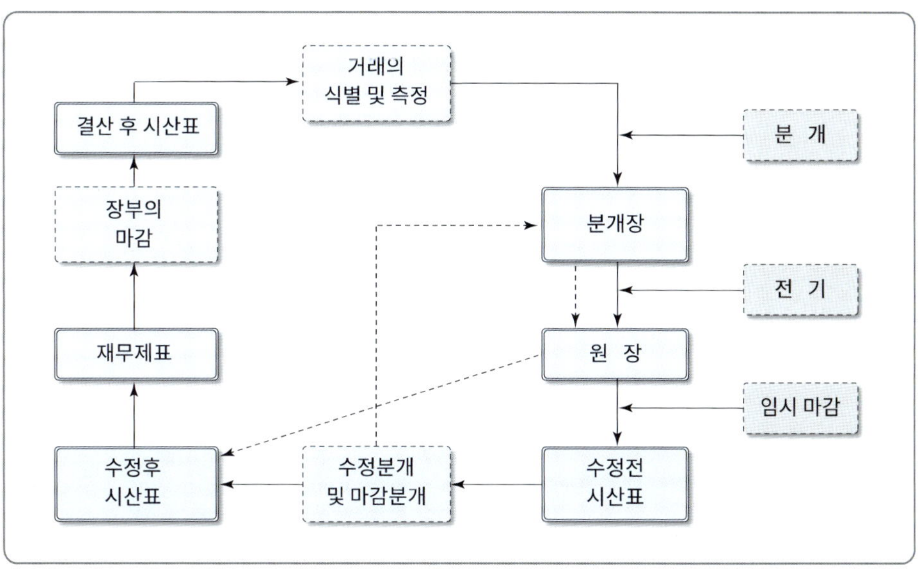

터가 사용된다 하더라도 복잡한 계산이나 반복적인 업무는 컴퓨터가 인간을 대신하여 처리할 수 있으나, 인간의 판단이 필요한 일은 회계전문가가 처리하여야 한다. 앞의 회계절차 가운데 ①, ②, ⑤, ⑨는 컴퓨터가 대신할 수 없는 업무이며, ③, ④, ⑥, ⑦, ⑧은 일정한 규칙에 따른 반복적인 업무이거나 계산업무이기 때문에 컴퓨터가 대신할 수 있는 업무이다.

회계순환과정에 대한 이해를 돕기 위해 이를 도표로 표시하면 앞의 [그림 4-1]과 같다.

제 2 절 수정분개

회계순환과정 중에서 회계거래를 식별하고 이를 분개한 다음 원장에 전기한 후 시산표(수정전시산표)를 작성하는 방법에 대해서는 제3장에서 설명하였다. 여기서는 발생주의 회계원칙에 따라 회계기간별로 정확한 기간손익(periodic income)을 계산하기 위한 수정분개에 대해 설명하기로 한다.

1. 수정분개의 의의

회계정보를 보고하는 데 있어 가장 중요한 것은 특정 회계기간 동안 기업의 경영성과와 결산일 현재의 기업의 재무상태를 알려주는 것이다. 경영성과를 올바로 알려주기 위해서는 회계기간 중에 실현된 수익과, 수익을 얻기 위해 소비된 비용을 정확하게 계산하여야 한다. 수익과 비용은 현금주의가 아니고 발생주의에 따라 정확하게 기록하고, 특히 수익은 실현주의에 따라 미실현이익은 계상되지 않도록 해야 한다.

결산일에 총계정원장에 나타난 각 계정의 금액 중에는 결산일 현재의 금액을 제대로 나타내지 않거나 발생주의 회계원칙에 따르지 않은 부분이 있을 수 있다. 예를 들면, 보유 중인 재고자산이나 주식의 결산일의 가격이 취득가격과 차이가 날 수 있으며, 건물이나 기계설비와 같은 유형자산은 영업에 계속 사용되었기 때문에 이를 반영하여야 한다. 이 밖에도 12월 31일이 결산일인 회사에서 직원들의 12월분 월급을 결산일 현재 지급하지 않았거나, 12월분의 이자수익을 아직 현금으로 받지 못한 경우도 있을 수 있다.

이와 같이 결산일에 이미 기록된 회계수치의 일부를 수정하거나 추가로 기록하여야 할 사항을 수정사항(adjusting items)이라 한다. 수정분개(adjusting entries)란 결산일에 발생주의 또는 실현주의 회계원칙에 따라 기업의 정확한 기간손익을 계산하기 위해 수정사항을 분개하여 주는 것을 말하며, 수정기입 또는 정리기입이라고도 하고, 수정분개가 주로 결산 시에 이루어진다고 하여 결산수정분개라고도 한다.

수정분개는 회계기간의 정확한 기간손익과 결산일에 있어서 정확한 재무상태를 계산하기 위해 필수적인 과정이라 하겠다. 즉 수정분개가 잘못되면 재무상태표와 포괄손익계산서가 모두 잘못 작성되게 된다.

2. 수정분개의 유형과 예제

수정사항의 분개는 회계순환과정에서 매우 중요한 과정이며 동시에 회계학을 처음 배우는 학생들은 반드시 이해해야 할 중요한 부분이다.

(1) 선급비용의 처리

보험료, 임차료 등과 같은 비용은 6개월 또는 1년분을 한꺼번에 지급하는 경우가 자주 있다. 이때 당기에 이미 현금을 지급하여 비용으로 계상한 금액 중에서 차기의 비용으로 인식되어야 할 부분이 있는 경우가 있다.

결산 시에 차기에 속할 비용을 당기의 비용으로부터 차감하고, 미리 지급한 선지급부분을 자산으로 계상해야 한다. 이때 자산으로 계상된 부분을 **선급비용(prepaid expense)**이라고 하는데, 이는 비용의 미경과분이라고 할 수 있다.

선급비용의 회계처리는 비용 지급일에 자산으로 기록하는 방법과 비용으로 기록하는 방법에 따라 수정분개가 달라진다.

예제 4-1

(주)동국은 2020년 9월 1일에 1년분의 화재보험료로 ₩3,600,000을 현금으로 지급하였다. (주)동국의 2020년 9월 1일의 분개와 결산일(12월 31일)의 수정분개를 행하라.

풀이

화재보험료를 지급한 2020년 9월 1일의 분개는 다음과 같이 두 가지 방법으로 할 수 있다.

① 보험료를 비용으로 계상한 경우

(차) 보 험 료	3,600,000	(대) 현 금	3,600,000

② 보험료를 선급보험료라는 자산으로 계상한 경우

(차) 선급보험료	3,600,000	(대) 현 금	3,600,000

(주)동국이 결산일에 행할 수정분개는 보험료 지급일에 어떠한 방법으로 분개를 하였느냐에 따라 달라진다. ①의 방법으로 분개를 한 경우, 보험료 ₩3,600,000중에서 미경과분 ₩2,400,000을 차감하여 선급보험료로 계상하여야 하므로 다음과 같이 수정분개를 한다.

(차) 선급보험료	2,400,000	(대) 보 험 료	2,400,000

그러나 보험료 지급 시에 ②의 방법으로 분개를 한 경우에는 선급보험료 ₩3,600,000 중에서 ₩1,200,000이 당기의 보험료로 계상되어야 하므로 다음과 같이 수정분개를 한다.

(차) 보 험 료	1,200,000	(대) 선급보험료	1,200,000

어느 방법을 선택하여도 2020년에 비용으로 계상되는 보험료는 ₩1,200,000이고, 결산기말에 남아 있는 선급보험료(자산계정)의 잔액은 ₩2,400,000이 된다. 소모품에서와 같이 ①, ②의 방법을 모두 원장에 전기하여 보험료와 선급보험료의 잔액을 확인해 보기 바란다.

(2) 선수수익의 처리

장래에 용역을 제공하기로 하고 대금을 미리 받았으나 결산기말까지 용역을 아직 제공하지 못한 경우, 용역을 제공하지 못한 부분은 당기의 수익이 될 수 없고 오히려 미래에 용역을 제공할 의무가 있으므로 부채계정인 선수수익(unearned revenue)이라는 부채로 계상하여야 한다. 선수수익의 회계처리도 선급비용과 마찬가지로 대금을 받은 날의 회계처리를 두 가지 방법으로 할 수 있으며, 이에 따라 결산일의 수정분개가 다르게 된다.

예제 4-2

(주)동국은 2020년 10월 1일에 1년분의 임대료수익 ₩6,000,000을 현금으로 받았다. (주)동국의 2020년 10월 1일의 분개와 결산일(12월 31일)의 수정분개를 행하라.

풀이

임대료를 받은 2020년 10월 1일의 분개를 다음과 같이 두 가지 방법으로 할 수 있다.

① 수입임대료를 수익으로 계상한 경우

(차) 현　금	6,000,000	(대) 임대료수익	6,000,000

② 수입임대료를 선수임대료라는 부채로 계상한 경우

(차) 현　금	6,000,000	(대) 선수임대료	6,000,000

(주)동국이 임대료를 받은 날에 ①의 방법으로 분개를 한 경우, 결산일의 수정분개는 다음과 같다.

(차) 임대료수익	4,500,000	(대) 선수임대료	4,500,000

그러나 (주)동국이 임대료를 받은 날에 ②의 방법으로 분개를 한 경우, 결산일의 수정분개는 다음과 같다.

(차) 선수임대료	1,500,000	(대) 임대료수익	1,500,000

어느 방법을 선택하여도 (주)동국이 2020년에 수익으로 계상하는 임대료수익은 ₩1,500,000이 되고, 결산기말에 선수임대료(부채계정)의 잔액은 ₩4,500,000이 된다. ①, ②의 방법을 모두 원장에 전기하여 임대료수익과 선수임대료의 잔액을 확인해 보기 바란다.

(3) 소모품계정의 정리

소모품(supplies)이란 영업활동 중 단기간에 소모되는 종이나 문구류와 같은 사무용품을 말한다. 단기간이란 1년 이내를 의미하며, 수명이 1년 이상인 것은 비품 또는 설비 등의 유형자산으로 회계처리한다.

소모품은 구입 시에 소모품이라는 자산으로 기록하는 방법과, 소모품비라는 비용으로 기록하는 방법의 두 가지가 있다. 소모품이라는 자산으로 기록하였을 경우 결산기말까지 사용한 부분만큼 비용으로 처리해주며, 소모품비라는 비용으로 기록하였을 경우 결산기말에 남아 있는 부분을 비용에서 제외시켜 자산으로 처리해주어야 한다.

예제 4-3

(주)동국은 2020년 7월 1일에 ₩100,000의 소모품을 현금으로 구입하였다. 2020년 결산기말에 소모품의 재고액을 조사해 본 결과 ₩20,000의 소모품이 남아 있는 것으로 확인되었다. (주)동국의 2020년 7월 1일의 거래와 결산일(12월 31일)의 수정분개를 행하라.

풀이

(주)동국이 소모품을 구입한 2020년 7월 1일의 분개는 다음과 같이 두 가지 방법으로 할 수 있다.

① 소모품을 자산으로 계상하는 경우

(차) 소 모 품	100,000	(대) 현 금	100,000

② 소모품을 비용으로 계상하는 경우

(차) 소모품비	100,000	(대) 현 금	100,000

(주)동국이 결산일에 행할 수정분개는 구입일에 어떠한 방법으로 분개를 하였느냐에 따라 달라진다. ①의 방법으로 분개를 한 경우 ₩100,000의 소모품 중에서 ₩80,000이 사용되고 ₩20,000이 남아 있으므로 다음과 같이 수정분개를 한다.

(차) 소모품비	80,000	(대) 소 모 품	80,000

그러나 구입 시에 ②의 방법으로 분개를 한 경우에는 소모품비로 계상된 금액

중에서 ₩20,000을 제외시켜 소모품이라는 자산으로 계상하면 되므로 다음과 같이 수정분개를 한다.

(차) 소 모 품 20,000 (대) 소모품비 20,000

어느 방법을 선택하든 2020년에 포괄손익계산서상에 소모품비로 표시될 금액은 ₩80,000이고, 재무상태표상에 소모품(자산)으로 표시될 금액은 ₩20,000이 되게 된다.

이를 확인하기 위해 앞의 분개내용을 원장에 전기해보면 다음과 같다(현금계정은 비교대상이 아니므로 원장에 전기하는 것을 생략함).

①의 방법

소모품

7/1	100,000	12/31	80,000
잔액	20,000		

소모품비

12/31	80,000		
잔액	80,000		

②의 방법

소모품비

7/1	100,000	12/31	20,000
잔액	80,000		

소모품

12/31	20,000		
잔액	20,000		

(4) 유형자산의 감가상각

건물이나 설비와 같은 유형자산은 영업목적을 위하여 회계기간 동안 사용된다. 즉, 수익을 창출하는 영업활동에 유형자산이 사용되므로 유형자산의 일부가 수익을 창출하는 데 희생된다. 따라서 수익 · 비용 대응원칙에 따라 유형자산의 사용분을 비용으로 기록해야 한다. 유형자산의 취득원가를 그것이 사용되는 기간 중에 배분하여 비용화시키게 되는데, 이와 같은 회계처리절차를 **감가상각**(depreciation)이라 한다.

감가상각에 대한 수정분개는 당기에 감가상각된 부분만큼을 차변에 **감가상각비**(depreciation expense)라는 비용으로 계상하고, 대변에는 **감가상각누계액**(accumulated depreciation)이라는 계정에 같은 금액만큼 계상한다. 감가상각누계액은 재무상태표에 기록되는 계정으로 지금까지 감가상각된 금액을 누계로 표시한다. 해당 유형자산의 취득원가에서 감가상각누계액을 차감한 금액을 장부가액(book value)이라 한다. 감가상각누계액은 해당 유형자산계정에서 차감되어야 할 금액을 나타내는 자산의 차감계정(contra account)이다. 기업회계기준을 적용하는 비상장기업에서는 감가상각누계액 대신에 감가상각충당금계정을 사용한다.

예제 4-4

동국기업은 2020년 1월 초에 업무용 트럭을 ₩40,000,000에 구입하였으며 2020년 중에 감가상각된 부분은 ₩16,000,000이다. 동국기업의 업무용 자동차의 감가상각에 대한 수정분개를 행하라.

풀이

(차) 감가상각비 16,000,000 (대) 감가상각누계액 16,000,000

이때 대변에 차량운반구라는 계정과목을 사용하지 않고 감가상각누계액이라는 계정을 사용한 이유는 재무상태표에 차량운반구의 취득원가와 구입 이후 누적된 감가상각누계액을 모두 정보이용자에게 보여주기 위해서이다. 만약 대변에 감가상각누계액계정 대신 차량운반구라는 계정을 직접 사용하면 재무상태표에는 취득원가는 나타나지 않고 결산기말 현재의 장부가액(취득원가 − 감가상각누계액)만 나타나게 될 것이다.

(5) 미지급비용의 처리

전기료, 수도료, 전화료 등은 비용이 발생한 다음 어느 정도 시일이 지난 후에 이를 지급하는 것이 일반적이다. 따라서 당기에 속하는 비용으로서 지급하지 않은 부분이 있으면 이것을 당기의 비용으로 차변에 기록하는 동시에, 미지급비용(accrued expense)이라는 부채로서 대변에 기록하여야 한다.

예제 4-5

동국기업은 2020년 12월분 전기료가 ₩250,000이 발생하였으나, 이에 대한 청구서를 아직 받지 못해 12월분 전기료를 결산일 현재 납부하지 않았다. 동국기업의 결산일(12월 31일)의 수정분개를 행하라.

풀이

동국기업의 12월분 전기료는 당기의 수익을 얻기 위하여 사용된 부분이므로 비록 요금을 지불하지 않았어도 당기의 비용으로 계상하고 지급이 안 된 부분을 부채로 계상하여야 하므로 다음과 같이 수정분개를 한다.

(차) 전 기 료	250,000	(대) 미지급전기료	250,000

(6) 미수수익의 처리

당기에 속하는 수익으로서 아직 받지 못한 금액이 있을 경우에는 해당하는 금액을 당기의 수익으로 대변에 기록하는 동시에 같은 금액을 미수수익(accrued revenue)이라는 자산으로 차변에 기록하여야 한다.

예제 4-6

동국기업은 2020년 12월 31일의 결산일에 보유하고 있는 국채에 대한 4개월분의 이자 ₩1,200,000을 아직 받지 못하였다. 동국기업의 결산일의 수정분개를 행하라.

풀이

동국기업은 결산일 현재 수취하지 못한 이자 ₩1,200,000을 당기의 수익으로 계상하고, 동시에 미수이자(자산에 해당함)를 계상하여야 하므로 다음과 같이 수정분개를 한다.

(차) 미수이자	1,200,000	(대) 이자수익	1,200,000

제 3 절 재무제표의 작성

1. 원장의 마감

정확한 기간손익의 계산을 위하여 결산수정사항에 대한 수정분개가 끝나면 이를 다시 총계정원장에 전기하여야 한다. 전기가 끝나면 총계정원장에 있는 각 계정의 당기발생액과 기말잔액을 계산하고 원장을 마감하여야 한다.

(1) 재무상태표계정의 마감

자산 · 부채 · 자본에 속하는 재무상태표계정을 마감할 때는 각 계정의 차변합계와 대변합계로 잔액을 계산한 다음 적요란에 **차기이월**(carried forward)이라고 기입하고 차변잔액은 대변에, 대변잔액은 차변에 기록하여 차변과 대변의 합계를 일치시킨다. 그리고 차기의 회계연도가 개시되는 날짜에 **전기이월**(carryover from the previous term)이라고 기입하며 차기이월과 같은 금액을 기록한다. 다시 말해서, 자산 · 부채 · 자본에 속하는 계정의 경우, 당기의 기말잔액과 차기의 기초잔액은 동일한 금액이 된다. 이때 자산에 속하는 계정은 기말잔액이 차변에 생기고, 부채 및 자본에 속하는 계정은 기말잔액이 대변에 생기게 된다.

재무상태표계정 중에서 현금계정과 차입금계정의 마감방법을 예시하면 다음과 같다.

현 금

일 자		적 요	분면	차 변	대 변	잔 액
5	1	차입금	1	5,000,000		5,000,000
	15	차입금상환	1		2,000,000	3,000,000
	31	차기이월			3,000,000	
5	31	합 계		5,000,000	5,000,000	
6	1	전기이월		3,000,000		3,000,000

차 입 금

일 자		적 요	분면	차 변	대 변	잔 액
5	1	현금 차입	1		5,000,000	5,000,000
	15	차입금 현금상환	1	2,000,000		3,000,000
	31	차기이월		3,000,000		
5	31	합 계		5,000,000	5,000,000	
6	1	전기이월			3,000,000	3,000,000

(2) 손익계정의 마감

자산 · 부채 · 자본에 속하는 계정들은 각 계정의 기말잔액이 차기로 이월이 되나, 수익 · 비용에 속하는 계정들은 당기의 순이익이나 순손실을 산출하기 위한 임시적인 계정이기 때문에 기말잔액이 차기로 이월되지 않는다. 수익 · 비용의 손익계정들은 **집합손익계정**(income summary accounts)을 설정하여 마감분개를 함으로써 계정잔액을 영(0)으로 만든다.

집합손익계정은 수익과 비용에 속하는 계정들을 모두 한 계정으로 모아서 당기순손익을 계산하기 위해 만들어지는 명목계정(nominal accounts)이다. 수익에 속하는 계정은 그 대변잔액을 차변에 기입하여 마감하고, 동시에 집합손익계정의 대변에 기입하여 준다. 비용에 속하는 계정은 이와 반대로, 차변잔액을 대변에 기입하여 마감하고, 동시에 집합손익계정의 차변에 기입하여 주면 된다.

이와 같이 수익과 비용에 속하는 계정과목의 잔액을 집합손익계정에 대체하여 계정들을 마감하는 분개를 **마감분개**(closing entries)라고 한다. 마감분개를 통하여 모든 수익과 비용은 집합손익계정으로 모이게 된다. 집합손익계정에서 수익이 비용보다 크면 **당기순이익**(net income)이 되고 반대의 경우에는 **당기순손실**(net loss)이 발생하게 된다. 집합손익계정에서 계산된 당기순이익이나 당기순손실은 **미처분이익잉여금**(또는 미처리결손금) 계정으로 대체한다.

[예제 3-31]의 수익과 비용에 속하는 계정들의 마감분개를 표시하면 다음과 같다.

〈수익에 속하는 계정의 마감분개〉

① (차) 운송료수익	1,800,000	(대) 집합손익	1,800,000

〈비용에 속하는 계정의 마감분개〉

② (차) 집합손익	100,000	(대) 유류비	100,000
③ (차) 집합손익	200,000	(대) 임차료	200,000
④ (차) 집합손익	100,000	(대) 급 여	100,000

위에서 행한 마감분개를 총계정원장의 해당 계정에 전기한 후 마감을 하면 다음과 같이 된다.

운송료수익

① 집합손익	1,800,000	5/15	1,500,000
		31	300,000
합 계	1,800,000	합 계	1,800,000

유 류 비

5/20	100,000	② 집합손익	100,000
합 계	100,000	합 계	100,000

급 여

5/30	100,000	④ 집합손익	100,000
합 계	100,000	합 계	100,000

임 차 료

5/30	200,000	③ 집합손익	200,000
합 계	200,000	합 계	200,000

집 합 손 익

② 유류비	100,000	① 운송료수익	1,800,000
③ 임차료	200,000		
④ 급 여	100,000		

마감분개의 결과, 수익과 비용에 속하는 계정은 모두 차변과 대변의 금액이 일치되어 잔액이 영이 된다. 한편, 집합손익계정의 계정잔액은 미처분이익잉여금(또는 미처리결손금) 계정으로 대체한다. 집합손익계정의 대변합계액(수익의 합계액)이 차변의 합계액(비용의 합계액)보다 크면 당기순이익이 발생할 것이며, 반대의 경우는 당기순손실이 발생할 것이다. 집합손익계정을 마감하면 다음과 같다.

(차) 집합손익 1,400,000 (대) 미처분이익잉여금 1,400,000
(또는 당기순이익)

집 합 손 익

유류비	100,000	운송료수익	1,800,000
임차료	200,000		
급 여	100,000		
미처분이익잉여금	1,400,000		
합 계	1,800,000	합 계	1,800,000

다음 [예제 4-7]을 이용하여 분개로부터 재무제표의 작성에 이르기까지의 회계순환과정을 살펴보기로 하자.

예제 4-7

다음은 '동국화물운송주식회사'의 2020년 5월 중의 거래내역과 결산수정사항이다. 이 자료를 이용하여 분개로부터 재무제표의 작성까지의 회계순환과정을 완성하라.

〈거래내역〉

5월 1일 액면 ₩5,000의 보통주식 1,000주를 발행하고 주식대금이 현금으로 입금됨으로써 화물운송을 영업목적으로 하는 '동국화물운송주식회사'를 설립하다.

5일 사무실용 건물 ₩4,000,000을 구입하고 대금 중 ₩2,000,000은 현금으로 지급하고 나머지는 3개월 후에 지급하기로 하다.

6일 화물운송용 차량 15대를 ₩2,000,000에 매입하고 대금은 현금으로 지급하다.

10일 은행으로부터 1년 만기로 ₩2,000,000을 차입하여 당좌예금에 입금하다.

15일 '한국물산'의 화물을 운송하여 주고 운송수수료 ₩500,000을 현금으로 받다.

20일 '민국수산'의 화물을 운송하여 주었으나 운송수수료 ₩300,000은 아직 받지 못하였다.

25일 유류비 ₩300,000을 수표를 발행하여 지급하다.

26일 소모품 ₩200,000을 현금으로 구입하다.

30일 건물구입대금 미지급액 중 ₩1,000,000을 수표를 발행하여 지급하다.

31일 '민국수산'으로부터 운송수수료 미수액 ₩300,000 중 ₩200,000을 현금으로 받다.

31일 5월분 급여 ₩200,000을 현금으로 지급하다.

〈결산수정사항〉

① 건물의 감가상각비는 ₩20,000이다.

② 은행차입금에 대한 5월분 이자가 ₩15,000이나 아직 지급하지 않았다.

③ 5월 31일 현재 소모품 미사용잔액은 ₩100,000이다.

1) 분 개

분개장의 기록방법은 이미 제3장에서 공부하였으므로 여기에서는 간단히 분개만 표시하기로 한다.

일자	차변	금액	대변	금액
5/1	(차) 현 금	5,000,000	(대) 자본금	5,000,000
5	(차) 건 물	4,000,000	(대) 현 금	2,000,000
			미지급금	2,000,000
6	(차) 차량운반구	2,000,000	(대) 현 금	2,000,000
10	(차) 당좌예금	2,000,000	(대) 단기차입금	2,000,000
15	(차) 현 금	500,000	(대) 운송료수익	500,000
20	(차) 미수수익	300,000	(대) 운송료수익	300,000
25	(차) 유류비	300,000	(대) 당좌예금	300,000
26	(차) 소모품	200,000	(대) 현 금	200,000
30	(차) 미지급금	1,000,000	(대) 당좌예금	1,000,000
31	(차) 현 금	200,000	(대) 미수수익	200,000
31	(차) 급 여	200,000	(대) 현 금	200,000

2) 총계정원장에 전기

총계정원장에 전기하는 방법은 제3장에서 공부하였으므로 여기에서는 T계정을 이용하여 전기를 하기로 한다.

현 금			
5/1	5,000,000	5/5	2,000,000
15	500,000	6	2,000,000
31	200,000	26	200,000
		31	200,000

자 본 금			
		5/1	5,000,000

건 물			
5/5	4,000,000		

차량운반구			
5/6	2,000,000		

당좌예금			
5/10	2,000,000	5/25	300,000
		30	1,000,000

단기차입금			
		5/10	2,000,000

미수수익			
5/20	300,000	5/31	200,000

운송료수익			
		5/15	500,000
		20	300,000

유 류 비			
5/25	300,000		

미지급금			
5/30	1,000,000	5/5	2,000,000

소 모 품			
5/26	200,000		

급 여			
5/31	200,000		

3) 수정전시산표의 작성

총계정원장에 전기가 완료되면 수정사항에 대한 수정분개를 하기 전에 **수정전시산표**(unadjusted trial balance)를 작성하여 지금까지의 회계기록에 오류가 없는지 검증을 한다. 그러나 실무에서는 수정전시산표를 작성하지 않고 **수정후시산표**

(adjusted trial balance)만 작성하는 경우도 허다하다.

수정전합계잔액시산표

2020년 5월 31일 현재

동국화물운송(주) (단위 : 원)

차 변		계정과목	대 변	
잔 액	합 계		합 계	잔 액
1,300,000	5,700,000	현 금	4,400,000	
700,000	2,000,000	당 좌 예 금	1,300,000	
100,000	300,000	미 수 수 익	200,000	
200,000	200,000	소 모 품		
	1,000,000	미 지 급 금	2,000,000	1,000,000
		단기차입금	2,000,000	2,000,000
2,000,000	2,000,000	차량운반구		
4,000,000	4,000,000	건 물		
		자 본 금	5,000,000	5,000,000
		운송료수익	800,000	800,000
300,000	300,000	유 류 비		
200,000	200,000	급 여		
8,800,000	15,700,000	합 계	15,700,000	8,800,000

4) 수정사항에 대한 수정분개

'동국화물운송주식회사'의 5월 말 결산을 위한 수정사항은 3가지이다. 이 3가지 결산수정사항에 대한 수정분개는 다음과 같다.

<수정분개>

① (차) 감가상각비 20,000 (대) 감가상각누계액 20,000

② (차) 이자비용 15,000 (대) 미지급이자 15,000

③ (차) 소모품비 100,000 (대) 소모품 100,000

수정사항에 대한 수정분개가 완료되면 다시 총계정원장에 전기한 후 총계정원장을 최종적으로 마감한다.

여기에서는 수정분개와 관련된 계정과목에 대하여서만 전기와 마감을 예시하기로 한다. 수정사항의 수정분개로 인하여 수정분개 전 총계정원장에는 없던 계정과목이 새로 나타나는 것은 당연하다.

감가상각비

①	20,000	집합손익	20,000
합 계	20,000	합 계	20,000

감가상각누계액

차기이월	20,000	①	20,000
합 계	20,000	합 계	20,000
		전기이월	20,000

이자비용

②	15,000	집합손익	15,000
합 계	15,000	합 계	15,000

미지급이자

차기이월	15,000	②	15,000
합 계	15,000	합 계	15,000
		전기이월	15,000

소모품비

③	100,000	집합손익	100,000
합 계	100,000	합 계	100,000

소 모 품

5/26	200,000	③	100,000
		차기이월	100,000
합 계	200,000	합 계	200,000
전기이월	100,000		

감가상각비, 이자비용, 소모품비 등은 손익계정이므로 집합손익계정으로 대체되어 마감되나, 감가상각누계액, 미지급이자, 소모품 등은 재무상태표계정이므로 각 계정의 잔액이 차기로 이월되어야 한다.

2. 수정후시산표의 작성

수정분개와 마감분개가 끝나면 **수정후시산표**(adjusted trial balance)를 작성하여 최종적으로 오류가 없는지를 검토한 후 재무상태표와 포괄손익계산서 등의 재무제표를 작성한다.

수정후합계잔액시산표

2020년 5월 31일 현재

동국화물운송(주) (단위 : 원)

차변		계정과목	대변	
잔액	합계		합계	잔액
1,300,000	5,700,000	현 금	4,400,000	
700,000	2,000,000	당 좌 예 금	1,300,000	
100,000	300,000	미 수 수 익	200,000	
100,000	200,000	소 모 품	100,000	
	1,000,000	미 지 급 금	2,000,000	1,000,000
		단 기 차 입 금	2,000,000	2,000,000
2,000,000	2,000,000	차 량 운 반 구		
4,000,000	4,000,000	건 물		
		자 본 금	5,000,000	5,000,000
		운 송 료 수 익	800,000	800,000
300,000	300,000	유 류 비		
200,000	200,000	급 여		
100,000	100,000	소 모 품 비		
20,000	20,000	감 가 상 각 비		
15,000	15,000	이 자 비 용		
		미 지 급 이 자	15,000	15,000
		감가상각누계액	20,000	20,000
8,835,000	15,835,000	합 계	15,835,000	8,835,000

3. 재무제표의 작성

수정후시산표가 완성되면 이것의 잔액으로 재무상태표와 포괄손익계산서 등의 재무제표를 작성하게 된다. 수정후시산표에서 자산 · 부채 · 자본에 속하는 계정의 잔액을 재무상태표로 옮긴 후에 자산의 합계액이 부채와 자본의 합계액보다 크면 당기순이익이 발생한 것이며, 그 반대의 경우에는 당기순손실이 발생한 것이다. 당기순이익은 미처분이익잉여금의 과목으로 표시한다.

포괄손익계산서는 수정후시산표에서 수익과 비용에 속하는 계정의 잔액을 옮겨서 작성한다. 포괄손익계산서상에서 수익의 합계액(대변의 합계액)이 비용의 합계액(차변의 합계액)보다 크면 당기순이익이 발생한 것이며, 그 반대의 경우에는 당기순손실이 발생한 것이다. 포괄손익계산서에서 산출한 당기순이익(또는 당기순손실)은 재무상태표에서 산출한 당기순이익(당기순손실)과 반드시 금액이 일치하여야 한다.

'동국화물운송주식회사'의 재무제표 중 재무상태표와 포괄손익계산서를 작성하면 다음과 같다.

재무상태표(계정식)

2020년 5월 31일 현재

동국화물운송(주) (단위 : 원)

계정과목	금 액	계정과목	금 액
자 산		부 채	
현 금	1,300,000	미지급금	1,000,000
당좌예금	700,000	단기차입금	2,000,000
미수수익	100,000	미지급이자	15,000
소모품	100,000	자 본	
차량운반구	2,000,000	자본금	5,000,000
건 물	4,000,000	미처분이익잉여금	165,000
(감가상각누계액)	(20,000)	(당기순이익)	
자산합계	8,180,000	부채와 자본합계	8,180,000

포괄손익계산서(계정식)

2020년 5월 1일부터 2020년 5월 31일까지

동국화물운송(주) (단위 : 원)

계정과목	금 액	계정과목	금 액
비 용		수 익	
유류비	300,000	운송료수익	800,000
급 여	200,000		
소모품비	100,000		
감가상각비	20,000		
이자비용	15,000		
당기순이익	165,000		
비용 합계	800,000	수익합계	800,000

이상에서 예시한 재무상태표와 포괄손익계산서는 계정식으로 작성된 것이다. 제3장에서 설명한 바와 같이, 일반적으로 재무상태표는 계정식 또는 보고식으로 작성이 가능하나, 포괄손익계산서는 일반적으로 보고식으로 작성한다. 여기서는 재무제표 작성에 대한 이해를 돕기 위하여 계정식으로 포괄손익계산서를 작성하였음을 알려둔다. 또한 재무제표를 작성할 때에는 당기와 전기를 비교할 수 있도록 작성하여야 한다.

4. 종합예제

다음은 '동국고속세차'의 2020년 10월 1일부터 10월 31일까지의 영업일지 내역이다. 이 자료를 이용하여 분개와 수정분개를 한 후 재무상태표와 포괄손익계산서를 작성하기까지의 필요한 회계업무를 행하라.

10월 1일 안영진 씨는 현금 ₩30,000,000을 투자하여 '동국고속세차'라는 회사명으로 자동차세차업을 시작하다.
2일 영업용 건물을 임차하고 임차보증금 ₩20,000,000을 현금으로 지급하다.
5일 종업원 3명을 채용하다.
6일 은행으로부터 현금 ₩10,000,000을 차용하다.
7일 설비를 구입하고(원가 ₩20,000,000) ₩15,000,000은 현금으로 지급하고 나머지 ₩5,000,000은 외상으로 하다.
8일 소모품(세제 등)을 구입하고 대금 ₩500,000을 현금으로 지급하다.
10일 보험에 가입하고 3개월분 보험료 ₩300,000을 현금으로 지급하다.
16일 인근에 배달되는 신문에 광고지를 넣어 광고를 하는 데 필요한 비용 ₩200,000을 현금으로 지급하다.
17일 세차서비스를 제공하고 세차료 ₩200,000을 현금으로 받다.
18일 세차서비스를 제공하고 세차료 ₩250,000을 현금으로 받다.
20일 세차서비스를 제공하고 세차료 ₩300,000을 현금으로 받다.
21일 세차서비스를 제공하고 세차료 ₩350,000을 현금으로 받다.
22일 세차서비스를 제공하고 세차료 ₩200,000을 현금으로 받다.
24일 세차서비스를 제공하고 세차료 ₩300,000을 현금으로 받다.

25일 설비에 대한 미지급금 중 ₩1,000,000을 현금으로 갚다.
26일 세차서비스를 제공하고 세차료 ₩250,000을 현금으로 받다.
27일 세차서비스를 제공하고 세차료 ₩350,000을 현금으로 받다.
29일 세차서비스를 제공하고 세차료 ₩400,000을 현금으로 받다.
30일 세차서비스를 제공하고 세차료 ₩300,000을 현금으로 받다.

〈기말수정사항〉

① 소모품의 미사용액이 ₩300,000이다.
② 보험료의 미경과액이 ₩200,000이다.
③ 종업원의 10월분 급료가 ₩1,200,000인데 아직 지급하지 못하다.
④ 설비에 대한 감가상각비가 ₩300,000이다.

풀이

〈단계1 : 회계거래의 식별〉

10/5 경제적 사건이지만 회계거래가 아니므로 분개를 필요로 하지 않음.

〈단계2 : 분개〉

날짜	차변	금액	대변	금액
10/1	(차) 현금	30,000,000	(대) 자본금	30,000,000
2	(차) 임차보증금	20,000,000	(대) 현 금	20,000,000
6	(차) 현금	10,000,000	(대) 차입금	10,000,000
7	(차) 기계장치	20,000,000	(대) 현 금	15,000,000
			미지급금	5,000,000
8	(차) 소모품 (또는 소모품비)	500,000	(대) 현 금	500,000
10	(차) 선급보험료 (또는 보험료)	300,000	(대) 현 금	300,000
16	(차) 광고선전비	200,000	(대) 현 금	200,000
17	(차) 현 금	200,000	(대) 수수료수익	200,000
18	(차) 현 금	250,000	(대) 수수료수익	250,000
20	(차) 현 금	300,000	(대) 수수료수익	300,000
21	(차) 현 금	350,000	(대) 수수료수익	350,000
22	(차) 현 금	200,000	(대) 수수료수익	200,000

24	(차) 현 금	300,000	(대) 수수료수익		300,000
25	(차) 미지급금	1,000,000	(대) 현 금		1,000,000
26	(차) 현 금	250,000	(대) 수수료수익		250,000
27	(차) 현 금	350,000	(대) 수수료수익		350,000
29	(차) 현 금	400,000	(대) 수수료수익		400,000
30	(차) 현 금	300,000	(대) 수수료수익		300,000

〈단계3 : 전기(총계정원장)〉

현 금

10/1	30,000,000	10/2	20,000,000
6	10,000,000	7	15,000,000
17	200,000	8	500,000
18	250,000	10	300,000
20	300,000	16	200,000
21	350,000	25	1,000,000
22	200,000		
24	300,000		
26	250,000		
27	350,000		
29	400,000		
30	300,000		

수수료수익

		10/17	200,000
		18	250,000
		20	300,000
		21	350,000
		22	200,000
		24	300,000
		26	250,000
		27	350,000
		29	400,000
		30	300,000

기계장치

10/7	20,000,000		

임차보증금

10/2	20,000,000		

소모품

10/8	500,000		

선급보험료

10/10	300,000		

차입금

		10/6	10,000,000

자본금

		10/1	30,000,000

미지급금

10/25	1,000,000	10/7	5,000,000

광고선전비

10/16	200,000		

〈단계4 : 수정전시산표 작성〉

수정전시산표

2020년 10월 31일 현재

동국고속세차 (단위 : 원)

차 변		계정과목	대 변	
잔 액	합 계		합 계	잔 액
5,900,000	42,900,000	현 금	37,000,000	
300,000	300,000	선 급 보 험 료		
500,000	500,000	소 모 품		
20,000,000	20,000,000	임 차 보 증 금		
20,000,000	20,000,000	기 계 장 치		
	1,000,000	미 지 급 금	5,000,000	4,000,000
		차 입 금	10,000,000	10,000,000
		자 본 금	30,000,000	30,000,000
		수 수 료 수 익	2,900,000	2,900,000
200,000	200,000	광 고 선 전 비		

〈단계5 : 수정분개〉

① (차) 소모품비 200,000 (대) 소모품 200,000

(또는 (차) 소모품 300,000 (대) 소모품비 300,000)

② (차) 보험료 100,000 (대) 선급보험료 100,000

(또는 (차) 선급보험료 200,000 (대) 보험료 200,000)

③ (차) 급여 1,200,000 (대) 미지급급여 1,200,000

④ (차) 감가상각비 300,000 (대) 감가상각누계액 300,000

〈단계6 : 수정분개의 전기〉

현 금

10/1	30,000,000	10/2	20,000,000
6	10,000,000	7	15,000,000
17	200,000	8	500,000
18	250,000	10	300,000
20	300,000	16	200,000
21	350,000	25	1,000,000
22	200,000		
24	300,000		
26	250,000		
27	350,000		
29	400,000		
30	300,000		

수수료수익

		10/17	200,000
		18	250,000
		20	300,000
		21	350,000
		22	200,000
		24	300,000
		26	250,000
		27	350,000
		29	400,000
		30	300,000

감가상각누계액

		④	300,000

차 입 금

		10/6	10,000,000

미지급급여

		③	1,200,000

미지급금

10/25	1,000,000	10/7	5,000,000

자본금

		10/1	30,000,000

광고선전비

10/16	200,000		

보험료

②	100,000		

소모품비

①	200,000		

급 여

③	1,200,000		

감가상각비

④	300,000		

〈단계7 : 수정후시산표 작성〉

수정후시산표

2020년 10월 31일 현재

동국고속세차 (단위 : 원)

차 변		계정과목	대 변	
잔 액	합 계		합 계	잔 액
5,900,000	42,900,000	현 금	37,000,000	
200,000	300,000	선 급 보 험 료	100,000	
300,000	500,000	소 모 품	200,000	
20,000,000	20,000,000	임 차 보 증 금		
20,000,000	20,000,000	기 계 장 치		
		감가상각누계액	300,000	300,000
		미 지 급 급 여	1,200,000	1,200,000
	1,000,000	미 지 급 금	5,000,000	4,000,000
		차 입 금	10,000,000	10,000,000
		자 본 금	30,000,000	30,000,000
		수 수 료 수 익	2,900,000	2,900,000
200,000	200,000	광 고 선 전 비		
200,000	200,000	소 모 품 비		
100,000	100,000	보 험 료		
300,000	300,000	감 가 상 각 비		
1,200,000	1,200,000	급 여		
48,400,000	86,700,000	합 계	86,700,000	48,400,000

〈단계8 : 마감분개〉

(차) 수수료수익	2,900,000	(대) 집합손익	2,900,000
(차) 집합손익	200,000	(대) 광고선전비	200,000
(차) 집합손익	100,000	(대) 보험료	100,000
(차) 집합손익	200,000	(대) 소모품비	200,000
(차) 집합손익	1,200,000	(대) 급 여	1,200,000
(차) 집합손익	300,000	(대) 감가상각비	300,000

〈단계9 : 총계정원장의 마감〉

현 금

10/1	30,000,000	10/2	20,000,000
6	10,000,000	7	15,000,000
17	200,000	8	500,000
18	250,000	10	300,000
20	300,000	16	200,000
21	350,000	25	1,000,000
22	200,000	차기이월	5,900,000
24	300,000		
26	250,000		
27	350,000		
29	400,000		
30	300,000		
	42,900,000		42,900,000
전기이월	5,900,000		

수수료수익

집합손익	2,900,000	10/17	200,000
		18	250,000
		20	300,000
		21	350,000
		22	200,000
		24	300,000
		26	250,000
		27	350,000
		29	400,000
		30	300,000
	2,900,000		2,900,000

기계장치

10/7	20,000,000	차기이월	20,000,000
	20,000,000		20,000,000
전기이월	20,000,000		

임차보증금

10/2	20,000,000	차기이월	20,000,000
	20,000,000		20,000,000
전기이월	20,000,000		

소모품

10/8	500,000	①	200,000
		차기이월	300,000
	500,000		500,000
전기이월	300,000		

선급보험료

10/10	300,000	②	100,000
		차기이월	200,000
	300,000		300,000
전기이월	200,000		

감가상각누계액

차기이월	300,000	④	300,000
	300,000		300,000
		전기이월	300,000

차입금

차기이월	10,000,000	10/6	10,000,000
	10,000,000		10,000,000
		전기이월	10,000,000

미지급급여

차기이월	1,200,000	③	1,200,000
	1,200,000		1,200,000
		전기이월	1,200,000

미지급금

10/25	1,000,000	10/7	5,000,000
차기이월	4,000,000		
			5,000,000
		전기이월	4,000,000

자본금

차기이월	30,000,000	10/1	30,000,000
	30,000,000		30,000,000
		전기이월	30,000,000

광고선전비

10/16	200,000	집합손익	200,000
	200,000		200,000

보험료

②	100,000	집합손익	100,000
	100,000		100,000

소모품비

①	200,000	집합손익	200,000
	200,000		200,000

급 여

③	1,200,000	집합손익	1,200,000
	1,200,000		1,200,000

감가상각비

④	300,000	집합손익	300,000
	300,000		300,000

집 합 손 익

광고선전비	200,000	수수료수익	2,900,000
보험료	100,000		
소모품비	200,000		
급 여	1,200,000		
감가상각비	300,000		
미처분이익잉여금	900,000		
	2,900,000		2,900,000

〈단계10 : 재무제표 작성〉

포괄손익계산서(보고식)

2020년 10월 1일부터
2020년 10월 31일까지

동국고속세차 (단위 : 원)

수 익		
수수료수익	2,900,000	2,900,000
비 용		
광고선전비	200,000	
소모품비	200,000	
보 험 료	100,000	
감가상각비	300,000	
급 여	1,200,000	2,000,000
당기순이익		900,000

재무상태표(계정식)

2020년 10월 31일 현재

동국고속세차 (단위 : 원)

계정과목	금 액	계정과목	금 액
자 산		부 채	
현 금	5,900,000	미지급급여	1,200,000
선급보험료	200,000	미지급금	4,000,000
소모품	300,000	차입금	10,000,000
임차보증금	20,000,000		
기계장치	20,000,000	자 본	
(감가상각누계액)	(300,000)	자본금	30,000,000
		미처분이익잉여금	900,000
		(당기순이익)	
자산합계	46,100,000	부채와 자본합계	46,100,000

자습문제

SELF-STUDY

[1] 다음은 재무상태표상의 계정들이다. 계정의 성격을 적절히 설명하고 있는 계정과목을 ( ) 안에 적어 넣으시오.

a. 선수수익	b. 선급비용	c. 미지급비용	d. 미수수익

① ( ) 당기에 현금을 지급하였으나, 일부는 차기의 비용으로 계상하여야 할 금액

② ( ) 장래에 용역을 제공하기로 하고 대금을 미리 받았으나 결산기말까지 용역을 제공하지 못한 금액

③ ( ) 당기에 이미 비용이 발생하였으나 지급하지 못하고 있는 금액

④ ( ) 당기에 이미 수익이 발생하였으나 아직까지 받지 못하고 있는 금액

풀이 ① b, ② a, ③ c, ④ d

[2] 다음은 동국(주)의 회계거래와 그에 대한 분개이다. 틀린 곳을 바로 잡으시오.

① 비품 ₩100,000을 외상으로 구입하다.

(차) 비 품	100,000	(대) 외상매입금	100,000

② 12월 31일에 내년의 보험료 ₩50,000을 현금으로 지급하다.

(차) 보험료	50,000	(대) 현 금	50,000

③ 미지급금 중에서 ₩70,000을 현금으로 지급하다.

(차) 미지급금	7,000	(대) 현 금	7,000

④ 비품에 대한 감가상각비가 ₩20,000이다.

(차) 감가상각비	20,000	(대) 비 품	20,000

풀이 오류의 수정

① 주된 영업활동 이외의 거래에서 발생한 채무는 미지급금이 된다. 따라서 대변계정과목은 외상매입금이 아닌 미지급금이 되어야 한다.

② 미리 선급한 내년분 보험료는 비용이 아닌 자산으로 기록하여야 한다. 따라서 차변계정과목은 선급보험료가 되어야 한다.

③ 금액기록의 오류이므로 추가분개를 하여야 한다. 추가분개는 다음과 같다.

(차) 미지급금	63,000	(대) 현 금	63,000

④ 유형자산을 감가상각할 때 감가상각비는 해당 자산에서 직접 차감하지 않고 관련자산의 차감계정인 감가상각누계액계정을 사용한다. 따라서 대변에는 비품이 아닌 비품감가상각누계액이라는 계정과목을 설정해야 한다.

[3] 다음의 수정사항을 수정분개하시오.

① 소모품비계정의 잔액이 ₩70,000이며, 기말의 소모품 재고액이 ₩20,000이다.

② 보험료계정 잔액이 ₩300,000이며, 이 중에서 내년분 보험료가 ₩100,000이다.

③ 건물에 대한 감가상각비가 ₩2,000,000이다.

④ 기말현재 12월분 사무실임차료 ₩300,000을 아직 지급하지 못하다.

풀이 수정분개

① 소모품 구입 시에 구입비용 모두를 비용처리하였을 경우, 기말까지 모든 소모품을 소모하였으면 수정분개가 필요없으나 기말에 소모품이 남아 있으므로 남은 만큼은 비용이 아닌 자산이 되어야 한다. 따라서 구입 시 비용처리한 금액을 삭감하고 남은 소모품은 자산처리하여야 한다.

(차) 소모품	20,000	(대) 소모품비	20,000

② 보험료로 납부하고 비용처리된 금액 중에서 기말현재까지 기간이 미경과된 부분인 내년도분 보험료는 선급보험료가 된다. 따라서 보험료라는 비용에서 내년도분 보험료를 차감하고 선급보험료라는 자산으로 기록하여야 한다.

(차) 선급보험료	100,000	(대) 보험료	100,000

③ 회계기간에 사용된 건물금액인 감가상각비는 비용처리되어야 하며 유형자산에서 직접 차감하지 않고 대변에 감가상각누계액으로 처리하여야 한다.

(차) 건물감가상각비	2,000,000	(대) 건물감가상각누계액	2,000,000

④ 지급해야 할 비용을 지급하지 않았으므로 부채가 발생한 것이다.

(차) 사무실임차료	300,000	(대) 미지급임차료	300,000

[4] 다음 수정사항을 수정분개하라.

① 소모품계정 잔액이 ₩100,000이며 기말의 소모품 실제재고액이 ₩25,000이다.

② 선급보험료계정 잔액이 ₩600,000이며, 이 중에서 당기의 보험료는 ₩400,000이다.

③ 12월분 급여 ₩1,200,000을 결산기말까지 지급하지 못하다.

④ 12월분 이자수익 ₩30,000을 아직 받지 못하다.

풀이 수정분개

① 소모품 구입 시에 구입비용 모두를 자산(소모품계정)으로 기록한 경우, 기중에 사용한 소모품에 대하여 회계기간 말에 비용(소모품비계정)으로 기록하여 자산(소모품)을 감소시켜주고 비용이 발생한 분개를 해야 한다.

(차) 소모품비	75,000	(대) 소모품	75,000

② 미리 지급한 보험료는 자산인데 이 중 일부가 당기의 비용(보험료)으로 기간이 경과된 것이므로 선급보험료를 차감해 주고 보험료가 발생한 분개가 필요하다.

(차) 보험료	400,000	(대) 선급보험료	400,000

③ 지급해야 할 급여라는 비용이 발생하였으나 지급하지 않았으므로 부채가 늘어난 분개가 필요하다.

(차) 급 여	1,200,000	(대) 미지급급여	1,200,000

④ 수익이 발생하였으나 이자수익이 현금으로 들어오지는 않았으므로 미수수익이라는 자산이 증가하게 된다.

(차) 미수이자 (미수수익)	30,000	(대) 이자수익	30,000

[5] 다음은 동국상회의 2020년 12월 31일 현재 총계정원장의 잔액이다(단위: 천원).

현금	3,000	매출채권	120,000	선급보험료	600
소모품	700	건물	250,000	토지	150,000
매입채무	14,000	장기차입금	200,000	수수료수익	360,000
자본금	(?)	이자비용	20,000	전기료	500
급여	80,000	이자수익	800		

위의 자료를 이용하여 수정전시산표를 작성하고, 자본금을 구하시오.

풀이 수정전시산표와 자본금

먼저 계정과목을 자산, 부채, 자본, 수익, 비용으로 구분하여 자산 · 비용은 차변에, 부채 · 수익은 대변에 기록한 후 대차균형의 원리를 이용하여 대변의 자본금을 구한다.

수정전시산표
2020년 12월 31일 현재

동국상회 (단위: 천원)

차 변	계정과목	대 변
3,000	현 금	
120,000	매 출 채 권	
600	선급보험료	
700	소 모 품	
250,000	건 물	
150,000	토 지	
	매 입 채 무	14,000
	장기차입금	200,000
	자 본 금	( )
	수수료수익	360,000
	이 자 수 익	800
20,000	이 자 비 용	
500	전 기 료	
80,000	급 여	
624,800	합 계	624,800

차변의 합계가 ₩624,800이므로 대변의 합계도 같은 금액이 되어야 한다. 따라서 자본금은 ₩50,000(₩624,800 − ₩574,800)이 된다.

[6] 문제 [5]의 동국상회는 2020년 12월 31일 현재 다음과 같은 수정사항이 있다. 이들을 수정분개하고 수정후시산표를 작성하시오(단위: 천원).

① 선급보험료 ₩600은 10월 1일에 1년치를 지급한 것으로서 ₩450은 미경과분이다.

② 결산일 현재 소모품 재고액이 ₩150이다.

③ 12월분 전화요금 ₩300을 지급하지 못하다.

④ 건물에 대한 당기의 감가상각비는 ₩12,000이다.

풀이 수정분개와 수정후시산표

① (차) 보험료	150	(대) 선급보험료	150
② (차) 소모품비	550	(대) 소모품	550
③ (차) 전화비	300	(대) 미지급전화비	300
④ (차) 감가상각비	12,000	(대) 감가상각누계액	12,000

수정후시산표

2020년 12월 31일 현재

동국상회 (단위: 천원)

차 변	계정과목	대 변
3,000	현금	
120,000	매출채권	
450	선급보험료	
150	소모품	
250,000	건물	
	감가상각누계액	12,000
150,000	토지	
	매입채무	14,000
	장기차입금	200,000
	미지급전화비	300
	자본금	50,000
	수수료수익	360,000
	이자수익	800
20,000	이자비용	
150	보험료	
500	전기료	
300	전화비	
550	소모품비	
80,000	급여	
12,000	감가상각비	
637,100	합계	637,100

[7] 문제 [6]의 동국상회의 수정후시산표를 기초로 하여 마감분개를 행하고 재무상태표(계정식)와 포괄손익계산서(계정식)를 작성하시오.

풀이 마감분개와 재무제표 작성

(차) 수수료수익	360,000	(대) 집합손익	360,000
(차) 이자수익	800	(대) 집합손익	800
(차) 집합손익	20,000	(대) 이자비용	20,000
(차) 집합손익	150	(대) 보험료	150
(차) 집합손익	500	(대) 전기료	500
(차) 집합손익	300	(대) 전화비	300
(차) 집합손익	550	(대) 소모품비	550
(차) 집합손익	80,000	(대) 급 여	80,000
(차) 집합손익	12,000	(대) 감가상각비	12,000
(차) 집합손익	247,300	(대) 미처분이익잉여금	247,300

집 합 손 익

지급이자	20,000	수수료수익	360,000
보험료	150	이자수익	800
전기료	500		
전화비	300		
소모품비	550		
급 여	80,000		
감가상각비	12,000		
미처분이익잉여금	247,300		
합 계	360,800	합 계	360,800

포괄손익계산서(계정식)

2020년 1월 1일부터
2020년 12월 31일까지

동국상회 (단위: 천원)

계정과목	금 액	계정과목	금 액
비 용		수 익	
지급이자	20,000	수수료수익	360,000
보험료	150	이자수익	800
전기료	500		
전화비	300		
소모품비	550		
급 여	80,000		
감가상각비	12,000		
당기순이익	247,300		
합 계	360,800	합 계	360,800

재무상태표(계정식)

2020년 12월 31일 현재

동국상회 (단위: 천원)

계정과목	금 액	계정과목	금 액
자 산		부 채	
현 금	3,000	매입채무	14,000
매출채권	120,000	차입금	200,000
선급보험료	450	미지급전화비	300
소모품	150	자 본	
건 물	250,000	자본금	50,000
(감가상각누계액)	(12,000)	미처분이익잉여금	247,300
토 지	150,000	(당기순이익)	
자산합계	511,600	부채와 자본합계	511,600

[8] 다음은 동국(주)의 수정전시산표와 수정후시산표의 일부이다.

수정전시산표		계정과목	수정후시산표	
차 변	대 변		차 변	대 변
:	:		:	:
600,000		선급보험료	150,000	
	5,000,000	차량감가상각누계액		6,000,000
		미지급급여		1,800,000
		미지급전기료		500,000
	2,000,000	선수임대료		1,000,000
1,500,000		소모품비	300,000	
:	:	:	:	:

위의 자료를 가지고 동국(주)가 기간손익계산을 위해 어떠한 수정분개를 행하였는지 설명하시오.

풀이

①	(차) 보험료	450,000	(대) 선급보험료	450,000
②	(차) 감가상각비	1,000,000	(대) 감가상각누계액	1,000,000
③	(차) 급 여	1,800,000	(대) 미지급급여	1,800,000
④	(차) 전기료	500,000	(대) 미지급전기료	500,000
⑤	(차) 선수임대료	1,000,000	(대) 임대료수익	1,000,000
⑥	(차) 소모품	1,200,000	(대) 소모품비	1,200,000

연습문제

EXERCISES

▣ 서술형 문제

1. 회계기간에 대해 설명하시오.
2. 회계에서 결산이란 무엇을 의미하는지 설명하시오.
3. 회계의 순환과정에 대해 설명하시오.
4. 컴퓨터에 의한 회계처리가 일반화되었음에도 회계담당자가 복식부기의 회계처리 절차를 숙지해야 하는 이유를 설명하시오.
5. 수정분개란 무엇이며 왜 필요한지 설명하시오.
6. 재무상태표계정과 포괄손익계산서계정의 차이점을 설명하시오.
7. 수정분개의 유형에 대해 설명하시오.
8. 수정전시산표와 수정후시산표의 차이점을 설명하시오.
9. 감가상각이란 무엇인지 설명하시오.
10. 감가상각누계액에 대해 설명하시오.
11. 유형자산의 장부가액에 대해 설명하시오.
12. 재무상태표계정의 마감절차를 설명하시오.
13. 포괄손익계산서계정의 마감절차를 설명하시오.
14. 소모품과 비품의 차이에 대해 설명하시오.
15. 실질계정과 명목계정의 차이를 설명하시오.
16. 미수수익과 선수수익의 차이를 설명하시오.
17. 미지급비용과 선급비용의 차이를 설명하시오.
18. 포괄손익계산서(다단계)의 일반형식에 대해 설명하시오.
19. 재무상태표(계정식)의 일반형식에 대해 설명하시오.

▣ 객관식 문제

1. 회계순환과정을 구성하고 있는 절차들 중에서 결산절차에 해당하지 않는 것은 어느 것인가?
   ① 마감분개, 수정후시산표 작성
   ② 분개, 전기
   ③ 수정전시산표 작성, 수정후시산표 작성
   ④ 수정분개, 손익계정마감
   ⑤ 전기, 수정분개

2. 다음은 회계순환과정을 이루고 있는 절차들이다. 회계순환과정을 구성하고 있는 절차들의 순서가 옳게 표시된 것은 어느 것인가?

㉠ 전기	㉡ 분개	㉢ 수정전시산표 작성
㉣ 수정분개	㉤ 재무제표 작성	㉥ 수정후시산표 작성

   ① ㉠-㉡-㉢-㉣-㉤-㉥ ② ㉡-㉠-㉢-㉣-㉤-㉥
   ③ ㉠-㉡-㉥-㉢-㉣-㉤ ④ ㉡-㉠-㉢-㉣-㉥-㉤
   ⑤ ㉡-㉠-㉣-㉢-㉤-㉥

3. 동국(주)은 2020년 11월 1일에 회사건물의 일부를 임대하여 주었으나 2021년 2월 1일에 임대료를 받기로 하였기 때문에 임대와 관련된 거래를 장부에 기록하지 않았다. 이와 같은 수정분개의 누락으로 인해 동국(주)의 2020년 12월 31일의 재무상태표에 미치는 영향은 어느 것인가?

	자 산	부 채	자 본
①	영향 없음	영향 없음	영향 없음
②	과소계상	영향 없음	과소계상
③	과소계상	과소계상	영향 없음
④	과대계상	영향 없음	과대계상
⑤	영향 없음	과대계상	과소계상

4. 종업원들의 급여 ₩1,000,000을 현금으로 지급하였다. 이 거래를 기록하면서 다음과 같은 오류들이 발생한 경우 시산표의 작성을 통하여 발견 가능한 것은 어느 것인가?

① (차) 급 여	100,000	(대) 현 금	100,000
② (차) 현 금	1,000,000	(대) 급 여	1,000,000
③ (차) 급 여	1,000,000	(대) 현 금	100,000
④ (차) 감가상각비	1,000,000	(대) 현 금	1,000,000

⑤ 거래의 기록을 하지 않은 경우

5. 다음은 소모품계정에 기록된 내용들을 추정한 것이다. 옳은 것을 모두 고르시오.

소모품

10.15	100,000	12.31	80,000

① 10월 15일에 소모품 ₩100,000을 구입하였다.
② 12월 31일에 소모품 ₩80,000을 구입하였다.
③ 구입한 소모품 중 사용된 것은 ₩80,000이다.
④ 구입한 소모품 중 사용 후 결산기말에 남은 것은 ₩80,000이다.
⑤ 구입한 소모품 중 사용 후 결산기말에 남은 것은 ₩20,000이다.

6. 다음 중 수정분개와 관계가 없는 것은?

① 선수수익 ② 현 금
③ 미수수익 ④ 미지급비용
⑤ 선급비용

7. 다음 중 수정분개로 볼 수 없는 것은 어느 것인가?

① (차) 이자비용	10,000	(대) 미지급이자	10,000
② (차) 임대료수익	100,000	(대) 선수임대료	100,000
③ (차) 소모품	100,000	(대) 현 금	100,000
④ (차) 선급보험료	50,000	(대) 보험료	50,000
⑤ (차) 임차료	50,000	(대) 선급임차료	50,000

8. 동국주식회사는 9월 1일에 1년분의 화재보험료 ₩360,000을 지급하였다. 회사가 보험료를 지급할 때에 보험료계정에 기록하였고, 결산기말에 적절한 수정분개를 하였을 때 수정분개로 인한 영향 중에서 옳은 것은 어느 것인가?

① 비용이 ₩120,000만큼 증가한다.
② 비용이 ₩120,000만큼 감소한다.
③ 비용이 ₩240,000만큼 증가한다.
④ 비용이 ₩240,000만큼 감소한다.
⑤ 비용이 ₩200,000만큼 증가한다.

9. 다음 분개에 의한 경우 8월 1일에 지급한 ₩120,000 중에서 당기의 임차료는 얼마인가?

8월 1일	(차) 임차료	120,000	(대) 현 금	120,000
12월 31일	(차) 선급임차료	70,000	(대) 임차료	70,000

① ₩120,000　② ₩70,000
③ ₩50,000　④ ₩190,000
⑤ ₩60,000

10. 이미 비용으로 지출한 금액 중에서 당기에 전액이 비용화되지 않고 차기에 비용화되는 금액을 선급비용이라고 하는데, 이는 다음 중 어디에 속하는가?

① 자산　② 부채
③ 비용　④ 수익
⑤ 자본

11. 10월 1일에 1년간의 건물임대료 ₩1,200,000을 받았다. 12월 31일에 결산수정분개를 올바르게 수행한 것은?

① (차) 임대료수익 300,000 (대) 선수임대료 300,000
② (차) 임대료수익 900,000 (대) 선수임대료 900,000
③ (차) 선수임대료 300,000 (대) 임대료수익 300,000
④ ①과 ③이 모두 맞다
⑤ ②와 ③이 모두 맞다

※ 다음은 수정전시산표와 수정후시산표의 일부이다. 이를 고려하여 12~13 문항에 답하시오.

계정과목	수정전시산표		수정후시산표	
	차 변	대 변	차 변	대 변
소모품	₩1,000		₩250	
선급임차료	600		300	
미지급급여				₩200
미지급이자				50
급 여	500		700	
소모품비			750	
임차료			300	
이자비용	100		150	

12. 위의 수정전시산표와 수정후시산표를 보고 수정분개를 추정한 것들 중에서 틀린 것은 어느 것인가?

① (차) 소모품 250 (대) 소모품비 250
② (차) 임차료 300 (대) 선급임차료 300
③ (차) 급 여 200 (대) 미지급급여 200
④ (차) 이자비용 50 (대) 미지급이자 50
⑤ 정답 없음

13. 앞의 수정전시산표와 수정후시산표를 작성하면서 기말 현재 지급하지 못한 급여에 대한 수정분개를 수행하지 않은 경우 예상되는 결과로 틀린 것은 어느 것인가?

① 비용이 ₩200만큼 감소된다.
② 부채가 ₩200만큼 감소된다.
③ 당기순이익이 ₩200만큼 감소된다.
④ 당기순이익이 ₩200만큼 증가된다.
⑤ 정답 없음

▣ 주관식 문제

1. 다음의 거래를 분개하시오.
   ① 현금 ₩10,000,000을 투자하여 전자제품판매를 목적으로 하는 서울상사를 설립하다.
   ② 은행으로부터 ₩10,000,000을 차입하여 당좌예금에 예입하다.
   ③ 사무실용 건물을 임차하고 임차보증금 ₩5,000,000을 현금으로 지급하다.
   ④ A상품 10개, @₩100,000을 매입하고 대금은 외상으로 하다.
   ⑤ 화재보험계약을 체결하고 1년간의 보험료 ₩120,000을 현금으로 지급하다.
   ⑥ A상품 8개, @₩130,000을 판매하고 상품대금은 3개월 만기 무이자부 약속어음을 받다.
   ⑦ A상품 8개, @₩100,000을 매입하고 대금 중 ₩500,000은 현금으로 지급하고 잔액은 외상으로 하다.
   ⑧ 은행으로부터의 차입금에 대한 이자 ₩100,000이 이미 발생하였으나 아직 지급하지 않았다.
   ⑨ 광고회사와 광고계약을 하고 광고비 중 우선 계약금으로 ₩1,000,000을 지급하였다.

2. 다음의 수정사항을 수정분개하시오.
   ① 보험료계정의 잔액이 ₩39,000인데 기말현재 내년도 보험료가 ₩13,000이다.
   ② 10월 1일에 지급한 선급임차료 ₩72,000은 1년분이다.
   ③ 은행차입금에 대한 이자 ₩12,000이 발생하였으나 아직 지급하지 않았다.
   ④ 선수임대료 중 ₩75,000은 기말에 실현된 부분이다.
   ⑤ 건물에 대한 당년도 감가상각비는 ₩85,000으로 계산되었다.

3. 다음의 분개를 보고 어떠한 수정사항에 대한 것인지 설명하시오.

①	(차) 보험료	240,000	(대) 선급보험료	240,000
②	(차) 급 여	1,000,000	(대) 미지급급여	1,000,000
③	(차) 선수임대료	300,000	(대) 임대료수익	300,000
④	(차) 소모품	60,000	(대) 소모품비	60,000
⑤	(차) 소모품비	40,000	(대) 소모품	40,000
⑥	(차) 감가상각비	254,000	(대) 감가상각누계액	254,000
⑦	(차) 미수이자	10,000	(대) 이자수익	10,000

⑧ (차) 이자비용 8,000 (대) 미지급이자 8,000
⑨ (차) 임차료 200,000 (대) 미지급임차료 200,000
⑩ (차) 운송료수익 120,000 (대) 선수수익 120,000

4. 동국(주)는 서비스업을 영위하는 회사이다. 이 회사의 2020년 12월 31일 현재의 총계정원장의 잔액은 다음과 같다. 이를 근거로 하여 수정전시산표를 작성하고 자본금을 계산하시오.

현 금	236,000	소모품	22,000
대여금	259,000	토 지	1,050,000
건 물	636,000	장기차입금	1,200,000
미지급금	5,000	이익잉여금	386,000
자본금	(?)	이자수익	26,000
용역수익	806,000	급 여	740,000
이자비용	9,000	광고비	51,000

5. 다음의 거래사실들은 문제 4의 동국(주)의 연말 수정분개사항이다. 이들을 수정분개하시오.

① 소모품재고를 조사해본 결과 ₩10,000이었다.
② 광고비 중 ₩20,000은 다음연도 1분기의 광고비이다.
③ 이자수익 중에서 ₩14,000은 수입수수료를 이자수익으로 잘못 기입한 것이다.
④ 12월 말일까지의 급여 ₩50,000은 다음달 10일에 지급될 것이다.
⑤ 건물에 대한 당기의 감가상각비가 ₩30,000이다.

6. 다음은 동국(주)의 수정분개와 관련된 자료들이다. 다음의 자료에 근거하여 거래발생일의 분개와 12월 31일에 해야 할 수정분개를 행하시오.

① 10월 1일에 사무실을 임대하고 1년간의 임대료 ₩600,000을 받다.
② 11월 30일자로 한국(주)에 ₩360,000을 대여해주다. 연이자율은 12%이고 이자는 매월 말에 받기로 하였으나 12월분 이자를 결산일 현재 받지 못하다.
③ 7월 1일에 보험회사와 보험계약을 하고 1년간의 보험료 ₩120,000을 지불하다.
④ 은행으로부터 ₩5,000,000을 10월 1일에 차입하다. 12월 31일 현재 이자를 지급하지 못하다. 이자율은 연 18%이고 분기별로 지불하기로 하다.

7. 동국상사의 2020년 12월 31일(결산일)에 있어서 일부 총계정원장의 잔액(T계정)과 기말결산수정사항은 다음과 같다. 이 자료에 의하여 결산수정분개를 하시오.

소모품비	
70,000	

보험료	
360,000	

선수임대료	
	120,000

① 동국상사는 2020년 5월 1일에 소모품 ₩70,000을 구입한 바 있으나 2020년 12월 31일에 소모품창고를 조사한 결과, 미사용잔액이 ₩20,000인 것으로 조사되었다.

② 동국상사는 2020년 9월 1일에 화재보험계약을 체결하고 1년간의 보험료 ₩360,000을 지급한 바 있다.

③ 2020년 5월 1일에 건물을 임대하고 1년간의 임대료 ₩120,000을 받은 바 있다.

8. 다음은 동국익스프레스(주)의 2020년 4월 30일의 잔액시산표와 5월 중에 발생한 거래내역이다. 두 자료를 이용하여 다음에 답하시오.

차 변	계정과목	대 변
766,500	현 금	
640,500	미 수 수 익	
31,000	소 모 품	
353,000	차 량 운 반 구	
	차 입 금	74,000
	지 급 어 음	665,000
	자 본 금	1,000,000
	미처분이익잉여금	52,000
1,791,000	합 계	1,791,000

〈5월 중 거래내역〉

① 이삿짐을 운송해주고 수수료 ₩623,000을 아직 받지 못하다.

② 소모품 ₩6,500을 현금으로 구입하다.

③ 은행으로부터 ₩100,000을 차입하다.

④ 미수수익 ₩305,000을 현금으로 받다.

⑤ 지급어음 ₩260,000을 만기가 되어 지급하다.

⑥ 금월분 급여 ₩386,000 중에서 반액을 현금으로 지급하고 반액은 다음달에 지급하기로 하다.

⑦ 소모품의 미사용잔액은 ₩25,500이었다.

(1) 5월 중 발생한 거래를 분개하시오.

(2) 거래를 전기하시오.

(3) 5월 말의 잔액시산표를 작성하시오.

(4) 재무상태표와 포괄손익계산서를 작성하시오.

9. 다음 T계정상의 잔액을 보고 각 거래(번호별)를 추정하여 기술하고 분개를 표시하시오.

현 금

차변	대변
① 60,000	② 1,000
④ 10,000	③ 5,000

기계장치

차변	대변
③ 15,000	

자본금

차변	대변
	① 60,000

매출채권

차변	대변
④ 90,000	

미지급금

차변	대변
	③ 10,000

소모품

차변	대변
② 1,000	⑤ 300

소모품비

차변	대변
⑤ 300	

매 출

차변	대변
	④ 100,000

CHAPTER 05

A·C·C·O·U·N·T·I·N·G

상품매매업의 회계

제1절 상품매매업의 의의

제2절 상품매매의 회계

제3절 상품매매업의 손익계산

제 1 절 상품매매업의 의의

1. 상품매매업의 영업과정

기업은 크게 서비스업, 상품매매업, 제조업 등으로 구분할 수 있다.

서비스업(service companies)이란 운송회사나 건물임대회사와 같이 운송서비스나 임대서비스를 판매하는 사업이다. 이러한 서비스업의 영업과정은 서비스를 제공하고 그 대금을 회수함으로써 수익을 창출하는 방식으로 이루어진다. 서비스업에는 금융, 관광, 보험 등의 산업도 포함된다.

상품매매업(merchandising companies)은 홈쇼핑회사나 백화점과 같이 물리적 형태를 갖춘 재화를 매입하여 이를 고객에게 판매하는 사업이다. 상품매매업의 주요 영업과정은 재화를 구입하여 이 재화를 고객에게 제공하는 단계와 그 대금을 회수하는 단계로 대별된다. 서비스업의 경우 고객에게 서비스를 제공하고 대금을 회수하는 과정이 주요 영업과정이지만 상품매매업의 경우 여기에다 재화를 구입하는 과정이 추가되어 서비스업에 비해 영업과정이 좀 더 복잡해진다. 또한 결산기말에 재고자산이 남게 되어 서비스업의 회계보다 복잡하게 된다.

제조업(manufacturing companies)이란 삼성전자(주)나 현대자동차(주)와 같이 원재료나 부품을 구입하여 이를 가공하여 판매가치가 높은 재화를 생산한 후 이를 판매하는 사업을 말한다. 제조업의 주요 영업과정은 원재료를 구입하는 과정과, 구입한 원재료를 가공하여 재화를 생산하는 과정 및 생산된 재화를 고객에게 제공하는 단계 등으로 구성되기 때문에 상품매매업에 생산단계가 추가되어 더욱 복잡한 영업과정을 갖는다. 제조업의 회계는 원가계산이 포함되기 때문에 재무회계와 원가회계를 함께 알아야만 회계처리가 가능하다.

지금까지 재무회계의 기초인 복식부기원리를 이해하기 위하여 우리는 주로 서비스업을 중심으로 회계순환과정을 살펴보았다. 본 장에서는 서비스업을 중심으로 배운 복식부기의 원리를 영업과정이 조금 더 복잡한 상품매매업의 예를 가지고 살펴보고자 한다. 위에서 살펴보았듯이, 상품매매업의 영업과정은 상품을 판매하기 위해 재화를 구매하는 단계가 추가되며, 기말재고가 발생한다는 점이 서비스업과 상이하다. 영업과정이 더욱 복잡한 제조업에 대한 회계처리는 원가회계를 학습하여야 하기 때문에 본 교재에서는 생략한다.

위에서 살펴보았듯이 상품매매업의 주요 영업과정은 재화를 구입하고 이를 고객에게 판매한 후 그 대금을 회수하는 단계로 이루어진다. 즉, 상품매매업이 수익을 창출하고 이익을 획득하기 위해서는 고객이 원하는 재화를 구입한 후 이를 제공하여 그 대가로 대금을 회수하여야 한다. 따라서 상품매매업 회계의 핵심주제는 판매대상인 재화의 매입, 판매에 대한 회계처리이다 재고자산에 대한 구체적인 회계처리는 제7장에서 설명하기로 하고 여기서는 상품매매업의 회계순환과정에 초점을 맞춘다.

2. 상품의 의의

이익을 창출하기 위한 상품매매업의 영업과정은 고객이 원하는 재화를 구입하여 이를 고객에게 적정한 가격으로 제공한 후 그 대금을 회수하는 것이다. 이와 같이 상품매매업의 핵심은 고객이 원하는 재화를 확보하는 과정으로부터 출발한다. 고객에게 판매하기 위해서 상품매매업회사가 구입하는 재화를 상품이라 한다. 즉, 상품(merchandise)이란 기업이 판매를 하기 위한 목적으로 구입한 재화를 말한다. 특정 재화가 상품인지 여부를 판단할 때 주의해야 할 것은 기업이 구입한 재화의 물리적 형태가 중요한 것이 아니라 기업이 재화를 구입한 목적이 중요하다는 점이다.

예를 들어, 컴퓨터란 재화를 생각해 보자. 용산에 있는 전자상가의 회사가 판매를 목적으로 컴퓨터를 구입하면 이는 상품이지만 종업원의 업무처리를 위해 구입한 컴퓨터는 상품이 아니다. 즉, 회계학에서 특정 재화가 상품인지의 여부는 그 재화의 물리적 형태가 중요한 것이 아니라 그 재화를 구입한 목적이 중요하다. 동일한 컴퓨터라 할지라도 업무처리를 위해 구입한 경우 이는 상품이 아니라 유형자산인 비품으로 분류된다. 또한 상품은 제품(finished goods)과 구분되어야 한다. 상품은 판매목적으로 구입된 재화를 의미하고, 제품은 제조업에서 생산과정을 거쳐 완성된 재화를 의미한다.

일반적으로 상품으로 분류된 재화는 유동자산에 속한다. 즉, 1년기준이나 정상영업순환주기(normal operating cycle) 중 더 긴 기간 내에 현금으로 전환될 것이 기대되므로 상품은 유동자산에 속한다. 유동자산 중에서도 상품은 다른 유동자산에 비해 상대적으로 유동성이 떨어진다. 예를 들어, 매출채권이나 미수수익 등은 판매과정이 이미 완성된 후 나타나는 유동자산이지만, 상품은 판매과정을 거쳐야 하므로 현금화하는 기간이 상대적으로 오래 걸릴 수 있다.

제 2 절 상품매매의 회계

1. 상품매입거래의 회계

(1) 상품의 매입

판매를 목적으로 상품을 매입하는 경우 상품이라는 재고자산이 증가하므로, 상품 ₩3,000,000을 현금으로 구입하는 경우 다음과 같이 분개할 수 있다.

(차) 상 품	3,000,000	(대) 현 금	3,000,000

그러나 상품을 매입할 경우 위와 같이 분개하지 않고, 차변에 상품계정 대신에 매입(purchase)이란 계정을 사용한다.

상품매입 시 '상품'계정을 사용할 경우 상품판매 시마다 상품매매이익을 계산하여 분개를 해야 한다. 또한 전기(prior period)에서 이월된 상품과 당기(current period)의 상품매입액을 구별할 수 없게 된다. 따라서 대부분의 상품매매업에서는 상품계정 대신에 매입계정을 사용한다. 대변은 현금구입이냐 외상구입이냐에 따라 기록되는 계정이 다르다. 현금구입인 경우에는 대변에 현금의 감소를 기록하고, 상품의 대금을 나중에 지급하기로 한 경우 부채의 증가가 발생하므로 매입채무(또는 외상매입금)계정을 대변에 기록한다. 예를 들어, 상품 ₩3,000,000을 구입하고 그 대금을 현금으로 지급한 경우 다음과 같이 분개된다.

(차) 매 입	3,000,000	(대) 현 금	3,000,000

위의 분개에서 보듯이 차변에 상품계정 대신에 매입계정이 사용되는데, 그 이

유는 상품 중에서 당기에 매입된 상품과 전기에서 이월된 상품을 구분하기 위한 것이다. 앞에서 보듯이 회계기간 동안 상품이 새로 매입되는 경우 매입계정의 증가로 기록되므로 당기에 매입한 상품의 총원가는 매입계정을 보면 알 수 있다.

이처럼 회계기간 동안 매입되는 모든 상품이 매입계정에 기록되는 경우 상품계정에는 무엇이 기록될 것인가? 상품의 매입이 모두 매입계정에 기록되므로 회계기간 중에는 상품계정이 사용되지 않는다. 즉, 회계기간 중에는 상품계정이 나타나지 않고 회계기간 말에 다음 기로 상품을 이월시킬 때 이월되는 상품을 나타내기 위해 상품계정이 사용된다. 이에 상품계정을 이월상품계정으로 부르기도 한다.

그럼 매입계정의 성격은 무엇일까? 매입계정이 차변에 기록되므로 자산일까 아니면 비용일까? 상품계정 대신에 기록되므로 상품을 취득할 당시에는 매입계정이 자산을 나타낸다. 그러나 매입된 상품이 판매되지 않았다면 계속 자산으로 존재하겠지만 만일 상품이 판매되었다면 판매된 부분의 원가는 매출원가(cost of goods sold)라는 비용이 되므로 매입계정은 자산과 비용이 혼합된 상태로 볼 수 있다. 이에 대해서는 나중에 상세하게 살펴볼 것이다.

모든 자산은 취득 시 취득원가로 기록된다. 여기서 **취득원가**(acquisition costs)란 구입가격뿐만 아니라 해당 자산의 보유목적을 달성할 준비를 완료하는데 정상적으로 들어가는 경제적 자원의 가치를 포함한다. 상품의 경우 매입가격을 포함해서 상품을 판매할 준비를 완료하는 과정에서 투입되는 경제적 자원의 가치도 상품의 취득원가가 된다. 이러한 취득원가의 정의에 따르면 상품을 구입하는 과정에서 지출한 운임이나 관련 보험료 등은 모두 취득원가의 일부로 기록된다.

예를 들어, 자동차판매상이 미국에서 자동차를 수입하여 판매하는 경우를 살펴보자. 구입가격이 ₩40,000,000인 자동차를 외상으로 매입하고 자동차를 미국에서 수입하는 과정에서 관세, 운반비, 운반에 대한 보험료 등으로 ₩13,000,000을 현금으로 지급한 경우 상품의 취득원가는 ₩53,000,000이 되며 다음과 같이 분개된다.

(차) 매 입	53,000,000	(대)	매입채무	40,000,000
			현 금	13,000,000

여기서 주의하여야 할 것은 자산의 구입과정에서 발생한 직접적인 부대비용은

별도로 비용처리를 하지 않고 자산의 취득원가에 포함시켜 분개를 한다는 것이다. 상세한 내용은 제8장에서 다룬다.

(2) 매입계정의 조정항목

일반적으로 상품매입과 관련해서 여러 가지 형태의 조정사항이 발생할 수 있다. 매입을 취소할 수도 있으며, 구입한 물건에 하자가 있을 때 가격을 할인해 줄 수도 있다. 또한 대금의 조기지급을 유도하기 위해 가격을 할인해 주기도 한다.

1) 매입환출

상품의 매입이 매입계정에 기록된 후 다양한 원인으로 인해 매입계정을 조정시키는 경제적 사건이 발생할 수 있다. **매입환출**(purchase returns)이란 매입된 상품을 검사하는 과정에서 상품에 하자가 있거나 주문한 품목과 일치하지 않아 상품을 반환하고 매입거래를 취소하는 것을 말한다.

이러한 매입환출이 발생하면 이미 기록된 매입의 일부가 취소되는 것이므로 매입할 때의 분개를 역으로 하면 된다. 상품을 매입할 때 차변에 매입, 대변에 매입채무를 기록하였다면 매입환출이 있는 경우 반대로 차변에 매입채무, 대변에 매입을 기록하면 된다. 예를 들어, 과거에 외상으로 매입한 상품 ₩3,000,000 중 ₩300,000에 해당하는 상품에 하자가 발견되어 반품한 경우 분개는 다음과 같다.

(차) 매입채무	300,000	(대) 매 입	300,000

매입한 상품을 반환하였으므로 매입채무를 상환할 필요가 없으므로 매입채무를 감소시키고 매입의 원가를 감소시킨다.

한편 경영자의 입장에서 상품의 매입거래에 대한 효율적 관리를 위해 회계기간 동안에 발생하는 매입환출에 대한 정보가 필요할 수 있다. 이러한 경우 위와 같이 분개하면 환출된 상품이 매입계정에서 직접 차감되어 회계기간 동안에 얼마의 매입환출이 발생하는지 경영자가 파악할 수 없게 된다. 이때 매입환출계정을 별도로 이용하여 다음과 같이 분개할 수 있다.

(차) 매입채무	300,000	(대) 매입환출	300,000

이처럼 매입환출계정을 별도로 사용하여 분개하는 경우 대변에 기록된 매입환출계정은 매입계정에 대신하여 기록된 것이므로 매입계정의 감소를 나타낸다. 즉, 매입환출계정은 매입계정의 **차감계정**(contra accounts)이다.

2) 매입에누리

매입한 상품에 하자가 있거나 주문한 상품과 품목이 일치하지 않는 경우 매입한 상품을 반환할 수도 있지만 협상을 통해 매입가격에 대해 할인을 받을 수 있다. **매입에누리**(purchase allowances)란 매입한 상품에 하자가 있어 매입대금에 대해 할인을 받은 것을 의미한다.

매입환출의 경우와 마찬가지로 매입에누리가 있는 경우 이미 매입한 상품의 원가가 감소하고 이에 대한 매입채무가 감소하므로 에누리를 받은 금액만큼 매입채무계정과 매입계정을 감소시키면 된다. 또한 회계기간 중에 발생하는 매입에누리에 대한 정보를 분리해서 파악하고자 하는 경우 매입계정 대신에 매입에누리계정에 별도로 기록할 수 있다. 예를 들어, 외상으로 구입했던 상품 중에서 하자가 있어 ₩200,000의 에누리를 받았을 경우 다음과 같이 분개할 수 있다.

(차) 매입채무	200,000	(대) 매 입	200,000
또는			
(차) 매입채무	200,000	(대) 매입에누리	200,000

위의 두 번째 방법으로 분개하는 경우 매입에누리계정은 매입계정 대신에 대변에 기록된 것이므로 매입환출계정과 마찬가지로 매입계정의 차감계정이다.

3) 매입할인

상품을 매입하는 거래에서 다양한 가격할인이 발생할 수 있다. 예를 들어, 백화점에서 연말세일을 하는 경우 정상가격보다 낮은 가격으로 상품을 구매할 수도 있고 남대문시장에서 다량의 상품을 구입하는 경우 가격을 할인받을 수도 있다. 그러나 이러한 할인은 상품을 구매할 때 이미 할인된 가격으로 매입거래가 이루어지므로 상품의 매입을 할인된 가격으로 기록하면 된다.

상품을 외상으로 구매한 후 그 대금을 조기에 상환하는 경우 할인을 받을 수 있는데 이러한 할인을 매입할인이라 한다. 즉, **매입할인**(purchase discounts)이란 상품을 외상으로 매입한 후 그 대금을 조기에 상환하는 경우 계약에 따라 할인을 받는 것을 의미한다. 이러한 매입할인은 상품대금을 조기에 상환하는 조건으로 할인을 제공하므로 **현금할인**(cash discounts)이라 하기도 한다. 예를 들어, 다음과 같은 거래조건에 의해 상품을 외상으로 매입할 수 있다.

[2/10, *n*/30] : 상품 구입일자로부터 10일 이내에 대금을 지급하면 2%를 할인해주며, 매입 대금은 늦어도 30일 이내에 지급하여야 함을 의미한다.

이와 같은 할인은 상품 구입자의 입장에서는 매입할인에 해당하고 판매자의 입장에서는 매출할인에 해당한다. 매입할인은 매입환출 및 매입에누리와 마찬가지로 매입을 조정하는 매입계정의 차감계정이다.

매입할인에 대한 회계처리를 살펴보기 위해 ₩1,000,000의 상품을 [2/10, *n*/30]의 거래조건으로 구입한 경우를 살펴보자.

먼저 상품을 구입하는 시점에서 다음과 같이 상품의 취득원가와 매입채무를 ₩1,000,000으로 분개한다.

(차) 매 입	1,000,000	(대) 매입채무	1,000,000

만약에 위의 매입채무를 10일 이후에 지급하는 경우 할인 없이 ₩1,000,000 전액을 지급하므로 다음과 같이 분개하면 된다.

(차) 매입채무	1,000,000	(대) 현 금	1,000,000

그러나 앞의 매입채무를 10일 이내에 지급하는 경우 2%의 할인을 받으므로 구입자가 위의 상품을 구입하는 데 실제로 부담한 금액은 ₩980,000이므로 매입원가가 ₩1,000,000이 아니라 ₩980,000으로 조정되어야 한다. 또한 ₩980,000으로 ₩1,000,000의 매입채무를 상환하게 된다. 따라서 다음과 같이 매입채무의 상환을 분개한다.

(차) 매입채무	1,000,000	(대) 현 금	980,000
		매 입	20,000

즉, 대변에 매입을 ₩20,000 기록함으로써 실제로 매입한 상품의 원가가 ₩980,000으로 수정되며 매입채무는 ₩1,000,000 모두 상환된 것으로 기록한다.

위의 분개에서 경영자가 회사가 이용한 매입할인에 대한 정보를 별도로 얻고자 하는 경우에는 매입할인계정을 이용하여 다음과 같이 분개할 수 있다.

(차) 매입채무	1,000,000	(대)	현 금	980,000
			매입할인	20,000

위와 같이 매입할인계정을 이용하는 경우 매입할인계정은 매입환출계정이나 매입에누리계정과 마찬가지로 매입계정 대신에 기록된 것이므로 매입을 차감하는 계정이다.

매입환출, 매입에누리 및 매입할인 계정 등의 매입조정항목이 사용되는 경우 실제 매입액을 구하기 위해서는 매입계정에 기록된 총매입액에서 이들 계정의 잔액을 차감하면 된다. 즉, **순매입액**(net purchase)은 다음과 같다.

$$\text{순매입액} = \text{총매입액} - (\text{매입환출} + \text{매입에누리} + \text{매입할인})$$

만약 매입환출, 매입에누리 및 매입할인 등의 매입조정항목이 사용되지 않으면 수정전 원장에 있는 매입계정의 잔액이 바로 순매입액이 된다.

예제 5-1

다음의 매입과 관련된 거래를 분개하라(단, 매입계정을 사용할 것).

① 동국전자는 2020년 4월 2일 컬러TV 10대를 대당 ₩500,000에 매입하고 구매대금은 외상으로 하다.

② 2020년 4월 3일 TV 1대가 운송 도중 파손된 것을 발견하여 곧 반품하다.

③ 2020년 4월 5일 품질검사 도중 품질에 이상이 있는 TV를 발견하여 ₩100,000의 에누리를 받다.

풀이

〈분개〉

① (차) 매 입 5,000,000 (대) 매입채무 5,000,000

② (차) 매입채무 500,000 (대) 매 입 500,000

③ (차) 매입채무 100,000 (대) 매 입 100,000

동국전자의 순매입액을 계산하기 위해 위의 거래들을 T계정에 전기하면 다음과 같다.

매 입			
①	5,000,000	②	500,000
		③	100,000
잔액	4,400,000		

매입채무			
②	500,000	①	5,000,000
③	100,000		
		잔액	4,400,000

위의 전기 결과 매입계정의 잔액(순매입액)은 ₩4,400,000이 된다.

매입액 − (매입환출 + 매입에누리) = 순매입액

5,000,000 − (500,000 + 100,000) = 4,400,000

예제 5-2

[예제 5-1]의 동국전자의 거래를 매입환출계정과 매입에누리계정을 별도로 설정하여 분개한 후 매입계정에 대체하는 분개를 하라.

풀이

〈분개〉

① (차) 매 입 5,000,000 (대) 매입채무 5,000,000

② (차) 매입채무 500,000 (대) 매입환출 500,000

③ (차) 매입채무 100,000 (대) 매입에누리 100,000

〈매입계정에 대체하는 분개〉

④ (차) 매입환출 500,000 (대) 매 입 500,000

⑤ (차) 매입에누리 100,000 (대) 매 입 100,000

위의 분개와 매입계정에 대체하는 분개를 T계정에 전기하면 다음과 같다.

매 입

①	5,000,000	④	500,000
		⑤	100,000
잔액	4,400,000		

매입채무

②	500,000	①	5,000,000
③	100,000		
		잔액	4,400,000

매입환출

④	500,000	②	500,000

매입에누리

⑤	100,000	③	100,000

위의 결과에서 보듯이 매입계정의 기말잔액은 ₩4,400,000이 되어 [예제 5-1]에서 계산한 결과와 동일하게 되는 것을 알 수 있다.

2. 상품매출거래의 회계

(1) 상품의 매출

상품매매업에서 상품의 매출은 주요 영업과정에서 가장 중요한 경제적 사건이라 할 수 있다. 상품매매업은 상품을 매출함으로써 영업과정에서 수익을 창출한다. 수익실현의 원칙에 따르면 재화나 용역이 제공된 시점에서 수익이 실현되고 기록된다. 따라서 상품의 매출거래는 수익을 실현시키는 거래이다. 또한 매출거래의 또 다른 측면은 상품이 판매되면 상품이란 자산이 고객에게 전달되므로 회사 입장에서 상품이 더 이상 자산이 아니고 매출원가란 비용으로 전환이 되어야 한다. 즉, 상품의 매출은 이론적으로 수익을 창출하면서 또한 판매된 상품의 원가를 자산에서 비용으로 전환시킨다.

예를 들어, ₩10,000에 구입했던 상품을 ₩15,000에 판매한 경우를 살펴보자. 이러한 거래는 두 가지 측면에서 분석되어야 하는데 먼저 수익창출 측면에서 상품이 고객에게 제공됨으로써 ₩15,000의 매출수익을 창출한다. 또 다른 측면은 비용 측면으로 ₩15,000의 수익을 창출하기 위해 기업이 상품 ₩10,000을 희생하였기 때문에 매출원가라는 비용 ₩10,000을 발생시키는 것이다. 다음에서는 이러한 상품매출거래의 회계방법을 살펴보자.

독자들은 위의 예에서 상품매매를 통해 회사가 벌어들인 이익은 ₩5,000(=₩15,000 - ₩10,000)이고 회수한 현금은 ₩15,000이며 상품이란 자산이 ₩10,000 감소하였기 때문에 다음과 같이 기록하기를 원할 수 있다.

(차) 현 금	15,000	(대)	상 품	10,000
			상품매매이익	5,000

위와 같이 분개하는 것은 논리적으로 문제가 없지만 실무에 적용하는 경우 몇 가지 문제점을 초래할 수 있다.

첫째, 상품을 매입할 때 매입계정에 기록하였기 때문에 상품을 감소시키는 것은 문제이다.

둘째, 상품을 판매할 때마다 기업이 상품의 판매가격과 그 상품의 구입원가를 비교하여 상품매매이익을 계산해야 하는 불편함이 존재한다. 여러분이 슈퍼마켓에서 사과를 구입할 때마다 그 사과의 판매가격과 구입가격을 비교하여 매매이익을 구해야 한다고 상상해보면 앞의 분개가 얼마나 불편한지 알 수 있다.

셋째, 이론적인 문제로 기업의 총매출액은 회계정보이용자에게 기업의 수익성을 판단하는 중요한 지표인데 앞서와 같이 분개하면 매출수익이 재무제표에 나타날 수가 없다. 또한 매출수익을 달성하기 위해 투입된 상품의 원가인 매출원가 정보도 재무제표에 나타날 수가 없다.

이러한 문제점을 극복하기 위해 실무에서는 매출수익의 창출이란 측면과 매출원가라는 비용의 발생을 분리하여 다음과 같이 기록하는 것이 일반적이다.

① 매출수익의 창출

(차) 현 금	15,000	(대) 매 출	15,000

② 매출원가의 발생 및 상품의 감소

(차) 매출원가	10,000	(대) 상 품	10,000

위와 같이 분개하면 총매출액 금액을 알 수 있을 뿐만 아니라 매출수익을 창출하기 위해 기업이 희생한 비용인 매출원가 금액도 알 수 있다. 그러나 전통적으로 실무에서 두 번째 분개는 상품을 판매할 때 기록하지 않고 첫 번째 분개인 매

출수익의 창출만 기록하는 것이 일반적이다. 앞에서도 말했듯이 상품을 판매할 때마다 판매된 상품의 매입원가를 알아야 매출원가를 기록할 수 있는데 다량의 동질적인 상품을 거래하는 기업의 경우에 판매 시 이러한 매출원가를 파악하기가 쉽지 않다. 즉, 상품을 판매할 때는 단지 매출수익을 기록하는 분개만 하고 매출원가와 상품의 감소분은 결산할 때 기록하는 것이 일반적이다.

최근에는 바코드(bar code) 또는 RFID(무선인식)와 같은 기술의 발전으로 인해 판매할 때마다 매출원가를 계상하고 상품의 감소를 기록하는 것이 가능하여 위의 거래 모두를 기록하는 회사가 존재한다. 이와 같이 판매할 때마다 매출원가를 기록하고 상품의 감소를 추적하는 방법을 **계속기록법**(perpetual inventory system)이라 하는데 이에 대해서는 제7장에서 상세하게 살펴볼 것이다. 따라서 별도의 언급이 없으면 상품을 판매할 때 단지 매출수익의 창출을 기록하는 첫 번째 분개만 하며, 매출원가는 결산시에 계산한다.

(2) 매출계정의 조정항목

1) 매출환입

상품의 매출이 매출계정에 수익으로 기록된 후 다양한 원인으로 인해 매출계정을 조정시키는 경제적 사건이 발생할 수 있다. **매출환입**(sales returns)이란 상품의 품목, 품질, 규격 등에 이상이 있거나 운반 도중 파손 등의 이유로 매입자가 상품을 반환하여 매출거래가 취소되는 것을 말한다.

이러한 매출환입이 발생하면 이미 기록된 매출의 일부가 취소되는 것이므로 매출할 때의 분개를 역으로 하면 된다. 상품을 매출할 때 차변에 매출채권, 대변에 매출계정을 기록하였다면 매출환입이 있는 경우 차변에 매출, 대변에 매출채권을 기록하면 된다. 예를 들어, 과거에 외상으로 판매한 상품 중에서 ₩800,000에 해당하는 상품이 반품된 경우 분개는 다음과 같다.

(차) 매 출	800,000	(대) 매출채권	800,000

한편 경영자의 입장에서 상품의 매출거래에 대한 효율적 관리를 위해 회계기간 동안에 발생하는 매출환입에 대한 정보가 필요할 수 있다. 이러한 경우 위와 같이 매출환입을 매출계정에서 직접 차감하면 회계기간 동안에 얼마의 매출환입

이 발생하였는지 경영자가 파악할 수 없게 된다. 이에 매입환출의 경우와 마찬가지로 매출환입계정을 이용하여 다음과 같이 분개할 수 있다.

(차) 매출환입	800,000	(대) 매출채권	800,000

이처럼 매출환입계정을 별도로 사용하여 분개하는 경우 차변에 기록된 매출환입계정은 매출계정에 대신하여 기록된 것이므로 매출계정의 감소를 나타낸다. 즉, 매출환입계정은 매출계정의 **차감계정**(contra accounts)이다.

2) 매출에누리

매출한 상품에 하자가 있는 경우 매입업자와 협상을 통해 상품을 반환하는 대신에 판매가격에 대해 할인을 제공할 수 있다. **매출에누리**(sales allowances)란 판매한 상품에 하자가 있어 판매가격에 대해 할인을 제공하는 것을 의미한다.

매출환입의 경우와 마찬가지로 매출에누리가 있는 경우 이미 판매한 상품에 대한 매출수익이 감소하고 이에 대한 대금회수권한을 나타내는 매출채권이 감소하므로 에누리를 제공한 금액만큼 매출계정과 매출채권계정을 감소시키면 된다. 또한 회계기간 중에 발생하는 매출에누리에 대한 정보를 알고자 하는 경우 매출계정 대신에 매출에누리계정에 별도로 기록할 수 있다. 예를 들어, 외상으로 판매했던 상품 중에서 하자가 있어 ₩300,000의 에누리를 제공한 경우 다음과 같이 분개할 수 있다.

(차) 매 출	300,000	(대) 매출채권	300,000
또는			
(차) 매출에누리	300,000	(대) 매출채권	300,000

위의 두 번째 방법으로 분개하는 경우 매출에누리계정은 매출계정 대신에 차변에 기록된 것이므로 매출환입 계정과 마찬가지로 매출에누리계정은 매출계정의 차감계정이다.

3) 매출할인

상품판매업자는 판매된 상품에 대한 대금을 조기에 회수하기 위해 매입자가 조기에 상품대금을 지급하는 경우 할인을 제공할 수 있다. 즉, **매출할인**(sales discounts)이란 상품을 외상으로 판매한 후 그 대금을 매입자가 조기에 상환하는 경우 계약에 따라 할인을 제공하는 것을 의미한다. 이러한 매출할인은 앞에서 살펴본 매입할인과 동일한 성격의 할인으로 매입자의 매입할인이 판매업자의 입장에서 매출할인이 되는 것이다.

예를 들어, ₩1,000,000의 상품을 [2/10, *n*/30]의 거래조건으로 판매한 경우를 살펴보자.

먼저 상품을 매출한 시점에서 다음과 같이 매출수익과 매출채권을 ₩1,000,000으로 기록한다.

(차)	매출채권	1,000,000	(대) 매 출	1,000,000

만약에 위의 매출채권에 대해 매입자가 10일 이후에 지급하는 경우 할인 없이 ₩1,000,000 전액을 회수하므로 다음과 같이 분개하면 된다.

(차)	현 금	1,000,000	(대) 매출채권	1,000,000

그러나 위의 매출채권에 대해 매입자가 그 대금을 10일 이내에 지급하는 경우 2%의 할인을 제공해야 하므로 판매업자가 실제로 수령하는 금액은 ₩980,000이므로 매출수익이 ₩980,000으로 조정되어야 한다. 따라서 다음과 같이 매출채권의 회수를 분개한다.

(차)	현 금	980,000	(대) 매출채권	1,000,000
	매 출	20,000		

즉, 차변에 매출을 ₩20,000 기록함으로써 실제로 실현된 매출수익을 ₩980,000으로 수정하며 대변에는 매출채권 ₩1,000,000 전액을 감소시킨다.

위의 분개에서 경영자가 회사가 제공한 매출할인에 대한 정보를 별도로 얻고자 하는 경우에는 매입할인의 경우와 마찬가지로 매출할인계정을 이용하여 다음과 같이 분개할 수 있다.

(차) 현 금	980,000	(대) 매출채권	1,000,000
매출할인	20,000		

위와 같이 매출할인계정을 이용하는 경우 매출할인계정은 매출환입계정이나 매출에누리계정과 마찬가지로 매출계정 대신에 기록된 것이므로 매출을 차감하는 계정이다.

매출환입, 매출에누리 및 매출할인계정 등의 매출조정항목이 존재하는 경우에 실제 매출액을 구하기 위해서는 매출계정에 기록된 총매출액에서 이들 계정의 잔액을 차감하면 된다. 즉, **순매출액**(net sales)은 다음과 같다.

순매출액 = 총매출액 − (매출환입 + 매출에누리 + 매출할인)

만약 매출환입, 매출에누리 및 매출할인 등의 매출조정항목이 사용되지 않으면 매출계정의 잔액이 바로 순매출액이 된다.

예제 5-3

다음의 매출과 관련된 거래를 분개하라(단, 매출계정을 사용할 것).

① 전자제품 도매업을 하고 있는 한국전자판매(주)는 2020년 4월 1일 컬러 TV 10대를 동국전자에 대당 ₩500,000에 판매하고 대금은 외상으로 하다.

② 2020년 4월 2일 TV 1대가 운송 도중 파손으로 반품되어 돌아오다.

③ 2020년 4월 3일 동국전자로부터 TV 1대에 이상이 있다고 하여 반품을 받는 대신 ₩100,000을 에누리하여 주다.

풀이

〈분개〉

①	(차) 매출채권	5,000,000	(대) 매 출	5,000,000
②	(차) 매 출	500,000	(대) 매출채권	500,000

③ (차) 매 출 100,000 (대) 매출채권 100,000

한국전자판매(주)의 순매출액을 구하기 위해 위의 분개내용을 T계정에 전기하면 다음과 같다.

매 출

②	500,000	①	5,000,000
③	100,000		
		잔액	4,400,000

매출채권

①	5,000,000	②	500,000
		③	100,000
잔액	4,400,000		

위에서 보는 바와 같이 매출계정의 잔액, 즉 순매출액은 ₩4,400,000이 되며, 이 금액은 다음 식을 이용해서 구하는 순매출액과 같다.

매출액 − (매출환입 + 매출에누리) = 순매출액
5,000,000 − (500,000 + 100,000) = 4,400,000

매입환출이나 매입에누리에 대한 회계처리와 마찬가지로, 매출환입이나 매출에누리가 빈번하게 발생하는 기업에서는 이들 계정을 별도로 설정하여 기록하였다가, 결산 시에 매출계정에 대체하여 순매출액을 계산할 수도 있다.

예제 5-4

[예제 5-3]의 한국전자판매(주)의 거래를 매출환입계정과 매출에누리계정을 별도로 설정하여 분개한 후, 매출계정에 대체하는 분개를 하라.

풀이

〈분개〉

① (차) 매출채권 5,000,000 (대) 매 출 5,000,000
② (차) 매출환입 500,000 (대) 매출채권 500,000
③ (차) 매출에누리 100,000 (대) 매출채권 100,000

〈매출계정에 대체하는 분개〉

④ (차) 매 출 500,000 (대) 매출환입 500,000
⑤ (차) 매 출 100,000 (대) 매출에누리 100,000

위의 분개를 T계정에 전기하면 다음과 같다.

매 출

④	500,000	①	5,000,000
⑤	100,000		
		잔액	4,400,000

매출채권

①	5,000,000	②	500,000
		③	100,000
잔액	4,400,000		

매출환입

②	500,000	④	500,000

매출에누리

③	100,000	⑤	100,000

위의 결과에서 보듯이 매출계정의 기말잔액(순매출액)은 ₩4,400,000이 되어 [예제 5-3]에서 계산한 결과와 동일하게 되는 것을 알 수 있다.

3. 상품매매 관련계정의 분할

지금까지 살펴본 바와 같이 상품매매거래에 관련된 주요 계정은 상품계정, 매입계정 및 매출계정이다. 상품계정은 앞에서 설명한 바와 같이 전기에 구입하여 당기로 이월된 상품의 금액 혹은 나중에 설명하겠지만 당기에 구입하였으나 아직 판매되지 않아 다음 기로 이월될 상품금액을 기록하는 데 사용된다. 상품계정은 주로 회계기간 간에 이월되는 상품금액을 기록하는 데 사용되므로 이월상품계정이라 부르기도 한다. 매입계정은 상품이 구입될 때마다 구입된 상품의 원가를 기록하기 위해 사용되며 매출계정은 상품의 판매를 통해 당기에 실현된 매출수익을 기록하기 위해 사용된다.

이러한 세 가지 계정뿐만 아니라 상품매매거래에서 매입계정을 조정하는 매입환출계정, 매입에누리계정 및 매입할인계정이 사용될 수 있으며, 또한 매출계정을 조정하는 매출환입계정, 매출에누리계정 및 매출할인계정이 사용될 수 있다. 상품매매거래와 관련된 계정을 어느 정도 세분화할 것인가 하는 문제는 경영자의 정보수요에 의해 기업마다 다르게 결정된다. 예를 들어, 경영자가 기업이 상품을 매입할 때 어느 정도 매입할인을 이용하는지 별도로 관리하고자 하는 경우나 상품을 매출한 후 어느 정도 반품이 되는지 관리하고자 하는 경우에는 매입이나 매출에 대한 조정항목을 별도로 분리하여 기록하고자 할 것이다.

이에 비해 매입환출이나 에누리가 별로 발생하지 않는 경우에는 매입환출과 매입에누리를 결합하여 매입환출 및 에누리 계정을 하나로 묶어 사용할 수도 있다. 이처럼 상품매매거래와 관련하여 어느 정도 상세한 계정과목을 사용하느냐에 따라 전통적으로 3분법, 5분법 혹은 9분법 등의 용어가 사용되어 왔다.

3분법이란 상품매매거래의 주요 계정인 상품, 매입, 매출의 세 가지 계정을 사용하는 경우를 말하고, **5분법**이란 위의 주요 세 가지 계정에다 매입계정을 조정하는 항목에 대해 하나의 별도계정과 매출을 조정하는 항목을 통합한 하나의 계정을 추가하여 다섯 가지 계정을 사용하는 방법을 말한다.

9분법이란 상품매매거래와 관련된 계정을 9가지로 구분하여 사용하는 방법을 말한다. 앞에서 말했듯이 어느 정도 계정을 분할할 것인가는 기업의 정보수요 및 중요성 정도에 따라 달라질 수 있으며 회계처리원칙에는 큰 차이가 없다. 이에 본 교재에서는 가능한 한 이러한 용어를 사용하지 않으려고 한다.

제 3 절 상품매매업의 손익계산

상품매매업의 회계순환과정은 서비스업의 경우와 큰 차이가 없다. 단지 상품매매업의 경우 상품매매와 관련된 이익을 계산하기 위한 수정분개와 상품매매거래에 나타나는 계정의 처리가 포함되어 조금 복잡할 뿐이다. 서비스업에서 볼 수 없었던 상품매매거래와 관련된 이익을 계산하기 위해 추가로 필요한 절차는 매출원가를 계산하고 관련 계정들을 마감하는 절차들이다. 구체적인 상품매매업의 결산과정을 살펴보기에 앞서 먼저 상품매매거래에 대한 이익계산에 사용될 개념들을 이론적으로 살펴보고자 한다.

1. 매출총이익의 계산

제2절에서 살펴본 바와 같이 상품을 판매할 때 매출수익의 실현부분만 분개하고 이러한 매출수익을 실현하기 위해 희생된 상품의 원가인 매출원가의 발생이나 상품의 감소를 기록하지 않았다. 따라서 상품매매업의 결산에서 가장 중요한 부분 중 하나가 매출원가의 결정과 차기로 이월될 기말상품재고액을 결정하는 것이다. 매출원가와 상품변동과의 관계를 파악하기 위해 먼저 다음의 등식을 살펴보자.

기초상품＋당기상품매입＝판매된 상품＋판매되지 않은 상품

위의 등식에서 좌변에 있는 기초상품은 전기에 구입하여 판매되지 않아 당기로 이월된 상품을 말하며, 당기상품매입은 당기에 새로 매입한 상품을 말한다. 기초상품과 당기상품매입을 합하면 회사가 판매할 수 있는 총상품이 된다. 이러한 총상품은 회계연도 동안 이미 판매된 상품과 회계연도 말 현재 아직 판매되지 않은 상품의 합과 일치해야 할 것이다.

예를 들어, 기초상품이 100개이고 당기에 상품을 900개 매입했다면 총상품은 1,000개이다. 회사에 유입된 1,000개의 상품은 이미 판매된 상품의 개수와 아직 판매되지 않은 상품의 개수의 합과 동일할 것이다. 이처럼 위의 등식은 상품의 개수 관점에서도 성립하지만 상품의 원가 측면에서도 성립한다.

만일 상품의 구입단가가 ₩1,000이면 기초상품의 원가는 ₩100,000인데 이를 기초상품재고액(beginning inventories)이라 하며, 2020년 동안 매입한 상품의 원가가 ₩900,000일 경우 이를 당기상품순매입액(net purchases for the period)이라 한다.

여기서 당기상품순매입액은 당기에 매입한 상품의 총매입액에서 매입환출, 매입에누리 및 매입할인을 조정한 금액을 말한다. 따라서 판매에 이용가능한 총상품의 원가는 ₩1,000,000이며 이를 판매가능상품액(inventories available for sale)이라 한다.

앞의 등식에서 좌변항목의 기초상품재고액과 당기상품순매입액은 우리가 원장을 보면 알 수 있는 금액이다. 즉, 기초상품은 전기로부터 이월된 상품이므로 상품계정을 보면 알 수 있고, 당기에 매입한 상품의 원가는 매입계정과 매입조정항목계정을 보면 알 수 있다. 그러나 등식에서 우변에 나타나는 판매된 부분의 원가와 판매되지 않은 부분의 원가는 장부를 통해 알 수가 없다. 그러나 우변에 있는 하나의 항목만 알면 등식에 의해 나머지는 자동적으로 결정된다는 사실을 알 수 있다.

등식에서 우변에 나타나는 판매된 상품의 원가가 바로 매출원가(cost of goods sold)이며, 판매되지 않은 상품의 원가가 바로 기말상품재고액(ending inventories)이다. 따라서 원가 측면에서 위의 등식을 다시 표현하면 다음과 같다.

기초상품재고액 + 당기상품순매입액 = 매출원가 + 기말상품재고액

위의 등식을 그림으로 표시하면 다음과 같다.

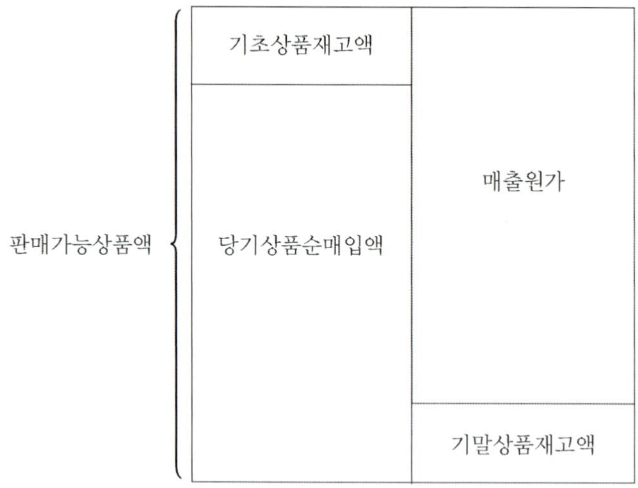

우변에 있는 하나의 항목이 결정되면 나머지는 등식에 의해 자동적으로 결정되므로 상품매매업의 결산과정은 우변에 있는 두 항목 중 하나를 결정하는 것이다. 소모품의 결산에서 살펴보았듯이 일반적으로 기업은 우변항목 중 기말에 판매되지 않고 남아 있는 기말상품을 실제로 조사하여 기말상품재고액을 먼저 결정한다. 만일 위의 예에서 기말에 판매되지 않고 남아 있는 기말상품이 200개이고 기말상품재고액이 ₩200,000이면 등식에 의해 자동적으로 매출원가는 ₩800,000으로 결정된다. 즉, **매출원가**는 다음의 식에 의해 결정된다.

매출원가 = 기초상품재고액 + 당기상품순매입액 − 기말상품재고액

매출수익을 창출하는 데 희생된 비용인 매출원가가 결정되면 우리는 쉽게 상품매매거래에서 발생한 매출총이익을 계산할 수 있다. **매출총이익**(gross margin 혹은 gross profit)은 매출액에서 매출원가를 차감한 잔액을 의미한다. 물론 여기서 매출액이란 총매출액에서 매출조정항목을 조정한 후의 순매출액을 의미한다. 지금까지 살펴본 내용을 요약하면 다음과 같다.

매출액 − 매출원가 = 매출총이익

매출액 = 총매출액 − (매출환입 + 매출에누리 + 매출할인)

매출원가 = (기초상품재고액 + 당기상품순매입액) − 기말상품재고액

당기상품순매입액 = 총매입액 − (매입환출 + 매입에누리 + 매입할인)

예제 5-5

동국(주)는 2020년 1월 초에 인삼도매업을 시작하였다. 2020년 중 ₩30,000,000의 인삼을 매입하였으며, ₩3,000,000의 매입환출과 ₩1,000,000의 매입에누리가 발생하였다. 2020년 결산기말에 창고에 남아 있는 기말상품재고액은 ₩5,000,000이다. 동국(주)의 2020 회계연도의 매출원가를 구하라.

풀이

동국(주)의 2020년의 매출원가는 기초재고는 없고 ₩5,000,000의 기말재고만 있으므로 다음과 같이 구할 수 있다.

매출원가 = 기초상품재고액 + 당기상품순매입액 − 기말상품재고액
= 0 + [30,000,000 − (3,000,000 + 1,000,000)] − 5,000,000
= 21,000,000

이를 그림으로 표시하면 다음과 같다.

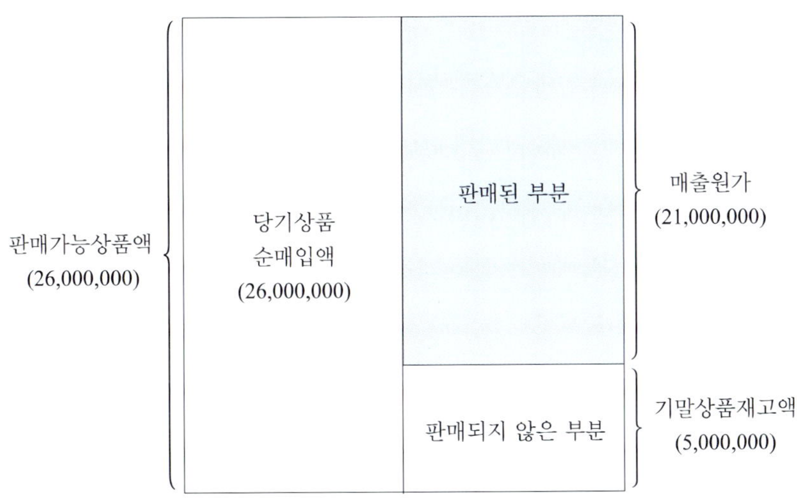

예제 5-6

한국(주)는 2020년 중에 ₩35,000,000의 상품을 매입하였다. 2020년 중에 ₩5,000,000의 매입환출과 에누리가 발생하였으며, 2020년의 결산기말에 ₩6,000,000의 기말재고를 가지고 있다. 한국(주)의 2020년도의 매출원가를 구하라. 한국(주)의 2019년도의 기말재고는 ₩5,000,000이었다.

풀이

한국(주)의 2020년도의 매출원가를 구하는 데 있어 2019년의 기말재고가 2020년의 기초재고가 되므로 다음과 같이 구할 수 있다.

매출원가 = 기초상품재고액 + 당기상품순매입액 − 기말상품재고액
= 5,000,000 + (35,000,000 − 5,000,000) − 6,000,000
= 29,000,000

이를 그림으로 표시하면 다음과 같다.

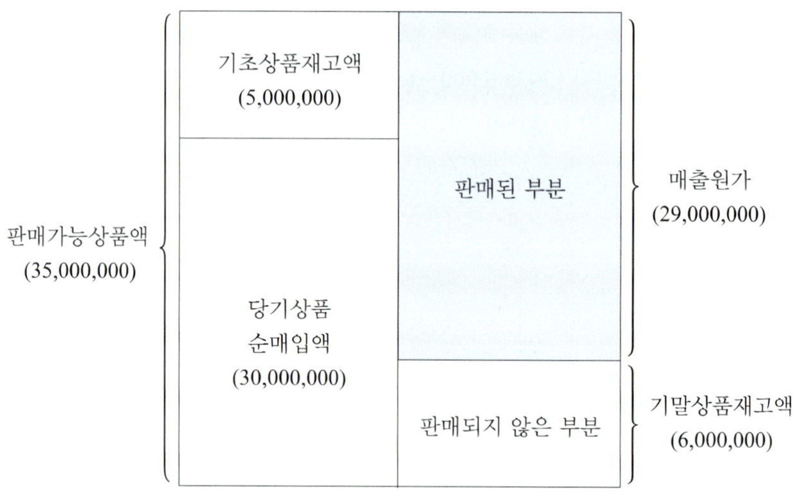

예제 5-7

2020년도 동국(주)의 매출총액은 ₩27,000,000이었으며, 한국(주)의 매출총액은 ₩37,000,000이었다. 동국(주)의 매출환입 및 에누리액은 ₩1,000,000이었고, 한국(주)의 매출환입액은 ₩2,000,000이었다. 2020년도 동국(주)와 한국(주)의 매출총이익을 구하라(예제 5-5와 5-6 정보 이용).

풀이

매출총이익 = 당기순매출액 − 매출원가이므로

① 동국(주)의 매출총이익 = (27,000,000 − 1,000,000) − 21,000,000*
= 5,000,000

② 한국(주)의 매출총이익 = (37,000,000 − 2,000,000) − 29,000,000**
= 6,000,000

* [예제 5-5]의 매출원가 참조.
** [예제 5-6]의 매출원가 참조.

예제 5-8

다음은 동국(주)의 상품매매와 관련된 자료이다. 이를 이용하여 매출원가와 매출총이익을 구하라.

기초상품재고액	₩20,000	매 입	₩350,000	매입환출	₩25,000
매입운임	₩500	매 출	₩540,000	매출에누리	₩1,200
기말상품재고액	₩22,000				

풀이

매출원가 = 기초상품재고액 + 당기상품순매입액 − 기말상품재고액
= 20,000 + (350,000 + 500* − 25,000) − 22,000 = 323,500

매출총이익 = 당기순매출액 − 매출원가
= (540,000 − 1,200) − 323,500 = 215,300

* 매입과 관련하여 발생한 운반비 등은 취득원가에 포함시켜야 하나, 판매와 관련되어 발생한 운반비는 매출액에 포함시키지 않고 판매비와관리비로 보고하여야 한다.

2. 매출원가와 기말상품재고액의 계산

지금까지 상품매매업의 매출원가와 매출총손익을 구하는 방법을 이론적으로 살펴보았다. 여기서는 분개형식을 통해 이들을 구하는 결산절차에 대해 살펴보고자 한다.

상품매매업에 있어서 결산절차의 원리는 서비스업의 경우와 크게 다를 바가 없다. 즉, 결산을 위해 수정전시산표를 작성한 후 수정분개를 통해 수정이 필요한 항목을 수정하여 재무제표를 도출하고 마감하는 절차를 수행한다. 상품매매업의 결산과정을 살펴보기 위해 먼저 다음의 예를 고려하자.

<예> 상품매매업을 하는 동국(주)의 수정전시산표에 나타난 상품관련계정은 다음과 같다.

상　　품 : ₩1,000	매　입 : ₩15,000	매입할인 : ₩3,000
매입환출 : ₩2,000	매　출 : ₩17,000	매출환입 : ₩5,000

기말에 실사한 결과 기말재고액 : ₩2,000

먼저 결산을 하기에 앞서 수정전시산표에 있는 금액이 의미하는 바를 먼저 이해하여야 한다. 동국(주)가 당기에 판매한 매출총액은 ₩17,000이고 이 중 매출환입에 의해 매출액이 ₩5,000만큼 줄어들었다. 즉, 동국(주)가 당기에 달성한 순매출액은 ₩12,000이다. 당기에 매입한 상품은 모두 매입계정에 기록하였으므로 동국(주)가 당기에 매입한 상품의 총원가는 ₩15,000이고 이 중에서 매입할인을 통해 ₩3,000만큼 매입한 상품의 원가가 감소하였으며 또한 매입환출에 의해 매입한 상품의 원가가 ₩2,000만큼 감소하였다. 즉, 동국(주)가 당기에 매입한 상품의 순매입액은 ₩10,000이다. 마지막으로 상품계정의 ₩1,000은 무엇을 나타낼까? 회계기간 중에 상품계정에는 아무것도 기록된 것이 없으므로 수정전시산표에 나타나는 상품계정의 금액은 전기에 구입하여 당기로 이월된 상품을 의미하므로 이것은 바로 기초상품재고액을 의미한다.

따라서 앞에서 배운 매출원가 공식에서 좌변은 이미 장부에 모두 기록되어 있음을 알 수 있다. 즉, 동국(주)의 기초상품재고액은 ₩1,000이고 당기상품순매입액은 ₩10,000이므로 판매가능상품액은 ₩11,000이다.

기초상품재고액(₩1,000) + 당기상품순매입액(₩10,000)
= 판매가능상품액(₩11,000)
= 매출원가 + 기말상품재고액

동국(주)는 결산을 하기 위해 위의 등식에서 우변항목 중 하나의 금액을 결정해야 한다. 앞에서도 설명했듯이 기업은 일반적으로 결산을 하기 위해 기말현재 창고에 판매되지 않은 기말상품을 조사하여 기말상품재고액을 먼저 파악한다. 기말재고실사를 통해 기말상품재고액이 ₩2,000이라고 주어졌기 때문에 매출원가는 ₩9,000이 된다.

그러면 결산을 위해 동국(주)가 수정전시산표의 어떤 항목을 수정해야 할 것인가에 대해 살펴보자. 먼저 상품계정은 원장에 ₩1,000으로 기록되어 있으나 기말현재 창고에 남아 있는 상품은 ₩2,000이므로 상품계정에 대한 수정이 필요하다. 당기 포괄손익계산서에 기록될 비용인 매출원가계정이 수정전시산표에 없기 때문에 매출원가계정이 ₩9,000으로 수정되어야 한다.

또한 매입계정은 처음 기록할 때는 자산이지만 이미 상품이 판매되었다면 비용으로서 자산과 비용의 양면적 성격을 가지므로 재무제표에 나타날 수 없다. 즉, 매입 및 매입관련계정의 잔액은 0으로 수정되어야 한다. 이러한 수정목적을 달성하기 위해 다양한 수정분개가 이루어져야 하며 실무에서는 다양한 방법을 통해 이러한 수정목적을 달성한다.

매출원가를 어느 계정을 이용하여 도출하는가에 따라 다양한 방법이 존재할 수 있는데 다음에서는 아래의 두 가지 방법을 중점적으로 살펴보고자 한다.

① 매입계정을 이용하는 방법
② 매출원가계정을 이용하는 방법

(1) 매입계정의 이용

이 방법은 매출원가계정을 새로 설정하지 않고 매입계정에서 매출원가를 구하는 방법이다.

매출원가를 구하는 공식에 따르면 기초상품재고액에다 당기상품순매입액을 가산하여 기말상품재고액을 차감하여 구하는데 당기상품순매입액이 이미 원장의 매입계정에 기록되어 있으므로 기초상품재고액과 기말상품재고액만 매입계정으로 이동시키면 매입계정에서 매출원가를 구할 수 있다. 이 방법을 구체적으로 살펴보기 위해 다음의 예를 이용한다.

> 상 품 : ₩1,000　　매 입 : ₩15,000　　매 출 : ₩25,000
> * 실사 결과 기말상품재고액은 ₩2,000

먼저 상품계정에 기록된 기초상품재고액을 매입계정으로 이동시키는 수정분개를 한다.

① (차) 매 입　　1,000　　(대) 상 품　　1,000

위의 분개를 한 후 원장에 전기를 하면 상품계정의 잔액은 0이 되고, 매입계정의 차변은 매입액과 기초상품재고액의 합으로 나타난다.

따라서 매출원가를 구하기 위해서는 이 금액에서 기말상품재고액을 차감하면 되므로 다음과 같이 수정분개를 한다.

② (차) 상 품　　2,000　　(대) 매 입　　2,000

위의 분개를 원장에 전기하면 상품계정은 ₩2,000이 되고 매입계정의 잔액은 ₩14,000이 되어 매출원가를 나타내게 된다.

상 품

차변	금액	대변	금액
기초재고	1,000	① 매 입	1,000
② 매 입	2,000	차기이월	2,000
	3,000		3,000
전기이월	2,000		

매 입

차변	금액	대변	금액
당기매입	15,000	② 상 품	2,000
① 상 품	1,000		
잔 액	14,000		

마감분개는 수익과 비용 계정은 집합손익 계정으로 대체하여 수익 · 비용 계정의 잔액을 0으로 만들기 위한 분개이므로 다음과 같이 된다.

③ (차) 집합손익 14,000 (대) 매 입 14,000

④ (차) 매 출 25,000 (대) 집합손익 25,000

위의 마감분개를 한 후 상품관련 계정의 모습은 다음과 같다.

매 입

당기매입	15,000	② 상 품	2,000
① 상 품	1,000	③ 집합손익	14,000
합 계	16,000	합 계	16,000

매 출

④ 집합손익	25,000	당기매출	25,000
합 계	25,000	합 계	25,000

집합손익

③ 매 입	14,000	④ 매 출	25,000
매출총이익	11,000		
합 계	25,000	합 계	25,000

예제 5-9

다음은 동국(주)의 2020년 결산기말에 상품매매와 관련된 정보이다. 매입계정을 사용하여 매출원가를 구하기 위한 수정분개를 행하고, 매매손익계산을 위한 수정 및 마감분개를 행하라.

기초상품재고액	₩150,000	총매입액	₩2,000,000
매입환출	₩200,000	순매출액	₩2,300,000
기말상품재고액	₩300,000		

풀이

〈수정분개〉

① (차) 매 입 150,000 (대) 상 품 150,000

② (차) 매입환출 200,000 (대) 매 입 200,000

③ (차) 상 품 300,000 (대) 매 입 300,000

수정분개 후에 매입계정의 차변잔액(매출원가)은 ₩1,650,000(2,000,000＋150,000－200,000－300,000)이 된다. 따라서 마감분개는 다음과 같다.

〈마감분개〉

④ (차) 매 출	2,300,000	(대) 집합손익	2,300,000
⑤ (차) 집합손익	1,650,000	(대) 매 입	1,650,000

마감분개 후에 집합손익계정의 대변잔액(매출총이익)은 ₩650,000(2,300,000 −1,650,000)이 된다. 이상의 결과를 T계정을 이용하여 확인해 보자.

매 입

	2,000,000	②	200,000
①	150,000	③	300,000
		⑤	1,650,000
합계	2,150,000	합계	2,150,000

집합손익

⑤	1,650,000	④	2,300,000
매출총이익	650,000		
합계	2,300,000	합계	2,300,000

동국(주)의 2020년 매출원가와 매출총이익을 산식을 이용하여 계산하면 다음과 같다.

매출원가 = 기초상품재고액 + 당기상품순매입액 − 기말상품재고액
= 150,000 + (2,000,000 − 200,000) − 300,000
= 1,650,000

매출총이익 = 순매출액 − 매출원가
= 2,300,000 − 1,650,000
= 650,000

위의 계산결과는 매출원가계정을 사용하여 구한 매출원가 및 매출총이익 금액과 일치하고 있음을 알 수 있다.

예제 5-10

다음 자료는 동국(주)의 상품매매와 관련된 자료이다. 이를 이용하여 기말수정분개(매입계정 사용) 및 마감분개를 행하고, T계정에 전기하여 마감하라.

기초상품재고액	₩20,000	순매입액	₩460,000
순매출액	₩680,000	기말상품재고액	₩30,000

풀이

〈수정분개〉

① 기초상품재고액을 매입계정에 더해주는 분개

(차) 매 입	20,000	(대) 상 품	20,000

② 기말상품재고액을 매입계정에서 차감해주는 분개

(차) 상 품	30,000	(대) 매 입	30,000

〈마감분개〉

③ 매입계정잔액을 집합손익계정의 차변에 대체해주는 분개

(차) 집합손익	450,000	(대) 매 입	450,000

④ 매출계정을 집합손익계정의 대변에 대체해주는 분개

(차) 매 출	680,000	(대) 집합손익	680,000

〈T계정에 전기〉

상 품

차변		대변	
전기이월	20,000	①	20,000
②	30,000	차기이월	30,000
합계	50,000	합계	50,000
전기이월	30,000		

매 입

차변		대변	
당기매입	460,000	②	30,000
①	20,000	③	450,000
합계	480,000	합계	480,000

매 출

차변		대변	
④	680,000	당기매출	680,000
합계	680,000	합계	680,000

집합손익

차변		대변	
③	450,000	④	680,000
매출총이익	230,000		
합계	680,000	합계	680,000

(2) 매출원가계정의 이용

매출원가계정을 이용하는 방법은 수정전시산표에 나타나지 않는 새로운 매출원가계정을 설정하여 매출원가를 도출하는 방법이다. 이 방법은 매출원가계정에서 매출원가를 구하므로 가장 합리적인 방법이라 할 수 있다. 매출원가계정을 이용하는 경우 매출원가는 이론적으로 기초상품재고액에다 당기상품순매입액을 가산하여 기말상품재고액을 차감한 금액이므로 매출원가계정 차변에 기초상품재고액과 당기상품순매입액이 기록되도록 수정분개를 하고 기말상품재고액이 매출원가의 대변에 기록되도록 수정분개를 하면 된다. 이에 대한 구체적인 수정분개를 살펴보기 위해 앞에서 사용한 예를 이용하기로 한다.

상 품 : ₩1,000 매 입 : ₩15,000 매 출 : ₩25,000
* 실사 결과 기말상품재고액은 ₩2,000

먼저 상품계정에 기록된 기말상품재고액을 매출원가계정으로 이동시키는 수정분개를 한다.

① (차) 매출원가	1,000	(대) 상 품	1,000

위의 분개를 한 후 원장에 전기를 하면 상품계정의 잔액은 0이 되고, 매출원가계정의 차변은 기초상품재고액인 ₩1,000이 기록된다.

다음은 매입계정의 대변잔액을 매출원가계정 차변으로 이동시키는 분개를 다음과 같이 한다.

② (차) 매출원가	15,000	(대) 매 입	15,000

위의 분개를 한 후 원장에 전기하면 매입계정의 잔액은 0이 되고, 매출원가계정은 ①의 분개에서 기록된 ₩1,000과 ②의 분개에서 기록된 ₩15,000이 합해져 ₩16,000이 된다.

마지막으로 기말재고액(상품)이 ₩2,000 남아 있으므로 상품계정 차변에 ₩2,000이 기록되어야 하고 같은 금액이 매출원가계정 대변에 기록되는 수정분개를 하여야 한다.

③ (차) 상 품 2,000 (대) 매출원가 2,000

이상의 수정분개를 각 계정에 전기하면 다음과 같다.

상 품

기초재고	1,000	① 매출원가	1,000
③ 매출원가	2,000	차기이월	2,000
합 계	3,000	합 계	3,000
전기이월	2,000		

매 입

당기매입	15,000	② 매출원가	15,000
합 계	15,000	합 계	15,000

매출원가

① 상 품	1,000	③ 상 품	2,000
② 매 입	15,000		
잔 액	14,000		

수익과 비용계정의 잔액을 0으로 만들기 위한 마감분개를 하면 다음과 같다.

④ (차) 매 출 25,000 (대) 집합손익 25,000
⑤ (차) 집합손익 14,000 (대) 매출원가 14,000

위의 마감분개를 한 후 상품관련 계정의 모습은 다음과 같다.

매 출

④ 집합손익	25,000	당기매출	25,000

매출원가

① 상 품	1,000	③ 상 품	2,000
② 매 입	15,000	⑤ 집합손익	14,000

집합손익

⑤ 매출원가	14,000	④ 매 출	25,000
매출총이익	11,000		
합 계	25,000	합 계	25,000

예제 5-11

다음은 동국(주)의 2020년 결산기말에 상품매매와 관련된 정보이다. 매출원가계정을 사용하여 수정분개를 행하고 상품매매손익을 계산하기 위한 마감분개를 행하라.

기초상품재고액 : ₩150,000　　순매입액 : ₩2,000,000
순매출액 : ₩2,300,000　　기말상품재고액 : ₩300,000

풀이

〈수정분개〉

	차변	금액	대변	금액
①	(차) 매출원가	150,000	(대) 상 품	150,000
②	(차) 매출원가	2,000,000	(대) 매 입	2,000,000
③	(차) 상 품	300,000	(대) 매출원가	300,000

수정분개 후에 매출원가계정의 차변잔액은 ₩1,850,000(150,000+2,000,000−300,000)이 된다. 따라서 마감분개는 다음과 같다.

〈마감분개〉

	차변	금액	대변	금액
④	(차) 매 출	2,300,000	(대) 집합손익	2,300,000
⑤	(차) 집합손익	1,850,000	(대) 매출원가	1,850,000

자습문제

SELF-STUDY

[1] 다음은 상품매매업을 하는 회사들의 기초상품재고액, 매입원가, 기말상품재고액 그리고 매출원가에 대한 자료들이다. ( ) 안에 알맞은 숫자를 기입하라.

	동국회사	한국회사	민국회사	대한회사
기초재고	100,000	(②)	50,000	200,000
당기매입	1,000,000	800,000	(③)	1,100,000
기말재고	(①)	200,000	400,000	100,000
매출원가	800,000	700,000	900,000	(④)

풀이 매출원가 = 기초상품재고액 + 당기상품순매입액 − 기말상품재고액

① 800,000 = 100,000 + 1,000,000 − (?) ∴ ① = 300,000

② 700,000 = (?) + 800,000 − 200,000 ∴ ② = 100,000

③ 900,000 = 50,000 + (?) − 400,000 ∴ ③ = 1,250,000

④ (?) = 200,000 + 1,100,000 − 100,000 ∴ ④ = 1,200,000

[2] 다음 빈칸에 알맞은 용어를 적어 넣어라.

매출액 = 총매출액 − [매출환입 + (①)]

매출원가 = 기초상품재고액 + (②) − 기말상품재고액

순매입액 = 총매입액 − [(③) + 매입에누리]

풀이

① 매출에누리 혹은 매출할인, ② 당기순매입액, ③ 매입환출 혹은 매입할인

[3] 다음의 거래들에 대해 매출할인에 대해 매입조정항목 및 매출조정항목을 별도의 계정으로 분개하라.

① 상품 ₩8,000을 현금으로 매입하다.

② 소모품 ₩1,500을 외상으로 구입하다.

③ 상품 ₩24,000을 외상으로 매입하다.

④ 위의 상품 중 ₩200이 파손되어 돌려보내다.

⑤ 상품 ₩16,000을 외상으로 매출하다.
⑥ 상품매입운임 ₩160을 현금으로 지불하다.
⑦ ⑤의 매출 중 ₩250이 불량으로 판명되어 반품되다.
⑧ ②의 소모품 외상구입액을 현금으로 지급하다.
⑨ ③의 상품 외상매입액을 현금으로 지급하다.
⑩ ⑤의 상품 외상매출액을 현금으로 받다.

풀이

	차변	금액	대변	금액
①	(차) 매 입	8,000	(대) 현 금	8,000
②	(차) 소모품	1,500	(대) 미지급금	1,500
③	(차) 매 입	24,000	(대) 매입채무	24,000
④	(차) 매입채무	200	(대) 매입환출	200
⑤	(차) 매출채권	16,000	(대) 매 출	16,000
⑥	(차) 매 입	160	(대) 현 금	160
⑦	(차) 매출환입	250	(대) 매출채권	250
⑧	(차) 미지급금	1,500	(대) 현 금	1,500
⑨	(차) 매입채무	23,800	(대) 현 금	23,800
⑩	(차) 현 금	15,750	(대) 매출채권	15,750

[4] 다음은 동국(주)의 10월 중 상품거래와 관련된 자료이다. 이를 기초로 매입 및 매출계정만 이용하여 다음의 요구사항에 답하라.

〈자 료〉
① 기초상품재고액은 ₩3,600,000이다.
② 상품 ₩9,400,000을 외상으로 매입하다.
③ 위의 상품 중 ₩300,000이 불량으로 판명되어 되돌려 보내다.
④ 상품 ₩12,000,000을 외상으로 판매하다.
⑤ 위의 상품 중 불량품이 있어 ₩500,000을 에누리해주다.
⑥ 기말상품재고액은 ₩4,200,000이다.

〈요구사항〉
1) 위의 거래를 분개하고 T계정에 전기하라.
2) 기말의 결산수정분개 및 마감분개를 행하고 T계정에 전기한 후 마감하라(단, 매출원가를 매입계정에서 구할 것).

풀이 9월의 기말재고는 10월의 기초재고가 되고 재고는 상품계정에 기록이 되어 있게 되므로 10월 기초의 상품계정은 다음과 같다.

상 품

기초재고	3,600,000		

1) 분개 및 전기

①	(차) 매 입	9,400,000	(대) 매입채무	9,400,000
②	(차) 매입채무	300,000	(대) 매 입	300,000
③	(차) 매출채권	12,000,000	(대) 매 출	12,000,000
④	(차) 매 출	500,000	(대) 매출채권	500,000

매 입

① 매입채무	9,400,000	② 매입채무	300,000
잔 액	9,100,000		

매입채무

② 매 입	300,000	① 매 입	9,400,000
		잔 액	9,100,000

매 출

④ 매출채권	500,000	③ 매출채권	12,000,000
		잔 액	11,500,000

매출채권

③ 매 출	12,000,000	④ 매 출	500,000
잔 액	11,500,000		

2) 수정분개, 마감분개, 전기, 마감

〈수정분개〉

⑤	(차) 매 입	3,600,000	(대) 상품(기초재고)	3,600,000
⑥	(차) 상품(기말재고)	4,200,000	(대) 매 입	4,200,000

매 입

① 매입채무	9,400,000	② 매입채무	300,000
⑤ 상 품 (기초재고)	3,600,000	⑥ 상 품 (기말재고)	4,200,000
잔 액 (매출원가)	8,500,000		

(이월)상품

기초재고	3,600,000	⑤ 매 입	3,600,000
⑥ 매 입	4,200,000	차기이월 (기말재고)	4,200,000
전기이월	4,200,000		

〈마감분개〉

⑦	(차) 집합손익	8,500,000	(대) 매 입	8,500,000
⑧	(차) 매 출	11,500,000	(대) 집합손익	11,500,000

〈전기 및 마감〉

매 입

① 매입채무	9,400,000	② 매입채무	300,000
⑤ 상 품 (기초재고)	3,600,000	⑥ 상 품 (기말재고)	4,200,000
		⑦ 집합손익	8,500,000
합 계	13,000,000	합 계	13,000,000

매 출

④ 매출채권	500,000	③ 매출채권	12,000,000
⑧ 집합손익	11,500,000		
합 계	12,000,000	합 계	12,000,000

집합손익

⑦ 매 입	8,500,000	⑧ 매 출	11,500,000
매출총이익	3,000,000		
합 계	11,500,000	합 계	11,500,000

[5] 다음은 동국상회와 한국상회의 상품매매와 관련된 자료이다. 빈칸에 알맞은 금액을 계산하라(단위: 천원).

	동국상회	한국상회
기초상품재고액	1,200	(⑤)
매 출	13,600	(⑥)
매출환입	200	720
매출에누리	400	360
순매출	(①)	25,800
매 입	9,400	18,000
매입환출	(②)	600
순매입	9,150	(⑦)
기말상품재고액	1,400	3,600
매출원가	(③)	17,200
매출총이익	(④)	(⑧)

풀이 〈동국상회〉

① 순매출액 = 총매출액 − (매출에누리 + 매출환입)

① = 13,600 − (400 + 200) = 13,000

② 매입 = 순매입액 + (매입에누리 + 매입환출)

9,400 = 9,150 + ② ② = 250

③ 매출원가 = 기초상품재고액 + 당기순매입액 − 기말재고액
③ = 1,200 + 9,150 − 1,400 = 8,950
④ 매출총이익 = 순매출액 − 매출원가
④ = 13,000 − 8,950 = 4,050

〈한국상회〉
⑤ 매출원가 = 기초상품재고액 + 당기순매입액 − 기말상품재고액
17,200 = ⑤ + ⑦ − 3,600
17,200 = ⑤ + 17,400* − 3,600   ⑤ = 3,400
* ⑦번 참조.
⑥ 매출 = 순매출 + 매출환입 + 매출에누리
⑥ = 25,800 + 720 + 360 = 26,880
⑦ 순매입 = 매입 − (매입환출 + 매입에누리)
⑦ = 18,000 − 600 = 17,400
⑧ 매출총이익 = 순매출액 − 매출원가
⑧ = 25,800 − 17,200 = 8,600

[6] 동국(주)의 회계부 사원인 나고민 씨는 결산을 앞두고 고민에 쌓여 있다. 지금까지 결산을 담당하고 있던 오정확 과장이 경쟁회사로 스카우트되어 갑작스레 퇴직하는 바람에 나고민 씨가 결산을 담당해야 할 입장이다. 사장은 나고민 씨에게 지난주부터 재무상태표와 포괄손익계산서를 작성하라고 요구하는 중이다. 다음 자료는 업무처리가 정확하기로 소문난 오정확 과장이 퇴사하기 직전까지 결산을 위해 준비한 자료들이다.

〈총계정원장잔액〉

현 금	11,500,000	매출채권	35,000,000	상 품	5,000,000
매 입	40,000,000	건 물	25,000,000	광고비	2,500,000
차입금	8,000,000	매입채무	15,000,000	이자비용	1,250,000
매 출	45,000,000	소모품	700,000	이익잉여금	2,950,000
자본금	50,000,000				

〈기말수정사항〉
① 기말상품재고액은 ₩10,000,000이다.
② 건물은 연초에 구입한 것으로 감가상각비가 ₩1,250,000 발생하였다.
③ 당년도에 판매한 상품 중 ₩1,000,000이 결산 직전에 반품되었다.

④ 지급이자 ₩1,250,000은 현금으로 지급된 것만이고, 이미 이자지급기간이 경과되었으나 지급하지 못하고 있는 것이 ₩500,000이다.

⑤ 소모품의 기말잔액은 ₩200,000이다.

나고민 씨는 회계학을 전공하고 있는 당신에게 위의 자료를 가지고 와서 도움을 요청하였다. 당신이 동국(주)의 결산담당자라고 생각하고 수정분개를 행한 후 재무상태표와 포괄손익계산서를 작성하라(단, 매입계정 사용).

풀이 결산수정분개

①	(차) 매 입	5,000,000	(대) 상 품	5,000,000
	상 품	10,000,000	매 입	10,000,000
②	(차) 건물감가상각비	1,250,000	(대) 건물감가상각누계액	1,250,000
③	(차) 매 출	1,000,000	(대) 매출채권	1,000,000
④	(차) 이자비용	500,000	(대) 미지급이자	500,000
⑤	(차) 소모품비	500,000	(대) 소모품	500,000

제시된 자산, 부채, 자본, 수익, 비용계정과목의 잔액으로 시산표를 작성할 수 있고 결산수정분개 자료를 이용하여 수정후시산표를 작성할 수 있다. 자산과 비용계정은 차변잔액이고 부채, 자본, 수익은 대변잔액이므로 수정분개 자료를 가감하면 수정후의 계정잔액을 얻을 수 있다.

현 금	11,500,000	매출채권	34,000,000	상 품	10,000,000
매 입	35,000,000	건 물	25,000,000	광고비	2,500,000
차입금	8,000,000	매입채무	15,000,000	이자비용	1,750,000
매 출	44,000,000	소모품	200,000	이익잉여금	2,950,000
자본금	50,000,000	미지급이자	500,000	감가상각비	1,250,000
감가상각누계액	1,250,000	소모품비	500,000		

포괄손익계산서(다단계보고식)

2020년 1월 1일부터 2020년 12월 31일까지

동국(주) (단위: 원)

Ⅰ. 매출액		44,000,000
Ⅱ. 매출원가		
기초상품재고액	5,000,000	
당기매입액	40,000,000	
기말상품재고액	(10,000,000)	(35,000,000)
Ⅲ. 매출총이익		9,000,000
Ⅳ. 판매비와관리비		
1. 광고비	2,500,000	
2. 감가상각비	1,250,000	
3. 소모품비	500,000	(4,250,000)
Ⅴ. 영업이익		4,750,000
Ⅵ. 영업외비용		
이자비용	1,750,000	(1,750,000)
Ⅶ. 당기순이익		3,000,000

재무상태표(계정식)

2020년 12월 31일 현재

동국(주) (단위: 원)

계정과목	금 액	계정과목	금 액
자 산		부 채	
현 금	11,500,000	차입금	8,000,000
매출채권	34,000,000	매입채무	15,000,000
상 품	10,000,000	미지급이자	500,000
소모품	200,000	자 본	
건 물	25,000,000	자본금	50,000,000
(건물감가상각누계액)	(1,250,000)	이익잉여금	5,950,000
		(당기순이익: ₩3,000,000)	
자산합계	79,450,000	부채와 자본합계	79,450,000

연습문제

EXERCISES

▣ 서술형 문제

1. 기업의 업종별분류에 대해 설명하시오.
2. 상품과 제품은 어떻게 다른지 설명하시오.
3. 상품의 취득원가는 어느 것이 포함되는지 설명하시오.
4. 매입계정의 차감항목에 대해 설명하시오.
5. 매입환출과 매입에누리의 차이점을 설명하시오.
6. 매입할인 또는 현금할인이란 무엇인지 설명하시오.
7. 매출계정의 차감항목에 대해 설명하시오.
8. 매출환입과 매출에누리의 차이점을 설명하시오.
9. 매출원가가 무엇인지 설명하고 매출원가를 도출하는 공식을 설명하시오.
10. 매입조정항목과 매출조정항목을 별도의 계정으로 기록하는 방법의 장점을 설명하시오.
11. 매출할인이란 무엇인지 설명하시오.
12. 매출총이익을 구하는 공식을 설명하시오.
13. 순매입액과 순매출액은 어떻게 구하는지 설명하시오.

▣ 객관식 문제

1. 다음의 빈칸에 알맞는 용어를 고르시오.

매출원가 = 기초상품재고액 + (   ) − 기말상품재고액

① 총매입액
② 총매출액
③ 당기순매입액
④ 순매출액
⑤ 판매가능상품액

2. 다음 중 매출원가를 계산할 때 고려하지 않아도 되는 사항은?
① 매입운임
② 매입할인
③ 매입채무
④ 총매입액
⑤ 매입환출

3. 상품매입과 관련된 회계처리에 대한 설명으로 옳지 않은 것은 어느 것인가?
① 상품은 영업활동과정에서 고객에게 판매하기 위하여 매입한 것이다.
② 매입 시에 부담하는 운임은 매입원가에 포함된다.
③ 부동산매매업의 경우 토지, 건물 등이 상품에 포함된다.
④ 당기상품매입액을 계산 시 매입에누리와 매입환출, 매입할인은 매입원가에서 차감한다.
⑤ 매출 시에 부담하는 운임은 매출액에 포함된다.

4. 다음 중 상품매매거래와 관련된 설명으로 옳지 않은 것은 어느 것인가?
① 수정전 상품계정잔액은 기초상품재고액을 나타낸다.
② 기중에 발생한 매입에누리는 매입계정의 차감계정이다.
③ 기중에 발생한 매출에누리는 매출계정의 차감계정이다.
④ 기중에 발생한 매출할인은 매출계정의 차감계정이다.
⑤ 매입과정에서 발생한 매입운임은 판매비와관리비로 비용화한다.

5. 다음 (   )안에 들어갈 용어로 옳은 것은 어느 것인가?

순매입액 = 총매입액 − [((1)) + 매입에누리 + 매입할인] 순매출액 = 총매출액 − [매출환입 + 매출에누리 + ((2))]

① (1) 매입운임 (2) 매출할인
② (1) 매입환출 (2) 매출할인
③ (1) 매입운임 (2) 매출운임
④ (1) 매입환출 (2) 매출운임
⑤ (1) 매출환입 (2) 매출운임

6. 동국(주)의 기초상품재고액은 ₩6,000, 당기 중 상품매입액은 ₩10,000, 기말상품재고액이 ₩5,000인 경우 기말에 수행하여야 할 수정분개는 다음 중 어느 것인가?

①	(차) 매 입	6,000	(대) 상 품	6,000
	(차) 상 품	5,000	(대) 매 입	5,000
②	(차) 매 입	5,000	(대) 상 품	5,000
	(차) 상 품	6,000	(대) 매 입	6,000
③	(차) 상 품	6,000	(대) 매 입	6,000
	(차) 매 입	5,000	(대) 상 품	5,000
④	(차) 매 입	10,000	(대) 상 품	10,000
	(차) 상 품	5,000	(대) 매 입	5,000

⑤ 정답 없음

7. 다음 매입계정에 전기된 내용을 설명한 것으로 옳은 것은 어느 것인가?

매 입

매입채무	10,000	상 품	2,000
상 품	1,000		
잔 액	9,000		

① 기초상품재고액은 ₩2,000이다.
② 기말상품재고액은 ₩1,000이다.
③ 순매입액은 ₩11,000이다.
④ 매출원가는 ₩9,000이다.
⑤ 당기 판매가능상품액은 ₩10,000이다.

8. 매입계정을 이용하여 매출원가를 계산하기 위한 수정분개를 할 때 매입계정의 대변에 기입되는 것은 어느 것인가?

① 기초상품재고액 ② 당기매입액
③ 매입운임 ④ 매입에누리
⑤ 정답 없음

9. 다음 자료에 의한 경우 매출원가는 얼마인가?

매 출	₩96,000	순매출	₩92,800	기초상품재고액	₩32,500
순매입액	₩66,700	기말상품재고액	₩39,400	매출총이익	₩33,000

① ₩59,800 ② ₩58,800
③ ₩57,800 ④ ₩56,800
⑤ ₩59,500

※ [10~11] 동국(주)의 결산일 현재 상품계정의 잔액은 ₩30,000이고, 실지재고조사를 한 결과 기말상품재고액은 ₩25,000이다. 당기의 총매입액은 ₩520,000이었고, 매입운임 ₩10,000, 매입환출 ₩20,000, 매입할인 ₩12,000이 있었다. 당기의 총매출액은 ₩630,000이었으며, 매출환입이 ₩15,000, 매출할인 ₩8,000인 경우 다음 물음에 답하라.

10. 위의 경우 매출원가는 얼마인가?

① ₩498,000 ② ₩503,000
③ ₩493,000 ④ ₩483,000
⑤ ₩488,000

11. 위의 경우 매출총이익은 얼마인가?

① ₩97,000 ② ₩104,000
③ ₩114,000 ④ ₩124,000
⑤ ₩115,000

※ [12~13] 다음 자료에 의하여 물음에 답하라.

기초상품재고액	( )	매 출	( )	매출환입	₩2,160
매출에누리	₩1,080	순매출	₩77,400	매 입	₩54,000
매입환출	₩1,800	순매입	( )		
기말상품재고액	₩10,800	매출원가	₩51,600	매출총이익	( )

12. 위의 자료에 의한 경우 매출액은 얼마인가?

① ₩79,560　② ₩78,480
③ ₩80,640　④ ₩79,200
⑤ ₩79,400

13. 위의 자료에 의한 경우 기초상품재고액은 얼마인가?

① ₩8,400　② ₩10,200
③ ₩12,000　④ ₩13,800
⑤ ₩10,000

▣ 주관식 문제

1. 다음 거래에 대해 매입조정 및 매출조정항목을 별도의 계정으로 분리하지 않는 방법으로 분개하고 8월의 순매입액과 순매출액을 구하시오.

8월 2일 상품 ₩16,400을 외상매입하다.
8일 2일의 매입상품 중 불량품 ₩2,070을 돌려보내다.
10일 2일의 매입채무 전액을 지급하다.
13일 상품 ₩14,000을 외상으로 판매하다.
15일 소모품 ₩5,100을 현금으로 구입하다.
18일 상품 ₩21,000을 외상으로 매입하다.
20일 13일에 발생한 매출 중 불량품 ₩2,300이 있어 돌려받다.
25일 18일의 매입 중 파손품 ₩5,000이 있어 돌려보내다.
29일 상품 ₩10,500을 현금으로 판매하다.
30일 13일의 매출채권을 전액회수하다.

2. 다음은 동국(주)의 상품매매와 관련된 자료이다. 기초상품재고액을 ₩54,000으로 가정하고 다음에 답하시오.

① 당기의 매입은 ₩663,000이고 매입은 전액 외상으로 매입한 것이다.
② 매입한 상품 중 ₩850이 반품(매입환출)되다.
③ 당기의 매출은 ₩725,000이다. 매출은 전액 외상으로 판매한 것이다.
④ 매출한 상품 중 반품(매출환입)된 것은 ₩580이다.

1) 매입 및 매출조정항목을 별도의 계정에 기입하는 방법을 사용하여 위의 거래를 분개하고 T계정에 전기하시오.
2) 기말상품재고액이 ₩61,000일 때 상품매매손익의 계산에 필요한 수정분개를 하시오(단, 매출원가계정을 사용할 것).

3. 전자제품 판매회사인 동국물산(주)의 2020년 4월 중 거래는 다음과 같다. 매입 및 매출조정항목을 별도의 계정에 기입하는 방법을 사용하여 다음의 거래를 분개하시오.

4월 1일 은행으로부터 ₩2,000,000을 단기로 차입하여 당좌예금하였다.
5일 한국전자(주)로부터 A상품 20대, @₩10,000을 매입하고 대금은 외상으로 하였다.
10일 한국전자(주)로부터 매입한 상품 중 불량품이 있어서 2대를 반품하였다.
15일 민국(주)에 A상품 10대를 @₩14,000에 판매하고 상품대금 중 ₩40,000은 현금으로 받고 나머지는 외상으로 하였다.
20일 건물에 대한 임차료 1년분 ₩240,000을 현금으로 지급하였다.
25일 한국전자(주)에 대한 외상매입금 중 ₩100,000을 수표로 발행하여 지급하였다.
30일 민국(주)에 외상으로 판매한 상품대금 ₩100,000이 예정된 날짜보다 빨리 회수되었기 때문에 ₩2,000을 할인하여 주고 나머지 ₩98,000을 현금으로 받았다.
30일 은행차입금에 대한 4월분이자 ₩40,000이 발생하였다는 통보를 받았다.

4. 다음 상황들은 상품매매업을 하는 3개 회사의 손익계산을 위한 자료들이다. 알맞은 금액을 계산하여 기입하시오.

(단위: 원)

	동국회사	한국회사	민국회사
총매출액	861,500	587,600	1,738,200
매출환입 및 에누리	24,800	97,500	77,150
매출할인	50,000	12,000	66,000
총매입액	575,000	384,000	㉮
매입환출 및 에누리	26,000	59,400	115,000
매입할인	22,000	1,800	56,500
기초상품재고액	224,000	㉰	353,300
기말상품재고액	400,400	155,600	338,800
매입운임	10,000	84,000	131,000
매출운임	50,000	37,000	156,000
순매출액	786,700	478,100	㉳
순매입액	㉮	406,800	1,244,400
매출원가	360,600	㉱	1,258,900
매출총이익	㉯	56,900	336,150

5. 다음은 동국상사의 2020년 10월 중 상품거래내역이다. 이 자료에 의하여 매출원가 및 상품매매손익계산을 위해 필요한 분개를 하시오(단, 매입계정에서 매출원가를 구할 것).

① 기초상품재고액 ₩50,000 ② 당기매입액 ₩1,000,000
③ 당기매출총액 ₩1,500,000 ④ 기말상품재고액 ₩100,000
⑤ 매출환입액 ₩100,000

6. 다음 자료에 의하여 매출원가 및 상품매매손익계산에 필요한 분개를 하시오(단, 매출원가계정을 사용하여 구할 것).

① 기초상품재고액 ₩156,000 ② 기말상품재고액 ₩213,000
③ 총매입액 ₩884,000 ④ 총매출액 ₩1,540,000
⑤ 매입환출 및 에누리 ₩56,000 ⑥ 매출환입 및 에누리 ₩74,000

7. 동국상사의 2020년 4월 말 현재 상품매매와 관련된 계정의 잔액은 다음과 같다. 이 자료에 의하여 다음 물음에 답하시오.

상 품	
100,000	

매 입	
500,000	

매 출	
	800,000

매출환입 및 에누리	
20,000	

매입환출 및 에누리	
	10,000

* 추가자료 : 4월 말 현재 기말상품재고액은 ₩80,000이다.

1) 2020년 4월의 상품매매와 관련하여 매출원가를 구하는 수정분개를 하시오.
2) 위의 상품매매와 상품매매손익계산과 관련하여 발생된 각 계정을 마감하는 분개를 하시오.
3) 동국상사의 2020년 4월의 매출총이익을 구하시오.

8. 다음 자료는 수정전시산표에서 추출된 자료이다. 이 회사의 매출총이익이 ₩1,200이라면 기말상품재고액은 얼마인지 구하시오.

매입 :	₩1,000	매입환출 :	₩50	매출 :	₩2,000
매입운송료 :	₩100	매입할인 :	₩50	상품 :	₩300

9. 다음은 상호 독립적인 4개 회사의 손익계산을 위한 자료이다. 알맞은 금액을 계산하여 기입하시오.

	동국회사	한국회사	민국회사	대한회사
매출액	₩1,400,000	₩1,600,000	₩1,200,000	(⑩)
기초상품재고액	300,000	(④)	300,000	300,000
당기상품매입액	1,000,000	1,000,000	(⑦)	(⑪)
판매가능상품액	(①)	(⑤)	(⑧)	850,000
기말상품재고액	400,000	400,000	250,000	(⑫)
매출원가	(②)	840,000	(⑨)	700,000
매출총이익	(③)	(⑥)	300,000	400,000

10. 회사의 당기 매출총이익이 ₩800일 때 다음의 수정전 원장잔액을 이용하여 기말 상품재고액을 구하시오.

매 입 :	₩1,000	매입환출 :	₩50	상 품 :	₩300
매 출 :	₩2,000	매입운송료 :	₩100	매입할인 :	₩50
매출에누리 :	₩100	매출할인 :	₩200	판매운송료 :	₩200

11. 수정후시산표에서 서울회사의 각 계정들은 기말에 다음의 잔액을 갖고 있다. 이 자료에 의하여 매출총이익과 당기순이익을 계산하시오.

매 출 :	₩67,000	상 품 :	₩15,000	선급임차료 :	₩4,000
급여와임금 :	₩15,000	이자비용 :	₩10,000	선급보험료 :	₩15,000
선수수익 :	₩20,000	매출환입 :	₩5,000	감가상각비 :	₩4,000
매출원가 :	₩22,000				

12. 다음은 동국상회의 상품매매와 관련된 자료이다. 이 자료를 이용하여 아래 물음에 답하시오.

기초상품재고액	₩60,000	당기총매입액	₩250,000
매입환출	₩5,000	매입할인	₩10,000
당기총매출액	₩500,000	매출환입	₩8,000
매출할인	₩7,000	기말상품재고액	₩70,000

1) T계정을 설정하여 이를 기입하시오.
2) 다음의 각 경우에 매출원가를 구하는 데 필요한 분개를 행하고 마감하시오.
   ① 매출원가를 매입계정에서 산정할 경우
   ② 매출원가를 매출원가계정에서 산정할 경우
3) 매출총이익을 구하시오.

13. 다음은 동국(주)의 기중 거래내역이다. 이 자료를 이용하여 다음 물음에 답하시오.

① 기초상품재고액은 ₩150,000이다.
② 당기상품매입액은 ₩1,000,000으로, 1/2은 현금으로, 나머지는 외상매입이었다.
③ 외상매입한 상품 중 ₩30,000은 검수과정에서 불량품으로 판정되어 반

품시켰다.
④ 상품을 ₩1,200,000에 현금으로 판매하였다.
⑤ 판매한 상품 중 ₩50,000이 반품되어 이를 현금으로 환급하였다.
⑥ 기말상품재고액은 ₩180,000이다.

1) 앞의 정보 중에서 기중에 발생한 거래를 분개하시오.
2) 기말에 매출원가를 구하는 데 필요한 분개를 행하고 T계정에 전기한 후 마감분개를 통해 마감하시오(단, 매입계정에서 매출원가를 계산할 것).
3) 매출총이익을 구하시오.

14. 다음은 동국물산(주)의 2020년 12월 31일(결산일) 현재의 결산수정전 총계정원장 잔액과 결산수정사항이다. 이 자료에 의하여 다음 물음에 답하시오.

〈자료 1〉 결산일 현재 결산수정전 총계정원장의 각 계정잔액

계정	금액	계정	금액
현 금	300,000	소모품	100,000
매 출	600,000	매 입	400,000
임대료수익	240,000	건 물	2,000,000
매입채무	100,000	매출채권	200,000
자본금	2,000,000	상 품	100,000
광고비	50,000	선급보험료	120,000
감가상각누계액	80,000	단기차입금	300,000
급여와임금	50,000		

〈자료 2〉 결산수정사항
① 동국물산(주)는 2020년 5월 1일에 건물에 대한 1년간의 임대료 ₩240,000을 현금으로 받은 바 있다.
② 결산일 현재 단기차입금에 대한 이자 ₩20,000이 발생하였으나 아직까지 지급하지 않았다.
③ 동국물산(주)는 2020년 10월 1일에 건물에 대한 화재보험계약을 체결하고 1년간의 보험료 ₩120,000을 지급하고 선급보험료계정에 계상하였다.
④ 건물에 대한 2020년도 감가상각비는 ₩20,000이다.
⑤ 기말상품재고액은 ₩120,000이다.

1) 결산수정사항에 대한 결산수정분개를 하시오.

2) 2020년도 재무상태표와 포괄손익계산서를 작성하시오.

15. 다음의 거래는 (주)동국과 (주)한국의 2020년 9월 중의 거래이다. (주)동국의 입장에서 각각의 거래를 분개하시오.

1) 9월 8일 : (주)동국은 ₩5,000,000의 상품을 [2/10, *n*/30]의 조건으로 (주)한국에 판매하였다.

2) 9월 12일 : (주)한국은 9월 8일에 선적된 상품에 하자가 있다고 (주)동국에 통보하였다. (주)한국은 ₩500,000을 매입에누리로 인정받았다.

3) 9월 17일 : (주)동국은 9월 8일에 발생한 매출채권 전액을 현금으로 회수하였다.

CHAPTER 06

A·C·C·O·U·N·T·I·N·G

유동자산과 유동부채

제 1 절 유동자산과 자산의 유동성

1. 유동자산

K-IFRS1109호

금융상품

회계에서 유동자산(current assets)이란 원칙적으로 1년 이내에 현금으로 전환되거나 소비될 것으로 예상되는 자산을 말한다. 이처럼 재무상태표를 작성하는 일자로부터 1년 이내에 현금화될 것으로 기대되는 모든 자산을 유동자산으로 분류하는 1년기준이 사용된다. 그러나 포도주산업과 같이 영업순환주기(operating cycle)가 1년 이상 걸리는 산업의 경우에는 영업순환주기 내에 판매될 상품이나 현금으로 전환될 매출채권 등도 유동자산으로 분류된다. 즉, 유동자산과 비유동자산의 분류는 재무상태표일로부터 1년기준과 영업순환주기 중 긴 것으로 판단한다.

이러한 유동자산은 자산 중에서 유동성이 매우 높은 현금이나 단기금융자산 등을 의미하므로 기업이 단기적인 자금수요가 있을 때 유동자산은 이에 대처할 수 있는 경제적 자원을 나타낸다. 이에 유동자산은 기업의 단기적 위험에 대처할 수 있는 능력을 평가하는 데 중요한 정보를 제공한다. 유동자산은 당좌자산과 재고자산으로 분리한다. 유동자산에 속하는 대표적인 계정들은 다음과 같다.

① 현금및현금성자산, ② 단기금융자산, ③ 매출채권, ④ 단기대여금
⑤ 미수금, ⑥ 미수수익, ⑦ 선급금, ⑧ 선급비용, ⑨ 재고자산

유동자산은 말 그 자체로 유동성이 매우 높은 항목으로 거의 현금에 가까운 자산들이다. 대부분의 유동자산은 현금이나 즉시 혹은 1년 이내에 현금으로 실현 가능한 다양한 금융상품의 형태로 기업은 보유하고 있다.

현행 일반적으로 인정된 회계원칙에 따르면 금융상품(financial instruments)이란 어느 한쪽에게는 금융자산이 생기게 하고 거래상대방에게 금융부채나 지분상품이 생기게 하는 모든 계약을 말한다. 최근 들어 파생상품을 비롯하여 환헤지상품, 혹은 이자율 스왑(swap) 등 다양한 금융상품이 개발되어 거래되고 있다. 이러한 금융상품에 대해 여유자금을 투자하거나 보유하고 있는 경우 이들은 금융자산으로 분류된다. 이러한 금융자산은 크게 몇 가지 범주로 요약될 수 있다.

첫째, 현금 자체는 금융자산이다. 현금은 모든 거래의 교환수단이기 때문에 현금을 빌려주거나 차입하는 경우 차입자에게는 금융부채가 발생하고 대여자에게는 금융자산이 발생한다. 금융기관에 예치한 정기예금이나 정기적금도 금융자산이다.

둘째, 일반적으로 자본시장에서 거래되는 주식이나 채권도 금융상품이며, 이러한 주식이나 채권을 보유하고 있는 경우 그 기업의 금융자산이다.

셋째, 매출채권이나 미수금과 같이 미래에 현금을 수취할 수 있는 계약상의 권리도 금융상품에 속하며, 이러한 현금수취권한을 가진 기업에게 금융자산이 된다. 예를 들어, 매출채권의 경우 매입자에게는 미래에 일정한 금액을 지급하기로 하는 금융부채가 발생하고 판매자에게는 미래 일정한 금액을 회수할 수 있는 금융자산이 발생한다.

기업이 주식이나 채권에 투자하였을 경우 다음의 세 가지 계정과목으로 구분된다. 여기서 유동자산에 속하는 것은 첫 번째 분류인 단기매매증권뿐이다.

첫 번째는 **당기손익-공정가치측정금융자산**(또는 단기매매증권, trading securities)이다. 당기손익-공정가치측정(Fair Value through Profit or Loss: FVPL)금융자산이란 금융자산을 일시적인 투자 목적으로 보유하는 경우를 말한다. 예를 들면, 투자자가 단기간 동안 금융자산을 보유하다가 매도하여 시세차익을 얻으려는 목적에서 취득한 금융자산을 말한다. 대표적인 예로는 단기매매증권이 있으며, **단기매매증권**이란 ① 주로 단기간(1년) 내에 매매를 목적으로 취득하였으며, ② 주식시장에 상장되어 있는 회사의 주식이나 채권에 투자하였을 경우에 해당한다.

두 번째는 **상각후원가측정금융자산**(또는 만기보유증권, held-to-maturity securities)이다. 상각후원가측정(Amortised Cost: AC)금융자산이란 계약상 현금흐름을 수취하기 위해 자산을 보유하는 것이 목적인 사업모형이고, 계약조건에 따라 특정일에 원리금 지급만으로 구성되어 있는 현금흐름이 발생하는 금융자산을 말한다. 예를 들면, 투자자가 회사가 발행한 채권을 매수하여 만기까지 보유한다면, 만기까지 사전에 약정된 계약조건에 따라 이자를 수취하며 만기에 원금을 돌려받을 수 있다. 이때 투자자가 보유하고 있는 채권은 상각후원가측정금융자산(만기보유증권)이다.

세 번째는 **기타포괄손익-공정가치측정금융자산**(또는 매도가능증권, available-for-sale securities)이다. 기타포괄손익-공정가치측정(Fair Value through Other Comprehensive Income: FVOCI)금융자산이란 계약상 현금흐름의 수취와 금융자산의 매도 둘 다를 위해 자산을 보유하는 것이 목적인 사업모형이고, 계약조건에 따라 특정일에 원리금 지급만으로 구성되어 있는 현금흐름이 발생하는 금융자산을 말한다. 예를 들면, 투자자가 채권을 매수하여 보유기간 동안에 이자를 수취하다가 특정시점에 채권을 매각하여 시세차익을 얻을 목적으로 보유하고 있는 채권은 기타포괄손익-공정가치측정금융자산(매도가능증권)으로 분류한다.

파생상품과 같이 복잡한 금융자산에 대한 회계처리는 고급회계과목에서 배우기를 바라고, 본 절에서는 단기금융자산에 대해 살펴보고 2절과 3절에서는 매출채권과 매입채무에 대해 살펴볼 것이다.

2. 단기금융자산

(1) 현금및현금성자산

회계학에서 현금(cash)이란 회사가 언제든지 자유롭게 거래수단으로 사용할 수 있는 자산으로, 동전이나 지폐와 같은 통화뿐만 아니라 입출금이 자유로운 당좌예금이나 보통예금과 같은 은행예금 및 통화대용증권도 포함한다. 여기서 통화대용증권이란 타인발행 자기앞수표나 당좌수표, 우편환증서, 사채이자표 등과 같이 즉시 현금과 교환이 가능한 증서를 말한다.

한편 현금성자산이란 현금은 아니지만 그 특성상 현금과 동일한 현금등가물(cash equivalents)을 말한다. 예를 들어, 만기가 3개월 이내인 각종 채권이나 금융상품 등이 현금성자산이다. 이러한 현금성자산의 특징은 현금으로 전환하는 데 큰 비용이 들지 않으면서 쉽게 현금으로 전환할 수 있다는 특징을 갖는 점이다. 지금까지 살펴본 현금및현금성자산의 주요 특징은 제약없이 언제든지 자유롭게 거래수단으로 사용가능하거나 현금으로 전환될 수 있는 자산을 말한다. 따라서 은행에 예치한 보통예금이라도 은행과 대출계약에 의해 예금주가 자유롭게 인출할 수 없는 금액이 있다면 이 금액은 현금및현금성자산으로 분류할 수가 없고 사용제한기간이 1년 이상이면 투자자산으로 분류되어야 한다.

앞에서 본 바와 같이 현금에도 수표나 화폐 혹은 당좌예금 및 보통예금과 같이 다양한 자산이 포함되어 있고, 현금성자산도 금융기관에 따라 다양한 자산이 포함될 수 있는데, 일반적으로 기업은 이러한 다양한 자산을 기업 내부에서 별도의 계정으로 기록한 후 재무상태표를 작성하여 보고할 때는 이들 항목을 하나로 묶어서 현금및현금성자산으로 보고한다.

현금및현금성자산은 이미 현금이든지 현금에 아주 가까운 금액이므로 이들 자산을 회계처리하는 데 별로 어려움은 없다. 현금및현금성자산은 자산이므로 증가할 때 차변에 기록하고 감소하면 대변에 기록하면 된다. 이 책에서는 '현금및현금성자산'의 이름이 너무 길기 때문에 앞으로는 그냥 '현금'이란 간단한 계정과목을 사용한다.

예제 6-1

다음 거래를 분개하라.

(1) 동국(주)는 상품 10개를 @₩1,000에 판매하고 대금은 자기앞수표로 받았다.

(차) 현 금	10,000	(대) 매 출	10,000

(2) 동국(주)는 강남물산으로부터 상품 ₩5,000을 매입하고 대금은 당좌수표를 발행하여 지급하였다.

(차) 매 입	5,000	(대) 현 금	5,000

(2) 단기금융자산

단기금융자산(short-term financial assets)이란 회사가 단기적으로 여유자금이 있는 경우 단기적인 시세차익을 얻거나 이자수익을 얻기 위해 일시적으로 금융상품에 투자한 자산을 말한다. 예를 들어, 만기일이 1년 이내인 정기예금에 가입하거나 단기적인 시세차익을 얻기 위해 한국거래소에서 거래되는 주식에 투자한 경우 이들은 단기금융자산이다. 단기금융자산에 속하는 대표적인 계정이 단기예금, 단기매매증권, 매출채권 및 단기대여금 계정 등이다.

1) 단기예금

단기예금이란 일반예금, 정기예금, 정기적금, 양도성예금증서, 금전신탁 등과 같이 금융기관이 취급하는 상품 중에서 만기일이 1년 이내에 도래하는 단기의 금융상품을 말한다. 만기가 1년 이상의 정기예금이나 정기적금, 기타예금증서 등은 비유동자산에 속하는 장기예금계정으로 분류하며, 입출금이 자유로운 당좌예금이나 보통예금은 현금및현금성자산에 속한다.

예제 6-2

다음 거래를 분개하라

(1) 동국(주)는 현금 ₩1,000,000을 만기 6개월의 정기예금에 예금하였다.

(차) 단기예금 1,000,000 (대) 현 금 1,000,000

(2) 동국(주)는 6개월 만기의 정기예금 ₩1,000,000이 만기가 되어 현금으로 찾아 당좌예금에 입금하였다.

(차) 당좌예금 1,000,000 (대) 단기예금 1,000,000

2) 당좌예금과 은행계정조정표

당좌예금은 입금시에는 현금과 수표 등을 사용할 수 있으나 출금시에는 수표 발행을 통해서만 이루어지는 예금형태이다. 대부분 이자는 없으며 오히려 사용 수수료를 내기도 한다.

잔액을 초과하여 수표를 발행한 경우 당좌차월이 발생한다. 당좌차월에 관해서는 제3절에서 설명하기로 한다.

은행에 당좌계정을 개설하고 있는 경우 기업은 매달 은행으로부터 잔액에 대한 은행보고서(bank statement)를 받게 된다. 은행보고서의 잔액은 회사 측 당좌예금 장부잔액과 일치하지 않을 수가 있다. 가령, 회사가 발행한 수표 중에서 아직 대금 인출이 이루어지지 않은 경우라든가, 은행에서 서비스에 대한 대가로 수수료를 부과하였으나 회사는 아직 통보를 받지 못한 경우 등이다. 회사는 이러한 차이의 원인을 분석하고 조정하여 정확한 당좌예금 잔액을 산출하게 되는데, 이때 작성되는 것이 **은행계정조정표(bank reconciliation)**이다.

예제 6-3

다음 거래를 분개하라

(1) (주)동국은 현금 ₩3,000,000을 당좌계좌에 예금하였다.

(차) 당좌예금 3,000,000 (대) 현 금 3,000,000

(2) (주)동국은 상품 ₩1,500,000을 구입하고, ₩1,000,000은 수표발행하여 지급하고 나머지는 외상으로 한다.

(차) 매 입	1,500,000	(대)	당좌예금	1,000,000
			외상매입금	500,000

예제 6-4

(주)동국의 12월말 당좌계정 잔액은 ₩3,500,000인데, 은행보고서상의 12월 말 잔액은 ₩4,900,000이었다. (주)동국은 이러한 차이의 원인을 조사하여 다음의 자료를 파악하였다.

(1) 회사가 발행한 수표 중에서 아직 대금 인출이 이루어지지 않은 수표(기발행미인출수표 : outstanding checks) 2장을 확인했다.

수표 #105 : 1,700,000, 수표 #107 : ₩1,000,000

(2) 한국회사에게서 받아 입금하였던 수표(#059, ₩500,000)에 대해 지급이 거절되고(부도수표) 은행보고서와 함께 되돌아왔다.

(3) 12월 31일에 고객으로부터 받은 수표(#334, ₩700,000)를 예입하였으나 은행보고서상에 누락되어 있었다.

(4) 은행보고서상에 금융서비스에 대한 비용 ₩100,000을 회사의 당좌계정으로부터 인출하였음을 발견하였다.

위의 자료를 이용하여 은행계정조정표를 작성하고 필요한 분개를 하시오.

은행계정조정표

회사의 당좌예금 잔액	₩3,500,000	은행보고서상의 잔액	₩4,900,000
② 부도수표	(500,000)	① 기발행미인출 수표	(2,700,000)
④ 금융수수료	(100,000)	③ 미기입 예금	700,000
수정후 금액	₩2,900,000	수정후 금액	₩2,900,000

〈분개〉

② (차)	대손상각	500,000	(대) 당좌예금	500,000
④ (차)	금융수수료	100,000	(대) 당좌예금	100,000

3) 단기매매증권

① 단기매매증권의 의의

단기매매증권(trading securities)은 기업이 여유자금이 있어 단기간 내에 매매차익을 얻을 목적으로 상장되어 있는 회사의 주식이나 채권 등의 유가증권을 구입하는 경우 나타내는 금융자산계정이다.

유가증권(securities)이라 함은 "재산권을 표상하는 증서로서 그 증서에 기재된 권리의 행사 또는 처분에는 그 증서의 소지를 절대적인 요건으로 하는 것"을 말한다. 유가증권은 그 기준에 따라 여러 가지로 분류할 수 있으나 일반적으로 다음 세 가지로 분류한다.

유가증권
- **화폐증권:** 지폐, 어음, 수표 등
- **상품증권:** 상품인환증, 선하증권 등
- **자본증권:** 주식, 사채, 국·공채, 수익증권 등

회계에서 말하는 유가증권은 위의 세 가지 중 **자본증권**을 말한다.

기업이 자금의 여유가 있으면 일시적 투자목적 또는 장기의 투자나 타회사를 지배하기 위한 목적으로 주식, 사채, 국·공채 등에 투자할 수 있는데, 이들 유가증권은 금융자산의 분류방법에 따라서 당기손익-공정가치측정금융자산(단기매매증권), 기타포괄손익-공정가치측정금융자산(매도가능증권), 상각후원가측정금융자산(만기보유증권)으로 분류된다.

단기의 투자목적으로 주식, 사채 및 국·공채 등을 매입하는 경우에는 당기손익-공정가치측정금융자산(단기매매증권)으로 분류되며, 이 경우 취득원가로 기록되지 않고 공정가치인 시가로 기록된다. 따라서 매입과정에서 발생하는 매입부대비용은 모두 비용으로 처리한다. 당기손익-공정가치측정금융자산(단기매매증권)을

처분할 때에 처분가액이 장부가액을 초과하는 경우에 그 초과액은 당기손익-공정가치측정금융자산(단기매매증권) 처분이익으로 하고, 장부가액보다 낮은 가액으로 처분하는 경우에는 그 차액을 단기매매증권 처분손실(당기손익-공정가치측정금융자산 처분손실)로 한다. 단기매매증권(당기손익-공정가치측정금융자산) 처분손익은 포괄손익계산서의 당기순이익 항목에 보고된다.

예제 6-5

다음 거래에 나타나는 유가증권이 모두 단기매매증권(당기손익-공정가치측정금융자산)으로 분류된다고 가정하고 거래를 분개하라.

(1) 동국물산(주)은 일시적 자금운용을 목적으로 한국주식회사의 주식 100주를 @₩8,000에 매입하고 매입부대비용 ₩5,000과 함께 모두 현금으로 지급하였다.

(차)	단기매매증권	800,000	(대)	현 금	805,000
	금융비용	5,000			

(2) 동국물산(주)은 보유 중인 한국주식회사의 주식 100주를 @₩10,000에 처분하고 대금은 수표로 받았다.

(차)	현 금	1,000,000	(대)	단기매매증권	800,000
				단기매매증권처분이익	200,000

(3) 위 (2)의 경우에 주식의 처분가액이 @₩5,000이었다면 분개는 어떻게 해야 하는가?

(차)	현 금	500,000	(대)	단기매매증권	800,000
	단기매매증권처분손실	300,000			

② 단기매매증권의 시가평가

단기매매증권을 취득할 때에는 취득원가가 아닌 공정가치로 기록하여야 하고 증권회사 수수료와 같은 매입부대비용은 즉시 비용으로 처리한다는 것은 앞에서 설명하였다.

당기손익-공정가치측정금융자산(또는, 단기매매증권)으로 분류된 주식, 사채 및 국·공채 등의 단기매매증권은 증권시장에서 매일 거래되기 때문에 여러 가지 요인에 의하여 그 시가가 계속하여 변동한다. 결산일에 기업이 보유하고 있는 당기손익-공정가치측정금융자산의 **시장가치**(market value)가 장부가액과 서로 상이할 경우에 어떻게 평가할 것인가?

제7장에서 학습할 재고자산은 시가가 장부가액보다 높으면 시가로 평가하지 않고 취득원가 그대로 두고, 시가가 장부가액보다 낮으면 순실현가능가액(일종의 시가)을 기준으로 평가하는, 즉 **저가법**(lower of cost or market: LCM)을 적용하여 평가하여야 한다. 그러나 당기손익-공정가치측정금융자산의 경우에는 시가가 장부가액보다 높고 낮음에 관계없이 결산일의 **공정가액**(fair value)을 기준으로 평가하도록 규정하고 있다.

여기에서 공정가액이란 경쟁시장에서 수요자와 공급자 간에 합의에 의하여 이루어지는 교환가액을 의미한다. 그러므로 당기손익-공정가치측정금융자산(단기매매증권)의 공정가액은 곧 유가증권의 시가를 의미하는 것이며, 결산일에 당기손익-공정가치측정금융자산(단기매매증권)의 시가(정확하게는 결산일의 종가)가 장부가액보다 낮을 경우나 장부가액보다 높을 경우 등 모든 경우에 시가를 기준으로 평가하여야 한다.

당기손익-공정가치측정금융자산(단기매매증권)의 시가가 장부가액보다 낮으면 그 차액을 단기매매증권(당기손익-공정가치측정금융자산) 평가손실계정 차변에 기입하고, 시가가 장부가액보다 높으면 그 차액을 단기매매증권(당기손익-공정가치측정금융자산) 평가이익계정 대변에 기입하며, 당기손익-공정가치측정금융자산(단기매매증권) 평가손익은 포괄손익계산서의 당기순이익에 포함시켜야 한다. 이러한 당기손익-공정가치측정금융자산(단기매매증권)의 평가손익은 미실현손익이므로 수익실현원칙의 예외사항이다.

또한 재고자산의 경우 평가손실이 발생할 경우 간접법을 사용하여 대변에 평가손실충당금계정을 기록하나, 단기매매증권의 경우 직접법을 사용하여 대변에 단기매매증권을 기록한다.

예제 6-6

다음의 단기매매증권(당기손익-공정가치측정금융자산)에 대한 거래를 분개하라.

(1) 동국물산(주)은 2020년 10월 1일 여유자금을 활용할 목적으로 한국전기(주)의 주식 1,000주를 @₩10,000에 매입하고 대금은 수표를 발행하여 지급하였다.

(차)	단기매매증권	10,000,000	(대)	당좌예금	10,000,000

(2) 동국물산(주)은 결산을 하기 위하여 결산일(12월 31일) 현재의 한국전기(주) 주식의 시가를 조사하였더니 1주당 ₩8,000이었다.

(차)	단기매매증권 평가손실	2,000,000	(대)	단기매매증권	2,000,000

(3) 위 (2)에서 한국전기(주) 주식의 시가가 @₩11,000이었을 경우의 분개를 하라.

(차)	단기매매증권	1,000,000	(대)	단기매매증권 평가이익	1,000,000

제 2 절 매출채권

1. 매출채권의 의의

매출채권(accounts receivable on trade)은 일반적 상거래에서 발생한 채권을 말한다. 일반적 상거래란 당해 회사의 사업목적을 위한 경상적 영업활동에서 발생하는 거래로서, 기업의 기본적인 영업활동인 상품, 제품 및 용역 등의 판매대금 중 미수액을 매출채권이라 한다.

매출채권은 일반적 상거래에서 발생한 매출채권을 표시하는 것이기 때문에 일반적인 상거래가 아닌 거래에서 발생한 단기의 채권은 여기에 속하지 않는다. 예컨대, 비품, 차량, 건물 등 유형자산을 매각하고 아직 받지 않은 채권은 매출채권이 아니라 **미수금**이라 하고, 금전대차거래에서 발생한 단기의 채권은 **단기대여금**이라 한다.

일반적 상거래로부터 채권이 발생하면 매출채권계정 차변에 기입하고 그 대금을 회수하여 채권이 소멸하면 매출채권계정 대변에 기입한다. 매출채권은 **외상매출금**(accounts receivable)과 **받을어음**(notes receivable)으로 구분되는데, 외상매출금은 외상으로 매출한 경우에 발생하고, 받을어음은 매출대금에 대해 지급기일을 연기한 약속어음을 받은 경우에 발생한다. 기업실무에서는 외상매출금과 받을어음을 별도로 기록하였다가 재무제표를 작성하여 외부에 공표할 때 매출채권으로 통합하여 기록한다.

예제 6-7

다음 거래를 분개하라.

(1) 동국회사에 상품 100개를 @₩1,000에 판매하고 대금은 외상으로 하다.

(차) 매출채권	100,000	(대) 매 출	100,000

(2) 동국회사에 대한 매출채권 ₩100,000을 현금으로 받다.

(차) 현 금	100,000	(대) 매출채권	100,000

기업이 다수의 거래처와 빈번한 신용거래를 하는 경우에는 각 거래처별로 신용거래로 인하여 발생한 채권, 채무의 금액을 알아야 할 필요가 있다. 이를 위해서 각 거래처의 고유명칭을 계정과목으로 하여 채권, 채무액을 기입할 수 있는데 이것을 **인명계정**(personal accounts)이라 한다. 인명계정의 기입방법은 매출채권의 기입방법과 동일하다.

즉, 매출채권이 발생하면 그 채권액을 인명계정의 차변에 기입하고 매출채권이 현금으로 회수되면 그 소멸액을 인명계정의 대변에 기입한다. 결산일의 각 인명계정의 차변잔액을 모두 합하면 매출채권잔액이 된다.

인명계정만을 사용하는 경우에는 각 거래처별 외상거래관계는 쉽게 파악할 수 있는 반면에, 외상거래 전체에 대한 금액을 파악하는 데 어려움이 있다. 그러므로 일반적으로 총계정원장에는 매출채권계정 및 매입채무계정을 두어 모든 외상거래를 거래처 구별 없이 총괄적으로 기입하고, **보조원장**(subsidiary ledger)에는 인명계정을 두어 거래처별로 기입하는 것이 보통이다.

위의 [예제 6-7]을 인명계정에 기입할 경우 분개를 표시하면 다음과 같다.

(1)	(차) 동국회사	100,000	(대) 매 출	100,000
(2)	(차) 현 금	100,000	(대) 동국회사	100,000

2. 대손상각

상품이나 서비스를 외상으로 판매한 경우에 매출채권 전액이 반드시 회수된다는 보장이 없다. 거래처의 파산, 행방불명, 재해, 사망 등 여러 가지 이유로 인하여 매출채권을 회수할 수 없는 경우가 발생하는데, 이와 같이 회수불능인 매출채권을 **대손**(uncollectible accounts 또는 bad debts)이라 하며, 대손으로 인한 손실을 회계에서는 **대손상각비**(bad debts expense)라 한다. 대손상각비는 포괄손익계산서의 판매비와관리비에 포함된다.

일반적으로 외상거래를 하는 경우에 매출채권의 일부가 대손이 되는 것이 보통이다. 물론 대손이 전혀 생기지 않고 매출채권 전액의 회수가 보장되어 있는 기업도 있을 수 있다. 예컨대, 정부 또는 공공기관에 외상판매를 하는 기업 같은 경우이다.

그러나 일반적으로는 외상매출을 하면 금액의 대소의 차이는 있으나 대손이 발생하기 마련이다. 매출채권의 일부가 대손으로 확정되면 대손금액을 매출채권에서 차감하고, 이 금액을 대손상각비라는 비용으로 처리하여야 한다.

만일 2020년도에 실제로 매출채권의 일부인 ₩10,000이 대손으로 확정된 경우를 살펴보자. 이처럼 대손이 확정되는 경우 다음과 같이 차변에 대손상각비를 기록함과 동시에 매출채권도 이제 회수가 불가능하므로 장부에서 제거해야 한다.

(차) 대손상각비	10,000	(대) 매출채권	10,000

현행 K-IFRS에 따른 대손에 대한 회계처리는 기업회계기준에서 요구하는 처리방법과 아주 상이하다. 기업회계기준은 회수가 불가능할 것으로 예상되는 매출채권 금액을 미리 추정하여 이를 대손충당금(allowance for bad debts)으로 처리하도록 하고 있으나, K-IFRS에 따르면 아직 발생되지 않은 미래의 신용손실을 고려하지 않도록 규정하고 있다. 즉, 신용매출액 중 대손에 대한 객관적인 증거가 없는 한 이를 대손으로 처리하지 못하도록 하고 있다. 따라서 대손이 확정될 때까지는 이를 추정하여 회계에 반영하지 못하도록 규정하고 있다.

3. 기타의 단기채권

(1) 미수금

일반적 상거래의 대상이 되는 상품 또는 서비스 이외의 물품을 외상으로 판매하여 발생한 단기의 채권을 미수금(accounts receivable-nontrade)이라 한다. 예컨대, 기업이 영업에 사용할 목적으로 보유하던 토지, 건물, 비품 등의 유형자산을 외상으로 처분한 경우에 발생한 채권을 미수금이라 한다. 미수금계정은 일반적 상거래가 아닌 거래에서 발생한다는 사실을 제외하고는 그 성격이 매출채권과 동일하므로 회계처리는 매출채권과 동일하다.

예제 6-8

(1) 동국(주)는 업무용으로 사용 중인 승용차 1대를 ₩6,000,000에 매각하고 대금 중 ₩2,000,000을 현금으로 받고 잔액은 외상으로 하다.

(차)	현 금	2,000,000	(대) 차량운반구	6,000,000
	미수금	4,000,000		

(2) 동국(주)는 건물을 ₩50,000,000에 매각하고 대금은 1개월 후에 받기로 하다.

(차) 미수금	50,000,000	(대) 건 물	50,000,000

* 유형자산처분 시 감가상각누계액을 고려하여 유형자산처분손익을 구하여야 하지만 여기서는 이를 생략하고 제8장에서 상세히 설명하기로 한다.

(2) 미수수익

수익의 일정부분이 당기에 실현되었으나 아직 현금으로 회수되지 않은 금액을 **미수수익**(accrued revenue)이라 한다. 미수수익은 일반적으로 구체적인 수익의 명칭을 나타내는 계정과목을 사용하는 것이 보통이다. 예컨대, 미수이자, 미수임대료, 미수수수료 등이 있다. 이러한 미수수익계정도 그 성격이 매출채권과 동일하므로 회계처리는 매출채권과 동일하다.

예제 6-9

(1) 결산일에 은행예금에 대한 이자 ₩100,000이 발생하였으나 아직 받지 아니하였다.

(차) 미수이자	100,000	(대) 이자수익	100,000

(2) 위의 예금이자가 당사의 당좌예금계정에 입금되었음을 은행으로부터 통보받다.

(차) 현 금	100,000	(대) 미수이자	100,000

(3) 결산일에 사무실임대료 ₩300,000을 아직 받지 못하였다.

(차) 미수임대료	300,000	(대) 임대료수익	300,000

(3) 선급금

일반적 상거래의 대상이 되는 상품 또는 원재료 등의 매매거래에서 그 거래의 이행을 확실하게 하기 위하여 재화의 인도 전에 대금의 일부 또는 전부를 계약금 또는 착수금의 명목으로 선지급하는 경우에 이를 선급금(prepaid accounts)이라 한다.

예제 6-10

(1) 동국(주)는 한국물산과 ₩300,000의 상품매매계약을 체결하고 계약금으로 ₩100,000을 현금으로 지급하다.

(차) 선급금	100,000	(대) 현 금	100,000

(2) 위의 상품이 납기가 되어 상품을 인도받고 잔액 ₩200,000을 외상으로 하다.

(차) 매 입	300,000	(대) 선급금	100,000
		매입채무	200,000

(4) 전도금

업무수행을 위하여 또는 단순한 개인적인 사정으로 인하여 회사가 종업원에게 일시적으로 금전을 지급하여 주는 것을 전도금(advances)이라 한다. 전도금은 회사가 나중에 종업원으로부터 회수할 금액을 나타내므로 자산이며, 통상 가불금이라 불리운다.

예컨대, 급여지급일 전에 급여의 일부를 종업원에게 전도하여 주는 경우에 이를 급여전도금(payroll advances)이라 하고, 회사가 필요한 물품을 구입하기 위해서 또는 특별한 지출을 위하여 개략적으로 계산한 금액을 종업원에게 전도하여 주는 경우에 이를 현금전도(cash advances)라 한다. 전도금은 다음에 설명할 가지급금과 매우 유사하지만 가지급금계정은 지출금액이나 명목 등이 불명확한 경우에 사용된다.

예제 6-11

(1) 종업원 김동국에게 급여 ₩500,000을 전도하여 주다.

(차)	급여전도금 (또는 김동국)	500,000	(대) 현 금	500,000

(2) 김동국의 급여 ₩3,000,000 중 전도금 ₩500,000을 차감하고 잔액을 지급하다.

(차)	급 여	3,000,000	(대) 급여전도금	500,000
			현 금	2,500,000

(5) 가지급금

가지급금(suspense accounts, debits)은 거래가 발생하였으나 그 거래의 내용과 금액, 거래처 등이 확실치 않을 경우에 임시로 처리하는 일종의 가계정이다.

가지급금과 같은 가계정은 가급적 사용하지 않는 것이 바람직하나 부득이 이 계정을 사용하였을 경우에는 빠른 시일 내에 그 내용을 규명하여 해당되는 계정과목으로 대체하여야 하며, 적어도 결산 전에는 반드시 해당 계정에 대체함으로써 가계정이 재무제표에 나타나지 않도록 해야 한다.

예제 6-12

(1) 사원 김동국을 일본에 출장보내기로 하고 개략적으로 계산한 여비 ₩2,000,000을 현금으로 지급하다.

(차)	가지급금	2,000,000	(대) 현 금	2,000,000

(2) 사원 김동국이 출장을 마치고 돌아와 여비 잔액 ₩300,000을 현금으로 반환하다.

(차) 현 금	300,000	(대) 가지급금	2,000,000
출장비	1,700,000		

(6) 선급비용

아직 비용으로 발생되지 않았으나 대가를 먼저 지급한 것을 **선급비용(prepaid expense)**이라 한다.

선급비용은 비용의 미경과분 또는 비용의 이연부분이라 할 수 있는데, 결산 시에 차기에 속할 비용을 당기의 비용으로부터 차감하고 미리 선급한 부분을 선급비용이라는 자산으로 계상하여야 한다. 미수수익과 마찬가지로 선급비용의 경우에도 선급보험료, 선급임차료 등과 같이 구체적인 계정과목을 많이 사용한다.

예제 6-13

(1) 동국(주)이 5월 1일에 한국화재해상보험(주)과 화재보험계약을 체결하고 1년간의 보험료 ₩240,000을 현금으로 지급한 거래를 분개하라.

(차) 보 험 료	240,000	(대) 현 금	240,000
또는			
(차) 선급보험료	240,000	(대) 현 금	240,000

(2) 12월 31일 결산을 위한 결산수정분개를 하라.

(차) 선급보험료	80,000	(대) 보 험 료	80,000
또는			
(차) 보 험 료	160,000	(대) 선급보험료	160,000

제 3 절 유동부채

유동부채(current liabilities)란 일반적으로 1년 이내에 지급기한이 도래하는 부채를 의미한다. 유동부채의 종류에는 매입채무, 단기차입금, 미지급금, 미지급비용 등의 단기금융부채와 선수금, 예수금, 선수수익 등이 있다.

1. 매입채무의 의의

매입채무(accounts payable on trade)는 일반적 상거래에서 발생하는 채무를 말한다. 일반적 상거래란 기업의 본래 설립목적인 영업활동에서 발생하는 재화와 용역을 거래하는 것을 말한다. 상품, 제품, 원재료 등을 매입하고 그 대금을 지급하지 않았을 경우를 매입채무라고 하며, 매입채무는 외상매입금(accounts payable)과 지급어음(notes payable)을 포함한다.

외상매입금은 외상으로 매입한 경우에 발생하고, 지급어음은 매입대금을 지급할 일자를 명기한 약속어음을 발행하여 준 경우에 발생한다. 일반적으로 기업 실무에서는 외상매입금과 지급어음을 별도로 기록하였다가 외부에 공표할 때 매입채무로 통합하여 보고한다.

일반적 상거래로부터 매입채무가 발생하면 매입채무계정 대변에 기입하고 그 대금을 지급함으로써 채무가 소멸되면 매입채무계정 차변에 기입한다.

예제 6-14

다음 거래를 분개하라.

(1) 동국(주)로부터 상품 ₩20,000을 외상으로 구입하다.

(차) 매 입	20,000	(대) 외상매입금 (또는 매입채무)	20,000

(2) 동국(주)로부터 상품 ₩60,000을 구입하였는데 ₩20,000은 현금으로 지불하고 잔액은 약속어음을 발행하여 지급하다.

(차) 매 입 60,000 (대) { 현 금 20,000 / 지급어음 40,000 (또는 매입채무) }

(3) 동국(주)에 대한 외상매입금 ₩20,000을 수표를 발행하여 지급하다.

(차) 외상매입금 20,000 (대) 당좌예금 20,000
(또는 매입채무)

2. 단기차입금

단기차입금(short-term borrowings)은 1년 이내에 상환하여야 할 차입금과 은행 등의 금융기관으로부터의 **당좌차월**(bank overdrafts)을 의미한다. 기업이 금융기관에 당좌예금을 개설하고 있는 경우 당좌예금 잔액에 대해 당좌수표를 발행한다. 그러나 당좌수표 발행 시 일일이 잔액을 확인할 수 없으므로 당좌수표발행금액이 당좌예금을 초과할 수 있는데 이러한 초과분을 당좌차월이라 한다. 이와 같이 당좌수표발행액이 당좌예금 잔액을 초과한 당좌차월은 부채로 재무상태표에 보고해야 한다.

예제 6-15

(1) 동국회사로부터 현금 ₩200,000을 3개월간 차입하다.

(차) 현 금 200,000 (대) 단기차입금 200,000

(2) 동국회사는 은행의 당좌예금 계좌에 ₩300,000의 잔액이 있는데, 상품 ₩500,000을 구입하고 당좌수표를 발행하여 지급하다.

(차) 매 입 500,000 (대) { 당좌예금 300,000 / 당좌차월 200,000 }

* 일반적으로 실무에서는 (대) 당좌예금 ₩500,000으로 기록하며, 결산일에 당좌차월이 있을 경우 이를 계산하여 반영한다.

3. 기타의 단기채무

(1) 미지급금과 미지급비용

미지급금(accounts payable-nontrade)은 일반적 상거래 대상이 아닌 물품을 구입하고 그 대가를 지급하지 아니한 채무를 말한다. 미지급금은 미수금의 상대적인 개념으로, 기계나 비품 등의 유형자산을 외상으로 구입한 경우에 기록하는 계정이다.

미지급비용(accrued expenses)은 당기의 비용으로 발생하였으나 아직 현금으로 지급하지 아니한 금액을 말한다. 미지급비용은 선급비용의 상대적인 개념으로, 일반적으로 구체적인 비용의 명칭을 나타내는 계정과목을 사용하는 것이 보통이다. 예컨대 미지급이자, 미지급임차료, 미지급수수료 등이 있다.

예제 6-16

(1) 동국상회는 업무용 승용차 1대를 ₩15,000,000에 구입하고 대금 중 ₩5,000,000은 수표를 발행하여 지급하고 나머지는 외상으로 하다.

(차) 차량운반구	15,000,000	(대) 당좌예금	5,000,000
		미지급금	10,000,000

(2) 당기분 사무실 임차료 ₩600,000을 아직 지급하지 않았다.

(차) 임차료	600,000	(대) 미지급비용 (또는 미지급임차료)	600,000

(3) 결산일 현재 12월분 급여 ₩2,000,000을 지급하지 않았다.

(차) 급 여	2,000,000	(대) 미지급비용 (또는 미지급급여)	2,000,000

(2) 선수금과 예수금

선수금(advances from customers)이란 일반적 상거래 대상이 되는 상품, 제품, 원재료 등의 매매거래, 또는 기타 거래에서 재화의 인도 전에 대금의 일부를 계약금으로 미리 받은 금액을 말한다. 선수한 금액에 대해 나중에 상품이나 원재료 등의 재화를 제공해야 하므로 선수금은 부채이다.

예수금(advances from employees)이란 일반적 상거래 이외에서 일시적으로 현금을 예수받고 곧 지급하여야 할 금액을 말한다. 주로 종업원이 지급하여야 할 근로소득세나 건강보험료 등을 종업원의 급여에서 미리 차감한 금액 등이 이에 속한다. 이러한 근로소득세예수금이나 보험료예수금은 정부해당기관에 지급해야 할 금액이므로 부채이다.

예제 6-17

(1) 동국물산은 상품 ₩500,000을 한국상회에 공급하기로 계약하고 계약금 ₩50,000을 현금으로 받다.

(차)	현 금	50,000	(대) 선 수 금	50,000

(2) 동국물산은 상품을 인도하고 잔액 ₩450,000을 수표로 받다.

(차)	현 금	450,000	(대) 매 출	500,000
	선 수 금	50,000		

(3) 4월분 종업원 급여는 ₩3,000,000인데 다음 금액을 차감하고 지급하다.

갑 근 세 : ₩150,000 건강보험료 : ₩100,000
주 민 세 : ₩15,000 국민연금 : ₩75,000

(차)	급 여	3,000,000	(대) 현 금	2,660,000
			갑근세예수금	150,000
			주민세예수금	15,000
			건강보험료예수금	100,000
			국민연금예수금	75,000

(4) 위의 예수금을 해당기관에 지급하다.

(차)	갑근세예수금	150,000	(대) 현 금	340,000
	주민세예수금	15,000		
	건강보험료예수금	100,000		
	국민연금예수금	75,000		

(3) 가수금과 선수수익

가수금(suspense accounts-credits)은 현금을 받았으나 그 거래의 내용이나 금액 등이 확실치 않은 경우에 임시로 처리하는 계정으로, 가지급금의 상대적인 개념이다. 가지급금과 마찬가지로 가수금은 가능한 한 신속하게 그 내용을 파악하고 해당 내용에 적합한 계정과목으로 대체해야 하며 재무제표에 나타날 수 없다.

선수수익(unearned revenue)은 현금을 미리 받았으나 아직 재화나 용역을 제공하지 않은 경우에 발생하는 부채로서, 받은 수익 중 차기 이후에 속하는 금액을 말하며, 미수수익의 상대적인 개념이다. 선수금과 선수수익은 의미상 별 차이가 없으나 실무에서는 상품, 제품 등의 재화와 관련된 거래의 경우 선수금계정을 사용하고, 서비스거래인 경우 선수수익계정을 사용하는 것이 일반적이다.

예제 6-18

(1) 부산에 소재하는 지점으로부터 현금 ₩200,000이 송금되어 왔으나 금액의 내역이 불분명하다.

(차) 현 금	200,000	(대)	가수금	200,000

(2) 앞의 송금에 대한 내역이 다음과 같이 통보되어 오다.

매출채권회수 : ₩150,000 상품에 대한 선수금 : ₩50,000

(차) 가 수 금	200,000	(대)	매출채권	150,000
			선수금	50,000

(3) 11월 1일에 사무실을 임대하여 주고 1년간의 임대료 ₩120,000을 수표로 받다.

(차) 현 금	120,000	(대) 임대료수익	120,000
또는			
(차) 현 금	120,000	(대) 선수수익	120,000

(4) 12월 31일 결산을 위한 수정분개를 하다.

(차) 임대료수익	100,000	(대) 선수수익	100,000
또는			
(차) 선수수익	20,000	(대) 임대료수익	20,000

연습문제

EXERCISES

▣ 서술형 문제

1. 유동자산의 정의에 대해 설명하시오.
2. 현금등가물(cash equivalents)이란 무엇인지 설명하시오.
3. 기업이 주식이나 채권에 대한 투자를 한 경우 회계상 분류방법을 설명하시오.
4. 단기금융자산을 설명하고 그 예를 들어보시오.
5. 유가증권은 어떻게 분류되는지 설명하시오.
6. 매출채권과 미수금의 차이를 설명하시오.
7. 대손상각비에 대해 설명하시오.
8. 전도금과 가지급금의 차이를 설명하시오.
9. 당기손익-공정가치측정금융자산(단기매매증권)의 평가방법과 회계처리방법을 설명하시오.
10. 유동부채란 무엇인지 설명하시오.
11. 매입채무, 미지급금, 미지급비용의 차이점을 설명하시오.
12. 당좌차월에 대해 설명하시오.
13. 선수금과 예수금을 비교 설명하시오.
14. 가수금과 가지급금의 회계처리에 대해 설명하시오.

▣ 객관식 문제

1. 동국주식회사는 2020년 6월에 ₩100,000,000을 만기 1년의 정기예금에 가입하였다. 2020년 12월 말 결산 시에 이 정기예금은 다음 중 어느 항목에 속하는가?

① 유동자산 ② 기타비유동자산
③ 장기금융자산 ④ 유형자산
⑤ 무형자산

2. 다음 중 현금성자산에 속하는 것이 아닌 것은 어느 것인가?

① 자기앞수표 ② 타인발행 당좌수표
③ 우표 ④ 우편환증서
⑤ 정답 없음

3. 다음 중 당기손익-공정가치측정금융자산(단기매매증권)의 회계처리에 대한 설명으로 옳지 않은 것을 모두 고르시오.

① 당기손익-공정가치측정금융자산(단기매매증권)의 취득 시 취득원가는 매입가액에 부대비용을 가산하여 결정한다.
② 당기손익-공정가치측정금융자산(단기매매증권)의 평가는 공정가액에 의하여 이루어진다.
③ 당기손익-공정가치측정금융자산(단기매매증권)은 공정가액과 장부가액 중 낮은 금액으로 평가한다.
④ 당기손익-공정가치측정금융자산(단기매매증권)의 공정가액이 장부가액보다 낮은 경우에는 당기손익-공정가치측정금융자산(단기매매증권) 평가손실이 발생한다.
⑤ 당기손익-공정가치측정금융자산(단기매매증권) 평가손실은 포괄손익계산서의 당기순손익에 포함시켜야 한다.

4. 매출채권과 관련된 다음의 설명 중 옳지 않은 것은 어느 것인가?

① 매출채권은 일반적 상거래에서 발생한 채권이다.
② 일반적 상거래의 내용은 기업활동의 내용에 따라 다양할 수 있다.
③ 서비스를 제공한 대가로 제공받은 어음도 매출채권에 포함된다.
④ 재무상태표상에서 유동자산에 속한다.
⑤ 업무용 차량을 매각하고 대금을 받지 못한 경우도 매출채권에 포함한다.

5. 다음의 매출채권의 회계처리에 대한 설명 중 옳지 않은 것은 어느 것인가?
① 회수불능인 매출채권으로 확정된 경우 모두 대손상각비로 처리한다.
② 대손상각비는 판매비와관리비에 포함시켜 처리한다.
③ 대손상각비는 매출채권에서 직접 차감한다.
④ 매출채권은 금융자산이다.
⑤ 모두 옳음

6. 다음 중 유동자산에 속하는 계정이 아닌 것은 어느 것인가?
① 선급금 ② 선급비용
③ 선수금 ④ 미수금
⑤ 전도금

7. 다음 설명 중 옳지 않은 것은 어느 것인가?
① 상품대금의 일부를 계약금으로 지급한 경우 선급금으로 기록한다.
② 결산일 현재 기간이 미경과된 보험료는 선급보험료로 기록한다.
③ 이자수익이 발생하였으나 아직 현금으로 지급받지 못한 경우 미수수익으로 기록한다.
④ 현금을 지급하였으나 지급할 금액이나 거래내용이 확정되지 않은 경우에는 전도금으로 기록한다.
⑤ 토지를 매각하고 대금 중 일부를 받지 못한 경우 미수금으로 기록한다.

8. 한국회사의 2020년 1월 1일의 선급보험료계정 잔액은 ₩180,000이었다. 2020년 10월 1일에 보험계약기간이 만료되어 1년치 보험료 ₩240,000을 지급한 경우, 기말 결산 시 선급보험료계정 잔액은 얼마인가?
① ₩180,000 ② ₩240,000
③ ₩360,000 ④ ₩420,000
⑤ ₩320,000

9. 민국주식회사는 2020년 5월 1일에 1년치 임대료 ₩4,800,000을 받았는데, 다음 회계처리의 내용 중 옳은 것은 어느 것인가?
① 받은 금액 중 당기의 임대료수익은 ₩3,200,000이다.
② 받은 금액 중 당기의 임대료수익은 ₩1,600,000이다.
③ 기말의 선수임대료는 ₩3,200,000이다.

④ ①과 ② 모두 옳다.
⑤ ①과 ③ 모두 옳다.

10. 다음 유동부채에 대한 설명으로 옳지 않은 것은 어느 것인가?
① 매입채무는 일반적 상거래에서 발생한 채무이다.
② 당기의 비용으로 발생하였으나 아직 현금으로 지급하지 않은 것을 미지급비용이라 한다.
③ 일반적 상거래에서 매매대금의 일부를 계약금으로 미리 받은 경우 선수금이라 한다.
④ 일반적 상거래에서 일시적으로 현금을 미리 받은 경우 예수금이라 한다.
⑤ 현금을 받았으나 거래내용이 확실치 않은 경우 임시로 처리하는 계정이 가수금이다.

11. 다음 중 틀린 문장을 고르시오.

a. 외상매입금과 지급어음을 통합하여 매입채무계정을 사용한다. b. 모든 부채는 재무상태표에 현재가치로 보고하여야 한다. c. 한 은행의 당좌차월은 다른 은행의 당좌예금과 우선 상계하고 전체 당좌예금 잔액이 부족할 경우에만 단기차입금으로 보고한다.

① b　② c
③ a, c　④ b, c
⑤ a, b, c 모두

12. 다음 중 부채를 발생시키지 않는 거래는?
① 다음 연도의 야구시즌에 대한 입장권을 미리 판매
② 종업원 급여 중 갑근세와 의료보험료를 차감하고 지급
③ 상품매매계약을 체결하고 미리 일정금액을 받음
④ 3년 만기 회사채를 발행
⑤ 모두 부채를 발생시키는 거래임

13. 2020년 7월 1일에 은행으로부터 1억원을 차입하고 1년 뒤에 원금과 이자를 일시에 지급하기로 하였다. 2020년 12월 31일에 은행차입금에 대한 미지급이자를 기록하였는데 이는 어떤 회계개념에 기초한 것인가?

① 발생주의 ② 중요성
③ 공정가치 ④ 현금주의
⑤ 계속성

▣ 주관식 문제

1. 다음 거래를 분개하시오.

① 상품 ₩500,000을 판매하고 이 중 ₩100,000은 수표로 받고, 나머지는 외상으로 하다.
② 상품을 ₩200,000에 외상으로 매입하다.
③ 사무용 비품을 ₩500,000에 구입하고 대금은 외상으로 하다.
④ 토지를 ₩1,000,000에 매각처분하고 대금은 1개월 후에 받기로 하다.
⑤ 매출채권 ₩100,000을 현금으로 받다.
⑥ 매입채무 중 ₩50,000을 수표로 발행하여 지급하다.
⑦ 동국물산에 상품을 주문하고 계약금으로 ₩100,000을 지급하다.
⑧ 5월 31일에 사무실을 임대하고 1년분 임대료 ₩240,000을 받다.
⑨ 12월 31일에 결산을 위하여 위의 임대료에 대한 결산수정기입을 하다.
⑩ 은행으로부터 차입금에 대한 금월분 이자가 ₩50,000이나 아직 지급하지 않았다.
⑪ 이달 전기료 ₩1,000,000을 고지서를 받았으나 이달 말 현재 아직 지급하지 않았다.
⑫ 당사는 기계의 수리를 전문으로 하는 회사인데 한국회사로부터 수리의뢰를 받고 대금 ₩100,000을 받았으나 아직 수리를 완료하지 못하였다.

2. 다음 거래를 분개하시오.

① 동국회사는 상품을 ₩100,000에 판매하고 그 대금은 외상으로 하다.
② 동국회사는 단기매매목적으로 한국회사의 주식 10주를 주당 ₩500에 구입하고 그 대금을 현금으로 지급하다.

③ 동국회사는 기계장치를 ₩250,000에 구입하고 그 대금을 외상으로 하다.
④ 동국회사는 임원 K씨에게 ₩200,000을 전도하여 주다.
⑤ 동국회사는 출장을 떠나는 종업원에게 출장비 ₩100,000을 지급하다.
⑥ 동국회사는 영업용 건물에 대해 보험에 가입하고 1년분 보험료 ₩12,000을 선급하다.
⑦ 동국회사는 결산 시 다음 정보를 수집하였다 필요한 분개를 하시오.
가. 결산시점 당기손익-공정가치측정금융자산(단기매매증권)의 주당 시가 : ₩600
나. 상품의 판매대금 중 ₩5,000이 대손으로 확정되다.
다. 출장을 간 종업원이 출장비의 사용내역을 다음과 같이 보고하고 잔액을 반환하다.
- 숙박비 : ₩60,000
- 교통비 : ₩20,000
- 나머지 현금 : ₩20,000
라. 선급한 보험료 중 기간 미경과분(내년도 보험료) : ₩5,000

3. 다음은 한국회사가 2020년에 취득하여 기말 현재 보유하고 있는 당기손익-공정가치측정금융자산(단기매매증권)의 내역이다. 주식 B는 기중에 ₩1,000에 처분하였다.

주식의 종목	취득당시 공정가치	2020년 말 공정가치
A	₩600	₩800
B	₩1,200	-
C	₩1,000	₩900

〈물음〉
① 위의 각 당기손익-공정가치측정금융자산(단기매매증권)의 취득 시 필요한 분개를 하시오.
② 2020년 말 현재 재무제표 작성을 위한 필요한 수정분개를 하시오.
③ 당기손익-공정가치측정금융자산(단기매매증권)인 주식 B를 처분할 때 회사가 행한 분개를 하시오.
④ 2020년도 말 재무상태표에 당기손익-공정가치측정금융자산(단기매매증권)으로 보고되어야 하는 금액은?

4. 다음은 동국회사의 비교재무제표로부터 추출된 자료이다.

	2019. 12. 31	2020. 12. 31
매출채권	₩1,000	₩2,000

	2020년
매출액	₩30,000
대손상각비	₩500

〈물음〉

① 모든 매출이 외상으로 이루어진다고 가정할 때 2020년도 매출에 대한 분개를 하시오.

② 대손상각비 ₩500을 발생시킨 사건에 대해 분개를 하고 그 의미를 설명하시오.

③ 동국회사가 2020년도 매출채권 중에서 현금으로 회수한 금액을 구하고 현금을 회수하는 분개를 하시오.

5. 다음은 민국스포츠상사의 2020년도 말 수정전시산표의 일부이다. 이 자료에 의하여 다음에 열거하는 결산수정사항에 대한 수정분개를 하시오.

수정전시산표(잔액)

(단위: 원)

차 변	계정과목	대 변
10,000	매출채권	
20,000	단기매매증권	
	매출	150,000
	이자수익	1,000
500	보험료	
30,000	급여	

〈결산수정사항〉

① 보험료 중 ₩200은 기간이 미경과되었다(내년도 보험료에 해당한다).

② 이자수익 중 ₩800은 선수이자이다.

③ 결산일 현재 급여미지급액이 ₩5,000이 있다.

④ 단기매매증권의 결산일 현재 공정가액은 ₩25,000이다.

6. 다음은 동국제조주식회사의 2019년 12월 31일 현재의 재무상태표와 2020년도의 거래내용이다. 이 자료에 의하여 2020년도 거래내용을 분개하시오.

(1) 재 무 상 태 표

2019년 12월 31일 현재

동국제조(주) (단위: 원)

현 금	20,000	매입채무	111,000
매출채권	40,000	자본금	40,000
상 품	130,000	이익잉여금	79,000
선급임차료	4,000		
기계장치	60,000		
감가상각누계액	(24,000)		
자산 합계	230,000	부채와 자본 합계	230,000

(2) 2020년도 거래내용

① 상품 ₩500,000을 외상으로 매입하다.

② 상품 ₩810,000을 외상으로 판매하다.

③ 한국상사로부터 현금 ₩100,000을 차입하고 6개월 만기, 무이자의 약속어음을 발행하여 주다.

④ 선급임차료 ₩4,000은 2020년도 1월부터 4월까지의 임차료이며 이미 2020년 5월 1일에 추가로 8개월분의 임차료 ₩8,000을 현금으로 지급하다.

⑤ 종업원에 대한 급여 ₩50,000을 현금으로 지급하다.

⑥ 광고비 ₩100,000 중 ₩50,000은 현금으로 지급하고 잔액은 외상으로 하다.

⑦ 매출채권 중 ₩500,000을 회수하여 당좌예금하다.

⑧ 매입채무 중 ₩400,000을 수표발행하여 지급하다.

⑨ 은행예금에 대한 발생이자가 ₩50,000이나 아직 받지 못하다.

⑩ 기말상품재고액은 ₩150,000이다(매출원가 계정을 사용할 것).

⑪ 기계장치의 감가상각비는 ₩6,000이다.

7. 다음은 한국회사의 2020년도 수정전시산표상의 잔액이다.

현 금	₩50,000	단기매매증권	₩20,000
매입채무	₩5,000	상 품	₩10,000
선수임대료	₩2,000	급 여	₩20,000
건 물	₩40,000	감가상각누계액	₩8,000
매 입	₩20,000	매입할인	₩2,000
소모품비	₩1,000	임차료	₩4,500
이익잉여금	₩1,000	장기차입금	₩10,000
이자수익	₩15,000	자본금	₩67,500
매 출	₩60,000	매출채권	₩5,000

다음의 추가정보를 이용하여 결산시점에서 필요한 수정분개를 하시오.

〈추가정보〉

1) 상품의 기말재고액은 ₩8,000이다(매출원가 계정을 사용할 것).
2) 소모품의 기말재고는 ₩500이다.
3) 선수임대료는 2020년도 10월 1일에 6개월분을 선수받은 것이다.
4) 월급일이 매월 15일인 관계로 12월 15일 이후 12월 31일까지 월급 ₩1,000이 아직 지급되지 않았다.
5) 건물의 감가상각비는 ₩4,000이다.
6) 당기 초에 차입한 장기차입금은 12%이자의 10년 만기이며 이자지급은 후불로 매년 1월 2일이다.
7) 단기매매증권의 결산시점 공정가치는 ₩30,000이다.
8) 매출채권 중 ₩500이 회수가 불가능하다고 판단되다.

8. 민국상사의 다음 거래를 분개하시오.

① 12월 2일 상품 A ₩5,000,000을 도착지인도조건으로 구입하기로 하고 대금은 나중에 지급하기로 하다.

② 12월 10일 상품 B ₩2,000,000을 외상으로 구입하다.

③ 12월 15일 상품 C ₩3,000,000을 구입하고 어음(만기 30일)을 발행하여 지급하다.

④ 12월 17일 12월 2일에 구입한 상품 A를 도착지에서 인도하였다는 통보를 받다.

⑤ 12월 29일 상품 B의 구입대금을 수표발행 지급하다.

9. 은행차입과 관련한 다음 거래를 분개하시오.

① 은행으로부터 현금 ₩5,000,000을 차입하였는데 이자 ₩200,000을 제외한 금액을 현금으로 받다

② 당좌예금계좌에 ₩2,500,000의 잔액이 있는데 상품 ₩3,000,000을 구입하고 수표발행 지급하다.

③ 매출채권 회수대금 ₩4,000,000이 위의 당좌예금계좌에 입금되었다는 통보를 받다.

10. 동국상사의 다음 거래를 분개하시오.

① 업무용 승용차를 ₩25,000,000에 구입하고 대금 중 ₩5,000,000은 수표를 발행하여 지급하고 나머지는 외상으로 하다.

② 상품 ₩7,000,000을 구입하고 ₩3,000,000은 어음을 발행하여 지급하고 나머지는 외상으로 하다.

③ 상품 ₩3,500,000을 공급하기로 계약하고 선수금 ₩700,000을 현금으로 받다.

④ 부산에 있는 지점으로부터 현금 ₩2,500,000이 송금되어 왔는데 금액의 내역이 분명하지 않다.

⑤ 위의 송금에 대한 내역이 다음과 같이 통보되어 오다.

매출채권의 회수 :	₩2,000,000
상품에 대한 선수금 :	₩500,000

⑥ 결산일 현재 사무실 임차료 ₩1,500,000을 지급하지 않았다.

CHAPTER 07

A·C·C·O·U·N·T·I·N·G

재고자산

제1절 재고자산의 의의와 중요성

제2절 재고자산의 수량관리 및 기록방법

제3절 기말재고자산의 단가결정

제4절 기말재고의 추정과 시가평가

제 1 절 재고자산의 의의와 중요성

1. 재고자산의 의의

K-IFRS1002호

재고자산

기업이 보유하는 유동자산 중 대표적인 자산의 하나가 재고자산이다. 재고자산(inventories)이란 정상적인 영업과정에서 판매를 위하여 보유하거나 생산과정에 있는 자산 및 생산과정에 투입될 원재료나 영업과정에서 소비될 것으로 기대되는 소모품의 형태로 존재하는 자산을 말한다. 즉, 재고자산은 크게 다음 세 가지 범주로 구분된다.

첫째, 판매목적으로 보유하는 자산은 재고자산이다. 예를 들어, 상품매매업에서 판매목적으로 보유하는 상품이 재고자산이며, 제조업의 경우 판매목적으로 생산하여 보유하고 있는 제품이 재고자산이다.

둘째, 재고자산은 생산과정 중에 있는 자산을 포함한다. 예를 들어, 현대자동차(주)가 보유하고 있는 미완성된 자동차는 재고자산이며, 이를 재공품(work-in-process)이라 한다. 재공품에 관한 회계처리는 원가회계에서 취급하며 회계원리에서는 다루지 않는다.

셋째, 생산공정에 투입하기 위해 보유하고 있는 원재료나 영업과정에서 소비될 소모품은 재고자산에 속한다. 예를 들어, 현대자동차(주)가 생산에 사용하기 위해 보유하고 있는 자동차부품은 원재료에 속하며 영업과정에서 소비되는 문방구류와 같은 소모품이 재고자산에 속한다.

재고자산의 분류를 요약하면 다음과 같다.

① 판매를 목적으로 보유 : 상품, 제품, 반제품
② 제품의 생산과정 : 재공품
③ 제조 및 영업활동에 소비 : 원재료, 부품, 소모품

상품매매업의 경우 판매목적으로 구입한 상품과 영업과정에서 소비될 것으로 기대되는 소모품이 주요 재고자산이다. 제조업의 경우 제품, 반제품, 재공품, 원재료 등 다양한 재고자산이 존재한다. 본 장에서는 상품매매업과 관련된 재고자산인

상품에 대한 회계처리를 중심으로 살펴본다.

상품매매업의 상품과 관련된 기초적인 회계처리방법은 이미 제5장에서 살펴보았다. 제5장에서 살펴보았듯이 매출원가와 기말상품재고액을 어떻게 결정하느냐에 따라 회사의 이익이 달라질 수 있고 이에 따라 납부해야 할 세금과 자금흐름도 영향을 받을 수 있다. 따라서 재고자산의 회계방법을 결정하는 것은 기업에 있어서 매우 중요한 회계의사결정 중의 하나이다.

2. 재고자산평가의 중요성

제5장에서 설명한 바와 같이 매출총이익을 구하기 위해서는 매출원가를 구해야 하며, 매출원가를 구하기 위해서는 반드시 기말상품재고액을 알아야 한다. 당기의 기말상품재고액은 차기의 기초상품재고액이 되기 때문에, 차기의 매출원가를 계산하는 데도 직접적인 영향을 미치게 된다.

따라서 기말상품재고액은 당기의 손익계산은 물론이고 차기의 손익계산에까지 영향을 미치게 된다. 또한 기말상품재고액은 재무상태표에 유동자산의 항목으로 표시되기 때문에 기말의 재무상태를 표시하는 재무상태표에도 중대한 영향을 미치게 되는 것이다.

기말상품재고액이 매출원가와 매출총이익에 미치는 영향을 알아보기 위해 이미 설명한 바 있는 다음의 공식과 예제를 이용하여 살펴보기로 한다.

당기순매출액 − 매출원가 = 매출총이익
기초상품재고액 + 당기상품순매입액 − 기말상품재고액 = 매출원가

예제 7-1

동국(주)의 2020년도 상품과 관련되는 자료는 다음과 같다.

순 매 출	₩13,000,000	기초상품재고액	₩2,000,000
순매입액	₩10,000,000	기말상품재고액	₩2,500,000

동국(주)의 2020년의 매출원가는 ₩9,500,000(₩2,000,000 + ₩10,000,000 −

₩2,500,000)이며, 매출총이익은 ₩3,500,000(₩13,000,000 - ₩9,500,000)이 된다. 만약 ₩2,500,000의 기말상품재고액이 ₩1,500,000으로 과소평가되었을 경우 매출원가는 ₩10,500,000으로 과대계상되며, 매출총이익은 ₩2,500,000으로 과소계상된다. 반대로 기말상품재고액이 ₩3,500,000으로 과대평가되었을 경우, 매출원가는 ₩8,500,000으로 과소계상되고, 매출총이익은 ₩4,500,000으로 과대계상된다. 이를 요약하면 다음 표와 같다.

기말상품재고액	매출원가	매출총이익
2,500,000(정상평가)	9,500,000(정상계상)	3,500,000(정상계상)
1,500,000 (1,000,000 과소평가)	10,500,000 (1,000,000 과대계상)	2,500,000 (1,000,000 과소계상)
3,500,000 (1,000,000 과대평가)	8,500,000 (1,000,000 과소계상)	4,500,000 (1,000,000 과대계상)

당기의 기말재고는 다음 회계연도의 기초재고가 되기 때문에 차기의 매출원가와 매출총이익에도 영향을 미치게 된다. 이와 같은 관계를 그림으로 표시하면 [그림 7-1]과 같다.

그림 7-1 기말재고평가가 매출원가 및 매출총이익에 미치는 영향

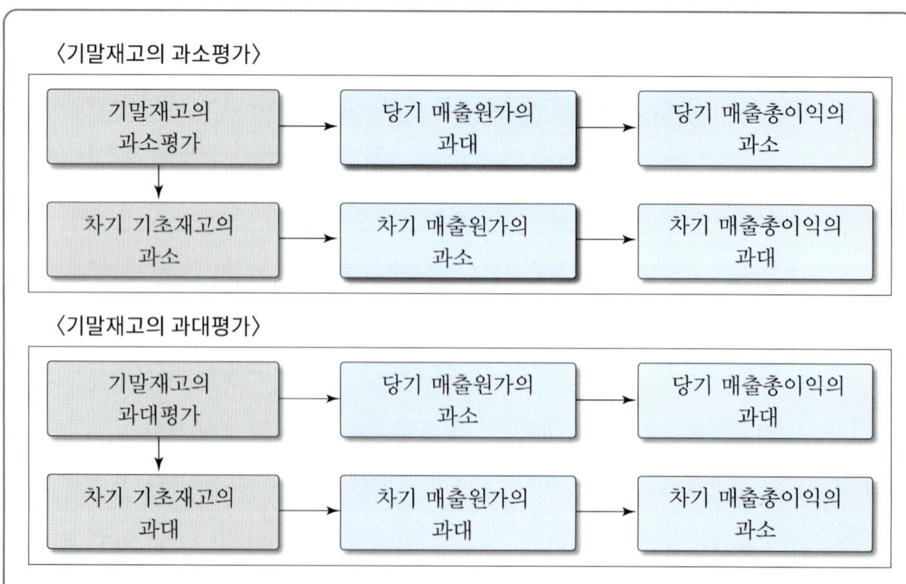

이상에서 볼 수 있는 바와 같이 기말상품재고액의 결정은 당기의 이익뿐만 아니라 차기의 이익에도 직접 영향을 미친다는 것을 알 수 있다.

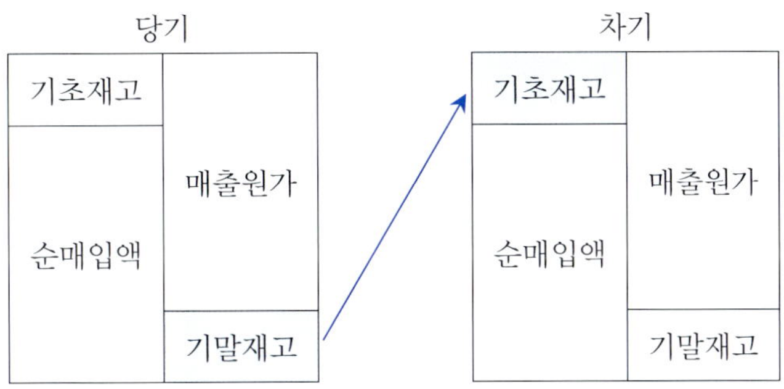

위의 그림에서 보는 바와 같이 기말재고는 당기의 매출원가를 구하는 데 영향을 줄 뿐만 아니라, 차기의 기초재고가 되어 차기의 매출원가를 구하는 데도 영향을 미친다.

제 2 절 재고자산의 수량관리 및 기록방법

기말상품재고액을 결정하기 위해서는 기말에 기업이 보유하고 있는 재고자산의 수량과 단위당 가격(단가)을 알아야 한다. 기말상품재고액은 재고수량에 단가를 곱하여 계산할 수 있다. 기말재고의 수량을 결정하는 방법에는 실지재고조사법과 계속기록법이 있다.

1. 실지재고조사법

실지재고조사법(physical inventory system)은 매입 시에는 매입수량을 기록하나 매출 시에는 매출수량을 일일이 장부상에 기록하지 않고, 결산기말에 남아 있는 수량을 실제로 조사하여 기말재고수량을 결정하는 방법이다. 즉, 실지재고조사법은 다음의 재고자산등식에서 우변에 있는 기말상품재고액을 결산 시에만 결정하여 매출원가를 산정한다.

기초상품재고액 + 당기상품순매입액 = 매출원가 + 기말상품재고액

이 방법에 의하면 기말에 남아 있지 않은 재고자산은 전부 판매된 것으로 간주하기 때문에, 도난이나 파손, 증발 등에 의해 없어진 상품은 기말재고자산을 조사할 때 창고에 없으므로 모두 판매된 것으로 계상되어 매출원가로 처리되게 된다. 실지재고조사법은 실사법 또는 실제재고조사법이라고도 하며 이 방법은 제6장까지 우리가 사용해 온 회계방법이다. 앞으로도 별도의 언급이 없으면 실지재고조사법이 사용된다고 가정한다.

실지재고조사법은 취급하는 재고자산의 종류와 수량이 많고 거래가 아주 빈번하게 발생하여 판매 시나 출고 시마다 일일이 장부에 기록하기 어려운 기업에서 주로 사용한다. 이 방법을 사용할 경우 회계기말에 실제로 재고조사를 해야만 매출원가와 매출총이익의 계산이 가능하다. 따라서 회계기간 중에는 상품의 매출원가나 매출총이익을 알 수가 없게 된다.

실지재고조사법을 이해하기 위하여 다음의 예제를 이용하여 살펴보기로 한다.

예제 7-2

동국(주)의 상품매매와 관련된 자료가 다음과 같을 때 필요한 분개를 하라(단, 모든 거래는 외상으로 이루어짐).

기초재고 : 100개(구입단가 : ₩1,000)
당기순매입 : 600개(구입단가 : ₩1,000)
당기순매출 : 500개(판매단가 : ₩2,000)
기말재고 : 200개(구입단가 : ₩1,000)

풀이

〈매입 시의 분개〉

(차) 매 입	600,000	(대) 매입채무	600,000

〈판매 시의 분개〉

(차) 매출채권	1,000,000	(대) 매 출	1,000,000

〈결산 시의 수정분개〉

① 기초상품재고액을 매출원가계정에 보내는 분개

(차) 매출원가	100,000	(대) 상 품	100,000

② 당기순매입액을 매출원가에 보내는 분개

(차) 매출원가	600,000	(대) 매 입	600,000

③ 기말상품재고액을 매출원가에서 차감하는 분개

(차) 상 품	200,000	(대) 매출원가	200,000

위의 수정분개를 하면 매출원가는 ₩500,000으로 결정되고, 상품계정에는 기말상품재고액 ₩200,000이 남게 된다. 그리고 매출총이익은 매출액에서 매출원가를 차감한 ₩500,000으로 계산된다.

2. 계속기록법

계속기록법(perpetual inventory system)은 재고자산의 매입 시에는 물론이고 매출 시에도 입출고수량을 일일이 장부에 기록함으로써 어느 때라도 장부상에서 재고수량을 알 수 있는 방법이다. 즉, 상품을 매입할 때 매입계정 대신에 상품계정을 사용하고 상품을 판매할 때마다 다음의 등식에서 우변의 매출원가를 먼저 결정하므로 장부상 상품계정을 보면 현재 남아 있어야 할 상품의 재고를 알 수 있다.

물론 이 방법을 사용하여도 회계기말에 장부상의 재고와 창고에 남아 있는 실제재고를 대조하기 위해 실제로 재고파악을 하여야 한다.

기초상품재고액 + 당기상품순매입액 = 매출원가 + 기말상품재고액

이 방법을 이용할 경우 회계기간 중의 어느 때라도 상품의 재고액을 장부상에서 파악할 수 있으며, 따라서 매출원가와 매출총이익을 상품판매 시에 계산할 수 있다. 또한 기말에 실제재고가 장부상의 재고보다 부족할 경우 이 금액을 매출원가에 포함시키지 않고 재고자산감모손실로 처리할 수 있어 정확한 매출원가의 계산이 가능하게 된다.

계속기록법은 취급상품의 종류가 많고 거래가 빈번한 기업에서는 사용하기가 거의 불가능하고, 상품의 종류가 적고 거래가 빈번하지 않은 기업에서 사용 가능한 방법이다.

계속기록법을 이해하기 위해 앞의 [예제 7-2]를 이용하여 상품매매를 분개하면 다음과 같다.

〈매입 시의 분개〉

(차)	상 품	600,000	(대) 매입채무	600,000

〈매출 시의 분개〉

(차)	매출채권	1,000,000	(대)	매 출	1,000,000
	매출원가	500,000		상 품	500,000

앞에서 보는 바와 같이, 계속기록법 하에서는 매입 시에 매입계정 대신에 상품계정을 사용하며, 매출 시에도 상품계정을 차감하여 주기 때문에 상품이 증가하거나 감소하는 것이 모두 기록된다. 따라서 현재 상품계정에 남아 있는 재고자산의 금액을 알 수 있으며, 매출원가도 매출할 때마다 즉시 파악할 수 있다. 따라서 결산 시에는 매출원가를 구하기 위한 수정분개를 할 필요가 없게 된다.

3. 컴퓨터에 의한 재고관리

앞의 설명에서 취급상품의 종류나 수량이 많고 거래가 빈번히 발생하는 기업에서는 실지재고조사법이 주로 사용되고, 계속기록법은 고가의 상품을 가끔씩 거래하는 기업에서 사용하게 된다고 하였다. 그러나 요즈음은 컴퓨터의 발달로 다량의 상품을 취급하는 백화점이나 슈퍼마켓에서도 많은 비용을 들이지 않고 계속기록법의 사용이 가능하게 되었다.

판매되거나 출고되는 재고자산을 파악하는 데 컴퓨터의 입력장치를 이용할 경우 다량의 품목을 아무리 빈번하게 취급할지라도 일일이 출고수량을 파악할 수 있다. 이때 판매나 출고되는 시점에서 재고수량 파악은 물론이고 주문시기, 주문수량, 안전재고수량 등의 재고관리를 동시에 할 수가 있다. 이와 같이 컴퓨터를 이용하여 판매시점에서 종합적으로 재고관리를 실시하는 체계를 **판매시점관리시스템**(point-of-sale system : POS system)이라고 한다.

POS시스템을 갖추기 위해서는 제품마다 이를 식별할 수 있는 **바코드**(bar code)나 **광학문자판독레이블**(optical character recognition : OCR) 또는 **RFID**(radio frequency identification : 전자라벨)이 부착되어 있어야 하며, 이들을 읽을 수 있는 입력장치(input system)를 갖추어야 한다. 최근에는 백화점이나 슈퍼마켓은 물론이고 24시간 편의점이나 세탁소에서도 판매시점관리시스템을 도입하고 있다.

따라서 재무회계목적으로는 실지재고조사법을 사용하는 기업도 재고관리나 관리회계 목적을 위해서는 계속기록법을 사용하고 있다.

제 3 절 기말재고자산의 단가결정

기말재고수량이 확정되면 재고자산의 단위당 원가(단가)를 결정하여야 기말상품재고액이 도출된다. 재고자산의 취득원가가 항상 일정한 경우에는 단가결정에 아무런 문제가 없으나, 상품매입 시의 취득원가가 서로 다른 경우에는 기말에 남아 있는 재고자산의 단가를 어느 취득원가로 할 것인가를 결정하여야 한다.

예컨대, 사과를 100개(단가 ₩500), 200개(단가 ₩600), 300개(단가 ₩550) 합계 600개를 구입하였는데 기말에 보니 팔고 남은 사과가 120개 남았을 경우에 이 남아 있는 사과는 하나에 얼마짜리인가? 남아 있는 사과 120개에 일일이 사올 때의 가격이 표시되어 있지 않는 한 어떻게 알 수 있는가? 1개당 매입원가를 모르면 120개의 원가(즉, 기말상품재고액)를 알 수 없고 기말상품재고액을 모르면 매출원가를 산출할 수 없다.

기말재고의 단가를 결정하는 방법에는 개별법, 선입선출법, 후입선출법, 총평균법, 이동평균법 등이 있다. 한국채택국제회계기준(K-IFRS)의 경우 후입선출법의 사용은 허용하지 않는다.

1. 개별법

개별법(individual method)은 기말에 남아 있는 상품수량에 대해 일일이 취득원가가 얼마인지를 추적하여 기말재고자산의 단가를 결정하는 방법이다. 예를 들어, 위의 사과장사의 경우 기말에 남아 있는 사과가 120개이며 이러한 120개의 구입단가를 실제로 추적하는 방법이다. 만일 기말에 남아 있는 사과의 단가를 추적한 결과 50개는 단가가 ₩500이고 50개의 단가는 ₩600이며 나머지 20개의 단가가 ₩550이면 기말상품재고액은 다음과 같이 계산된다.

기말상품재고액 = 50개 × ₩500 + 50개 × ₩600 + 20개 × ₩550 = ₩66,000

이러한 개별법은 기말재고자산의 단가가 얼마인지 추적 가능한 경우에만 사용될 수 있는 방법으로 여러 가지 상품을 취급하거나 거래량이 많은 경우 적용하기가 쉽지 않다. 따라서 모피코트나 보석 또는 자동차와 같은 고가품을 취급하거나 거래량이 많지 않은 기업의 경우에 사용이 용이하다.

기말상품의 단가를 실제로 추적하기 어렵거나, 추적하는 데 많은 비용이 드는 기업의 경우에는 개별법의 사용이 용이하지 않기 때문에 일정한 가정을 기초로 단가를 결정한다. 다음에 설명하는 선입선출법, 후입선출법 및 평균법은 단가를 실제로 추적하는 것이 아니라 원가의 흐름에 대한 **일정한 가정**(assumption)을 도입하여 기말상품의 단가를 결정하는 방법이다.

2. 선입선출법

선입선출법(first-in first-out : FIFO method)은 먼저 매입된 상품이 먼저 판매된다는 가정 하에 기말재고자산의 취득원가를 결정하는 방법이다. 즉, 상품이 매입된 순서대로 팔렸다고 가정하는 것이므로 기말에 남아 있는 재고는 제일 나중에 사 온 상품이 남아 있다고 가정하고 기말상품재고액을 계산하는 방법이다. 다음 예제를 이용하여 기말상품재고액을 산정하여 보기로 한다.

예제 7-3

다음은 동국(주)의 2020년 5월 중의 상품매매와 관련된 자료이다.

월 일	내 용	수 량	단 가
5월 1일	전기이월	100개	₩800
5일	매 입	200	900
10일	매 입	300	1,000
14일	매 출	300	
18일	매 입	200	1,100
29일	매 출	100	
31일	기말재고	400	

앞의 자료를 이용하여 선입선출법에 의한 동국(주)의 기말상품재고액을 구하라.

풀이

선입선출법을 사용하여 기말상품재고액을 구할 경우, 동국(주)의 기말재고수량 400개는 5월 18일에 매입한 200개(구입단가 ₩1,100)와 5월 10일에 매입한 200개(구입단가 ₩1,000)가 남아 있다고 가정하는 것이다. 따라서 기말상품재고액은 다음과 같이 계산된다.

200개×@₩1,100	=	₩220,000
200개×@₩1,000	=	₩200,000
400개		₩420,000

위의 예제에서 우리는 실지재고조사법을 사용하는 기업의 선입선출법에 대해 살펴보았다. 계속기록법을 사용하는 기업의 경우에도 선입선출법을 사용할 수 있다. 실지재고조사법을 사용하는 경우 회계기간 말에 매출원가를 계산하기 위해 기말재고를 실사하여 기말재고실사 수량을 기초로 여기에 선입선출법을 적용하여 단가를 구하였다.

그러나 계속기록법의 경우 상품을 판매할 때마다 매출원가를 결정해야 하므로 선입선출법을 적용하는 시점이 기말이 아니라 판매시점이다. 즉, 계속기록법 하에서는 판매시점 현재 이용가능한 매입자료를 이용하여 선입선출법을 적용하여 매출원가를 구한다. 계속기록법에 따른 매출원가를 구하는 과정을 살펴보기 위해 앞의 [예제 7-3]의 자료를 이용해 보자.

만일 동국(주)가 계속기록법에 의한 선입선출법을 적용하는 경우 첫 번째 상품판매는 5월 14일에 발생했다. 따라서 5월 14일 시점에서 선입선출법을 적용하여 매출원가를 구해야 한다. 5월 14일에 300개를 판매하였는데 이 시점에서 선입선출법을 적용하면 기초상품 100개와 5월 5일에 매입된 200개가 판매된다고 가정한다.

5월 14일 300개 매출의 매출원가 :
(100개×₩800)+(200개×₩900)=₩260,000

회사는 또한 5월 29일에 100개를 판매하였는데 이 시점에 이용가능한 상품은 5월 10일에 매입된 상품 300개와 5월 18일에 매입된 200개의 상품이므로 이 시점에 선입선출법을 적용하면 5월 29일에 판매된 상품은 5월 10일에 매입된 상품 300개 중 100개가 판매되었다고 가정한다.

5월 29일 100개 매출의 매출원가
100개×₩1,000=₩100,000

따라서 동국(주)의 경우 5월에 매출된 상품의 매출원가는 위에서 계산된 매출원가의 합인 ₩360,000으로 계산된다. 물론 상품의 도난이나 감모가 없다면 재고자산등식에 의해 기말상품재고액은 ₩420,000으로 계산된다.

선입선출법은 계산이 간결하고, 재고자산의 일반적인 물리적 흐름과 일치되며, 기말상품재고액이 최근의 원가를 반영한다는 장점이 있다. 그러나 인플레이션(inflation) 하에서는 과거의 매입가격을 기준으로 매출원가가 계산되어 매출원가가 과소계상되므로 매출총이익이 과대계상되는 경향이 있다. 이런 경우 세금이 많아지고 배당금도 과대하게 지급되어 기업의 자금흐름이 악화되는 결과를 초래할 수 있다.

3. 후입선출법

후입선출법(last-in first-out : LIFO method)은 선입선출법(FIFO method)과는 반대로 가장 최근에 매입한 상품이 먼저 판매된다는 가정하에 기말재고단가를 결정하는 방법이다. 따라서 최근에 사온 상품이 먼저 팔리고 먼저 사온 상품이 기말재고로 남아 있다고 가정하고 기말상품재고액을 계산하는 방법이다.

후입선출법을 사용할 경우 매출원가는 최근의 단가를 반영하므로 매출액이 최근의 매출원가와 대응이 되며, 인플레이션 때에 이익이 과대하게 계상되는 것을 방지할 수 있는 장점이 있다. 그러나 기말재고의 단가는 오래된 구입가격으로 결정되므로 현재의 시가와는 동떨어진 가격으로 평가되며, 인플레이션 하에서는 기말재고가 과소계상된다. 또한 일반적인 재고자산의 실제 흐름과 역행된다는 단점이 있다.

그러나 오늘날과 같은 지속적인 인플레이션 하에서 후입선출법을 채택하는 경우 기업은 조세부담을 지연시킬 수 있고, 배당금 지급액을 경감시켜 자금의 압박을 줄일 수 있기 때문에 이론적으로 기업에 유리한 방법이다. 뿐만 아니라 기말에 상품의 매입의사결정을 통해 쉽게 이익을 조작할 수 있기 때문에 **K-IFRS에서는 이 방법을 허용하지 않는다.** 그러나 비상장기업에 적용가능한 기업회계기준 및 기업회계기준서에서는 LIFO의 사용도 가능하다.

예제 7-4

[예제 7-3]의 동국(주)의 자료를 이용하여 후입선출법에 의한 기말상품재고액을 구하라.

풀이

실지재고조사법을 사용하는 경우, 후입선출법에 의해 기말상품재고액을 구할 경우 동국(주)의 기말재고수량 400개는 전기이월상품 100개(@₩800)와 5월 5일에 매입한 200개(@₩900) 및 5월 10일에 매입한 100개(@₩1,000)가 남아 있다고 가정하는 것이다. 따라서 기말상품재고액은 다음과 같이 계산된다.

$$
\begin{aligned}
100\text{개} \times @₩\ 800 &= ₩\ 80{,}000 \\
200\text{개} \times @₩\ 900 &= ₩180{,}000 \\
100\text{개} \times @₩1{,}000 &= \underline{₩100{,}000} \\
&\quad ₩360{,}000
\end{aligned}
$$

계속기록법을 사용하는 경우, 5월 14일 300개 매출의 매출원가는 다음과 같다.

$$300\text{개} \times ₩1{,}000 = ₩300{,}000$$

또한 5월 29일 매출된 상품의 매출원가는 다음과 같다.

$$100\text{개} \times ₩1{,}100 = ₩110{,}000$$

그러므로 계속기록법의 경우 5월 매출의 매출원가는 ₩410,000이 되며, 기말상품재고액은 ₩370,000[(100×₩800)+(200×₩900)+(100×₩1,100)]이 된다. 즉, 후입선출법의 경우에는 실지재고조사법을 적용하느냐 아니면 계속기록법을 적용하느냐에 따라 일반적으로 기말상품재고액이 동일한 금액으로 산출되지 않는다.

4. 총평균법

총평균법(total average method) 또는 평균법은 기초재고와 회계기간 중의 매입액을 합계한 후 이를 총상품수량으로 나누어 가중평균매입단가를 산출하고, 이 단가를 기말재고의 단가로 하는 방법이다. (총)평균법은 가중평균법(weighted average method)이라고도 사용되며, 기말에 남아 있는 재고자산 속에는 그 회계기간에 매입한 상품이 평균적으로 섞여 있다고 가정하고 기말상품재고액을 계산하는 방법이라고 할 수 있다. 이 방법은 실지재고조사법을 사용하는 경우에 이용된다.

예제 7-5

앞의 [예제 7-3]의 동국(주)의 자료를 이용하여 총평균법에 의한 기말상품재고액을 구하라.

풀이

총평균법에 의한 기말상품재고액을 구할 경우, 먼저 상품의 가중평균구매단가를 구해야 한다.

가중평균구매단가 = [(100개 × @₩800) + (200개 × @₩900)
+ (300개 × @₩1,000) + (200개 × @1,100)]
÷ (100개 + 200개 + 300개 + 200개)
= ₩975

기말상품재고액 = 400개 × @₩975 = ₩390,000

5. 이동평균법

이동평균법(moving average method)은 새로운 상품이 매입될 때마다 기존의 재고가액과 새로 매입된 재고가액을 합하여 가중평균단가를 산출하고 이렇게 하여 산출된 단가를 기준으로 기말상품재고액과 매출원가를 산출하는 방법이다. 즉, 새로운 재고가 입고될 때마다 가중평균단가를 계속적으로 수정해가는 방법이다.

이 방법은 계속기록법을 사용하는 기업이 평균법을 적용할 때 이용된다.

예제 7-6

앞의 [예제 7-3]의 동국(주)의 자료를 이용하여 이동평균법에 의한 기말상품재고액을 구하여라.

5월 1일	전기이월	100개 × ₩ 800	= ₩ 80,000
5일	매 입	200개 × ₩ 900	= ₩180,000
10일	매 입	300개 × ₩1,000	= ₩300,000
	합 계	600개	₩560,000

풀이

• 5월 14일 :

이동평균단가 ₩560,000 ÷ 600개 = ₩933.3

매출원가 = 300개 × @₩933.3 = ₩279,990

기말상품재고액 = 300개 × @₩933.3 = ₩279,990

• 5월 18일 :

매입 200개 × @₩1,100 = ₩220,000

이동평균단가(₩279,990 + ₩220,000) ÷ 500개 = ₩1,000

기말상품재고액 500개 × @₩1,000 = ₩500,000

• 5월 29일 :

매출원가 = 100개 × @₩1,000 = ₩100,000

기말상품재고액 = 400개 × @₩1,000 = ₩400,000

6. 단가결정방법과 매출총이익

앞에서 이미 언급한 바와 같이, 기말재고의 단가를 결정하는 방법 중에서 어느 것을 선택하느냐에 따라 매출원가가 달라지게 되고, 이에 따라 기업의 매출총이익이 달라지게 될 뿐만 아니라 기업이 부담하는 세금과 자금흐름도 달라진다.

상품의 가격이 꾸준히 오르는 인플레이션 하에서 선입선출법을 적용하면 기말상품재고액이 높게 결정되고 매출원가는 낮게 산정된다. 따라서 매출총이익이 다른 방법에 비해 커지게 된다. 반대로 평균법을 적용하면 기말상품재고액이 선입선출법에 비해 상대적으로 낮게 결정되고, 매출원가가 높게 산정되며, 이로 인하여 매출총이익은 적어지게 된다. 물론 후입선출법을 적용하면 인플레이션 상황하에서 기말상품재고액을 가장 낮게 보고하고 매출원가를 가장 높게 보고할 수 있으나 더 이상 일반적으로 인정된 회계원칙에서 허용하지 않는다.

앞에서 예제로 사용한 동국(주)가 실지재고조사법을 사용하는 경우 각 방법에 의한 기말상품재고액과 매출원가를 비교하면 다음과 같다.

기말재고단가 결정방법	기말재고		매출원가	매출총이익
	재고액	재고의 평가		
FIFO	420,000	가장 높게 됨	가장 낮게 됨	가장 많게 됨
LIFO	360,000	가장 낮게 됨	가장 높게 됨	가장 적게 됨
총평균법	390,000	중간	중간	중간

이상은 인플레이션을 가정하였을 경우에 발생하는 현상이고, 물가가 꾸준히 하락하는 디플레이션(deflation)의 경우에는 반대의 현상이 발생된다. 다시 말해, 디플레이션의 경우 선입선출법의 경우가 기말재고가 가장 낮게 결정이 되고, 이에 따라 매출원가가 가장 높게 산정되며, 매출총이익은 가장 적게 산정된다.

어떠한 재고자산평가방법을 선택할 것인가 하는 것은 기업이 취급하는 재고자산의 수량, 종류, 보유기간, 경제여건 등을 감안하여 결정하게 되는데, 오늘날과 같이 지속적인 인플레이션 하에서는 당기순이익을 상대적으로 적게 계상하게 되어 법인세나 배당금 지급에 대한 부담을 낮추어 주는 방법이 선호될 것이다.

이상에서 설명한 바와 같이 회사가 어느 방법을 택하느냐에 따라 기업의 경영성과와 재무상태가 달라지게 되기 때문에 일반적으로 인정된 회계원칙에 의하면 회사가 한 번 선택한 재고자산평가방법은 특별한 경우를 제외하고는 반드시 같은 방법을 계속적으로 사용해야 한다. 이러한 회계원칙을 **계속성(consistency)의 원칙**이라고 한다.

또한 앞에서 설명한 바와 같이 IFRS를 적용하는 상장기업의 경우 선입선출법(FIFO)이나 총평균법은 사용할 수 있으나, 후입선출법(LIFO)은 사용을 금지하고 있다. 인플레이션 하에서 후입선출법을 사용할 경우 결산기말에 재고자산을 매입하여 매출원가를 높여 매출총이익을 쉽게 낮출 수 있는 위험이 존재하기 때문이다.

제 4 절 기말재고의 추정과 시가평가

1. 기말재고의 추정

앞에서 설명한 개별법, 선입선출법, 이동평균법, 총평균법 등은 기말재고수량을 확실하게 파악하고 있는 경우의 기말상품재고액 결정방법이다. 그러나 화재나 도난을 당하여 없어진 재고자산을 추정하거나, 실제재고조사를 하지 않고 개략적인 중간결산을 할 때에는 위의 방법을 사용할 수가 없게 된다.

기말상품재고액을 추정하는 데 사용하는 방법으로 **매출총이익률법**(gross margin ratio method)이 있는데, 이 방법은 미리 산정된 매출총이익률에 의해 매출원가를 추정한 후, 거꾸로 기말상품재고액을 산출하는 방법이다. 이제까지 설명한 개별법, 선입선출법, 총평균법, 이동평균법의 기본원리는 실제 기말재고수량을 기초로 하여 매출원가를 구하였으나, 매출총이익률법은 매출원가를 추정하여 기말상품재고액을 구하는 방법이며 이를 그림으로 표시하면 [그림 7-2]와 같다.

매출총이익률법에 의해 기말상품재고액을 추정하는 절차는 다음과 같다.

① 기초상품재고액, 당기상품순매입액, 당기순매출액, 매출총이익률을 파악한다.
② 순매출액에 매출총이익률을 곱하여 매출총이익을 계산한다.
③ 순매출액에서 매출총이익을 차감하여 매출원가를 계산한다.
④ 판매가능상품액(기초상품재고액+당기상품순매입액)에서 매출원가를 차감하여 기말상품재고액을 구한다.

그림 7-2 기말재고 추정의 기본원리

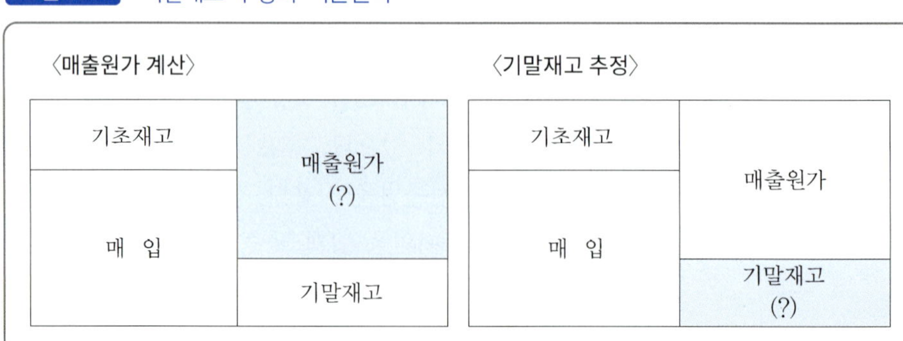

매출총이익률법에서 기말상품재고액은 다음의 산식에 의해 추정된다.

기초상품재고액 + 당기상품순매입액 − 매출원가* = 기말상품재고액

* 매출원가 = 순매출액 − (순매출액 × 매출총이익률)

매출총이익률법은 기말상품재고액을 개략적으로 추정할 필요가 있을 때 사용되는 방법이기 때문에 재무상태표 및 포괄손익계산서를 작성하기 위한 재무회계 목적으로는 이 방법을 사용할 수 없다.

기말재고평가방법은 위에서 설명한 방법 외에 **매출가격환원법**(소매재고법이라고도 한다. retail inventory method)이 있다. 매출가격환원법(소매재고법)은 상품가격의 인하(mark-down)와 인상(mark-up)을 모두 고려하여 매출원가를 추정하기 때문에 매출총이익률법보다 정교하게 계산된다. 이 방법은 본 교재의 수준을 넘어서기 때문에 여기서는 설명을 생략하고, 재무회계나 중급회계과정에서 공부하기 바란다.

예제 7-7

동국상회는 3월 말에 화재를 당하여 재고자산이 모두 타버렸다. 다음 자료를 이용하여 매출총이익률법에 의해 동국상회의 화재손실액을 추정하라.

① 기초재고 ₩5,000,000

② 3월까지 매입액 ₩40,000,000

③ 3월까지 매출액 ₩50,000,000

④ 평균 매출총이익률 30%

풀이

매출원가 = 매출액 − 매출총이익

= 50,000,000 − (50,000,000 × 30%)

= 35,000,000

기말상품재고액 = 판매가능상품액 − 매출원가

= (5,000,000 + 40,000,000) − 35,000,000

= 10,000,000

<table>
<tr><td>기초재고
5,000,000</td><td rowspan="2">매출원가
35,000,000</td></tr>
<tr><td rowspan="2">매입액
40,000,000</td></tr>
<tr><td>기말재고
?</td></tr>
</table>

→ 매출원가 = 매출액 − 매출총이익
= 50,000,000 − 15,000,000
= 35,000,000

→ 기말재고 = 기초재고 + 매입액 − 매출원가
= 5,000,000 + 40,000,000 − 35,000,000
= 10,000,000

2. 기말재고자산의 시가평가 문제

상품, 제품 및 원재료 등 재고자산의 가치는 시장의 사정에 따라 변동하는 것이 당연하다. 결산일에 있어서 재고자산의 시장가치(market value)가 장부상의 가액에 비하여 상승 또는 하락하는 경우에 어떻게 처리할 것인가? 즉, 재고자산의 장부가액을 무시하고 시가를 기준으로 평가하여야 하는가?

결산일에 재고자산의 시가가 장부가액(book value)보다 상승하면 회계에서는 일반적으로 시가를 기준으로 재고자산을 평가하지 않고 장부가액 그대로 둔다. 그 이유는 시가를 기준으로 재고자산을 평가하는 경우에는 장부가액과 시가평가액과의 차액, 즉 재고자산평가이익이 발생하는데 이는 아직 실현되지 않은 **예상이익**(이익은 자산을 외부에 판매하였을 때에 실현된다), 즉 **미실현이익**(unrealized income)이므로 이를 포괄손익계산서상의 이익으로 인식하는 것은 실현주의 회계원칙에 위배되기 때문이다.

그러나 결산일에 재고자산의 시가가 장부가액보다 현저하게 하락하는 경우에는 장부가액과 시가와의 차액, 즉 **재고자산평가손실**을 포괄손익계산서에 보고해야 한다. 왜냐하면 재고자산의 시가가 장부가액보다 하락하였다면 재고자산의 예상되는 수익창출능력이 감소함으로써 예상손실이 발생하였기 때문이다.

회계에서 예상되는 수익은 실현되기 전에 미리 인식하지 않으나, 예상되는 비용은 미리 인식하는데 이것을 **보수주의 회계원칙**(principle of conservatism)이라고 한다. 전통적으로 회계는 이 보수주의 회계원칙을 지켜오고 있으며 재고자산의 평가에 있어서도 보수주의원칙에 따라 시가가 장부가액보다 상승하면 이를 무시하나 시가가 장부가액보다 하락하면 시가를 기준으로 평가함으로써 평가손실을 인식하는 것이다. 이것을 회계에서는 **저가법** 또는 **저가주의**(lower of cost or market)라고도 한다.

우리나라 기업회계기준서에서는 재고자산의 **순실현가능가액**(net realizable value)이 장부가액보다 하락한 경우에는 순실현가능가액으로 예상평가하도록 규정하고 있다. 여기에서 순실현가능가액이란 예상판매가액에서 판매비용을 차감한 가액을 의미한다.

재고자산을 저가법에 의하여 평가하는 경우에 장부가액과 순실현가능가액과의 차액을 **재고자산평가손실계정** 차변에 기입하며 대변에는 **재고자산평가충당금**을 설정하여 간접법으로 처리한다. 즉, 재고자산평가충당금계정은 재고자산계정의 차감계정이다. 재고자산평가손실은 일반적으로 매출원가항목에 가산시켜야 한다. 평가손실을 인식한 이후의 연도에 재고자산의 가격이 상승하는 경우 구입원가를 초과하지 않는 범위에서 가격이 상승한 부분을 **재고자산평가손실환입(익)**으로 처리한다. 여기서 구입원가를 초과하지 못하는 것은 재고자산의 평가는 저가법(LCM)을 적용하기 때문이다.

예제 7-8

동국물산(주)는 모피제품을 판매하는 회사이다. 최근 모피제품에 대한 인기가 하락하였을 뿐만 아니라 불경기가 계속되어 상품가격이 계속 하락하고 있다. 2020년 12월 31일(결산일) 현재 상품의 장부가액은 ₩1,000,000이나 최근의 시가를 기준으로 순실현가능가액을 평가한 결과 다음과 같다.

① 예상판매가격 ₩600,000
② 예상판매비용 ₩50,000
③ 순실현가능가액 ₩600,000 − ₩50,000 = ₩550,000

풀이

(차) 재고자산평가손실 450,000* (대) 재고자산평가충당금 450,000

* 재고자산평가손실 = 장부가액 − 순실현가능가액
= ₩1,000,000 − ₩550,000
= ₩450,000

그림 7-3 재고자산평가손실과 감모손실의 관계

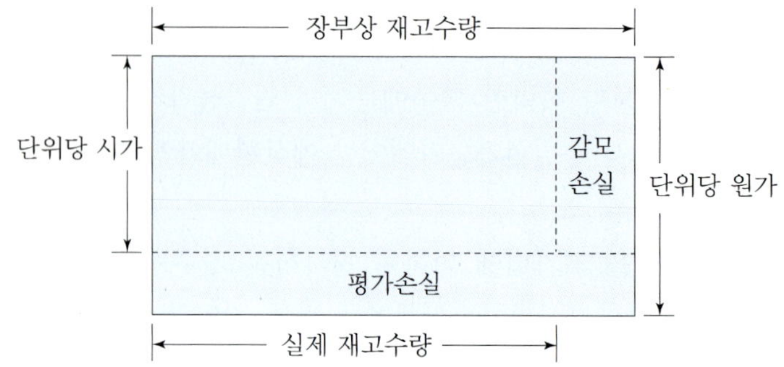

3. 재고자산의 평가손실과 감모손실

앞에서 설명한 바와 같이 재고자산평가손실은 재고자산의 장부가액과 순실현가능가액과의 차액을 의미한다. 재고자산감모손실은 기말에 재고자산에 대한 실사를 하여 실제 재고수량이 장부상의 재고수량보다 적은 경우에 차이 나는 금액을 말한다. 재고자산감모손실을 파악하기 위해서는 계속기록법을 사용하여야 하는데, 정상적인 감모손실의 경우 매출원가에 산입하고 비정상적인 경우 영업외 비용으로 처리한다.

재고자산평가손실과 재고자산감모손실의 관계를 표시하면 [그림 7-3]과 같다.

자습문제

SELF-STUDY

[1] 다음은 동국(주)의 3월 중 매입 · 매출에 대한 기록의 일부이다. 선입선출법 · 후입선출법 · 이동평균법 · 총평균법에 따라 3월 3일에 판매된 상품의 매입단가와 3월 4일에 남은 재고 2개의 매입단가를 계산하시오.

3월 1일	매입 1개	매입단가	₩100
2일	매입 1개	매입단가	₩140
3일	매출 1개	판매단가	₩200
4일	매입 1개	매입단가	₩150

풀이

[선입선출법] 매출상품단가 : ₩100
기말재고상품단가 : (140 + 150)/2 = ₩145
[후입선출법] 매출상품단가 : ₩140
기말재고상품단가 : (100 + 150)/2 = ₩125
[이동평균법] 매출상품단가 : ₩120
기말재고상품단가 : (120 + 150)/2 = ₩135
[총 평 균 법] 총매입원가 : (100 + 140 + 150)/3 = ₩130
매출상품단가 : ₩130
기말재고상품단가 : ₩130

[2] 다음은 동국(주)의 5월 중 상품거래내역이다.

일 자	구 분	수 량	단 가	금 액
5월 1일	기 초 재 고	100	₩55	₩5,500
9일	매 입	290	₩58	₩16,820
16일	매 입	140	₩59	₩8,260
	판매가능상품	530		₩30,580
4일	매 출	45		
13일	매 출	90		
21일	매 출	120		
29일	매 출	130		
	5월중 총판매	385		
31일	기 말 재 고	145		

동국(주)가 실지재고조사법을 사용하고 있을 때 다음의 각 방법에 따라 기말상품재고액을 구하시오.

(1) 선입선출법
(2) 후입선출법
(3) 총평균법

풀이

(1) 선입선출법

140단위×@₩59	₩8,260
5단위×@₩58	290
	₩8,550

(2) 후입선출법

100단위×@₩55	₩5,500
45단위×@₩58	2,610
	₩8,110

(3) 총평균법

30,580/530 = ₩57.^{70}

기말상품재고단가 : 145단위×@₩57.^{70} = ₩8,367

[3] 다음은 동국(주)의 2020년 한 해 동안의 상품거래내역이다.

2020년	1월 1일 기초재고	₩80,000
	1월 1일에서 12월 31일까지의 매입	₩960,000
	매입환출	₩40,000
	1월 1일에서 12월 31일까지의 매출	₩1,350,000
	매출환입	₩60,000

매출총이익률이 30%라고 할 때 동국의 매출원가와 기말상품재고액을 추정하시오.

풀이

(1) 매출원가

매출원가 = 순매출액 − 매출총이익

순매출액 = ₩1,350,000 − ₩60,000 = ₩1,290,000

매출총이익 = ₩1,290,000 × 30% = ₩387,000

∴ 매출원가 = ₩1,290,000 − ₩387,000 = ₩903,000

(2) 기말상품재고액

기말상품재고액 = 기초상품재고액 + 당기상품순매입액 − 매출원가
= ₩80,000 + (₩960,000 − ₩40,000) − ₩903,000
= ₩97,000

[4] 매출총이익이 원가의 50%라고 할 때 매출총이익률은 얼마인지 계산하시오.

풀이

매출총이익률 = 매출총이익 ÷ 매출액

원가를 1이라고 하면 매출총이익은 0.5이고 매출액은 1.5가 됨.

∴ 매출총이익률 = 0.5/1.5 = 33.3%

[5] 다음은 동일한 상품거래를 수행한 기업이 선입선출법과 평균법 각각을 사용한 회계결과의 일부이다. 다음 자료를 이용하여 평균법에 의한 당기순이익을 구하시오.

구 분	선입선출법	평균법
기초재고	₩220,000	₩220,000
기말재고	330,000	325,000
당기순이익	215,000	?

풀이

선입선출법일 때보다 평균법일 때 기말상품재고액이 ₩5,000 작으므로 매출원가는 ₩5,000만큼 클 것이고 당기순이익은 ₩5,000만큼 작을 것이다. 그러므로 평균법에 의한 당기순이익은 ₩215,000 − ₩5,000 = ₩210,000이 된다. 일반적으로 재고자산평가가 당기순이익에 미치는 영향은 다음과 같다.

구 분	매출원가에 미치는 영향	당기순이익에 미치는 영향
기초재고 과대평가	증 가	감 소
기초재고 과소평가	감 소	증 가
기말재고 과대평가	감 소	증 가
기말재고 과소평가	증 가	감 소

연습문제

EXERCISES

▣ 서술형 문제

1. 재고자산이란 무엇인지 설명하시오.
2. 상품매매업에서 재고자산의 평가가 중요한 이유를 설명하시오.
3. 기말재고의 과대평가가 매출원가 및 매출총이익에 미치는 영향을 설명하시오.
4. 기말재고의 과소평가가 매출원가 및 매출총이익에 미치는 영향을 설명하시오.
5. 실지재고조사법과 계속기록법을 비교 설명하시오.
6. 재고자산 감모손실에 대해 설명하시오.
7. 기말재고의 단가를 결정하는 방법 중에서 개별법이 갖는 한계점을 설명하시오.
8. 판매시점관리(POS)에 대해 설명하시오.
9. 인플레이션 하에서 선입선출법, 후입선출법, 총평균법에 의한 방법이 매출총이익에 미치는 영향을 설명하시오.
10. 순실현가능가액(net realizable value)이 무엇인지 설명하시오.
11. 저가기준(lower of cost or market)이란 무엇인지 설명하시오.
12. 기말재고자산이 과대평가되는 경우 재무상태표에 미치는 영향을 설명하시오.
13. 기말재고자산이 과대평가되는 경우 포괄손익계산서에 미치는 영향을 설명하시오.
14. 보수주의 회계원칙이란 무엇인지 설명하시오.
15. 재고자산평가손실과 재고자산평가손실환입(익)에 대하여 설명하시오.

▣ 객관식 문제

1. 재고자산평가방법 중 실지재고조사법에 대한 설명으로 옳지 않은 것은 어느 것인가?
   ① 기중에는 재고수량을 파악하지 않고 기말에 재고자산 수량을 실제로 파악하는 방법이다.
   ② 매입 시에는 매입수량을 기록하나, 매출 시에는 매출수량을 일일이 기록하지 않는다.
   ③ 재고자산과 매출원가를 산출하기 위한 수정분개가 필요하게 된다.
   ④ 매출원가는 기초상품재고액에 당기상품순매입액을 더한 금액에서 기말상품재고액을 차감하여 계산된다.
   ⑤ 기중에 도난이나 파손 등으로 인하여 감소된 상품은 기말상품재고액에 포함된다.

2. 재고자산평가방법 중 계속기록법에 대한 설명으로 옳지 않은 것은 어느 것인가?
   ① 상품의 매입 시는 물론이고 매출 시에도 입출고수량을 장부에 기록한다.
   ② 회계기간 중 언제라도 장부상에서 재고수량을 파악할 수 있다.
   ③ 매출원가와 매출총이익을 상품판매 시에 계산할 수 있다.
   ④ 취급하는 상품의 종류가 적은 기업에 적용가능한 방법이다.
   ⑤ 계속기록법을 사용할 경우에는 기말에 재고조사를 할 필요성이 없어진다.

3. 다음 설명 중 옳지 않은 것은 어느 것인가?
   ① 재고자산의 순실현가능가액이 장부가액보다 하락한 경우에는 순실현가능가액을 재무상태표가액으로 한다.
   ② 순실현가능가액은 추정판매가격을 말한다.
   ③ 기말에 장부상 재고수량보다 실제 재고수량이 더 적은 경우가 발생하는데 이때 차이가 나는 금액을 재고자산감모손실이라 한다.
   ④ 재고자산감모손실이 정상적인 경우에는 매출원가에 산입하고, 비정상적인 경우에는 영업외비용으로 처리한다.
   ⑤ 재고자산평가손실이 발생하는 경우에는 재고자산평가충당금을 설정하여 간접법으로 처리한다.

4. 인플레이션이 지속되고 있을 경우 기말재고자산의 크기를 옳게 나타낸 것은 어느 것인가?
   ① 후입선출법 < 평균법 < 선입선출법
   ② 후입선출법 < 선입선출법 < 평균법
   ③ 선입선출법 < 평균법 < 후입선출법
   ④ 선입선출법 < 후입선출법 < 평균법
   ⑤ 평균법 < 후입선출법 < 선입선출법

5. 인플레이션이 지속되고 있을 경우 법인세 비용의 크기를 옳게 나타낸 것은 어느 것인가?
   ① 후입선출법 < 평균법 < 선입선출법
   ② 후입선출법 < 선입선출법 < 평균법
   ③ 선입선출법 < 평균법 < 후입선출법
   ④ 선입선출법 < 후입선출법 < 평균법
   ⑤ 평균법 < 후입선출법 < 선입선출법

6. 인플레이션이 지속되고 있을 경우 매출원가의 크기를 옳게 나타낸 것은 어느 것인가?
   ① 후입선출법 < 평균법 < 선입선출법
   ② 후입선출법 < 선입선출법 < 평균법
   ③ 선입선출법 < 평균법 < 후입선출법
   ④ 선입선출법 < 후입선출법 < 평균법
   ⑤ 평균법 < 후입선출법 < 선입선출법

7. 선입선출법과 평균법을 비교하여 설명한 것 중 옳지 않은 것은 어느 것인가?
   ① 인플레이션기에는 선입선출법이 평균법에 비하여 기말상품재고액이 높게 평가된다.
   ② 인플레이션기에는 선입선출법이 평균법에 비하여 매출원가가 높게 평가된다.
   ③ 디플레이션기에는 선입선출법이 평균법에 비하여 기말상품재고액이 작게 평가된다.
   ④ 디플레이션기에는 선입선출법이 평균법에 비하여 매출원가가 높게 평가된다.
   ⑤ 정답 없음

8. 당기의 순매출액은 ₩500,000이고, 기초상품재고액은 ₩150,000, 당기중 매입한 상품의 원가가 ₩300,000이다. 매출총이익률이 30%인 경우 기말상품재고액은 얼마인가?

① ₩50,000　　② ₩100,000
③ ₩150,000　　④ ₩200,000
⑤ ₩250,000

※ [9~11] 다음 자료에 의하여 물음에 답하라. 단, 기말에 실지재고조사를 한 결과 기말재고수량은 250개로 파악되었다.

일 자	수 량	단 가
1월　1일	전기이월 100	₩500
8일	매　　입 200	600
12일	매　　입 350	650
25일	매　　입 150	700

9. 실지재고조사법 하에서 선입선출법을 적용하는 경우 기말상품재고액은 얼마인가?

① ₩177,500　　② ₩140,000
③ ₩157,031　　④ ₩175,000
⑤ ₩170,000

10. 실지재고조사법 하에서 후입선출법을 적용하는 경우 기말상품재고액은 얼마인가?

① ₩125,000　　② ₩140,000
③ ₩162,500　　④ ₩150,000
⑤ ₩180,000

11. 실지재고조사법 하에서 총평균법을 적용하는 경우 기말상품재고액은 얼마인가?

① ₩150,750　　② ₩160,171
③ ₩157,031　　④ ₩188,437
⑤ ₩190,000

※ [12~14] 다음 자료에 의하여 물음에 답하라. 단, 기말에 실지재고조사를 한 결과 파악한 기말재고수량은 장부상의 기말재고수량과 일치한다고 가정한다(계산시 소수점 이하 두 자리에서 반올림한다).

일 자	수 량	단 가
10월 1일	전기이월 100	₩500
7일	매 출 50	1,000
11일	매 입 300	650
20일	매 출 250	1,000
25일	매 입 100	600

12. 계속기록법 하에서 선입선출법을 적용 시 기말상품재고액은 얼마인가?

① ₩100,000 ② ₩120,000
③ ₩125,000 ④ ₩130,000
⑤ ₩150,000

13. 계속기록법 하에서 후입선출법을 적용 시 기말상품재고액은 얼마인가?

① ₩117,500 ② ₩120,000
③ ₩122,500 ④ ₩130,000
⑤ ₩140,000

14. 계속기록법 하에서 이동평균법을 적용 시 기말상품재고액은 얼마인가? (단, 원 이하는 반올림)

① ₩120,161 ② ₩120,750
③ ₩122,900 ④ ₩123,858
⑤ ₩130,750

▣ 주관식 문제

1. 다음은 동국전자판매(주)의 4월 중 거래내역이다. 이 자료를 이용하여 아래 물음에 답하시오.

4월	1일	기초재고	100대	@₩100
	3	매 입	300대	@₩120
	10	판 매	300대	
	15	매 입	400대	@₩125
	20	판 매	350대	
	25	매 입	100대	@₩120
	30	기말재고	250대	

(1) 동국전자판매(주)가 실지재고조사법에 의해 회계처리를 하고 있을 경우 FIFO와 LIFO에 의한 기말상품재고액과 매출원가를 구하시오.

(2) 동국전자판매(주)가 계속기록법에 의해 회계처리한다고 가정하고 위의 (1)을 다시 풀어보시오.

2. 다음은 민국(주)의 9월 중 거래내역이며 기말상품수량은 50개이다.

9월	1일	기초재고	200대	@₩3,000
	5	매 출	100대	
	7	매 입	300대	@₩3,500
	10	매 출	300대	
	13	매 입	300대	@₩4,000
	20	매 출	100대	
	25	매 출	300대	
	27	매 입	50대	@₩4,200

(1) 민국(주)는 실지재고조사법을 사용하고 있다고 할 때, FIFO, LIFO 및 평균법에 의한 기말상품재고액과 매출원가를 구하시오.

(2) 민국(주)가 계속기록법을 사용한다고 가정하고 위의 (1)을 다시 풀어보시오.

3. 한국휴대폰판매주식회사의 6월 중 상품의 거래내역은 다음과 같으며, 이 회사는 재고자산에 대하여 실지재고조사법과 선입선출법에 의하여 평가하고 있다. 그러나 최근에 휴대폰에 대한 수요가 예상보다 폭증함에 따라 휴대폰의 매입원가가 계속 상승하고 있기 때문에 현재 채택하고 있는 선입선출법이 타당한지를 검토하고자 한다.

6월 중 상품거래내역

6월 1일	기초재고	100대	@₩50
5일	매 입	300대	@₩60
10일	판 매	250대	@₩80
15일	매 입	400대	@₩70
20일	판 매	400대	@₩100
25일	매 입	200대	@₩80
30일	판 매	150대	@₩120

기말상품수량이 200대인 경우 이상의 자료에 의하여 다음 물음에 답하시오.

1) 실지재고조사법을 사용하여 선입선출법과 평균법을 적용한 각각의 경우에 기말상품재고액과 매출원가를 계산하시오.
2) 휴대폰의 매입원가가 계속 상승하는 경우에 선입선출법과 평균법이 각각 이 회사의 재무상태표, 포괄손익계산서 및 기업의 자금흐름에 어떤 영향을 미치는지 계산하시오.
3) 재고자산평가방법으로서 선입선출법의 장점과 단점을 2가지 이상씩 열거하시오.

4. 동국판매(주)는 화재로 인하여 재고자산과 회계장부가 불에 타서 없어져버렸다. 동국판매(주)는 여러 가지 방법을 동원하여 다음의 자료를 구하였는데, 이 자료를 이용하여 보험회사에 청구할 화재손실액을 추정하시오.

① 기초상품재고액	₩25,000,000
② 당기상품총매입액	₩305,000,000
③ 매입환출	₩15,000,000
④ 당기총매출	₩350,000,000
⑤ 매출환입	₩20,000,000
⑥ 매출총이익률	30%

5. 한국주식회사는 2020년 5월 중에 전기누전에 의한 화재로 인하여 창고가 전소하였다. 회사는 화재로 소실된 상품에 대하여 화재보험에 가입되어 있기 때문에 보험회사에 상품화재손실에 대한 보험금 청구를 하려고 하나, 소실된 상품의 가액을 알 수 없으므로 한국주식회사와 보험회사는 총매출이익률법에 의하여 상품소실액을 추정하기로 합의하였으며 상품소실액 추정을 위한 자료는 다음과 같다. 이 자료에 의하여 화재로 인한 상품소실액을 추정하시오.

① 2020년 1월 1일 장부상의 기초상품재고액	₩4,000,000
② 2020년 1월 1일~화재 직전까지 상품매입액	₩20,000,000
③ 2020년 1월 1일~화재 직전까지 매입환출	₩400,000
④ 2020년 1월 1일~화재 직전까지 상품매출	₩26,000,000
⑤ 같은 기간 중 평균매출총이익률	20%

6. 다음은 민국(주)의 2020년 12월 한 달 동안의 거래자료들이다.

매 출	₩100,000,000	매 입	₩60,000,000
매출환입 및 에누리	₩500,000	매입환출	₩2,000,000
매출할인	₩1,000,000	매입운임	₩15,000,000
월초재고	₩5,000,000	월말재고	₩20,000,000
광고비	₩10,000,000	판 매 비	₩7,000,000
판매원급료	₩4,000,000	차량유지비	₩1,500,000

이 자료에 근거하여

1) 민국(주)의 12월 한 달 동안의 순매출액과 매출원가를 계산하시오.

2) 민국(주)의 12월 한 달 동안의 포괄손익계산서를 작성하시오.

7. 다음은 동국(주)의 2020년도 수정전시산표상의 잔액이다.

현 금 :	₩10,000	토 지 :	₩15,000	매입채무 :	₩5,000
상 품 :	₩8,000	선수임대료 :	₩1,800	급 료 :	₩24,000
건 물 :	₩40,000	감가상각누계액 :	₩8,000	매 입 :	₩30,000
소모품비 :	₩4,000	사 채 :	₩10,000	이자수익 :	₩13,000
자 본 금 :	₩20,000	소 모 품 :	₩500	매 출 :	₩60,000
매출할인 :	₩2,000	매출채권 :	₩5,000	이익잉여금 :	?

〈추가정보〉

① 2020년도 상품의 증가내역은 다음과 같으며 모두 현금으로 구입하다.
기초재고 : 80개(@₩100)　5월 매입 : 40개(@₩100)
7월 매입 : 40개(@₩200)　10월 매입 : 60개(@₩300)

② 기말상품재고수량은 100개이다.

③ 소모품의 기말재고는 ₩300이다.

④ 선수임대료는 2020년도 11월 1일에 3개월분을 선수받은 것이다.

⑤ 2020년도 감가상각비는 ₩4,000이다.

⑥ 사채는 년 12% 이자의 10년 만기이며 이자지급은 후불로 매년 1월 2일이다.

1) 회사가 실지재고조사법을 사용하고 다음의 각 방법을 사용한다고 가정하고 기말상품재고액을 구하시오.
가. 선입선출법　　　　　　나. 평균법

2) 회사가 선입선출법을 사용한다고 가정하고 다음의 수정분개를 하시오.
① 매출원가를 구하는 수정분개(매출원가 계정 사용)
② 소모품비를 구하는 수정분개
③ 선수임대료를 수정하는 분개
④ 감가상각비 관련 수정분개
⑤ 이자비용을 구하는 수정분개

3) 장부를 마감하기 위한 마감분개를 하시오.

4) 수정후시산표상에 나타날 이익잉여금을 구하시오(선입선출법 사용).

8. 다음은 2019년 초에 설립된 한국회사의 최근 2개년 자료이다.

	2019년	2020년
선입선출법하의 매출총이익	₩130,000	₩220,000
선입선출법하의 기말재고액	260,000	400,000
후입선출법하의 기말재고액	210,000	370,000

한국회사가 2019년부터 후입선출법을 사용하였다고 가정할 경우 2020년도의 매출총이익을 구하시오.

CHAPTER 08

A·C·C·O·U·N·T·I·N·G

비유동자산

제 1 절 유형자산

K-IFRS1016호

유형자산

일반적으로 인정된 회계원칙에 따르면 재무상태표상에서 자산은 유동자산과 비유동자산으로 분류한다. 비유동자산은 투자자산, 유형자산, 무형자산 및 기타비유동자산으로 분류한다. 자산은 원칙적으로 1년기준에 의해 유동자산과 비유동자산으로 구분되는데, 정상적인 영업순환주기(normal operating cycle) 내에 소멸할 것으로 예상되는 자산은 예외적으로 1년 이내에 현금화되거나 소멸되지 않더라도 유동자산(current assets)으로 분류한다.

비유동자산은 재무상태표일로부터 1년 혹은 정상적인 영업주기 이내에 소멸하지 않는 장기간 보유할 목적으로 회사가 가지고 있는 자산이다. 비유동자산 중 유형자산과 무형자산은 판매할 목적이 아닌 영업에 사용할 목적으로 보유한 자산으로, 물리적 형태가 있는 자산은 유형자산(tangible assets)이고 물리적 형태가 없는 자산은 무형자산(intangible assets)이다.

이에 비해 투자자산(long-term investments)은 장기투자목적으로 보유한 비유동자산으로 장기적인 투자수익을 얻기 위한 목적으로 보유한 주식이나 채권, 영업활동에 사용하지 않는 부동산 및 장기적인 이자수익을 얻기 위해 보유하고 있는 장기금융자산 등이 투자자산에 속한다. 한편 기타비유동자산(other non-current assets)은 이연법인세자산과 같이 그 성격상 비유동자산이지만 투자자산, 유형자산 및 무형자산에 속하지 않는 자산을 말한다.

1. 유형자산의 의의

유형자산(tangible assets 또는 property, plants and equipments)은 영업과정에서 장기간 계속적으로 사용하기 위해 보유하는 유형의 비유동자산을 말한다. 유형자산의 특징을 요약하면 다음과 같다.

첫째, 유형자산은 장기간 사용하는 자산이다. 장기간이라 함은 일반적으로 결산일로부터 1년 이상 되는 기간을 말한다. 예를 들어, 토지 · 건물 · 기계장치 · 차량운반구 · 비품 등과 같이 1년 이상 장기간 동안 영업과정에서 사용되는 자산이다.

둘째, 유형자산은 그 보유목적이 영업에 사용하기 위한 것이다. 재고자산과 같이 단기간 내에 소비하거나 판매할 목적이 아니라 영업을 위하여 계속하여 사용할 목적으로 보유하는 자산이다. 그러므로 비록 물리적 형태가 토지나 건물이라 할지라도 사용할 목적이 아니라 판매할 목적으로 소유하는 자산은 유형자산이 아니라 상품 또는 제품과 같이 재고자산이 된다. 예컨대, 회사에서 업무용으로 소유하는 승용차는 유형자산인 데 반하여, 자동차판매회사가 판매목적으로 소유하는 승용차는 재고자산이 되어 유동자산에 포함된다.

셋째, 유형자산은 그 보유목적이 영업에 사용하기 위한 것이므로 영업에 사용된다는 것은 수익을 창출하는 데 사용된다는 것을 의미한다. 따라서 유형자산이 영업에 사용된 부분은 비용으로 기록되어야 하는데 이를 **감가상각**(depreciation)이라 한다. 일반적으로 토지를 제외한 유형자산은 매 회계기간에 일정한 방법으로 감가상각을 해야 한다. 유형자산의 감가상각에 대해서는 다음에 상세히 설명할 것이다.

넷째, 유형자산은 토지, 건물, 기계장치 등과 같이 물리적인 실체(physical substance)를 가진 내구성 자산이다. 물리적 실체의 존재 여부는 회계학에서 중요하지 않지만 전통적으로 물리적 실체가 있는 유형자산과 물리적 실체가 없는 무형자산을 분리해 왔다.

일반적으로 인정된 회계원칙에 따르면 유형자산은 다음과 같이 분류된다.

① 토지　② 설비자산　③ 건설중인자산　④ 기타

토지(land)는 공장부지, 주차장, 복지시설 등 회사의 정상적인 영업목적을 위해 보유하는 땅을 말하고, **설비자산**은 영업에 장기간 사용할 건물, 구축물 및 기계장치 등의 설비를 말한다. **건설중인자산**(construction in progress)은 회사가 영업에 사용할 목적으로 자체적으로 건설하거나 제작 중인 유형자산으로 아직 완성되지 않은 자산이다. 건설중인자산은 건설가계정이라고 부르기도 한다.

유형자산을 위와 같이 분류하는 목적은 그 회계방법이 다르기 때문이다. 앞에서도 말했듯이 대부분의 유형자산은 영업에 사용되므로 감가상각의 대상이다.

그러나 토지나 건설중인자산은 유형자산이지만 감가상각의 대상이 아니다. 토지의 경우 내용연수가 무한하기 때문에 전통적으로 감가상각을 하지 않으며 건설중인 자산은 아직 완성되지 않았으므로 감가상각의 대상이 아니다. 이에 일반적으로 인정된 회계원칙은 토지나 건설중인자산과 감가상각의 대상인 설비자산을 분리하도록 요구하고 있다. 설비자산으로 분류되는 대표적인 계정은 다음과 같다.

① 건물 ② 구축물 ③ 기계장치 ④ 차량운반구 ⑤ 선박
⑥ 비품 ⑦ 공구와 기구

여기에서 구축물(structure)이란 영업활동에 필요한 교량, 굴뚝, 담장, 하수시설, 갱도 등과 같은 토목설비나 공작물을 말한다.

2. 유형자산의 취득원가 결정

유형자산을 회계적으로 인식하기 위해서는 ① 당해 자산으로부터 발생하는 미래 경제적 효익이 기업에 유입될 가능성이 매우 높으며, ② 당해 자산의 취득원가를 신뢰성 있게 측정할 수 있어야 한다. 유형자산은 일반적으로 그 종류가 다양하고 취득하는 과정도 매우 복잡하다. 그러므로 유형자산의 취득원가를 어떻게 측정하는가 하는 것은 유형자산회계에서 매우 중요하다.

유형자산의 취득원가(acquisition costs)는 일반적으로 그 자산의 보유목적을 달성할 준비를 완료하는 데까지 들어가는 자산의 구입원가 또는 제작원가뿐만 아니라 취득과정에서 지출되는 직접적인 부대비용을 가산한 금액으로 한다. 유형자산은 영업에 사용할 목적으로 보유하므로 취득원가에 포함되는 부대비용은 관세, 취득세, 등기비, 운반비, 설치비, 각종 수수료 등 그 자산이 사용가능한 상태에 이를 때까지의 합리적이고 필요한 지출(reasonable and necessary expenditure)을 말한다.

유형자산의 취득원가는 다음에 설명할 감가상각의 기초가액이 되므로 미래의 포괄손익계산서상의 순이익에 중요한 영향을 미치게 될 뿐만 아니라 취득원가는 재무상태표에 자산으로 표시되는 가액이 되므로 유형자산의 취득원가를 올바르게 결정하는 것은 매우 중요한 문제가 된다.

(1) 토지의 취득원가

토지의 취득원가는 구입원가에 소개비, 등기비, 취득세 등과 토지의 정지비용, 조경비용, 배수로 설치비용 등 토지의 취득목적을 위하여 사용가능한 상태에 이르기까지의 모든 지출이 포함된다. 토지는 수명의 제한이 없기 때문에 감가상각의 대상이 되지 않으나, 주차장, 인도 등의 시설을 위한 원가는 수명의 제한이 있으므로 토지와 별도의 계정(구축물)으로 하여 적절한 기간에 걸쳐 감가상각을 해야 한다.

예제 8-1

(1) 신공장건설을 위하여 토지 3,300m^2를 ₩5,000,000에 구입하고 대금은 수표를 발행하여 지급하다.

(차) 토 지	5,000,000	(대) 당좌예금	5,000,000

(2) 위의 토지 정지를 위한 비용 ₩500,000과 소유권 등기를 위해 ₩300,000을 현금으로 지급하다.

(차) 토 지	800,000	(대) 현 금	800,000

(2) 설비자산의 취득원가

설비자산의 구입원가에 운반비, 운반 도중의 보험료, 검사비, 관세, 취득세, 설치비, 시운전비 등 설비자산이 사용가능한 상태에 이르기까지의 모든 지출이 취득원가에 포함된다.

예제 8-2

(1) 신공장에 설치할 기계장치를 미국으로부터 현금으로 구입하다. 이에 소요된 지출은 다음과 같다.

① 구입가격 : ₩1,000,000(FOB 샌프란시스코*)

② 보험료 : ₩20,000

③ 운반비 : ₩100,000

* "FOB 샌프란시스코"의 의미는 기계가 샌프란시스코 항구를 떠날 때 기계의 법적 소유권이 구입회사에 이전된다는 것이다. 이를 선적지인도가격(FOB, shipping point)이라 한다. 선적지인도가격은 출발지인도가격이라고도 부른다. 수입의 경우 FOB, 부산으로 계약을 한 경우에는 도착지인도가격(FOB, destination)이라 부른다.

(차) 기계장치	1,120,000	(대) 현 금	1,120,000

(2) 위의 기계장치를 설치완료하였다. 설치완료할 때까지의 지출은 다음과 같다.

① 부산항으로부터 공장까지의 운반비 : ₩50,000

② 관세 : ₩100,000

③ 설치비 : ₩10,000

④ 시운전비 : ₩10,000

(차) 기계장치	170,000	(대) 현 금	170,000

(3) 유형자산을 자가건설 또는 자가제작하는 경우

유형자산을 외부로부터 매입한 경우에는 전술한 바와 같이 매입원가에 유형자산을 당초의 목적대로 사용할 수 있을 때까지의 모든 부대비용을 가산하여 취득원가로 한다. 유형자산을 자가건설하거나 자가제작하는 경우에도 구입하는 유형자산에 적용하는 것과 같은 기준을 적용하여 취득원가를 결정한다. 즉, 원칙적으로 자가건설에 소요된 모든 지출이 자가건설 또는 자가제작한 유형자산의 취득원가에 포함된다.

이때에 유형자산의 건설 또는 제작에 소요된 직접재료비, 직접노무비, 직접경비 등 직접적인 원가는 물론이고 보험료, 간접노무비 및 기타의 각종 경비 등 간접적인 원가(indirect costs)도 적절한 원가배부방법에 따라 취득원가에 포함되어야 한다. 그러나 자가건설에 따른 내부이익과 자가건설 과정에서 발생하는 원재료, 인력 및 기타 자원의 낭비로 인한 비정상적인 원가는 취득원가에 포함되지 않는다.

(4) 건설중인자산

유형자산을 자가건설 또는 자가제작하는 경우에 그 유형자산의 건설 또는 제작이 완료되기까지는 상당한 시일이 소요되므로 건설 또는 제작 도중에 소요되는 모든 지출은 우선 건설중인자산(construction in progress) 계정의 차변에 기입하였다가 건설 또는 제작이 완료되면 해당 유형자산계정에 대체하여야 한다.

예제 8-3

(1) 동국물산은 사무실용 건물을 자가건설하기로 하고 다음의 지출내역을 수표를 발행하여 지급하다.

① 설계비 : ₩10,000,000

② 공사비 : 재료비 ₩50,000,000

노무비 ₩20,000,000

경 비 ₩5,000,000

계 ₩75,000,000

③ 건설자금의 차입금이자 : ₩5,000,000

(차) 건설중인자산	90,000,000	(대) 당좌예금	90,000,000

건물의 건설을 위하여 지출한 설계비, 공사비, 건설자금의 이자비용 등이 모두 건설중인자산 계정에 계상되어야 한다.

(2) 위의 신축건물의 건축이 완료되어 취득세와 등기비를 현금으로 납부하고 등기를 완료하였다.

① 취득세 : ₩2,000,000

② 등기비 : ₩500,000

(차) 건 물	92,500,000	(대) 건설중인자산	90,000,000
		현 금	2,500,000

건설이 완료되었으므로 건설중인자산과 추가로 지급한 취득세와 등기비도 모두 건물계정으로 대체되어야 한다.

예제 8-4

(1) 건물을 자가건설하기로 하고, 설계비 ₩2,000,000을 수표발행하여 지급하다.

(차) 건설중인자산 2,000,000 (대) 당좌예금 2,000,000

(2) 건물의 신축을 위하여 다음의 비용을 현금으로 지출하다.

재료비 : ₩3,000,000 노무비 : ₩2,000,000 경 비 : ₩1,000,000

(차) 건설중인자산 6,000,000 (대) 현 금 6,000,000

(3) 건물이 완성되어 등기를 마치다. 등기비 ₩50,000을 현금으로 지급하다.

(차) 건 물	8,050,000	(대) 건설중인자산	8,000,000
		현 금	50,000

(5) 교환·현물출자·증여 등에 의하여 취득한 유형자산

유형자산을 외부로부터 구입하거나 또는 자가건설에 의하지 않고 다른 자산과 교환(교환취득)에 의하여 취득하거나 출자자로부터 현물출자방법에 의하여 취득하는 경우, 또는 타인으로부터의 증여에 의하여 유형자산을 취득한 경우에는 원칙적으로 취득자산의 **공정가액**(fair value)을 취득원가로 하여야 한다.

예제 8-5

동국물산은 현물출자자로부터 출자의 목적인 토지를 취득하였는데 토지의 시가는 ₩10,000,000이며, 검사인의 검사보고가 완료되고 주당 액면가 ₩5,000, 주당 시가 ₩10,000의 주식 1,000주를 교부하다.

(차) 토 지	10,000,000	(대) 자본금	5,000,000
		주식발행초과금	5,000,000

* 주식발행초과금은 자본잉여금에 속하며 상세한 내용은 제10장에서 취급한다.

(6) 장기후불조건으로 취득한 유형자산

장기후불조건(deferred payment contracts)이란 취득한 자산에 대한 대금을 계약 당시 현금으로 지급하지 않고 지급을 미래로 연기하는 조건을 말한다. 장기후불조건으로 취득하거나 대금지급기간이 일반적인 신용기간보다 긴 경우 당해 유형자산의 취득시점의 현금구입가격으로 취득원가를 결정한다.

여기에서 취득시점의 현금구입가격이란 미래의 장기간에 지급할 현금액을 현재가치(present value)로 할인한 가액을 말한다. 현재가치의 계산방법은 부록에서 상세하게 다룬다.

따라서 장기후불조건으로 유형자산을 구입하는 경우에는 미래의 현금지급 총액과 구입시점의 현금구입가격(즉, 현재가치)과의 차이가 발생할 것이며 이 차액은 대금지급 만기까지의 기간 동안에 이자비용으로 인식하여야 한다. 이에 대한 자세한 내용은 재무회계 또는 중급회계에서 공부하게 된다.

3. 취득 이후의 지출: 자본적 지출과 수익적 지출

유형자산의 취득과정이 완료되면 유형자산은 영업에 사용될 것이다. 영업에 사용되는 기간에 유형자산과 관련하여 다양한 지출이 발생할 수 있다. 예를 들어, 기존건물에 베란다를 설치하거나 차량의 엔진을 교체하는 등 다양한 지출이 발생한다. 다음에서는 이러한 사용기간에 발생하는 지출에 대한 회계처리를 살펴보고자 한다.

설비자산의 중요 부품을 교환하는 것과 같은 특정 지출을 하였는데 그 지출의 효익이 당기 이후의 장기간에 미치는 경우, 즉 미래경제적 효익을 제공하여 자산성이 있는 경우 이러한 지출은 당기의 비용이 되지 않고 유형자산의 취득원가를 구성하므로 기존의 유형자산의 취득원가를 증가시킨다. 자본적 지출(capital expenditure)이란 이와 같이 자산성이 있는 지출을 말한다. 기존의 유형자산을 개량하거나 확장하거나 대체함으로써 유형자산의 성능을 증대시키거나 수명을 연장시키는 지출(미래경제적 효익을 증가시키는 지출)은 자산성이 있으므로 유형자산의 취득원가에 포함되어야 하는 자본적 지출에 속하는 것이다.

이에 반하여 수익적 지출(revenue expenditure)이란 지출의 효익이 당기에 끝나기 때문에 당기의 비용(expense)에 포함되는 지출, 즉 비용화되는 지출을 말한다.

유형자산의 수선 · 유지를 위한 지출은 해당 자산으로부터 당초 예상되었던 성능 수준을 유지하기 위한 것이므로 일반적으로 발생한 기간의 비용으로 인식한다. 따라서 유형자산을 사용하는 데 있어서 경상적으로 발생하는 수선비, 유지비 등은 유형자산의 취득원가에 포함되는 것이 아니고 당기의 비용에 포함되는 수익적 지출인 것이다.

특정 지출을 자본적 지출로 처리하면 지출금액이 당기의 비용이 되지 않고 유형자산의 취득원가에 포함되기 때문에 그 취득원가는 재무상태표상의 유형자산으로 표시되며, 유형자산은 감가상각의 대상이 되므로 그 취득원가의 감가상각비가 당기의 손익에 영향을 미치게 된다. 반면 특정 지출이 수익적 지출로 판단되면 지출금액이 당기의 포괄손익계산서상의 비용에 포함되어 전액이 직접적으로 당기의 손익에 영향을 주게 된다. 그러므로 어떤 지출을 자본적 지출로 할 것인가 또는 수익적 지출로 할 것인가는 매우 중요한 문제이다.

일반적으로 인정된 회계원칙에 의하면 기존의 유형자산의 성능을 증대시키거나 내용연수(useful life)를 연장시키는 지출은 자본적 지출로 하고, 유형자산의 원상을 회복시키거나 현상태를 유지시키기 위한 지출, 또는 지출금액이 상대적으로 적기 때문에 중요하지 않은 지출 등은 수익적 지출로 처리한다.

예제 8-6

(1) 동국상사는 사무실용 건물의 확장공사를 완료하고 공사대금 ₩5,000,000을 수표발행하여 지급하다(자본적 지출).

(차) 건 물	5,000,000	(대) 당좌예금	5,000,000

(2) 동국상사는 기존 사무실건물의 천장 및 전기시설 등을 수리하고 수리대금 ₩200,000을 현금으로 지급하다(수익적 지출).

(차) 수리비	200,000	(대) 현 금	200,000

4. 감가상각의 회계

(1) 감가상각의 의의

토지나 건설중인자산을 제외한 유형자산은 대체로 취득으로부터 수년 또는 수십 년 동안 영업활동을 위하여 사용된다. 이와 같이 유형자산은 그것이 사용되는 기간 중에 계속적으로 수익창출활동에 기여하게 되므로 취득원가 전액을 취득시점에서 비용화하는 것은 수익·비용 대응의 원칙에 비추어 볼 때 불합리하다. 이에 정확한 기간손익계산을 위하여 그 자산이 수익창출에 공헌하는 각 회계기간에 배분하여 비용화시키는 것이 합리적이다.

이와 같이 정확한 기간손익계산을 위하여 유형자산의 취득원가를 해당 자산이 영업목적을 위하여 사용되는 각 회계기간에 배분하여 비용화하는 회계적인 절차를 감가상각(depreciation)이라 한다.

미국공인회계사회(AICPA)는 감가상각을 다음과 같이 정의하고 있다.

> "감가상각은 유형자산의 원가 또는 기초가액에서 잔존가액을 차감한 잔액(감가상각대상금액)을 그 자산의 추정내용연수기간에 조직적이고 합리적인 방법으로 배분하는 것을 목적으로 하는 회계제도이다. 그것은 배분의 과정이지 평가의 과정은 아니다."

그러나 유형자산 중에서 토지는 영업에 사용되는 기간이 무한하기 때문에 일반적으로 감가상각의 대상이 되지 않는다. 감가상각회계의 본질과 관련하여 다음 사항에 유의하여야 한다.

첫째, 감가상각비는 현금지출을 수반하지 않는 비용(non-cash expense)이라는 점이다. 감가상각비는 포괄손익계산서상의 비용에 포함된다. 그러나 급료, 출장여비 등과 같이 현금지출이 수반되는 비용이 아니라 단순히 장부상의 비용, 즉 현금지출이 수반되지 않는 비용인 것이다. 그러므로 포괄손익계산서에 표시된 감가상각비는 결과적으로 이 금액만큼의 자금이 회사 내에 유보(reserve)되어 있다는 것을 의미한다.

둘째, 감가상각은 유형자산의 취득원가의 배분과정(allocation of costs)이지 평가

과정은 아니라는 점이다. 앞의 정의에서 보듯이 감가상각은 매년 해당 자산의 가치를 평가하는 것이 아니다. 경제학적으로 감가상각의 의미는 가치의 감소를 의미하지만 회계학에서는 가치의 감소라기보다 유형자산이 수익창출에 얼마나 사용되었는가를 측정하는 것이다. 감가상각은 유형자산의 취득원가를 기초로 그 자산이 사용된 회계기간에 합리적인 방법에 따라 원가를 배분하는 것으로 적정한 기간손익계산을 하고자 하는 것이지, 자산의 시가를 평가하여 재무상태표에 표시되는 유형자산의 가치를 정확하게 표시하고자 하는 목적이 아니다.

(2) 감가상각의 계산방법

1) 감가상각의 결정요소

감가상각비를 결정하기 위해서는 다음 4가지 요소가 결정되어야 하며 이들 요소에 따라 매기의 감가상각비가 달라진다.

① 취득원가

취득원가(acquisition costs)란 자산의 구입원가 또는 제작원가뿐만 아니라, 취득과정에 들어가는 직접적인 부대비용이 포함된다.

② 추정내용연수

추정내용연수(estimated useful life)란 감가상각대상자산을 영업에 사용할 것으로 기대되는 기간을 추정한 것으로, 즉 감가상각기간을 말한다. 기업은 감가상각대상자산의 내용연수를 추정할 때 자산의 물리적인 특성뿐만 아니라 경제적 · 기능적인 요인도 고려하여 결정한다. 자산의 종류가 대단히 많을 뿐만 아니라 자산의 구조와 용도가 다양하기 때문에 일일이 각 자산에 대하여 객관적으로 타당한 내용연수를 결정하는 것은 매우 어려운 문제이다. 우리나라에서는 실무적으로 법인세법에서 정해 놓은 유형자산 내용연수표를 적용하는 것이 일반적이나 재무회계에서 이를 반드시 준수할 필요는 없다.

③ 추정잔존가액

잔존가액(salvage value, scrap value)이란 내용연수가 만료되어 유형자산을 폐기처분할 때에 회수될 것으로 예상되는 처분가액을 추정한 금액을 말한다. 유형자산을 처분할 때에 철거비용 및 처분비용이 있는 경우에는 그 비용을 차감한 순수입액이 잔존가액이 되어야 한다.

④ 감가상각대상금액

감가상각대상금액(depreciation base)이란 해당 자산의 내용연수 동안 감가상각될 수 있는 금액을 말한다. 이러한 감가상각대상금액은 해당 자산의 취득원가에서 잔존가액을 차감한 금액이다. 물론 취득 이후에 자본적 지출이 있는 경우에는 이 금액도 감가상각대상금액에 포함된다.

2) 감가상각계산방법

유형자산의 감가상각방법은 자산의 경제적 효익이 소멸되는 형태를 반영한 합리적인 방법이어야 한다. 감가상각의 계산방법은 많이 있으나 일반적으로 이용되는 몇 가지 방법에 대하여 설명하기로 한다.

감가상각대상자산에 대한 자료는 다음과 같다고 가정한다.

- 유형자산의 취득원가 : ₩100,000
- 추정잔존가액 : ₩10,000
- 추정내용연수 : 5년

① 정액법(균등상각법)

정액법(straight-line method)은 감가상각대상금액을 추정내용연수로 나눈 금액을 각 연도의 감가상각액으로 하는 방법으로서 내용연수가 완료될 때까지 매년 동일한 금액을 상각하기 때문에 균등상각법이라고도 한다.

$$감가상각액 = \frac{취득원가 - 잔존가액}{내용연수} = \frac{100{,}000 - 10{,}000}{5} = 18{,}000$$

감가상각비는 매년 누적되어 감가상각이 완료되는 때에 있어서 감가상각누계액(accumulated depreciation)은 그 자산의 감가상각대상금액(취득원가 – 잔존가액)과 일치하게 된다.

정액법은 계산이 간편하고 이해하기 쉽다는 점에서 많이 이용되고 있으나 감가상각이 시간의 경과에 정비례하여 발생한다고 가정하는 것이므로 매년 동일한

표 8-1 정액법에 의한 감가상각표

연 도	상각액	감가상각누계액	장부가액
1차연도	18,000	18,000	82,000
2차연도	18,000	36,000	64,000
3차연도	18,000	54,000	46,000
4차연도	18,000	72,000	28,000
5차연도	18,000	90,000	10,000
합 계	90,000		잔존가액

금액을 상각하는 것은 기술혁신이 급속하게 이루어지거나 시장이 빨리 변화하는 자산, 또는 자산의 사용에 따라 감가가 급속히 진행되는 자산의 상각방법으로는 합리적인 방법이라고 보기 어렵다.

② 가속상각법

가속상각법(accelerated depreciation method)이란 감가상각 초기에는 많은 금액을 상각하고 내용연수가 경과함에 따라 점차 적게 상각하여가는 방법이며 **체감잔액법**(declining balance method)이라고도 한다. 가속상각법은 오늘날과 같이 경쟁이 극심하고 기술혁신이 급속히 진행되는 경영환경 하에서 기업이 투자위험을 줄이기 위한 방법으로 이용된다. 가속상각방법을 채택함으로써 투자 초기에 감가상각을 많이 하여 조세부담을 줄일 수 있을 뿐만 아니라 투자한 자금을 빨리 회수할 수 있기 때문이다.

가속상각법의 대표적인 방법으로는 정률법과 연수합계법이 있다.

가. 정률법

정률법(fixed depreciation ratio method)은 매 회계연도 초의 유형자산의 장부가액(취득원가 − 감가상각누계액)에 일정한 상각률을 곱하여 해당 연도의 감가상각액을 산출한다.

$$감가상각액 = 유형자산의\ 기초장부가액 \times 상각률^{*}$$

$$^{*}\ 상각률 = 1 - \sqrt[n]{\frac{잔존가액}{취득원가}}$$

n : 내용연수

표 8-2 정률법에 의한 감가상각표

연 도	상각률	감가상각액	감가상각누계액	장부가액
1차연도	0.369	36,900	36,900	63,100
2차연도	0.369	23,284	60,184	39,816
3차연도	0.369	14,692	74,876	25,124
4차연도	0.369	9,271	84,147	15,853
5차연도	0.369	5,853	90,000	10,000
합 계		90,000		잔존가액

$$\text{상각률} = 1 - \sqrt[5]{\frac{10,000}{100,000}} = 0.369$$

$$\text{1차연도 상각액} = 100,000 \times 0.369 = 36,900$$

$$\text{2차연도 상각액} = 63,100 \times 0.369 = 23,284$$

나. 연수합계법

연수합계법(sum-of-the-years' digits method)도 가속상각방법의 일종이나 정률법보다 체감 정도가 완만하다. 연수합계법에 의한 감가상각액은 다음과 같이 계산한다.

$$\text{감가상각액} = (\text{취득원가} - \text{잔존가액}) \times \frac{\text{잔여내용연수}}{\text{내용연수의 급수합계}}$$

내용연수의 급수합계란 예를 들어 내용연수가 5년인 경우 1부터 5까지 급수를 더한 합계($1+2+3+4+5$)를 의미한다. 물론 분자의 잔여내용연수는 회계기간의 기초에 남아 있는 내용연수를 의미한다.

내용연수가 20~30년 되는 건물 등의 경우, 내용연수의 급수합계는 $n(n+1)/2$의 공식을 이용하면 쉽게 구할 수 있다.

표 8-3 연수합계법에 의한 감가상각표

연 도	감가상각액	감가상각누계액	장부가액
1차연도	$(100{,}000-10{,}000)\times\frac{5}{15}=30{,}000$	30,000	70,000
2차연도	$(100{,}000-10{,}000)\times\frac{4}{15}=24{,}000$	54,000	46,000
3차연도	$(100{,}000-10{,}000)\times\frac{3}{15}=18{,}000$	72,000	28,000
4차연도	$(100{,}000-10{,}000)\times\frac{2}{15}=12{,}000$	84,000	16,000
5차연도	$(100{,}000-10{,}000)\times\frac{1}{15}=6{,}000$	90,000	10,000
합 계	90,000		잔존가액

③ 생산량비례법

생산량비례법(units-of-output method)은 재화의 생산량 또는 서비스의 제공단위를 기준으로 계산하는 방법이다. 광산, 유전, 삼림 등 감모성자산의 상각액을 계산할 때 이 방법을 흔히 사용한다. 이 방법을 사용하기 위해서는 내용연수 동안 생산되거나 제공될 총예정생산량을 먼저 추정하여야 한다.

$$\text{감가상각액}=(\text{취득원가}-\text{잔존가액})\times\frac{\text{매기의 실제생산량}}{\text{예정총생산량}}$$

④ 작업시간비례법

작업시간비례법(working-hours method)은 기계장치 또는 기구 중에는 예정가동시간이 과학적으로 산출되어 있는 경우, 이러한 자산의 예정가동시간 중 실제가동시간의 비율에 따라 감가상각액을 계산하는 방법이다. 기본적으로는 생산량비례법과 같은 방법이다.

생산량비례법이나 작업시간비례법은 자산이 수익의 창출에 기여하는 정도와 감가상각비가 합리적으로 대응된다는 장점이 있으나, 이와 같은 방법을 적용할 수 있는 유형자산은 상당히 제한되어 있다.

$$\text{감가상각액} = (\text{취득원가} - \text{잔존가액}) \times \frac{\text{매기의 실제가동시간}}{\text{예정총가동시간}}$$

3) 감가상각의 회계처리

감가상각비는 자산에서 직접 차감하지 않고 **감가상각누계액**(accumulated depreciation)계정을 설정하여 이 계정의 대변에 기입하여야 한다. 자산의 장부가액(book value)은 그 자산의 취득원가에서 감가상각누계액을 차감한 금액이 된다. 따라서 감가상각누계액계정은 자산에 대한 차감계정(contra asset account)이며 이렇게 회계처리함으로써 항상 감가상각대상자산의 취득원가와 감가상각누계액 및 장부가액을 알 수 있다.

예제 8-7

(1) 동국물산(주)는 2020년 1월 1일에 취득한 건물에 대하여 정액법에 의하여 감가상각을 하고 있다. 건물의 취득원가는 ₩6,000,000이고, 내용연수는 20년, 잔존가액은 ₩600,000이다. 2020년도의 건물감가상각비를 계산하고 분개하라.

(차) 건물감가상각비 270,000* (대) 건물감가상각누계액 270,000

* 감가상각비의 계산 : (₩6,000,000 − ₩600,000) × 1/20 = ₩270,000

재무상태표에는 다음에서 보는 바와 같이 유형자산에서 감가상각누계액을 차감하는 방식에 의해 장부가액으로 표시한다. 2020년 12월 31일 현재 동국물산(주)의 재무상태표상 건물과 동자산의 감가상각누계액을 표시하면 다음과 같다.

재무상태표

2020년 12월 31일 현재

유형자산	
토 지	10,000,000
건 물	6,000,000
(감가상각누계액)	(270,000)
	15,730,000

5. 유형자산의 처분

유형자산이 영업목적에 적합하지 않거나 내용연수가 모두 경과된 경우에는 매각처분하거나 새로운 자산과 교환하게 되는데 이때에 자산의 처분가액이 장부가액(취득원가 - 감가상각누계액)보다 많은 경우에 그 초과액을 **유형자산처분이익**이라 하고, 처분가액이 장부가액보다 적은 경우에 그 차액을 **유형자산처분손실**이라 한다. **유형자산처분손익**은 포괄손익계산서상의 영업외항목으로 분류된다.

예제 8-8

(1) 취득원가 ₩2,000,000인 기계장치를 ₩1,000,000에 매각처분하다. 처분 시까지의 감가상각누계액은 ₩900,000이다.

(차)	현 금	1,000,000			
	감가상각누계액	900,000	(대)	기계장치	2,000,000
	유형자산처분손실	100,000			

(2) 취득원가 ₩8,000,000의 승용차를 ₩2,500,000에 매각처분하다. 처분 시까지의 감가상각누계액은 ₩6,000,000이다.

(차)	현 금	2,500,000	(대)	차량운반구	8,000,000
	감가상각누계액	6,000,000		유형자산처분이익	500,000

6. 유형자산의 재무상태표 보고

일반적으로 인정된 회계원칙에 따르면 재무상태표에 유형자산을 보고하는 방법에는 원가모형(cost model)과 재평가모형(revaluation model)이 있다. 기업은 유형자산의 취득시점 이후의 회계처리를 원가모형이나 재평가모형 중 하나를 선택할 수 있다.

1) 원가모형

원가모형(cost model)이란 유형자산을 취득시점에 취득원가로 기재하고 그 유형자산을 사용함에 따라 감가상각을 인식하는 모형으로 지금까지 우리가 살펴본

방법이다. 원가모형을 따르는 경우 일반적으로 기말 현재 기업이 보유하고 있는 유형자산은 취득원가와 감가상각누계액을 재무상태표에 보고한다.

그러나 유형자산의 진부화, 물리적 손상, 시장가치의 급격한 하락 등의 원인으로 당해 자산의 회수가능가액이 장부가액에 미달하고 그 미달금액이 중요한 경우에는 이를 장부가액에서 차감하여 자산의 가액을 **회수가능가액**(recoverable value)으로 조정하여야 한다. 예를 들어, 2020년도 말 현재 순장부가액이 ₩10,000(취득원가＝₩15,000, 감가상각누계액＝₩5,000)인 기계장치를 보유하고 있고, 기술의 발전으로 인해 이 기계장치의 회수가능가액이 ₩8,000이라고 하자. 이 경우 장부가액 ₩10,000과 회수가능금액 ₩8,000의 차이를 유형자산의 **손상차손**(impairment loss)으로 인식하고 재무상태표에는 기계장치를 ₩8,000으로 보고하여야 한다.

(차) 유형자산손상차손	2,000	(대) 손상차손누계액	2,000

또한 감액한 자산의 회수가능가액이 미래에 장부가액을 초과한 경우 당해 자산이 감액되기 전의 장부가액에서 감가상각 후 잔액을 한도로 그 초과액을 동 자산의 손상차손환입계정에 기록하고 이를 당기손익항목으로 보고한다.

2) 재평가모형

지금까지 살펴본 유형자산회계는 원가모형에 입각한 회계방법이다. 한국채택국제회계기준에 따르면 기업은 유형자산에 대해 원가모형이나 재평가모형 중 하나를 선택할 수 있다. 이러한 재평가법을 채택하는 경우 기업은 회계기간 말에 자산의 장부금액이 공정가치와 중요하게 차이가 나지 않도록 주기적으로 재평가를 수행해야 한다.

재평가모형을 적용하는 경우 회계적 이슈는 재평가에 따른 평가이익이나 평가손실을 어떻게 재무제표에 반영해야 하는가 하는 문제이다. 일반적으로 인정된 회계원칙에 따르면 재평가결과 평가이익이 발생하는 경우, 즉 재평가잉여금이 발생하는 경우 당기손익항목으로 포함시키지 않고 **기타포괄손익항목**으로 보고하여야 한다.

그러나 재평가결과 평가손실이 발생하는 경우 이는 손상차손과 유사한 성격을 가지므로 **당기손익항목**으로 보고해야 한다. 만일 이전에 해당 자산의 재평가잉여금이 있는 경우 이와 먼저 상계하고 나머지를 당기손익항목에 포함시킨다.

제 2 절 무형자산

1. 무형자산의 의의와 종류

K-IFRS1038호

무형자산

무형자산(intangible assets)이란 유형자산과 마찬가지로 영업에 장기간 사용할 목적으로 보유하는 비유동자산으로서 물리적 형태가 없는 자산을 말한다. 즉, 무형자산은 재화의 생산에 사용하거나 타인에게 임대할 목적과 같이 영업목적에 사용하기 위해 장기간 보유하는 자산이다. 무형자산에 속하는 대표적인 자산이 특허권이나 저작권 등과 같은 산업재산권이다.

무형자산의 특징은 물리적 형태가 없다는 것을 제외하면 유형자산의 특징과 거의 동일하다. 즉, 보유목적이 영업에 사용할 목적이며 그 사용기간이 장기간이고 사용되는 기간 동안 상각(amortization)의 대상이다. 유형자산과 마찬가지로 원가모형이나 재평가모형을 선택적으로 적용할 수 있다. 그러나 유형자산과 달리 무형자산은 기업에 제공할 미래 경제적 효익이 기술발전이나 기업환경의 변화에 민감한 특징을 갖는다.

예를 들어, 무형자산에 속하는 특허권을 가지고 있는 경우 이러한 특허권의 가치는 새로운 기술의 출현이나 생산방식의 변화로 인해 가치가 없는 자산으로 쉽게 변할 수 있다.

기업은 과학적 지식, 새로운 공정의 설계, 지적재산권, 시장에 대한 지식과 상표권(상표명 및 출판권 포함) 등의 무형자원을 취득하거나 개발하는 경우가 빈번하다. 이러한 무형자원의 예에는 컴퓨터소프트웨어, 저작권, 프랜차이즈, 고객 또는 공급자와의 관계, 고객충성도, 시장점유율과 판매권 등이 있다. 이러한 무형자원이 무형자산으로 인식되기 위해서는 다음의 3가지 조건을 모두 충족해야 한다.

① 미래 경제적 효익의 존재
② 식별가능성
③ 해당 자원에 대한 통제

무형자산도 자산이므로 자산으로 인식되기 위해서는 먼저 자산의 특징인 미래 경제적 효익이 거의 확실시되어야 하고 그 금액을 신뢰성 있게 측정할 수 있어야 한다.

식별가능성이란 그 자산이 기업실체나 다른 자산으로부터 분리될 수 있거나 법적 권리를 창출할 수 있는 경우 등을 의미한다.

해당 자원에 대한 통제란 그 자원으로부터 기대되는 경제적 효익에 대해 제3자의 접근을 제한할 수 있는 경우를 말한다. 예를 들어, 숙련된 종업원이나 훈련을 통해 습득된 종업원의 기술도 미래 경제적 효익을 가져다 줄 수 있으나 숙련된 종업원이나 그들의 기술로부터 창출될 미래 경제적 효익은 기업이 충분히 통제하기가 어렵기 때문에 무형자산의 정의를 충족하지 못한다.

일반적으로 인정된 회계원칙에 따르는 경우 대표적인 무형자산의 예는 영업권, 산업재산권, 개발비 등이 있다. 다음에서는 이들 무형자산에 대해서 간략히 살펴본다.

(1) 영업권

어떤 기업이 유리한 입지조건이나 제조상의 비법, 시장의 독점, 탁월한 경영능력, 효율적인 제조공정 등의 이유로 인하여 동종의 다른 기업보다 항상 많은 이익을 실현하는 경우가 있다. 영업권(goodwill)이란 이와 같이 어떤 기업이 동종 유사기업에 비하여 초과수익력(excess earning power)을 가지고 있는 경우에 미래의 초과수익력을 현재가치로 평가한 가치를 말한다.

이러한 초과수익력이 기업 내부에서 개발된 경우에는 그 가치를 측정할 수 없기 때문에 자산으로 인정되지 않는다. 기업회계기준서에 따르면 영업권은 주로 기업합병, 영업양수 등 매수기업결합과 같이 외부에서 구입한 경우에만 자산으로 인정한다. 앞에서 언급했듯이 무형자산의 인식조건 중 하나는 식별가능성인데 영업권의 경우 식별가능성이 없어도 예외적으로 자산으로 인정된다.

예컨대, 갑회사의 순자산가치는 ₩10,000,000이나 을회사가 갑회사의 초과수익력을 인정하여 ₩15,000,000에 합병하거나 매수하였다면 매수가액 ₩15,000,000과 갑회사의 순자산가액 ₩10,000,000과의 차액 ₩5,000,000이 영업권이 되는 것이다. 다시 말해 영업권은 합병차손에 해당하는 금액을 당해 연도의 비용이나 손실로 처리하지 않고 영업권이라는 무형자산으로 처리한 것이다. 영업권은 아무런 물리적 형태도 없고 그렇다고 법률상 권리도 아니지만 회계에서는 이를 자산으로 보아 무형자산에 포함시킨다. 앞의 경우에는 을회사가 영업권을 ₩5,000,000에 매입한 셈이 된다. 영업권은 반드시 타기업으로부터 유상으로 취득한 경우에만 인정되며 회사 내부에서 스스로 개발한 초과수익력을 평가하여 영업권으로 계상할 수는 없다는 점을 유의하여야 한다. 기업회계기준에서는 영업권을 3년 이내에 상각하도록 규정하고 있다. 그러나 IFRS의 규정에 따르면 영업권은 상각하지 않고 매년 영업권의 가치를 평가하여 손상(impairment) 여부를 분석하여 가치의 손상이 있는 경우 손상차손을 인식한다.

순자산가치 이하로 기업을 매수하거나 합병한 경우 합병차익이 발생하게 되는데 이를 **부의 영업권**(negative goodwill) 또는 **염가매수차익**이라고 한다.

(2) 산업재산권

산업재산권이란 법률에 의하여 일정기간 독점적 · 배타적으로 이용할 수 있는 권리로서 특허권, 실용신안권, 의장권 및 상표권 등이 이에 속한다. 이러한 산업재산권을 외부에서 취득하거나 자체적으로 개발하여 등록한 경우에 이 과정에서 지출된 원가만을 산업재산권이라는 무형자산으로 계상된다.

특허권은 어떤 발명이 특허법에 의하여 등록되어 일정기간 독점적 · 배타적으로 이용할 수 있는 권리를 말한다. **실용신안권**과 **의장권**은 특정한 디자인이 실용신안법 또는 의장법에 의하여 등록되어 독점적으로 이용할 수 있는 권리이며, **상표권**은 특정한 상표를 상표법에 따라 등록하고 이를 독점적 · 배타적으로 이용할 수 있는 권리를 말한다.

(3) 광업권 · 어업권 · 차지권

광업권이란 광업법에 의하여 일정한 광구에서 일정한 광물을 채굴하여 취득할 수 있는 권리로서, 광업권 취득을 위하여 지급한 대가와 부대비용을 광업권의 취득원가로 한다. 광업권의 취득원가에 광물자원의 탐사비용과 개발비 등이 포함되는가에 대하여 우리나라의 기업회계기준에 명확한 규정이 없으나 이들 비용이 취득원가에 포함된다고 보아야 할 것이다.

어업권은 수산업법에 의하여 등록된 일정한 수면에서 어업을 경영할 권리로서, 어업권 취득을 위한 대가와 부대비용을 어업권의 취득원가로 한다. **차지권**이란 임차료 또는 지대를 지급하고 타인의 토지를 사용 · 수익할 수 있는 권리로서, 이 권리를 획득하기 위하여 지급한 직접적인 지출이 취득원가가 된다.

(4) 개발비

개발비(development costs)는 신제품 또는 신기술 등의 개발과 관련하여 발생한 지출(소프트웨어 개발과 관련한 지출을 포함)로서 내부적으로 개발된 무형자산의 하나이다. 기업회계기준서에 의하면 내부적으로 창출된 무형자산의 경우 창출과정을 연구단계와 개발단계로 구분하여, 연구단계에서 발생한 모든 지출은 기간비용으로 처리하고 개발단계에서 발생하는 지출의 경우에도 앞에서 언급된 무형자산의 인식조건을 충족하는 지출만 무형자산으로 인정하고 나머지 지출은 기간비용으로 처리하도록 규정하고 있다.

개발비나 연구비의 자산성에 대하여는 많은 논란이 있었으나 이러한 지출에 따른 미래 경제적 효익이 실현될 가능성에 불확실성이 존재하므로 현재의 추세는 보수주의 입장에서 연구비는 모두 비용으로, 개발비의 경우에는 미래 경제적 효익이 확실한 경우에만 자산으로 인정하고 있다.

예제 8-9

(1) 신제품의 개발을 위하여 연구개발팀에서 지출한 비용의 내용은 다음과 같다. 단, 이 지출은 연구단계의 지출에 속한다.
① 실험용품비 ₩1,000,000
② 실험장비사용료 ₩2,000,000

(차) 연구비	3,000,000	(대) 현 금	3,000,000

위의 연구비는 연구단계에서 지출된 비용으로서 미래 경제적 효익의 창출 여부에 대하여 확실성이 없기 때문에 포괄손익계산서상의 비용으로 처리한다.

(2) 회사의 판매, 구매 및 회계를 효율적으로 연결하고 정보를 신속하게 산출할 수 있는 시스템개발을 위한 용역대금 ₩10,000,000을 현금으로 지급하였다. 이러한 시스템개발비는 무형자산의 인식조건을 모두 충족한다.

(차) 개발비	10,000,000	(대) 현 금	10,000,000

2. 무형자산의 상각

앞에서도 설명한 바와 같이 무형자산은 대부분 일정한 존속기간 또는 유효기간을 가지고 있기 때문에 유형자산과 같이 상각대상이 된다. 따라서 무형자산의 취득원가를 존속기간 또는 유효기간에 걸쳐 비용으로 상각하여야 한다. 유형자산의 상각은 감가상각이라 하고 무형자산의 상각은 말 그대로 상각이라 한다. 영업권을 제외한 **무형자산의 상각**(amortization)은 유형자산의 감가상각(depreciation)과 비교할 때 다음과 같은 특징이 있다.

① 무형자산은 계약이나 관련된 법령에 정해진 경우를 제외하고는 20년 이내의 기간에 상각한다.
② 무형자산의 상각은 정액법, 연수합계법, 생산량비례법 등에 의하여 할 수 있으나, 합리적 상각방법을 정할 수 없을 때는 정액법을 적용한다.
③ 잔존가액은 원칙적으로 영(zero)으로 한다. 무형자산은 구체적인 형태가 없고 법률상의 유효기간이 만료되면 잔존가액의 회수가 곤란하므로 일반적으로 모든 무형자산의 잔존가액은 없는 것으로 간주한다.
④ 상각액의 회계처리는 해당 자산에서 직접 차감하는 직접법으로 하는 것을 원칙으로 한다.

예제 8-10

(1) 동국공업연구소로부터 신제품의 제조에 대한 특허권을 ₩10,000,000에 구입하고 대금은 수표발행하여 지급하고 이의 등록에 필요한 경비 ₩100,000을 현금으로 지급하다.

(차) 특허권	10,100,000	(대)	당좌예금	10,000,000
			현 금	100,000

(2) 결산 시에 특허권 ₩1,010,000을 상각하다. 특허권의 유효기간은 10년이다.

(차) 특허권상각	1,010,000	(대)	특허권	1,010,000

제 3 절 투자자산

1. 투자자산의 의의와 종류

기업이 기본적인 영업활동 이외에도 자금의 여유가 있는 경우에 1년 이상 장기의 투자목적으로 유가증권, 장기성예금, 또는 부동산을 취득하는 경우에 이를 투자자산(long-term investments)이라 하며, 다음과 같은 예가 있다.

(1) 장기성 예금

만기가 1년 이상인 정기예금, 적금 등을 말한다.

(2) 장기성 매출채권

일반적 상거래에서 발생한 장기의 매출채권 및 받을어음을 말한다. 장기성 매출채권은 상환기간, 이자율 등을 고려하여 현재가치(present value)로 평가하여야 한다.

(3) 보증금

보증금에는 전세권, 임차보증금, 영업보증금 등이 있다. 전세권이란 전세금을 지급하고 타인의 부동산을 사용할 수 있는 권리를 말하며, 전세권이 소멸하면 전세금을 우선적으로 변제받을 수 있다.

임차보증금은 타인의 부동산 또는 동산을 사용할 수 있는 권리를 얻기 위하여 지급한 보증금을 말한다. 영업보증금은 상거래나 영업목적을 위하여 지급한 보증금을 말하며, 대리점계약에 의하여 지급하는 거래보증금이나 건설회사 등이 지급하는 하자보증금 등이 그 예이다.

(4) 투자부동산

투자의 목적 또는 비영업용으로 기업이 보유하는 토지, 건물 및 기타의 부동산을 말한다.

(5) 투자유가증권

투자유가증권에는 만기보유금융증권(상각후원가측정금융자산), 매도가능금융증권(기타포괄손익-공정가치측정 금융자산) 등이 있다.

만기보유금융증권은 만기가 고정되어 있고 지급금액이 확정되었거나 결정가능한 유가증권을 취득한 기업이 만기까지 보유할 적극적인 의도가 있는 경우의 금융자산을 말한다.

매도가능금융증권은 단기매매증권, 만기보유증권으로 분류되지 않은 금융자산을 말한다. 예를 들어 채권을 매수하여 일정기간 이자수익을 얻다가 특정시점에 채권을 매각하여 시세차익을 얻을 목적으로 보유하고 있는 채권은 매도가능금융증권으로 분류된다.

투자유가증권에 대한 구체적인 회계처리는 중급회계에서 학습하기 바란다.

연습문제

EXERCISES

▣ 서술형 문제

1. 유형자산의 의의와 종류를 설명하시오.
2. 무형자산의 의의와 종류를 설명하시오.
3. 다음 경우에 있어서 유형자산의 취득원가결정원칙을 설명하시오.
   (1) 자가건설 또는 자가제작시
   (2) 현물출자에 의한 취득시
4. 자본적 지출과 수익적 지출을 비교설명하시오.
5. 감가상각이란 무엇인지 설명하시오.
6. 현금지출이 수반되지 않는 비용(non-cash expense)이란 무엇인지 설명하시오.
7. 균등상각법(정액법)의 장점과 단점을 설명하시오.
8. 가속상각방법의 장점을 설명하시오.
9. 정률법의 문제점을 설명하시오.
10. 무형자산의 상각방법의 특징은 무엇인지 설명하시오.
11. 영업권(goodwill)이란 무엇인가 설명하시오.
12. 산업재산권에 대해 설명하시오.
13. 건설중인자산이란 무엇인지 설명하시오.
14. 감모성자산이란 무엇인지 설명하시오.
15. 투자자산의 종류에 대해 설명하시오.
16. 장기성매출채권의 회계처리 방법에 대해 설명하시오.
17. 임차보증금과 영업보증금에 대해 설명하시오.

▣ 객관식 문제

1. 기계장치를 ₩450,000에 구입하고, 운반비 ₩50,000, 취득세 및 등록세로 ₩100,000을 지급하였다. 이 기계장치를 시운전하는 과정에서 연료비가 ₩100,000이 지출되었다. 이 기계장치의 취득원가는 얼마로 계상되어야 할 것인가?

① ₩450,000　　② ₩500,000
③ ₩600,000　　④ ₩700,000
⑤ ₩800,000

2. 다음의 기계장치와 관련된 지출 중 자본적 지출로 보기 어려운 것은?

① 기계장치의 생산량을 증가시키는 부품의 부착
② 제품의 불량률을 감소시키도록 기존부품을 첨단부품으로 교체
③ 기계장치의 성능을 유지시키는 윤활유의 교체
④ 내용연수를 연장시키는 대폭적인 수선
⑤ 정답 없음

3. 유형자산에 대해 감가상각을 하는 목적을 가장 적절히 기술한 것은?

① 교체용 신규 유형자산의 취득자금 확보
② 감가상각 대상인 유형자산의 정확한 가치평가
③ 자산의 취득원가의 전부 또는 일부의 체계적인 비용화
④ 특정 기간 동안 유형자산의 가치감소분의 정확한 측정
⑤ 유형자산의 합리적인 관리

4. 취득원가 ₩3,000,000의 기계장치를 내용연수 5년, 잔존가액 ₩300,000 정액법으로 감가상각을 하다가 제3차연도 초에 ₩1,650,000에 매각하여 대금은 현금으로 받았을 때의 분개는?

	차변	금액	대변	금액
①	(차) 현 금	1,650,000	(대) 기계장치	3,000,000
	유형자산처분손실	270,000		
	기계감가상각누계액	1,080,000		
②	(차) 현 금	1,650,000	(대) 기계장치	1,380,000
			유형자산처분이익	270,000
③	(차) 현 금	1,650,000	(대) 기계장치	1,920,000
	유형자산처분손실	270,000		

④ (차) { 현　금 1,650,000 / 유형자산처분손실 150,000 }　(대) 기계장치 1,800,000

⑤ (차) { 현　금 1,650,000 / 감가상각누계액 1,080,000 }　(대) 기계장치 1,800,000

5. 무형자산의 상각에 관한 다음 설명 중 부적절한 것은?

① 영업권도 다른 무형자산과 마찬가지로 상각된다.

② 취득원가에서 직접 차감하는 직접법으로 처리하는 것을 원칙으로 한다.

③ 상각기간은 원칙적으로 20년 이내이나 계약이나 관련된 법령에 정해진 경우에는 예외로 할 수 있다.

④ 잔존가액은 원칙적으로 0으로 한다.

⑤ 정답 없음

6. 다음 항목 중 무형자산의 회계처리로 타당성이 없는 것은?

① 기업합병이나 영업양수의 경우와 같이 유상으로 취득한 부분만을 인정하고 있다.

② 무형자산도 원가모형이나 재평가모형 중 하나로 회계처리할 수 있다.

③ 무형자산의 잔존가액은 일반적으로 ₩0으로 한다.

④ 무형자산의 상각방법은 유형자산의 감가상각과 달리 직접법으로 회계처리한다.

⑤ 연구비도 개발비와 같이 자산으로 계상하여야 한다.

7. 다음 중 무형자산으로 계상해야 할 개발비의 요건으로 타당성이 없는 것은?

① 특정한 연구활동과 관련하여 연구단계로부터 개발단계까지의 지출이어야 한다.

② 내부적으로 창출된 브랜드, 고객 목록 및 이와 유사한 항목에 대해서는 개발비로 인정할 수 없다.

③ 미래의 경제적 효익을 확실하게 기대할 수 있어야 한다.

④ 완성된 무형자산을 기업이 이용하거나 판매할 수 있는 능력을 제시할 수 있어야 한다.

⑤ 정답 없음

▣ 주관식 문제

1. 다음의 거래를 분개하시오.
   ① 동국물산은 공장용 토지 3,300m^2를 매입하고 매입대금 ₩5,000,000과 취득세 ₩400,000, 등기비 ₩100,000을 수표발행하여 주다.
   ② 위의 토지 정지를 위한 비용 ₩1,000,000을 현금으로 지급하다.
   ③ 동국물산은 위의 토지 위에 공장건물을 신축하기로 결정하고 태양건설과 공장건축도급계약을 체결하였다. 계약체결과 동시에 착수금 ₩3,000,000을 지급하다.
   ④ 공장건축의 기성고가 30%이므로 이에 해당하는 금액 ₩20,000,000을 수표발행하여 지급하다.
   ⑤ 건물이 준공되었으므로 건설중인자산을 정산하여 건물계정에 대체하다. 건설중인자산의 정산결과는 다음과 같다.
   가. 한국건설에 지급한 공사대금 : ₩50,000,000
   나. 설계비 : ₩10,000,000
   다. 기타비용 : ₩5,000,000

2. 한국회사는 2020년 1월 1일에 창고건물을 ₩36,000에 구입하였다. 추정내용연수는 4년이고 잔존가치는 ₩4,000이다.
   ① 만일 연수합계법을 사용한다면 2020년도 감가상각비는 얼마인지 계산하시오.
   ② 만일 정액법을 사용하는 경우 2020년도 재무상태표에 기록될 감가상각누계액은 얼마인지 계산하시오.
   ③ 만일 정률법(상각률＝0.42로 가정)을 사용하는 경우 2020년도 감가상각비는 얼마인지 계산하시오.

3. 민국회사는 2017년 1월 1일에 구입한 기계(취득원가 : ₩60,000, 잔존가치 : ₩12,000, 내용연수 : 8년)를 2020년 1월 1일에 현금 ₩45,000에 판매하였다. 기계를 정액법으로 감가상각한다고 가정하고 처분일의 분개를 하시오.

4. 동국회사는 2020년도 1월 1일에 건물을 증축하고 ₩500,000을 지급했다. 이 지출은 자본적 지출로 분류되어야 하나 실수로 수익적 지출로 처리되었다. 구건물의 취득원가는 ₩1,500,000이었고 2019년도까지 감가상각누계액은 ₩600,000이

었다. 동국회사는 증축된 건물을 30%의 정률로 감가상각을 한다면 2020년도 건물의 올바른 감가상각비는 얼마인지 계산하시오.

5. 한국회사는 새로운 영업건물을 짓기 위해 330m^{2}의 과수원을 구입했다. 과수원의 구입원가는 ₩200,000이다. 한국회사는 사과나무를 뽑는 데 ₩4,000을 지급하고 과수원을 고르고 땅을 정지하는 데 ₩33,000을 지급했다. 뿐만 아니라 원두막을 철거하는 데 ₩1,000이 들었으며 뽑아진 사과나무를 팔아 순이익 ₩2,500을 벌었다. 한국회사의 이 건물부지의 취득원가는 얼마인지 계산하시오.

6. 다음은 민국주식회사의 2020년도 말 수정전시산표이다. 이를 기초로 하여 다음 물음에 답하시오.

수정전시산표

2020년 12월 31일

현 금	1,000	매입채무	10,000
예 금	1,000	감가상각누계액	10,000
매출채권	13,000	매 출	30,000
건 물	50,000	자본금	40,000
매 입	20,000		
판매비	5,000		
	90,000		90,000

〈물음〉

① 건물의 감가상각방법은 정액법이고 건물 감가상각에 대한 정보가 다음과 같을 때 2020년도 결산을 위한 감가상각비를 계산하고 수정분개를 하시오.
- 취득일자 : 2018년 1월 1일
- 내용연수 : 10년
- 잔존가액 : 없음

② 동 건물을 2021년 1월 초에 ₩33,000에 매각처분하였다고 가정할 때 건물매각 시의 분개를 하시오.

③ 만일 민국주식회사가 취득시점부터 감가상각방법을 정률법으로 하였다면 2020년도 감가상각비는 얼마인지 계산하시오(상각률은 20.6%로 할 것).

CHAPTER 09

A·C·C·O·U·N·T·I·N·G

비유동부채

제 1 절 비유동부채의 의의와 종류

비유동부채(non-current liabilities)란 상환만기일이 12개월 이상 장기간 남아 있는 장기차입부채, 장기충당부채 및 기타비유동부채를 말한다. 즉, 과거 사건의 결과로 발생한 회사의 채무로서, 재무상태표일로부터 1년 이후에 경제적 자원의 희생이 발생하는 부채를 말한다. 한국채택국제회계기준에 따르면 유동부채(current liabilities)를 다음과 같이 구체적으로 제시하고, 그 조건에 충족되지 않는 모든 부채를 비유동부채라 한다.

> ① 정상 영업주기 내에 결제될 것으로 예상
> ② 주로 단기매매목적으로 보유하고 있음
> ③ 보고기간 후 12개월 이내에 결제될 것으로 예상
> ④ 채무자가 보고기간 후 12개월 이상 부채의 결제를 연기할 수 있는 무조건적 권리를 갖고 있지 않음

유동부채와 비유동부채의 중요한 차이점은 일반적으로 ① 유동부채의 경우 차입자가 만기일에 일괄하여 이자를 지급하는 데 비해 비유동부채의 경우 상환일까지 주기적으로 차입자가 이자를 지급하며, ② 비유동부채의 경우 차입자가 원금을 할부로 상환하는 경우가 많으며 비유동부채의 상환을 위해 차입자가 상환기금을 축적하는 것이 보통이다. 유동부채와 마찬가지로 대부분의 비유동부채는 현금이나 금융자산을 미래에 제공해야 하는 **금융부채**(financial liabilities)에 속한다.

금융부채는 계약에 의해 발생되고 현금 등 금융자산으로 갚아야 하는 부채이다. 예를 들면, 장기차입금, 사채, 장기성매입채무 등은 미래에 현금 등 금융자산을 제공해야 하는 금융부채이다. 또한 금융부채를 재무상태표에 별도로 보고하고 금융비용을 포괄손익계산서에 별도로 보고할 것을 요구하고 있다. 그러나 미래에 재화나 용역을 제공해야 하는 의무를 나타내는 장기제품보증충당부채나 경품충당부채 등은 금융부채에 속하지 않는다.

비유동부채는 일반적으로 다음과 같은 계정과목을 포함한다.

장기차입부채	사채, 장기차입금, 장기매입채무, 전환사채, 신주인수권부사채
장기충당부채	퇴직급여충당부채, 장기제품보증충당부채
기타비유동부채	이연법인세부채

이론적으로 비유동부채의 전반적인 회계는 비유동부채 계정과목 간에 큰 차이가 없다. 비유동부채의 경우, 차입자는 일반적으로 미래에 일정한 금액을 지급하는 조건으로 지금 당장 현금및현금성자산을 받는다. 이 경우 지금 당장 유입되는 현금과 미래에 지급할 현금 간에 차이가 발생한다. 즉, 비유동부채의 경우 만기일이 보통 장기이고 화폐의 시간가치를 고려할 때 지금 당장 수령하는 현금과 미래에 지급해야 할 화폐금액 간에 차이가 있는 것이 일반적이다. 따라서, 비유동부채의 회계는 현재가치의 계산과 같은 복잡한 과정이 요구되므로, 이 책에서는 비유동부채의 대표적인 계정과목인 사채에 대한 회계를 중심으로 간략히 살펴보도록 하겠다.

제 2 절 사 채

1. 사채의 의의

사채(bonds, 사채권 또는 채권) 또는 **회사채**(corporate bonds)는 주식회사가 일반투자자로부터 거액의 자금을 장기간 차입하기 위하여 발행한 확정채무임을 표시하는 유가증권을 말하는데, 이러한 유가증권을 구입한 회사는 투자증권이라 하고, 발행한 회사의 입장에서는 사채라 부른다. 회사는 새로운 공장을 건설하거나, 신제품을 생산하기 위하여 새로운 기계설비를 구입하거나 또는 기업의 여러 가지 전략적 목적으로 다른 회사를 인수·합병하기 위하여 거액의 자금이 필요할 경우에 회사는 어떻게 필요한 자금을 조달하는가?

물론 금융기관으로부터 자금을 차입하는 것을 생각할 수 있다. 그러나 금융기관으로부터의 차입금은 일반적으로 상환기간이 단기일 뿐만 아니라 이자율도 높은 편이며 절차도 까다로워 거액의 장기자본을 조달하는 데는 적합하지 않다.

회사가 거액의 장기자금을 조달하는 방법은 신주를 발행함으로써 주주들로부터 자금을 조달하는 **직접조달방법**(equity financing 또는 direct financing)과, 사채를 발행함으로써 일반투자자로부터 장기의 자금을 차입하는 **간접조달방법**(debt financing 또는 indirect financing)이 있다. 사채는 일반대중으로부터 필요한 자금을 모집하는 점과 대량의 증권을 발행하는 점, 그리고 이 증권이 자유롭게 유통되는 점 등에서 주식과 유사하나 다음과 같은 점에서 차이가 있다.

① 사채는 만기가 있으며 채무자인 회사는 사채권에 표시된 만기일에 반드시 원금 또는 원금 및 이자를 상환하여야 하는 점에서 만기가 없는 주식과 다르다.
② 사채는 사채권에 표시된 이자율에 따라 정기적으로 확정이자를 지급해야 한다. 이 점에서 회사의 이익이 있는 경우에 배당금을 받을 수 있고 이익이 없으면 배당을 받을 수 없는 주식과 다르다.
③ 사채를 소유한 사람(사채권자)은 회사의 경영에 참가할 수 없으나 주식을 소유한 주주는 경영참가권(주주총회에서 투표권)을 가지는 점에서 서로 근본적으로 다르다.

지금까지 살펴본 바와 같이 사채는 주식과 마찬가지로 액면금액이 존재하며, 주식에 없는 이자율과 만기일자가 증권에 인쇄되어 있다. **액면금액**(face value)이란 사채의 발행회사가 만기일자에 지급하기로 약속한 금액을 말하며, 증권에 인쇄된 이자율은 **표시이자율**(stated interest rate) 혹은 **액면이자율**(coupon interest rate)이라 한다. 사채를 보유하고 있는 투자자는 발행회사로부터 액면금액에 대해 표시이자율만큼 주기적으로 이자를 수령할 권리와 만기일에 액면금액을 수령할 권리를 갖는다.

2. 사채의 종류

회사채는 일반사채와 특수사채로 나눌 수 있다. 일반사채는 순수한 사채로서의 본질만을 지니고 있는 사채를 말하며, 특수사채는 순수한 사채로서의 본질 이외에도 다른 권리가 내재되어 있는 사채를 말하는데, 전환사채(convertible bonds)와 신주인수권부사채(bonds with stock warrants)가 있다. 전환사채란 사채권자가 원할 경우 일정기간 후에 발행회사의 주식으로 전환할 수 있는 권한이 부여된 사채이다. 신주인수권부사채란 사채권자에게 발행회사 주식을 일정금액으로 매입할 수 있는 권리가 부여된 사채이다.

회사채는 보증 또는 담보의 유무에 따라 보증사채(guaranteed bonds)와 무보증사채(non-guaranteed bonds), 담보부사채(secured bonds)와 무담보부사채(unsecured bonds)로 분류된다. 또한 상환방법에 따라 일시상환사채(term bonds)와 수시상환사채(callable bonds) 및 연속상환사채(serial bonds)로 분류할 수 있다.

보증사채는 발행회사가 금융기관으로부터 원금과 이자의 지급을 보증받아 발행하는 회사채를 말하며, 무보증사채는 금융기관이나 제3자의 보증없이 회사의 신용에 기초하여 발행되는 회사채를 말한다. 담보부사채는 발행회사의 특정자산을 담보로 하여 발행하는 회사채를 의미하며, 무담보부사채는 담보권이 설정되어 있지 않은 사채를 의미한다.

일시상환사채는 만기일에 일괄하여 상환되는 사채를 의미하며, 수시상환사채는 만기일 이전이라도 발행기업이 원하는 시기에 상환할 수 있는 사채이다. 연속상환사채는 원금을 주기적으로 분할하여 상환할 수 있는 사채를 말한다.

3. 사채의 회계

(1) 사채의 발행가액 결정

증권시장에 상장된 기업의 사채는 주식과 같이 시장에서 자유롭게 유통된다. 그럼 사채의 가격은 무엇에 의해 결정될까? 회사가 발행하는 사채의 발행가액이 어떻게 결정되는지 살펴보기 위해 동국회사가 발행한 다음의 사채를 살펴보자.

- 액 면 금 액 : ₩1,000,000
- 표시이자율 : 6%
- 이자지급일 : 매년 12월 31일
- 발 행 일 자 : 2020년 1월 2일
- 만 기 일 : 2022년 12월 31일(3년)

위와 같은 만기가 3년인 사채를 동국회사가 2020년 1월 2일에 발행했다면 동국회사는 2022년 12월 31일에 액면금액 ₩1,000,000을 상환할 의무가 있으며, 또한 매년 12월 31일에 액면금액의 6%인 이자 ₩60,000을 지급해야 할 의무를 갖는다. 한편 이러한 사채를 보유한 투자자(사채권자)는 만기일에 ₩1,000,000을 받을 권리가 있고 매년 12월 31일에 이자 ₩60,000씩 3번을 받을 권리가 있는데, 투자자는 이 사채를 구입하기 위해 얼마를 지급하려고 할 것인가?

투자자가 이 사채를 구입할 때 지급하려는 금액은 투자자가 사채 대신에 다른 곳에 투자했을 때 얻을 수 있는 기회비용에 의해 영향을 받는다. 시장에 참여하는 모든 투자자의 기회비용을 반영한 이자율이 **시장이자율**(market interest rate)일 것이므로 시장에서 사채의 가격은 이러한 시장이자율에 의해 영향을 받을 것이다.

만일 시장이자율이 사채의 표시이자율 6%보다 높으면 투자자는 아무도 사채를 구입하려 하지 않을 것이므로 사채발행회사는 사채의 발행가격을 낮출 수밖에 없고, 반대로 시장이자율이 사채의 표시이자율보다 낮으면 모든 투자자가 사채를 구입하려고 할 것이므로 사채의 발행가격은 상승할 것이다. 따라서 사채의 발행가액은 이 사채를 구입했을 때 투자자의 수익률이 시장이자율과 동일하도록 가격이 형성될 것이다. 즉, 사채를 구입한 투자자가 사채보유로부터 미래에 수령할 현금을 시장이자율로 할인한 현재가치로 사채의 가격이 결정될 것이다.

1) 액면발행

구체적인 사채의 발행가액을 계산하기 위해 먼저 시장이자율이 사채의 표시이자율과 같은 6%인 경우부터 살펴보자. 사채의 보유자는 만기일에 액면금액을 수령하고 매년 액면금액의 6%의 이자를 수령하므로 이를 현재가치로 환산하면 다음과 같다.

① 액면금액의 현재가치 = ₩1,000,000 × 0.83962* = ₩839,620
② 매년 수령할 이자의 현재가치 = ₩60,000 × 2.67301** = ₩160,380

* 현재가치표($n = 3$, $i = 6\%$)의 현가계수
** 정상연금의 현재가치표($n = 3$, $i = 6\%$)의 현가계수

사채의 발행가액 = ① + ②
= ₩839,620 + ₩160,380 = ₩1,000,000

즉, 시장이자율이 사채의 표시이자율과 같은 경우 사채의 발행가액은 액면금액과 동일하다. 투자자는 위 사채를 ₩1,000,000에 구입하면 표시이자율인 6%의 고정수익률을 얻게 되고 시장이자율로 다른 곳에 투자해도 6%의 수익률을 달성하게 되므로 사채의 발행가액은 액면금액으로 결정된다. 이처럼 사채의 표시이자율과 시장이자율이 동일할 때 사채는 액면금액으로 발행되는데 이를 사채의 **액면발행**(issued at par)이라 한다.

2) 할인발행

다음은 사채의 표시이자율이 6%이고 시장이자율이 8%인 경우, 즉 시장이자율이 표시이자율보다 높은 경우를 살펴보자.

① 액면금액의 현재가치 = ₩1,000,000 × 0.79383* = ₩793,830
② 매년 수령할 이자의 현재가치 = ₩60,000 × 2.57710** = ₩154,626

* 현재가치표($n = 3$, $i = 8\%$)의 현가계수
** 정상연금의 현재가치표($n = 3$, $i = 8\%$)의 현가계수

사채의 발행가액 = ① + ②
= ₩793,830 + ₩154,626 = ₩948,456

위에서 보는 바와 같이 사채의 가격을 계산할 때 표시이자율은 단지 매년 지급될 이자금액을 계산하는 데 사용되고 시장이자율은 현재가치를 계산하는 할인율로 사용된다. 시장이자율이 사채의 표시이자율보다 높은 경우 투자자는 시장이자율로 다른 곳에 투자하기를 원하므로 사채의 가격이 하락하여 사채를 구입하더라도 시장이자율 8%의 수익률을 얻을 수 있도록 사채의 가격이 낮아져야 한다. 즉, 시장이자율이 8%인 경우 사채가격이 액면금액보다 낮은 ₩948,456으로 결정되어야 이를 구입하는 투자자가 8%의 수익률을 얻을 수 있다. 이처럼 시장이자율이 표시이자율보다 높을 경우 사채의 발행가액은 액면금액보다 낮게 되는데 이를 사채의 **할인발행**(issued at discount)이라 한다.

3) 할증발행

마지막으로 시장이자율이 5%로 표시이자율 6%보다 낮은 경우를 살펴보자.

① 액면금액의 현재가치 = ₩1,000,000 × 0.86384* = ₩863,840

② 매년 수령할 이자의 현재가치 = ₩60,000 × 2.72325** = ₩163,395

* 현재가치표($n = 3,\ i = 5\%$)의 현가계수

** 정상연금의 현재가치표($n = 3,\ i = 5\%$)의 현가계수

사채의 발행가액 = ① + ②

= ₩863,840 + ₩163,395 = ₩1,027,235

시장이자율이 사채의 표시이자율보다 낮은 경우 투자자는 모두 수익률 6%가 보장되는 사채를 구입하려고 할 것이므로 사채의 가격은 상승하게 된다. 사채를 구입한 투자자의 실제 수익률이 시장이자율과 동일한 수준까지 사채의 가격이 상승할 것이다. 위의 경우 사채의 발행가액이 ₩1,027,235으로 결정되면 이 사채를 구입한 투자자는 시장이자율인 5%의 수익률을 얻게 된다. 이처럼 시장이자율이 표시이자율보다 낮은 경우 사채는 액면금액보다 높은 금액으로 발행되는데 이를 사채의 **할증발행**(issued at premium)이라 한다.

(2) 사채의 발행과 회계처리

여기서는 장기차입부채의 대표적인 계정인 사채계정의 회계처리에 대해 살펴

본다. 사채의 회계처리와 관련한 중요한 회계과정은 발행일의 회계, 이자지급일의 회계, 사채상환일의 회계를 포함한다. 이자지급일의 회계는 유효이자율법(effective interest method)을 이해하여야 하나 이에 대한 설명은 회계원리의 수준을 넘기 때문에, 여기서는 간단히 사채를 발행한 경우 발행시점의 회계처리와 사채의 상환에 대한 회계를 중심으로 간략히 살펴본다.

1) 사채의 발행

앞에서 우리는 사채가 발행될 때 사채의 발행가액이 결정되는 원리를 파악하였다. 사채는 발행될 때 액면으로 발행될 수도 있고 액면금액보다 높은 가액 혹은 낮은 가액으로 발행될 수 있다. 즉, 시장이자율이 사채의 표시이자율보다 높고 낮음에 따라 사채의 발행가액이 사채의 액면금액과 차이가 날 수 있음을 알 수 있다.

이와 같이 사채의 발행가액이 액면금액과 다른 경우 발행회사는 얼마의 금액으로 장기차입부채를 기록해야 할 것인가가 중요하다. 형식상으로는 액면금액이 발행회사가 상환해야 할 원금이지만 실제로 차입한 금액은 사채의 발행가액이다. 그러나 사채의 원금은 미래 만기일에 지급될 예정이다. 이러한 상황에서 발행회사의 부채를 액면금액으로 기록할 것인가 아니면 실제로 차입한 금액인 발행가액으로 분개하여야 할 것인가? 일반적으로 인정된 회계원칙에 따르면 부채의 금액은 미래 상환할 형식적인 명목금액과 미래 상환금액의 현재가치와의 차이가 중요한 경우 현재가치로 기록하여야 한다.

따라서 사채발행 시 사채는 실질적으로 발행회사가 차입한 금액으로 기록해야 한다. 구체적인 사채발행에 대한 회계를 살펴보기 위해 앞에서 살펴본 동국회사가 발행한 사채의 예를 계속 사용하자.

① 액면발행

표시이자율과 시장이자율이 일치하여 사채가 액면금액으로 발행되는 액면발행의 경우 사채의 발행가액과 사채의 액면금액이 일치하므로 발행 시 회계처리는 간단하다.

(차) 현 금	₩1,000,000	(대) 사 채	₩1,000,000

예제 9-1

2020년 4월 1일에 액면 ₩1,000의 사채 ₩1,000,000을 다음과 같은 조건으로 발행하고 사채대금은 모두 당좌예금에 입금하였다.

가. 발행가액 : 액면가액
나. 이자율 : 연 6%
다. 이자지급일 : 매년 3월 31일과 9월 30일(1년에 2회)
라. 만기 : 2023년 3월 31일(3년)

1) 사채발행일자의 분개를 하라.

(차) 당좌예금	1,000,000	(대) 사 채	1,000,000

2) 2020년 9월 30일 이자지급일의 분개를 하라.

(차) 이자비용	30,000	(대) 현 금	30,000

$$₩1,000,000 \times 6\% \times \frac{6\text{개월}}{12\text{개월}} = ₩30,000$$

3) 2020년 12월 31일(결산일)의 결산수정분개

(차) 이자비용	15,000*	(대) 미지급이자	15,000

* 10월 1일부터 12월 31일까지 발생이자

$$₩1,000,000 \times 6\% \times \frac{3\text{개월}}{12\text{개월}} = ₩15,000$$

② 할인발행

시장이자율이 사채의 표시이자율보다 높은 경우 사채는 할인발행을 하게 되는데 앞의 동국회사의 경우 사채의 액면금액은 ₩1,000,000이지만 실제로 발행 시 발행회사가 받은 금액은 ₩948,456이다. 따라서 발행회사가 실제 수령한 현금액을 기준으로 다음과 같이 기록하는 것이 논리적이다.

(차) 현 금	948,456	(대) 사 채	948,456

위의 분개가 틀린 것은 아니지만 회계실무에서는 사채할인발행차금계정을 이

용하여 다음과 같이 분개한다.

(차) 현 금	948,456	(대) 사 채	1,000,000
사채할인발행차금	51,544		

위의 분개에서 **사채할인발행차금계정**은 사채계정의 차감계정이다. 위에서 보는 바와 같이 사채계정은 액면금액으로 기록하고 액면금액과 발행가액과의 차이는 사채할인발행차금계정에 기록한다. 따라서 실제로 사채의 발행회사가 부담하는 부채는 액면금액에서 사채할인발행차금을 차감한 잔액이 되며 이를 사채의 장부가액이라 한다. 사채할인발행차금은 시간이 경과함에 따라 점차 상각(amortization)되어 사채의 만기일에는 그 잔액이 0으로 되고 만기시점의 발행회사의 부채는 액면금액이 된다. 사채할인발행차금은 유효이자율법(effective interest method)에 의해 상각하는데, 본 교재에서는 취급하지 않는다.

예제 9-2

2020년 1월 1일에 액면 ₩100,000의 사채를 만기 5년, 표시이자율 4%의 조건으로 발행하였다. 사채발행 시의 발행가액을 계산하고 사채발행에 대한 분개를 하라. 시장이자율은 5%이고, 이자지급일은 12월 31일이다.

1) 사채발행가액의 계산 :

① 원금의 현재가치 = ₩100,000 × 0.78353*

= ₩78,353

* n : 5, 이자율 : 5%일 때 ₩1의 현가계수

② 이자의 현재가치 = (₩100,000 × 4%) × 4.32948*

= ₩17,317

* n : 5, 이자율 : 5%일 때 정상연금의 현가계수

③ 사채발행가액 = ① + ②

= ₩95,670

2) 발행 시의 분개

(차)	현 금	95,670	(대) 사 채	100,000
	사채할인발행차금	4,330		

위의 분개에서 보는 바와 같이 발행가액이 ₩95,670임에도 불구하고 액면가 ₩100,000을 사채계정(비유동부채)에 기록하며 액면가액과 발행가액과의 차액 ₩4,330은 사채할인발행차금계정에 기록한다. 사채할인발행차금계정은 재무상태표상에 표시할 때에는 사채계정에서 차감하는 형식으로 표시한다. 사채에서 사채할인발행차금을 차감한 잔액이 사채의 장부가액이다.

③ 할증발행

시장이자율이 사채의 표시이자율보다 낮은 경우 사채는 액면금액보다 높은 금액으로 발행된다는 사실을 우리는 이미 살펴보았다. 이와 같은 할증발행의 경우에는 사채의 발행가액이 사채의 액면금액보다 높으므로 그 차이는 사채할증발행차금계정에 기록된다. 이때 사채할증발행차금은 사채와 함께 대변에 기록되므로 사채계정에 대한 가산계정이다.

(차) 현 금	1,027,235	(대)	사 채	1,000,000
			사채할증발행차금	27,235

사채계정이 액면금액으로 기록되지만 사채할증발행차금계정이 가산되므로 실제로 발행회사의 부채는 사채의 발행가액인 ₩1,027,235으로 표시된다. 사채할인발행차금과 같이 사채할증발행차금도 유효이자율법에 따라 상각되어 만기일에는 그 잔액이 0이 될 것이다. 따라서 만기시점에서 발행회사의 부채는 액면금액과 일치하게 된다.

예제 9-3

앞의 [예제 9-2]에서 사채의 표시이자율은 4%이나 시장이자율이 3%인 경우에 사채의 발행가액을 계산하고 발행 시의 분개를 하라.

1) 사채발행가액의 계산

① 원금의 현재가치 ₩100,000 × 0.86261* = ₩86,261

* n : 5, 이자율 : 3%인 경우의 현가계수

② 이자의 현재가치 : (₩100,000 × 4%) × 4.57971* = ₩18,318

* n : 5, 이자율 : 3%인 경우의 정상연금현가계수

③ 사채발행가액 = ① + ②

= ₩104,579

2) 사채발행 시의 분개

(차) 현 금	104,579	(대) 사 채	100,000
		사채할증발행차금	4,579

이 경우에도 발행가액이 ₩104,579임에도 불구하고 사채계정은 액면가 ₩100,000으로 기록되며 액면가액과 발행가액과의 차액, ₩4,579은 사채할증발행차금계정에 기록된다. 사채할증발행차금은 재무상태표상에서 사채계정에 부가하여 표시한다. 사채의 이자지급과 관련된 회계처리방법과 사채할인발행차금 및 사채할증발행차금의 회계처리방법에 대해서는 재무회계 또는 중급회계에서 공부하기 바란다.

(3) 사채의 상환

만기일에 사채의 발행회사는 사채권자에게 사채의 액면가액을 상환하여야 한다. 이와 같이 만기일에 사채를 상환하는 것을 만기상환이라고 한다. 그러나 회사가 자금의 여유가 있거나 시중의 이자율이 하락한 경우 또는 사채의 시가가 하락한 경우에는 사채발행회사는 만기일이 도래하기 전에 사채를 미리 상환하거나 소각하려고 할 것이다.

이와 같이 사채를 만기 전에 상환하는 것을 사채의 **조기상환**(early extinguishment of bonds) 또는 **매입상환**(reacquisition of bonds)이라고 한다. 사채를 만기 전에 조기상환하는 방법은 증권시장에서 사채를 시장가격으로 매입하여 소각하는 방법 또는 사채권자에게 적절한 상환가격을 지급하고 상환하는 방법 등이 있다.

사채를 조기상환하는 경우에는 일반적으로 액면가액 이외의 가액으로 상환하게 되므로 사채의 상환시점에 있어서 사채의 순장부가액과 상환가액이 차이가 생기게 되는데, 상환가액이 순장부가액보다 크면 **사채상환손실**(loss on retirement of bonds)이 발생하고, 상환가액이 순장부가액보다 작으면 **사채상환이익**(gain on retirement of bonds)이 발생하며, 사채상환손익은 포괄손익계산서상의 당기손익항목에 포함시켜야 한다.

예제 9-4

(1) 액면발행한 사채 ₩1,000,000이 만기가 되어 현금으로 상환하다.

(차)	사 채	1,000,000	(대) 현 금	1,000,000

(2) 사채액면 ₩1,000에 대하여 ₩960씩 할인발행한 사채 ₩1,000,000을 만기 전에 시가 ₩980씩 매입상환하다. 상환일 현재 사채할인발행차금 미상각잔액이 ₩30,000 있다.

〈발행 시 분개〉

(차)	현 금	960,000	(대) 사 채	1,000,000
	사채할인발행차금	40,000		

〈상환 시 분개〉

(차)	사 채	1,000,000	(대)	현 금	980,000
	사채상환손실	10,000		사채할인발행차금	30,000

사채의 상환가액 : ₩980,000
사채의 순장부가액 : ₩970,000
(액면가액 ₩1,000,000 − 사채할인발행차금 미상각잔액 ₩30,000 = ₩970,000)
사채상환손실 = ₩980,000 − ₩970,000 = ₩10,000

(3) 사채액면 ₩1,000에 대하여 ₩1,060씩 발행한 사채 ₩1,000,000을 만기 전에 시가 ₩1,020씩 조기상환하다. 상환일 현재 사채할증발행차금 미상각잔액이 ₩40,000 있다.

〈발행 시 분개〉

(차) 현 금	1,060,000	(대)	사 채	1,000,000
			사채할증발행차금	60,000

〈상환 시 분개〉

(차)	사 채	1,000,000	(대)	현 금	1,020,000
	사채할증발행차금	40,000		사채상환이익	20,000

제 3 절 충당부채

1. 충당부채

K-IFRS1037호

충당부채

우발상황(contingencies)이란 미래에 어떤 사건의 발생 여부에 따라 앞으로 손실 또는 이익이 발생할 수 있는 불확실한 현재의 상태 또는 상황을 말한다. 예를 들어, 제품을 판매했는데 고객이 이 제품을 사용한 결과 제품으로 인한 사고가 발생할 수도 있고 사고가 발생하지 않을 수도 있다. 즉, 미래에 사고가 발생하느냐 하지 않느냐에 따라 기업이 부담해야 할 손실액이 확정되기 때문에 현 시점에서는 우발상황, 즉 불확실성이 존재한다. 그러나 기업이 사업을 수행함에 있어 이러한 불확실성을 무수히 많이 직면하므로 이러한 우발상황에 대한 회계처리는 많은 관심의 대상이 되었다.

위에서 예를 든 제품의 안전사고와 같은 위험이 회사의 현재 채무냐 아니면 미래에 발생할 채무냐 하는 논란은 지금도 계속되고 있다. 이러한 우발상황은 과거에 이미 발생한 사건으로부터 발생하지만 이에 대한 결과는 아직 알려지지 않은 것들이다. 이러한 상황이 손실로 연결되느냐와 얼마의 금액으로 손실이 확정되느냐는 미래의 사건에 의해 결정된다.

현행 일반적으로 인정된 회계원칙에서는 이러한 우발상황을 미래에 손실이 발생할 **우발손실**(contingent loss) 상황(우발부채)과 이익이 발생할 **우발이득**(contingent profit) 상황(우발자산)으로 구분하고 보수주의에 입각하여 우발손실 상황에 대한 회계처리를 강조하고 있다. 일반적으로 인정된 회계원칙에 따르면, 우발이득인 경우 우발상황이 확정될 때까지 재무제표에 반영하지 못하도록 하고 있는 반면, 우발손실의 경우 일정한 조건이 충족되면 재무제표에 관련손실(혹은 비용)과 **충당부채**(contingent liabilities)를 기록하도록 규정하고 있다.

우발손실 상황인 경우를 먼저 살펴보자. 일반적으로 인정된 회계원칙에 따르면 우발상황에서 다음의 세 가지 조건이 모두 충족되면 재무제표에 충당부채를 기록하도록 요구하고 있다.

① 과거 사건이나 거래를 결과로 재무상태표일 현재 의무가 존재한다.

② 당해 의무를 이행하기 위해 경제적 자원의 희생가능성이 높다.

③ 희생될 자원의 금액을 신뢰성 있게 추정할 수 있다.

먼저 첫째 조건은 부채인식을 위한 일반적인 요건으로 부채를 발생시키는 원인이 재무상태표일 현재 이미 발생하여 현재의 의무가 존재하여야 한다는 것이다. 두 번째 조건은 아직 사건의 결과가 확정되지는 않았지만 미래에 순자산의 희생이 발생할 확률이 높은 경우를 말한다. 여기서 희생가능성이 높다는 의미를 어떻게 해석해야 하느냐의 문제가 있다. 한국채택국제회계기준에 따르면 발생확률이 50% 이상이 되는 경우를 의미한다. 마지막 요건은 회계상 부채로 인식되기 위해서는 화폐금액으로 측정되어야 하므로 그 측정이 합리적이고 신뢰성 있게 추정될 수 있어야 한다는 것이다. 예를 들어, 기말 현재 제품의 사고로 인해 회사를 상대로 손해배상소송이 제기되었고 고문변호사에 따르면 회사가 패소할 확률이 거의 확실시되며 그 배상금액이 약 ₩5,000,000일 것으로 판단된다면 이러한 우발상황은 기말에 다음과 같이 분개되어야 한다.

(차) 손해배상손실	5,000,000	(대) 손해배상손실충당부채	5,000,000

대변에 기록된 충당부채는 1년 기준에 따라 유동부채와 비유동부채로 적절히 분류되어야 하고 손해배상손실은 포괄손익계산서에 당기손익항목으로 보고되어야 한다.

여기서 유의할 점은 충당부채와 우발부채란 용어를 명확히 구분하여야 한다는 것이다. 우발부채란 실제로 부채가 아니라 부채가 될 수 있는 잠재적인 부채를 지칭하는 용어로 사용된다. 즉 우발부채란 용어는 우발상황 중에서 우발손실상황을 지칭하는 용어이다. 우발부채가 앞에서 제시한 세 가지 인식조건을 모두 충족시키는 경우에 충당부채란 용어가 사용된다.

위의 두 조건 중 하나가 충족되지 않는 우발손실 상황인 경우, 재무제표 본문에는 충당부채로 인식하지 않고 우발상황의 내용, 우발상황이 확정될 경우의 재무적 영향, 금액 추정이 곤란한 사유 등을 주석으로만 공시하도록 하고 있다. 현행 한국채택국제회계기준에서 우발부채에 대해 요구하는 사항을 요약하면 <표 9-1>과 같다.

표 9-1 우발부채의 회계처리

		금액의 측정가능성	
		신뢰성 있는 추정 가능	신뢰성 있는 추정 불가능
자원유출 가능성	가능성이 높음	충당부채로 인식	우발부채로 주석기재
	가능성이 높지 않음	우발부채로 주석기재	우발부채로 주석기재
	가능성이 매우 낮음	주석공시하지 않아도 됨	주석공시하지 않아도 됨

다음에서는 대표적인 충당부채인 판매보증충당부채를 중심으로 회계처리를 살펴보고자 한다.

2. 판매보증충당부채의 회계

기업이 제품을 판매할 때 판매보증(sales warranty 혹은 product warranty)을 제공하는 경우가 있다. 예를 들어, 동국회사가 선풍기를 판매할 때 1년 내에 제품이 고장나거나 하자가 발견되면 무료로 혹은 일부 수리비만 받고 고쳐주기로 약정을 하는 경우가 이에 해당한다. 만일 당기에 선풍기 매출액이 ₩10,000,000이었다고 하자. 이 회사가 선풍기를 판매하는 시점에는 미래에 얼마의 제품보증수리비가 발생할 것인지를 명확히 알 수 없다. 그러나 사업 경험에 의해 보증수리비가 얼마나 발생할 것인지를 합리적으로 예측할 수 있을 것이다. 예를 들면, 매출액의 1%에 해당하는 금액만큼 보증수리비가 발생할 것으로 예측할 수 있다. 이러한 보증수리비가 실제 발생하는 기간은 미래이겠지만 이러한 수리를 발생시키는 원인이 되는 거래는 당기의 매출이다. 수익 · 비용 대응원칙에 따르면 당기의 매출액에 의해 발생할 보증수리비는 당기의 매출에 대응되어야 할 것이다.

이에 현행 회계기준은 당기의 수익에 대응하는 비용으로서 장래 지출이 확실시되면 그 금액을 추산하여 충당부채를 계상하도록 규정하고 있다. 판매보증을 한 경우 미래 경제적 자원의 희생이 발생할 가능성이 높고 계약상 이를 이행하여야 하며, 이러한 채무는 과거 매출 거래의 결과로 발생했으므로 부채의 정의에 입각해서 판매보증충당부채란 계정과목으로 부채로 계상해야 한다. 위의 동국회사의 경우에 보증채무를 매출이 이루어진 연도에 다음과 같이 분개하여야 한다.

(차) 판매보증비용 100,000 (대) 판매보증충당부채 100,000

위의 분개에서 보듯이 아직 발생하지 않은 판매보증비용 ₩100,000은 당기의 매출 ₩10,000,000에서 차감되어야 하는 비용으로 기록되며 이에 대해 미래 희생할 자원의 가치가 판매보증충당부채라는 계정으로 부채로 보고된다.

판매보증충당부채는 다른 부채와는 달리 실제로 언제 상환될 것인지, 구체적으로 어떤 금액으로 확정될 것인지를 모른다는 특징을 갖는다.

만일 그 다음 해에 다시 매출이 ₩10,000,000이고 실제 보증수리가 ₩80,000 발생했다면 매출과 실제 보증수리에 대한 기록은 다음과 같다.

(차)	매출채권	10,000,000	(대)	매 출	10,000,000
	판매보증충당부채	80,000		현 금	80,000

다음 연도의 매출액에 대한 보증수리채무를 매출액의 0.8%로 하향 조정하여 추정한다면 다음과 같이 분개를 할 것이다.

(차) 판매보증비용 80,000 (대) 판매보증충당부채 80,000

이처럼 판매보증충당부채를 매년 연속적으로 설정하여 운용한다. 여기서 첫 번째 연도의 매출에 대한 보증수리가 실제로 발생하지 않고 유효기간이 만료되는 경우 판매보증부채의 환입을 인식해야 할 것이나 실무에서 이를 구체적으로 파악하기는 쉽지 않을 것이므로 중요성의 원칙에 입각하여 계속해서 기말의 판매보증충당부채를 적절한 금액으로 설정하는 방식으로 회계처리하는 것이 편리할 것이다.

이러한 판매보증이 1년 이내의 단기간 보증이면 판매보증충당부채가 1년 이내에 사용될 것으로 기대되므로 이들은 단기충당부채로 유동부채에 포함되어야 한다. 그러나 만일 보증기간이 장기이면 장기판매보증충당부채의 일부가 1년 이후에 사용될 것이므로 일반적으로 인정된 회계원칙에 따르면 전액을 장기충당부채로 분류한다.

연습문제

EXERCISES

▣ 서술형 문제

1. 비유동부채란 무엇인지 설명하고 그 종류를 열거하시오.
2. 주식과 사채를 비교 설명하시오.
3. 사채의 액면발행이란 무엇인지 설명하시오.
4. 사채의 할인발행에 대해 설명하시오.
5. 사채의 할증발행에 대해 설명하시오.
6. 사채의 액면이자율과 시장이자율을 비교 설명하고 다음의 경우 사채의 발행가액과 액면금액을 비교 설명하시오.
   1) 액면이자율 > 시장이자율
   2) 액면이자율 = 시장이자율
   3) 액면이자율 < 시장이자율
7. 사채의 할인발행과 할증발행의 회계처리에 대해 설명하시오.
8. 사채상환손실(또는 이익)에 대해 설명하시오.
9. 충당부채의 예를 하나 들고 충당부채의 회계처리를 설명하시오.
10. 우발상황을 설명하고 각 상황에 대한 회계방법을 설명하시오.

▣ 객관식 문제

※ [1~2] 다음 자료에 의하여 물음에 답하라(단, 원단위에서 반올림할 것).

> 동국주식회사는 2020년 1월 1일에 액면 ₩150,000 사채를 발행하였다. 사채의 표시이자율(액면이자율)은 연 8%이고, 만기는 5년, 이자지급은 매년 12월 31일이다. 현재 시장이자율(유효이자율)은 연 10%이다. 사채발행비는 없다고 가정한다.

1. 2020년 1월 1일의 사채의 발행가액은 얼마인가?
   ① ₩147,580　　② ₩80,000
   ③ ₩138,627　　④ ₩150,002
   ⑤ ₩140,000

2. 2020년 1월 1일 사채발행 시의 분개로 옳은 것은?

	차변		대변	
① (차)	현 금	140,000	(대) 사 채	150,000
	사채할인발행차금	10,000		
② (차)	현 금	150,000	(대) 사 채	150,000
③ (차)	현 금	147,580	(대) 사 채	150,000
	사채할인발행차금	2,420		
④ (차)	현 금	138,627	(대) 사 채	150,000
	사채할인발행차금	11,373		
⑤ (차)	현 금	147,580	(대) 사 채	150,000
	사채할인발행차금	2,420		

3. 다음 중 우발상황을 재무제표 본문에 인식할 수 있는 조건은?
   ① 손실금액을 신뢰성있게 추정할 수 있고 발생확률이 낮은 경우
   ② 이익금액을 신뢰성있게 추정할 수 있고 발생이 확실한 경우
   ③ 사건의 성질이 비경상적이고 발생이 확실한 경우
   ④ 손실금액과 발생 가능성을 신뢰성있게 추정 가능한 경우
   ⑤ 정답 없음

▣ 주관식 문제

1. 다음 거래를 분개하시오.
   ① 액면 ₩1,000의 사채 ₩2,000,000을 ₩960으로 발행하다.
   ② 액면 ₩500의 사채 ₩1,000,000을 ₩460으로 발행하고 사채대금을 받아 당좌예금하다.
   ③ 액면 ₩1,000의 사채 ₩1,000,000을 ₩1,100으로 발행하고 사채대금을 현금으로 받다.

2. 동국회사는 2020년 1월 2일에 다음과 같은 사채를 발행하여 자금을 조달하였다.

   액면금액 : ₩1,000,000
   만기일 : 2022년 12월 31일
   이자지급일 : 매년 12월 31일
   표시이자율 : 8%

   ① 시장이자율이 다음과 같을 때 각각의 경우 사채의 발행가액을 결정하시오.
   ㉮ 시장이자율 = 5%　　㉯ 시장이자율 = 8%　　㉰ 시장이자율 = 10%
   ② 위의 각 경우에 사채발행 시 분개를 하시오.

3. 민국상사는 액면금액 ₩5,000,000인 사채를 다음과 같은 조건으로 발행하고 사채대금을 당좌예입하였다.

   사채발행일 : 2020년 1월 1일
   만기일 : 2022년 12월 31일(3년)
   표시이자율 : 10%
   이자지급일 : 매년 12월 31일

   ① 시장이자율이 10%일 때 발행일자의 분개를 하시오.
   ② 시장이자율이 8%일 경우 발행일자의 분개를 하시오.
   ③ 시장이자율이 12%일 경우 발행일자의 분개를 하시오.
   ④ 위의 사채가 액면발행된 경우 2020년 1월 1일에 ₩5,100,000에 조기상환하였을 경우의 분개를 하시오.

4. 한국회사는 선풍기를 판매하고 있는데 모든 판매에 대해 2년간 무료수리보증을 제공한다. 추정되는 제품보증비용은 판매한 당해 연도에 매출액의 2%, 그 다음 연도에 매출액의 4%가 발생할 것으로 기대한다. 모든 판매는 신용매출이며 제품보증비용은 모두 현금으로 지출된다. 한국회사의 선풍기 매출에 대한 관련 정보는 다음과 같다.

	매 출	실제보증비용
2020년	₩600,000	₩12,000
2021년	₩750,000	₩40,000

① 2020년 및 2021년에 필요한 분개를 하시오.
② 2021년말 재무상태표에 기재될 판매보증충당부채의 금액은?

5. 동국회사는 2020년 말 현재 다음과 같은 세 가지 독립된 우발상황에 직면하고 있다.

① 2020년 12월 10일 민국회사에 화재가 발생하여 건물이 소실되었으며 이웃건물에 상당한 피해를 입혔다. 아직 사고로 인한 어떠한 손해배상청구를 받지는 않았으나, 동국회사의 경영자와 변호사는 손실의 피해에 대한 채무로서 ₩5,000,000이 합당할 것으로 판단하였다.
② 동국회사는 공장에서 나오는 유독물질로 인한 인근 주민에 대한 질병유발 혐의로 인근 주민에 의해 제소되었다. 동국회사의 고문변호사는 재판에서 회사가 패소할 가능성이 그리 높지 않으며 패소할 경우 보상비용은 ₩1,000,000에서 ₩2,500,000 사이에 있을 것이라고 예측하였다.
③ 동국회사는 동국회사의 주원료 공급업체인 한국회사의 주거래은행에서 대출금 ₩2,000,000에 대해서 보증을 서기로 결정했다. 한국회사의 재정적인 문제 때문에 ₩2,000,000에 대해서 대신 지급하였는데 한국회사로부터 ₩500,000밖에 받지 못할 것이 거의 확실시된다.

동국회사는 위 상황에 대해 아무런 회계처리를 하지 않았다. 위 상황을 현행 기업회계기준에 따라 회계처리할 때 포괄손익계산서에 손실 또는 비용으로 계상될 금액은 얼마인가?

CHAPTER 10

A·C·C·O·U·N·T·I·N·G

주식회사의 자본회계

제 1 절 자본의 의의

본 장에서는 재무상태표의 주요 구성항목인 자본에 대해 살펴보고자 한다. 자본회계는 기업의 형태에 따라 약간의 차이가 존재한다. 즉, 회사의 형태가 합명회사냐 아니면 주식회사냐에 따라 자본을 회계처리하는 방법이 조금씩 다르다. 본 장에서는 회사의 여러 형태 중에서 가장 대표적인 회사형태인 주식회사의 자본에 대한 회계를 살펴보고자 한다.

1. 자본의 개념

회계학에서 말하는 자본이란 용어는 우리가 일상생활에서 사용하는 자본개념과 구분되어야 한다. 일반적으로 자본이 없어 사업을 못한다고 말하는 경우처럼 일상생활에서 사용되는 자본은 경제학에서 말하는 생산요소인 '돈'을 의미한다. 그러나 회계학에서 말하는 자본은 회사가 보유한 자산 중에서 소유주가 그 청구권을 행사할 수 있는 부분을 나타내므로 독자들은 혼동이 없기를 바란다.

회계학에서 **자본**(shareholders' equity)이란 이미 제2장에서 설명한 바와 같이 자산에 대한 소유주의 몫을 의미한다. 회계등식에서 좌변인 회사가 보유한 총 경제적 자원인 자산에 대해 채권자의 몫을 부채라 하고 나머지는 소유주의 몫인데 이를 자본이라 한다. 이러한 의미에서 자본은 총자산에서 채권자지분을 차감한 잔여분을 의미하므로 자본을 잔여지분(residual equity)이라 하기도 하고, 자산에서 부채를 차감하였다는 의미로 자본을 순자산(net assets)이라 한다.

자본은 자산에서 부채를 차감하면 회계등식에 의해 자동적으로 결정되는데 그 내용을 살펴보면 크게 두 가지 요소로 구분된다. 자본의 첫 번째 구성요소는 기업의 소유주가 출자한 금액을 나타내는 **납입자본**(contributed capital)이다. 즉, 납입자본은 소유주가 기업에 출자한 금액이므로 이 금액만큼 회사 자산에 대해 소유주가 청구권을 행사할 수 있다. 자본의 두 번째 구성요소는 회사가 영업과정을 통해 벌어들인 이익으로서 아직 주주에게 배당하지 않고 회사가 유보하고 있는 **벌어들인 자본**(earned capital)이다. 회사가 사업을 하거나 보유한 자산의 가치가 증가하여 이익이 나는 경우 이러한 이익은 주인의 몫이다. 벌어들인 이익 중에서 소유주에게 돌려주는 부분을 **배당**(dividends)이라 하며, 아직 배당을 하지 않고 기업 내부에 남아 있는 이익이 바로 벌어들인 자본을 나타낸다.

회계학에서 자본이 나타내고자 하는 것은 기업의 **장부가치**(book value)이다. 즉, 장부상으로 기업이 얼마나 가치가 있는가를 나타낸다. 예를 들어, 자산총액이 1억원이고 부채가 4천만원이면 자본은 6천만원이다. 여기서 6천만원이 의미하는 것은 장부상으로 이 기업의 가치가 6천만원임을 의미한다. 자본이 기업의 장부가치를 나타내는 반면, 기업의 실제가치는 주식의 시장가치에 의해 결정된다.

증권시장에서 거래되고 있는 주식의 주당 시가의 총합을 구하면 이것이 시장에서 결정된 기업의 실제가치가 된다. 투자자는 이러한 회사의 장부가치와 주식의 시가를 서로 비교함으로써 주식에 투자할 것인지 여부를 결정하는 데 중요한 정보를 얻을 수 있다.

2. 주식회사와 주식

(1) 주식회사의 특징

주식회사(corporation)는 자본금이 주식(stock)이라는 소액단위의 증권으로 분할되어 있고 주주는 인수주식에 대한 출자의무만 부담할 뿐 출자액 이상의 회사 채무에 대하여 책임을 부담하지 않는 법인격의 회사형태이다. 자본주의 경제체제는 주식회사와 자본시장을 기초로 하여 유지·발전되고 있다. 또한 주식회사와 자본시장은 현대회계와 밀접한 관련을 가지고 있으며, 회계의 뒷받침 없는 주식회사와 자본시장은 존재할 수 없다. 결국, 주식회사와 자본시장 그리고 회계는 서로 긴밀한 관계를 가지면서 자본주의 경제체제의 기초가 된다고 볼 수 있다.

주식회사는 다음과 같은 특징이 있다.

1) 거액의 자본조달이 가능하다

주식회사는 일반대중으로부터 사채나 주식을 모집함으로써 자금을 조달할 수 있기 때문에 거대한 자본의 조달이 가능하다. 삼성전자나 구글, 애플, 알리바바, 제너럴모터스(GM)와 같은 거대한 기업은 주식회사라는 기업형태가 있었기 때문에 존재가 가능한 것이다.

2) 자본이 증권화되어 자유로이 유통된다

주식회사의 자본은 주식이라는 유가증권으로 분할되어 있고 이 주식은 자유롭게 유통된다. 주식을 소유한 주주(stockholders)는 이익배당청구권, 주주총회의결권, 잔여재산분배청구권 등 소위 주주권을 소유하며, 주요 기업의 주식은 증권시장을 통해 자유롭게 유통이 가능하므로 필요한 경우에 언제나 현금화할 수 있다.

3) 주주는 유한책임을 부담한다

주주는 회사에 대하여 출자액을 한도로 위험을 부담할 뿐 출자액 이상의 회사채무에 대하여 위험을 부담하지 않는다. 따라서 회사의 채권자는 회사의 자산을 한도로 하여 채권을 보장받을 수 있는 것이다.

4) 소유와 경영이 분리된다

위에서 언급한 바와 같이 회사의 소유주인 주주는 그 수에 있어서 무한히 확대되고 또 수시로 변동하므로 대다수의 주주는 회사의 복잡한 경영에 일일이 참여하기보다는 이익의 배당이나 주식의 시세차익을 목적으로 한 투자에만 관심을 갖게 되고 회사의 경영은 전문경영자(professional managements)가 맡아 하게 된다. 더구나 오늘날의 기업환경은 복잡하고 전문화되어 고도의 전문적인 능력의 소유자가 아니고는 경영을 담당할 수 없으므로 소유와 경영의 분리는 가속화되고 있다.

5) 기업의 계속성(going concern)

주식회사는 자본이 주식으로 분산되고 자유롭게 유통되므로 회사소유주 개인의 사망이나 파산 등과 같은 사건에 아무런 영향을 받지 않고 기업의 영구적인 존속이 가능하다. 즉, 기업실체(business entity)는 소유주와 별개의 생명력을 가지고 무한한 존속이 가능한 것이다.

6) 주식회사는 다양한 이해관계자를 갖게 되고 따라서 여러 가지 법적인 규제가 많다

주식회사는 회사의 경영에 직접 참여하지 않는 다수의 주주, 채권자, 고객, 정부, 회사에 대한 납품업자, 종업원 등 다양한 이해관계자를 갖게 되며, 또한 기업활동의 거대화로 말미암아 경제사회에 미치는 영향이 크기 때문에 주식회사의 설립, 채무의 부담, 해산 및 회계 등에 대하여 법적인 규제가 필요한 것이다.

(2) 주식의 의의

앞에서도 살펴본 바와 같이 주식회사의 자본은 주식으로 구성되어 있다. 주식회사는 이러한 주식을 일반투자자에게 발행하고 그 대금을 납입받아 회사가 필요한 자금을 조달한다. 이러한 주식은 주식시장에서 거래되며 수요와 공급에 의해 주식의 가치가 형성된다. 주식은 채권과 마찬가지로 액면금액(par value)이 존재하며 일반적으로 액면금액은 ₩5,000, ₩1,000, ₩500, ₩100 등 다양하다. 이러한 주식의 발행을 통해 회사에 조달된 자금에 대해서는 만기일이 일반적으로 존재하지 않으며 채권과 달리 이자를 의무적으로 지급할 필요도 없다.

주식회사의 주식을 보유하면 보유자는 그 회사의 소유주가 되며 기업에 대해서 다음과 같은 다양한 권리를 행사할 수 있다.

첫째, 주식을 보유한 소유주는 주주총회에 참여하여 기업의 의사결정에 참여할 수 있는 투표권(voting rights)을 갖는다. 소유주는 보유한 주식수에 비례하여 투표권을 갖는다.

둘째, 소유주는 보유한 주식수에 비례해서 배당을 받을 권리를 갖는다. 앞에서도 언급했듯이 회사가 벌어들인 이익은 소유주의 몫이고 이러한 벌어들인 이익을 소유주에게 돌려주는 것을 배당이라 한다. 소유주는 자기가 보유한 주식비율에 따라 배당을 받을 권리가 있다.

셋째, 회사가 추가로 새로운 주식을 발행할 때 이미 보유한 주식비율에 따라 새로운 주식을 배정받을 권리를 갖는다. 예를 들어, 회사주식의 10%를 보유하고 있는 소유주는 새로운 주식 1,000주가 발행될 때 이의 10%인 100주를 우선적으로 구입할 수 있는 권리가 있다. 이러한 권리가 소유주에게 주어지지 않으면 새로운 주식이 발행됨에 따라 소유주의 주식보유비율이 낮아진다. 즉, 새로이 발행되는 주식을 기존 소유주에게 우선적으로 배정하지 않으면 총발행주식수가 증가하는 경우 기존 소유주의 주식보유비율이 낮아질 위험이 존재하게 된다.

넷째, 주식을 보유한 소유주는 기업이 청산하는 경우 잔여재산청구권을 갖는다. 즉, 기업이 청산하는 경우 기업이 보유한 총자산을 처분하여 우선적으로 부채를 상환하고 남는 부분이 있으면 이러한 잔여분에 대해 주식보유비율에 따라 청구권을 행사할 수 있다.

주식은 회사가 자금을 조달하는 주요 수단으로서 투자자의 수요를 충족시키기 위해 다양한 특성을 가진 주식이 존재한다. 앞에서 설명한 다양한 권한을 가진 일반적인 주식을 **보통주**(common stock)라 하고, 보통주의 투표권을 포기하는 대신에 배당을 우선적으로 받을 수 있는 주식을 **우선주**(preferred stock)라 한다. 본 책에서 특별한 언급이 없으면 주식은 보통주를 의미하고, 우선주인 경우에는 구체적으로 주식의 종류를 명시할 것이다.

주식과 관련하여 회계에서 독자들이 알고 있어야 할 몇 가지 중요한 개념은 수권주식, 발행주식, 사외유통주식의 개념이다. 우리나라의 경우 주식회사를 설립할 때 회사의 정관에 회사가 발행할 주식의 총수를 미리 정해야 한다. 이와 같이 회사가 앞으로 발행할 주식의 총수를 **수권주식**(authorized stock)이라 한다. 회사는 이러한 수권주식의 1/4 이상을 발행하여 회사를 설립할 수 있으며 수권주식 중에서 미발행된 주식은 설립 후 이사회의 결의로 새로운 주식을 발행할 수 있다. 회사가 이미 발행한 주식을 **발행주식**(issued stock)이라 한다.

회사가 발행한 주식은 회사 외부에서 유통될 것인데 이와 같이 회사가 발행하여 회사 외부에서 유통되고 있는 주식을 **사외유통주식**(outstanding stock)이라 한다. 일반적으로 사외유통주식은 발행주식과 일치하겠지만 기업이 이미 발행한 자사주식을 다시 매입하는 경우가 있는데 이러한 경우에는 발행주식과 사외유통주식이 일치하지 않는다. 일반적으로 사외유통주식의 경우에만 위에서 살펴본 주식을 보유한 소유주로서의 권리를 행사할 수 있다. 회사가 이미 발행된 자사주식을 다시 매입하는 경우 이러한 주식을 **자기주식**(treasury stock)이라 하는데 이러한 자기주식은 소유주로서의 권리를 행사할 수 없다.

(3) 자본의 분류

앞에서 살펴보았듯이 자본은 자산에서 부채를 차감한 잔액이므로 자산과 부채가 결정되면 자본금액은 자동적으로 결정된다. 이에 자본회계에서 화폐가치로 측정하는 문제는 간단하다. 그러나 자본의 경우 상법의 다양한 규정에 의해 영향을 받으므로 자본의 분류는 조금 복잡하고 그 용어도 어려울 수 있다.

일반적으로 인정된 회계원칙에 따르면 주식회사의 자본은 자본금, 자본잉여금, 자본조정, 기타포괄손익누계액 및 이익잉여금으로 구분된다. 다음에서는 자본의 세부구성항목이 갖는 의미를 간략히 살펴보고자 한다.

1) 자본금(capital stock)

앞에서 설명한 바와 같이 주식회사의 자본은 출자자본과 벌어들인 자본으로 구성되는데 여기서 말하는 자본금과 다음의 자본잉여금이 출자자본을 주로 나타낸다. 납입자본 중에서 **자본금**(contributed capital at par)은 발행한 주식의 총수에다 주당 액면금액을 곱한 금액이다.

> 자본금 = 발행주식수 × 주당 액면금액

앞에서 살펴본 바와 같이 주식은 권리의 차이에 따라 보통주와 우선주가 존재하므로 자본금은 보통주 자본금과 우선주 자본금으로 구분된다. 독자들은 자본과 자본금을 혼동하지 않도록 유의하길 바란다. 회계에서 자본은 회사의 소유주 지분 전체를 나타내고 자본금은 자본 중에서 발행된 주식의 액면금액만을 의미한다.

2) 자본잉여금(capital surplus)

회사는 소유주와 다양한 주식관련거래를 수행한다. 예를 들어, 회사가 주식을 발행하는 거래, 주주로부터 주식을 매입하는 거래 등과 같이 주주와 회사 간의 거래가 발생할 수 있는데, 이와 같이 주주와의 주식관련거래를 **자본거래**라 한다. 이러한 자본거래는 손익거래와 구분되는 것으로 일반적으로 손익거래에서 발생한 이익은 포괄손익계산서에 보고된 후 재무상태표의 이익잉여금이나 기타포괄손익누계액으로 대체되지만 자본거래에서 발생하는 금액 중 액면금액을 초과하는 부분은 **자본잉여금**(contributed capital in excess of par)으로 분류된다.

예를 들어, 주식을 발행하는 경우 발행가액이 액면금액을 초과하는 경우 액면금액은 자본금으로 기록되지만 발행가액이 액면금액을 초과하는 금액은 주식발행초과금이라 하며 이는 자본잉여금으로 분류된다. 또한 주주로부터 이미 발행한 회사의 주식을 매입하여 소각하는 경우에도 주식매입가격이 액면금액보다 낮다면 액면금액만큼은 자본금의 감소로 기록되지만 주식매입가격과 액면금액의 차이는 감자차익이란 자본잉여금으로 분류된다.

이처럼 주주와의 자본거래에서 발생한 금액이 액면금액과 차이가 나고 그것이 회사 입장에서 유리한 차이이면 자본잉여금으로 분류된다. 자본잉여금(contributed capital in excess of par)은 주주와의 자본거래에서 발생한 금액으로 액면금액과 차이가 나는 금액 중 회사의 자본을 증가시키는 부분을 의미한다.

재무상태표에 보고될 때 자본잉여금은 주식발행초과금과 기타자본잉여금으로 구분한다. 기타자본잉여금의 주요 계정에는 감자차익, 자기주식처분이익 등이 있다.

3) 자본조정(capital adjustments)

일반적으로 주식발행을 통한 납입자본과 관련된 금액은 지금까지 살펴본 자본금과 자본잉여금으로 분류된다. 그러나 거래의 성격상 자본거래에 해당하나 아직 최종 납입된 자본으로 확정되지 않은 임시적인 항목이나 자본거래에서 발생한 금액 중에서 액면금액과 차이가 나는 항목으로 회사에 불리한 영향을 미치는 금액은 자본잉여금으로 기록할 수 없다.

예를 들어, 주식을 발행할 때 액면금액보다 낮은 금액으로 발행되는 경우 발행주식의 액면가액과 발행가액의 차이를 나타내는 주식할인발행차금이나 주주로부터 주식을 매입하여 소각하는 과정에서 발생하는 감자차손 등은 자본조정항목으로 분류된다. 즉, **자본조정(capital adjustments)**이란 당해 항목의 성격상 자본거래에 해당하나 최종 납입된 자본으로 볼 수 없거나 자본의 차감성격으로 자본금이나 자본잉여금으로 분류할 수 없는 항목을 말한다. 예를 들면, 주식할인발행차금, 자기주식, 주식매수선택권, 감자차손 및 자기주식처분손실 등이 포함된다.

4) 기타포괄손익누계액(accumulated other comprehensive income)

포괄손익(comprehensive income)은 기말자본에서 기초자본을 차감한 금액 중에서 추가출자나 배당과 같은 자본거래를 조정한 후의 금액을 의미한다. 즉, 포괄손익은 자본거래 이외에서 발생한 모든 손익을 의미한다.

포괄손익은 크게 당기순이익과 기타포괄손익으로 구분되며, 당기순이익은 포괄손익계산서에서 계산된 후 재무상태표상의 이익잉여금으로 보고되고 기타포괄손익은 포괄손익계산서를 거쳐 재무상태표상의 기타포괄손익누계액 부분으로 대체된다.

일반적으로 인정된 회계원칙에 따르면 기타포괄손익누계액의 구성항목은 기타포괄손익-공정가치측정금융자산(또는, 매도가능증권) 평가손익, 재평가잉여금 등

그림 10-1 주식회사의 자본

자 본	자 본 금	우선주자본금, 보통주자본금
	자본잉여금	주식발행초과금, 감자차익, 자기주식처분이익
	자 본 조 정	주식할인발행차금, 감자차손, 자기주식, 미교부주식배당금
	기타포괄손익누계액	매도가능증권 평가손익, 재평가잉여금
	이익잉여금	법정적립금, 임의적립금, 미처분이익잉여금(또는 이월결손금)

이 있다. 예를 들어, 투자자산인 기타포괄손익-공정가치측정금융자산(또는, 매도가능증권)의 시가가 기초보다 증가하여 평가이익이 있는 경우 이러한 기타포괄손익-공정가치측정금융자산(또는, 매도가능증권) 평가이익은 포괄손익계산서에 기타포괄손익항목으로 보고함과 동시에 재무상태표에 기타포괄손익누계액의 항목으로 보고된다.

5) 이익잉여금(retained earnings)

회사의 주주와의 거래인 자본거래가 아닌 손익거래, 즉 영업을 수행하는 과정에서 발생한 거래에서 발생한 손익은 포괄손익계산서에 당기순손익으로 요약된 후 재무상태표의 이익잉여금으로 대체된다. **이익잉여금(retained earnings)**이란 영업과정을 통한 손익거래에서 발생한 손익으로서 소유주에게 배당을 하지 않고 기업이 보유하고 있는 금액을 의미한다. 즉, 기업이 설립된 이후로 창출한 순손익의 총액 중에서 배당을 통해 소유주에게 돌려주지 않고 회사가 보유하고 있는 누적 이익금액을 나타낸다.

일반적으로 인정된 회계원칙에 따르면 이익잉여금은 법정적립금, 임의적립금 및 미처분이익잉여금으로 구분한다.

지금까지 살펴본 주식회사의 자본을 분류하면 [그림 10-1]과 같이 요약될 수 있다.

제 2 절 납입자본

1. 회사설립에 대한 거래

주식회사의 설립은 주식회사의 헌법이라 할 수 있는 정관의 작성으로부터 시작하여 발행할 주식수의 결정 및 주당 액면금액의 결정 등의 과정을 통해 주식을 발행하고 그 대금을 납입받아 완성된다. 주식회사의 설립은 발기설립 및 모집설립으로 구분되며 그 구체적인 절차는 매우 복잡한데, 이에 대해서는 상법을 통해 학습하기를 바란다. 여기서는 회사설립과 관련된 주요 회계과정을 간략히 살펴보고자 한다.

주식회사의 설립은 법적으로 발기설립과 모집설립으로 구분되는데, 발기설립은 회사의 발기인이 설립 시 발행될 주식 모두를 인수함으로써 회사를 설립하는 것이고, 모집설립은 발기인이 발행될 주식의 일부만을 인수하고 나머지 주식은 일반투자자에게 발행하여 회사를 설립하는 방식이다. 어느 방식으로 회사가 설립되든 회사설립의 핵심은 주식의 발행을 통해 자금을 조달한다는 것이다.

발기설립의 형태로 회사가 설립하면 발행될 주식의 전부를 발기인이 인수하고 그 대금을 회사에 납입하므로 다음과 같이 간단하게 현금의 증가와 자본금의 증가로 분개한다.

(차) 현 금	×××	(대) 자본금	×××

물론 회사설립 시 발기인이 주식을 인수하는 대신에 건물이나 토지와 같은 현물을 납입하는 경우에는 이들을 어떻게 평가하느냐에 따라 복잡한 문제가 발생할 수 있다. 예를 들어, 납입한 건물의 가치가 공정가치보다 높게 평가되거나 낮게 평가되면 실제 자본이 과대 혹은 과소로 기록될 수 있다.

예제 10-1

동국주식회사는 수권주식수 10,000주, 설립 시에 발행하는 보통주식수 5,000주, 액면 ₩5,000으로 하고, 발기인이 발행주식 5,000주를 인수함으로써 회사를 설립하였다. 출자는 전액 현금으로 납입받아 당좌예금하다.

(차) 당좌예금 25,000,000 (대) 자본금 25,000,000

한편 모집설립의 경우에는 발기인이 발행주식의 일부를 인수하고 나머지에 대해서는 모집공고를 통해 일반투자자를 모집한다. 해당 회사의 주식을 구입하고 싶은 일반투자자는 구입할 주식의 발행가격 중 일부를 주식청약증거금으로 납부하고 주식청약이 완료되면 회사는 주식을 배정하고 나머지 대금을 납입받는다.

회사가 주식에 대한 청약증거금을 일반투자자로부터 수령한 경우에는 회사가 받은 금액만큼 다음과 같이 분개한다.

(차) 현 금 ××× (대) 주식청약증거금 ×××

주식청약절차가 완료되고 실제로 일반투자자에게 주식을 교부하고 나머지 주식대금을 받은 경우 다음과 같이 분개한다.

(차) { 현 금 ×××, 주식청약증거금 ××× } (대) 자본금 ×××

예제 10-2

동국주식회사는 다음과 같이 설립되다. 회사가 발행할 주식의 수는 5,000주이고, 1주의 액면금액은 ₩5,000이다. 회사설립 시에 발행하는 주식의 수는 3,000주이다.

① 발기인은 500주의 주식을 인수하고 전액 현금으로 납입하다.

(차) 현 금 2,500,000 (대) 자본금 2,500,000

② 주식의 모집공고를 하였던바, 주주로부터 주식청약증거금으로 ₩12,500,000을 현금으로 받다.

(차) 현 금 12,500,000 (대) 주식청약증거금 12,500,000

③ 주식모집이 완료되어 주식금액이 전액 납입되었으므로 주식을 교부하다.

(차) 주식청약증거금	12,500,000	(대) 자본금	12,500,000

2. 납입자본의 증가

(1) 실질적 증자

회사의 설립 후에 사업의 확장이나 부채의 상환 등을 위하여 거액의 자금이 필요한 경우 회사는 주식을 추가로 발행하여 자금을 조달할 수 있다. 이러한 신주발행은 수권주식 중에서 미발행주식의 범위 내에서 이사회의 결의로 발행된다.

이와 같이 주식을 발행하고 그 대금을 납입받는 형태의 신주발행을 유상증자 혹은 실질적 증자라 한다. 유상증자라 하는 이유는 주식의 발행이 무상으로 이루어지는 것이 아니고 주식대금을 받는다는 측면을 나타내고, 실질적 증자라 하는 이유는 유상증자를 통해 주식을 발행하는 경우 회사의 총자본이 증가함과 동시에 납입받은 금액만큼 총자산이 증가하여 실질적으로 자본이 증가하기 때문이다.

실질적 증자를 위해 주식을 신규로 발행할 경우, 액면금액으로 발행할 수도 있고(액면발행), 액면금액 이상으로 발행할 수도 있으며(할증발행), 액면금액 이하로도 발행할 수 있다(할인발행).

1) 주식의 액면발행

유상증자를 함에 있어 신주의 발행가액이 액면금액과 같을 경우 주식의 액면발행이 된다.

액면 ₩5,000의 주식 1,000주를 액면금액으로 발행하였을 경우 다음과 같이 분개한다.

(차) 현 금	5,000,000	(대) 자본금	5,000,000

2) 주식의 할증발행

회사의 영업실적이 우수하고 재무구조가 건실하거나 또는 증권시장에서 주식의 시가가 액면가액을 초과하면 주식을 액면가액 이상으로 발행할 수 있는데, 이것을 **할증발행**이라고 한다. 주식을 할증발행한 경우에 발행가액과 액면가액과의 차액은 **주식발행초과금**(paid in capital in excess of par value)계정의 대변에 기입하고 자본금계정에는 액면가액만 기입하여야 한다. 주식발행초과금은 기업의 영업활동에서 얻어진 이익이 아니고 주주가 자본의 일부로서 납입한 것이므로 납입자본의 일부인 자본잉여금에 포함시켜야 한다.

예제 10-3

동국주식회사는 액면 ₩5,000의 주식 1,000주를 주당 ₩8,000에 발행하고 대금은 당좌예금하다.

(차)	당좌예금	8,000,000	(대)	자본금	5,000,000
				주식발행초과금	3,000,000

예제 10-4

동국주식회사는 액면 ₩5,000의 보통주식 1,000주를 주당 ₩6,000으로 발행하고 금액은 전액 당좌예금하다. 신주발행에 따른 비용 ₩100,000을 현금으로 지급하다.

(차)	당좌예금	6,000,000	(대)	자본금	5,000,000
	주식발행초과금	100,000		주식발행초과금	1,000,000
				현 금	100,000

3) 주식의 할인발행

주식의 **할인발행**이란 발행주식의 액면가액보다 낮은 가액으로 주식을 모집하는 것을 말한다. 우리나라 상법은 원칙적으로 주식의 할인발행을 금지하고 있다. 주식의 할인발행을 자유롭게 허용하면 자본유지의 원칙(또는 자본충실의 원칙)을 저해할 우려가 있다. 왜냐하면 회사의 자본금은 액면가액으로 표시되나 실제로 주식대금 납입으로 인한 순자산의 증가액은 자본금보다 작은 금액이기 때문이다.

그러나 회사가 자금이 긴급하게 필요한데 증권시장의 사정으로 보아 할인발행이 불가피한 경우에 자금의 조달을 가능하게 하기 위하여 일정한 조건이 충족되면 예외적으로 주식의 할인발행이 허용된다.

주식을 할인발행한 경우 발행가액과 액면가액과의 차액을 **주식할인발행차금**이라고 하며, 이 금액은 자본에서 차감하는 형식으로 표시해야 하는 소위 자본조정항목이다. 주식할인발행차금은 주식발행연도부터 3년 내에 균등액 이상을 상각(이익잉여금과 상계처리)하여야 하는데, 여기에서 주의해야 할 사항은 주식할인발행차금의 상각액은 영업외비용이 아니고 이익잉여금에서 차감되어야 할 이익잉여금 처분사항이라는 것이다.

신주발행과정에서 발생하는 주식 인쇄비나 법률수수료 등의 주식발행비용이 발생한다. 이러한 주식발행비용은 주식발행초과금에서 차감한다.

예제 10-5

(1) 동국주식회사는 액면 ₩5,000의 주식 1,000주를 ₩4,000에 할인발행하고 납입액은 당좌예금하다.

(차)	당좌예금	4,000,000	(대) 자본금	5,000,000
	주식할인발행차금	1,000,000		

(2) 주주총회에서 주식할인발행차금 ₩300,000을 상각하기로 결의하다.

(차)	미처분이익잉여금	300,000	(대) 주식할인발행차금	300,000

(2) 형식적 증자

주식대금을 납입받고 주식을 추가로 발행하여 실제적으로 총자본을 증가시키는 것을 실질적 증자라 하였다. 실질적 증자와는 달리, 회사가 주식대금을 납입받지 않고 주식을 추가로 발행하는 것을 **무상증자** 혹은 **형식적 증자**라 한다. 주식대금을 받지 않고 주식을 교부하므로 이는 무상증자이고 주식이 발행된 후에도 실제로 총자본이 증가하지 않으므로 형식적인 증자라 한다. 즉, 형식적 증자는 총자본을 증가시키지 않고 자본금만을 증가시키는 주식의 발행을 의미한다.

형식적 증자는 총자본을 증가시키지 않으므로 자본의 구성항목이 변동하는 거래이다. 즉, 자본에는 자본금 이외에도 자본잉여금이나 이익잉여금이 있는데 이러한 잉여금을 감소시키는 동시에 자본금을 증가시키면 총자본은 변하지 않고 주식이 추가로 발행된다.

이러한 형식적 증자의 대표적인 유형은 자본잉여금의 일부를 자본금으로 전입시키는 경우와 이익잉여금의 일부를 자본금화하는 경우가 있다. 특히 후자의 대표적인 형태가 주식배당이다. 주식배당에 대해서는 나중에 상세하게 살펴보고 여기서는 잉여금의 일부를 자본으로 전입하는 경우의 회계처리를 간략히 살펴본다.

회사가 자본잉여금이나 이익준비금을 자본금으로 전환하기 위하여 신주를 발행하는 경우에는 자본금이 증가하고 잉여금이 감소한다. 이것을 잉여금의 자본전입이라고 한다. 이 경우에 회사의 순자산과 주주지분에는 아무런 변동을 가져오지 않으며 해당 잉여금이 감소하고 자본금이 동일한 금액만큼 증가한다.

예를 들면, 회사의 주식발행초과금을 자본금으로 전입하는 경우에 주식발행초과금이 감소하고 자본금이 증가하나 순자산에는 변동이 없다. 다만, 자본의 구성내용이 변동될 뿐이다. 이때에 자본전입액에 해당하는 주식을 발행하여 기존주주에게 소유주식의 비율에 따라 무상으로 교부하게 되는데, 주식의 대가를 받지 않고 주주에게 주식을 준다는 의미에서 이를 **무상주교부** 또는 **무상증자**라고 한다.

예제 10-6

주식발행초과금 ₩2,000,000을 자본금으로 전입하고 액면 ₩5,000의 신주 400주를 발행하여 교부하다. 자본금으로 전입하기 직전의 재무상태표는 다음과 같다.

재무상태표

현 금	2,000,000	부 채	2,000,000
기타자산	8,000,000	자본금	5,000,000
		주식발행초과금	2,000,000
		이익잉여금	1,000,000
자산합계	10,000,000	부채와자본합계	10,000,000

① 자본전입에 따른 분개

(차) 주식발행초과금 2,000,000 (대) 자본금 2,000,000

② 자본전입 후의 재무상태표

재무상태표

현 금	2,000,000	부 채	2,000,000
기타자산	8,000,000	자본금	7,000,000
		이익잉여금	1,000,000
자산합계	10,000,000	부채와자본합계	10,000,000

주식발행초과금을 자본전입한 후에도 자산합계액은 자본전입 이전과 동일하다. 다만, 주식발행초과금 ₩2,000,000이 없어지고 자본금이 ₩5,000,000에서 ₩7,000,000으로 증가하였을 뿐이다.

(3) 주식분할과 주식병합

주식분할(stock split)이란 주식의 액면가액을 줄이기 위해 하나의 주식을 2개 이상의 주식으로 분할하는 것을 의미한다. 주식분할은 자본총액에 변동이 없이 주식 수가 증가한다는 면에서는 주식배당과 유사하지만, 주식배당은 자본의 구성항목이 변동되지만 주식분할은 자본의 구성항목에 변동이 없다는 점이 다르다. 주식분할은 회계적 사건으로 분류되지 않아 분개의 대상이 아니다.

주당 액면금액이 ₩5,000이고 사외유통주식 수가 1,000주인 회사가 2 : 1로 주식분할을 한 경우와 100%의 주식배당을 한 경우를 비교하면 다음 <표 10-1>과 같다.

표 10-1 주식분할과 주식배당의 비교

구 분	2:1 주식분할 후	100% 주식배당 후
유통주식 수	2,000주	2,000주
자본총액	변동 없음	변동 없음
자본금	변동 없음	증가
잉여금	변동 없음	감소
주당액면가	₩2,500	₩5,000
분 개	분개 없음	잉여금 감소, 자본금 증가

주식병합(reverse stock split)은 주식분할의 반대로 여러 개의 주식을 하나의 주식으로 병합하는 것이다. 주식병합의 경우에도 자산, 부채, 자본의 총액에 영향을 주지 않으며, 자본의 구성항목에도 변동이 없이 단지 액면가액이 증가하고 유통주식수가 감소하는 결과를 초래한다. 주식병합도 분개의 대상이 아니다.

3. 납입자본의 감소

(1) 실질적 감자

회사의 자본금을 감소시키고 이 자본금 감소액을 주주에게 환급하여 주는 경우가 있는데 이를 유상감자라고 한다. 이 경우에는 자본금이 감소하고 동시에 같은 금액만큼의 자산도 감소하여 회사의 규모가 축소되기 때문에 실질적 감자라고도 한다.

일반적으로 실질적인 감자는 흔히 있을 수 없는 일이나 회사의 당초 사업계획의 취소 또는 축소 등으로 인해 자본금이 과잉하여 이를 주주에게 반환하고자 할 때에 있을 수 있는 조치이다. 실질적 감자는 순자산의 감소를 초래하여 채권자에게 피해를 줄 수도 있으므로 그 절차를 엄격하게 하고 있다. 즉, 유상감자를 위해서는 주주총회의 특별결의와 채권자보호절차를 취하여야 한다.

예제 10-7

동국회사는 자본금이 과대하여 자본금 ₩10,000,000 중 ₩1,000,000을 감소하기로 결의하고 이에 해당하는 주식을 액면가액대로 매입소각하다.

(차) 자본금	1,000,000	(대) 현 금	1,000,000

주식을 매입하여 소각할 때에 만일 액면가액 이상 또는 이하로 매입하면 자본금의 감소액과 실제 현금지급액과의 차액이 생기게 되는데 자본금의 감소액보다 실제 현금지급액(주식의 매입가액)이 적은 경우에 그 차액을 감자차익(gain from stock retirement)이라고 하며, 이 감자차익은 자본잉여금으로 분류된다. 만일 실제 지급액이 자본금 감소액보다 큰 경우에 그 차액을 감자차손(loss from stock retirement)이라고 하며, 이 금액은 감자차익이 존재하는 경우 감자차익에서 먼저 차감하고 나머지는 이익잉여금에서 차감하여야 한다.

예제 10-8

자본금을 감소시키기 위하여 액면가액 ₩2,000,000의 주식을 시가 ₩1,800,000으로 매입 소각하였다.

(차) 자본금	2,000,000	(대) 현 금	1,800,000
		감자차익	200,000

(2) 형식적 감자

회사의 결손금이 누적되어 있고 또한 가까운 장래에 영업성적이 크게 호전되어 누적된 결손금을 메우게 될 전망이 없는 경우에 누적된 이월결손금을 없애주기 위하여 회사의 자본금을 감소시켜 이 금액으로 이월결손금을 전보하는 경우가 있다.

이때에는 자본금은 감소하나 이에 해당하는 금액은 주주에게 지급하지 않고 이월결손금을 없애주기(이월결손금과 상계하기) 때문에 회사의 순자산액에는 변동이 없다. 이것을 무상감자 또는 형식적 감자라고 한다.

예제 10-9

다음은 동국주식회사의 재무상태표를 요약한 것이다. 이 회사는 이월결손금 ₩2,000,000을 없애주기 위하여 자본금 ₩2,000,000을 감소조치하였다. 자본감소에 따른 분개와 감자 후의 재무상태표를 작성하라.

풀이

재무상태표(감자 전)

현 금	2,000,000	부 채	5,000,000
유형자산	6,000,000	자본금	5,000,000
		이월결손금	(2,000,000)
자산합계	8,000,000	부채와자본합계	8,000,000

가. 감자에 따른 분개

(차) 자본금 2,000,000 (대) 이월결손금 2,000,000

나. 감자 후 재무상태표

재무상태표(감자 후)

현 금	2,000,000	부 채	5,000,000
유형자산	6,000,000	자본금	3,000,000
자산합계	8,000,000	부채와자본합계	8,000,000

즉, 감자 전후의 자산 ₩8,000,000은 변동이 없으며, 다만 이월결손금을 없애는 대신 자본금이 감소하였을 뿐이다.

4. 자기주식

주식의 발행을 통해 주식회사가 설립된다. 회사가 설립된 이후 회사가 이미 발행된 주식을 다시 시장에서 매입하는 경우가 있는데, 이와 같이 자기가 발행한 후 다시 매입한 주식을 **자기주식**(treasury stock)이라 한다. 회사의 이러한 자기주식거래는 일종의 내부자거래이므로 일반투자자를 희생시킬 수 있는 위험한 거래이므로 원칙적으로 상법에서 금지하고 있다. 그러나 회사 주식의 가격을 유지하기 위한 목적과 같이 특정 목적으로 자기주식을 매입하는 경우가 발생할 수 있다.

회사가 자기주식을 매입해서 이를 소각하면 앞에서 살펴본 납입자본의 감소인 감자거래가 된다. 그러나 자기주식을 소각하지 않고 회사가 보유하고 있는 주식은 자기주식이 된다. 자기주식은 사외유통주식(outstanding stocks)에 포함되지 않기 때문에 주주로서 갖는 권리를 행사하지 못한다.

회계학에서 이러한 자기주식을 어떻게 해석할 것인가에 대해서는 현재 논란이 많다. 첫째, 자기주식을 취득하는 것은 주식의 발행을 취소하는 경제적 사건이므로 자기주식을 취득할 때 납입자본을 직접적으로 감소시켜야 한다는 견해와, 둘째, 자기주식은 다시 발행될 수 있으므로 납입자본을 직접적으로 감소시키지 말고 간접적인 방법으로 자기주식을 회계처리해야 한다는 견해가 대립되고 있다.

우리나라의 경우 후자의 방법을 채택하여 자기주식을 취득할 때 직접적으로 자본금을 감소시키지 않고 자기주식이란 계정과목으로 간접적으로 자본의 감소를 기록한다.

예를 들어, 동국회사가 자기 회사의 주식 200주(주당 액면금액 : ₩500)를 주당 ₩1,000에 매입한 경우 다음과 같이 분개한다.

(차) 자기주식	200,000	(대) 현 금	200,000

위의 분개에서 보듯이 자기주식계정은 마치 자산계정인 것처럼 차변에 기록되고 취득원가로 분개된다. 그러나 차변의 자기주식계정은 자산이 아니고 이미 발행된 주식을 통해 조달된 자본의 감소를 나타내므로 **자본의 차감**계정이다. 일반적으로 인정된 회계원칙에 따르면 자기주식계정은 자본의 분류 중에서 자본조정의 항목으로 보고된다.

다음은 회사가 자기주식을 다시 발행하는 경우에 대해서 살펴본다. 만일 위의 예에서 동국회사가 자기주식의 반을 주당 ₩1,200에 다시 발행하면 다음과 같이 분개된다.

(차) 현 금	120,000	(대) 자기주식	100,000
		자기주식처분이익	20,000

위의 분개에서 기록된 자기주식처분이익은 주주와의 거래인 자본거래에서 발생한 것이므로 포괄손익계산서에 보고하지 않고 재무상태표의 자본잉여금 항목으로 보고한다.

만일 자기주식 취득가격보다 낮은 가액으로 자기주식이 재발행되는 경우에는 자기주식처분손실이 발생할 수 있는데, 이 경우 이미 자기주식처분이익이 있으면 이를 먼저 차감하고, 나머지는 이익잉여금에서 차감하여야 한다.

제 3 절 이익잉여금

1. 이익잉여금의 의의 및 분류

앞에서 살펴보았듯이 **이익잉여금**(retained earnings)은 회사 내부에 유보되어 있는 잉여금으로 회사가 지금까지 벌어들인 총이익 중에서 배당이나 다른 용도로 사용하지 않고 기업이 보유하고 있는 금액을 말한다.

이익잉여금을 증가시키는 요인은 주로 회사가 당기순이익을 창출하는 경우이며, 이익잉여금을 감소시키는 요인은 회사가 당기순손실이거나 배당을 통해 이익잉여금의 일부를 소유주에게 돌려주는 거래이다. 물론 배당 이외에도 이익잉여금은 주식할인발행차금의 상각 등에 의해서도 감소할 수 있다. 따라서 이익잉여금의 변동은 기본적으로 다음과 같은 식으로 표현할 수 있다.

기말이익잉여금 = 기초이익잉여금 + (-)당기순이익(당기순손실) - 배당

위의 식에서 보는 바와 같이 회사가 당기순이익을 창출하지 못하고 당기순손실을 입는 경우 기말이익잉여금이 음(-)이 될 수 있는데, 즉 미처분이익잉여금계정이 대변이 아닌 차변에 잔액이 있을 수 있는데 이러한 경우에는 미처분이익잉여금이라 하지 않고 **결손금**(deficits)이라 한다.

이익잉여금의 분류는 크게 법정적립금, 임의적립금, 미처분이익잉여금으로 분류된다. 여기서 **법정적립금**(legal reserve)은 상법이나 상장회사재무관리규정 등 법규에 의해 강제적으로 적립되는 이익잉여금을 말하는데, 이익준비금, 기업합리화적립금, 재무구조개선적립금 등이 있다. 이익준비금은 상법에 의해 의무적으로 유보하는 잉여금으로 자본금의 1/2에 달할 때까지 매 결산기의 현금배당액의 1/10 이상의 금액을 적립해야 한다. 기업합리화적립금은 조세특례제한법에 의해 강제되며, 재무구조개선적립금은 상장회사재무관리규정에 의해 강제되는 적립금이다.

한편 **임의적립금**(voluntary reserve)은 사채의 상환에 필요한 자금을 마련하기

위한 목적이나 재해손실에 대비하기 위한 목적 등과 같이 미래의 특별한 목적을 위하여 임의적으로 회사 내부에 유보하는 잉여금을 말한다. 임의적립금의 예는 감채적립금, 신축적립금, 배당적립금 등 다양하다.

이와 같이 법정적립금이나 임의적립금은 잉여금의 사용목적을 이미 명시한 것으로 이를 **처분이익잉여금**(appropriated retained earnings)이라 한다. 즉, 처분이익잉여금이란 이익잉여금의 일부에 대해 어느 목적에 사용될 수 있는지 이름표를 달아놓은 이익잉여금을 말한다. 이처럼 이익잉여금의 일부에 대해 각종 적립금으로 처분하는 것은 직접적으로 자금을 마련한다는 것이 아니라 단지 배당을 통해 회사 외부로 자산이 유출되는 것을 방지하기 위한 것이다.

특정 목적으로 사용할 용도가 정해진 잉여금과 대조적으로 아직 그 용도가 결정되지 않은 이익잉여금을 **미처분이익잉여금**(unappropriated retained earnings)이라 하며 이를 이월미처분이익잉여금이라 부르기도 한다. 일반적으로 기업이 배당을 하기 위해서는 이러한 미처분이익잉여금의 잔액이 양(+)이어야 한다.

2. 미처분이익잉여금의 처분

앞에서 살펴보았듯이 미처분이익잉여금은 그 사용목적이 명시되지 않은 이익잉여금으로 그 일부를 법정적립금이나 임의적립금으로 처분하고 배당에 사용할 수도 있다. 여기서는 이러한 미처분이익잉여금의 처분에 대한 회계를 살펴보고자 한다.

일반적으로 각종 적립금과 배당으로 미처분이익잉여금을 처분하는 것은 주주총회에서 결정되는데 여기서는 설명의 편의를 위해 각종 적립금의 처분과 배당을 분리하여 설명한다.

(1) 법정적립금이나 임의적립금으로 처분

미처분이익잉여금의 일부를 이익준비금과 같은 법정적립금이나 감채적립금 같은 임의적립금으로 처분하기로 주주총회에서 결정된 경우 미처분이익잉여금은 감소하고 관련 적립금계정은 증가한다. 예를 들어, 동국회사가 주주총회에서 미처분이익잉여금을 다음과 같이 처분하기로 결정한 경우를 살펴보자.

이익준비금	₩1,000,000
사업확장적립금	₩500,000
감채적립금	₩300,000

위에 대한 분개는 다음과 같다.

(차) 미처분이익잉여금	1,800,000	(대)	이익준비금	1,000,000
			사업확장적립금	500,000
			감채적립금	300,000

예제 10-10

(1) 동국물산은 정기주주총회를 개최하고 처분전이익잉여금 ₩30,000,000의 처분을 다음과 같이 결의하다.

이익준비금	₩2,500,000
주주배당금	₩25,000,000
시설확장적립금	₩2,500,000

(차) 미처분이익잉여금	30,000,000	(대)	이익준비금	2,500,000
			미지급배당금	25,000,000
			시설확장적립금	2,500,000

(2) 주주에 대한 배당금을 수표로 발행하여 지급하다.

(차) 미지급배당금	25,000,000	(대)	당좌예금	25,000,000

(2) 배 당

주주에 대한 배당(dividends)은 이익잉여금의 일부를 주주에게 돌려주는 것으로 특히 미처분이익잉여금이 있는 경우 배당이 가능하다. 앞에서 이미 살펴보았듯이 회사의 주식을 보유한 주주는 자기가 보유한 주식비율에 따라 배당을 받을 권리를 가지며 **사외유통주식**에 한하여 배당권이 주어진다.

일반적으로 주주에 대한 배당은 주주총회에서 결정되며 배당의 형태는 현금배당, 주식배당, 현물배당 등 다양하다. **현금배당**(cash dividends)은 주당 ₩10의 배당과 같이 사외유통주식을 보유한 주주에게 주당 일정한 금액을 현금으로 지급하는 것이며, **주식배당**(stock dividends)은 현금 대신에 주식을 추가로 발행하여 주주에게 전달하는 것이다. 현물배당은 현금 이외의 자산을 주주에게 배당하는 것을 말한다.

현금배당이나 주식배당 등의 배당은 회사가 사전에 공시한 기록일(record date)에 주주명부에 등록된 주주에게 지급된다.

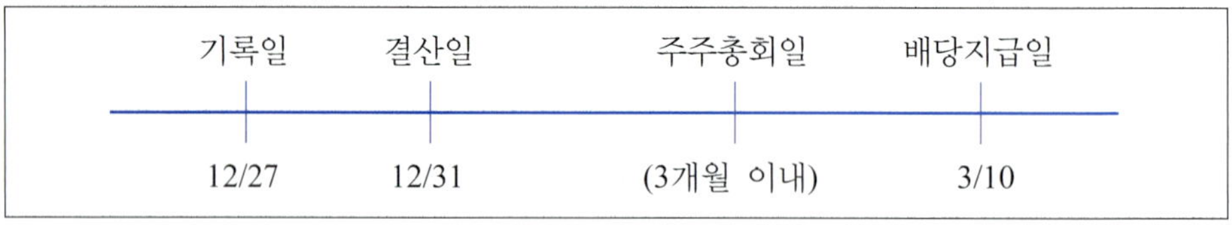

만약 기록일이 12월 27일인 회사의 배당은 27일에 등록된 주주에게 지급되며, 12월 28일에 이 회사의 주식을 취득한 주주는 배당을 받지 못한다. 이러한 주식을 배당락(ex-dividend) 주식이라 한다.

주주총회는 결산일로부터 3개월 이내에 개최하도록 되어 있으며, 주주총회에서 배당의 종류와 배당액을 결정한다.

현금배당의 경우 회사 외부로 현금이 빠져나가기 때문에 회사의 규모가 실제로 축소된다. 즉, 현금배당을 하면 실제로 회사의 자본이 감소한다. 현금배당에 대한 회계는 다음과 같다.

① 현금배당의 결정일(주주총회 개최일)

(차) 미처분이익잉여금 ××× (대) 미지급배당금 ×××

② 배당의 실제 지급일

(차) 미지급배당금 ××× (대) 현 금 ×××

위 분개에서 미지급배당금(dividends payable)은 회사가 상환해야 할 부채를 나타내는 계정이다.

배당은 현금으로 하는 것이 원칙이나 배당총액의 1/2 한도 내에서 주식배당도 가능하다. 주식배당의 경우 현금배당과는 달리 회사의 자산이 외부로 유출되지 않으며 단지 주식이 추가로 발행될 뿐이다. 즉, 주식배당을 하더라도 실제로 회사의 자본이 감소하지 않는다. 이러한 주식배당은 주식이 무상으로 발행되는 것이므로 일종의 무상증자(형식적 증자)에 속한다. 주식배당은 총자본의 구성항목인 이익잉여금의 감소와 동시에 자본금을 증가시켜 총자본에는 영향을 주지 않는다.

주식배당은 현금지출을 수반하지 않으므로 현금이 부족한 회사나 미래 현금이 많이 필요할 것 같은 고성장기업의 경우 현금배당 대신에 주식배당을 많이 활용한다. 주식배당에 대한 회계는 배당결정일과 실제 주식발행일에 다음과 같이 각각 분개한다.

① 주식배당의 결정일(주주총회 개최일)

(차) 미처분이익잉여금 ××× (대) 미교부주식배당금 ×××

② 주식의 실제 발행일

(차) 미교부주식배당금 ××× (대) 자본금 ×××

여기서 주의할 점은 **미교부주식배당금계정**의 성격이다. 현금배당의 경우 미지급배당금은 회사가 상환해야 할 부채를 나타내지만 주식배당의 경우 미교부주식배당금은 회사가 상환해야 할 부채가 아니라 미래에 주식이 실제로 발행이 되면 자본으로 변환될 계정이다. 따라서 미교부주식배당금은 자본에 가산되어야 할 자본항목이므로 자본조정항목으로 보고되어야 한다.

예제 10-11

(1) 동국회사는 미처분이익잉여금 ₩3,000,000 중 ₩2,000,000은 현금배당, 나머지 ₩1,000,000은 주식으로 배당할 것을 결의하다.

(차) 미처분이익잉여금	3,000,000	(대)	미지급현금배당금	2,000,000
			미교부주식배당금	1,000,000

미지급현금배당금은 유동부채에 속하나 미교부주식배당금은 자본조정항목에 포함된다.

(2) 앞의 미지급배당금을 현금과 주식으로 배당하다.

(차)	미지급현금배당금	2,000,000	(대)	현 금	2,000,000
	미교부주식배당금	1,000,000		자본금	1,000,000

(3) 결손금의 처리

당기에 거대한 당기순손실이 발생하는 경우 이익잉여금 총액이 음수(−)가 될 수 있다. 이와 같이 이익잉여금 잔액이 차변에 있으면 이를 결손금이라 한다는 것을 이미 설명하였다. 회사가 이러한 결손금을 갖는 경우 금융시장에서 다양한 제한을 받으므로 결손금을 가능한 한 빨리 처리하여야 한다.

결손금이 있는 경우 이익잉여금 중 임의적립금, 법정적립금 순으로 보전하며 법정적립금 중에서도 기타법정적립금으로 먼저 보전하고 이익준비금으로 보전한다. 그래도 결손금이 존재하는 경우 자본잉여금으로 보전하며, 여전히 결손금잔액이 있으면 자본금의 감소를 통해 결손금을 보전한다. 이러한 이월결손금 보전을 위한 자본금의 감소에 대해서는 형식적 감자에서 이미 살펴본 문제이다.

예제 10-12

(1) 동국회사는 정기주주총회를 개최하고 전기이월미처분이익잉여금 ₩20,000,000을 당기의 결손금 ₩30,000,000을 보전하는 데 충당하기로 결의하다. 또한 결손금 잔액 ₩10,000,000은 임의적립금 ₩5,000,000과 이익준비금 ₩5,000,000으로 보전하기로 결의하다.

(차)	미처분이익잉여금	20,000,000	(대)	이월결손금	30,000,000
	이익준비금	5,000,000			
	임의적립금	5,000,000			

(2) 민국상사는 정기주주총회에서 미처분이익잉여금 ₩20,000,000을 다음과 같이 처분할 것을 결의하다.

이익준비금의 설정 : ₩2,000,000
현금배당금 : ₩18,000,000

(차) 미처분이익잉여금 20,000,000 (대) { 이익준비금 2,000,000 / 미지급배당금 18,000,000 }

3. 이익잉여금처분계산서

이익잉여금처분계산서(statement of retained earnings)는 이익잉여금의 변동을 나타내는 표이지만 실제로는 이익잉여금 전체의 변동을 나타내는 것이 아니라 이익잉여금 중 미처분이익잉여금의 변동을 나타내고 있다. 이러한 이익잉여금처분계산서는 과거에 재무상태표, 포괄손익계산서, 현금흐름표와 같은 주요 재무제표의 하나였으나, K-IFRS를 채택하는 기업(상장기업)의 경우 이익잉여금처분계산서 대신 자본변동표가 주요 재무제표에 포함된다. 따라서 이들 기업의 경우 이익잉여금처분계산서는 주요 재무제표에 더 이상 포함되지 않고 자본변동표의 부속명세서에 불과하다.

그러나 이익잉여금의 변동내역을 이해하는 것은 재무제표를 해석하는 데 도움이 되므로 여기서 간단히 이익잉여금처분계산서를 소개한다. 이익잉여금 중에서 미처분이익잉여금의 변동내역은 다음과 같다.

기초 미처분이익잉여금
+(−) 당기순이익(손실)
+임의적립금이입액
−각종적립금으로 처분
−배당

기말 미처분이익잉여금

여기서 기초 미처분이익잉여금은 전기로부터 이월된 미처분이익잉여금을 말하며, 이 금액으로 당기를 시작한 후 당기의 순손익 결과에 의해 미처분이익잉여금의 증감이 발생한다. 위에서 **임의적립금이입액**이란 기업이 특정 목적으로 임의적립금을 설정할 수 있는데 설정목적이 달성된 경우에 이를 다시 미처분이익잉여금으로 환원시키는 금액을 말한다.

예를 들어, 회사가 사채를 상환하는 자금에 대비하기 위해 감채적립금을 임의로 설정한 경우 사채를 상환하면 더 이상 감채적립금이 필요하지 않으므로 다음과 같이 이를 미처분이익잉여금으로 환원시키는데 이를 임의적립금이입액이라 한다.

(차) 감채적립금	×××	(대) 미처분이익잉여금	×××

이러한 임의적립금이입액이 있는 경우 미처분이익잉여금이 증가할 것이다. 앞에서와 같이 기초 미처분이익잉여금에 당기순손익을 조정하고 임의적립금이입액을 가산하면 그 합계는 미처분이익잉여금의 처분에 이용가능한 총미처분이익잉여금이 된다. 이러한 미처분이익잉여금 총액을 각종 적립금이나 배당으로 처분하고 남은 미처분이익잉여금은 다음 회계기간으로 이전될 기말 미처분이익잉여금이 된다.

예제 10-13

2019년 12월 31일 동국(주)의 재무상태표에 표시된 이익잉여금의 내역은 다음과 같다.

이익잉여금
(2019. 12. 31. 현재)

법정적립금	
이익준비금	25,000
기업합리화적립금	12,000
재무구조개선적립금	10,000
소 계	47,000
임의적립금	
감채적립금	30,000
시설확장적립금	13,000
소 계	43,000
차기이월이익잉여금	60,000
이익잉여금 합계	150,000

2020년의 이익잉여금 처분내용은 다음과 같다.

① 채무를 상환하기 위하여 감채적립금 중 ₩15,000을 사용하였다.
② 이익준비금 ₩500을 적립하였다.
③ 재무구조개선적립금 ₩1,200을 적립하였다.
④ 시설확장적립금 ₩1,000을 적립하였다.
⑤ 현금배당액 ₩5,000을 지급하기로 선언하였다. 지급예정일은 2020년 3월 31일이다.
⑥ 2020년도 당기순이익은 ₩12,000이다.

이상의 자료에 의하여 2020년도의 이익잉여금처분계산서를 작성하면 다음과 같다.

이익잉여금처분계산서

2020년 1월 1일부터 2020년 12월 31일까지

Ⅰ. 미처분이익잉여금		
1. 전기이월미처분이익잉여금	60,000	
2. 당기순이익	12,000	72,000
Ⅱ. 임의적립금이입액		
1. 감채적립금	15,000	15,000
처분가능이익잉여금 합계		87,000
Ⅲ. 이익잉여금처분액		
1. 이익준비금	500	
2. 재무구조개선적립금	1,200	
3. 시설확장적립금	1,000	
4. 배당금	5,000	(7,700)
Ⅳ. 차기이월미처분이익잉여금		79,300

결과적으로 2020년 12월 31일 동국(주)의 재무상태표상의 이익잉여금 내역은 다음과 같다.

재무상태표의 이익잉여금 내역

2020년 12월 31일 현재

항목	금액
법정적립금	
이익준비금	25,500
기업합리화적립금	12,000
재무구조개선적립금	11,200
소 계	48,700
임의적립금	
감채적립금	15,000
시설확장적립금	14,000
소 계	29,000
차기이월이익잉여금	79,300
이익잉여금 합계	157,000

제 4 절 자본변동표

1. 자본변동표의 의의

자본변동표(statement of changes in equity)란 회계기간 동안 주주지분, 즉 자본의 변동을 자본의 구성항목인 자본금, 자본잉여금, 자본조정, 기타포괄손익누계액 및 이익잉여금의 변동을 종합적으로 보고하는 기본 재무제표의 하나이다.

자본변동표는 이익잉여금의 변동뿐만 아니라 자본의 포괄적인 변동내역을 보고하는 장점이 있다. 또한 자본변동표는 재무제표 간의 연계성을 제고시키며 재무제표의 이해가능성을 높인다. 자본변동표에는 자본의 기초잔액과 기말잔액을 모두 보고하므로 재무상태표와 연계되고 자본변동 중에서 경영성과에 따른 자본의 변동은 포괄손익계산서와 연계되고 추가출자나 현금배당에 관한 정보는 현금흐름표와 연계성을 갖는다.

2. 자본변동표의 구조와 작성

자본변동표는 지금까지 살펴본 자본거래를 종합적으로 요약하는 재무제표이며, 자본의 각 구성항목이 기초잔액으로부터 기말까지 어떻게 변화했는지를 보여준다. 따라서 자본을 구성하는 항목별로 회계기간 동안 변동원인을 관계식으로 표시하면 다음과 같다.

① 자본금의 변동

기초자본금+(−) 증자(감자)=기말자본금

자본금을 변화시키는 주요 거래는 앞에서 살펴본 증자 및 감자거래이다. 당기의 증자거래를 통해 주식이 추가로 발행되면 발행된 주식의 액면가액만큼 자본금이 증가하고 당기에 감자거래가 발생하면 발행이 취소된 주식의 액면금액만큼 자본금이 감소한다.

② 자본잉여금의 변동

> 기초자본잉여금+주식발행초과금+자본거래에서 발생한 차익
> =기말자본잉여금

자본잉여금의 변동은 자본금의 변동원인과 거의 동일하다. 증자나 감자거래에서 발생하는 금액 중에서 액면금액과 차이가 나는 차익, 즉 주식발행초과금이나 감자차익 등이 발생하면 자본잉여금이 증가한다. 또한 증자 및 감자거래 이외의 자본거래, 즉 자기주식거래에서 자기주식처분이익이 발생하면 자본잉여금이 증가할 것이다.

③ 자본조정의 변동

> 기초자본조정-(+)자기주식매입(처분)+미교부주식배당금증가
> =기말자본조정

자본조정항목을 변동시키는 주요 원인은 자기주식 거래이다. 당기에 자기주식을 취득하면 자본을 조정할 차감항목이 증가하고 자기주식을 재발행하면 자본의 차감항목이 감소한다. 이외에도 주식배당에서 발생할 수 있는 미교부주식배당금도 자본조정항목이므로 여기에 변동이 발생하면 자본조정의 변동으로 보고한다.

④ 기타포괄손익누계액의 변동

> 기초기타포괄손익누계액+(-)매도가능증권평가손익 등
> =기말기타포괄손익누계액

우리가 지금까지 살펴본 기타포괄손익누계액의 주요 변동은 기타포괄손익-공정가치측정금융자산의 공정가액이 변동함에 따라 발생하는 평가손익항목이다. 이외에도 해외사업을 수행하는 기업의 경우 환율변동으로 인한 해외사업환산손익 등이 발생하는 경우 여기에 보고한다.

⑤ 이익잉여금의 변동

기초이익잉여금 + (−)당기순이익(당기순손실) − 배당 = 기말이익잉여금

이익잉여금의 주요 변동원인은 앞에서 살펴본 바와 같이 당기순손익이 발생하는 경우와 배당을 통해 이익잉여금이 처분되는 경우이다. 즉, 결산 시 당기순이익이 발생하면 이익잉여금이 증가하고, 배당을 결정하여 지급하면 이익잉여금이 감소한다.

지금까지 살펴본 자본의 변동내역을 하나의 표로 요약한 것이 자본변동표이며 이의 구체적 양식은 다음과 같다.

자본변동표

제×기 2020년 1월 1일부터 2020년 12월 31일까지

회사명 (단위 : 원)

구 분	자본금	자본 잉여금	자본조정	기타포괄 손익누계액	이익 잉여금	총 계
2020. 1. 1.(보고금액)	×××	×××	×××	×××	×××	×××
연차배당					(×××)	(×××)
기타이익잉여금처분액					(×××)	(×××)
처분후 이월이익잉여금					×××	×××
회계정책변경 누적효과					×××	×××
전기오류수정손익					×××	×××
수정후 이월이익잉여금					×××	×××
중간배당					(×××)	(×××)
유상증자(감자)	×××	×××				×××
당기순이익(손실)					×××	×××
자기주식 취득			(×××)			(×××)
해외사업환산손익	×××			(×××)		(×××)
2020. 12. 31.	×××	×××	×××	×××	×××	×××

예제 10-14

동국회사의 2020년 말 재무상태표의 자본에 보고된 항목의 금액은 다음과 같다.

자본금 : ₩1,000,000
자본잉여금 : 주식발행초과금 ₩500,000
자본조정 : 자기주식 ₩200,000
기타포괄손익누계액 : 기타포괄손익-공정가치측정금융자산 평가이익 ₩100,000
이익잉여금 : ₩1,000,000

동국회사는 2020년 다음의 거래가 발생하였다.
(1) 보통주 100주(주당 액면금액 : ₩1,000)를 주당 ₩1,500에 발행
(2) 위 자기주식의 반을 ₩150,000에 재발행
(3) 2020년 3월 주주총회에서 현금배당 ₩300,000을 선언하고 지급
(4) 2020년도 당기순이익 = ₩200,000
(5) 2020년도 말 현재 기타포괄손익-공정가치측정금융자산 평가손실 ₩50,000 발생

위의 정보를 이용하여 동국회사의 2020년도 자본변동표를 작성하면 다음과 같다.

풀이

자본변동표

2020년 1월 1일부터 2020년 12월 31일까지

동국회사 (단위: 원)

구 분	자본금	자본 잉여금	자본조정	기타포괄 손익누계액	이익 잉여금	총 계
2020년 1월 1일	1,000,000	500,000	(200,000)	100,000	1,000,000	2,400,000
(3) 연차배당					(300,000)	(300,000)
처분 후 이익잉여금					700,000	2,100,000
(4) 당기순이익					200,000	200,000
(1) 유상증자	100,000	50,000				150,000
(2) 자기주식 처분*		50,000	100,000			150,000
(5) 기타포괄손익-공정가치 측정금융자산 평가손실				(50,000)		(50,000)
2020년 12월 31일	1,100,000	600,000	(100,000)	50,000	900,000	2,550,000

* 자기주식처분의 경우 자본잉여금인 자기주식처분이익이 ₩50,000 발생했고 자기주식이 ₩100,000 감소했으므로 총자본은 ₩150,000이 증가한다. 자기주식은 자본의 차감항목이므로 차감항목이 감소하면 그만큼 자본이 증가할 것이고 자기주식처분이익도 자본을 증가시킨다.

연습문제

EXERCISES

▣ 서술형 문제

1. 회계에서 자본의 의미를 설명하고, 자본의 분류에 대해 설명하시오.
2. 주식회사의 특징은 무엇인지 설명하시오.
3. 보통주와 우선주의 차이점을 설명하시오.
4. 수권주식과 발행주식의 차이점을 설명하시오.
5. 사외유통주식이란 무엇인지 설명하시오.
6. 자본잉여금과 자본조정을 비교 설명하시오.
7. 주식할인발행차금과 주식발행초과금을 설명하시오.
8. 형식적 증자란 무엇인지 설명하시오.
9. 형식적 감자란 무엇인지 설명하시오.
10. 주식배당과 무상증자란 각각 무엇이며 차이는 무엇인지 설명하시오.
11. 자기주식(treasury stocks)이란 무엇인지 설명하시오.
12. 이익준비금에 대하여 설명하시오.
13. 자본조정항목에 대하여 설명하시오.
14. 임의적립금에 대하여 설명하시오.
15. 현금배당과 주식배당이 재무상태표에 미치는 영향을 비교 설명하시오.
16. 주식배당과 주식분할을 비교 설명하시오.
17. 이익잉여금처분계산서를 설명하시오.
18. 실질적 증자와 형식적 증자를 비교 설명하시오.
19. 실질적 감자와 형식적 감자를 비교 설명하시오.
20. 기타포괄손익누계액이 무엇인지 설명하고 그 예를 제시하시오.
21. 자본변동표를 설명하시오.

▣ 객관식 문제

1. 다음 중 자본항목에 해당하지 않는 것은?

① 주식할인발행차금 ② 우선주 자본금
③ 자기주식 ④ 미교부주식배당금
⑤ 미지급배당금

2. 다음 자료를 이용하여 자본총액을 계산하면 얼마인가?

수권자본금	₩5,000,000
미발행주식	₩2,000,000
자기주식	₩300,000
주식발행초과금	₩1,500,000

① ₩3,000,000 ② ₩4,200,000
③ ₩4,500,000 ④ ₩5,000,000
⑤ ₩6,800,000

3. 주식배당에 대한 설명 중 타당하지 않은 것은?

① 주식배당은 미래의 배당압력을 가중시킨다.
② 주식배당은 자본총액을 변동시키지 않는다.
③ 주식배당을 하면 이익잉여금을 자본금화할 수 있다.
④ 투자자의 입장에서 주식배당과 자본잉여금의 자본전입은 회계처리상 차이가 있다.
⑤ 모두 옳음

4. 다음 재무상태표에 보고되는 동국회사의 자본은 얼마인가?

재무상태표
2020년 12월 31일 현재

동국회사 (단위 : 원)

자 산		부 채	
현금및현금성자산	10,000	매입채무	50,000
매출채권	100,000	미지급비용	10,000
상각후원가측정금융자산	50,000	미지급금	60,000
유형자산	200,000	장기차입금	20,000
무형자산	100,000	자 본	?
	₩460,000		₩460,000

① ₩310,000 ② ₩319,000
③ ₩320,000 ④ ₩325,000
⑤ ₩330,000

5. 다음 자료는 2020년 12월 31일 현재 민국회사의 시산표에 요약된 계정잔액이다. 이 자료를 이용한 주주지분 합계액은 얼마인가?

자본금(보통주 : 액면 ₩1,000)	₩3,000,000
자본금(우선주 : 액면 ₩1,000)	₩2,000,000
자기주식(우선주 : 700주)	₩700,000
주식할인발행차금(보통주)	₩200,000

① ₩4,100,000 ② ₩4,500,000
③ ₩5,500,000 ④ ₩5,900,000
⑤ ₩5,300,000

6. 주식회사를 설립하기 위하여 수권주식 10,000주 중 보통주 4,000주(액면단가 ₩5,000)를 주당 ₩5,500에 발행하고 전액 납입받아 당좌예금하고 주식발행비 ₩500,000은 현금으로 지급한 경우 옳은 분개는?

① (차) 당좌예금 25,000,000 / 창업비 500,000
(대) 자본금 20,000,000 / 주식발행초과금 5,000,000 / 현 금 500,000

번호		차변	금액		대변	금액
②	(차)	당좌예금	25,000,000	(대)	자본금	20,000,000
					주식발행초과금	4,500,000
					현 금	500,000
③	(차)	당좌예금	22,000,000	(대)	자본금	20,000,000
		창업비	500,000		주식발행초과금	2,000,000
					현 금	500,000
④	(차)	당좌예금	22,000,000	(대)	자본금	20,000,000
		신주발행비	500,000		주식발행초과금	2,000,000
					현 금	500,000
⑤	(차)	당좌예금	22,000,000	(대)	자본금	20,000,000
		주식발행초과금	500,000		주식발행초과금	2,000,000
					현 금	500,000

7. 한국(주)가 이월결손금 ₩2,000,000을 보전하기 위하여 발행주식수 1,000주(액면단가 ₩5,000)를 500주로 감자한 경우 회계처리는?

번호		차변	금액		대변	금액
①	(차)	자본금	2,500,000	(대)	현 금	2,500,000
②	(차)	자본금	2,500,000	(대)	이월결손금	2,000,000
					감자차익	500,000
③	(차)	자본금	2,500,000	(대)	이월결손금	2,500,000
④	(차)	자본금	2,500,000	(대)	이월결손금	2,500,000
					주식발행초과금	500,000
⑤	(차)	자본금	2,500,000	(대)	이월결손금	2,000,000

8. 동국회사의 2020년 중 계정잔액의 증가는 다음과 같다. 배당금 ₩52,000이 지급되었다고 할 때 2020년도 포괄이익은?

구성항목	증가액
자 산	₩250,000
부 채	₩100,000
자본금	₩120,000
주식발행초과금	₩ 12,000

① ₩18,000
② ₩60,000
③ ₩70,000
④ ₩90,000
⑤ ₩80,000

9. 다음 중 주식회사의 결손금 보전순서로 맞는 것은?
① 임의적립금 → 이익준비금 → 자본잉여금 → 미처분이익잉여금
② 임의적립금 → 이익잉여금 → 미처분이익잉여금 → 자본잉여금
③ 이익준비금 → 임의적립금 → 미처분이익잉여금 → 자본잉여금
④ 미처분이익잉여금 → 임의적립금 → 이익준비금 → 자본잉여금
⑤ 이익잉여금 → 임의적립금 → 자본잉여금 → 미처분이익잉여금

10. 자기주식에 대한 회계처리와 관련하여 옳지 않은 것은 어느 것인가?
① 자기주식을 취득 시 자산이 아닌 자본조정항목으로 기록한다.
② 자기주식은 재무상태표상 자본을 감소시키는 항목이다.
③ 자기주식은 투자증권과 마찬가지로 자산으로 표시한다.
④ 자기주식처분이익은 자본잉여금에 속한다.
⑤ 정답 없음

11. 다음 자본항목 중 자본을 감소시키는 항목이 아닌 것은 어느 것인가?
① 미교부주식배당금
② 주식할인발행차금
③ 배당건설이자
④ 기타포괄손익-공정가치측정금융자산 평가손실
⑤ 자기주식

12. 다음 거래 중 자본합계를 실질적으로 증가시키는 거래는 어느 것인가?
① 이익준비금을 자본금에 전입하다.
② 법원의 인가와 주주총회의 특별결의를 거쳐 주식을 할인발행하다.
③ 자금이 부족하여 현금배당 대신 주식배당을 하다.
④ 이월결손금의 전보를 위하여 자본금을 2:1로 감자하다.
⑤ 정답 없음

13. 주식분할과 주식배당의 공통점을 바르게 설명한 것은?
① 자본총액의 감소 ② 이익잉여금의 감소
③ 자본총액의 증가 ④ 한 주당 액면금액의 감소
⑤ 자본총액의 불변

▣ 주관식 문제

1. 다음 거래를 분개하시오.
① 액면 ₩5,000의 주식 4,000주를 시가 ₩5,500으로 발행하고 주금액은 당좌예입하다.
② 액면 ₩5,000의 주식 400주를 시가 ₩4,400으로 발행하고 주금액은 당좌예입하다.
③ 주식발행초과금 ₩2,400,000을 자본전입하기로 하고 액면 ₩5,000의 주식 480주를 발행하여 교부하다.
④ 주주총회에서 미처분이익잉여금 ₩4,000,000을 다음과 같이 처분하기로 결의하다.

미처리결손금전보 : ₩1,000,000
이익준비금 : ₩200,000
배당금 : { 현금배당 : ₩1,400,000
　　　　　주식배당 : ₩1,400,000

⑤ 당년도 결산결과 순손실이 ₩2,400,000이다. 이를 이익준비금으로 전보하기로 결의하다.

2. 다음 거래를 분개하시오.
① 자본금이 과잉하여 감자하기로 결정하고 액면 ₩5,000의 주식 1,000주를 액면가액으로 매입소각하다.
② 미처리결손금 ₩2,000,000을 전보하기 위하여 액면가액 ₩5,000의 주식 1,000주를 2주에 대하여 1주의 비율로 감자하다.

3. 다음의 질문은 서로 독립적이라고 가정하고 각 물음에 답하시오.
동국회사는 2020년도 말 다음의 잔액을 갖고 있다.

자본금(발행주식수 : 100주) : ₩2,000
주식발행초과금 : ₩3,000
이익잉여금 : ₩4,000
자기주식(10주) : ₩500
감자차익 : ₩200

① 만일 동국회사가 10% 주식배당을 선언했다면 배당결정 직후 동국회사의 자본총액은 얼마인지 구하시오.
② 위의 문제와 독립적이라고 가정하라. 만일 동국회사가 자기주식의 반을 주당 ₩40에 재발행했다면 이 거래의 기록 후 총자본은 얼마인지 구하시오.
③ 위의 문제와 독립적이라고 가정하라. 동국회사가 현금배당 주당 ₩1을 선언하였다면 배당선언 후 이익잉여금 잔액은 얼마인지 구하시오.

4. 동국회사의 2020년도 말 재무상태표에 의하면 자본의 구성은 다음과 같다.

자본금(수권주식수 : 50,000주, 액면가 ₩5) : ₩100,000
자기주식처분이익 : ₩2,000
주식발행초과금 : ₩509,600
이익잉여금 : ₩50,000
자기주식(2,000주) : ₩32,000

① 동국회사의 2020년 말 현재 총발행주식수는 얼마인지 구하시오.
② 동국회사의 2020년 말 현재 총자본은 얼마인지 구하시오.

5. 김동국은 대학에서 회계학을 전공하고 한국회사에 입사한 지 1년이 되었으나 그의 전문적인 지식과 능력을 인정받아 2020년도 결산팀에 배정되었다. 김동국은 회계장부와 관련된 증빙서류를 검토한 결과 다음과 같은 사실을 발견하였다. 한국회사의 결산일은 12월 31일이다. 다음의 사항에 대하여 2020년도 결산에 필요한 분개를 하시오.

① 한국회사는 2020년 12월 20일에 액면 ₩5,000의 주식 10,000주를 발행가액 ₩8,000으로 유상증자를 한 바 있으며, 동시에 자본잉여금 중 주식발행초과금 ₩5,000,000을 자본전입하기로 결정되어 이에 대한 무상주를 이미 주주에게 교부 완료하였으나 회계팀이 너무나 바쁘다는 이유로 이상과 같은 거래에 대한 회계처리를 아직까지 하지 않았음을 확인하였다.

② 한국회사는 정기주주총회에서 2020년 12월 31일 현재의 이익잉여금 ₩29,000,000을 다음과 같이 처분하기로 결의하였다.

이월결손금의 전보	₩2,000,000
이익준비금의 적립	₩3,000,000
현금배당액	₩20,000,000
주식배당액	₩4,000,000

6. 동국회사의 2019년도 말 이익잉여금은 다음과 같이 구성되어 있다.

이익준비금	₩5,000
사업확장적립금	₩3,000
재무구조개선적립금	₩2,000
감채적립금	₩1,000
미처분이익잉여금	₩10,000

(1) 동국회사의 2020년 당기순이익은 ₩50,000이다.

(2) 당기에 현금배당 ₩1,000과 주식배당 ₩500을 선언하였다.

(3) 다음과 같이 적립금을 적립하기로 의결하였다.

이익준비금	₩1,000
재무구조개선적립금	₩500
사업확장적립금	₩500
감채적립금	₩500

물음 1 : 위의 각 이익잉여금 항목의 변화를 기록하기 위한 분개를 하시오.

물음 2 : 위의 자료를 이용하여 2020년도 이익잉여금처분계산서를 작성하시오.

7. 민국회사의 2019년 말 재무상태표의 자본에 보고된 항목의 금액은 다음과 같다.

> 자본금 : ₩2,000,000
> 자본잉여금 : 주식발행초과금 ₩500,000, 감자차익 ₩300,000
> 자본조정 : 자기주식 ₩100,000
> 기타포괄손익누계액 : 매도가능증권 평가이익 ₩50,000
> 이익잉여금 : 이익준비금 ₩500,000,
> 사업확장적립금 ₩200,000,
> 감채적립금 ₩300,000,
> 미처분이익잉여금 ₩1,000,000

2020년 다음의 자본거래가 발생하였다.

(1) 보통주 1,000주(주당 액면금액 : ₩1,000)를 주당 ₩900에 발행
(2) 위 자기주식의 반을 ₩100,000에 재발행
(3) 2020년 3월 주주총회에서 미처분이익잉여금을 다음과 같이 처분하기로 결의하였다.

> 이익준비금 ₩50,000, 사업확장적립금 ₩20,000, 감채적립금 ₩30,000
> 현금배당 ₩300,000, 주식배당 ₩200,000

(4) 2020년도 당기순이익 ₩200,000
(5) 2020년도 말 현재 매도가능증권 평가이익 ₩50,000 발생

위의 정보를 이용하여 다음 물음에 답하시오.

① 2020년에 발생한 거래를 분개하시오.
② 2020년 말 재무상태표의 자본부분을 작성하시오.
③ 2020년도 자본변동표를 작성하시오.

8. 다음은 (주)동국의 자본구성에 관한 자료이다.

자본금(액면가 ₩5,000, 발행주식수 600주)	₩3,000,000
주식발행초과금	₩1,500,000
미처분이익잉여금	₩9,000,000

① (주)동국의 자본총액을 구하시오.

② 다음의 거래를 분개하시오.

a. 자본금의 10%에 해당하는 주식배당을 선언하였다.

b. 자기회사의 주식 100주를 주당 ₩5,000에 구입하였다.

c. 자기주식 100주를 주당 ₩6,000에 매각하였다.

d. 주식 1주를 10주로 하는 주식분할을 실시하였다.

A man is not finished when he is defeated, he is finished when he quits.

– Richard M. Nixon : 미국 37대 대통령 –

CHAPTER 11

A·C·C·O·U·N·T·I·N·G

전환증권과 주당이익

제 1 절 전환증권

1. 전환증권의 의의와 종류

(1) 전환증권의 의의

전환증권(convertible securities)이란 현재는 보통주가 아니지만 증권의 소유주가 미리 정해진 조건에 따라 선택권을 행사하면 보통주로 바꿀 수 있는 금융상품 또는 기타 계약을 말한다. 전환증권은 미래에 보통주로 전환될 수 있는 가능성을 나타내므로 잠재적 보통주라 하기도 하고, 보통주로 전환되는 경우 사외에 유통되는 보통주의 주식수를 증가시켜 보통주의 주당이익을 감소시키는 효과를 나타내기 때문에 희석증권(dilutive securities)이라 부르기도 한다.

전환증권과 관련된 회계적 논점은 크게 두 가지로 구분된다. 하나는 전환증권을 발행할 때 보통주로 전환할 수 있는 권리를 별도로 인식할 것인가 하는 문제이다. 예를 들어, 보통주로 전환할 수 있는 전환우선주가 발행된 경우 전환우선주는 우선주와 보통주로 전환할 수 있는 권리가 복합된 증권이므로 이 두 가지를 별도로 인식할 것인가 아니면 우선주와 동일하게 처리할 것인가 하는 문제이다. 두 번째 논점은 전환증권을 보통주로 전환할 때 보통주의 취득원가를 전환증권의 장부금액으로 할 것인가 아니면 보통주의 공정가치로 할 것인가 하는 문제이다. 이는 곧 전환증권의 전환에 따른 손익을 인식할 것인가 하는 문제이다.

(2) 잠재적 보통주의 종류

잠재적 보통주는 크게 전환증권과 주식매입권으로 구분할 수 있다. 전환증권은 보통주로 전환할 수 있는 권리가 주어진 증권으로 대표적인 예로 전환우선주와 전환사채가 있다. 주식매입권은 보통주를 취득할 수 있는 권리가 주어진 증권으로 신주인수권부사채, 신주선매권 그리고 주식매수선택권이 있다. 잠재적 보통주를 요약하면 [그림 11-1]과 같다.

그림 11-1 잠재적 보통주의 종류

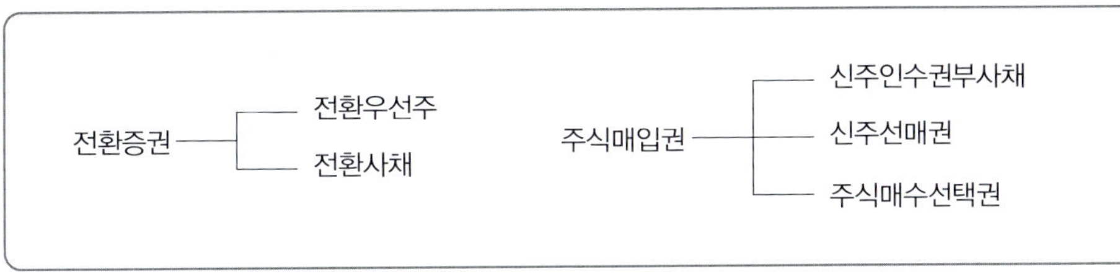

2. 전환우선주

전환우선주(convertible preferred stocks)는 소유주의 청구에 따라 보통주로 전환할 수 있는 우선주를 말한다. 우선주는 영업성과에 관계없이 일정률의 배당이 보장되고, 기업의 청산시에도 보통주보다 우선권이 주어진다. 대신에 경영참가권인 의결권이 없으며, 추가적인 이익배당에 참여할 권리도 배제되는 것이 일반적이다. 우리나라의 경우 우선주는 주주총회에 참석하여 의결권을 행사할 수 있는 의결권을 포기하는 대신에 보통주에 지급되는 배당률에 일정한 비율(보통 액면액의 1%)을 추가로 받을 수 있는 권리를 가지고 있다.

일반적으로 인정된 회계원칙은 전환우선주 발행시 다음에 설명하는 전환사채와는 달리 전환권을 별도로 인식하지 않고 일반 우선주 발행과 동일한 방식으로 회계처리하도록 규정하고 있다. 예를 들어, 전환우선주(액면가 주당 ₩100) 100주를 주당 ₩500에 발행한 경우 다음과 같이 분개한다.

(차) 현 금	50,000	(대)	전환우선주자본금	10,000
			주식발행초과금	40,000

전환우선주가 보통주로 전환될 때의 회계처리방법으로는 **장부금액법**(book value method)과 **시가법**(market value method)이 있는데, 일반적으로 인정된 회계원칙에서는 장부금액법을 따른다. 즉, 전환에 따른 손익을 인식하지 않는 것이 일반적이다.

장부금액법은 전환되는 우선주의 장부금액으로 발행되는 보통주의 발행가액을 기록하는 방법이다. 이때 우선주의 장부가액이 보통주의 액면금액보다 크면 그 차액을 주식발행초과금계정의 대변에 기록하고, 반대의 경우에는 주식할인발행차금계정에 기록한 후 이를 이익잉여금의 처분을 통해 상각시킨다.

전환우선주의 전환에 관한 회계처리는 중급회계에서 학습하기 바란다.

3. 전환사채

전환사채(convertible bond)란 사채발행 후 일정한 기간이 지난 후 주식으로 전환할 수 있는 권리를 부여하여 발행한 사채를 말한다. 전환사채는 사채와 주식의 양면성을 지니고 있는데 그 선택권은 전환사채권자의 고유권한이다.

전환사채는 보통주의 가격이 상승하면 이를 주식으로 전환하여 자본이득을 실현할 수 있으며, 보통주의 가격이 하락할 경우에는 전환하지 않고 사채로부터 지급되는 이자수익을 획득할 수 있는 장점이 있기 때문에 투자대상으로서 매력이 높은 증권이다. 단점으로는 전환권을 부여하는 대가로 표면금리(액면이자율)를 낮게 책정하기 때문에 전환이 없을 경우 일반사채보다 수익률이 낮다는 것이다.

전환사채는 일반사채와 보통주로 전환할 수 있는 권리가 복합되어 발행된 복합증권으로 일반적으로 인정된 회계원칙에 따르면 전환권의 가치를 별도로 인식하여 기록하도록 규정하고 있다. 이때 전환권가치로 기재될 금액은 전환권이 없는 일반사채의 현재가치와 전환사채의 발행가액과의 차이로 계산된다.

전환사채가 실제로 보통주로 전환되는 경우에 새로이 발행하는 주식의 발행가액은 전환사채의 장부금액과 관련 전환권대가의 합으로 기록한다. 즉, 전환사채가 보통주로 전환되었을 때의 회계처리방법으로는 장부금액법(book value method)과 시가법(market value method)이 있는데, 한국채택국제회계기준에서는 장부금액법을 채택하고 있다.

장부금액법은 전환사채의 전환으로 발행되는 신주의 발행가를 전환 당시의 전환사채의 장부금액(사채의 액면가액에서 사채발행차금과 전환권조정계정을 차감한 금액)으로 기록한다. 이 방법은 전환사채의 보통주로 전환시 전환손익을 인식하지 않기 때문에 전환사채의 시가와 보통주의 시가가 알려지지 않는 경우에도 이용할 수 있는 방법이다.

전환사채의 전환에 관한 회계처리는 본 교재에서 취급하지 않는다.

4. 기타 잠재적 보통주

(1) 신주인수권부사채

신주인수권부사채(bonds with stock warrants)란 사전에 약정된 가액으로 신주(보통주 또는 우선주)를 인수할 수 있는 권리를 부여하여 발행한 사채를 말한다. 전환사채는 주식으로 전환시 추가적인 주식대금 납입이 없이 사채(부채)가 자본으로 전환되나, 신주인수권부사채는 사채권자가 신주인수권을 행사하면 신주에 대한 별도의 주식대금 납입이 이루어지는 한편, 사채(부채)는 그대로 남아 있다는 점에서 전환사채와 다르지만, 전환사채와 신주인수권부사채의 권리행사에 따라 신주가 발행되기 때문에 주당순이익이 희석화된다는 점에서는 유사한 성격을 갖는다. 신주인수권부사채에는 발행형태에 따라 신주인수권을 사채권에서 따로 분리하여 양도가 가능한 **분리형 신주인수권부사채**(bonds with detachable stock warrants)와 신주인수권이 사채와 분리되어 독립적으로 거래될 수 없는 **비분리형 신주인수권부사채**(bonds with nondetachable stock warrants)가 있다.

분리형 신주인수권부사채의 경우 신주인수권이 분리되어 거래되므로 발행시 신주인수권과 사채를 별도로 공정가액으로 회계처리하면 된다. 신주인수권이 행사되면 이를 주식의 발행시와 같은 방법으로 회계처리한다. 비분리형 신주인수권부사채의 경우는 신주인수권을 전환사채의 전환권회계와 동일한 방법으로 회계처리한다.

(2) 신주선매권(신주인수권)

신주선매권(stock rights)이란 회사가 신주를 발행할 경우 기존의 주주들이 지분비율에 따라 신주를 우선적으로 인수할 수 있는 권리를 말한다. 신주선매권을 부여하는 이유는 신주를 발행할 경우 기존 주주들의 지분비율이 영향을 받아 불리해질 수 있기 때문이다. 예를 들어, 특정 회사의 유통주식수의 10%인 10주를 현재 보유하고 있는데 그 기업이 추가로 신주 100주를 일반투자자에게 발행하면 기존의 주주지분율이 하락하게 되어 기존 주주의 경제적 이익이 침해를 받게 된다. 따라서 회사가 신주를 발행하는 경우 우선적으로 기존 주주에게 지분비율에 따라 신주를 배정하여야 하는데, 이때 기존 주주에게 주어지는 권리를 신주선매권이라 한다.

신주선매권은 신주를 인수할 수 있는 우선적 권리를 가진다는 측면에서 신주인수권(stock warrants)과 유사하다. 그러나 신주인수권이 신주인수권부사채나 신주인수권부우선주와 같이 다른 증권과 관련하여 일반투자자에게 부여되는 반면, 신주선매권은 다른 증권과 관련하여 부여되는 것이 아니고 기존 주주에게 제공되는 권리이다. 즉, 신주인수권은 잠재적인 일반 투자자의 투자를 유도하기 위하여 부여되지만, 신주선매권은 기존의 주주에게 부여된다는 점이 상이하다고 할 수 있다.

(3) 주식매수선택권

주식매수선택권(stock options)이란, 회사의 임직원에게 사전에 정한 일정한 가격(이를 행사가격이라 한다)으로 회사의 주식을 매입하거나(주식교부형), 보상가격과 행사가격과의 차액을 현금으로 받을 수 있는(차액보상형) 권리를 말한다.

주식매수선택권은 주로 전문경영자에게 인센티브를 제공함으로써 기업의 성과를 극대화하고자 하는 목적으로 고안된 제도로서 미국과 같은 고도의 자본주의사회에서는 일찍부터 성행하였으나 우리나라에서는 1997년에 처음으로 도입되었다.

주식매수선택권은 일반적으로 세 가지 형태가 있으나 우리나라에서는 주식교부형과 차액보상형 두 가지를 택하고 있다.

① 주식교부형

주식교부형이란 임직원에게 일정량의 주식을 사전에 정한 일정한 가격(행사가격)으로 매입할 수 있는 권리를 부여한 것을 말하며, 주식매수선택권을 부여받은 임직원은 권리부여일로부터 의무적으로 근무해야 하는 일정기간(이를 약정용역기간이라 한다)의 근무를 마친 후 권리행사가능기간에 자신의 선택에 의하여 주식매수권을 행사할 수 있는 것이다.

예를 들어, 최고경영자에게 주식매수선택권을 부여하는 경우를 살펴보자. 현재 회사의 주가가 주당 ₩100인데 5년 후에 주당 ₩130의 가격으로 주식 100주를 구입할 수 있는 권한인 주식매수선택권을 최고경영자에게 부여하는 경우를 살펴보자. 이러한 주식매수선택권의 가치는 미래 행사가격인 ₩130보다 주가가 높은 경우에만 가치를 가진다. 만일 미래 권리행사시점에 보통주의 주가가 ₩130보다 낮다면 경영자는 주식매수선택권을 행사하지 않을 것이고, 주식의 시가가 행사가격보다 높으면 권리행사를 통하여 회사의 주식을 매입하고, 이를 다시 시장에 팔면 거액의 이익을 얻을 수 있는 것이다. 따라서 주식매수선택권이 부여된 경영자는 5년 후 주식의 가격을 올리기 위해 최선의 노력을 투입하려고 할 것이다. 이것이 바로 주식매수선택권의 인센티브 효과이다.

② 차액보상형

주식교부형과는 달리 **차액보상형** 주식매수선택권은 제공한 주식매수선택권에 대한 보상비용을 주식으로 교부하는 것이 아니라 현금으로 지급하는 방법이다. 즉, 보상기준가격과 행사가격과의 차액을 회사가 현금으로 지급하는 것이다. 예를 들어, 5년 후에 행사가격이 ₩130으로 결정된 경우 행사시점에 주식의 가격이 주당 ₩150이면 주식매수선택권의 가치는 주당 ₩20이므로 차액보상형의 경우 이를 현금으로 지급하는 방식이다.

제 2 절 주당이익

1. 주당이익의 의의와 종류

K-IFRS1033호

주당이익

주당이익(earnings per share: EPS)이란 간단하게 말하면 일정 회계기간 중에 기업이 얻은 이익(earnings) 중 보통주 주주에게 돌아갈 이익 금액을 보통주 주식수로 나눈 수치이다. 이것은 보통주 1주에 귀속되는 이익의 크기를 나타내며, 기업의 경영성과를 나타내는 대표적인 자료 중의 하나이다. 주당이익 정보를 제공하는 주요 목적은 회계기간의 경영성과에 대한 지배기업의 보통주 1주당 지분의 측정치를 제공하는 것이다.

주당이익은 자본구조에 따라 **기본주당이익**(basic earnings per share: BEPS)과 **희석주당이익**(diluted earnings per share: DEPS)으로 구분된다.

단순자본구조(simple capital structure)란 보통주(및 전환불능우선주)만으로 구성된 자본구조를 말하며, **복잡자본구조**(complex capital structure)란 전환증권이나 신주인수권 등의 보통주 청구가능증권(희석증권)을 포함한 자본구조를 의미한다. 일반적으로 인정된 회계원칙에 따르면 주당계속영업이익과 주당순이익을 포괄손익계산서에 공시하도록 규정하고 있다. 또한 복잡한 자본구조를 가지고 있는 경우에는 희석증권으로 인하여 주당순이익이 낮아질 가능성을 고려하여 계속영업이익 및 당기순이익 각각에 대해 기본주당이익과 희석주당이익으로 구분하여 두 가지 모두를 보고하도록 되어 있다.

2. 기본주당이익

기본주당이익은 **기본주당계속영업이익**과 **기본주당순이익**으로 구분되는데, 본 교재에서는 기본주당순이익만 설명하기로 한다.

$$\text{기본주당순이익} = \frac{\text{보통주 당기순이익}}{\text{유통보통주식수}}$$

기본주당이익을 계산하기 위해서는 분모에 유통보통주식수를 산정해야 하고 분자에는 보통주에 귀속하는 당기순이익을 산정해야 한다.

(1) 유통보통주식수

주당이익의 계산에 있어서 분모는 사외유통보통주식수이다. 여기서 사외유통보통주식수(number of common shares outstanding)란 회사가 발행한 총 보통주식 중에서 자기주식과 같이 회사 내부에 존재하는 주식을 제외한 보통주식수를 말한다. 사외유통주식수는 회계기간 동안 다양한 이유로 변동할 수 있으므로 주당이익의 계산에 있어서 분모에 사용되는 사외유통보통주식수는 유통기간에 따라 가중치를 고려하여 가중평균하여 산출한다. 주당이익을 계산하는 데 분자는 일정기간 동안 보통주에게 귀속될 이익을 나타내므로 분모에는 가중평균 사외유통보통주식수가 사용되어야 한다. 즉, 분자요소인 순이익을 얻는 과정에서 분모요소인 보통주식수가 평균적으로 얼마만큼 기여하였느냐를 알아보는 것이다.

분모인 유통보통주식수를 계산하는 데 영향을 미치는 것에는 다음과 같은 항목들이 있다.

1) 유상증자 등

유상증자란 새로운 주식을 발행하고 자산의 증가 혹은 부채의 감소가 발생하는 자본거래로 인한 순자산의 증가를 의미한다. 이러한 유상증자가 발생하는 경우 가중평균 사외유통주식수를 구할 때 통상 주식발행의 대가를 받을 권리가 발생하는 시점(일반적으로 주식발행일)이다. 예를 들어, 현금으로 주식을 발행한 경우에는 주식대금을 납입한 일자로부터 유통기간이 계산되며, 용역을 제공한 대가로 주식을 발행하는 경우에는 용역을 제공받은 일자로부터 유통기간을 계산한다. 신주인수권 및 주식매수선택권 등의 행사로 보통주가 발행된 경우에도 당해 주식대금의 납입일을 기준으로 기간경과에 따라 가중평균하여 조정한다.

2) 무상증자 등

무상증자란 회사 순자산의 실질적인 변동없이 새로운 주식을 발행하는 것이다. 이러한 무상증자의 예는 잉여금의 자본전입, 주식배당 등의 형태가 있다. 주식분할(액면분할)도 주식배당과 마찬가지로 실질적인 자본의 증가 없이 사외유통주식수를 증가시키는 사건이다.

일반적으로 인정된 회계원칙에 따르면 자본금전입, 무상증자, 주식배당, 주식분할의 경우와 같이 추가로 대가를 받지 않고 기존 주주에게 보통주를 발행하는 경우 당해 사건이 있기 전의 유통보통주식수를 비교표시되는 최초기간의 개시일에 그 사건이 일어난 것처럼 비례적으로 조정한다. 예를 들어, 1주당 2주의 신주를 발행하는 무상증자의 경우 무상증자 전의 유통보통주식수에 3을 곱하여 새로운 총보통주식수를 구하거나 2를 곱하여 추가로 발행한 보통주식수를 구한다.

당기 중에 무상증자, 주식배당, 주식분할이나 주식병합 등이 실시된 경우에는 실시일과 관계없이 이러한 사건이 기초에 실시된 것으로 간주하여 유통보통주식수를 조정한다. 다만, 기중에 유상증자 등으로 발행된 신주에 대한 무상증자가 실시된 경우에는 유상신주의 납입일에 실시된 것으로 간주하여 유통보통주식수를 조정한다.

3) 자기주식

자기주식은 회사가 발행한 주식 중 일부를 재매입한 주식이므로 사외유통주식이 아니다. 앞에서 배운 바와 같이 자기주식은 배당이나 의사결정권한이 없기 때문에 자기주식은 취득일부터 매각일까지의 기간 동안 유통보통주식수에서 제외한다.

예제 11-1 : 유통보통주식수의 계산

(주)동국의 2020년 말 현재 발행주식은 보통주 10,000주와 우선주 5,000주로 구성되어 있으며, 주당 액면가액은 모두 ₩5,000이다. (주)동국은 2021년 4월 1일 보통주와 우선주에 대하여 20%의 유상증자를 각각 실시하였으며(시가 이상), 11월 1일에는 주가관리목적으로 보통주 1,200주의 자기주식을 취득하였다.
(주)동국의 2021년의 가중평균 유통보통주식수를 구하시오.

풀이

기간	유통보통주식수	가중치	가중평균
1.1 ~ 3.31	10,000주	3/12	2,500주
4.1 ~ 10.31	12,000	7/12	7,000
11.1 ~ 12.31	10,800	2/12	1,800
		12/12	11,300주

* 위의 풀이에서 보통주의 주식수를 구하므로 우선주는 대상에서 제외된다.

(2) 보통주 당기순이익

기본주당순이익의 분자는 **보통주 당기순이익**이다. 포괄손익계산서상의 당기순이익 중 우선주에 배당될 금액을 차감하여 보통주 주주에 귀속될 순이익을 구하여 이를 사외유통보통주식수로 나누어 보통주 당기순이익을 계산한다. 보통주 당기순이익을 산정하는 공식은 다음과 같다.

보통주 당기순이익 = 당기순이익 − 우선주배당금

예제 11-2

동국상사의 2020년의 당기순이익은 ₩4,800,000이다. 동국상사의 2020년 중 발행주식과 관련된 자료는 다음과 같다.

			보통주	우선주
2020.	1.1	유통주식수	10,000주	3,000주
	7.1	유상증자(20%)	2,000	600
	10.1	자기주식취득	(500)	−
	12.31	유통주식수	11,500주	3,600주

2020년도 당기순이익에 대한 현금배당은 보통주 8%, 우선주 10%이며, 주당액면금액은 ₩5,000이다. 동국상사의 2020년도 주당이익을 구하시오.

풀이

1. 유통보통주식수의 계산

기간	유통보통주식수	가중치	가중평균
1.1 ~ 6.30	10,000주	6/12	5,000주
7.1 ~ 9.30	12,000	3/12	3,000
10.1 ~ 12.31	11,500	3/12	2,875
			10,875주

2. 우선주배당금의 계산
- 구주 : 3,000주×₩5,000×10% = ₩1,500,000
- 신주 : 600주×₩5,000×10%×6/12 = ₩150,000

₩1,650,000

3. 보통주 당기순이익의 계산
- 보통주 당기순이익 : ₩4,800,000 − ₩1,650,000 = ₩3,150,000

4. 주당이익의 계산
- 기본주당순이익 : ₩3,150,000÷10,875 = ₩290

3. 희석주당이익

희석주당이익(diluted earnings per share)은 희석증권(diluted securities)이 있는 경우에 계산하도록 되어 있는데, 희석증권이란 보통주청구가능증권(잠재적 보통주)으로서 당해 증권의 소지자가 보통주의 발행을 청구하는 경우 주식수가 증가되어 주당이익의 감소(희석)를 초래할 수 있는 금융상품을 말한다.

희석주당이익은 발생 가능한 여러 가지 가능한 상황에서 가장 보수적인 주당이익, 즉 최소주당이익을 공시하여 투자자에게 유용한 정보를 제공하려는 것이므로 보통주 청구가능증권 중에서 희석증권만을 포함하고 **반희석증권**(anti-diluted securities)은 제외한다. 여기서 **희석화**(dilution)란 전환증권이 보통주로 전환된 경우처럼 사외유통주식수가 증가하여 주당이익이 감소되는 현상을 말하고 **반희석화**(anti-dilution)란 주당이익이 오히려 증가하는 현상을 말한다. 희석주당이익 산출시 반희석증권을 계산에서 제외하기 때문에 희석주당이익은 기본주당이익보다 항상 낮게 산출된다.

$$\text{희석주당순이익} = \frac{\text{희석당기순이익}}{\text{유통보통주식수} + \text{희석증권주식수}}$$

희석주당이익을 산정하기 위해서는 분모에 유통보통주식수와 희석증권주식수를 사용하며, 분자에는 희석당기순이익을 사용한다.

(1) 희석증권주식수의 계산

희석증권을 보유하고 있는 경우, 권리행사 여부에 따라 유통보통주식에 포함되거나 희석증권주식수에 포함된다. 당기 중 권리가 행사된 경우, 기초부터 권리행사일까지는 희석증권주식수에 포함시키고, 권리행사일부터 기말까지는 유통보통주식수에 포함시킨다. 당기 중에 권리행사가 안된 경우에는 희석증권주식수에 포함시킨다.

희석증권주식수의 계산시 전환증권과 주식매수권에 대한 산출방법은 서로 상이하다.

① 전환증권(전환사채나 전환우선주)의 경우 기초에 전환이 된 것으로 가정하고 희석증권주식수를 계산한다. 따라서 실제로 전환되지 않은 전환증권에 대해서도 기초부터 전환이 이루어져 보통주가 발행된 것으로 가정하고 희석증권주식수를 산출하여 주당이익을 계산하게 된다. 이러한 방법을 전환가정법(if-converted method)이라고 한다.

② 주식매수권(주식매수선택권이나 신주인수권 등)의 경우 희석주당이익을 계산할 때 희석효과가 있는 옵션이나 주식매입권은 행사된 것으로 가정한다. 이 경우 권리행사에서 예상되는 현금유입액은 보통주를 회계기간의 평균시장가격으로 발행하여 유입된 것으로 가정한다. 그 결과 권리를 행사할 때 발행하여야 할 보통주식수와 회계기간의 평균시장가격으로 발행한 것으로 가정하여 환산한 보통주식수의 차이는 무상으로 발행한 것으로 본다. 즉 당기 중 보통주의 평균시장가격이 행사가격 이상인 경우에 한하여 자기주식법을 사용하여 희석증권주식수를 산출한다. 자기주식법은 보통주를 행사가격으로 발행하여 유입된 현금으로 시중에 유통되는 자기주식을 취득한다는 가정에 근거하고 있다. 이 방법에서는 행사가격으로 발행될 주식수와 유입된 현금으로 시장에서 구입가능한 자기주식수와의 차이를 무상으로 발행된 것으로 가정하여 희석증권주식수에 포함하는 것이다.

예를 들어, 주식매수권의 권리행사에 따른 보통주의 발행주식수가 300주이고 주당 행사가격이 ₩4,000이라면 권리행사에 따른 총유입액은 ₩1,200,000이다. 이 경우에 보통주의 평균시가가 ₩6,000이라면 자기주식을 200주밖에 구입하지 못한다. 따라서 가중평균주식수는 100주만큼 증가한다. 보통주의 평균시가가 권리의 행사가액보다 낮은 경우에는 권리행사에 따른 보통주의 발행주식수보다 자기주식 구입가능수가 많아지므로 가중평균주식수가 감소하여 오히려 주당이익이 증가하게 된다. 이와 같은 현상을 **반희석화현상**이라 하며, 앞에서 언급한 대로 이러한 반희석증권은 주당순이익계산에 포함시키지 않는다.

예제 11-3 : 자기주식법에 의한 희석주당이익의 계산

(주)동국의 2020년도 보통주 당기순이익은 ₩3,600,000이었으며, 유통보통주식수는 24,000주이다. (주)동국은 2020년 1월 1일에 종업원들에게 주식매수선택권을 부여하였는데, 주당 ₩400에 4,000주를 매입할 수 있는 내용이었다. 주식매수선택권의 행사가능기간은 2020년 1월 1일부터 3년간이다. 2020년도의 보통주의 시가가 ₩500일 때 (주)동국의 희석주당순이익을 구하시오.

풀이

- 권리행사에 따른 수취액 : 4,000주 × ₩400 = ₩1,600,000
- 자기주식 구입가능수 : ₩1,600,000 ÷ ₩500 = 3,200주
- 희석주당순이익 : $\dfrac{₩3{,}600{,}000}{24{,}000 + (4{,}000 - 3{,}200)} = ₩145$

(2) 희석당기순이익

희석당기순이익은 전환우선주에 대한 배당금, 전환증권으로 인하여 발생한 비용에 (1 − 한계세율)을 곱한 금액 등을 보통주 당기순이익에 가산한 금액이다.

희석당기순이익의 산식은 다음과 같다.

희석당기순이익 = 보통주 당기순이익 + 전환우선주배당금
+ 전환사채의 이자비용 × (1 − 한계세율)

보통주 당기순이익은 기본주당이익 계산시 이미 계산된 금액이다.

위의 식에서 전환우선주배당금을 가산하는 이유는 전환가정법에 따라 전환우

선주가 희석증권주식수에 포함되기 때문에 보통주이익에서 차감하였던 금액을 다시 환원시키는 것이다. 여기서 일반우선주는 고려대상에서 제외되며, 단지 전환우선주만이 고려대상이 된다. 전환사채에 대한 이자비용도 전환가정법에 따라 전환사채가 희석증권주식수에 포함되어 보통주 대우를 받기 때문에, 희석이익 계산시 이자비용을 가산하게 되는 것이다. 이때 법인세효과를 고려하여 세후 금액을 희석이익 계산시 반영하여야 한다.

종합예제

① 다음은 (주)동국의 2020년도 포괄손익계산서의 일부이다.

영업이익	₩56,000,000
전환사채이자	(6,000,000)
법인세비용차감전계속영업이익	50,000,000
법인세비용(30%)	(15,000,000)
당기순이익	₩35,000,000

② (주)동국의 2020년 1월 1일의 부채와 자본구조는 다음과 같다.

- 신주인수권부사채 : ₩40,000,000
- 전환사채 : ₩80,000,000
- 보통주 : 40,000주(@₩5,000)
- 전환우선주 : 10,000주(@₩5,000, 배당률 10%)

③ 신주인수권부사채의 권리행사 내용

- 행사비율 : 사채권면액의 100%
- 행사가격 : 사채액면 ₩8,000당 보통주 1주
- 행사기간 : 2021년 7월 1일부터 만기 30일 전까지

④ 기타 자료

- 전환우선주는 1 : 1로 보통주로 전환가능. 단, 2021년 7월 1일부터 가능
- 전환사채는 사채액면가액 ₩4,000당 보통주 1주로 전환가능.
  단, 2022년 1월 1일부터 전환가능
- 2020년도 주당 평균시가는 ₩10,000

물음

1. 기본주당순이익을 구하시오.
2. 희석주당순이익을 구하시오.

풀이

1. 기본주당순이익의 계산

기본주당순이익 = 보통주 당기순이익 ÷ 유통보통주식수

$$= \frac{\text{당기순이익} - \text{우선주배당금}}{\text{유통보통주식수}}$$

= (₩35,000,000 − ₩5,000,000) ÷ 40,000주

= ₩30,000,000 ÷ 40,000주

= ₩750

2. 희석주당순이익의 계산

$$\text{희석주당순이익} = \frac{\text{희석주당기순이익}}{\text{유통보통주식수} + \text{희석증권주식수}}$$

$$= \frac{\text{보통주 당기순이익} + \text{전환우선배당금} + \text{세후전환사채이자비용}}{\text{유통보통주식수} + \text{희석증권주식수}}$$

$$= \frac{₩35,000,000 + ₩5,000,000 + ₩6,000,000(1 - 0.3)}{40,000\text{주} + (1,000\text{주}^{*} + 20,000\text{주}^{**} + 10,000\text{주}^{***})}$$

= ₩44,200,000 ÷ 71,000주

= ₩623

* 신주인수권부사채와 관련되어 자기주식법에 의한 희석증권주식수 :
(40,000,000 ÷ 8,000) − (40,000,000 ÷ 10,000) = 5,000주 − 4,000주 = 1,000주

** 전환사채와 관련되어 전환가정법에 의한 희석증권주식수 :
₩80,000,000 ÷ ₩4,000 = 20,000주

*** 전환우선주(10,000주)와 관련되어 전환가정법에 의한 희석증권주식수로 1 : 1로 전환가능

연습문제

EXERCISES

▣ 서술형 문제

1. 전환증권(잠재적 보통주)에 대해 설명하고 전환증권의 종류를 열거하시오.
2. 전환우선주와 전환사채 회계를 비교 설명하시오.
3. 전환증권을 희석증권이라고도 부르는 이유를 설명하시오.
4. 다음 용어를 설명하시오.
   1) 전환사채
   2) 신주인수권부사채
   3) 신주선매권
   4) 주식매수선택권
5. 기본주당이익과 희석주당이익을 비교 설명하시오.
6. 복잡한 자본구조란 어떠한 경우를 의미하는지 설명하시오.
7. 유통보통주식수의 계산시 고려사항에 대해 설명하시오.
8. 보통주 당기순이익의 산출방법에 대해 설명하시오.
9. 반희석화(anti-dilution) 현상에 대해 설명하시오.
10. 희석당기순이익의 산출방법에 대해 설명하시오.
11. 희석증권주식수의 계산에 있어 전환증권과 주식매수권의 산출방법을 비교 설명하시오.
12. 전환가정법(if-converted method)이란 무엇인지 설명하시오.

▣ 객관식 문제

1. 다음 중 희석증권이 되기 위한 요건으로 가장 타당한 것은?
   ① 권리 청구시에 보통주가 발행되어야 한다.
   ② 권리 청구시에 주식대금의 유입이 없어야 한다.
   ③ 권리 청구시에 보통주가 발행되어야 하며 그로 인하여 주당순이익의 희석효과가 있어야 한다.
   ④ 권리를 행사할 가능성이 충분하여야 한다.
   ⑤ 정답 없음

2. 다음 중 주당순이익의 유용성과 가장 관련이 먼 것은?
   ① 단위자본당 이익을 계산하여 주므로 기업간 비교가능성을 높여준다.
   ② 경영자의 경영성과를 쉽게 알 수 있다.
   ③ 규모의 경제를 고려할 수 있는 장점이 있다.
   ④ 미래 현금흐름 예측에 당기순이익보다 더 간단하다.
   ⑤ 주가수익률 등의 각종 주가배수나 비율분석의 기초자료를 제공한다.

3. 주당순이익 계산을 위한 유통보통주식수 계산시 기초발행으로 간주하는 것이 아닌 것은?
   ① 무상증자 ② 주식배당
   ③ 전환사채의 전환 ④ 주식병합
   ⑤ 모두 해당

4. 유통보통주식수 산정시에 고려할 사항을 설명한 것이다. 틀린 것은?
   ① 우선주는 보통주식수 산정시에 제외되어야 한다.
   ② 유상증자 등의 경우에는 원칙적으로 주금납입일에 발행된 것으로 간주한다.
   ③ 전환사채나 전환우선주의 전환은 원칙적으로 기초발행으로 간주한다.
   ④ 무상증자 등의 경우에는 원칙적으로 기초발행으로 간주한다. 다만, 유상증자분에 대한 무상증자는 당해 주금납입일에 발행된 것으로 본다.
   ⑤ 시가할인 유상증자시에는 시가유상증자와 무상증자가 복합된 것으로 본다.

5. 다음은 주당순이익의 문제점을 지적한 것이다. 틀린 것은?
① 과거의 수치로 계산된 자료이므로 의사결정회계에는 부적합할 수 있다.
② 규모의 경제 효과가 무시될 수 있다.
③ 순이익의 구성내역에 대한 질적인 정보는 제공할 수 없다.
④ 액면가가 다른 기업의 주당순이익을 단순히 비교하는 것은 그 유용성이 저하될 수밖에 없다.
⑤ 단위자본당 이익으로 계산되므로 경영자의 업적평가에는 부적합하다.

6. 주당순이익의 계산시 가중평균발행보통주식수에 대한 다음 설명 중 맞는 것은?
① 자기주식은 취득일부터 발행주식수에서 제외된다.
② 자기주식은 취득일에 관계없이 기초시점부터 발행주식수에서 제외된다.
③ 유상증자가 실시된 경우 기초시점에 실시된 것으로 간주한다.
④ 무상증자가 실시된 경우 증자일을 기준으로 기간경과에 따라 가중평균한다.
⑤ 기중의 유상증자로 발행된 신주에 대한 무상증자는 기초시점에 실시된 것으로 간주한다.

7. 2020년 1월 1일 (주)민국의 발행보통주식수는 100,000주이다. 2020년 4월 1일 (주)민국은 10%의 주식배당을 선언하고 발행하였다. 2020년 주당순이익을 계산할 때 분모로 사용될 보통주식수는?
① 100,000주 ② 105,000주
③ 107,514주 ④ 107,836주
⑤ 107,500주

8. 2019년 12월 31일 (주)한국의 발행주식수는 300,000주이다. 2020년 7월 1일 (주)한국은 10%의 주식배당을 실시하고, 2020년 10월 1일에는 24,200주의 자기주식을 취득하였다. 2020년 12월 31일 주당순이익의 계산시 사외유통보통주식수로 알맞은 것은?
① 276,850주 ② 306,342주
③ 309,580주 ④ 308,950주
⑤ 330,430주

9. 2019년 12월 31일 (주)동국의 보통주식수는 300,000주이다. 2020년 동안 추가로 발행된 보통주는 없었고, 2020년 1월 1일 200,000주의 비전환우선주를 발행하였다. 2020년 동안 (주)동국은 보통주에 대한 현금배당 ₩75,000과 우선주에 대한 현금배당 ₩60,000을 실시하였다. 2020년의 (주)동국의 당기순이익이 ₩330,000일 때 주당순이익은?

① ₩1.10　② ₩0.90　③ ₩0.85
④ ₩0.65　⑤ ₩0.50

▣ 주관식 문제

1. (주)동국은 2020년 중에 다음과 같은 거래가 있었다.

(차) 현 금	2,100,000	(대) 자본금	1,500,000
		주식발행초과금	600,000

보통주가 주당 ₩7,000에 발행되었을 경우 이 보통주의 액면가와 발행주식수를 계산하시오.

2. (주)민국은 2020년초에 설립되었으며, 다음은 (주)민국의 보통주에 관한 정보이다.

2020. 1. 2	수권주식수	40,000주
2020. 2. 1	발행주식수	30,000주
2020. 6. 30	자기주식 매입수	3,000주
2020. 12. 15	주식분할(2 : 1)	

2020년 12월 31일의 (주)민국의 유통보통주식수를 계산하시오.

3. (주)한국의 2020년 12월 31일에 종료되는 회계연도의 당기순이익은 ₩18,000,000이었다(법인세율 40%). 이 회사의 모든 증권은 2020년 이전에 발행되었고, 전환증권 및 자본과 관련되는 자료는 다음과 같다.

① 전환사채(10%), ₩10,000당 보통주 20주로 전환가능 : ₩5,000,000
② 전환우선주(12%), 액면가 ₩10,000, 1주당 보통주 20주로 전환가능 : ₩2,000,000

③ 보통주, 액면가 ₩500 : ₩20,000,000

(주)한국의 2020년도 기본주당순이익과 희석주당순이익을 구하시오.

4. (주)동국의 2020년도 당기순이익은 ₩600,000,000이고, 주식의 액면액은 모두 ₩5,000씩이다. 2020년초 (주)동국의 보통주식수는 100,000주, 우선주식수는 20,000주이고 7월 1일에 20%의 유상증자와 8월 15일에 10%의 무상증자가 있었다. 그리고 11월 1일에는 자기주식 1,000주를 구입하였다. 2020년의 현금배당은 보통주 9%, 우선주 10%이었다.
(주)동국의 2020년 말 유통보통주식수와 보통주 당기순이익을 구하시오.

5. 다음은 (주)민국의 2020회계연도의 자료이다.
① 당기순이익 : ₩2,504,000
② 우선주배당금 : ₩600,000
③ 보통주배당금 : ₩1,500,000
④ 1월 1일 유통보통주식수 : 10,000주
⑤ 5월 1일 유상증자 : 2,000주
⑥ 10월 15일 주식배당 : 20%

위의 자료를 이용하여 (주)민국의 2020년도 보통주당순이익을 계산하시오.

6. 2020년 1월 1일 (주)한국의 발행보통주식수는 22,000주이다. 2020년 동안 다음과 같은 거래가 발생하였다.

4. 1 보통주 5,000주를 발행하였다.
6. 1 보통주 3,000주를 발행하였다.
7. 1 10%의 주식배당을 실시하였다.
10. 1 2 : 1의 주식분할을 실시하였다.
11. 1 자기주식 1,000주를 취득하였다.

위의 자료를 이용하여 (주)한국의 2020년 12월 31일의 유통보통주식수를 계산하시오.

CHAPTER 12

A·C·C·O·U·N·T·I·N·G

증권시장과 재무제표분석

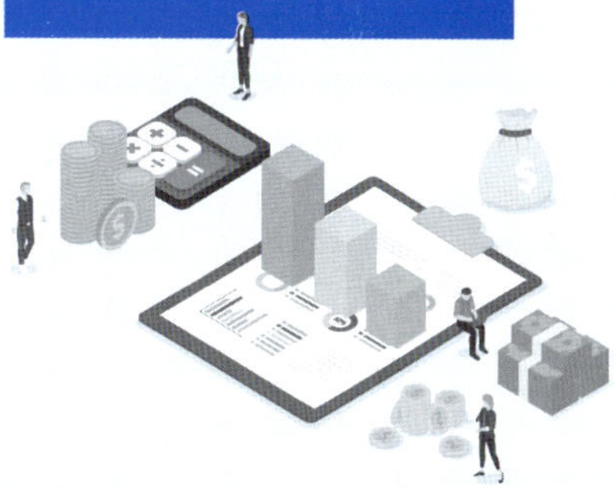

제 1 절 증권시장과 회계정보

1. 증권시장과 주식투자

자본주의의 꽃이라고도 불리는 증권시장은 중세 유럽에서 해상항로의 개척에 따라 활발한 해상무역이 전개되면서 1602년 네덜란드의 암스테르담에 세계 최초의 증권거래소가 설립되었다. 세계경제의 중심축으로 도약한 미국에서 18세기 말에 설립된 증권시장이 현재 세계증권시장의 중심으로 자리 잡고 있는 실정이며, 일본은 19세기 말부터 증권거래가 이루어져 왔다.

우리나라에서는 1930년 취인소라는 이름으로 증권거래가 시작된 후 1956년 3월에 현재와 같은 증권거래소가 개장되었다. 그러나 개설 초기의 증권시장은 일반 국민들에게는 알려지지도 않았을 뿐만 아니라 상장주식도 소수에 머무는 상태에서 극히 제한된 일부의 투자자들만 참여하여 명맥을 유지하는 정도였다. 경제개발과 함께 주식시장을 통한 자본조달의 필요성을 인식한 정부의 적극적인 증권시장 활성화정책에 따라 1968년 「자본시장육성에 관한 특별법」이 제정되어 주식공개기업에 여러 가지 혜택이 부여되면서 증권시장이 활성화되었다.

1990년대 들어 증권시장이 외국인에게 개방되면서 우리나라 증권시장은 국제화된 증권시장으로 도약하였다. 2021년 현재 유가증권시장 상장기업은 900여 개에 달하며 코스닥시장의 약 1,350개 기업, 코넥스시장 150개사 등 2,400여 개 기업의 주식이 증권시장에서 거래되고 있다. 한편 1997년 4월부터 증권거래법 개정으로 온라인 증권거래시대가 열려 비약적인 발전을 거듭하여 현재 온라인을 통한 거래 비중이 60% 이상에 이르고 있다.

주식회사의 자본조달 창구로서 건전한 발전을 해오고 있는 증권시장은 때때로 주식투자 열기가 지나쳐 1929년 미국증권시장의 대폭락과 같은 부침을 거듭하여 왔다. 흔히 주식투자의 과열상태는 17세기 네덜란드의 튤립투기와 비유된다. 당시 네덜란드에서는 튤립열풍이 수년간 지속되어 튤립뿌리 가격은 천정부지로 오르기 시작하였다. 당시 암스테르담 증권시장에서 주식에 투자하던 사람들도 튤립시장으로 몰려가 튤립뿌리 사재기에 열심이었다고 한다. 1637년 가을에 튤립뿌리를 거래하던 사람들은 더 이상 자신들만이 희귀한 튤립을 소유한 것이 아니며 튤립뿌리 가격이 엄청나게 과대평가된 사실을 깨달았다. 결국 튤립뿌리 가격의 거품이 터지면서 모두가 팔려고 몰려들면서 튤립뿌리는 양파보다도 싼 가격으로 폭락하고 말았다고 한다.

1929년 전 세계적인 대공황도 미국 월스트리트의 증권시장에서 시작되었다. 당시 미국을 비롯한 전 세계는 전무후무한 경제호황을 누리고 있었으며 정부에서도 이러한 경제호황이 앞으로도 계속될 것이라고 자신하고 있었다. 주식투자자들은 자신의 주식투자이익에 매료되어 계속 오르는 주식을 가격에 상관없이 매입하는 열기에 빠졌고 많은 사람들이 은행차입까지 하면서 주식투자 열풍에 들떠 있었다. 그러나 1929년 10월 22일 목요일에 이미 호황기의 노을이 가까웠다는 사실을 깨달은 일부 발빠른 투자자들의 대량매도로 증권시장은 부풀려진 풍선에 바늘을 찌른 상태로 돌변하였다. 주식투자자들의 심리는 날카로워졌고 이틀 후 증권시장은 주식을 팔려는 사람들로 넘쳐났으나 주식을 사려는 매수주문은 없는 공황상태에 직면하였다. 매수가 매수를 불러들이던 상황에서 매도가 새로운 매도를 불러들이는 상황으로 뒤바뀐 것이다.

결국 일주일 후에는 증권시장을 폐장할 것인가를 심각하게 논의하는 상황에까지 이르게 되었다. 증권시장은 이후 3년간 끊임없는 하락을 거듭한 후에야 하락행진을 멈추었다. 경제적으로 고통스러웠던 대공황의 시작도 증권시장에서 신호탄이 올랐던 것이다.

이와 같이 증권시장의 부침은 세계경제의 부침과 궤를 같이하지만 증권시장에서는 경제사이클이 보다 증폭되어서 나타난다고 할 수 있다. 이러한 현상은 인간의 이익에 대한 탐욕과 손실에 대한 공포가 어우러진 대표적인 장소가 증권시장이라는 점에서 앞으로도 계속될 것이다.

2. 주식투자를 위한 기본적 분석과 기술적 분석

증권업계에서 실무에 종사하는 전문가들은 주식투자를 위한 분석방법을 크게 기술적 분석과 기본적 분석으로 나누어서 분류하고 있다. 먼저 기술적 분석(technical analysis)은 특정 기업의 과거의 주식가격 패턴을 분석하여 미래의 주식가격을 예측할 수 있다는 생각에서 출발하고 있다. 기술적 분석에는 단순한 이동평균선을 이용하는 수준에서부터 고급통계기법이나 인공신경망모형 등 헤아릴 수 없을 만큼 많은 방법들이 있으나, 기술적 분석의 원조는 다우이론이라고 할 수 있다. 찰스 다우는 미국의 대표적인 시장지표인 '다우존스지수'를 1897년에 창안했던 사람이다.

기본적 분석(fundamental analysis)은 기업의 본질적 가치를 추정하여 현재의 주식가격이 본질적 가치를 초과하는지 또는 미달하는지를 살펴본다는 생각에서 출발하였다. 증권시장 외적인 요소인 금리, 환율, 무역수지 등 거시경제변수와 해당 기업에 대한 경영분석과 재무분석을 모두 포함하는 분석이 기본적 분석이다. 재무분석의 주류를 이루는 것이 재무제표의 각 계정들 간의 관계, 즉 재무비율분석이다. 본 장의 제3절에서는 회계원리에서 공부한 회계계정들이 실제로 기업의 가치를 추정하는 과정에 활용되는 대표적인 재무비율에 대하여 살펴본다.

재무제표에 표시된 회계정보를 이용하여 산출되는 재무비율은 주식의 미래가격을 추정하는 기본적 분석의 출발점이라고 할 수 있으며, 우량기업과 비우량기업은 재무비율에서도 현격한 차이가 나타난다. 따라서 회계정보는 주식시장에서 형성되는 주식가격과 불가분의 관계를 갖는다고 할 수 있다.

3. 증권시장

(1) 증권시장과 관련된 용어

1) 종합주가지수(KOSPI)

유가증권시장에 상장된 전종목의 주가변동을 날마다(실시간마다) 종합한 지표가 종합주가지수(Korea Stock Price Index: KOSPI)라 볼 수 있다. 우리는 증권관련 뉴스나 기사를 보면 종합주가지수가 2,200선을 돌파하였다든지, 2,000선이 무너졌다든지 하는 내용을 접하게 된다. 우리나라에서 사용하는 종합주가지수는 1980년 1월 4일의 종합주가를 100으로 하여 기준으로 삼고 있다. 다시 말해서, 오늘의 종합주가지수가 2,000이라면 1980년 1월 4일에 비해 평균적으로 2,000% 상승하였다는 것을 의미한다. 종합주가지수의 산출방법은 다음과 같다.

$$\text{종합주가지수} = \frac{\text{현재의 상장주식 시가총액}}{\text{기준시점의 상장주식 시가총액}} \times 100$$

여기서 상장주식 시가총액은 주식시장에 상장된 개별 종목별로 주식시가에 주식수를 곱한 시가총액을 합한 것으로 종합주가지수는 가중평균주가를 의미한다. 위의 종합지수를 산출할 때 연속성을 유지하기 위하여 상장종목 중 유상증자 등에 의해 주가의 단층이 발생하거나 상장주식수에 변동이 있는 경우에는 기준시가총액과 비교시가 총액을 수정한다.

종합주가지수는 가중평균주가이므로 발행주식수가 많은 대형주에 큰 영향을 받게 되며, 저가의 소형주들이 올라도 종합주가지수는 전혀 움직이지 않는 현상이 생길 수도 있고, 상승종목이 하락종목보다 많아도 종합주가지수는 하락하는 경우도 생길 수 있다. 이와 같이 종합주가지수만으로는 한계가 있기 때문에 업종별지수, 자본금규모별 지수를 계산하여 정보이용자에게 제공하고 있다.

유가증권시장의 주가지수인 종합주가지수와 함께 일반적으로 널리 알려진 지수로는 KOSPI200지수와 코스닥지수(KOSDAQ) 그리고 KRX100지수가 있다. KOSPI200지수는 유가증권시장에 상장된 종목 중 시장을 대표할 수 있는 우량주 200종목에 대한 주가지수로서 선물시장의 주가지수선물의 기준지수가 된다. 코스닥지수는 코스닥시장에 상장된 주식들에 대한 평균주가지수이며, 1996년 7월 1일의 코스닥시장 시가총액을 100으로 하여 현재시점의 시장 전체 주가수준을 나타내는 지수이다. KRX100지수는 거래소와 코스닥시장의 우량종목 100개로 구성되어 있으며, 시가총액, 거래대금, 자기자본이익률, 부채비율 등을 선정기준으로 삼아 선정된 종목으로 이루어진다.

2) 상한가와 하한가

주식의 가격은 매일매일의 경제적 여건과 상황에 따라 변화하게 되는데, 급격한 주가의 변동으로 인해 주식시장에 커다란 혼란을 초래하는 것을 방지하기 위해 우리나라에서는 하루에 오르거나 내려갈 수 있는 가격의 상한선과 하한선을 정해놓고 있다. 상한가는 주식이 하루에 오를 수 있는 상한선을 의미하며, 하한가는 주식이 하루에 내려갈 수 있는 하한선을 의미한다.

주식의 시가에 따라 가격등락의 폭이 제한되고 있는데 우리나라의 경우 2015년 6월까지 주식가격의 등락폭이 15%로 제한되어 있었으나 현재는 30%까지 상향조정되었다. 미국, 영국, 독일, 홍콩, 싱가포르 등 금융선진국에서는 가격등락제한폭을 두지 않고 있으며, 우리나라도 점차 가격등락제한폭이 확대되는 추세에 있다.

3) 배당락과 권리락

주식회사가 배당금을 지급하거나 유・무상 증자를 할 경우 일정한 날을 기준으로 하여 그 회사의 주주명부에 기재되어 있는 주주에게 이를 지급하게 된다.

배당락이란 배당기준일이 지나 그 회사의 주식을 사더라도 배당금은 받을 수 없는 상태를 말한다. 예를 들어, 2월 15일이 배당기준일이라고 할 경우 2월 16일 이후에 사들인 주식은 배당금을 받을 수 없으며 이날의 주식은 배당락 시세가 된다. 1998년 7월 16일부터 현금배당의 경우 배당락 기준가격을 이론가격 대신 전일종가로 변경하였으며, 주식배당의 경우에는 이사회에서 결의하면 당해 사업연도 말 15일 전에 공시하도록 되어 있어 정확한 이론 배당락주가를 산정할 수 있기 때문에 다음의 기준가격을 적용하도록 하고 있다.

$$기준가격 = (배당부종가 \times 배당\ 전\ 주식수) \div 배당\ 후\ 주식수$$

권리락도 이와 유사한 개념으로, 회사가 무상이나 유상증자에 의해 신주를 발행할 때에 지정된 날짜에 그 회사의 주주명부에 기재되어 있는 주주에게 신주를 발행하게 되는데, 배정기준일이 지나 신주를 받을 권리가 없어지는 상태를 권리락이라 한다. 권리부종가가 신주의 발행가액 이하인 경우에는 전일종가를 기준가격으로 하며, 권리부종가가 신주의 발행가액을 초과하는 경우에만 다음과 같은 이론가격을 산출하여 기준가격을 정한다.

$$기준가격 = (권리부종가 \times 증자\ 전\ 주식수 + 신주납입금액) \div 증자\ 후\ 주식수$$

4) 종가와 기세

종가란 그날의 거래(입회) 중에서 제일 마지막으로 성립된 가격을 말한다. 종가는 그날의 대표가격으로 인정되며 종합주가지수 산정을 위한 기준가격으로 사용된다. 또한 다음 거래일의 상한가나 하한가를 정하는 기준가격이 된다.

주식의 매매에 있어 주가의 성립은 매도하려는 측과 매수하려는 측의 주문가격이 일치되어야 성립한다. 그러나 주문가격이 서로 일치하지 않아 매매가 성립되지 못하였어도 주가가 성립할 수 있는 경우가 생기게 되는데 이때의 가격을 기세라고 한다. 구체적으로 기세란 주식을 사려는 가격과 팔려는 가격이 시장이 끝날 때까지 매매체결이 이루어지지 않은 경우의 호가로서, 전일의 종가에 비해 가장 낮은 매도호가 또는 가장 높은 매수호가를 말한다. 즉, 매도호가의 경우에 전일의 시세에 비하여 가장 낮은 호가가 기세가 되며, 매수호가의 경우는 전일의 시세에 비해 가장 높은 호가가 기세가 된다.

예를 들어 설명하면, 전일 종가가 ₩25,000인 종목을 ₩25,500에 사려는 측이 있는데 팔려는 사람은 ₩26,000에 매도를 고수하여 매매가 성립되지 않은 경우이다. 사려는 가격인 ₩25,500은 전일종가에 비해 ₩500이 높은 유리한 가격임에도 불구하고 팔려는 가격과 맞지 않아 매매가 성립되지 않았으나 매수주문가격을 주가로 인정하게 되며, ₩25,500을 기세라고 한다. 반대로 전일 종가가 ₩10,000인 종목을 ₩9,800에 팔려고 하였으나 매수세력이 없어 매매가 성립되지 않은 경우에는 ₩9,800이 기세가 되며, 이 가격이 그 주식의 시세가 된다.

5) 파생상품

파생상품 또는 파생금융상품(financial derivatives)은 주식과 채권 등 전통적인 금융상품을 기초자산으로 하여 기초자산의 가치변동에 따라 가격이 결정되는 금융상품을 의미한다.

대표적인 파생상품으로 선물(futures trading), 옵션(options), 주가연계상품(Equity Linked Securities: ELS) 등이 있다. 주식선물이나 주식옵션은 일정한 시장에서 거래되기 때문에 장내파생상품이라고 하고, ELS 등의 파생상품은 일정한 시장이 없기 때문에 장외파생상품이라고 한다.

6) 선 물

선물(futures trading, trading to futures)이란 미래의 특정 시점(만기일)에 수량, 규격이 표준화된 상품이나 금융자산 등을 특정 가격에 인수 또는 인도할 것을 약정하는 거래를 말한다. 주식선물거래는 주식을 사고파는 것이 아니라 계약을 하는 것으로 이해하면 된다.

예를 들어, 삼성전자 주식이 5만원인데 4만원으로 하락할 것을 예상하고 선물매도를 하였는데, 만기일에 실제로 하락하면 차익을 실현하게 되는 것이다. 그러나 하락을 하지 않으면 손실을 보게 된다.

주식선물거래는 주가지수선물거래와 개별주식선물거래가 있으며, 일반적인 주식거래보다 위험(risks)이 매우 크기 때문에 일정한 요건을 갖추어야만 선물거래를 할 수 있도록 규제하고 있다.

7) 옵 션

옵션(options)이란 미리 정해진 조건에 따라 일정기간 내에 상품이나 유가증권 등의 특정 자산을 사거나 팔 수 있는 권리를 말한다. 주식옵션(stock options)이란 지정된 기간에 특정한 가격으로 주식을 사거나 팔 수 있는 권리를 말하는데, 일반적으로 회사의 임직원에게 동기부여나 보상을 하기 위해 사용된다.

주식옵션은 일정기간 내에 행사하여야 하기 때문에 만기일이 정해져 있으며, 선택권의 보유자, 기초자산 등에 따라 여러 가지 형태로 분류된다.

〈선택권 보유자에 따른 분류〉

① 콜옵션(call option) : 기초자산을 매입하기로 한 측이 옵션보유자가 되는 경우로, 콜옵션의 매입자는 장래의 일정시점이나 일정기간 내에 특정 기초자산을 정해진 가격으로 매입할 수 있는 선택권을 갖는다.

② 풋옵션(put option) : 기초자산을 매도하기로 한 측이 옵션보유자가 되는 경우를 지칭하는데, 풋옵션의 매입자는 장래의 일정시점 또는 일정기간 내에 특정 기초자산을 정해진 가격으로 매도할 수 있는 권리를 가진다.

〈기초자산에 따른 분류〉

① 주식옵션(stock options) : 옵션 중 가장 흔한 형태로 개별 주식이 기초자산이 되는 옵션이다.

② 주가지수옵션(stock index options) : 주가지수선물과 마찬가지로 주가지수 자체가 기초가 되는 옵션을 말한다. 우리나라의 경우 1997년 7월부터 KOSPI200 주가지수옵션이 상장되어 매우 활발하게 거래되고 있다.

③ 통화옵션(currency options) : 외국통화가 기초자산이 되는 옵션으로서, 우리나라의 경우 미국달러옵션이 상장되어 거래되고 있다.

④ 선물옵션(options on futures) : 현물이 아닌 선물계약 자체를 기초자산으로 하는 옵션을 의미한다.

8) 주가연계증권(Equity Linked Securities: ELS)

개별 주식의 가격이나 주가지수에 연계되어 투자수익이 결정되는 파생상품을 의미한다. 특정 주식의 가격이나 주가지수가 일정기간 미리 정해 놓은 범위에 있으면 약정된 수익을 지급하되, 구간을 벗어나면 원금손실을 보게 되는 파생금융상품으로, 일본의 니케이 지수(Nikkei Index) 등 두세 가지 주가지수를 기초자산으로 하는 지수형 ELS가 가장 일반적이다.

만기는 1~3년이 일반적이지만, 일정한 수익이 발생하면 만기 전에 수익이 실현되는 녹아웃(knock-out)이 된다.

또한 원금손실이 되는 녹인(knock-in) 상태도 되는데, 녹인이란 ELS 상품 가입기간에 유지되어야 하는 기초자산의 수익률 하한선을 의미한다. 예를 들어, 녹인 레벨(level)이 65%인 경우 기초자산이 되는 특정 주가지수가 발생시점 대비 65% 아래로 떨어지면 원금손실을 볼 수 있다는 것을 의미한다.

9) 공매도

공매도(short stock selling, short sale)란 주식가격이 하락할 것이라고 예상하고 실물 없이 주식을 매도하는 것을 의미한다. 예를 들어, 1만원짜리 주식이 60일 이내에 7천원으로 떨어질 것으로 예측할 경우, 주식을 빌려서 1만원에 매도(공매도)를 한 후, 7천원으로 떨어지면 이때 매입하여 주식을 돌려주고 3천원의 시세차익을 얻는 것이다. 개인투자자는 빌린 주식을 60일 이내에 갚아야 하지만, 외국인이나 기관투자자는 협의를 통해 정할 수 있다.

공매도는 주식시장에 유동성을 공급한다는 긍정적인 면이 있는 반면에, 시장질서를 교란시키고, 주가하락을 가속화하며, 불공정 거래수단으로 악용될 소지가 있다. 우리나라의 경우 2020년 코로나바이러스 감염으로 주식시장이 폭락하여, 2020년 3월 16일부터 2021년 5월 2일까지 1년여간 공매도를 금지하는 조치를 취한 바가 있다.

10) 서킷브레이커(circuit breaker)와 사이드카(sidecar)

서킷브레이커(circuit breaker)란 주식시장에서 주가가 급등 또는 급락하는 경우 주식매매를 일시 정지하는 제도로서, 주식거래 중단제도라고도 한다. 2015년 6월 가격제한폭이(상한가 · 하한가) 30%로 확대되면서 서킷브레이커가 3단계로 세분화되었다. 1단계는 종합주가지수가 전일에 비해 8% 이상 하락한 경우에 발동되며, 모든 주식거래가 20분간 중단된다. 2단계는 전일에 비해 15% 이상 하락한 경우에 발동되며, 3단계는 전일에 비해 20% 이상 하락한 경우 발동된다.

사이드카(sidecar)는 선물시장이 급변할 경우 현물시장에 대한 영향을 최소화함으로써 현물시장을 안정적으로 운영하기 위해 도입한 제도로, 주식시장에서 주식매매를 일시 정지시키는 제도인 서킷브레이커와 유사한 개념이다. 우리나라의 경우 선물가격이 전일종가 대비 5%(코스닥은 6%) 이상 상승 또는 하락하여 1분간 지속되면 발동하며, 사이드카가 발동되면 프로그램 매매호가의 효력이 5분간 정지된다.

11) 프로그램 매매(program trade)

주식을 대량으로 거래하는 기관투자자들이 일정한 전산 프로그램에 따라 수십 종목씩 주식을 묶어서(basket) 거래하는 것을 말한다. 매도나 매수에 대한 의사결정은 매매자가 하지만 나머지 모든 과정은 전산 프로그램이 알아서 하기 때문에 프로그램 매매라고 불리운다. 매매할 종목이나 호가 등을 미리 정해 놓고 그 조건이 충족되면 자동적으로 매도 또는 매수 주문을 내도록 설정한 프로그램에 따라 거래가 이루어진다.

주식시장에 새로운 정보가 유입되어 효율적인 가격으로 조정된다는 긍정적인 면이 있는 반면에, 종합주가지수를 급변하게 하여 주식시장을 혼란시킨다는 부정적인 면도 있다. 앞에서 설명한 사이드카(sidecar) 제도는 프로그램 매매로 인한 주식시장의 혼란을 막기 위한 규제장치 중의 하나이다.

12) 불마켓(bulls market)과 베어마켓(bears market)

증권시장에서 황소(bull)는 상승장을 의미한다. 따라서 불마켓(bulls market)이란 장기간에 걸친 주가 상승이나 강세장을 뜻한다. 이에 반해 베어마켓(bears market)은 주가를 비롯한 자산가격이 하락하는 약세장을 뜻하는 말이다.

미국 뉴욕의 월가(Wall Street)나 한국의 증권거래소 앞에는 황소 동상이 세워져 있는데, 증권가에서 상승장을 염원하는 의미로 받아들여진다.

(2) 주식투자의 실제절차

증권은 일정한 장소에서만 거래가 이루어지는데 한국거래소가 바로 그곳이다. 그렇다고 투자자들이 직접 거래소에서 증권을 사고파는 것이 아니라 주식매매 중개인이라 할 수 있는 증권회사를 통해야 한다. 우리나라의 증권거래법에 의하면 증권회사 이외의 곳에서 주식매매를 취급하는 것은 금지되어 있다. 증권회사는 한국거래소의 회원으로 등록되어야 하고 일정한 물적 · 인적 자격을 갖추어야 한다.

따라서 투자자들이 실제로 주식을 매입하기 위해서는 증권회사지점에서 신규계좌를 개설한 후 주식을 사고자 할 때에는 위탁증거금을 계좌에 입금한 후 매매주문표에 사고 싶은 주식의 종목, 수량, 가격 등을 기재하여 직접 주문하거나 전화 또는 인터넷(증권회사의 home trading system: HTS)을 통하여 주문할 수도 있다. 주식을 팔고자 할 때도 같은 방법과 절차가 적용된다. 단, KOSPI 시장의 경우 매매호가의 단위는 ₩5,000 미만의 주식은 ₩5, ₩500,000 이상 주식은 ₩1,000까지 주가수준 단계별로 차등화되어 있다.

한편 주식거래를 위탁받은 증권회사는 한국거래소에 고객의 주문을 전달하게 된다. 일반투자자들은 주식을 매입할 때 매수대금의 일정률을 위탁증거금으로 납입하여야 하며, 나머지는 거래체결 후 2일째인 결제일까지 입금하면 된다. 매매체결 시 증권을 현물로 주고받으면 여러 가지로 번거롭고 위험이 따르기 때문에 투자자, 증권회사 등이 소유하고 있는 유가증권을 미리 한국예탁결제원에 맡겨 놓고 계좌 간 대체결제하는 방식을 택하고 있다.

주식을 매도한 경우 소정의 위탁수수료와 증권거래세를 공제한 후 매도대금을 받게 되는데, 거래성립일로부터 3일 후에 현금화가 가능하다는 것을 알고 자금계획을 세워야 한다. 또한 한국거래소는 주식의 공정한 가격형성과 급격한 시세변동에 따른 투자자의 피해를 방지하고 건전한 거래질서를 확립하기 위하여 하루에 변동할 수 있는 주식가격의 상 · 하한폭을 일정한 범위로 제한하고 있다. 주식매매 과정을 그림으로 그려보면 [그림 12-1]과 같다.

그림 12-1 주식매매과정

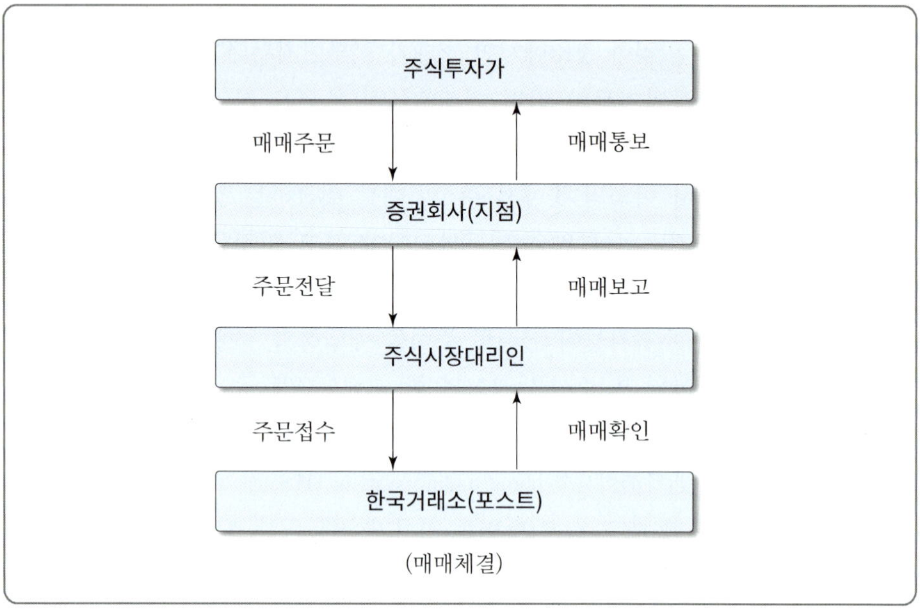

(3) 주식투자와 관련된 수수료와 세금

주식투자에 따르는 세금에는 증권거래세와 주식매매차익세가 있으며, 회사로부터 배당금을 받았을 때에는 배당소득세가 있다. 그리고 주식매매를 중개하는 증권회사에서는 중개수수료(또는 위탁수수료)를 부과한다.

1) 증권거래세

증권거래세는 주식을 팔았을 경우 양도금액의 0.25%에 해당하는 금액에 대해 부과되며, 주식을 샀을 경우에는 부과되지 않는다. 주식을 팔았을 경우에도 시가가 주식의 액면가 이하일 경우에는 증권거래세가 면제되고 있다. 미국, 독일, 일본 등은 증권거래세가 없다.

2) 주식매매차익세

주식매매차익세는 주식매매에서 발생한 매매차익에 대해 부과하는 세금인데, 우리나라에서는 대주주를 제외한 일반투자자들에 대해서는 주식의 매매차익에 대해 아직 과세를 하지 않고 있다. 그러나 미국 등 선진국에서는 매매차익에 대해서 과세를 하고 있다. 따라서 대한민국 정부에서도 일반투자자들의 매매차익에 대해 양도소득세 부과를 검토하고 있다. 현재는 단일종목 주식을 1% 이상 보유하거나, 단일종목 10억원 이상 보유자에 한해 양도차익의 20%를 세금으로 부과하고 있으나, 2023년부터는 일년에 5,000만원 넘는 주식양도차익에 대해서 20%의 세금을 내야 한다. 대신에 증권거래세는 0.25%에서 0.15%로 낮아진다.

3) 배당소득세

주식회사는 이익을 남기게 될 경우, 일부를 회사의 미래를 위해 사내에 잉여금으로 유보하는 한편, 주주들에게 배당금을 지급하게 된다. 법인이 배당소득을 받을 경우 원천징수를 하지 않고 결산 후 법인세로 납부를 하게 되나, 개인투자자의 경우 **배당소득세**를 납부하여야 한다.

4) 중개수수료

주식을 사거나 팔았을 경우 이를 중개하는 증권회사에서는 **중개수수료**(또는 위탁수수료)를 부과한다. 중개수수료율은 자율화되어 증권회사에 따라 약간씩 차이가 있으며 인터넷을 사용할 경우 수수료를 할인하여 주고 있다.

4. 기업공시

(1) 기업공시의 의미와 기능

기업공시(企業公示, disclosure)란 주주, 채권자, 소비자 등 기업의 이해관계자에게 기업의 중요 내용에 대한 정보를 전달함으로써 이들이 기업가치를 합리적으로 평가하고 판단하는 자료를 제공하게 하는 것을 말한다. 이를 통해 시장의 효율성을 제고하고, 한정된 자원의 효율적 배분을 이루어 나갈 수 있다. 또한, 투자자들에게 적시에 완전하고 공정한 정보를 제공하여 투자자들이 의도치 않은 손실을 입는 것을 방지한다.

증권시장은 주식의 발행자, 투자자, 중개인(중개기관) 등이 참여하여 주식의 발행과 매매가 이루어지는 금융시장이다. 증권시장에서는 주식을 중심으로 많은 이해관계자들 간에 지속적인 거래가 이루어지므로 이해관계자가 주식과 관련된 모든 정보를 공유하여 정보의 비대칭이 없는 상황에서 합리적인 판단을 통해 매매가 이루어져야 한다. 기업공시제도는 이를 위해서 정기적으로 혹은 수시로 이해관계자들의 합리적인 판단에 필요한 정보를 제공하여 시장이 효율적으로 움직일 수 있도록 한다.

기업공시가 투자자들의 투자판단에 효과적으로 작용하기 위해서는 중요한 사항이 발생한 경우 신속하게 공시되어야 한다. 만일, 기업의 경영상황에 부정적인 영향을 미치는 정보가 뒤늦게 공시된다면 투자자들의 합리적인 판단이 왜곡될 수 있기 때문이다.

공시되는 정보는 투자자의 판단을 왜곡시키지 않기 위해 정확해야 하며 완전한 정보여야 한다. 즉, 기업에 긍정적인 정보뿐 아니라 부정적인 정보도 정확히 공시되어야 한다. 그리고 공시되는 정보는 전문지식이 없는 투자자들도 쉽게 이해할 수 있도록 표현되어야 하며, 내용이 명확해야 한다. 또한, 정보의 불균형이 일어나지 않도록 증권시장의 많은 이해관계자들에게 정보가 공정하게 제공되어야 한다. 만일 정보가 비대칭적으로 제공될 경우 정보를 갖지 못한 투자자의 투자판단은 왜곡되어 시장의 효율성을 달성할 수 없기 때문이다.

(2) 기업공시의 유형

기업공시는 공시 의무의 여부에 따라 분류하거나 또는 유통공시, 발행공시, 지분공시로 분류할 수 있다.

1) 공시 의무 여부에 따른 분류

① 법적·강행적 공시

법적·강행적 공시는 미래 투자자를 포함한 모든 시장참여자를 대상으로 투자판단에 필요한 정보를 제공할 목적으로 하는 공시를 의미하며, 발행시장과 유통시장에 대한 공시로 분류할 수 있다.

② 자율적·임의적 공시

상장법인은 법적으로 규정된 공시사항 외에 이해관계자들의 투자판단에 영향을 미칠 수 있다고 판단되는 사항을 자율적으로 공시할 수 있다. 자율적·임의적 공시는 신문 등에 보도자료를 배포하여 간접적으로 기업의 정보를 공개하거나, 설명회 등을 통하여 직접적으로 기업의 정보를 공개하는 형태를 모두 포함한다. 자율적 · 임의적 공시의 예로는 기타 주요 경영사항을 증권거래소에 자진하여 신고하는 '자율공시'가 있다.

2) 시장에 따른 분류

기업공시는 정보가 공개되는 시장에 따라 유통공시, 발행공시, 지분공시로 분류할 수 있다.

① 유통공시

유통공시란 매매가 지속적으로 이루어지는 유통시장에서 투자판단에 필요한 정보를 주식발행기업이 제공하는 것을 의미한다. 유통공시는 다시 정기공시, 수시공시, 공정공시로 구분된다.

정기공시는 주식을 발행하거나 상장한 법인 등의 사업내용, 재무상황 등 기업내용을 정기적으로 공시함으로써 일반투자자에게 합리적인 투자판단 자료를 제공하고 시장에서 공정한 가격형성이 이루어지도록 하여 거래질서를 확립하고 투자자를 보호하기 위한 제도로 사업보고서와 분기 · 반기보고서 등을 의미한다.

수시공시는 투자자들의 투자판단에 중요한 사항이 발생한 경우 이를 투자자들에게 지체없이 공시하여 증권의 공정한 가격형성과 합리적인 투자판단을 할 수 있도록 하는 제도로, 수시공시하는 경우로는 기업의 경영과 관련하여 증자 또는 감자 결정이 있을 때, 영업 · 생산활동에 중요한 사항이 발생한 경우, 부도, 최대주주의 변경 등이 있다.

마지막으로 공정공시는 기업이 증권시장을 통해 공시되지 아니한 중요정보를 기관투자자 등 특정인에게 제공하고자 하는 경우 모든 투자자들이 해당 정보를 알 수 있도록 그 특정인에게 제공하기 전에 증권시장을 통해 공시하도록 하여, 시장참가자 간 정보의 불균형을 완화하여 불공정거래를 방지하기 위한 제도이다.

② 발행공시

발행공시는 주식이 처음으로 증권시장에서 매매되는 단계에서 투자자들이 해당 기업의 주식에 대한 투자판단을 할 수 있도록 하기 위해 공시하는 경우로, 증권신고서, 투자설명서, 일괄신고서, 소액공모공시 등이 있다.

③ 지분공시

지분공시는 주식 등의 변동 정보를 신속하게 공시하여 회사내부자의 미공개정보이용을 방지하고, 적대적 M&A에 대한 합리적인 경영권 방어 등 기업지배권을 보호하고 시장의 투명성을 제고하기 위한 제도이다. 지분공시제도에는 주식 등 대량보유상황의 보고제도와 임원 등의 특정증권 등 소유상황보고제도, 자기주식 취득 및 처분 등의 신고제도 등이 있다.

(3) 기업공시의 방법

기업은 공시하여야 하는 정보를 문서로 작성하여 증권거래소 등의 공시기관에 우편 또는 FAX 등의 방법으로 공시해야 한다. 이뿐만 아니라 금융감독원이 운영하는 전자공시시스템, 즉 DART(Data Analysis Retrieval and Transfer System)을 통해 전자문서를 이용해 공시할 수도 있다. 최근에는 공시사항을 많은 관계기간에 중복 제출하는 부담을 감소시키고, 많은 이해관계자들에게 신속・정확하게 정보를 전달할 수 있어 전자공시방식이 많이 이용되고 있다.

(4) 공시의무사항

증권시장에서 주식가격에 중요한 영향을 미치는 정보를 투자자에 따라 서로 다르게 판단할 수 있기 때문에 증권거래법과 상장법인공시규정에서는 상장법인의 공시의무사항을 구체적으로 정하고 있다.

1) 주요 경영사항

주식의 공정한 거래와 투자자의 보호를 위해 규정된 법정공시의무사항으로 기업의 부도, 해산, 합병, 증자 등 상장법인의 경영 또는 투자자의 판단에 중요한 영향을 미칠 수 있는 사항 등이 해당된다.

2) 최대주주 등과의 거래사항

기업경영의 투명성을 제고하기 위한 법정공시의무사항으로 최대주주 등과 가지급금, 대여금 등의 거래를 한 경우 그 내역을 상세히 공개하도록 하고 있다.

3) 장래계획에 대한 사항

신규사업의 추진이나 진행중인 사업의 변경, 장래계획을 지연시키는 법률적 사항 등이 있는 경우 구체적인 내용을 공시함으로써 기업의 미래신규계획을 공표할 수 있도록 하고 있다.

4) 공정공시

정보의 비대칭을 방지하기 위하여, 기업이 증권시장을 통해 공시되지 아니한 중요정보를 기관투자자 등 특정인에게 제공하고자 하는 경우 모든 투자자들이 해당 정보를 알 수 있도록 그 특정인에게 제공하기 전에 증권시장을 통해 공시하도록 하고 있다.

5) 조회공시

주식의 공정한 거래와 투자자 보호를 위하여 기업과 관련된 소문이나 언론보도 등의 사실 여부 확인, 주식의 가격이나 거래량의 현저한 변동이 있는 경우 등 증권거래소가 사실 확인에 대한 공시를 요구하는 경우에 다음날까지 공시하는 것을 말한다.

6) 예측정보공시

증권시장의 투명서와 공정성을 확보하기 위해 기업이 증권신고서 등의 공시내용에 미래의 재무상태나 예측되는 영업성과에 관한 사항을 기재하는 것을 말한다. 다만, 이러한 예측정보에는 예측정보라는 사실과 판단의 근거, 실제 결과는 예측치와 다를 수 있다는 주의문구를 반드시 기재하여야 한다.

제 2 절 재무제표분석의 의의와 방법

1. 재무제표분석의 의의

(1) 재무제표분석의 의의

재무제표분석(financial statements analysis)이란 재무제표에 포함된 회계정보나 기타의 재무정보를 비교 분석하거나 추세를 분석하여 여러 가지 의사결정에 이용하는 것을 말한다. 재무제표분석을 위하여 주요 재무제표인 재무상태표, 포괄손익계산서, 현금흐름표, 자본변동표 외에 보충정보로 보고되는 여러 가지 회계자료가 이용된다. 여기에서는 이들 중 주로 재무상태표와 포괄손익계산서를 이용한 재무제표분석에 대하여 설명하기로 한다.

(2) 재무제표분석의 목적

재무제표분석의 기본적인 목적은 기업의 재무상태와 경영성과를 보다 심층적으로 평가함으로써 문제점을 명확히 파악하고 이를 기초로 미래를 예측하여 의사결정과정에 이를 반영하려는 것이라 할 수 있다. 재무제표분석은 기업의 경영자는 물론이고, 주식투자자, 전문적인 신용평가기관, 금융기관 또는 각종 정책을 입안하는 연구기관들에 의하여 실시된다. 기업의 경영자들은 기업의 경영성과나 경영효율성을 판단하기 위해 필요하며, 주식투자자들은 주식투자 대상을 선택하기 위해 이를 필요로 한다. 금융기관을 비롯한 대출기관에서는 대출을 신청한 기업의 신용도를 측정하기 위해 재무제표분석 결과가 필요하며, 정부기관에서는 경제정책의 운용을 위해 필요하게 된다.

이상에서 보는 바와 같이 재무제표분석의 목적은 정보이용자의 의사결정 목적에 따라 달라진다고 할 수 있다. 따라서 재무제표의 분석도 이용목적이나 동기에 따라 신축적으로 적용되어야 할 것이다.

(3) 재무분석과 경영분석

재무제표분석과 유사한 용어로 재무분석과 경영분석이 있다. 이들 세 가지 용어는 서로 유사하게 사용되기도 하나, 엄밀한 의미에서는 차이가 있다. 이들을 구분하는 기준은 분석대상인 정보나 자료의 범위에 있다고 볼 수 있다.

재무분석(financial analysis)은 기업의 재무정보를 분석하는 것으로, 회계정보를 포함하여 기업경영과 관련이 있는 기타의 재무정보를 분석대상으로 하는 것이다. 다시 말해서, 재무제표분석이 주로 재무제표에 관련된 회계정보를 이용하여 분석을 하는 데 반해, 재무분석에서는 재무제표 이외에도 자본시장에서 산출되는 주가자료와 자금의 조달과 관리, 투자분석, 자본비용 등 모든 재무정보를 대상으로 한다. 또한 분석방법에 있어서도 재무제표분석이 재무비율을 계산하여 분석하는 비율분석을 주로 하는 데 반해, 재무분석의 경우에는 회귀분석(regression analysis)이나 시계열분석(time-series analysis) 등의 여러 가지 통계적 분석방법도 사용한다.

경영분석(business analysis)이란 재무적인 자료는 물론이고 비재무적인 자료도 수집·분석하여 경영실태를 파악하고 경영성과를 측정하는 것을 말한다. 따라서 경영분석에서는 재무분석 이외에 마케팅, 생산관리, 인사관리 등의 비재무적인 자료의 분석도 포함하고 있다. 경영진단이라는 용어는 특정 기업에 대해 이러한 경영분석을 수행함으로써 그 기업의 경영의 모든 분야를 분석하여 개선책을 제시하는 것을 의미한다.

재무제표분석, 재무분석, 경영분석의 관계를 그림으로 표시하면 다음 [그림 12-2]와 같다.

그림 12-2 재무제표분석, 재무분석, 경영분석의 관계

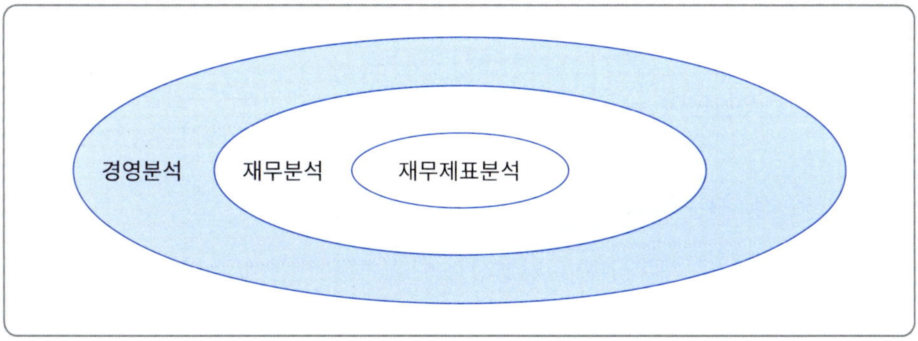

재무제표분석의 방법으로는 재무비율분석, 추세분석(수평적 분석), 구성비율 분석(수직적 분석)의 세 가지가 있다. 이들 세 가지 방법 중 가장 흔히 이용되는 방법이 재무비율분석이며, 가장 기본적인 방법이라고 할 수 있다. 제3절에서는 재무비율분석에 사용되는 중요한 비율에 대해 상세히 설명한다.

2. 재무제표분석의 방법

(1) 재무비율분석

1) 재무비율분석의 의의

재무비율분석(financial ratio analysis)은 **비율분석**(ratio analysis)이라고도 하는데, 주로 재무제표의 자료를 이용하여 재무비율을 계산하고 이 재무비율을 표준과 비교하여 기업의 재무상태와 경영성과를 평가하는 것이다.

비율분석은 분석목적에 따라 일반적으로 유동성비율, 안정성비율, 수익성비율, 활동성비율과 주가관련비율 등으로 분류할 수 있다. 이들 비율을 측정하기 위해서는 여러 가지 세부비율이 있다. 각 비율의 의의와 세부비율을 요약하면 <표 12-1>과 같다.

표 12-1 재무비율의 종류와 의의

비율의 종류	목 적	세부비율
유동성비율	기업의 단기 지급능력 평가	유동비율, 당좌비율
안정성비율	기업의 장기 지급능력 평가	부채비율, 자기자본비율, 고정비율
수익성비율	수익성의 평가	매출액이익률, 총자산이익률, 주당순이익
활동성비율	자산운용과 영업활동의 효율성 평가	매출채권회전율, 재고자산회전율, 총자산회전율
주가관련비율	주가의 평가	주가수익률, 배당수익률

2) 표준비율

기업의 재무상태나 경영성과를 평가하기 위해 특정 기업의 재무비율을 계산한 후에는 이 재무비율을 비교할 표준이 필요하게 된다. 이와 같이 특정 기업의 재무비율을 비교 분석하기 위해 사용되는 표준을 **표준비율**(standard ratio)이라고 하는데, 표준비율은 이론적 표준비율 또는 동종산업의 평균비율(industry average) 등을 표준비율로 이용한다.

동종산업의 평균비율은 **산업평균비율**이라고도 하며, 동종산업에 속한 전체 기업의 평균을 사용할 수도 있고, 그중의 일부기업을 선정하여 평균을 사용할 수도 있다. 동종산업 중 일부를 선정할 경우 비교대상기업과 규모나 활동 면에서 당해 기업과 유사하거나 경쟁상대가 되는 기업을 선정하여 그 기업들의 평균을 이용하게 된다.

이때 주의하여야 할 것은 기업 간에 회계처리방법에 있어 큰 차이가 없어야 한다는 것이다. 회계처리방법에 차이가 있는 경우 회계자료나 수치를 알맞게 수정하여 비율계산을 한 후 분석을 하여야 의미 있는 분석이 될 것이다.

재무비율을 비교함에 있어 표준비율로서 동종산업의 평균비율 외에 당해 기업의 과거비율을 사용하기도 한다. 당해 기업의 과거비율과 비교를 함으로써 특정 기업의 성과나 재무상태가 개선되고 있는지의 여부를 평가할 수 있게 된다. 이때에도 회계처리방법에 변경이 있었는지의 여부를 고려하여야 한다. 만약 비교대상기간 중에 회계처리방법의 변경이 있었다면 이를 감안하여 비교를 하여야 할 것이다.

동종산업의 평균비율이나 특정 기업의 과거비율과 관계없이 경영자가 당해 기업의 이상적인 표준비율을 설정하여 경영관리의 목표로 이용할 수도 있다. 이상적인 표준비율을 설정할 때에는 동종산업 중에서 최우량기업의 비율과 그 기업의 경영환경, 그리고 기업의 경영목표 등을 고려하여 결정하는 것이 일반적이다.

(2) 추세분석

추세분석(trend analysis)은 **수평적 분석**(horizontal analysis)이라고도 하며, 두 개 이상의 연속된 회계기간에서 재무제표의 각 항목이 어떻게 변동하고 있는가에 대한 추세를 파악하기 위해 사용되는 방법이다. 추세분석은 주로 기업의 성장성을 측정하기 위해 이용된다.

추세분석의 방법은 여러 가지 형태로 이루어질 수 있는데, 전기와 당기의 회계연도에 대해 금액이나 비율을 비교할 수도 있고, 여러 해의 자료에 대해 비율을 비교할 수도 있다. 후자의 경우 기준연도를 설정하고 기준연도의 금액을 100%로 보고 각 연도의 금액을 백분비율로 나타내어 비교하는 것이 일반적이다.

다음의 자료를 이용하여 동국상사의 추세분석을 해보기로 한다.

표 12-2 동국상사의 재무자료 (단위: 백만원)

연 도	순매출액	영업이익	당기순이익
2018	12,525	950	355
2019	13,770	1,065	395
2020	15,250	1,120	420
2021	19,550	1,354	495
2022	23,855	1,546	562

먼저 전년도 대비 금액 증가액을 분석하면 <표 12-3>과 같다.

표 12-3 전년도 대비 금액증가 추세분석 (단위: 백만원)

연도	순매출액	영업이익	당기순이익
2018	−	−	−
2019	1,245	115	40
2020	1,480	55	25
2021	4,300	234	75
2022	4,305	192	67

다음으로 전년도 대비 상승률을 분석하면 <표 12-4>와 같다.

표 12-4 전년도 대비 상승률 추세분석 (단위: %)

연도	순매출액	영업이익	당기순이익
2018	−	−	−
2019	9.94	12.10	11.27
2020	10.75	5.16	6.33
2021	28.20	20.89	17.86
2022	22.02	14.48	13.74

기준연도를 2018년으로 하여 각 연도의 금액을 백분비율로 나타내면 <표 12-5>와 같다.

표 12-5 기준연도 대비 상승률 추세분석 (단위: %)

연 도	순매출액	영업이익	당기순이익
2018	100.00	100.00	100.00
2019	109.94	112.10	111.27
2020	121.76	117.89	118.31
2021	156.09	142.53	139.44
2022	190.46	162.74	158.31

위의 추세분석을 통해서 동국상사는 2020년까지 매출액이나 순이익이 꾸준히 증가하다가 2021년부터 급격히 증가하는 추세를 보이고 있다는 것을 알 수 있다. 이러한 추세분석을 재무제표의 주요 항목에 대해서 계속적으로 실시하게 되면 경영관리에 유용한 정보를 얻을 수 있으며 기업의 미래가치를 예측하는 데도 커다란 도움이 된다.

추세분석의 또 다른 방법으로 추세재무상태표(trend balance sheet)나 추세포괄손익계산서(trend income statement) 등의 추세재무제표를 작성하여 각 항목의 변동 추세를 분석하는 방법이 있다. 추세포괄손익계산서의 작성 예를 표시하면 다음의 <표 12-6>과 같다.

표 12-6 추세포괄손익계산서 (단위: %)

	2018	2019	2020	2021	2022
수 익					
매출액	100.00	109.94	121.76	156.09	190.46
임대료수익	100.00	108.25	120.51	129.98	140.52
기타수익	100.00	98.72	109.52	116.42	125.74
비 용					
매출원가	100.00	108.62	119.54	143.86	170.54
판매비와관리비	100.00	110.54	121.32	144.72	179.32
이자비용	100.00	109.02	119.36	127.33	140.92
기타비용	100.00	98.92	106.54	139.86	150.52
당기순이익	100.00	111.27	118.31	139.44	158.31

(3) 구성비율분석

구성비율분석(component percentage analysis)은 **수직적 분석**(vertical analysis)이라고도 하며, 재무제표를 구성하고 있는 각 항목의 기준금액에 대한 구성비율로 나타내어 분석한다.

구성비율분석을 할 때, **공통형 재무제표**(common-size financial statements)를 작성하여 비교 분석하게 되는데, 공통형 재무제표란 재무제표의 특정 항목을 공통항목으로 하여 이 공통항목의 금액에 대해 개별 항목의 금액을 백분비로 표시하여 재무제표를 작성한 것이다. 공통항목은 재무상태표의 경우 총자산이 되고, 포괄손익계산서의 경우에는 매출액이 된다. 공통형 재무제표는 동일기업의 계정과목에 대해서 기간별로 비율을 비교해 볼 수도 있고, 동일한 시기에 여러 기업의 비율을 분석하여 기업 간의 비교도 해볼 수 있다.

동일기업 내에서 공통형 재무상태표를 작성하여 기간별 구성비율분석을 한 예를 나타내면 <표 12-7>과 같다.

표 12-7 공통형 재무상태표 (단위: %)

계정과목	2021. 12. 31.	2020. 12. 31.
자 산		
유동자산		
당좌자산	18.8	18.4
재고자산	40.2	40.2
비유동자산		
투자자산	9.2	9.4
유형자산	24.6	25.3
무형자산	7.2	6.7
자산 총계	100.0	100.0
부 채		
유동부채	39.3	37.2
비유동부채	23.3	25.1
부채 총계	62.6	62.3
자 본		
자본금	18.5	19.0
자본잉여금	4.4	4.4
이익잉여금	14.5	14.3
자본 총계	37.4	37.7
부채와자본 총계	100.0	100.0

<표 12-7>의 공통형 재무상태표를 분석해보면 2020년 결산기말과 2021년 결산일에 있어 자산의 구성(asset mix)에는 큰 변동이 없으나, 부채에 있어서는 비유동부채로부터 유동부채로의 이전이 있어 부채의 구성이 좋아지지 않고 있음을 나타내주고 있다. 자본의 구성비에도 별다른 큰 변화가 없음을 알 수 있다.

동일기업 내에서 공통형 포괄손익계산서를 작성하여 구성비율을 분석해보면 다음의 <표 12-8>과 같다.

표 12-8 공통형 포괄손익계산서 (단위: %)

계정과목	2021	2020
Ⅰ. 매출액	100.0	100.0
Ⅱ. 매출원가	66.4	65.2
Ⅲ. 매출총이익	33.6	34.8
Ⅳ. 판매비와관리비	15.9	16.2
Ⅴ. 영업이익	17.7	18.6
Ⅵ. 영업외수익	5.8	4.6
Ⅶ. 영업외비용	15.0	16.2
Ⅷ. 당기순이익	8.5	7.0

<표 12-8>의 공통형 포괄손익계산서를 분석해 보면 2021년은 2020년에 비해 매출원가가 증가하여 영업이익이 감소하였음에도 불구하고 영업외수익이 증가하고 영업외비용이 감소하여 당기순이익의 증가가 나타나게 되었음을 알 수 있다. 이와 같은 현상은 별로 바람직하지 못한 것이라 할 수 있다. 공통형 포괄손익계산서를 통해 매출원가나 기타 비용의 항목이 매출액에서 차지하는 비율을 알 수 있어 수익성분석이나 경영관리에 도움이 되는 자료를 제공하고 있다.

제 3 절 재무비율의 분류와 분석

재무비율은 여러 가지로 분류된다. 우리는 앞의 <표 12-1>에서 재무비율의 종류와 그 의의를 요약하여 살펴본 바가 있다. 재무비율은 <표 12-1>에 표시된 것 이외에도 여러 가지가 있을 수 있으나, 본 책에서는 재무비율 분석 시 사용되는 가장 기본적인 비율에 대해서만 설명하기로 한다.

재무비율을 구체적으로 계산해보기 위하여 <표 12-9>와 <표 12-10>의 (주)동국의 비교재무상태표와 비교포괄손익계산서를 이용하기로 한다.

1. 유동성비율

유동성(liquidity)이란 기업이 채무를 지급하기 위한 현금을 동원할 수 있는 능력을 의미한다. 유동성비율은 일반적으로 단기유동성(short-term liquidity), 즉 기업의 단기채무 변제능력을 평가하는 비율로서, 재무상태표에서 유동자산항목과 유동부채항목을 비교하는 구조가 된다.

유동성비율은 신용으로 제품이나 상품을 공급한 공급자와, 기업에 단기자금을 대출한 금융기관과 같은 단기채권자들의 주요 관심사가 되는 비율이다. 유동성을 측정하는 비율에는 유동비율(current ratio), 당좌비율(quick ratio) 등이 있다.

(1) 유동비율

유동비율(current ratio)은 기업의 단기채무에 대하여 이를 갚기 위하여 사용될 수 있는 유동자산의 상대적인 크기로 측정된다. 유동비율은 단기간에 갚아야 할 지급의무에 기업이 얼마나 잘 대처할 수 있는가를 평가하는 것이기 때문에 단기채권자들이 가장 큰 관심을 가지고 보는 비율이다.

유동비율이 높으면 단기채무를 갚고도 운영자금에 여유가 있다는 것을 의미하며, 이 비율이 낮으면 기업운영자금이 여의치 못하다는 것을 의미한다.

표 12-9 (주)동국의 비교재무상태표 (단위: 천원)

계정과목	2020. 12. 31.		2019. 12. 31.	
자 산				
Ⅰ. 유동자산		904,000		764,000
(1) 당좌자산		429,000		384,000
현금및현금성자산	7,000		8,000	
매출채권	410,000		362,000	
기타당좌자산	12,000		14,000	
(2) 재고자산		475,000		380,000
상 품	170,000		120,000	
제 품	250,000		220,000	
기타재고자산	55,000		40,000	
Ⅱ. 비유동자산				
(1) 투자자산		166,000		131,000
(2) 유형자산		650,000		620,000
토 지	210,000		210,000	
건 물	235,000		250,000	
기계장치	160,000		130,000	
차량운반구	45,000		30,000	
(3) 무형자산		40,000		45,000
자 산 총 계		1,760,000		1,560,000
부 채				
Ⅰ. 유동부채		690,000		710,000
매입채무	390,000		380,000	
미지급금	120,000		150,000	
기타유동부채	180,000		180,000	
Ⅱ. 비유동부채		600,000		400,000
사 채	400,000		200,000	
장기차입금	200,000		200,000	
부 채 총 계		1,290,000		1,110,000
자 본				
Ⅰ. 자본금		150,000		150,000
Ⅱ. 자본잉여금				175,000
주식발행초과금	120,000	175,000	120,000	
기타자본잉여금	55,000		55,000	
Ⅲ. 이익잉여금				
이익준비금	62,000	145,000	60,000	125,000
기타적립금	23,000		20,000	
미처분이익잉여금	60,000		45,000	
자 본 총 계		470,000		450,000
부채와자본 총계		1,760,000		1,560,000

표 12-10 (주)동국의 비교포괄손익계산서 (단위: 천원)

계정과목	2020		2019	
Ⅰ. 매출액		1,256,000		1,145,000
Ⅱ. 매출원가		1,045,000		965,000
Ⅲ. 매출총이익		211,000		180,000
Ⅳ. 판매비와관리비		131,000		116,000
급여및임금	48,000		44,000	
감가상각비	21,000		18,000	
기타	62,000		54,000	
Ⅴ. 영업이익		80,000		64,000
Ⅵ. 영업외수익		15,000		13,000
이자수익	2,000		1,000	
기타	13,000		12,000	
Ⅶ. 영업외비용		20,000		18,000
이자비용	12,000		11,000	
기 타	8,000		7,000	
Ⅷ. 당기순이익		75,000		59,000

$$\text{유동비율} = \frac{\text{유동자산}}{\text{유동부채}}$$

유동비율은 유동자산을 유동부채로 나누어 계산하며 일반적으로 2 : 1 또는 200% 이상이면 양호하다고 본다. 그러나 현실적으로 유동비율을 2 : 1로 유지하는 기업은 많지 않다. (주)동국의 2020년 말의 유동비율을 계산해보면 다음과 같다.

$$\begin{aligned}\text{유동비율} &= \frac{\text{유동자산}}{\text{유동부채}} \\ &= \frac{904{,}000}{690{,}000} \\ &= 1.31 \text{ 또는 } 131\%\end{aligned}$$

(주)동국의 유동비율은 131%로 이상적 표준비율인 200%에 비하여 상당히 낮은 수준이다. 그러나 재무비율을 분석하는 데 있어 이상적 표준비율보다는 동종산업의 평균비율이나 경쟁기업의 비율과 비교하는 것이 합리적이다. 아울러 유동비율을 해석하는 데 있어서는 다음과 같은 사항을 유의해야 한다.

① 불경기나 판매부진으로 재고를 과다하게 보유하게 되면 유동비율이 커지게 된다. 따라서 유동비율이 높다고 반드시 좋은 것은 아니며, 유동비율의 계산에 사용되는 항목의 내용도 함께 고려하여 비율을 해석하여야 한다.
② 유동비율이 높으면 단기채권자에게는 좋은 신호이나, 경영자나 주주의 입장에서는 유동자산을 비효율적으로 과다 보유하고 있다는 의미가 된다. 동종산업의 다른 기업에 비해 유동자산이 과다할 경우 낮은 수익을 초래할 수도 있다.
③ 영업활동에 계절적 변동이 심한 기업의 경우, 기말재무상태표에 나타난 유동비율은 그 기업의 연간 유동성을 잘 나타낸다고 볼 수 없다.

(2) 당좌비율

당좌비율(quick ratio)은 유동자산 중에서 재고자산을 제외한 당좌자산을 유동부채로 나누는 것이다. 이는 유동자산 중에서 가장 단시간에 현금화가 가능한 당좌자산과, 상환해야 할 유동부채의 상대적인 규모를 비교하는 것으로서, 기업이 재고자산을 처분하지 않고서도 단기채무를 이행할 수 있는가를 평가하는 비율이다.

$$\text{당좌비율} = \frac{\text{당좌자산}}{\text{유동부채}}$$

당좌비율은 기업의 단기지급능력을 유동비율보다 엄격히 측정하는 비율이며, 이 비율의 이상적 표준비율은 100%로 알려지고 있다. (주)동국의 2020년도 말의 당좌비율을 계산해보면 다음과 같다.

$$당좌비율 = \frac{당좌자산}{유동부채}$$

$$= \frac{429,000}{690,000}$$

$$= 0.62 \text{ 또는 } 62\%$$

2. 안정성비율

안정성비율(stability ratios)은 **레버리지비율**(leverage ratios)이라고도 하며, 기업의 장기지급능력을 측정하는 데 사용되는 비율이다. 이 비율은 채권자에게 장기채무에 대한 원금과 이자를 원만하게 지급할 수 있는 기업의 능력을 평가하게 하며, 기업의 경영자에게는 자본조달에 관한 의사결정을 효율적으로 하는 데 이용될 수 있다.

안정성비율은 기업의 장기적 채무에 대한 지급능력을 측정하는 비율인 반면, 유동성비율은 기업의 단기적 채무에 대한 지급능력을 측정하는 비율이라는 점에서 구별된다. 따라서 안정성비율도 유동성비율과 같이 재무상태표상의 항목들을 비교하는 과정이지만 안정성비율은 부채, 자본 및 자산 또는 비유동자산 등을 상호 비교하는 구조가 된다. 안정성 비율에는 부채비율과 자기자본비율 등이 있다.

(1) 부채비율

부채비율(debt-equity ratio)은 채권자지분인 부채가 소유주지분인 자본의 몇 배가 되는가를 나타내는 비율이다. 자본(순자산)에 대한 부채의 상대적인 크기는 기업의 장기지급능력을 평가하는 데 이용되는 매우 중요한 비율이라고 할 수 있다.

우리나라에서 기업의 재무비율 중 가장 중요시되는 비율이 부채비율이며, 이 비율은 재무구조의 양호 여부를 평가하는 데 중요한 역할을 한다.

$$부채비율 = \frac{부채}{자본}$$

우리나라 대부분의 기업이 부채의존도가 커서 부채비율이 높은 편이며, 1997년 IMF구제금융사태 후에 우리나라 기업의 높은 부채비율이 크게 문제가 되었던 것이다.

(주)동국의 2020년도 말의 부채비율을 계산해보면 다음과 같다.

$$\begin{aligned} 부채비율 &= \frac{부채}{자본} \\ &= \frac{1,290,000}{470,000} \\ &= 2.74 \text{ 또는 } 274\% \end{aligned}$$

부채비율이 지나치게 높으면 이자부담 때문에 운영자금의 압박을 받거나, 기업이 부채를 상환하지 못하여 도산의 위험에 이를 수 있기 때문에 일반적으로 부채비율이 낮은 것이 바람직하다고 여겨진다. 그러나 경기가 호황일 때는 높은 부채비율이 기업 소유주의 입장에서는 유리할 수도 있는데, 이는 이익확대효과를 가져와 소유주에게 돌아가는 이익이 더 커지기 때문이다.

경기가 활황일 때, 타인자본에 대한 이자비용보다 높은 이익을 얻을 수 있는 투자대안이 있다면 기업은 타인자본을 많이 조달해서 사용함으로써 이익확대효과를 가져올 수 있고, 기업에 대한 지배권도 침해받지 않기 때문에 소유주에게는 유리하게 된다. 이러한 효과를 **레버리지**(leverage) **효과**라고 한다. 그러나 타인자본의 비중이 높아지면 불경기에 기업의 위험이 그만큼 커진다는 것을 고려하여야 한다.

(2) 자기자본비율

자기자본비율(owners' equity ratio)은 기업의 총자산(total assets) 중에서 소유주의 몫이 얼마인가를 나타내주는 비율이다. 소유주의 몫인 자기자본을 계산할 때에는 소유주가 출자한 자본금뿐만 아니라 잉여금을 포함한 자본총계를 구해야 한다.

$$자기자본비율 = \frac{자본}{자산}$$

(주)동국의 2020년도 말의 자기자본비율을 계산해보면 다음과 같다.

$$
\begin{aligned}
\text{자기자본비율} &= \frac{\text{자본}}{\text{자산}} \\
&= \frac{470{,}000}{1{,}760{,}000} \\
&= 0.27 \text{ 또는 } 27\%
\end{aligned}
$$

자기자본비율이 높은 경우 원금이나 이자보상에 대한 안전도가 높다는 것을 의미하므로, 부채비율과 함께 기업의 재무구조를 측정하는 데 중요한 역할을 하는 비율이라 하겠다.

3. 수익성비율

수익성비율(profitability ratios)은 회계기간 중에 어느 정도의 경영성과를 거두었는가를 측정하는 비율이다. 수익성은 경영자는 물론이고, 기업의 소유주와 채권자들에게 기업의 미래가치에 대한 정보를 제공해주기 때문에 중요한 정보가 된다. 특히, 기업의 소유주나 주식투자자들은 기업의 현재 재산상태보다는 경영성과에 더 많은 관심을 갖게 되는데, 이는 경영성과가 지속적으로 양호한 기업은 미래가치가 증대할 것이라고 보기 때문이다.

앞에서 살펴본 유동성비율과 안정성비율이 재무상태표 항목들의 상호 비교라면 수익성비율은 주로 포괄손익계산서 항목들을 상호 비교하는 구조가 된다. 수익성을 측정하는 비율에는 매출액이익률, 총자산이익률, 주당순이익 등이 있다.

(1) 매출액이익률

매출액이익률(profit margin ratio)은 당기순이익을 매출액으로 나누어 산출되는 비율로서, 영업활동을 통해 달성된 매출액에 대하여 실현된 순이익을 나타내는 비율이다.

$$
\text{매출액이익률} = \frac{\text{당기순이익}}{\text{매출액}}
$$

여기서 매출액은 순매출액(net sales)으로서 총매출액에서 매출환입 및 에누리를 차감한 금액이다.

(주)동국의 매출액이익률을 계산해보면 다음과 같다.

$$\text{매출액이익률(2020년도)} = \frac{75,000}{1,256,000} = 0.0597 \;\; \text{또는} \;\; 5.97\%$$

$$\text{매출액이익률(2019년도)} = \frac{59,000}{1,145,000} = 0.0515 \;\; \text{또는} \;\; 5.15\%$$

매출액이익률은 매출액에 비하여 원가를 절감하면 높아지게 되므로 원가관리(cost control)의 면에서도 중요한 비율이다. 그러나 기업의 수익성을 판단하는 데 있어서, 이 비율만으로는 정확한 정보를 얻을 수 없다. 왜냐하면 매출액이익률이 낮다 하더라도 투자한 자본에 비해 매출액규모가 크다면 투자한 금액에 대한 수익성(이익률)은 높아지기 때문이다. 예를 들어, '프라이스 클럽'이나 '킴스 클럽'과 같은 대형할인매점은 매출액이익률은 낮지만 높은 상품회전을 통해 투자자본에 대한 수익성을 높이고 있다.

(2) 총자산이익률

총자산이익률(ratio of return on assets)은 당기순이익을 평균총자산으로 나누어 산출하는 비율로서, 기업이 영업활동을 수행하기 위하여 자산을 어떻게 효율적으로 사용하였는가를 측정하는 지표이다.

$$\text{총자산이익률} = \frac{\text{당기순이익}}{\text{평균총자산}}$$

총자산이익률은 **투자수익률**(return on investments: ROI)이라고도 하며 재무비율 중에서 매우 중요시되는 비율 중의 하나이다. 평균총자산을 계산할 때에는 원칙적으로 가중평균한 자산을 구해야 하지만, 일반적으로 기초자산총액과 기말자산총액을 합한 금액을 2로 나누어 계산한다.

(주)동국의 2020년의 총자산이익률을 계산해보면 다음과 같다.

$$총자산이익률 = \frac{당기순이익}{평균총자산}$$

$$= \frac{75,000}{(1,560,000 + 1,760,000) \div 2}$$

$$= 0.045 \text{ 또는 } 4.5\%$$

총자산이익률은 높을수록 좋다. 그러나 기업이 장래에 더 많은 이익을 얻기 위해서는 시설투자가 필요한데, 시설투자가 많은 회계연도에는 이로 인하여 총자산이익률이 내려간다. 따라서 총자산이익률을 해석하는 데 있어서는 지나치게 단기적인 관점을 갖지 않도록 해야 한다.

(3) 주당순이익

주당순이익(earnings per share: EPS)은 보통주 1주에 귀속되는 순이익을 표시한 것으로 당기순이익과 함께 기업의 경영성과를 측정하는 데 있어 중요한 역할을 하는 지표이며, 특히 주당순이익은 뒤에서 설명할 주가수익률과 함께 증권시장에서 기업의 주가를 평가하고 예측하는 데 널리 이용되는 중요한 비율이다.

$$주당순이익 = \frac{당기순이익}{보통주식\ 총수}$$

주당순이익은 보통주 1주에 할당될 수 있는 당기순이익을 표시하기 때문에, 우선주가 있는 경우 당기순이익에서 우선주에 대한 배당금을 제외하여야 한다.

(주)동국의 2020년도 보통주 발행주식 총수가 200,000주라고 한다면 (주)동국의 2020년도 주당순이익은 다음과 같다.

$$주당순이익 = \frac{당기순이익}{보통주식\ 총수}$$

$$= \frac{₩75,000,000}{200,000주}$$

$$= ₩375$$

4. 활동성비율

활동성비율(activity ratios)이란 기업이 보유하고 있는 자산을 얼마나 효율적으로 운용하고 있는가를 측정하는 비율로서, 매출액에 대한 각 중요 자산의 비율로서 계산된다. 따라서 유동성비율과 안정성비율이 재무상태표항목들 간의 비교, 수익성비율은 주로 포괄손익계산서항목들 간의 비교가 되는 반면에 활동성비율은 보다 종합적인 기업의 활동에 대한 분석이라는 점에서 재무상태표항목과 포괄손익계산서항목을 상호 비교하는 구조가 된다. 주요 활동성비율에는 매출채권회전율, 재고자산회전율, 총자산회전율 등이 있으며 수익성평가에 관련된 비율로 분류한다.

(1) 매출채권회전율

매출채권회전율(accounts receivable turnover ratio)은 매출액을 평균매출채권잔액으로 나누어 산출하며, 매출채권의 회수가 얼마나 잘되고 있는가를 나타내주는 비율이다. 분자인 매출액은 이론적으로 외상매출만을 의미하지만 현금매출의 비중이 미미한 경우 매출액을 그대로 사용하며, 분모인 평균매출채권잔액에는 매출채권 외에 받을어음도 포함시켜야 한다.

$$\text{매출채권회전율} = \frac{\text{매출액}}{\text{평균매출채권잔액}}$$

(주)동국의 2020년의 매출채권회전율을 계산해보면 다음과 같다.

$$\begin{aligned}\text{매출채권회전율} &= \frac{\text{매출액}}{\text{평균매출채권잔액}} \\ &= \frac{1,256,000}{(362,000+410,000)\div 2} \\ &= 3.25\text{회}\end{aligned}$$

매출채권회전율은 기업이 매출채권을 회수하는 데 있어서 얼마나 성공적인가를 표시한다. 여기서 회전율이란 매출채권이 현금화되는 속도를 의미한다. 그러므로 매출채권회전율을 이용하여 **매출채권 평균회수기간**을 구할 수가 있는데, 이는 365일을 매출채권회전율로 나누어 계산한다. 매출채권 평균회수기간은 매출채권을 회수하는 데 소요되는 기간을 나타낸다.

(주)동국의 2020년의 매출채권 평균회수기간을 계산해보면 다음과 같다.

$$\text{매출채권 평균회수기간} = \frac{365\text{일}}{\text{매출채권회전율}} = \frac{365\text{일}}{3.25} = 112\text{일}$$

(주)동국의 경우 연간 매출채권의 회전속도가 3.25회 정도이며, 판매 후 평균 112일이 경과해야 매출채권이 회수된다는 것을 의미한다. 매출채권회전율이 높을수록 매출채권의 관리가 잘되고 있음을 의미한다.

(2) 재고자산회전율

재고자산회전율(inventory turnover ratio)은 매출원가를 평균재고자산잔액으로 나누어 산출하며, 재고자산이 현금화되는 속도를 측정하는 비율이다.

$$\text{재고자산회전율} = \frac{\text{매출원가}}{\text{평균재고자산잔액}}$$

(주)동국의 2020년의 재고자산회전율을 계산해보면 다음과 같다.

$$\text{재고자산회전율} = \frac{\text{매출원가}}{\text{평균재고자산잔액}} = \frac{1,045,000}{(380,000+475,000) \div 2} = 2.44\text{회}$$

재고자산회전율을 이용하여 재고자산의 평균보유기간(평균재고기간)을 계산할 수 있는데, 이는 365일을 재고자산회전율로 나누어 계산한다. 재고자산 평균보유기간을 계산해보면 다음과 같다. 여기서 회전율(turnover ratio)이란 현금이 재고자산으로 전환되었다가 다시 현금으로 전환되는 속도를 의미한다.

$$\text{재고자산 평균보유기간} = \frac{365\text{일}}{\text{재고자산회전율}} = \frac{365\text{일}}{2.44} = 150\text{일}$$

(주)동국의 경우 재고자산은 1년에 2.44회 정도 회전하고, 평균재고기간은 150일 정도 된다. 이와 같은 수치는 동종산업의 평균치와 비교를 하여, 재고자산이 효율적으로 관리되고 있는지를 판단하여야 한다. 재고자산회전율이 높을수록, 즉 평균재고기간이 짧을수록 재고자산이 잘 관리되고 있음을 의미한다.

(3) 총자산회전율과 자기자본회전율

총자산회전율(total asset turnover ratio)은 매출액을 평균총자산으로 나누어 산출되며, 기업이 보유하고 있는 자산이 수익을 창출하는 데 얼마나 효율적으로 이용되고 있는가를 측정하는 비율이다.

$$\text{총자산회전율} = \frac{\text{매출액}}{\text{평균총자산}}$$

(주)동국의 2020년도의 총자산회전율을 계산해보면 다음과 같다.

$$\text{총자산회전율} = \frac{\text{매출액}}{\text{평균총자산}} = \frac{1,256,000}{(1,560,000 + 1,760,000) \div 2} = 0.76\text{회}$$

총자산회전율이 높으면 기업은 영업활동에서 자산을 효율적으로 이용하였음을 나타내고, 반대로 낮으면 자산이 효율적으로 이용되지 못하고 있음을 의미한다. 그러나 구입한 지 오래되어 감가상각이 거의 끝난 자산을 많이 보유하고 있으면 총자산회전율이 높게 나타나게 되는데, 이는 오래된 자산의 경우 장부가액이 낮아지기 때문이다.

자기자본회전율(owners' equity turnover ratio)은 자기자본 한 단위에 대한 매출액의 크기를 측정하여 자기자본의 효율성을 나타내는 비율이다.

$$\text{자기자본회전율} = \frac{\text{매출액}}{\text{평균자기자본}}$$

(주)동국의 2020년의 자기자본회전율을 계산해보면 다음과 같다.

$$\begin{aligned}\text{자기자본회전율} &= \frac{\text{매출액}}{\text{평균자기자본}} \\ &= \frac{1{,}256{,}000}{(450{,}000+470{,}000)\div 2} \\ &= 2.73\text{회}\end{aligned}$$

5. 주식시세 관련 재무비율

주가관련 비율은 현재 유통되고 있는 보통주식의 시가와 관련되는 비율로서, 보통주 1주당 시가에 대한 순이익이나 배당액을 측정하는 것이다. 주가관련 비율은 증권시장에서 투자자가 매입할 주식을 선택할 때 많이 이용되며, 주가수익률과 배당수익률 등의 비율이 있다.

(1) 주가수익률

주가수익률(price-earnings ratio: PER)은 보통주 1주당 시가를 보통주 1주당 순이익(주당순이익)으로 나누어 계산한다. 주가수익률은 흔히 **PER**로 통용되고 있으며 주식투자자가 주식매입 품목을 선택할 때에 많이 이용하는 매우 중요한 비율이다.

$$\text{주가수익률} = \frac{\text{보통주 1주당 시가}}{\text{주당순이익}}$$

2020년 말 현재 (주)동국의 보통주 1주당 시가가 ₩9,000이고 주당순이익이 ₩375일 경우 주가수익률은 다음과 같다.

$$\begin{aligned}\text{주가수익률} &= \frac{\text{보통주 1주당 시가}}{\text{주당순이익}} \\ &= \frac{9{,}000}{375} \\ &= 24.0\end{aligned}$$

주가수익률을 계산할 때에 분자에 사용하는 주식시가는 다른 재무비율과 달리 재무제표에는 나타나지 않는 주식시장의 정보를 이용하게 된다. 또 하나 유의해야 할 것은 이 비율은 과거의 기업이익과 현재의 주식가격을 대응시킨 비율이기 때문에 분자와 분모의 자료가 동일시점에서 서로 대응되지 못한다는 것이다.

주가수익률이 높다는 것은 1주당 순이익에 비하여 시장에서 형성되고 있는 주식의 시가가 상대적으로 높다는 것을 의미하고, 반대로 주가수익률이 낮다는 것은 주당순이익에 비하여 주식시가가 낮게 형성되고 있다는 것을 의미한다. 따라서 주가수익률이 낮은 소위 **저PER 주식**은 주식의 시가가 상대적으로 낮게 형성되어 있으므로 장래에 가격이 상승할 가능성이 크다고 볼 수 있다.

(2) 배당수익률

배당수익률(dividend yield)은 배당금 대 주가비율로서, 보통주 1주당 배당액을 보통주 1주당 시장가격으로 나눈 비율이다.

$$\text{배당수익률} = \frac{\text{보통주 1주당 현금배당액}}{\text{보통주 1주당 시가}}$$

배당수익률은 주식 투자자가 현금배당을 받음으로써 얻은 투자수익률을 나타낸다. 이 비율도 분자는 지난 기간의 배당실적이 사용되고 분모는 현재의 주식시장에서의 가격이기 때문에 시간적으로 정확히 대응되지는 않는다. 그러나 개략적으로 주식투자에 대한 수익률을 나타내주는 지표라 할 수 있다.

배당수익률은 주주총회에서 배당금이 확정되기 전까지는 구할 수가 없다. 따라서 결산일로부터 3개월 이내에 주주총회가 열리기 때문에 배당수익률을 계산하기 위해서는 배당금이 확정되는 주주총회까지 기다려야 한다.

배당수익률과 유사한 재무비율로서 **배당성향**(dividend payout ratio)이 있다. 이는 총현금배당액을 당기순이익으로 나누어 계산한다. 이 비율은 기업의 특정 회계연도의 당기순이익에서 현금배당으로 지급되는 금액의 비중을 표시한다.

제 4 절 재무제표분석의 활용

재무제표분석을 통해 기업의 경제적 상황을 평가하고 미래를 예측하기 위해서는 재무비율을 종합적으로 사용하는 방법을 고려하여야 한다. 왜냐하면 여러 가지 재무비율들은 상호 밀접한 관계를 가지고 있기 때문에 개별적인 재무비율만 가지고 분석하기에는 한계가 있기 때문이다.

여러 가지 재무비율을 동시에 고려하여 종합적인 평가를 하는 방법을 지수법이라 한다. 여기서는 지수법에 의한 기업의 종합적인 평가방법과 우리나라 한국은행에서 기업의 신용평가를 위해 사용하는 종합평가표를 소개하기로 한다.

1. 지수법에 의한 기업의 종합평가

지수법은 여러 가지 재무비율 중에서 중요하다고 여겨지는 비율을 선정하여 일정한 가중치를 부여하여 종합적인 지수를 구하고, 그 지수의 크기로 기업의 성과를 종합적으로 평가하는 방법이다. 지수법에는 월(A. Wall)이라는 사람이 고안한 지수법이 있는데 가장 고전적인 종합평가법이라고 할 수 있다.

월의 지수법은 기업의 성과를 평가하기 위해 유동비율, 부채비율, 고정비율과 매출채권회전율, 재고자산회전율, 총자산회전율, 자기자본회전율 등 일곱 가지 재무비율을 선정하여 각 비율에 일정한 가중치를 부여하여 동종산업평균과 비교하여 기업의 성과를 평가하는 방법이다.

(주)동국의 2020년의 평가를 월의 지수법을 이용하여 평가해 보면 <표 12-11>과 같다. (주)동국의 평점합계는 93.31점으로 동종산업평균을 100점으로 하였을 때, 산업평균에 못 미치는 수준이다.

2. 신용평가

1) 한국은행의 종합평가표

금융기관이나 기업의 신용을 전문적으로 평가하는 기관에서는 기업의 신용을 평가하기 위하여 주요 재무비율 이외에 여러 가지 변수를 사용하여 종합적인 평

표 12-11 Wall의 지수법을 이용한 종합평가

재무비율	가중치 a	(주)동국 b	산업평균 c	지수 d=b/c×100	평점 e=a×d
유동비율	0.25	131%	108%	121.3	30.33
부채비율	0.25	274%	255%	107.5	26.88
고정비율	0.15	182%	186%	97.8	14.67
매출채권회전율	0.10	3.25회	7.2회	45.1	4.51
재고자산회전율	0.10	2.44회	5.2회	46.9	4.69
총자산회전율	0.10	0.76회	0.9회	84.4	8.44
자기자본회전율	0.05	2.73회	3.6회	75.8	3.79
합 계					93.31

가를 하고 있다. 기업의 종합평가를 위해 사용되는 변수와 가중치는 평가기관이 자체에서 개발하여 사용하기 때문에 평가기관마다 같지 않다. 기업의 종합적인 평가를 위해 한국은행이 사용하는 종합평가표를 소개하면 다음 <표 12-12>와 같다.

표 12-12 기업종합평가표의 예

업체명 : 업종 :

평가항목		배점	평점 등급					평점
			A	B	C	D	E	
재무상태	자본구성	15						
	유동성	15						
	수익성	15						
	안정성	5						
사업현황 및 전망	활동성	5						
	성장성	5						
	생산성	10						
	사업전망	10						
은행과의 관계	거래신뢰도	5						
	채무상환능력	2.5						
	기업경영상담	2.5						
경영형태 및 인적사항	경영방식	2.5						
	경영능력	2.5						
	경영자인격 및 종업원관계	5						
종합평점								

2) 신용평가회사

신용평가회사는 투자자 보호를 위하여 기업이나 정부 등의 신용을 평가하는 회사이다. 우리나라에는 한국기업평가, 한국신용평가, NICE신용평가 등 3개 회사가 99%의 시장점유율을 차지하고 있다.

세계 3대 신용평가회사로는 무디스(Moody's), 스탠다드 앤 푸어스(S&P, Standard & Poors), 피치(Fitch)가 있으며 전 세계 신용평가의 95% 이상을 차지하고 있다.

무디스는 Aaa(신용도 매우 높음)에서 D(지급불능, 부도상태)까지 21등급으로 평가하고 있으며, S&P는 AAA(신용도 매우 높음)에서 C(지급불능, 부도상태)까지 21등급으로 평가하고 있다. 피치는 AAA(신용도 매우 높음)에서 D까지 24등급으로 평가하고 있다.

3. 재무제표분석의 한계

재무제표분석은 기업의 경제적 상황이나 미래를 예측하는 데 있어 자주 쓰이는 분석방법의 하나이다. 그러나 그 분석결과를 해석하는 데 있어 다음과 같은 여러 가지 주의해야 할 점이 있다는 것을 이해하고 사용해야 의사결정에 실질적인 도움을 주게 된다.

① 특정 기업의 재무비율이 양호한지의 여부를 판단하기 위해서는 비교대상이 되는 표준비율이 필요한데, 현실적으로 표준비율을 합리적으로 선정하기가 쉽지 않다. 따라서 동종산업의 평균비율이나 경쟁기업의 비율 등과 비교하는 게 일반적인 방법이다.

② 재무비율의 기초자료가 되는 것은 기업의 재무제표인데, 재무제표에 나타나는 회계자료는 여러 가지 한계점을 지니고 있다는 것이다. 예를 들어, 역사적 원가주의(취득원가주의)에 입각해서 작성된 재무제표는 현재가치를 나타내지 못한다든지, 기업에 따라 다양한 회계처리방법을 채택하기 때문에 기업 간의 재무비율 결과를 분석하는 데 제약이 있게 된다.

연습문제

EXERCISES

▣ 서술형 문제

1. 재무제표분석의 의의와 분석방법을 설명하시오.
2. 추세분석과 구성비율분석을 비교 · 설명하시오.
3. 비율분석의 유용성과 한계점을 설명하시오.
4. 다음 재무비율의 의미와 계산식을 설명하시오.
   ① 유동비율과 당좌비율
   ② 부채비율과 고정비율
   ③ 매출액이익률과 총자산이익률
   ④ 매출채권회전율과 재고자산회전율
   ⑤ 주가수익률과 배당수익률
   ⑥ 주당순이익
5. 유동성비율을 분석하는 데 있어 유의사항을 설명하시오.
6. 부채비율의 중요성을 설명하시오.
7. 수익성비율을 분석하는 데 있어 유의사항을 설명하시오.
8. 활동성비율을 분석하는 데 있어 유의사항을 설명하시오.
9. 주당순이익과 주가수익률과의 관계를 설명하시오.
10. 표준비율이란 무엇이며 재무비율분석에서 표준비율이 갖는 한계점은 무엇인지 설명하시오.
11. 지수법이란 무엇이며 구체적인 적용방법을 설명하시오.
12. 재무비율은 이용목적에 따라 유동성, 안정성, 수익성, 활동성, 그리고 주가관련 비율로 분류하는데, 재무비율의 이용자를 경영자, 투자자, 단기채권자, 장기채권자로 구분할 때 각각의 이용자그룹이 중요시하는 재무비율은 어떤 것인지 열거하고 그 이유를 설명하시오.
13. 주식투자와 관련되는 세금과 수수료에는 어떠한 것이 있는지 설명하시오.
14. 주식투자와 관련이 되는 다음의 용어를 설명하시오.
    ① 종합주가지수
    ② 상한가와 하한가

③ 배당락과 권리락
④ 종가와 기세
⑤ 파생금융상품
⑥ 선물과 옵션
⑦ ELS
⑧ 공매도
⑨ 서킷브레이커(circuit breaker)와 사이드카(sidecar)
⑩ 불마켓(bulls market)과 베어마켓(bears market)

▣ 객관식 문제

1. 유동비율이 2:1, 당좌비율이 1:1일 때 상품을 외상으로 매입했다면 유동비율과 당좌비율의 변화방향은?

	유동비율	당좌비율
①	불변	감소
②	감소	불변
③	감소	감소
④	증가	감소
⑤	증가	불변

※ [2~3] 다음 자료를 이용하여 아래 물음에 답하시오.

> 2019년 (주)동국의 주당순이익(EPS)은 ₩1,000이다. (주)동국은 주주총회를 거쳐 보통주 1주당 ₩500의 배당을 지급하였으며, (주)동국이 발행한 보통주의 주당 액면가는 ₩5,000이다. 2020년 2월 28일 현재 주식의 주당 시가는 ₩10,000이다. (주)동국은 우선주를 발행하지 않고 있다.

2. (주)동국의 2020년 2월 28일 현재 주가수익률(price-earnings ratio: PER)은 얼마인가?

① 5.0 ② 10.0
③ 20.0 ④ 0.1
⑤ 0.2

3. (주)동국의 2020년 2월 28일 현재의 배당수익률을 계산하시오.

① 5% ② 10%
③ 20% ④ 40%
⑤ 1%

4. (주)동국상사는 회계담당자의 실수로 인하여 외상매출거래의 일부를 기록하지 않았다. 그러나 (주)동국상사는 기말재고는 올바르게 기록하였다. 이 경우 외상매출 미기록으로 인해 영향을 받지 않는 재무비율은 다음 중 무엇인가?

① 유동비율　　② 당좌비율
③ 매출채권회전율　　④ 부채비율
⑤ 정답 없음

※ [5~8] 다음은 (주)민국회사의 회계기록에서 추출한 자료이다. 이 자료를 이용하여 아래 물음에 답하시오.

	2019. 12. 31.	2020. 12. 31.
현금	₩80,000	₩10,000
매출채권	150,000	50,000
재고자산	150,000	90,000
장기금융자산	10,000	30,000
토지 및 건물(순장부가액)	360,000	340,000
장기부채	280,000	270,000
매입채무	150,000	90,000
현금매출액	1,600,000	1,800,000
외상매출액	800,000	500,000
매출원가	1,400,000	1,000,000

5. (주)민국회사의 2020년 12월 31일 현재의 당좌비율은 얼마인가?
① 5.0　　② 0.67
③ 1.0　　④ 2.0
⑤ 4.0

6. (주)민국회사의 외상매출액 기준으로 계산한 2020년 매출채권회전율은 얼마인가?
① 5회　　② 10회
③ 11.1회　　④ 13회
⑤ 15회

7. (주)민국회사의 2020년 재고자산회전율은 얼마인가?
① 8.33회　　② 10회
③ 11.33회　　④ 13.3회
⑤ 15회

8. (주)민국회사의 2020년 12월 31일 현재의 유동비율은 얼마인가?

① 0.5 ② 0.67
③ 1.67 ④ 2.0
⑤ 3.0

9. 유동자산이 ₩8,000,000, 유동비율이 400%, 당좌비율이 150%일 때 이 회사의 재고자산 기말잔액은 얼마이겠는가?

① ₩8,000,000 ② ₩5,000,000
③ ₩3,000,000 ④ ₩2,500,000
⑤ ₩2,000,000

▣ 주관식 문제

1. 다음은 동국회사의 2020년도 재무제표와 관련자료이다.

2020년도 포괄손익계산서 자료

순매출	₩139,000	대손상각비	₩4,000
당기순이익	₩20,000	주당 액면가	₩50

2020년도 재무상태표 자료

	2020. 12. 31.	2019. 12. 31.
현금	₩45,000	₩30,000
매출채권	45,000	36,000
유형자산	50,000	40,000
감가상각누계액	(14,000)	(13,000)
매입채무	21,000	9,000
미지급판관비	24,000	39,000
사채	27,000	36,000
자본금	30,000	30,000
이익잉여금	39,000	27,000

동국회사 주식의 기말현재 시가는 주당 ₩10,000이다.

위의 자료를 이용하여 다음 비율을 구하시오.

1) 총자산이익률

2) 매출채권회전율

3) 부채비율

4) PER

2. 12월 결산법인인 민국주식회사는 수년 동안 영업활동을 계속해 오고 있으며, 2020년 12월 31일의 재무상태표는 다음과 같다.

재무상태표

2020년 12월 31일

민국주식회사 (단위: 천원)

현금및현금등가물	20,000	매입채무	70,000
매출채권	60,000	장기차입금	100,000
재고자산	60,000	보통주자본금(액면 ₩1,000)	120,000
기계(순장부가액)	180,000	이익잉여금	30,000
자산총계	320,000	부채 및 자본총계	320,000

또한 민국주식회사의 2020년 당기순이익은 ₩20,000,000이다.

위의 자료를 토대로 다음의 재무비율을 계산하시오.

1) 유동비율

2) 고정비율

3) 총자산이익률(총자산의 기초잔액은 ₩300,000,000이었음)

4) 부채비율

부록

APPENDIX

A·C·C·O·U·N·T·I·N·G

화폐의 시간가치

제 1 절 시간의 흐름과 이자

1. 기회비용과 화폐의 시간가치

현재의 ₩1,000,000은 미래, 예를 들어 1년 후의 ₩1,000,000보다 더 큰 가치를 가지고 있다. 왜냐하면 현재 가지고 있는 화폐는 욕구를 충족시키는 데 당장 사용할 수도 있고, 다른 곳에 투자를 하여 이득을 취할 수도 있기 때문이다.

물품을 판매하고 대금을 회수하는 방법에 대해 다음의 두 가지 대안을 제시하였다고 하자.

> (대안 1) 지금 당장 ₩1,000,000을 받는다.
> (대안 2) 1년 후에 ₩1,100,000을 받는다.

이 경우 어떤 대안을 선택하는 것이 바람직할까? 이와 같은 의사결정을 내리는 데 있어 가장 결정적인 요인은 **기회비용**(opportunity costs)이다. 기회비용은 여러 가지 대안 중에서 하나의 대안을 선택하였을 때 그 선택으로 인해 포기해야 하는 가치를 말한다. 이 경우 지금 당장 현금을 가진 경우 그 현금을 다른 곳에 투자하여 벌 수 있는 최대수익이 기회비용이다.

예를 들어, 지금 당장 ₩1,000,000이 있어서 다른 곳에 투자를 하여 1년 동안 15%의 수익을 올릴 수 있다면 대안 1이 바람직할 것이다. 그러나 1년 동안의 기회비용이 10% 미만인 경우에는 대안 2를 선택하는 것이 바람직할 것이다.

이처럼 현금흐름의 발생시기가 다른 경우 동일한 금액이라 할지라도 그 가치가 다르게 된다. 이와 같은 화폐의 시간가치 개념을 이해하기 위해서는 **이자**(interests)의 개념을 이해하여야 한다.

2. 단 리

현재의 화폐획득이나 사용을 보류하고 미래현금을 기다리는 것에 대한 보상이 이자이고, 이자는 곧 화폐의 시간가치가 된다. 즉, 차입, 대여, 투자 등의 화폐금액을 **원금**(principal: p)이라 할 때, 원금을 초과하여 상환되거나 수입되는 금액이 바로 **이자**(interests: I)인 것이다. **이자율**(interest rates)은 원금에 대한 이자액의 비율이고, 보통 **연이율**(annual rates: r)로 나타낸다.

단리(simple interests)는 자금의 대여기간 또는 차입기간 동안의 원금에 대한 이자를 의미한다. 단리의 이자를 구하는 공식은 다음과 같다.

$$\text{이자}(I) = \text{원금}(p) \times \text{이자율}(r) \times \text{기간}(t)$$

위의 공식에서 이자율과 기간은 공통단위로 표현되어야 한다. 이는 이자율이 연단위이면 기간도 연단위이어야 하고, 이자율이 월단위이면 기간도 역시 월단위이어야 한다는 것이다. 예를 들어, ₩1,000을 6개월간 월 1%로 차입하였다면 이자는 월단위로 계산할 수 있다. 월단위로 단리를 계산하면 I = ₩1,000 × 0.01 × 6개월 = ₩60이 되고, 연단위로 계산을 하면 I = ₩1,000 × 0.12 × 6/12개월 = ₩60이 된다. 만약 이자율과 기간이 공통단위로 계산되지 않는다면 그 이자 계산은 무의미해진다.

기업에서의 이자 계산은 보통 1년을 360일로, 한 달은 30일로 하여 계산한다. 또한 상환하는 날은 이자가 지급되지만 차입하는 날은 이자가 지급되지 않는다. 예를 들어, 만기일이 60일이고 연이율이 6%이며 액면이 ₩1,000인 어음이 5월 10일에 발행되었다면 7월 8일에 60일이 된다. 이때 이자는 다음과 같이 계산된다.

$$I = ₩1{,}000 \times 0.06 \times 60/360 = ₩10$$

단리는 보통 1년 이하의 단기부채나 투자에 대한 이자를 계산할 때 주로 사용된다. 원금 및 이자가 일시에 상환되는 단기차입금이 경영활동에서 단리가 적용되는 가장 보편적인 예라고 할 수 있다.

이자는 원금의 일부 또는 전부를 잃게 될 가능성에 대한 위험보상의 의미도 있다. 신뢰도가 높고 성실한 사람은 낮은 이자율로 차입을 할 수 있지만 그렇지 않은 사람은 보다 높은 이자율을 지불해야만 차입이 가능할 것이다. 이는 후자가 전자보다 더 많은 위험을 내포하고 있기 때문이다. 이로 미루어 보아, 차입과 대여가 일어나는 자금시장에서는 투자대상에 따른 위험이 상이함에 따라 이자율도 다양하게 존재할 것이란 것을 알 수 있다.

3. 복 리

복리(compound interests)는 어느 한 기간 동안에 창출된 이자가 다음 기간의 이자 계산 시에 원금과 합산되어 증가된 이자를 창출시키는 이자 개념이다. 복리이자는 단리이자에 이자가 붙어 계속 누적이 되므로 매 기간마다 이자총액이 증가하게 된다. 간단하게 예제를 들어 설명하면 다음과 같다.

예제 A-1

연초에 ₩1,000을 연 10%의 이자가 보장되고 이자지급은 매년 말에 이루어지는 저축성예금에 들었다. 2년간의 이자를 복리로 계산하시오.

풀이

최초 예금액(원금)	₩1,000
첫 번째 연도에 대한 이자	₩1,000 × 0.1 = ₩100
첫 번째 연도말 원리금 합계	₩1,100
두 번째 연도에 대한 이자	₩1,100 × 0.1 = ₩110
두 번째 연도말 원리금 합계	₩1,210

위의 예제에서 첫해에 발생한 이자는 ₩100인 데 비해 두 번째 연도에 발생한 이자는 ₩110이 된다. 두 번째 연도에 창출된 이자는 원금과 첫 분기의 이자를 합한 금액에 대하여 창출된 것이므로 첫 분기의 이자 ₩100보다 많아지게 된다.

예제 A-2

앞의 예제에서 언급한 저축성예금이 분기별로 복리계산이 될 때 1년 후의 원리금 합계액을 계산하시오.

풀이

최초 예금액(원금)	₩1,000.00
첫 번째 분기에 대한 이자 (1,000×0.1×3/12)	₩25.00
첫 번째 분기말 원리금 합계	₩1,025.00
두 번째 분기에 대한 이자 (1,025×0.1×3/12)	₩25.63
두 번째 분기말 원리금 합계	₩1,050.63
세 번째 분기에 대한 이자 (1,050.63×0.1×3/12)	₩26.27
세 번째 분기말 원리금 합계	₩1,076.90
마지막 분기에 대한 이자 (1,076.90×0.1×3/12)	₩26.92
마지막 분기말 원리금 합계	₩1,103.82

앞의 두 예제를 비교해 보자. 복리계산이 연 1회 있을 경우 1년 후의 원리금 합계액이 ₩1,100인 데 비하여, 연 4회를 계산한 경우에는 ₩1,103.82이 되어 복리계산의 횟수가 많으면 더 많은 이자가 창출된다는 것을 볼 수 있다. 따라서 복리계산 횟수를 계속 늘려 일단위로 복리계산을 한다면 최초 원금으로부터 누적되는 원금증가율은 최대가 될 것이다. 그러나 복리의 계산은 주로 월이나 분기단위로 이루어지며, 현실적으로 주·일단위 계산은 많이 사용되지 않는다.

화폐의 시간가치를 계산하기 위해서는 단리를 적용하지 않고 복리를 적용한다. 그 이유는 화폐가 가지고 있는 시간가치를 측정할 때, 복리로 계산을 해야만 이자수입으로 다른 투자를 할 경우 얻을 수 있는 수익을 반영할 수 있어 올바른 시간가치 평가가 가능하기 때문이다. 이러한 올바른 시간가치 평가는 투자의사결정자에게 목적적합하고 신뢰할 수 있는 정보를 제공해줌으로써 의사결정에 유용성을 제공해준다. 다음 [그림 A-1]은 복리계산 시 계산횟수에 따른 원금의 증식을 개략적으로 보여준다.

그림 A-1 복리계산횟수와 원금의 증식

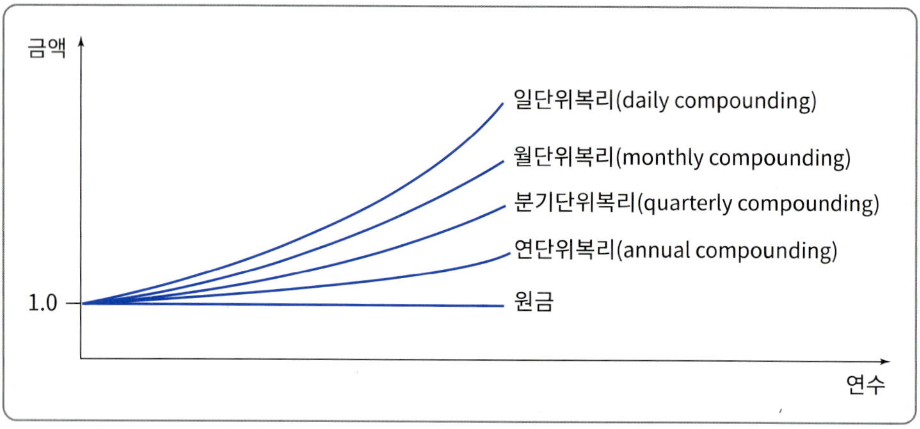

제 2 절 화폐의 미래가치와 현재가치

1. 미래가치와 현재가치의 관계

현재 ₩100,000으로 책 5권을 살 수 있는데, 2년 후에는 동일한 책을 4권밖에 살 수 없고 5권을 사기 위해서는 ₩125,000이 필요하다고 하자. 이는 2년 후 ₩100,000이라는 화폐액은 현재의 ₩80,000과 같은 가치를 가진 것으로 1/5만큼 화폐의 실질가치가 낮아진 것을 의미한다.

위와 같은 상황에서 현재 ₩100,000의 2년 후의 미래가치는 ₩125,000이 되는 것이고, 미래시점인 2년 후의 ₩125,000은 현재의 ₩100,000의 가치가 있는 것이다. 이와 같이 일정한 할인율이 매개체가 된다면 미래가치를 현재가치로 전환시킬 수 있을 것이고, 또한 현재가치도 미래가치로 변환이 될 수 있을 것이다.

2. 미래가치

이자가 복리로 계산될 경우, 미래의 일정시점에서의 원금과 이자 합계액은 원금보다 더 큰 금액으로 누적이 된다. 이때 미래기간 말에 있어서의 원리금 합계액을 **미래가치**(future value: *fv*)이라 한다. 다시 말해서, 미래가치는 특정 시점에 발생한 화폐금액을 그 이후 특정 시점의 가치로 전환하였을 때의 가치를 말한다. 예를 들어, 기회비용이 10%인 사람에게 현재 ₩1,000의 2년 후 미래가치는 ₩1,210이 된다.

미래가치를 계산하기 위한 공식을 도출해보면 다음과 같다.

한 기간 동안 창출된 이자(I)는 원금(p)과 기간이자율(i)의 곱으로 나타나고, 원금(p)과 기간이자(I)를 더하면 한 기간 후의 잔액, 즉 한 기간 후의 미래가치(fv_1)가 된다. 이를 수식화하면 다음과 같다.

$$\text{기간이자}(I) = \text{원금}(p) \times \text{연이자율}(r) \times \text{기간}(t) = \text{원금}(p) \times \text{기간이자율}(i)$$

$$\text{한 기간 후의 미래가치}(fv_1) = \text{원금} + \text{기간이자} = p + (p \times i) = p(1+i)^1$$

한 기간 후의 미래가치공식에서 기간이 늘어나 n기간일 경우의 미래가치 공식을 도출하면 다음과 같다.

$$fv_2 = fv_1(1+i) = p(1+i)(1+i) = p(1+i)^2$$

$$fv_3 = fv_2(1+i) = p(1+i)^2(1+i) = p(1+i)^3$$

$$\rightarrow \quad fv_n = fv_{n-1}(1+i) = p(1+i)^{n-1}(1+i) = p(1+i)^n$$

그러므로 현재 원금(p)에 대한 n기간 후의 미래가치 $fv_n = p(1+i)^n$이 된다.

여기서 p는 원금을 의미하며, i는 기간별 이자율로서 단리를 계산하는 공식의 $r \times t$와 같다. 따라서 연이자율을 r이라고 할 때, 월이자율(i)은 연이자율(r)×1/12이 되고, 분기이자율(i)은 연이자율(r)×1/4이 된다. 그리고 n은 복리계산이 진행되는 기간, 즉 복리계산횟수가 된다.

예제 A-3

연이율이 8%이고 원금이 ₩10,000일 때 4년 후의 미래가치를 계산하시오(단, 복리계산은 1년마다 이루어진다고 가정함).

풀이

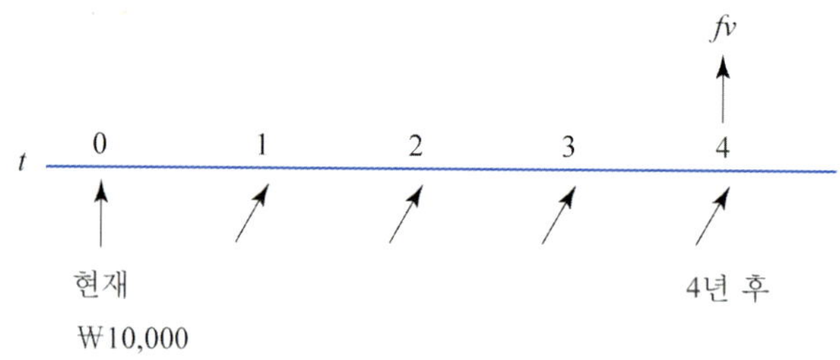

위의 그림에서 현재시점을 '0'으로 하는 시간선 t를 중심선으로 시간선 아래에 수직으로 올라간 화살표는 원금투입, 투자 등의 의미로 원금의 증대를 가져오는 것을 의미하고, 시간선 위에서 수직으로 올라간 화살표는 투자의 회수시점을 의미하여 원금의 감소를 나타낸다. 위로 올라간 사선화살표는 이자가 발생하여 원금에 누적되는 것을 의미한다.

	원금 $\times (1+i)^n$	= 미래가치
1기간 8%, ₩10,000의 미래가치(fv_1)	= ₩10,000 $\times (1.08)^1$	= ₩10,800
2기간 8%, ₩10,000의 미래가치(fv_2)	= ₩10,000 $\times (1.08)^2$	= ₩11,664
3기간 8%, ₩10,000의 미래가치(fv_3)	= ₩10,000 $\times (1.08)^3$	= ₩12,597
4기간 8%, ₩10,000의 미래가치(fv_4)	= ₩10,000 $\times (1.08)^4$	= ₩13,605

도출된 미래가치공식에 의하여 간단한 예제를 풀어보자.

위의 계산에서 보듯이 이자율 8%에서 ₩10,000의 1기간 후의 미래가치는 ₩10,800이고 4기간 후의 미래가치는 ₩13,605이다. 이는 원금 ₩10,000에 4기간 동안 ₩3,605의 이자가 늘어난 것을 보여주는 것이다.

위의 예제에서 원금 ₩10,000을 ₩1으로 바꾸면 1년 후의 미래가치는 ₩1.08이 된다. 이자 계산의 조건들 중 이자율, 원금, 기간에 따라 미래가치는 다양하게 나타나므로 ₩1을 기준으로 각 계수들을 준비해 놓으면 어떠한 원금이 어떤 이자율과 기간 하에 있더라도 계산은 간단하게 이루어질 것이다. 이러한 과정을 거쳐 만들어진 표가 바로 '₩1의 미래가치표'이다.

'₩1의 미래가치표'는 부록 뒷부분에 나와 있으며, 이 표를 이용하면 각 조건이 주어졌을 때 간단하게 원금과 계수를 곱함으로써 계산이 가능하다. 이 표를 이용할 경우 ₩1의 미래가치공식은 다음과 같다.

$$\text{미래가치}(fv) = \text{원금}(p) \times \text{₩1의 미래가치계수}(f)$$

여기에서 f는 기간(n)과 기간이자율(i)에 의해 결정되는 ₩1의 미래가치표에 나타나는 계수를 의미한다.

이 공식을 이용하여 앞의 [예제 A-3]을 계산하면 다음과 같다.

$$\begin{aligned} fv &= p \cdot f\,(n=4,\ \ i=8\%) \\ &= \text{₩}10{,}000 \times 1.36049 \\ &\fallingdotseq \text{₩}13{,}605(\text{원 이하 반올림}) \end{aligned}$$

예제 A-4

연이율이 6%이고 분기별로 복리계산이 되는 저축에 ₩2,500,000을 입금하였다. 지금부터 3년 후에 통장에는 얼마의 금액이 남아 있게 되는지 ₩1의 미래가치표를 이용하여 계산하시오.

풀이

3년간 복리계산이 분기별로 이루어지므로 총분기수(n)는 12회이다. 이자율이 연 6%이므로 분기로는 1.5%가 된다. ₩1의 미래가치표에서 $n = 12$, $i = 1.5$를 찾으면 ₩1의 미래가치가 1.19562임을 알 수 있다.

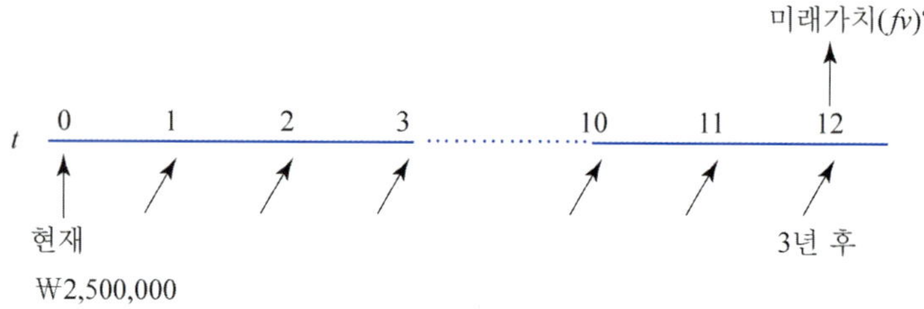

$fv = p \times f(n=12,\ \ i=1.5\%)$

$= ₩2{,}500{,}000 \times 1.19562 = ₩2{,}989{,}050$

따라서, ₩2,500,000의 원금은 3년 후에 ₩2,989,050이 된다.

예제 A-5

5년 전에 연이자 10%에 반년마다 복리계산이 되는 저축에 한 번만 입금을 하고 그냥 두었는데 현재 통장금액이 ₩81,445이 되어 있었다. 최초 입금액은 얼마이며 이자수입은 얼마인지 ₩1의 미래가치표를 이용하여 계산하시오.

풀이

이자 계산이 1년에 두 번, 5년 동안 이루어졌으므로 총 10회의 이자 계산이 있다. 따라서 $n=10$, $i=5$가 되고 미래가치표의 값은 1.62889임을 알 수 있다. $fv = p \times f(n=10,\ \ i=5\%)$일 때 fv는 알려져 있으므로 p를 구하면 된다.

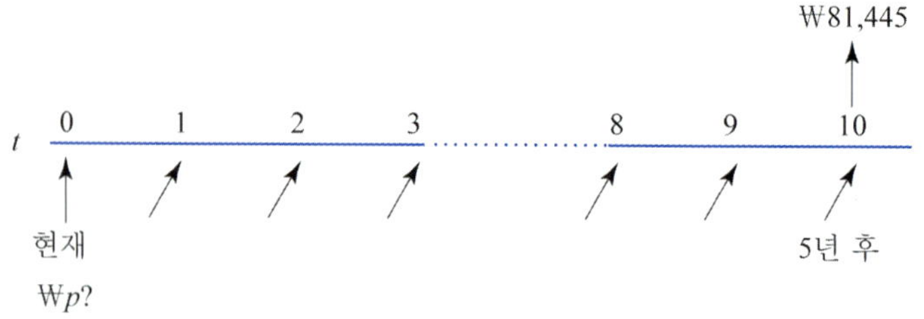

$fv = p \cdot f$이므로 $p = fv/f$가 된다. fv는 ₩81,445이고 f는 1.62889이므로 $p = 81{,}445/1.62889 = 50{,}000$

따라서 최초 입금액은 ₩50,000이며, 이자수입은 ₩31,445이 된다.

예제 A-6

₩1,000,000을 연 이자율 6%인 장기저축에 10년간 예치한다면 10년 후의 가치는 얼마가 되는지 계산하시오.

① 연 1회 복리의 경우
② 6개월 복리의 경우
③ 분기별 복리의 경우

풀이

① 연 1회 복리계산이 이루어지므로, ₩1의 미래가치표에서 6% 이자(i)에 10회(n)의 기간에 해당하는 값을 찾으면 1.79085임을 알 수 있다.

$$fv = p \times f(n=10,\ i=6\%)$$
$$= ₩1,000,000 \times 1.79085$$
$$= ₩1,790,850$$

② $fv = p \times f(n=20,\ i=3\%)$
$$= ₩1,000,000 \times 1.80611$$
$$= ₩1,806,110$$

③ $fv = p \times f(n=40,\ i=1.5\%)$
$$= ₩1,000,000 \times 1.81402$$
$$= ₩1,814,020$$

3. 현재가치

현재의 ₩1이 이자율 8%로 투자되면 미래시점인 1기간 후에는 ₩1.08이 된다는 것은 앞에서 살펴보았다. 이와 반대로 1기간 후의 금액 ₩1.08에 대한 현재가치(present value: *pv*)는 ₩1이 된다. 다시 말해서, 현재가치란 미래 특정시점의 현금흐름액을 그 이전의 특정시점의 가치로 전환한 금액을 말한다. 미래에 발생할 수입에 대한 현재가치는 기업의 의사결정에 있어서 매우 중요한 역할을 하게 된다. 얼마의 금액을 투자해야 하는가, 혹은 어떤 투자대상에 투자할 것인가를 결정하기 위해서는 흔히 미래수입액이 지금 얼마의 가치가 있는가를 계산함으로써 최적의 의사결정이 가능하게 된다.

미래 수입액에 대한 현재가치를 알기 위해서는 미래가치를 현재시점으로 할인해야 한다. **할인**(discounts)은 이자가 어떻게 증식되는가를 알아보는 것이 아니라, 이자증식액이 포함되어 있는 미래가치에서 이자증식액을 제거함으로써 현재가치(pv), 즉 원금(p)을 알아내는 것이다.

따라서 현재가치는 미래가치를 미래가치계수로 나누어줌으로써 계산이 가능하다. 다시 말해서, 미래가치 ₩1을 미래가치계수로 나누었을 때 나오는 값이 바로 현재가치계수가 되는 것이다. 미래가치공식에서 현재가치공식을 도출해보면 다음과 같다.

$$fv = p(1+i)^n \rightarrow pv = \frac{fv}{(1+i)^n}$$

이 공식을 이용하여 4년 후의 가치가 ₩10,000이고 이자는 매년 8%의 복리로 계산될 때의 현재가치를 계산하여 보자.

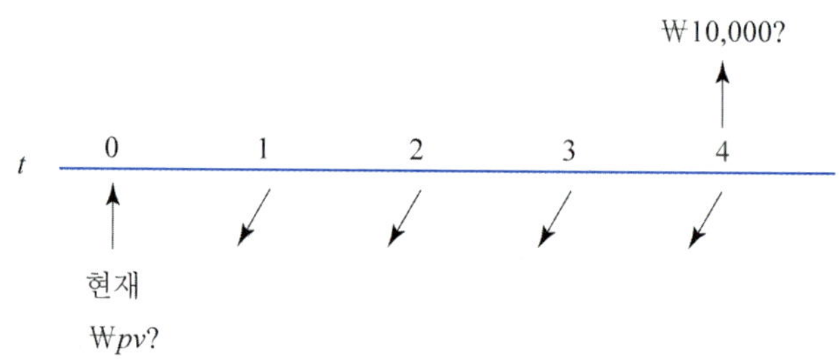

	원금/$(1+i)^n$	=현재가치
1기간 8%, ₩10,000의 현재가치	₩10,000/$(1.08)^1$	= 9,259
2기간 8%, ₩10,000의 현재가치	₩10,000/$(1.08)^2$	= 8,573
3기간 8%, ₩10,000의 현재가치	₩10,000/$(1.08)^3$	= 7,938
4기간 8%, ₩10,000의 현재가치	₩10,000/$(1.08)^4$	= 7,350

위의 계산에서 보듯이 이자율이 8%인 경우 1년 뒤의 ₩10,000의 현재가치는 ₩9,259이고 4년 후의 ₩10,000의 현재가치는 ₩7,350임을 알 수 있다.

금액이 ₩10,000이 아닌 ₩1이라면 현재가치는 ₩0.9259이 될 것이다. 이자계산의 조건들 중 이자율, 원금, 기간에 따라 현재가치는 다양하게 나타나므로 ₩1을 기준으로 각 계수들을 준비해 놓으면 어떠한 원금이 어떤 이자율과 기간하에 있더라도 계산은 간단하게 이루어질 것이다. 이러한 계산과정을 거쳐 만들어진 표가 '₩1의 현재가치표'이다.

'₩1의 현재가치표'는 부록 뒷부분에 나와 있으며, 이 표를 이용하면 각 조건이 주어졌을 때 간단하게 원금과 계수를 곱함으로써 계산이 가능하다. ₩1의 현재가치를 이용하는 공식은 다음과 같다.

$$\text{현재가치}(pv) = \text{미래가치}(fv) \times \text{₩1의 현재가치계수}(p)$$

이 공식을 도입하여 4기간 후 ₩10,000의 현재가치를 계산하면 다음과 같다.

$$\begin{aligned} pv &= fv \cdot p \ (n=4,\ i=8) \\ &= ₩10{,}000 \times 0.7350 \\ &= ₩7{,}350 \end{aligned}$$

이렇게 현재가치계수를 이용하여 어떤 금액의 미래가치에 현재가치계수를 곱하여 곧바로 현재가치를 구할 수 있다.

예를 들어, 4기간 동안 8%의 복리를 받은 원리금 합계액이 ₩1,360,489이 되었다면, 이 금액의 원금인 현재가치는 ₩1,360,489 × 0.73503 = ₩1,000,000이 된다.

예제 A-7

김동국 씨는 자동차를 구입하려고 하는데 당장 일시불로 현금을 지급할 경우 ₩15,000,000에 구입할 수 있다. 다른 대안은 계약금 ₩7,000,000을 지급하고 3년 후에 ₩10,000,000을 지급하는 방법이 있다. 연 이자율이 6%이며, 연 1회 복리계산을 할 경우 김동국 씨는 어느 방법을 선택하는 것이 유리한지 계산하라.

풀이

현금 구입의 경우 현재가치는 ₩15,000,000이다. 다른 대안의 경우, ₩7,000,000의 현재가치에, 3년 후의 ₩10,000,000에 대한 현재가치를 더한 값이다.

즉, $₩7,000,000 + ₩10,000,000 \times p(n=3,\ i=6)$

$= ₩7,000,000 + ₩10,000,000 \times 0.83962$

$= ₩15,396,200$이다.

따라서 현금구입이 유리하다.

예제 A-8

동국회사와 한국회사는 5년 후 ₩7,500,000이 필요하여 적절한 투자안을 찾고 있다. 동국회사는 연이율이 8%이며 연 2회 복리계산이 되는 저축에, 한국회사는 같은 이율에 연 4회 복리계산이 되는 저축에 투자를 하려고 한다. 5년 후 ₩7,500,000을 확보하기 위해서는 동국, 한국 두 회사는 각각 얼마의 최초투자가 필요한지 ₩1의 현재가치표를 이용하여 계산하라.

풀이

동국회사 : 연간 2회 5년간이므로 총 이자 계산횟수는 10회이고, 기간별 이자율은 4%이다.

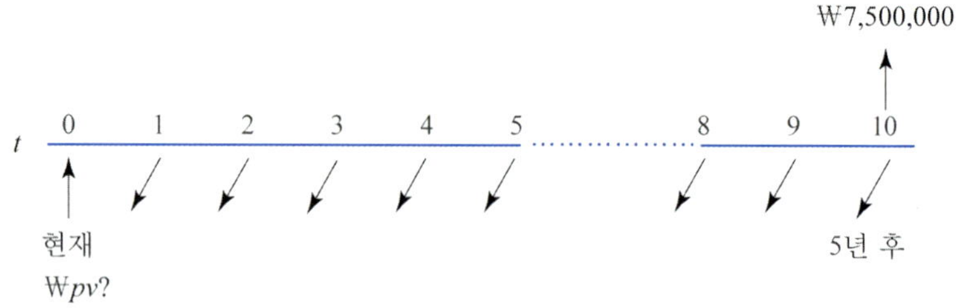

$pv = fv \times p(n=10,\ i=4\%)$

$= ₩7,500,000 \times 0.67556$

$= ₩5,066,700$

한국회사 : 연간 4회 5년간이므로 총 이자 계산횟수는 20회이고, 기간별 이자율은 2%이다.

$$pv = fv \times p(n=20,\ i=2\%)$$
$$= ₩7,500,000 \times 0.67297$$
$$= ₩5,047,275$$

따라서 동국회사는 ₩5,066,700을, 한국회사는 ₩5,047,275을 저축하면 5년 후에 ₩7,500,000을 확보할 수 있게 된다.

위의 [예제 A-8]에서 계산해 본 바와 같이 같은 연 이자율을 적용하여도 복리 계산횟수가 많을수록 현재가치는 감소한다는 것을 알 수 있다. 이는 미래가치의 투자에 있어서 이자율이 고정되어 있을 경우 복리계산의 횟수가 빈번할수록 투자액은 많이 증가된다는 것과 유사한 이치이다.

다음 [그림 A-2]는 이자율이 서로 다를 경우 현재가치와 미래가치가 어떻게 다르게 되는가를 보여준다. 이 그림에서 보는 바와 같이 이자율이 높을수록 보다 큰 미래가치로 증식되는 대신, 보다 작은 금액의 현재가치로 할인된다는 것을 알 수 있다.

그림 A-2 미래가치와 현재가치의 계산

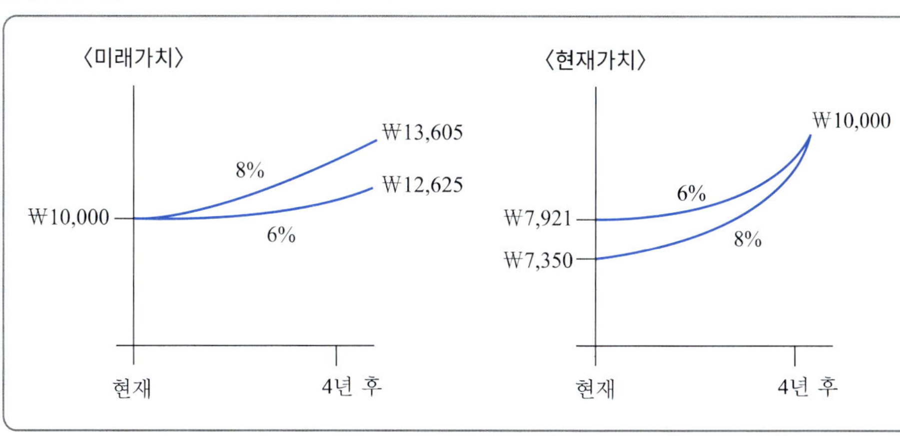

제 3 절 연금의 미래가치와 현재가치

1. 연금의 의미

일반적인 의미의 연금은 정년퇴직 후의 노후보장을 위하여 일정금액을 재직 중에 매달 적립하고 퇴직 후 일정금액으로 분할해서 회수함으로써 수입을 보장받는 것으로 이해하고 있다. 그러나 여기에서 말하는 **연금**(annuity)은 동일금액의 투자(지급)나 회수(상환)가 주기적으로 이루어지는 것을 말한다. 이때 주기적으로 투자(지급)나 회수(상환)되는 금액을 **렌트**(rent: *R*)라 한다.

은행고객이 은행에서 장기차입을 하고 변제를 위하여 특정 기간 동안에 여러 회에 걸쳐 정기적으로 동일금액을 납부하거나, 목돈마련을 위한 적금에 동일금액을 여러 회에 걸쳐 정기적으로 납입하는 경우도 연금의 의미에 포함된다.

은행고객과 은행의 입장을 바꿀 경우, 투자나 회수의 주체는 달라질 수 있어도 일정기간에 일정금액을 주고받는다는 본질에는 변함이 없다. 따라서 정기적으로 일정금액이 특정 이자율을 조건으로 지급 · 회수되는 경우를 연금이라 생각하면 될 것이다. 연금의 대표적인 예로는 퇴직연금, 연금보험, 정기적금, 학자금적립, 할부구입, 장기사채 등 여러 형태를 찾아볼 수 있다.

연금의 종류에는 **정상연금**(ordinary annuity)과 **선불연금**(prepaid annuity)이 있다. 정상연금은 각 렌트가 매 기말에 지급되거나 수입되는 것이다. 예를 들면, 보험회사와 연금보험계약을 맺고 일정금액을 불입할 때, 첫 거래기간의 말일까지 입금을 하면 정상적으로 불입이 된 것이 된다. 따라서 이자는 두 번째 거래기간의 말일에 계산이 된다. 이렇게 되면 계약 마지막기간에는 계약 말일에 불입을 하자마자 계약된 금액을 회수할 수 있게 된다. 이렇게 일정기간의 말에 현금흐름이 발생하는 형태를 **정상연금**이라 한다.

이와 반대로 매 기간 일정액이 발생하는데, 일정기간의 첫날을 기준일로 하여 투자나 상환이 이루어지고 말일에 이자가 계산되는 경우가 있다. 이렇게 기간의 첫날에 투자나 상환이 이루어지고 기간의 마지막날에 이자가 계산되는 형태를 **선불연금**이라고 한다. 따라서 정상연금과 선불연금은 기간의 계산에 차이가 생기므로 신중하게 판단을 해야 하는 주의를 요한다. 본 장에서는 특별한 언급이 없으면 정상연금을 가정한다.

₩1에 대한 미래가치와 현재가치를 *fv*와 *pv*라는 약자를 이용하였는데, ₩1에 대한 연금의 미래가치와 현재가치는 *FV*와 *PV*라는 약자를 사용한다. 이와 같이 연금의 미래가치(*FV*)나 현재가치(*PV*)의 약자를 대문자로 쓰는 이유는 ₩1의 미래가치(*fv*)나 현재가치(*pv*)와 구별하기 위함이다.

2. 연금의 미래가치

연금의 미래가치(future value of annuity: *FV*)란 일정한 기간 동안에 정기적으로 일정액을 복리로 불입하거나 회수하는 과정 동안 누적된 미래 특정시점의 가치를 가리킨다. 간단한 예를 통해서 연금의 미래가치를 이해해 보기로 하자.

초등학교에 다니는 조카가 매달 ₩10,000씩 연 24%의 이자가 보장되고, 월복리로 이자 계산이 되는 어린이적금에 들려고 한다. 적금만기는 5개월 후라고 가정할 때, 만기에 찾을 수 있는 금액은 얼마일까?

이에 대한 대답은 ₩1의 미래가치표를 이용하여 계산해보면 다음과 같이 구할 수 있다. 여기에서 주의해야 할 것은 다섯 번의 현금흐름과 다섯 개의 기간이 있다는 것과, 마지막 불입액은 이자가 발생하지 않는다는 것이다. 제1기간 말에 ₩10,000이 저축되어 이자를 창출하기 시작하였고, 창출된 이자는 제2기간 말에 원금에 누적이 된다. 제2기간 말에 입금된 금액은 제3기 말에 이자를 창출하게 된다. 이러한 현금흐름은 정상연금이기 때문에 최초불입액은 5기간 동안 4번의 이자를 창출하게 되고, 마지막 불입액은 이자를 창출하지 못하게 된다. 그림을 이용하여 문제를 정확하게 이해하고 미래가치 계산공식을 이용하여 계산해보자.

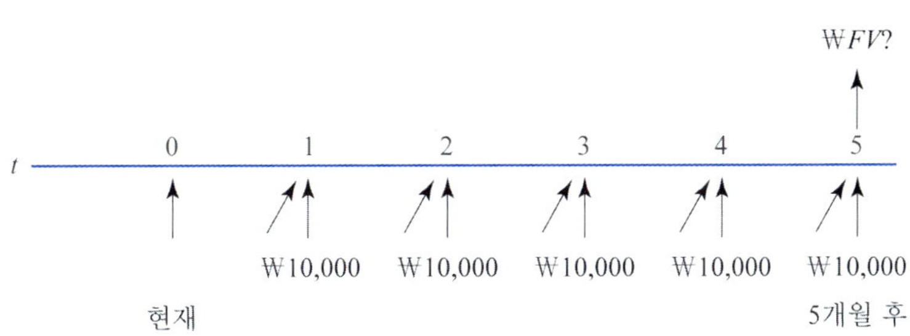

	렌트/$(1+i)^n$	= 미래가치
첫 번째 렌트, 4기간 동안 2%의 미래가치(fv_4)	₩10,000 × $(1.02)^4$	= 10,824
두 번째 렌트, 3기간 동안 2%의 미래가치(fv_3)	₩10,000 × $(1.02)^3$	= 10,612
세 번째 렌트, 2기간 동안 2%의 미래가치(fv_2)	₩10,000 × $(1.02)^2$	= 10,404
네 번째 렌트, 1기간 동안 2%의 미래가치(fv_1)	₩10,000 × $(1.02)^1$	= 10,200
다섯 번째 렌트, ₩10,000의 이자창출은 없음(fv_0)	₩10,000 × $(1.02)^0$	= 10,000
다섯 개의 렌트에 대한 총계(연금의 미래가치 : FV)		= 52,040

따라서 조카의 어린이적금의 만기금액은 ₩52,040이 된다.

앞의 계산에서 알아보았듯이 연금의 미래가치는 각 기간의 원금에 대한 미래가치를 합한 것임을 알 수 있다. 그러나 기간이 길어진다든가, 금액이 커지면 계산이 복잡해지므로 위와 같은 방법에 의해 연금의 미래가치를 계산하는 것은 효율적이지 못하게 된다.

연금 ₩1의 미래가치는 다음과 같은 공식을 이용하여 계산할 수도 있다.

$$FV = \frac{(1+i)^n - 1}{i}$$

위의 공식을 이용하는 방법 외에 '정상연금 ₩1의 미래가치표'를 이용하여 연금의 미래가치를 구할 수도 있다. 부록 뒷부분에는 정상연금 ₩1에 대한 미래가치표가 있다. 정상연금의 미래가치계수표가 만들어져 있으므로 이 표를 이용하여 문제를 해결할 수 있다면 앞의 공식을 외울 필요는 없다.

R을 정기적으로 발생하는 현금흐름이라 하고, F는 이자율 i와 기간 n에 대한 정상연금 ₩1의 미래가치라 할 때, 정상연금의 미래가치를 계산하는 공식은 다음과 같다.

정상연금의 미래가치(FV) = 렌트(R) × 정상연금 ₩1의 미래가치계수(F)

부록에 나와 있는 정상연금의 미래가치표를 이용하여 앞의 어린이적금의 예를 계산하면 다음과 같다.

$$\begin{aligned} FV &= R \times F(n=5,\ i=2) \\ &= ₩10{,}000 \times 5.20404 \\ &= ₩52{,}040 \end{aligned}$$

예제 A-9

김동국 씨는 새로 태어난 아기의 대학등록금을 마련하기 위해 1년 후인 첫돌날부터 시작해 매년 생일에 ₩1,000,000씩 불입하는 정기적금에 가입하려고 한다. 아기가 만 18세가 되었을 때 찾을 수 있는 적금액은 얼마인지 계산하라. 단, 은행의 연이자율은 6%이다.

풀이

적금 불입은 총 18회가 되며 이자율은 6%이므로 정상연금의 미래가치표를 이용하면 다음과 같다.

$$\begin{aligned} FV &= R \times F(n=18,\ i=6) \\ &= ₩1{,}000{,}000 \times 30.90565 \\ &= ₩30{,}905{,}650 \end{aligned}$$

예제 A-10

동국이는 금년 1월 초 대학에 합격하였다. 동국이는 3년 후 4월 초에 2달간 유럽지역 배낭여행을 계획하고 있다. 2달간의 배낭여행을 위해서는 항공권과 여비 및 숙박비를 포함한 제비용이 ₩3,800,000이 필요할 것으로 추정되었다. 동국이는 목돈마련을 위하여 아르바이트를 하고, 분기별 복리로 이자 계산이 되며 연이율 4%가 보장되는 적금에 들기로 하였다. 금년 4월 1일부터 시작하여 매 분기마다 ₩300,000을 불입하려고 한다. 3년 후에 목표금액을 달성할 수 있겠는가?

풀이

적금의 실제불입은 금년 4월부터 시작하여 3년 후 4월까지 총 12번이 불입이 된다. 이자율은 연 4%이므로 분기로는 1%가 된다. 이를 정상연금의 미래가치표를 참조하여 계산하면 된다.

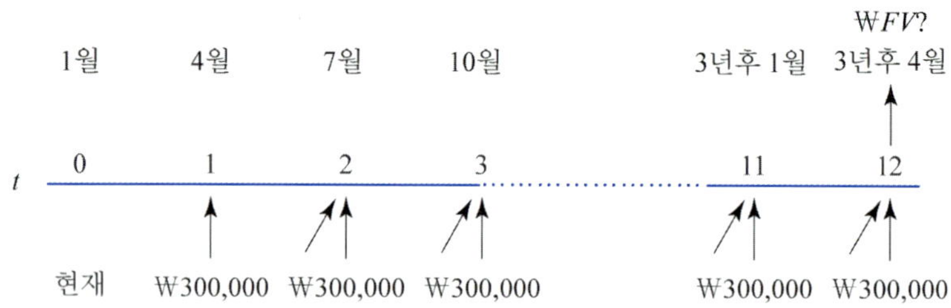

$$FV = R \times F(n=12,\ i=1)$$
$$= ₩300,000 \times 12.68250$$
$$= ₩3,804,750$$

따라서 동국이는 3년 후 4월 초에 ₩3,804,750을 받게 되므로 목표로 한 여행경비 ₩3,800,000을 상회하는 금액을 모을 수 있게 된다.

3. 연금의 현재가치

연금의 현재가치(present value of annuity: PV)란 미래 일정기간에 걸쳐서 정기적인 불입이나 회수되는 현금액을 발생시키기 위해 일시에 투자되어야만 하는 현재의 금액이다. 간단한 예를 통하여 연금의 현재가치를 알아보기로 하자.

회사에서 연초에 새로운 장비를 구입하였다. 이 새로운 장비는 내년부터 5년의 내용연수가 다할 때까지 매년 ₩300,000에 상당하는 유지보수비를 필요로 한다. 회사는 구입과 동시에 내용연수 동안의 유지보수비를 마련하기 위한 기금을 조성하려고 한다. 이자율은 연 10%이고 연복리로 이자 계산이 이루어진다고 하자. 기금으로 현재 얼마가 필요한가?

현재시점에서 기금으로 목돈을 투자하면 다음해에는 원금에 대한 이자가 발생하여 원금에 더해지고 이 금액 중 시설유지비 ₩300,000이 인출되게 된다. 이렇게 하여 네 번째 연도에 가서는 남아 있는 원금과 이자가 합해진 금액이 1년의 시설유지비 ₩300,000과 동일해지고 잔액은 없게 된다. 주의해야 할 점은 다섯 번의 유지보수비가 필요한 것이 아니고 네 번이라는 것이다. 왜냐하면 네 번째 기간에 유지보수가 되면, 그 새 장비는 1년 동안 사용가능해지고 내용연수가 끝나기 때문이다.

이 예에서 렌트는 ₩300,000이고 기간은 4, 이자율은 10%가 된다. 그림으로 나타내보면 이해가 빠를 것이다.

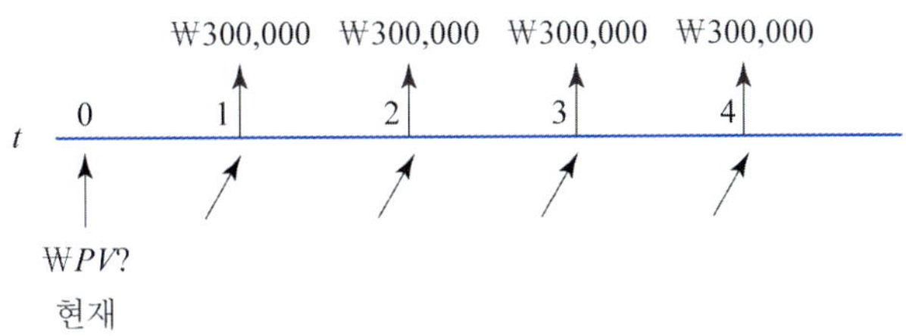

연금의 현재가치는 앞에서 익힌 연금의 미래가치를 계산하는 방법과 같이 각 렌트의 현재가치를 구하여 그 합을 계산하면 된다. 현재가치의 합을 이용한 연금의 현재가치는 다음과 같다.

	렌트/$(1+i)^n$	=현재가치
첫 번째 렌트, 1기간 동안 10%의 현재가치(pv_1)	₩300,000×$(1.1)^1$	=272,727
두 번째 렌트, 2기간 동안 10%의 현재가치(pv_2)	₩300,000×$(1.1)^2$	=247,934
세 번째 렌트, 3기간 동안 10%의 현재가치(pv_3)	₩300,000×$(1.1)^3$	=225,394
네 번째 렌트, 4기간 동안 10%의 현재가치(pv_4)	₩300,000×$(1.1)^4$	=204,904
네 번의 렌트 합(연금의 현재가치 : PV)		=950,961

그러나 기간이 길어진다든지 금액이 커질 경우, 위와 같은 방법으로 연금의 현재가치를 계산하는 것은 효율적이지 못하게 된다.

정상연금 ₩1의 현재가치는 다음의 공식을 이용하여 구할 수도 있다.

$$PV = \frac{1 - \dfrac{1}{(1+i)^n}}{i}$$

그러나 ₩1의 현재가치계산이나 미래가치계산에서처럼, '정상연금 ₩1의 현재가치표'가 부록 뒷부분에 나와 있으므로 이 표를 올바르게 이용할 수 있다면 위의 공식을 외울 필요는 없다. 정상연금의 현재가치표를 이용한 연금의 현재가치를 구하는 공식은 다음과 같다.

> 정상연금의 현재가치(PV) = 렌트(R) × 정상연금 ₩1의 현재가치계수(P)

R을 정기적으로 발생하는 렌트라 하고, P는 이자율(i)과 기간(n)에 대한 연금 ₩1의 현재가치계수이다. 이 공식에 렌트와 연금 ₩1의 현재가치계수를 대입함으로써 연금의 현재가치를 구할 수 있다. 부록에 나와 있는 정상연금의 현재가치표를 이용하여 앞의 예를 풀어보면 다음과 같다.

$$
\begin{aligned}
PV &= R \times P(n=4,\ i=10) \\
&= ₩300,000 \times 3.16987 \\
&= ₩950,961
\end{aligned}
$$

예제 A-11

동국기업은 기계장치를 구입하고 다음 3년 동안 매분기 말에 ₩1,000,000씩 지급하기로 하였다. 동국기업이 구매한 기계장치의 취득원가는 얼마인가? 단, 연이자율은 8%이고, 분기마다 복리계산을 한다.

풀이

동국기업이 매분기 말 3년간 할부금을 지급하므로 총지급횟수는 12번이 되고, 분기별 이자율은 2%가 된다. 따라서 정상연금의 현재가치표를 이용해 계산하면 다음과 같다.

$$
\begin{aligned}
PV &= R \times P(n=12,\ i=2) \\
&= ₩1,000,000 \times 10.57534 \\
&= ₩10,575,340
\end{aligned}
$$

예제 A-12

김동국 씨는 2020년 초에 복권에 1등 당첨이 되었다. 복권 당첨금은 일시불로 받을 경우 1억원을 당첨 즉시 지급하며, 연금형태로 받기를 원할 경우 매년 말에 8백만원씩 20년간 지급한다. 시중의 연이자율이 4%라고 할 때, 김동국 씨는 어느 것을 선택하는 것이 유리할 것인지 계산하라.

풀이

위의 문제를 풀기 위해서는 연금형태로 복권 당첨금을 받을 경우 20년간 받는 금액의 현재가치가 얼마인가를 알아야 한다. 이것은 렌트가 8백만원으로 이자율이 4%이며 기간은 20인 정상연금의 현재가치를 구하는 것이다.

$$
\begin{aligned}
PV &= R \cdot P(n=20,\ i=4) \\
&= ₩8,000,000 \times 13.59033 \\
&= ₩108,722,640
\end{aligned}
$$

1년에 8백만원씩 20년간을 받는 금액의 현재가치 합계는 1억원이 넘는다. 따라서 김동국 씨는 일시불로 1억원을 받는 것이 불리하다고 할 수 있다. 그러나 여기서 주의할 것은 이자율이 20년간 4%로 고정되어 있다고 가정한 것이다. 이자율이 8% 또는 2%일 경우에는 어느 것이 유리한지 각자 풀어보기 바란다.

자습문제

SELF-STUDY

[1] 김동국 씨는 ₩5,000,000을 모 은행의 정기예금에 예입하였다. 연이율은 6%이며 분기마다 복리계산을 한다고 할 때, 김 여사는 3년 후에 얼마의 돈을 인출할 수 있는지 계산하시오.

풀이 p = ₩5,000,000 $n = 12$ $i = 1.5\%$

fv = ₩5,000,000 · $f(n = 12,\ i = 1.5\%)$ = ₩5,000,000 × 1.19562 = ₩5,978,100

[2] 김동국 씨는 5년 전에 얼마인가의 금액을 정기예금에 예입하였는데, 원금과 이자를 합해서 ₩7,401,200으로 불어나 있었다. 정기예금의 연이율이 8%이었고 1년에 두 번 복리계산을 했다고 한다면 김동국 씨가 5년 전에 예입한 원금은 얼마인지 계산하시오.

풀이 처음 예금할 때를 현재로 보면 지금의 ₩7,401,200은 미래가치가 된다.

fv = ₩7,401,200 = $p \cdot f(n = 10,\ i = 4\%) = p \times 1.48024$

따라서 p = ₩5,000,000이 된다.

[3] 민국회사는 퍼스널 컴퓨터를 구입하고 액면금액 ₩3,500,000이며 1년 후에 만기가 도래하는 어음을 발행하여 지급하였다. 회사가 차입금에 대해 지급하는 이자가 8%라고 할 때, 컴퓨터는 얼마에 구입한 것인지 계산하시오.

풀이 1년 후에 지급할 ₩3,500,000은 미래가치가 되므로 이를 8%로 할인한 금액이 현재가치가 된다.

pv = ₩3,500,000 · $p(n = 1,\ i = 8)$ = ₩3,500,000 × 0.92593 = ₩3,240,755

[4] 김동국 씨는 아들의 대학교육 학자금을 마련하기 위해 돌날부터 시작하여 매년 아들의 생일날마다 ₩300,000씩을 적립하기로 하였다.
적금의 이자율이 9%이고 1년에 한 번 복리계산을 해줄 경우 아들이 만 18세 되는 해에 김동국 씨는 얼마의 돈을 학자금으로 마련할 수 있는지 계산하시오.

풀이 렌트 ₩300,000을 18년간 적립하므로 정상연금의 미래가치표를 이용한다.
FV = ₩300,000 · $F(n=18,\ i=9)$ = ₩300,000 × 41.30134 = ₩12,390,402

[5] 민국(주)는 ₩7,100,000의 기계설비를 외상으로 구입하였는데, 매년 ₩1,000,000씩 갚아가기로 하였다. 미지급금에 대한 연이율이 5%이고 1년 후부터 상환을 시작할 경우 미지급금을 전부 상환하는 데 몇 년이 걸리는지 계산하시오.

풀이 각 렌트의 현재가치가 ₩7,100,000보다 크거나 같게 될 때의 기간을 구하면 되므로 정상연금의 현재가치표를 이용한다.
₩7,100,000 ≤ ₩1,000,000 · $P(n=?,\ i=5)$
이자율이 5%일 때 연금의 현재가치표상에서 계수가 7.10보다는 커야 되므로 9년이 되면 모두 갚을 수 있게 된다.

[6] 한국위스키제조회사는 8년간 숙성시킨 위스키를 당장 판매할 것인지 7년을 더 숙성시켜 판매할 것인지를 결정해야 한다. 당장 판매할 경우 ₩20,000,000을 받을 수 있고, 7년을 더 숙성시켜 판매할 경우 ₩50,000,000을 받을 수 있다. 시중의 연이자율이 10%이고, 숙성을 위한 창고유지비가 매년 ₩1,000,000씩 들어갈 경우 어떠한 의사결정을 내려야 하는지 계산하시오.

풀이 당장판매할 경우의 수입 : ₩20,000,000
추가숙성의 경우
판매수익의 현재가치 : pv = ₩50,000,000 · $p(n=7,\ i=10)$
= ₩50,000,000 × 0.51316 = ₩25,658,000
창고유지비의 현재가치 : PV = ₩1,000,000 · $P(n=7,\ i=10)$
= ₩1,000,000 × 4.86842 = ₩4,868,420
추가숙성의 수입 : ₩25,658,000 − 4,868,420 = ₩20,789,580
따라서 추가로 숙성하여 판매하는 것이 유리하다.

연습문제

EXERCISES

▣ 서술형 문제

1. 기회비용의 개념을 설명하시오.
2. 단리와 복리를 비교 설명하시오.
3. 복리계산에 있어 같은 기간이라 하여도 복리계산의 횟수에 따라 이자액이 어떻게 달라지는지 설명하시오.
4. 미래가치와 현재가치를 비교 설명하시오.
5. 정상연금과 선불연금을 비교 설명하시오.

▣ 객관식 문제

1. ₩1,000,000을 5년 만기의 정기예금에 예금하였다. 연이자율이 6%이고 분기마다 복리계산을 해줄 경우 5년 후에 찾는 금액은 얼마인가?

   ① ₩1,338,230　　② ₩1,346,860

   ③ ₩1,357,460　　④ ₩1,369,450

   ⑤ 정답 없음

2. 3년 후 ₩10,000,000을 받을 수 있는 채권의 현재가치는 얼마인가? (단, 연이자율은 5%이고 1년에 1회 복리계산)

   ① ₩8,227,000　　② ₩8,638,400

   ③ ₩9,070,300　　④ ₩9,523,800

   ⑤ 정답 없음

3. 현재 ₩200,000을 가지고 있는 경우 옳지 않은 설명은 어느 것인가?
① 연이자율이 5%인 경우, 1년 후의 가치는 ₩210,000이 된다.
② 연이자율이 5%인 경우, 6개월 후의 가치는 ₩205,000이 된다.
③ 연이자율이 10%인 경우, 2년 후의 가치는 ₩242,000이 된다.
④ 연이자율이 10%인 경우, 1년 후의 가치는 ₩221,000이 된다.
⑤ 정답 없음

4. 연이자율이 6%인 경우 다음 설명 중 옳지 않은 것은 어느 것인가?
① 5년 후에 ₩1,000,000을 받기로 한 경우, 현재가치는 ₩747,260이다.
② 3년 후에 ₩1,000,000을 받기로 한 경우, 현재가치는 ₩839,620이다.
③ 2년 후에 ₩1,000,000을 받기로 한 경우, 현재가치는 ₩890,000이다.
④ 1년 후에 ₩1,000,000을 받기로 한 경우, 현재가치는 ₩943,400이다.
⑤ 정답 없음

5. 앞으로 10년 후에 집을 장만하기 위하여 ₩100,000,000이 필요할 것으로 예상된다. 연이자율이 현재 10%인 경우 매년 말에 얼마씩 적립하면 되는가?
① ₩6,582,009 ② ₩9,426,615
③ ₩6,274,541 ④ ₩6,125,732
⑤ ₩6,374,541

6. 매년 말에 ₩100,000씩 5년간 받기로 약속한 경우, 이 약속의 현재시점에서의 가치는 얼마인가? 단, 연이자율은 8%로 가정한다.
① ₩388,695 ② ₩399,271
③ ₩404,588 ④ ₩415,568
⑤ ₩454,550

7. 다음과 같은 제안을 받은 경우 어느 것을 선택하는 것이 가장 유리한가?

제안 1 : 현재 ₩1,000,000을 받음. 제안 2 : 5년 후에 ₩1,800,000을 받음. 제안 3 : 매년도 말에 ₩190,000을 10년간 받음. * 단, 현재의 시장이자율은 연 12%이다.

① 제안 1
② 제안 2
③ 제안 3
④ 어느 것을 선택해도 차이가 없다.
⑤ 제안 1과 제안 2를 함께 선택한다.

▣ 주관식 문제

1. 김동국 씨는 2020년 1월 초에 2억원의 은행융자를 얻어 집을 장만하였다. 2021년 1월 초부터 시작하여 20년간 분할납부하는 경우 1회에 얼마씩 납부하여야 하는가? 단, 은행이자는 연 3%이다.

2. 동국상사는 2020년 12월 1일에 액면이자율 연 9%, 90일 후에 만기가 도래하는 액면가 ₩9,600,000의 어음을 받았다. 동국상사의 회계연도는 12월 31일로 끝나게 된다. 다음에 답하시오.
① 회계기말에 미수이자의 회계처리를 하라.
② 만기일에 회사는 얼마를 회수할 수 있는가?

3. 원금이 ₩4,000,000이고 이자율이 12%일 때, 3년 후 다음의 복리이자 계산횟수에 따른 미래가치를 구하시오.
① 연 1회
② 연 2회
③ 분기별
④ 월별

4. 김동국 씨는 매년 말 ₩500,000씩을 적립하여 마지막 불입분과 각 불입의 복리이자를 합하여 ₩5,730,000이 되었다. 다음에 답하시오.
① 만약 10회 불입으로 목표금액이 되었다면 이자율은 얼마인가?
② 만약 이자율이 10%라면 몇 회를 불입한 것인가?

5. 이자율 2%에서 16회 납부한 정상연금의 현재가치가 ₩58,655,710이었고, 이자율 6%에서 25회 납부한 정상연금의 현재가치가 ₩47,298,580이었다. 각각의 일회납부금액(렌트)은 얼마인지 계산하시오.

6. 민국(주)는 계열사를 매각하려고 한다. 매각의 방법에는 세 가지 대안이 있다.

   A. 보통주 100,000주를 주당 ₩15,000에 매각하고, 별도로 5년 후에 ₩500,000,000을 받는다.
   B. 일시불 ₩300,000,000을 받고, 10년 동안 매년 말에 ₩250,000,000을 받는다.
   C. 지금부터 3년 후에 ₩1,500,000,000을 받고, 지금부터 5년 후에 동일금액을 한 번 더 받는다.

   10%의 이자율이 적용될 때, 세 가지 대안을 비교하여 최선의 대안을 선택하시오.

7. 김동국 씨는 두 딸이 있는데 두 딸 모두를 대학에 보낼 예정이다. 두 딸의 학자금으로 지금 얼마간의 돈을 예금해놓으려고 한다. 두 딸의 학비 예산은 다음과 같다.

   큰 딸 : 지금부터 5년 후에 시작하여 4년간 매년 ₩8,000,000이 필요하다.
   작은 딸 : 지금부터 6년 후에 시작하여 4년간 매년 ₩9,000,000이 필요하다.

   연 6%의 이자율을 가정할 때, 김동국 씨는 지금 학자금으로 얼마를 예금해야 하는지 계산하시오.

8. (주)동국은 기계장치를 구입하고 액면금액 ₩10,000,000이며 1년 후에 만기가 도래하는 무이자부 어음을 발행하여 지급하였다. 시장이자율이 8%라고 할 때 기계장치의 구입원가를 구하시오(단, 분기별 복리계산).

9. 동국회사는 앞으로 30년간 매년 말에 일정한 금액을 퇴직하는 종업원에게 연금으로 지급해야 한다. 현재 기금은 ₩100,000,000이다. 시장이자율이 8%일 때 매년 연금으로 지급할 수 있는 금액은 얼마인지 계산하시오.

10. 당신은 은행으로부터 현금 ₩125,000을 빌리고 매 6개월마다 다음 5년간 동일한 금액을 갚기로 약속하였다. 은행의 대출이자율이 12%이고 6개월 복리로 이자가 계산될 때 당신이 매 6개월마다 갚아야 할 금액은 얼마인지 계산하시오.

11. 김동국 씨는 자동차를 구입하려고 하는데 자동차대금을 지급하는 방법에는 두 가지 대안이 있다.

대안 1 : 당장 현금 ₩10,000,000을 지급
대안 2 : 매년 말 ₩4,000,000을 3년간 지급하는 방법

현재 이자율이 10%일 때 김동국 씨는 어떤 대안을 선택해야 하는지 계산하시오.

12. 김동국 씨는 대학에 장학기금을 설립하여 회계원리 수강생 중 한 명에게 매년 말 ₩8,000,000을 10년간 지급하려고 한다. 장학금을 지금으로부터 5년 후에 처음으로 지급할 것으로 가정하고 이자율이 6%일 때 김동국 씨는 장학기금으로 지금 얼마를 내놓아야 하는지 계산하시오.

13. 김동국 씨는 10년 동안 건물을 임차하기로 하고 각 연도 초에 다음의 임차료를 지급하기로 약속하였다.

1차연도와 2차연도 : 매년 ₩1,000
3차연도부터 6차연도 : 매년 ₩2,000
7차연도부터 10차연도 : 매년 ₩2,500

만일 시장이자율이 10%라고 할 때 이러한 임차료를 지금 당장 현금으로 지급한다면 얼마를 지급해야 하는지 계산하시오.

14. 만일 당신이 지금 ₩30,000,000을 4년 동안 은행에 예치하면 은행이 지금 당장 마티스 한 대를 주고 4년 후에 원금 ₩30,000,000을 돌려주겠다고 하였다. 은행은 이자를 분기별 복리로 계산하며 현행 시장이자율은 8%이다. 지금 마티스 한 대의 현금가격은 얼마인지 계산하시오.

15. 김동국 씨는 현재 40세이다. 다음 20년간 매년 말에 일정한 금액을 저금한 후 61세가 되는 날부터 매년 ₩25,000,000을 10년간 인출하고 싶어한다. 현행 이자율이 4%라면 앞으로 20년간 매년 얼마씩 저축하여야 하는지 계산하시오.

표 1 ₩1의 미래가치표

n	.5%	1%	1.5%	2%	2.5%	3%	3.5%	4%	4.5%	*n*
1	1.00500	1.01000	1.01500	1.02000	1.02500	1.03000	1.03500	1.04000	1.04500	1
2	1.01003	1.02010	1.03023	1.04040	1.05062	1.06090	1.07123	1.08160	1.09203	2
3	1.01508	1.03030	1.04568	1.06121	1.07689	1.09273	1.10872	1.12486	1.14117	3
4	1.02015	1.04060	1.06136	1.08243	1.10381	1.12551	1.14752	1.16986	1.19252	4
5	1.02525	1.05101	1.07728	1.10408	1.13141	1.15927	1.18769	1.21665	1.24618	5
6	1.03038	1.06152	1.09344	1.12616	1.15969	1.19405	1.22926	1.26532	1.30226	6
7	1.03553	1.07214	1.10984	1.14869	1.18869	1.22987	1.27228	1.31593	1.36086	7
8	1.04071	1.08286	1.12649	1.17166	1.21840	1.26677	1.31681	1.36857	1.42210	8
9	1.04591	1.09369	1.14339	1.19509	1.24886	1.30477	1.36290	1.42331	1.48610	9
10	1.05114	1.10462	1.16054	1.21899	1.28008	1.34392	1.41060	1.48024	1.55297	10
11	1.05640	1.11567	1.17795	1.24337	1.31209	1.38423	1.45997	1.53945	1.62285	11
12	1.06168	1.12683	1.19562	1.26824	1.34489	1.42576	1.51107	1.60103	1.69588	12
13	1.06699	1.13809	1.21355	1.29361	1.37851	1.46853	1.56396	1.66507	1.77220	13
14	1.07232	1.14947	1.23176	1.31948	1.41297	1.51259	1.61869	1.73168	1.85194	14
15	1.07768	1.16097	1.25023	1.34587	1.44830	1.55797	1.67535	1.80094	1.93528	15
16	1.08307	1.17258	1.26899	1.37279	1.48451	1.60471	1.73399	1.87298	2.02237	16
17	1.08849	1.18430	1.28802	1.40024	1.52162	1.65285	1.79468	1.94790	2.11338	17
18	1.09393	1.19615	1.30734	1.42825	1.55966	1.70243	1.85749	2.02582	2.20848	18
19	1.09940	1.20811	1.32695	1.45681	1.59865	1.75351	1.92250	2.10685	2.30786	19
20	1.10490	1.22019	1.34686	1.48595	1.63862	1.80611	1.98979	2.19112	2.41171	20
21	1.11042	1.23239	1.36706	1.51567	1.67958	1.86029	2.05943	2.27877	2.52024	21
22	1.11597	1.24472	1.38756	1.54598	1.72157	1.91610	2.13151	2.36992	2.63365	22
23	1.12155	1.25716	1.40838	1.57690	1.76461	1.97359	2.20611	2.46472	2.75217	23
24	1.12716	1.26973	1.42950	1.60844	1.80873	2.03279	2.28333	2.56330	2.87601	24
25	1.13280	1.28243	1.45095	1.64061	1.85394	2.09378	2.36324	2.66584	3.00543	25
26	1.13846	1.29526	1.47271	1.67342	1.90029	2.15659	2.44596	2.77247	3.14068	26
27	1.14415	1.30821	1.49480	1.70689	1.94780	2.22129	2.53157	2.88337	3.28201	27
28	1.14987	1.32129	1.51722	1.74102	1.99650	2.28793	2.62017	2.99870	3.42970	28
29	1.15562	1.33450	1.53998	1.77584	2.04641	2.35657	2.71188	3.11865	3.58404	29
30	1.16140	1.34785	1.56308	1.81136	2.09757	2.42726	2.80679	3.24340	3.74532	30
31	1.16721	1.36133	1.58653	1.84759	2.15001	2.50008	2.90503	3.37313	3.91386	31
32	1.17304	1.37494	1.61032	1.88454	2.20376	2.57508	3.00671	3.50806	4.08998	32
33	1.17891	1.38869	1.63448	1.92223	2.25885	2.65234	3.11194	3.64838	4.27403	33
34	1.18480	1.40258	1.65900	1.96068	2.31532	2.73191	3.22086	3.79432	4.46636	34
35	1.19073	1.41660	1.68388	1.99989	2.37321	2.81386	3.33359	3.94609	4.66735	35
36	1.19668	1.43077	1.70914	2.03989	2.43254	2.89828	3.45027	4.10393	4.87738	36
37	1.20266	1.44508	1.73478	2.08069	2.49335	2.98523	3.57103	4.26809	5.09686	37
38	1.20868	1.45953	1.76080	2.12230	2.55568	3.07478	3.69601	4.43881	5.32622	38
39	1.21472	1.47412	1.78721	2.16474	2.61957	3.16703	3.82537	4.61637	5.56590	39
40	1.22079	1.48886	1.81402	2.20804	2.68506	3.26204	3.95926	4.80102	5.81636	40
41	1.22690	1.50375	1.84123	2.25220	2.75219	3.35990	4.09783	4.99306	6.07810	41
42	1.23303	1.51879	1.86885	2.29724	2.82100	3.46070	4.24126	5.19278	6.35162	42
43	1.23920	1.53398	1.89688	2.34319	2.89152	3.56452	4.38970	5.40050	6.63744	43
44	1.24539	1.54932	1.92533	2.39005	2.96381	3.67145	4.54334	5.61652	6.93612	44
45	1.25162	1.56481	1.95421	2.43785	3.03790	3.78160	4.70236	5.84118	7.24825	45
46	1.25788	1.58046	1.98353	2.48661	3.11385	3.89504	4.86694	6.07482	7.57442	46
47	1.26417	1.59626	2.01328	2.53634	3.19170	4.01190	5.03728	6.31782	7.91527	47
48	1.27049	1.61223	2.04384	2.58707	3.27149	4.13225	5.21359	6.57053	8.27146	48
49	1.27684	1.62835	2.07413	2.63881	3.35328	4.25622	5.39606	6.83335	8.64367	49
50	1.28323	1.64463	2.10524	2.69159	3.43711	4.38391	5.58493	7.10668	9.03264	50

표 1 계속

n	5%	5.5%	6%	6.5%	7%	7.5%	8%	9%	10%	*n*
1	1.05000	1.05500	1.06000	1.06500	1.07000	1.07500	1.08000	1.09000	1.10000	1
2	1.10250	1.11302	1.12360	1.13423	1.14490	1.15563	1.16640	1.18810	1.21000	2
3	1.15763	1.17424	1.19102	1.20795	1.22504	1.24230	1.25971	1.29503	1.33100	3
4	1.21551	1.23882	1.26248	1.28647	1.31080	1.33547	1.36049	1.41158	1.46410	4
5	1.27628	1.30696	1.33823	1.37009	1.40255	1.43563	1.46933	1.53862	1.61051	5
6	1.34010	1.37884	1.41852	1.45914	1.50073	1.54330	1.58687	1.67710	1.77156	6
7	1.40710	1.45468	1.50363	1.55399	1.60578	1.65905	1.71382	1.82804	1.94872	7
8	1.47746	1.53469	1.59385	1.65500	1.71819	1.78348	1.85093	1.99256	2.14359	8
9	1.55133	1.61909	1.68948	1.76257	1.83846	1.91724	1.99900	2.17189	2.35795	9
10	1.62889	1.70814	1.79085	1.87714	1.96715	2.06103	2.15892	2.36736	2.59374	10
11	1.71034	1.80209	1.89830	1.99915	2.10485	2.21561	2.33164	2.58043	2.85312	11
12	1.79586	1.90121	2.01220	2.12910	2.25219	2.38178	2.51817	2.81266	3.13843	12
13	1.88565	2.00577	2.13293	2.26749	2.40985	2.56041	2.71962	3.06580	3.45227	13
14	1.97993	2.11609	2.26090	2.41487	2.57853	2.75244	2.93719	3.34173	3.79750	14
15	2.07893	2.23248	2.39656	2.57184	2.75903	2.95888	3.17217	3.64248	4.17725	15
16	2.18287	2.35526	2.54035	2.73901	2.95216	3.18079	3.42594	3.97031	4.59497	16
17	2.29202	2.48480	2.69277	2.91705	3.15882	3.41935	3.70002	4.32763	5.05447	17
18	2.40662	2.62147	2.85434	3.10665	3.37993	3.67580	3.99602	4.71712	5.55992	18
19	2.52695	2.76565	3.02560	3.30859	3.61653	3.95149	4.31570	5.14166	6.11591	19
20	2.65330	2.91776	3.20714	3.52365	3.86968	4.24785	4.66096	5.60441	6.72750	20
21	2.78596	3.07823	3.39956	3.75268	4.14056	4.56644	5.03383	6.10881	7.40025	21
22	2.92526	3.24754	3.60354	3.99661	4.43040	4.90892	5.43654	6.65860	8.14027	22
23	3.07152	3.42615	3.81975	4.25639	4.74053	5.27709	5.87146	7.25787	8.95430	23
24	3.22510	3.61459	4.04893	4.53305	5.07237	5.67287	6.34118	7.91108	9.84973	24
25	3.38635	3.81339	4.29187	4.82770	5.42743	6.09834	6.84848	8.62308	10.83471	25
26	3.55567	4.02313	4.54938	5.14150	5.80735	6.55572	7.39635	9.39916	11.91818	26
27	3.73346	4.24440	4.82235	5.47570	6.21387	7.04739	7.98806	10.24508	13.10999	27
28	3.92013	4.47784	5.11169	5.83162	6.64884	7.57595	8.62711	11.16714	14.42099	28
29	4.11614	4.72412	5.41839	6.21067	7.11426	8.14414	9.31727	12.17218	15.86309	29
30	4.32194	4.98395	5.74349	6.61437	7.61226	8.75496	10.06266	13.26768	17.44940	30
31	4.53804	5.25807	6.08810	7.04430	8.14511	9.41158	10.86767	14.46177	19.19434	31
32	4.76494	5.54726	6.45339	7.50218	8.71527	10.11745	11.73708	15.76333	21.11378	32
33	5.00319	5.85236	6.84059	7.98982	9.32534	10.87625	12.67605	17.18203	23.22515	33
34	5.25335	6.17424	7.25103	8.50916	9.97811	11.69197	13.69013	18.72841	25.54767	34
35	5.51602	6.51383	7.68609	9.06225	10.67658	12.56887	14.78534	20.41397	28.10244	35
36	5.79182	6.87209	8.14725	9.65130	11.42394	13.51154	15.96817	22.25123	30.91268	36
37	6.08141	7.25005	8.63609	10.27864	12.22362	14.52490	17.24563	24.25384	34.00395	37
38	6.38548	7.64880	9.15425	10.94675	13.07927	15.61427	18.62528	26.43668	37.40434	38
39	6.70475	8.06949	9.70351	11.65829	13.99482	16.78534	20.11530	28.81598	41.14478	39
40	7.03999	8.51331	10.28572	12.41607	14.97446	18.04424	21.72452	31.40942	45.25926	40
41	7.39199	8.98154	10.90286	13.22312	16.02267	19.39756	23.46248	34.23627	49.78518	41
42	7.76159	9.47553	11.55703	14.08262	17.14426	20.85237	25.33948	37.31753	54.76370	42
43	8.14967	9.99668	12.25045	14.99799	18.34435	22.41630	27.36664	40.67611	60.24007	43
44	8.55715	10.54650	12.98548	15.97286	19.62846	24.09752	29.55597	44.33696	66.26408	44
45	8.98501	11.12655	13.76461	17.01110	21.00245	25.90484	31.92045	48.32729	72.89048	45
46	9.43426	11.73851	14.59049	18.11682	22.47262	27.84770	34.47409	52.67674	80.17953	46
47	9.90597	12.38413	15.46592	19.29441	24.04571	29.93628	37.23201	57.41765	88.19749	47
48	10.4013	13.06526	16.39387	20.54855	25.72891	32.18150	40.21057	62.58524	97.01723	48
49	10.9213	13.78385	17.37750	21.88421	27.52993	34.59511	43.42742	68.21791	106.7190	49
50	11.4674	14.54196	18.42015	23.30668	29.45703	37.18975	46.90161	74.35752	117.3909	50

표 1 ₩1의 미래가치표

n	11%	12%	13%	14%	15%	16%	17%	18%	19%	n
1	1.11000	1.12000	1.13000	1.14000	1.15000	1.16000	1.17000	1.18000	1.19000	1
2	1.23210	1.25440	1.27690	1.29960	1.32250	1.34560	1.36890	1.39240	1.41610	2
3	1.36763	1.40493	1.44290	1.48154	1.52087	1.56090	1.60161	1.64303	1.68516	3
4	1.51807	1.57352	1.63047	1.68896	1.74901	1.81064	1.87389	1.93878	2.00534	4
5	1.68506	1.76234	1.84244	1.92541	2.01136	2.10034	2.19245	2.28776	2.38635	5
6	1.87041	1.97382	2.08195	2.19497	2.31306	2.43640	2.56516	2.69955	2.83976	6
7	2.07616	2.21068	2.35261	2.50227	2.66002	2.82622	3.00124	3.18547	3.37932	7
8	2.30454	2.47596	2.65844	2.85259	3.05902	3.27841	3.51145	3.75886	4.02139	8
9	2.55804	2.77308	3.00404	3.25195	3.51788	3.80296	4.10840	4.43545	4.78545	9
10	2.83942	3.10585	3.39457	3.70722	4.04556	4.41144	4.80683	5.23384	5.69468	10
11	3.15176	3.47855	3.83586	4.22623	4.65239	5.11726	5.62399	6.17593	6.77667	11
12	3.49845	3.89598	4.33452	4.81790	5.35025	5.93603	6.58007	7.28759	8.06424	12
13	3.88328	4.36349	4.89801	5.49241	6.15279	6.88579	7.69868	8.59936	9.59645	13
14	4.31044	4.88711	5.53475	6.26135	7.07571	7.98752	9.00745	10.14724	11.41977	14
15	4.78459	5.47357	6.25427	7.13794	8.13706	9.26552	10.53872	11.97375	13.58953	15
16	5.31089	6.13039	7.06733	8.13725	9.35762	10.74800	12.33030	14.12902	16.17154	16
17	5.89509	6.86604	7.98608	9.27646	10.76126	12.46768	14.42646	16.67225	19.24413	17
18	6.54355	7.68997	9.02427	10.57517	12.37545	14.46251	16.87895	19.67325	22.90052	18
19	7.26334	8.61276	10.19742	12.05569	14.23177	16.77652	19.74838	23.21444	27.25162	19
20	8.06231	9.64629	11.52309	13.74349	16.36654	19.46076	23.10560	27.39303	32.42942	20
21	8.94917	10.80385	13.02109	15.66758	18.82152	22.57448	27.03355	32.32378	38.59101	21
22	9.93357	12.10031	14.71383	17.86104	21.64475	26.18640	31.62925	38.14206	45.92331	22
23	11.02627	13.55235	16.62663	20.36158	24.89146	30.37622	37.00623	45.00763	54.64873	23
24	12.23916	15.17863	18.78809	23.21221	28.62518	35.23642	43.29729	53.10901	65.03199	24
25	13.58546	17.00006	21.23054	26.46192	32.91895	40.87424	50.65783	62.66863	77.38807	25
26	15.07986	19.04007	23.99051	30.16658	37.85680	47.41412	59.26966	73.94898	92.09181	26
27	16.73865	21.32488	27.10928	34.38991	43.53531	55.00038	69.34550	87.25980	109.5893	27
28	18.57990	23.88387	30.63349	39.20449	50.06561	63.80044	81.13423	102.9666	130.4112	28
29	20.62369	26.74993	34.61584	44.69312	57.57545	74.00851	94.92705	121.5005	155.1893	29
30	22.89230	29.95992	39.11590	50.95016	66.21177	85.84988	111.0647	143.3706	184.6753	30
31	25.41045	33.55511	44.20096	58.08318	76.14354	99.58586	129.9456	169.1774	219.7636	31
32	28.20560	37.58173	49.94709	66.21483	87.56507	115.5196	152.0364	199.6293	261.5187	32
33	31.30821	42.09153	56.44021	75.48490	100.6998	134.0027	177.8826	235.5626	311.2073	33
34	34.75212	47.14252	63.77744	86.05279	115.8048	155.4432	208.1226	277.9638	370.3366	34
35	38.57485	52.79962	72.06851	98.10018	133.1755	180.3141	243.5035	327.9973	440.7006	35
36	42.81808	59.13557	81.43741	111.8342	153.1519	209.1643	284.8991	387.0368	524.4337	36
37	47.52807	66.23184	92.02428	127.4910	176.1246	242.6306	333.3319	456.7034	624.0761	37
38	52.75616	74.17966	103.9874	145.3397	202.5433	281.4515	389.9983	538.9100	742.6506	38
39	58.55934	83.08122	117.5058	165.6873	232.9248	326.4838	456.2981	635.9139	883.7542	39
40	65.00087	93.05097	132.7816	188.8835	267.8636	378.7212	533.8687	750.3783	1052.668	40
41	72.15096	104.2171	150.0432	215.3272	308.0431	439.3165	624.6264	885.4465	1251.484	41
42	80.08757	116.7231	169.5488	245.4730	354.2495	509.6072	730.8129	1044.827	1489.266	42
43	88.89720	130.7299	191.5901	279.8392	407.3870	591.1443	855.0511	1232.896	1772.227	43
44	98.67589	146.4175	216.4968	319.0167	468.4950	685.7274	1000.410	1454.817	2108.950	44
45	109.5302	163.9876	244.6414	363.6791	538.7693	795.4438	1170.479	1716.684	2509.651	45
46	121.5786	183.6661	276.4448	414.5941	619.5847	922.7148	1369.461	2025.687	2986.484	46
47	134.9522	205.7061	312.3826	472.6373	712.5224	1070.349	1602.269	2390.311	3553.916	47
48	149.7970	230.3908	352.9923	538.8066	819.4007	1241.605	1874.655	2820.567	4229.160	48
49	166.2746	258.0377	398.8814	614.2395	942.3108	1440.262	2193.346	3328.269	5032.701	49
50	184.5648	289.0022	450.7359	700.2330	1083.657	1670.704	2566.215	3927.357	5988.914	50

표 1 계속

n	20%	21%	22%	23%	24%	25%	26%	28%	30%	n
1	1.20000	1.21000	1.22000	1.23000	1.24000	1.25000	1.26000	1.28000	1.30000	1
2	1.44000	1.46410	1.48840	1.51290	1.53760	1.56250	1.58760	1.63840	1.69000	2
3	1.72800	1.77156	1.81585	1.86087	1.90662	1.95312	2.00038	2.09715	2.19700	3
4	2.07360	2.14359	2.21533	2.28887	2.36421	2.44141	2.52047	2.68435	2.85610	4
5	2.48832	2.59374	2.70271	2.81531	2.93163	3.05176	3.17580	3.43597	3.71293	5
6	2.98598	3.13843	3.29730	3.46283	3.63522	3.81470	4.00150	4.39805	4.82681	6
7	3.58318	3.79750	4.02271	4.25928	4.50767	4.76837	5.04190	5.62950	6.27485	7
8	4.29982	4.59497	4.90771	5.23891	5.58951	5.96046	6.35279	7.20576	8.15731	8
9	5.15978	5.55992	5.98740	6.44386	6.93099	7.45058	8.00451	9.22337	10.60450	9
10	6.19174	6.72750	7.30463	7.92595	8.59443	9.31323	10.08569	11.80592	13.78585	10
11	7.43008	8.14027	8.91165	9.74891	10.65709	11.64153	12.70796	15.11157	17.92160	11
12	8.91610	9.84973	10.87221	11.99116	13.21479	14.55192	16.01204	19.34281	23.29809	12
13	10.69932	11.91818	13.26410	14.74913	16.38634	18.18989	20.17516	24.75880	30.28751	13
14	12.83918	14.42099	16.18220	18.14143	20.31906	22.73737	25.42071	31.69127	39.37376	14
15	15.40702	17.44940	19.74229	22.31396	25.19563	28.42171	32.03009	40.56482	51.18589	15
16	18.48843	21.11378	24.08559	27.44617	31.24259	35.52714	40.35792	51.92297	66.54166	16
17	22.18611	25.54767	29.38442	33.75879	38.74081	44.40892	50.85097	66.46140	86.50416	17
18	26.62333	30.91268	35.84899	41.52331	48.03860	55.51115	64.07223	85.07059	112.4554	18
19	31.94800	37.40434	43.73577	51.07368	59.56786	69.38894	80.73100	108.8904	146.1920	19
20	38.33760	45.25926	53.35764	62.82062	73.86415	86.73617	101.7211	139.3797	190.0496	20
21	46.00512	54.76370	65.09632	77.26936	91.59155	108.4202	128.1685	178.4060	247.0645	21
22	55.20614	66.26408	79.41751	95.04132	113.5735	135.5253	161.4924	228.3596	321.1839	22
23	66.24737	80.17953	96.88936	116.9008	140.8312	169.4066	203.4804	292.3003	417.5391	23
24	79.49685	97.01723	118.2050	143.7880	174.6306	211.7582	256.3853	374.1444	542.8008	24
25	95.39622	117.3909	144.2101	176.8593	216.5420	264.6978	323.0455	478.9049	705.6410	25
26	114.4755	142.0429	175.9364	217.5369	268.5121	330.8723	407.0373	612.9982	917.3333	26
27	137.3706	171.8719	214.6424	267.5704	332.9550	413.5903	512.8670	784.6377	1192.533	27
28	164.8447	207.9651	261.8637	329.1116	412.8642	516.9879	646.2124	1004.336	1550.293	28
29	197.8136	251.6377	319.4737	404.8072	511.9516	646.2349	814.2276	1285.550	2015.381	29
30	237.3763	304.4816	389.7579	497.9129	634.8199	807.7936	1025.927	1645.505	2619.996	30
31	284.8516	368.4228	475.5046	612.4328	787.1767	1009.742	1292.668	2106.246	3405.994	31
32	341.8219	445.7916	580.1157	753.2924	976.0991	1262.177	1628.761	2695.995	4427.793	32
33	410.1863	539.4078	707.7411	926.5496	1210.363	1577.722	2052.239	3450.873	5756.130	33
34	492.2235	652.6834	863.4441	1139.656	1500.850	1972.152	2585.821	4417.118	7482.970	34
35	590.6682	789.7470	1053.402	1401.777	1861.054	2465.190	3258.135	5653.911	9727.860	35
36	708.8019	955.5938	1285.150	1724.186	2307.707	3081.488	4105.250	7237.006	12646.22	36
37	850.5623	1156.269	1567.883	2120.748	2861.557	3851.860	5172.615	9263.367	16440.08	37
38	1020.675	1399.085	1912.818	2608.520	3548.330	4814.825	6517.495	11857.11	21372.11	38
39	1224.810	1692.893	2333.638	3208.480	4399.930	6018.531	8212.044	15177.10	27783.74	39
40	1469.772	2048.400	2847.038	3946.430	5455.913	7523.164	10347.18	19426.69	36118.86	40
41	1763.726	2478.564	3473.386	4854.110	6765.336	9403.955	13037.44	24866.16	46954.52	41
42	2116.471	2999.063	4237.531	5970.555	8389.011	11754.94	16427.18	31828.69	61040.88	42
43	2539.765	3628.866	5169.788	7343.782	10402.37	14693.68	20698.24	40740.72	79353.15	43
44	3047.718	4390.928	6307.141	9032.852	12898.94	18367.10	26079.78	52148.12	103159.1	44
45	3657.262	5313.023	7694.712	11110.41	15994.69	22958.87	32860.53	66749.59	134106.8	45
46	4388.714	6428.757	9387.549	13665.80	19833.42	28698.59	41404.26	85439.48	174338.9	46
47	5266.457	7778.796	11452.81	16808.94	24593.44	35873.24	52169.37	109362.5	226640.5	47
48	6319.749	9412.344	13972.43	20674.99	30495.86	44841.55	65733.41	139984.0	294632.7	48
49	7583.698	11388.94	17046.36	25430.24	37814.87	56051.94	82824.10	179179.6	383022.5	49
50	9100.438	13780.61	20796.56	31279.20	46890.43	70064.92	104358.4	229349.9	497929.2	50

표 2 ₩1의 현재가치표

n	.5%	1%	1.5%	2%	2.5%	3%	3.5%	4%	4.5%	n
1	.99502	.99010	.98522	.98039	.97561	.97087	.96618	.96154	.95694	1
2	.99007	.98030	.97066	.96117	.95181	.94260	.93351	.92456	.91573	2
3	.98515	.97059	.95632	.94232	.92860	.91514	.90194	.88900	.87630	3
4	.98025	.96098	.94218	.92385	.90595	.88849	.87144	.85480	.83856	4
5	.97537	.95147	.92826	.90573	.88385	.86261	.84197	.82193	.80245	5
6	.97052	.94205	.91454	.88797	.86230	.83748	.81350	.79031	.76790	6
7	.96569	.93272	.90103	.87056	.84127	.81309	.78599	.75992	.73483	7
8	.96089	.92348	.88771	.85349	.82075	.78941	.75941	.73069	.70319	8
9	.95610	.91434	.87459	.83676	.80073	.76642	.73373	.70259	.67290	9
10	.95135	.90529	.86167	.82035	.78120	.74409	.70892	.67556	.64393	10
11	.94661	.89632	.84893	.80426	.76214	.72242	.68495	.64958	.61620	11
12	.94191	.88745	.83639	.78849	.74356	.70138	.66178	.62460	.58966	12
13	.93722	.87866	.82403	.77303	.72542	.68095	.63940	.60057	.56427	13
14	.93256	.86996	.81185	.75788	.70773	.66112	.61778	.57748	.53997	14
15	.92792	.86135	.79985	.74301	.69047	.64186	.59689	.55526	.51672	15
16	.92330	.85282	.78803	.72845	.67362	.62317	.57671	.53391	.49447	16
17	.91871	.84438	.77639	.71416	.65720	.60502	.55720	.51337	.47318	17
18	.91414	.83602	.76491	.70016	.64117	.58739	.53836	.49363	.45280	18
19	.90959	.82774	.75361	.68643	.62553	.57029	.52016	.47464	.43330	19
20	.90506	.81954	.74247	.67297	.61027	.55368	.50257	.45639	.41464	20
21	.90056	.81143	.73150	.65978	.59539	.53755	.48557	.43883	.39679	21
22	.89608	.80340	.72069	.64684	.58086	.52189	.46915	.42196	.37970	22
23	.89162	.79544	.71004	.63416	.56670	.50669	.45329	.40573	.36335	23
24	.88719	.78757	.69954	.62172	.55288	.49193	.43796	.39012	.34770	24
25	.88277	.77977	.68921	.60953	.53939	.47761	.42315	.37512	.33273	25
26	.87838	.77205	.67902	.59758	.52623	.46369	.40884	.36069	.31840	26
27	.87401	.76440	.66899	.58586	.51340	.45019	.39501	.34682	.30469	27
28	.86966	.75684	.65910	.57437	.50088	.43708	.38165	.33348	.29157	28
29	.86533	.74934	.64936	.56311	.48866	.42435	.36875	.32065	.27902	29
30	.86103	.74192	.63976	.55207	.47674	.41199	.35628	.30832	.26700	30
31	.85675	.73458	.63031	.54125	.46511	.39999	.34423	.29646	.25550	31
32	.85248	.72730	.62099	.53063	.45377	.38834	.33259	.28506	.24450	32
33	.84824	.72010	.61182	.52023	.44270	.37703	.32134	.27409	.23397	33
34	.84402	.71297	.60277	.51003	.43191	.36604	.31048	.26355	.22390	34
35	.83982	.70591	.59387	.50003	.42137	.35538	.29998	.25342	.21425	35
36	.83564	.69892	.58509	.49022	.41109	.34503	.28983	.24367	.20503	36
37	.83149	.69200	.57644	.48061	.40107	.33498	.28003	.23430	.19620	37
38	.82735	.68515	.56792	.47119	.39128	.32523	.27056	.22529	.18775	38
39	.82323	.67837	.55953	.46195	.38174	.31575	.26141	.21662	.17967	39
40	.81914	.67165	.55126	.45289	.37243	.30656	.25257	.20829	.17193	40
41	.81506	.66500	.54312	.44401	.36335	.29763	.24403	.20028	.16453	41
42	.81101	.65842	.53509	.43530	.35448	.28896	.23578	.19257	.15744	42
43	.80697	.65190	.52718	.42677	.34584	.28054	.22781	.18517	.15066	43
44	.80296	.64545	.51939	.41840	.33740	.27237	.22010	.17805	.14417	44
45	.79896	.63905	.51171	.41020	.32917	.26444	.21266	.17120	.13796	45
46	.79499	.63273	.50415	.40215	.32115	.25674	.20547	.16461	.13202	46
47	.79103	.62646	.49670	.39427	.31331	.24926	.19852	.15828	.12634	47
48	.78710	.62026	.48936	.38654	.30567	.24200	.19181	.15219	.12090	48
49	.78318	.61412	.48213	.37896	.29822	.23495	.18532	.14634	.11569	49
50	.77929	.60804	.47500	.37153	.29094	.22811	.17905	.14071	.11071	50

표 2 계속

n	5%	5.5%	6%	6.5%	7%	7.5%	8%	9%	10%	n
1	.95238	.94787	.94340	.93897	.93458	.93023	.92593	.91743	.90909	1
2	.90703	.89845	.89000	.88166	.87344	.86533	.85734	.84168	.82645	2
3	.86384	.85161	.83962	.82785	.81630	.80496	.79383	.77218	.75131	3
4	.82270	.80722	.79209	.77732	.76290	.74880	.73503	.70843	.68301	4
5	.78353	.76513	.74726	.72988	.71299	.69656	.68058	.64993	.62092	5
6	.74622	.72525	.70496	.68533	.66634	.64796	.63017	.59627	.56447	6
7	.71068	.68744	.66506	.64351	.62275	.60275	.58349	.54703	.51316	7
8	.67684	.65160	.62741	.60423	.58201	.56070	.54027	.50187	.46651	8
9	.64461	.61763	.59190	.56735	.54393	.52158	.50025	.46043	.42410	9
10	.61391	.58543	.55839	.53273	.50835	.48519	.46319	.42241	.38554	10
11	.58468	.55491	.52679	.50021	.47509	.45134	.42888	.38753	.35049	11
12	.55684	.52598	.49697	.46968	.44401	.41985	.39711	.35553	.31863	12
13	.53032	.49856	.46884	.44102	.41496	.39056	.36770	.32618	.28966	13
14	.50507	.47257	.44230	.41410	.38782	.36331	.34046	.29925	.26333	14
15	.48102	.44793	.41727	.38883	.36245	.33797	.31524	.27454	.23939	15
16	.45811	.42458	.39365	.36510	.33873	.31439	.29189	.25187	.21763	16
17	.43630	.40245	.37136	.34281	.31657	.29245	.27027	.23107	.19784	17
18	.41552	.38147	.35034	.32189	.29586	.27205	.25025	.21199	.17986	18
19	.39573	.36158	.33051	.30224	.27651	.25307	.23171	.19449	.16351	19
20	.37689	.34273	.31180	.28380	.25842	.23541	.21455	.17843	.14864	20
21	.35894	.32486	.29416	.26648	.24151	.21899	.19866	.16370	.13513	21
22	.34185	.30793	.27751	.25021	.22571	.20371	.18394	.15018	.12285	22
23	.32557	.29187	.26180	.23494	.21095	.18950	.17032	.13778	.11168	23
24	.31007	.27666	.24698	.22060	.19715	.17628	.15770	.12640	.10153	24
25	.29530	.26223	.23300	.20714	.18425	.16398	.14602	.11597	.09230	25
26	.28124	.24856	.21981	.19450	.17220	.15254	.13520	.10639	.08391	26
27	.26785	.23560	.20737	.18263	.16093	.14190	.12519	.09761	.07628	27
28	.25509	.22332	.19563	.17148	.15040	.13200	.11591	.08955	.06934	28
29	.24295	.21168	.18456	.16101	.14056	.12279	.10733	.08215	.06304	29
30	.23138	.20064	.17411	.15119	.13137	.11422	.09938	.07537	.05731	30
31	.22036	.19018	.16425	.14196	.12277	.10625	.09202	.06915	.05210	31
32	.20987	.18027	.15496	.13329	.11474	.09884	.08520	.06344	.04736	32
33	.19987	.17087	.14619	.12516	.10723	.09194	.07889	.05820	.04306	33
34	.19035	.16196	.13791	.11752	.10022	.08553	.07305	.05339	.03914	34
35	.18129	.15352	.13011	.11035	.09366	.07956	.06763	.04899	.03558	35
36	.17266	.14552	.12274	.10361	.08754	.07401	.06262	.04494	.03235	36
37	.16444	.13793	.11579	.09729	.08181	.06885	.05799	.04123	.02941	37
38	.15661	.13074	.10924	.09135	.07646	.06404	.05369	.03783	.02673	38
39	.14915	.12392	.10306	.08578	.07146	.05958	.04971	.03470	.02430	39
40	.14205	.11746	.09722	.08054	.06678	.05542	.04603	.03184	.02209	40
41	.13528	.11134	.09172	.07563	.06241	.05155	.04262	.02921	.02009	41
42	.12884	.10554	.08653	.07101	.05833	.04796	.03946	.02680	.01826	42
43	.12270	.10003	.08163	.06668	.05451	.04461	.03654	.02458	.01660	43
44	.11686	.09482	.07701	.06261	.05095	.04150	.03383	.02255	.01509	44
45	.11130	.08988	.07265	.05879	.04761	.03860	.03133	.02069	.01372	45
46	.10600	.08519	.06854	.05520	.04450	.03591	.02901	.01898	.01247	46
47	.10095	.08075	.06466	.05183	.04159	.03340	.02686	.01742	.01134	47
48	.09614	.07654	.06100	.04867	.03887	.03107	.02487	.01598	.01031	48
49	.09156	.07255	.05755	.04570	.03632	.02891	.02303	.01466	.00937	49
50	.08720	.06877	.05429	.04291	.03395	.02689	.02132	.01345	.00852	50

표 2 ₩1의 현재가치표

n	11%	12%	13%	14%	15%	16%	17%	18%	19%	*n*
1	.90090	.89286	.88496	.87719	.86957	.86207	.85470	.84746	.84034	1
2	.81162	.79719	.78315	.76947	.75614	.74316	.73051	.71818	.70616	2
3	.73119	.71178	.69305	.67497	.65752	.64066	.62437	.60863	.59342	3
4	.65873	.63552	.61332	.59208	.57175	.55229	.53365	.51579	.49867	4
5	.59345	.56743	.54276	.51937	.49718	.47611	.45611	.43711	.41905	5
6	.53464	.50663	.48032	.45559	.43233	.41044	.38984	.37043	.35214	6
7	.48166	.45235	.42506	.39964	.37594	.35383	.33320	.31393	.29592	7
8	.43393	.40388	.37616	.35056	.32690	.30503	.28478	.26604	.24867	8
9	.39092	.36061	.33288	.30751	.28426	.26295	.24340	.22546	.20897	9
10	.35218	.32197	.29459	.26974	.24718	.22668	.20804	.19106	.17560	10
11	.31728	.28748	.26070	.23662	.21494	.19542	.17781	.16192	.14757	11
12	.28584	.25668	.23071	.20756	.18691	.16846	.15197	.13722	.12400	12
13	.25751	.22917	.20416	.18207	.16253	.14523	.12989	.11629	.10421	13
14	.23199	.20462	.18068	.15971	.14133	.12520	.11102	.09855	.08757	14
15	.20900	.18270	.15989	.14010	.12289	.10793	.09489	.08352	.07359	15
16	.18829	.16312	.14150	.12289	.10686	.09304	.08110	.07078	.06184	16
17	.16963	.14564	.12522	.10780	.09293	.08021	.06932	.05998	.05196	17
18	.15282	.13004	.11081	.09456	.08081	.06914	.05925	.05083	.04367	18
19	.13768	.11611	.09806	.08295	.07027	.05961	.05064	.04308	.03670	19
20	.12403	.10367	.08678	.07276	.06110	.05139	.04328	.03651	.03084	20
21	.11174	.09256	.07680	.06383	.05313	.04430	.03699	.03094	.02591	21
22	.10067	.08264	.06796	.05599	.04620	.03819	.03162	.02622	.02178	22
23	.09069	.07379	.06014	.04911	.04017	.03292	.02702	.02222	.01830	23
24	.08170	.06588	.05323	.04308	.03493	.02838	.02310	.01883	.01538	24
25	.07361	.05882	.04710	.03779	.03038	.02447	.01974	.01596	.01292	25
26	.06631	.05252	.04168	.03315	.02642	.02109	.01687	.01352	.01086	26
27	.05974	.04689	.03689	.02908	.02297	.01818	.01442	.01146	.00912	27
28	.05382	.04187	.03264	.02551	.01997	.01567	.01233	.00971	.00767	28
29	.04849	.03738	.02889	.02237	.01737	.01351	.01053	.00823	.00644	29
30	.04368	.03338	.02557	.01963	.01510	.01165	.00900	.00697	.00541	30
31	.03935	.02980	.02262	.01722	.01313	.01004	.00770	.00591	.00455	31
32	.03545	.02661	.02002	.01510	.01142	.00866	.00658	.00501	.00382	32
33	.03194	.02376	.01772	.01325	.00993	.00746	.00562	.00425	.00321	33
34	.02878	.02121	.01568	.01162	.00864	.00643	.00480	.00360	.00270	34
35	.02592	.01894	.01388	.01019	.00751	.00555	.00411	.00305	.00227	35
36	.02335	.01691	.01228	.00894	.00653	.00478	.00351	.00258	.00191	36
37	.02104	.01510	.01087	.00784	.00568	.00412	.00300	.00219	.00160	37
38	.01896	.01348	.00962	.00688	.00494	.00355	.00256	.00186	.00135	38
39	.01708	.01204	.00851	.00604	.00429	.00306	.00219	.00157	.00113	39
40	.01538	.01075	.00753	.00529	.00373	.00264	.00187	.00133	.00095	40
41	.01386	.00960	.00666	.00464	.00325	.00228	.00160	.00113	.00080	41
42	.01249	.00857	.00590	.00407	.00282	.00196	.00137	.00096	.00067	42
43	.01125	.00765	.00522	.00357	.00245	.00169	.00117	.00081	.00056	43
44	.01013	.00683	.00462	.00313	.00213	.00146	.00100	.00069	.00047	44
45	.00913	.00610	.00409	.00275	.00186	.00126	.00085	.00058	.00040	45
46	.00823	.00544	.00362	.00241	.00161	.00108	.00073	.00049	.00033	46
47	.00741	.00486	.00320	.00212	.00140	.00093	.00062	.00042	.00028	47
48	.00668	.00434	.00283	.00186	.00122	.00081	.00053	.00035	.00024	48
49	.00601	.00388	.00251	.00163	.00106	.00069	.00046	.00030	.00020	49
50	.00542	.00346	.00222	.00143	.00092	.00060	.00039	.00025	.00017	50

표 2 계속

n	20%	21%	22%	23%	24%	25%	26%	28%	30%	n
1	.83333	.82645	.81967	.81301	.80645	.80000	.79365	.78125	.76923	1
2	.69444	.68301	.67186	.66098	.65036	.64000	.62988	.61035	.59172	2
3	.57870	.56447	.55071	.53738	.52449	.51200	.49991	.47684	.45517	3
4	.48225	.46651	.45140	.43690	.42297	.40960	.39675	.37253	.35013	4
5	.40188	.38554	.37000	.35520	.34111	.32768	.31488	.29104	.26933	5
6	.33490	.31863	.30328	.28878	.27509	.26214	.24991	.22737	.20718	6
7	.27908	.26333	.24859	.23478	.22184	.20972	.19834	.17764	.15937	7
8	.23257	.21763	.20376	.19088	.17891	.16777	.15741	.13878	.12259	8
9	.19381	.17986	.16702	.15519	.14428	.13422	.12493	.10842	.09430	9
10	.16151	.14864	.13690	.12617	.11635	.10737	.09915	.08470	.07254	10
11	.13459	.12285	.11221	.10258	.09383	.08590	.07869	.06617	.05580	11
12	.11216	.10153	.09198	.08339	.07567	.06872	.06245	.05170	.04292	12
13	.09346	.08391	.07539	.06780	.06103	.05498	.04957	.04039	.03302	13
14	.07789	.06934	.06180	.05512	.04921	.04398	.03934	.03155	.02540	14
15	.06491	.05731	.05065	.04481	.03969	.03518	.03122	.02465	.01954	15
16	.05409	.04736	.04152	.03643	.03201	.02815	.02478	.01926	.01503	16
17	.04507	.03914	.03403	.02962	.02581	.02252	.01967	.01505	.01156	17
18	.03756	.03235	.02789	.02408	.02082	.01801	.01561	.01175	.00889	18
19	.03130	.02673	.02286	.01958	.01679	.01441	.01239	.00918	.00684	19
20	.02608	.02209	.01874	.01592	.01354	.01153	.00983	.00717	.00526	20
21	.02174	.01826	.01536	.01294	.01092	.00922	.00780	.00561	.00405	21
22	.01811	.01509	.01259	.01052	.00880	.00738	.00619	.00438	.00311	22
23	.01509	.01247	.01032	.00855	.00710	.00590	.00491	.00342	.00239	23
24	.01258	.01031	.00846	.00695	.00573	.00472	.00390	.00267	.00184	24
25	.01048	.00852	.00693	.00565	.00462	.00378	.00310	.00209	.00142	25
26	.00874	.00704	.00568	.00460	.00372	.00302	.00246	.00163	.00109	26
27	.00728	.00582	.00466	.00374	.00300	.00242	.00195	.00127	.00084	27
28	.00607	.00481	.00382	.00304	.00242	.00193	.00155	.00100	.00065	28
29	.00506	.00397	.00313	.00247	.00195	.00155	.00123	.00078	.00050	29
30	.00421	.00328	.00257	.00201	.00158	.00124	.00097	.00061	.00038	30
31	.00351	.00271	.00210	.00163	.00127	.00099	.00077	.00047	.00029	31
32	.00293	.00224	.00172	.00133	.00102	.00079	.00061	.00037	.00023	32
33	.00244	.00185	.00141	.00108	.00083	.00063	.00049	.00029	.00017	33
34	.00203	.00153	.00116	.00088	.00067	.00051	.00039	.00023	.00013	34
35	.00169	.00127	.00095	.00071	.00054	.00041	.00031	.00018	.00010	35
36	.00141	.00105	.00078	.00058	.00043	.00032	.00024	.00014	.00008	36
37	.00118	.00086	.00064	.00047	.00035	.00026	.00019	.00011	.00006	37
38	.00098	.00071	.00052	.00038	.00028	.00021	.00015	.00008	.00005	38
39	.00082	.00059	.00043	.00031	.00023	.00017	.00012	.00007	.00004	39
40	.00068	.00049	.00035	.00025	.00018	.00013	.00010	.00005	.00003	40
41	.00057	.00040	.00029	.00021	.00015	.00011	.00008	.00004	.00002	41
42	.00047	.00033	.00024	.00017	.00012	.00009	.00006	.00003	.00002	42
43	.00039	.00028	.00019	.00014	.00010	.00007	.00005	.00002	.00001	43
44	.00033	.00023	.00016	.00011	.00008	.00005	.00004	.00002	.00001	44
45	.00027	.00019	.00013	.00009	.00006	.00004	.00003	.00001	.00001	45
46	.00023	.00016	.00011	.00007	.00005	.00003	.00002	.00001	.00001	46
47	.00019	.00013	.00009	.00006	.00004	.00003	.00002	.00001	.00000	47
48	.00016	.00011	.00007	.00005	.00003	.00002	.00002	.00001	.00000	48
49	.00013	.00009	.00006	.00004	.00003	.00002	.00001	.00001	.00000	49
50	.00011	.00007	.00005	.00003	.00002	.00001	.00001	.00000	.00000	50

표 3 정상연금 ₩1의 미래가치표

n	.5%	1%	1.5%	2%	2.5%	3%	3.5%	4%	4.5%	*n*
1	1.00000	1.00000	1.00000	1.00000	1.00000	1.00000	1.00000	1.00000	1.00000	1
2	2.00500	2.01000	2.01500	2.02000	2.02500	2.03000	2.03500	2.04000	2.04500	2
3	3.01503	3.03010	3.04523	3.06040	3.07562	3.09090	3.10623	3.12160	3.13703	3
4	4.03010	4.06040	4.09090	4.12161	4.15252	4.18363	4.21494	4.24646	4.27819	4
5	5.05025	5.10101	5.15227	5.20404	5.25633	5.30914	5.36247	5.41632	5.47071	5
6	6.07550	6.15202	6.22955	6.30812	6.38774	6.46841	6.55015	6.63298	6.71689	6
7	7.10588	7.21354	7.32299	7.43428	7.54743	7.66246	7.77941	7.89829	8.01915	7
8	8.14141	8.28567	8.43284	8.58297	8.73612	8.89234	9.05169	9.21423	9.38001	8
9	9.18212	9.36853	9.55933	9.75463	9.95452	10.15911	10.36850	10.58280	10.80211	9
10	10.22803	10.46221	10.70272	10.94972	11.20338	11.46388	11.73139	12.00611	12.28821	10
11	11.27917	11.56683	11.86326	12.16872	12.48347	12.80780	13.14199	13.48635	13.84118	11
12	12.33556	12.68250	13.04121	13.41209	13.79555	14.19203	14.60196	15.02581	15.46403	12
13	13.39724	13.80933	14.23683	14.68033	15.14044	15.61779	16.11303	16.62684	17.15991	13
14	14.46423	14.94742	15.45038	15.97394	16.51859	17.08632	17.67699	18.29191	18.93211	14
15	15.53655	16.09690	16.68214	17.29342	17.93193	18.59891	19.29568	20.02359	20.78405	15
16	16.61423	19.25786	17.93237	18.63929	19.38022	20.15688	20.97103	21.82453	22.71934	16
17	17.69730	18.43044	19.20136	20.01207	20.86473	21.76159	22.70502	23.69751	24.74171	17
18	18.78579	19.61475	20.48938	21.41231	22.38635	23.41444	24.49969	25.64541	26.85508	18
19	19.87972	20.81090	21.79672	22.84056	23.94601	25.11687	26.35718	27.67123	29.06356	19
20	20.97912	22.01900	23.12367	24.29737	25.54466	26.87037	28.27968	29.77808	31.37142	20
21	22.08401	23.23919	24.47052	25.78332	27.18327	28.67649	30.26947	31.96920	33.78314	21
22	23.19443	24.47159	25.83758	27.29898	28.86286	30.53678	32.32890	34.24797	36.30338	22
23	24.31040	25.71630	27.22514	28.84496	30.58443	32.45288	34.46041	36.61789	38.93703	23
24	25.43196	26.97346	28.63352	30.42186	32.34904	34.42647	36.66653	39.08260	41.68920	24
25	26.55912	28.24320	30.06302	32.03030	34.15776	36.45926	38.94986	41.64591	44.56521	25
26	27.69191	29.52563	31.51397	33.67091	36.01171	38.55304	41.31310	44.31174	47.57064	26
27	28.83037	30.82089	32.98668	35.34432	37.91200	40.70963	43.75906	47.08421	50.71132	27
28	29.97452	32.12910	34.48148	37.05121	39.85980	42.93092	46.29063	49.96758	53.99333	28
29	31.12439	33.45039	35.99870	38.79223	41.85630	45.21885	48.91080	52.96629	57.42303	29
30	32.28002	34.78489	37.53868	40.56808	43.90270	47.57542	51.62268	56.08494	61.00707	30
31	33.44142	36.13274	39.10176	42.37944	46.00027	50.00268	54.42947	59.32834	64.75239	31
32	34.60862	37.49407	40.68829	44.22703	48.15028	52.50276	57.33450	62.70147	68.66625	32
33	35.78167	38.86901	42.29861	46.11157	50.35403	55.07784	60.34121	66.20953	72.75623	33
34	36.96058	40.25770	43.93309	48.03380	52.61289	57.73018	63.45315	69.85791	77.03026	34
35	38.14538	41.66028	45.59209	49.99448	54.92821	60.46208	66.67401	73.65222	81.49662	35
36	39.33610	43.07688	47.27597	51.99437	57.30141	63.27594	70.00760	77.59831	86.16397	36
37	40.53279	44.50765	48.98511	54.03425	59.73395	66.17422	73.45787	81.70225	91.04134	37
38	41.73545	45.95272	50.71989	56.11494	62.22730	69.15945	77.02889	85.97034	96.13820	38
39	42.94413	47.41225	52.48068	58.23724	64.78298	72.23423	80.72491	90.40915	101.4644	39
40	44.15885	48.88637	54.26789	60.40198	67.40255	75.40126	84.55028	95.02552	107.0303	40
41	45.37964	50.37524	56.08191	62.61002	70.08762	78.66330	88.50954	99.82654	112.8467	41
42	46.60654	51.87899	57.92314	64.86222	72.83981	82.02320	92.60737	104.8196	118.9248	42
43	47.83957	53.39778	59.79199	67.15947	75.66080	85.48389	96.84863	110.0124	125.2764	43
44	49.07877	54.93176	61.68887	69.50266	78.55232	89.04841	101.2383	115.4129	131.9138	44
45	50.32416	56.48107	63.61420	71.89271	81.51613	92.71986	105.7817	121.0294	138.8500	45
46	51.57578	58.04589	65.56841	74.33056	84.55403	96.50146	110.4840	126.8706	146.0982	46
47	52.83366	59.62634	67.55194	76.81718	87.66789	100.3965	115.3510	132.9454	153.6726	47
48	54.09783	61.22261	69.56522	79.35352	90.85958	104.4084	120.3883	139.2632	161.5879	48
49	55.36832	62.83483	71.60870	81.94059	94.13107	108.5407	125.6019	145.8337	169.8594	49
50	56.64516	64.46318	73.68283	84.57940	97.48435	112.7969	130.9979	152.6671	178.5030	50

표 3 계속

n	5%	5.5%	6%	6.5%	7%	7.5%	8%	9%	10%	n
1	1.00000	1.00000	1.00000	1.00000	1.00000	1.00000	1.00000	1.00000	1.00000	1
2	2.05000	2.05500	2.06000	2.06500	2.07000	2.07500	2.08000	2.09000	2.10000	2
3	3.15250	3.16802	3.18360	3.19923	3.21490	3.23063	3.24640	3.27810	3.31000	3
4	4.31013	4.34227	4.37462	4.40717	4.43994	4.47292	4.50611	4.57313	4.64100	4
5	5.52563	5.58109	5.63709	5.69364	5.75074	5.80839	5.86660	5.98471	6.10510	5
6	6.80191	6.88805	6.97532	7.06373	7.15329	7.24402	7.33593	7.52333	7.71561	6
7	8.14201	8.26689	8.39384	8.52287	8.65402	8.78732	8.92280	9.20043	9.48717	7
8	9.54911	9.72157	9.89747	10.07686	10.25980	10.44637	10.63663	11.02847	11.43589	8
9	11.02656	11.25626	11.49132	11.73185	11.97799	12.22985	12.48756	13.02104	13.57948	9
10	12.57789	12.87535	13.18079	13.49442	13.81645	14.14709	14.48656	15.19293	15.93742	10
11	14.20679	14.58350	14.97164	15.37156	15.78360	16.20812	16.64549	17.56029	18.53117	11
12	15.91713	16.38559	16.86994	17.37071	17.88845	18.42373	18.97713	20.14072	21.38428	12
13	17.71298	18.28680	18.88214	19.49981	20.14064	20.80551	21.49530	22.95338	24.52271	13
14	19.59863	20.29257	21.01507	21.76730	22.55049	23.36592	24.21492	26.01919	27.97498	14
15	21.57856	22.40866	23.27597	24.18217	25.12902	26.11836	27.15211	29.36092	31.77248	15
16	23.65749	24.64114	25.67253	26.75401	27.88805	29.07724	30.32428	33.00340	35.94973	16
17	25.84037	26.99640	28.21288	29.49302	30.84022	32.25804	33.75023	36.97370	40.54470	17
18	28.13238	29.48120	30.90565	32.41007	33.99903	35.67739	37.45024	41.30134	45.59917	18
19	30.53900	32.10267	33.75999	35.51672	37.37896	39.35319	41.44626	46.01846	51.15909	19
20	33.06595	34.86832	36.78559	38.82531	40.99549	43.30468	45.76196	51.16012	57.27500	20
21	35.71925	37.78608	39.99273	42.34895	44.86518	47.55253	50.42292	56.76453	64.00250	21
22	38.50521	40.86431	43.39229	46.10164	49.00574	52.11897	55.45676	62.87334	71.40275	22
23	41.43048	44.11185	46.99583	50.09824	53.43614	57.02790	60.89330	69.53194	79.54302	23
24	44.50200	47.53800	50.81558	54.35463	58.17667	62.30499	66.76476	76.78981	88.49733	24
25	47.72710	51.15259	54.86451	58.88768	63.24904	67.97786	73.10594	84.70090	98.34706	25
26	51.11345	54.96598	59.15638	63.71538	68.67647	74.07620	79.95442	93.32398	109.1818	26
27	54.66913	58.98911	63.70577	68.85688	74.48382	80.63192	87.35077	102.7231	121.0999	27
28	58.40258	63.23351	68.52811	74.33257	80.69769	87.67931	95.33883	112.9682	134.2099	28
29	62.32271	67.71135	73.63980	80.16419	87.34653	95.25526	103.9659	124.1354	148.6309	29
30	66.43885	72.43548	79.05819	86.37486	94.46079	103.3994	113.2832	136.3075	164.4940	30
31	70.76079	77.41943	84.80168	92.98923	102.0730	112.1544	123.3459	149.5752	181.9434	31
32	75.29883	82.67750	90.88978	100.0335	110.2182	121.5659	134.2135	164.0370	201.1378	32
33	80.06377	88.22476	97.34316	107.5357	118.9334	131.6834	145.9506	179.8003	222.2515	33
34	85.06696	94.07712	104.1838	115.5255	128.2588	142.5596	158.6267	196.9823	245.4767	34
35	90.32031	100.2514	111.4348	124.0347	138.2369	154.2516	172.3168	215.7108	271.0244	35
36	95.83632	106.7652	119.1209	133.0970	148.9135	166.8205	187.1022	236.1247	299.1268	36
37	101.6281	113.6373	127.2681	142.7483	160.3374	180.3320	203.0703	258.3760	330.0395	37
38	107.7096	120.8873	135.9042	153.0269	172.5610	194.8569	220.3160	282.6298	364.0434	38
39	114.0950	128.5361	145.0585	163.9736	185.6403	210.4712	238.9412	309.0665	401.4478	39
40	120.7998	136.6056	154.7620	175.6319	199.6351	227.2565	259.0565	337.8825	442.5926	40
41	127.8398	145.1189	165.0477	188.0480	214.6096	245.3008	280.7810	369.2919	487.8518	41
42	135.2318	154.1005	175.9505	201.2711	230.6322	264.6983	304.2435	403.5281	537.6370	42
43	142.9933	163.5760	187.5076	215.3537	247.7765	285.5507	329.5830	440.8457	592.4007	43
44	151.1430	173.5727	199.7580	230.3517	266.1209	307.9670	356.9497	481.5218	652.6408	44
45	159.7002	184.1192	212.7435	246.3246	285.7493	332.0645	386.5056	525.8587	718.9048	45
46	168.6852	195.2457	226.5081	263.3357	306.7518	357.9694	418.4261	574.1860	791.7953	46
47	178.1194	206.9842	241.0986	281.4525	329.2244	385.8171	452.9002	626.8628	871.9749	47
48	188.0254	219.3684	256.5645	300.7469	353.2701	415.7533	490.1322	684.2804	960.1723	48
49	198.4267	232.4336	272.9584	321.2955	378.9990	447.9348	530.3427	746.8657	1057.190	49
50	209.3480	246.2175	290.3359	343.1797	406.5289	482.5300	573.7702	815.0836	1163.909	50

표 3 정상연금 ₩1의 미래가치표

n	11%	12%	13%	14%	15%	16%	17%	18%	19%	n
1	1.00000	1.00000	1.00000	1.00000	1.00000	1.00000	1.00000	1.00000	1.00000	1
2	2.11000	2.12000	2.13000	2.14000	2.15000	2.16000	2.17000	2.18000	2.19000	2
3	3.34210	3.37440	3.40690	3.43960	3.47250	3.50560	3.53890	3.57240	3.60610	3
4	4.70973	4.77933	4.84980	4.92114	4.99337	5.06650	5.14051	5.21543	5.29126	4
5	6.22780	6.35285	6.48027	6.61010	6.74238	6.87714	7.01440	7.15421	7.29660	5
6	7.91286	8.11519	8.32271	8.53552	8.75374	8.97748	9.20685	9.44197	9.68295	6
7	9.78327	10.08901	10.40466	10.73049	11.06680	11.41387	11.77201	12.14152	12.52271	7
8	11.85943	12.29969	12.75726	13.23276	13.72682	14.24009	14.77325	15.32700	15.90203	8
9	14.16397	14.77566	15.41571	16.08535	16.78584	17.51851	18.28471	19.08585	19.92341	9
10	16.72201	17.54874	18.41975	19.33730	20.30372	21.32147	22.39311	23.52131	24.70886	10
11	19.56143	20.65458	21.81432	23.04452	24.34928	25.73290	27.19994	28.75514	30.40355	11
12	22.71319	24.13313	25.65018	27.27075	29.00167	30.85017	32.82393	34.93107	37.18022	12
13	26.21164	28.02911	29.98470	32.08865	34.35192	36.78620	39.40399	42.21866	45.24446	13
14	30.09492	32.39260	34.88271	37.58107	40.50471	43.67199	47.10267	50.81802	54.84091	14
15	34.40536	37.27971	40.41746	43.84241	47.58041	51.65951	56.11013	60.96527	66.26068	15
16	39.18995	42.75328	46.67173	50.98035	55.71747	60.92503	66.64885	72.93901	79.85021	16
17	44.50084	48.88367	53.73906	59.11760	65.07509	71.67303	78.97915	87.06804	96.02175	17
18	50.39594	55.74971	61.72514	68.39407	75.83636	84.14072	93.40561	103.7403	115.2659	18
19	56.93949	63.43968	70.74941	78.96923	88.21181	98.60323	110.2846	123.4135	138.1664	19
20	64.20283	72.05244	80.94683	91.02493	102.4436	115.3798	130.0329	146.6280	165.4180	20
21	72.26514	81.69874	92.46992	104.7684	118.8101	134.8405	153.1385	174.0210	197.8474	21
22	81.21431	92.50258	105.4910	120.4360	137.6316	157.4150	180.1721	206.3448	236.4385	22
23	91.14788	104.6029	120.2048	138.2970	159.2764	183.6014	211.8013	244.4869	282.3618	23
24	102.1742	118.1552	136.8315	158.6586	184.1678	213.9776	248.8076	289.4945	337.0105	24
25	114.4133	133.3339	155.6196	181.8708	212.7930	249.2140	292.1049	342.6035	402.0425	25
26	127.9988	150.3339	176.8501	208.3327	245.7120	290.0883	342.7627	405.2721	479.4306	26
27	143.0786	169.3740	200.8406	238.4993	283.5688	337.5024	402.0323	479.2211	571.5224	27
28	159.8173	190.6989	227.9499	272.8892	327.1041	392.5028	471.3778	566.4809	681.1116	28
29	178.3972	214.5828	258.5834	312.0937	377.1697	456.3032	552.5121	669.4475	811.5228	29
30	199.0209	241.3327	293.1992	356.7869	434.7452	530.3117	647.4391	790.9480	966.7122	30
31	221.9132	271.2926	332.3151	407.7370	500.9569	616.1616	758.5038	934.3186	1151.387	31
32	247.3236	304.8477	376.5161	465.8202	577.1005	715.7475	888.4494	1103.496	1371.151	32
33	275.5292	342.4295	426.4632	532.0350	664.6655	831.2671	1040.486	1303.125	1632.670	33
34	306.8374	384.5210	482.9034	607.5199	765.3654	965.2698	1218.368	1538.688	1943.877	34
35	341.5896	431.6635	546.6808	693.5727	881.1702	1120.713	1426.491	1816.652	2314.214	35
36	380.1644	484.4631	618.7493	791.6729	1014.346	1301.027	1669.995	2144.649	2754.914	36
37	422.9825	543.5987	700.1867	903.5071	1167.498	1510.191	1954.894	2531.686	3279.348	37
38	470.5106	609.8305	792.2110	1030.998	1343.622	1752.822	2288.225	2988.389	3903.424	38
39	523.2667	684.0102	869.1985	1176.338	1546.166	2034.274	2678.224	3527.299	4646.075	39
40	581.8261	767.0914	1013.704	1342.025	1779.090	2360.757	3134.522	4163.213	5529.829	40
41	646.8269	860.1424	1146.486	1530.909	2046.954	2739.478	3668.391	4913.591	6581.496	41
42	718.9779	964.3595	1296.529	1746.236	2354.997	3178.795	4293.017	5799.038	7832.981	42
43	799.0655	1081.083	1466.078	1991.709	2709.247	3688.402	5023.830	6843.865	9322.247	43
44	887.9627	1211.813	1657.668	2271.548	3116.633	4279.547	5878.881	8076.760	11094.47	44
45	986.6386	1358.230	1874.165	2590.565	3585.129	4965.274	6879.291	9531.577	13203.42	45
46	1096.169	1522.218	2118.806	2954.244	4123.898	5760.718	8049.770	11248.26	15713.07	46
47	1217.747	1705.884	2395.251	3368.838	4743.482	6683.433	9419.231	13273.95	18699.56	47
48	1352.700	1911.590	2707.633	3841.475	5456.005	7753.782	11021.50	15664.26	22253.48	48
49	1502.497	2141.981	3060.626	4380.282	6275.406	8995.387	12896.16	18484.83	26482.64	49
50	1668.771	2400.018	3459.507	4994.521	7217.716	10435.65	15089.50	21813.09	31515.34	50

표 3 계속

n	20%	21%	22%	23%	24%	25%	26%	28%	30%	n
1	1.00000	1.00000	1.00000	1.00000	1.00000	1.00000	1.00000	1.00000	1.00000	1
2	2.20000	2.21000	2.22000	2.23000	2.24000	2.25000	2.26000	2.28000	2.30000	2
3	3.64000	3.67410	3.70840	3.74290	3.77760	3.81250	3.84760	3.91840	3.99000	3
4	5.36800	5.44566	5.52425	5.60377	5.68422	5.76562	5.84798	6.01555	6.18700	4
5	7.44160	7.58925	7.73958	7.89263	8.04844	8.20703	8.36845	8.69991	9.04310	5
6	9.92992	10.18299	10.44229	10.70794	10.98006	11.25879	11.54425	12.13588	12.75603	6
7	12.91590	13.32142	13.73959	14.17077	14.61528	15.07349	15.54575	16.53393	17.58284	7
8	16.49908	17.11892	17.76231	18.43004	19.12294	19.84186	20.58765	22.16343	23.85769	8
9	20.79890	21.71389	22.67001	23.66895	24.71245	25.80232	26.94043	29.36919	32.01500	9
10	25.95868	27.27381	28.65742	30.11281	31.64344	33.25290	34.94495	38.59256	42.61950	10
11	32.15042	34.00131	35.96205	39.03876	40.23787	42.56613	45.03063	50.39847	56.40535	11
12	39.58050	42.14158	44.87370	47.78767	50.89495	54.20766	57.73860	65.51005	74.32695	12
13	48.49660	51.99132	55.74591	59.77883	64.10974	68.75958	73.75063	84.85286	97.62504	13
14	59.19592	63.90949	69.01001	74.52796	80.49608	86.94947	93.92580	109.6177	127.9126	14
15	72.03511	78.33049	85.19221	92.66940	100.8151	109.6868	119.3465	141.3029	167.2863	15
16	87.44213	95.77989	104.9345	114.9834	126.0108	138.1086	151.3766	181.8677	218.4722	16
17	105.9306	116.8937	129.0201	142.4295	157.2534	173.6357	191.7345	233.7907	285.0139	17
18	128.1167	142.4413	158.4045	176.1883	195.9942	218.0446	242.5855	300.2521	371.5180	18
19	154.7400	173.3540	194.2535	217.7116	244.0328	273.5558	306.6577	385.3227	483.9734	19
20	186.6880	210.7584	237.9893	268.7853	303.6006	342.9447	387.3887	494.2131	630.1655	20
21	225.0256	256.0176	291.3469	331.6059	377.4648	429.6809	489.1098	633.5927	820.2151	21
22	271.0307	310.7813	356.4432	408.8753	469.0563	538.1011	617.2783	811.9987	1067.280	22
23	326.2369	377.0454	435.8608	503.9166	582.6298	673.6264	778.7707	1040.358	1388.464	23
24	392.4842	457.2249	532.7501	620.8174	723.4610	843.0330	982.2511	1332.659	1806.003	24
25	471.9811	554.2422	650.9551	764.6055	898.0916	1054.791	1238.636	1706.803	2348.803	25
26	567.3773	671.6330	795.1653	941.4647	1114.634	1319.489	1561.682	2185.708	3054.444	26
27	681.8528	813.6759	971.1016	1159.002	1383.146	1650.361	1968.719	2798.706	3971.778	27
28	819.2233	985.5479	1185.744	1426.572	1716.101	2063.952	2481.586	3583.344	5164.311	28
29	984.0680	1193.513	1447.608	1755.683	2128.965	2580.939	3127.798	4587.680	6714.604	29
30	1181.882	1445.151	1767.081	2160.491	2640.916	3227.174	3942.026	5873.231	8729.985	30
31	1419.258	1749.632	2156.839	2658.404	3275.736	4034.968	4967.953	7518.735	11349.98	31
32	1704.109	2118.055	2632.344	3270.836	4062.913	5044.710	6260.620	9624.981	14755.98	32
33	2045.931	2563.847	3212.460	4024.129	5039.012	6306.887	7889.382	12320.98	19183.77	33
34	2456.118	3103.254	3920.201	4950.678	6249.375	7884.609	9941.621	15771.85	24939.90	34
35	2948.341	3755.938	4783.645	6090.334	7750.225	9856.761	12527.44	20188.97	32422.87	35
36	3539.009	4545.685	5837.047	7492.111	9611.279	12321.95	15785.58	25842.88	42150.73	36
37	4247.811	5501.279	7122.197	9216.297	11918.99	15403.44	19890.83	33079.88	54796.95	37
38	5098.374	6657.547	8690.080	11337.05	14780.54	19255.30	25063.44	42343.25	71237.03	38
39	6119.048	8056.632	10602.90	13945.57	18328.87	24070.12	31580.94	54200.36	92609.14	39
40	7343.858	9749.525	12936.54	17154.05	22728.80	30088.66	39792.98	69377.46	120392.9	40
41	8813.629	11797.93	15783.57	21100.48	28184.72	37611.82	50140.16	88804.15	156511.7	41
42	10577.36	14276.49	19256.96	25954.59	34950.05	47015.77	63177.60	113670.3	203466.3	42
43	12693.83	17275.55	23494.49	31925.14	43339.06	58770.72	79604.77	145499.0	264507.2	43
44	15233.59	20904.42	28664.28	39268.92	53741.43	73464.40	100303.0	186239.7	343860.3	44
45	18281.31	25295.35	34971.42	48301.77	66640.38	91831.50	126382.8	238387.8	447019.4	45
46	21938.57	30608.37	42666.13	59412.18	82635.07	114790.4	159243.3	305137.4	581126.2	46
47	26327.29	37037.13	52053.68	73077.98	102468.5	143489.0	200647.6	390576.9	755465.1	47
48	31593.74	44815.92	63506.49	89886.92	127061.9	179362.2	252817.0	499939.5	982105.6	48
49	37913.49	54228.27	77478.92	110561.9	157557.8	224203.8	318550.4	639923.5	1276738.3	49
50	45497.19	65617.20	94525.28	135992.2	195372.6	280255.7	401374.5	819103.1	1659760.7	50

표 4 정상연금 ₩1의 현재가치표

n	.5%	1%	1.5%	2%	2.5%	3%	3.5%	4%	4.5%	*n*
1	0.99502	0.99010	0.98522	0.98039	0.97561	0.97087	0.96618	0.96154	0.95694	1
2	1.98510	1.97040	1.95588	1.94156	1.92742	1.91347	1.89969	1.88609	1.87267	2
3	2.97025	2.94099	2.91220	2.88388	2.85602	2.82861	2.80164	2.77509	2.74896	3
4	3.95050	3.90197	3.85438	3.80773	3.76197	3.71710	3.67308	3.62990	3.58753	4
5	4.92587	4.85343	4.78264	4.71346	4.64583	4.57971	4.51505	4.45182	4.38998	5
6	5.89638	5.79548	5.69719	5.60143	5.50813	5.41719	5.32855	5.24214	5.15787	6
7	6.86207	6.72819	6.59821	6.47199	6.34939	6.23028	6.11454	6.00205	5.89270	7
8	7.82296	7.65168	7.48593	7.32548	7.17014	7.01969	6.87396	6.73274	6.59589	8
9	8.77906	8.56602	8.36052	8.16224	7.97087	7.78611	7.60769	7.43533	7.26879	9
10	9.73041	9.47130	9.22218	8.98259	8.75206	8.53020	8.31661	8.11090	7.91272	10
11	10.67703	10.36763	10.07112	9.78685	9.51421	9.25262	9.00155	8.76048	8.52892	11
12	11.61893	11.25508	10.90751	10.57534	10.25776	9.95400	9.66333	9.38507	9.11858	12
13	12.55615	12.13374	11.73153	11.34837	10.98318	10.63496	10.30274	9.98565	9.68285	13
14	13.48871	13.00370	12.54338	12.10625	11.69091	11.29607	10.92052	10.56312	10.22283	14
15	14.41662	13.86505	13.34323	12.84926	12.38138	11.93794	11.51741	11.11839	10.73955	15
16	15.33993	14.71787	14.13126	13.57771	13.05500	12.56110	12.09412	11.65230	11.23402	16
17	16.25863	15.56225	14.90765	14.29187	13.71220	13.16612	12.65132	12.16567	11.70719	17
18	17.17277	16.39827	15.67256	14.99203	14.35336	13.75351	13.18968	12.65930	12.15999	18
19	18.08236	17.22601	16.42617	15.67846	14.97889	14.32380	13.70984	13.13394	12.59329	19
20	18.98742	18.04555	17.16864	16.35143	15.58916	14.87747	14.21240	13.59033	13.00794	20
21	19.88798	18.85698	17.90014	17.01121	16.18455	15.41502	14.69797	14.02916	13.40472	21
22	20.78406	19.66038	18.62082	17.65805	16.76541	15.93692	15.16712	14.45112	13.78442	22
23	21.67568	20.45582	19.33086	18.29220	17.33211	16.44361	15.62041	14.85684	14.14777	23
24	22.56287	21.24339	20.03041	18.91393	17.88499	16.93554	16.05837	15.24696	14.49548	24
25	23.44564	22.02316	20.71961	19.52346	18.42438	17.41315	16.48151	15.62208	14.82821	25
26	24.32402	22.79520	21.39863	20.12104	18.95061	17.87684	16.89035	15.98277	15.14661	26
27	25.19803	23.55961	22.06762	20.70690	19.46401	18.32703	17.28536	16.32959	15.45130	27
28	26.06769	24.31644	22.72672	21.28127	19.96489	18.76411	17.66702	16.66306	15.74287	28
29	26.93302	25.06579	23.37608	21.84438	20.45355	19.18845	18.03577	16.98371	16.02189	29
30	27.79405	25.80771	24.01584	22.39646	20.93029	19.60044	18.39205	17.29203	16.28889	30
31	28.65080	26.54229	24.64615	22.93770	21.39541	20.00043	18.73628	17.58849	16.54439	31
32	29.50328	27.26959	25.26714	23.46833	21.84918	20.38877	19.06887	17.87355	16.78889	32
33	30.35153	27.98969	25.87895	23.98856	22.29188	20.76579	19.39021	18.14765	17.02286	33
34	31.19555	28.70267	26.48173	24.49859	22.72379	21.13184	19.70068	18.41120	17.24676	34
35	32.03537	29.40858	27.07559	24.99862	23.14516	21.48722	20.00066	18.66461	17.46101	35
36	32.87102	30.10751	27.66068	25.48884	23.55625	21.83225	20.29049	18.90828	17.66604	36
37	33.70250	30.79951	28.23713	25.96945	23.95732	22.16724	20.57053	19.14258	17.86224	37
38	34.52985	31.48466	28.80505	26.44064	24.34860	22.49246	20.84109	19.36786	18.04999	38
39	35.35309	32.16303	29.36458	26.90259	24.73034	22.80822	21.10250	19.58448	18.22966	39
40	36.17223	32.83469	29.91585	27.35548	25.10278	23.11477	21.35507	19.79277	18.40158	40
41	36.98729	33.49969	30.45986	27.79949	25.46612	23.41240	21.59910	19.99305	18.56611	41
42	37.79830	34.15811	30.99405	28.23479	25.82061	23.70136	21.83488	20.18563	18.72355	42
43	38.60527	34.81001	31.52123	28.66156	26.16645	23.98190	22.06269	20.37079	18.87421	43
44	39.40823	35.45545	32.04062	29.07996	26.50385	24.25427	22.28279	20.54884	19.01838	44
45	40.20720	36.09451	32.55234	29.49016	26.83302	24.51871	22.49545	20.72004	19.15635	45
46	41.00219	36.72724	33.05649	29.89231	27.15417	24.77545	22.70092	20.88465	19.28837	46
47	41.79322	37.35370	33.55319	30.28658	27.46748	25.02471	22.89944	21.04294	19.41471	47
48	42.58032	37.97396	34.04255	30.67312	27.77315	25.26671	23.09124	21.19513	19.53561	48
49	43.36350	38.58808	34.52468	31.05208	28.07137	25.50166	23.27656	21.34147	19.65130	49
50	44.14279	39.19612	34.99969	31.42361	28.36231	25.72976	23.45562	21.48218	19.76201	50

표 4 계속

n	5%	5.5%	6%	6.5%	7%	7.5%	8%	9%	10%	n
1	0.95238	0.94787	0.94340	0.93897	0.93458	0.93023	0.92593	0.91743	0.90909	1
2	1.85941	1.84632	1.83339	1.82063	1.80802	1.79557	1.78326	1.75911	1.73554	2
3	2.72325	2.69793	2.67301	2.64848	2.62432	2.60053	2.57710	2.53129	2.48685	3
4	3.54595	3.50515	3.46511	3.42580	3.38721	3.34933	3.31213	3.23972	3.16987	4
5	4.32948	4.27028	4.21236	4.15568	4.10020	4.04588	3.99271	3.88965	3.79079	5
6	5.07569	4.99553	4.91732	4.84101	4.76654	4.69385	4.62288	4.48592	4.35526	6
7	5.78637	5.68297	5.58238	5.48452	5.38929	5.29660	5.20637	5.03295	4.86842	7
8	6.46321	6.33457	6.20979	6.08875	5.97130	5.85730	5.74664	5.53482	5.33493	8
9	7.10782	6.95220	6.80169	6.65610	6.51523	6.37889	6.24689	5.99525	5.75902	9
10	7.72173	7.53763	7.36009	7.18883	7.02358	6.86408	6.71008	6.41766	6.14457	10
11	8.30641	8.09254	7.88687	7.68904	7.49867	7.31542	7.13896	6.80519	6.49506	11
12	8.86325	8.61852	8.38384	8.15873	7.94269	7.73528	7.53608	7.16073	6.81369	12
13	9.39357	9.11708	8.85268	8.59974	8.35765	8.12584	7.90378	7.48690	7.10336	13
14	9.89864	9.58965	9.29498	9.01384	8.74547	8.48915	8.24424	7.78615	7.36669	14
15	10.37966	10.03758	9.71225	9.40267	9.10791	8.82712	8.55948	8.06069	7.60608	15
16	10.83777	10.46216	10.10590	9.76776	9.44665	9.14151	8.85137	8.31256	7.82371	16
17	11.27407	10.86461	10.47726	10.11058	9.76322	9.43396	9.12164	8.54363	8.02155	17
18	11.68959	11.24607	10.82760	10.43247	10.05909	9.70601	9.37189	8.75563	8.20141	18
19	12.08532	11.60765	11.15812	10.73471	10.33560	9.95908	9.60360	8.95011	8.36492	19
20	12.46221	11.95038	11.46992	11.01851	10.59401	10.19449	9.81815	9.12855	8.51356	20
21	12.82115	12.27524	11.76408	11.28498	10.83553	10.41348	10.01680	9.29224	8.64869	21
22	13.16300	12.58317	12.04158	11.53520	11.06124	10.61719	10.20074	9.44243	8.77154	22
23	13.48857	12.87504	12.30338	11.77014	11.27219	10.80669	10.37106	9.58021	8.88322	23
24	13.79864	13.15170	12.55036	11.99074	11.46933	10.98297	10.52876	9.70661	8.98474	24
25	14.09394	13.41393	12.78336	12.19788	11.65358	11.14695	10.67478	9.82258	9.07704	25
26	14.37519	13.66250	13.00317	12.39237	11.82578	11.29948	10.80998	9.92897	9.16095	26
27	14.64303	13.89810	13.21053	12.57500	11.98671	11.44138	10.93516	10.02658	9.23722	27
28	14.89813	14.12142	13.40616	12.74648	12.13711	11.57338	11.05108	10.11613	9.30657	28
29	15.14107	14.33310	13.59072	12.90749	12.27767	11.69617	11.15841	10.19828	9.36961	29
30	15.37245	14.53375	13.76483	13.05868	12.40904	11.81039	11.25778	10.27365	9.42691	30
31	15.59281	14.72393	13.92909	13.20063	12.53181	11.91664	11.34980	10.34280	9.47901	31
32	15.80268	14.90420	14.08404	13.33393	12.64656	12.01548	11.43500	10.40624	9.52638	32
33	16.00255	15.07507	14.23023	13.45909	12.75379	12.10742	11.51389	10.46444	9.56943	33
34	16.19290	15.23703	14.36814	13.57661	12.85401	12.19295	11.58693	10.51784	9.60857	34
35	16.37419	15.39055	14.49825	13.68696	12.94767	12.27251	11.65457	10.56682	9.64416	35
36	16.54685	15.53607	14.62099	13.79057	13.03521	12.34652	11.71719	10.61176	9.67651	36
37	16.71129	15.67400	14.73678	13.88786	13.11702	12.41537	11.77518	10.65299	9.70592	37
38	16.86789	15.80474	14.84602	13.97921	13.19347	12.47941	11.82887	10.69082	9.73265	38
39	17.01704	15.92866	14.94907	14.06499	13.26493	12.53899	11.87858	10.72552	9.75696	39
40	17.15909	16.04612	15.04630	14.14553	13.33171	12.59441	11.92461	10.75736	9.77905	40
41	17.29437	16.15746	15.13802	14.22115	13.39412	12.64596	11.96723	10.78657	9.79914	41
42	17.42321	16.26300	15.22454	14.29216	13.45245	12.69392	12.00670	10.81337	9.81740	42
43	17.54591	16.36303	15.30617	14.35884	13.50696	12.73853	12.04324	10.83795	9.83400	43
44	17.66277	16.45785	15.38318	14.42144	13.55791	12.78003	12.07707	10.86051	9.84909	44
45	17.77407	16.54773	15.45583	14.48023	13.60552	12.81863	12.10840	10.88120	9.86281	45
46	17.88007	16.63292	15.52437	14.53543	13.65002	12.85454	12.13741	10.90018	9.87528	46
47	17.98102	16.71366	15.58903	14.58725	13.69161	12.88794	12.16427	10.91760	9.88662	47
48	18.07716	16.79020	15.65003	14.63592	13.73047	12.91902	12.18914	10.93358	9.89693	48
49	18.16872	16.86275	15.70757	14.68161	13.76680	12.94792	12.21216	10.94823	9.90630	49
50	18.25593	16.93152	15.76186	14.72452	13.80075	12.97481	12.23348	10.96168	9.91481	50

표 4 정상연금 ₩1의 현재가치표

n	11%	12%	13%	14%	15%	16%	17%	18%	19%	*n*
1	0.90090	0.89286	0.88496	0.87719	0.86957	0.86207	0.85470	0.84746	0.84034	1
2	1.71252	1.69005	1.66810	1.64666	1.62571	1.60523	1.58521	1.56564	1.54650	2
3	2.44371	2.40183	2.36115	2.32163	2.28323	2.24589	2.20958	2.17427	2.13992	3
4	3.10245	3.03735	2.97447	2.91371	2.85498	2.79818	2.74324	2.69006	2.63859	4
5	3.69590	3.60478	3.51723	3.43308	3.35216	3.27429	3.19935	3.12717	3.05763	5
6	4.23054	4.11141	3.99755	3.88867	3.78448	3.68474	3.58918	3.49760	3.40978	6
7	4.71220	4.56376	4.42261	4.28830	4.16042	4.03857	3.92238	3.81153	3.70570	7
8	5.14612	4.96764	4.79877	4.63886	4.48732	4.34359	4.20716	4.07757	3.95437	8
9	5.53705	5.32825	5.13166	4.94637	4.77158	4.60654	4.45057	4.30302	4.16333	9
10	5.88923	5.65022	5.42624	5.21612	5.01877	4.83323	4.65860	4.49409	4.33893	10
11	6.20652	5.93770	5.68694	5.45273	5.23371	5.02864	4.83641	4.65601	4.48650	11
12	6.49236	6.19437	5.91765	5.66029	5.42062	5.19711	4.98839	4.79322	4.61050	12
13	6.74987	6.42355	6.12181	5.84236	5.58315	5.34233	5.11828	4.90951	4.71471	13
14	6.98187	6.62817	6.30249	6.00207	5.72448	5.46753	5.22930	5.00806	4.80228	14
15	7.19087	6.81086	6.46238	6.14217	5.84737	5.57546	5.32419	5.09158	4.87586	15
16	7.37916	6.97399	6.60388	6.26506	5.95423	5.66850	5.40529	5.16235	4.93770	16
17	7.54879	7.11963	6.72909	6.37286	6.04716	5.74870	5.47461	5.22233	4.98966	17
18	7.70162	7.24967	6.83991	6.46742	6.12797	5.81785	5.53385	5.27316	5.03333	18
19	7.83929	7.36578	6.93797	6.55037	6.19823	5.87746	5.58449	5.31624	5.07003	19
20	7.96333	7.46944	7.02475	6.62313	6.25933	5.92884	5.62777	5.35275	5.10086	20
21	8.07507	7.56200	7.10155	6.68696	6.31246	5.97314	5.66476	5.38368	5.12677	21
22	8.17574	7.64465	7.16951	6.74294	6.35866	6.01133	5.69637	5.40990	5.14855	22
23	8.26643	7.71843	7.22966	6.79206	6.39884	6.04425	5.72340	5.43212	5.16685	23
24	8.34814	7.78432	7.28288	6.83514	6.43377	6.07263	5.74649	5.45095	5.18223	24
25	8.42174	7.84314	7.32998	6.87293	6.46415	6.09709	5.76623	5.46691	5.19515	25
26	8.48806	7.89566	7.37167	6.90608	6.49056	6.11818	5.78311	5.48043	5.20601	26
27	8.54780	7.94255	7.40856	6.93515	6.51353	6.13636	5.79753	5.49189	5.21513	27
28	8.60162	7.98442	7.44120	6.96066	6.53351	6.15204	5.80985	5.50160	5.22280	28
29	8.65011	8.02181	7.47009	6.98304	6.55088	6.16555	5.82039	5.50983	5.22924	29
30	8.69379	8.05518	7.49565	7.00266	6.56598	6.17720	5.82939	5.51681	5.23466	30
31	8.73315	8.08499	7.51828	7.01988	6.57911	6.18724	5.83709	5.52272	5.23921	31
32	8.76860	8.11159	7.53830	7.03498	6.59053	6.19590	5.84366	5.52773	5.24303	32
33	8.80054	8.13535	7.55602	7.04823	6.60046	6.20336	5.84928	5.53197	5.24625	33
34	8.82932	8.15656	7.57170	7.05985	6.60910	6.20979	5.85409	5.53557	5.24895	34
35	8.85524	8.17550	7.58557	7.07005	6.61661	6.21534	5.85820	5.53862	5.25122	35
36	8.87859	8.19241	7.59785	7.07899	6.62314	6.22012	5.86171	5.54120	5.25312	36
37	8.89963	8.20751	7.60872	7.08683	6.62881	6.22424	5.86471	5.54339	5.25472	37
38	8.91859	8.22099	7.61833	7.09371	6.63375	6.22779	5.86727	5.54525	5.25607	38
39	8.93567	8.23303	7.62684	7.09975	6.63805	6.23086	5.86946	5.54682	5.25720	39
40	8.95105	8.24378	7.63438	7.10504	6.64178	6.23350	5.87133	5.54815	5.25815	40
41	8.96491	8.25337	7.64104	7.10969	6.64502	6.23577	5.87294	5.54928	5.25895	41
42	8.97740	8.26194	7.64694	7.11376	6.64785	6.23774	5.87430	5.55024	5.25962	42
43	8.98865	8.26959	7.65216	7.11733	6.65030	6.23943	5.87547	5.55105	5.26019	43
44	8.99878	8.27642	7.65678	7.12047	6.65244	6.24089	5.87647	5.55174	5.26066	44
45	9.00791	8.28252	7.66086	7.12322	6.65429	6.24214	5.87733	5.55232	5.26106	45
46	9.01614	8.28796	7.66448	7.12563	6.65591	6.24323	5.87806	5.55281	5.26140	46
47	9.02355	8.29282	7.66768	7.12774	6.65731	6.24416	5.87868	5.55323	5.26168	47
48	9.03022	8.29716	7.67052	7.12960	6.65853	6.24497	5.87922	5.55359	5.26191	48
49	9.03624	8.30104	7.67302	7.13123	6.65959	6.24566	5.87967	5.55389	5.26211	49
50	9.04165	8.30450	7.67524	7.13266	6.66051	6.24626	5.88006	5.55414	5.26228	50

표 4 계속

n	20%	21%	22%	23%	24%	25%	26%	28%	30%	n
1	0.83333	0.82645	0.81967	0.81301	0.80645	0.80000	0.79365	0.78125	0.76923	1
2	1.52778	1.50946	1.49153	1.47399	1.45682	1.44000	1.42353	1.39160	1.36095	2
3	2.10648	2.07393	2.04224	2.01137	1.98130	1.95200	1.92344	1.86844	1.81611	3
4	2.58873	2.54044	2.49364	2.44827	2.40428	2.36160	2.32019	2.24097	2.16624	4
5	2.99061	2.92598	2.86364	2.80347	2.74538	2.68928	2.63507	2.53201	2.43557	5
6	3.32551	3.24462	3.16692	3.09225	3.02047	2.95142	2.88498	2.75938	2.64275	6
7	3.60459	3.50795	3.41551	3.32704	3.24232	3.16114	3.08331	2.93702	2.80211	7
8	3.83716	3.72558	3.61927	3.51792	3.42122	3.32891	3.24073	3.07579	2.92470	8
9	4.03097	3.90543	3.78628	3.67310	3.56550	3.46313	3.36566	3.18421	3.01900	9
10	4.19247	4.05408	3.92318	3.79927	3.68186	3.57050	3.46481	3.26892	3.09154	10
11	4.32706	4.17692	4.03540	3.90185	3.77569	3.65640	3.54350	3.33509	3.14734	11
12	4.43922	4.27845	4.12737	3.98524	3.85136	3.72512	3.60595	3.38679	3.19026	12
13	4.53268	4.36235	4.20277	4.05304	3.91239	3.78010	3.65552	3.42718	3.22328	13
14	4.61057	4.43170	4.26456	4.10816	3.96160	3.82408	3.69485	3.45873	3.24867	14
15	4.67547	4.48901	4.31522	4.15298	4.00129	3.85926	3.72607	3.48339	3.26821	15
16	4.72956	4.53637	4.35673	4.18941	4.03330	3.88741	3.75085	3.50265	3.28324	16
17	4.77463	4.57551	4.39077	4.21904	4.05911	3.90993	3.77052	3.51769	3.29480	17
18	4.81219	4.60786	4.41866	4.24312	4.07993	3.92794	3.78613	3.52945	3.30369	18
19	4.84350	4.63460	4.44152	4.26270	4.09672	3.94235	3.79851	3.53863	3.31053	19
20	4.86958	4.65669	4.46027	4.27862	4.11026	3.95388	3.80834	3.54580	3.31579	20
21	4.89132	4.67495	4.47563	4.29156	4.12117	3.96311	3.81615	3.55141	3.31984	21
22	4.90943	4.69004	4.48822	4.30208	4.12998	3.97049	3.82234	3.55579	3.32296	22
23	4.92453	4.70251	4.49854	4.31063	4.13708	3.97639	3.82725	3.55921	3.32535	23
24	4.93710	4.71282	4.50700	4.31759	4.14281	3.98111	3.83115	3.56188	3.32719	24
25	4.94759	4.72134	4.51393	4.32324	4.14742	3.98489	3.83425	3.56397	3.32861	25
26	4.95632	4.72838	4.51962	4.32784	4.15115	3.98791	3.83670	3.56560	3.32970	26
27	4.96360	4.73420	4.52428	4.33158	4.15415	3.99033	3.83865	3.56688	3.33054	27
28	4.96967	4.73901	4.52810	4.33462	4.15657	3.99226	3.84020	3.56787	3.33118	28
29	4.97472	4.74298	4.53123	4.33709	4.15853	3.99381	3.84143	3.56865	3.33168	29
30	4.97894	4.74627	4.53379	4.33909	4.16010	3.99505	3.84240	3.56926	3.33206	30
31	4.98245	4.74898	4.53590	4.34073	4.16137	3.99604	3.84318	3.56973	3.33235	31
32	4.98537	4.75122	4.53762	4.34205	4.16240	3.99683	3.84379	3.57010	3.33258	32
33	4.98781	4.75308	4.53903	4.34313	4.16322	3.99746	3.84428	3.57039	3.33275	33
34	4.98984	4.75461	4.54019	4.34401	4.16389	3.99797	3.84467	3.57062	3.33289	34
35	4.99154	4.75588	4.54114	4.34472	4.16443	3.99838	3.84497	3.57080	3.33299	35
36	4.99295	4.75692	4.54192	4.34530	4.16486	3.99870	3.84522	3.57094	3.33307	36
37	4.99412	4.75779	4.54256	4.34578	4.16521	3.99896	3.84541	3.57104	3.33313	37
38	4.99510	4.75850	4.54308	4.34616	4.16549	3.99917	3.84556	3.57113	3.33318	38
39	4.99592	4.75909	4.54351	4.34647	4.16572	3.99934	3.84569	3.57119	3.33321	39
40	4.99660	4.75958	4.54386	4.34672	4.16590	3.99947	3.84578	3.57124	3.33324	40
41	4.99717	4.75998	4.54415	4.34693	4.16605	3.99957	3.84586	3.57128	3.33326	41
42	4.99764	4.76032	4.54438	4.34710	4.16617	3.99966	3.84592	3.57132	3.33328	42
43	4.99803	4.76059	4.54458	4.34723	4.16627	3.99973	3.84597	3.57134	3.33329	43
44	4.99836	4.76082	4.54473	4.34734	4.16634	3.99978	3.84601	3.57136	3.33330	44
45	4.99863	4.76101	4.54486	4.34743	4.16641	3.99983	3.84604	3.57138	3.33331	45
46	4.99886	4.76116	4.54497	4.34751	4.16646	3.99986	3.84606	3.57139	3.33331	46
47	4.99905	4.76129	4.54506	4.34757	4.16650	3.99989	3.84608	3.57140	3.33332	47
48	4.99921	4.76140	4.54513	4.34762	4.16653	3.99991	3.84610	3.57140	3.33332	48
49	4.99934	4.76149	4.54519	4.34766	4.16656	3.99993	3.84611	3.57141	3.33332	49
50	4.99945	4.76156	4.54524	4.34769	4.16658	3.99994	3.84612	3.57141	3.33333	50

연습문제 해답

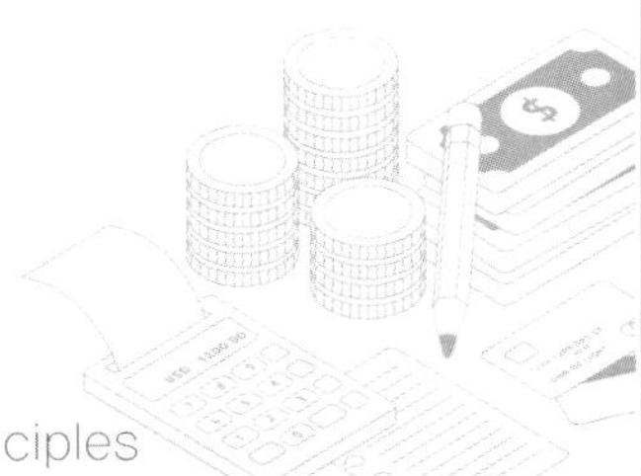

Accounting Principles

제 1 장 회계학의 기초개념

▣ 객관식 문제

1. ② 2. ① 3. ② 4. ⑤ 5. ② 6. ① 7. ④ 8. ⑤ 9. ④ 10. ④ 11. ④

제 2 장 재무제표의 이해

▣ 객관식 문제

1. ④ 2. ④ 3. ④ 4. ③ 5. ③ 6. ④ 7. ④ 8. ① 9. ④ 10. ④ 11. ④ 12. ③ 13. ⑤ 14. ③

▣ 주관식 문제

1. ① 자본, ② 자산, ③ 부채, ④ 자산, ⑤ 부채, ⑥ 자산, ⑦ 부채, ⑧ 자산, ⑨ 자산, ⑩ 자본, ⑪ 부채, ⑫ 자산
2. ① 수익, ② 비용, ③ 비용, ④ 수익, ⑤ 비용, ⑥ 비용, ⑦ 수익, ⑧ 수익, ⑨ 수익, ⑩ 비용
3. (1) ₩50,000(순이익(손실) = 총수익 − 총비용 = ₩200,000 − ₩150,000 = ₩50,000)

   (2) ₩150,000('자산: 부채 + 자본'이므로 ₩350,000 − ₩200,000 = ₩150,000)
4. ① 자산의 증가(현금 ₩30,000,000): 자본의 증가(자본금 ₩30,000,000)
   ₩30,000,000(현금) = ₩30,000,000 (자본금)

   ② 자산의 증가(임차보증금 ₩20,000,000): 자산의 감소(현금 ₩20,000,000)
   ₩30,000,000(현금) − ₩20,000,000(현금) + ₩20,000,000(보증금)
   = ₩30,000,000(자본금)

   ③ 자산의 증가(비품 ₩3,000,000): 부채의 증가(미지급금 ₩3,000,000)
   ₩10,000,000(현금) + ₩20,000,000(보증금) + ₩3,000,000(비품)
   = ₩3,000,000(미지급금) + ₩30,000,000(자본금)

   ④ 자산의 증가(현금 ₩3,000,000): 수익의 증가(컨설팅수입 ₩3,000,000)
   ₩13,000,000(현금) + ₩20,000,000(보증금) + ₩3,000,000(비품)
   = ₩3,000,000(미지급금) + ₩30,000,000(자본금) + ₩3,000,000(컨설팅 수입)

⑤ 부채의 증가(미지급전화료 ₩200,000): 비용의 발생(전화료 ₩200,000)
₩13,000,000(현금) + ₩20,000,000(보증금) + ₩3,000,000(비품)
= ₩3,000,000(미지급금) + ₩200,000(미지급전화료) + ₩30,000,000(자본금)
+ ₩3,000,000(컨설팅수입) − ₩200,000(전화료)

⑥ 자산의 감소(현금 ₩2,000,000): 비용의 발생(급여 ₩2,000,000)
₩11,000,000(현금) + ₩20,000,000(보증금) + ₩3,000,000(비품)
= ₩3,000,000(미지급금) + ₩200,000(미지급전화료) + ₩30,000,000(자본금)
+ ₩3,000,000(컨설팅수입) − ₩200,000(전화료) − ₩2,000,000(급여)

⑦ 자산의 감소(현금 ₩100,000): 비용의 발생(전기료 ₩100,000)
₩10,900,000(현금) + ₩20,000,000(보증금) + ₩3,000,000(비품)
= ₩3,000,000(미지급금) + ₩200,000(미지급전화료) + ₩30,000,000(자본금)
+ ₩3,000,000(컨설팅수입) − ₩200,000(전화료) − ₩2,000,000(급여)
− ₩100,000(전기료)

⑧ 자산의 감소(현금 ₩2,000,000): 부채의 감소(미지급금 감소 ₩2,000,000)
₩8,900,000(현금) + ₩20,000,000(보증금) + ₩3,000,000(비품)
= ₩1,000,000(미지급금) + ₩200,000(미지급전화료) + ₩30,000,000(자본금)
+ ₩3,000,000(컨설팅수입) − ₩200,000(전화료) − ₩2,000,000(급여)
− ₩100,000(전기료)

5. A: ₩4,250,000(= ₩2,750,000 + ₩1,500,000)
B: ₩3,000,000(= ₩5,000,000 − ₩2,000,000)
C: ₩1,390,000(= ₩3,640,000 − ₩2,250,000)

6. 자산: ₩424,500(= ₩2,500 + ₩200,000 + ₩75,000 + ₩125,000 + ₩22,000)
부채: ₩283,000(= ₩35,000 + ₩112,000 + ₩136,000)
따라서, 자본금 = ₩141,500(= ₩424,500 − ₩283,000)

7. 수익(₩822,000) = 매출액(₩800,000) + 이자수익(₩22,000)
비용(₩635,000) = 매출원가(₩200,000) + 사무실임차료(₩65,000)
+ 급료(₩320,000) + 광고비(₩20,000) + 이자비용(₩30,000)
당기순이익(₩187,000) = 수익(₩822,000) − 비용(₩635,000)

8. 기초자본(₩700,000) = 기초자산(₩1,000,000) − 기초부채(₩300,000)
기말자본(₩1,200,000) = 기초자본(₩700,000) + 당기순이익(₩500,000)
당기순이익(₩500,000) = 수익(₩2,000,000) − 비용(₩1,500,000)

9. 기초자본 = ₩2,000,000 − ₩800,000 = ₩1,200,000

기말자본 = ₩2,700,000 − ₩1,000,000 = ₩1,700,000

자본의 증가 = ₩500,000

'당기순이익 = 수익 − 비용'이므로 ₩500,000 = ₩3,000,000 − 비용

따라서, 비용 = ₩2,500,000

10. 당기순이익(₩30,000) = 기말자본(₩230,000) − 기초자본(₩200,000)
    기말자본(₩230,000) = 기말자산(₩350,000) − 기말부채(₩120,000)
    기초자본(₩200,000) = 기초자산(₩300,000) − 기초부채(₩100,000)
11. ₩50,000,000
12. 매출채권, 은행차입금, 매입채무, 종업원대여금, 이익잉여금, 기계설비, 미지급 광고비

제 3 장 회계기록의 원리

■ 객관식 문제

1. ④ 2. ④ 3. ③ 4. ① 5. ④ 6. ① 7. ① 8. ④ 9. ④ 10. ⑤
11. ②

■ 주관식 문제

1. ① 거래가 아님
   ② 거래(매입 500,000 / 매입채무 500,000)
   ③ 거래(임차료 1,000,000 / 현금 1,000,000)
   ④ 거래(선급금 200,000 / 현금 200,000)
   ⑤ 거래가 아님
   ⑥ 거래(당좌예금 20,000 / 이자수익 20,000)
   ⑦ 거래(이자비용 350,000 / 미지급이자 350,000)
   ⑧ 거래가 아님
   ⑨ 거래(보험료 420,000 / 현금 420,000)
   ⑩ 거래(정기적금 300,000 / 당좌예금 300,000)
2. ① 부채, ② 부채, ③ 부채, ④ 자산, ⑤ 부채, ⑥ 비용, ⑦ 자산, ⑧ 자본, ⑨ 자산, ⑩ 수익, ⑪ 수익, ⑫ 자산, ⑬ 부채, ⑭ 자산, ⑮ 자산, ⑯ 자산, ⑰ 비용, ⑱ 수익, ⑲ 비용, ⑳ 부채
3. ① 미수수익 1,000,000 / 운송료수익 1,000,000

② 현금 10,000,000 / 자본금 10,000,000

③ 토지 20,000,000 / { 당좌예금 10,000,000
미지급금 10,000,000 }

④ 현금 10,000,000 / 선수수익 10,000,000

⑤ 선급보험료 1,200,000 / 당좌예금 1,200,000

⑥ 비품 1,000,000 / 미지급금 1,000,000

⑦ 매입 100,000 / 매입채무 100,000

⑧ 매입채무 50,000 / 현금 50,000

⑨ 미지급이자 100,000 / 현금 100,000

⑩ 현금 2,000,000 / 매출채권 2,000,000

⑪ 이자비용 200,000 / 현금 200,000

⑫ { 현금 100,000
매출채권 50,000 } / 매출 150,000

4. ①

현 금 (차변)	현 금 (대변)
임대료수익 1,200,000	

임대료수익 (차변)	임대료수익 (대변)
	현금 1,200,000

②

현 금 (차변)	현 금 (대변)
자본금 10,000,000	

자본금 (차변)	자본금 (대변)
	현금 10,000,000

③

현 금 (차변)	현 금 (대변)
차입금 10,000,000	

차입금 (차변)	차입금 (대변)
	현금 10,000,000

④

현 금 (차변)	현 금 (대변)
	차입금 500,000

차입금 (차변)	차입금 (대변)
현금 500,000	

⑤

광고비 (차변)	광고비 (대변)
미지급비용 1,000,000	

미지급비용 (차변)	미지급비용 (대변)
	광고비 1,000,000

5.

	(차)		(대)	
①	(차) 현 금	1,000,000	(대) 자본금	1,000,000
②	(차) 기계장치	420,000	(대) 미지급금	420,000
③	(차) 현 금	2,000,000	(대) 자본금	2,000,000
④	(차) 광고비	600,000	(대) 현 금	600,000
⑤	(차) 전기료	503,000	(대) 현 금	503,000
⑥	(차) 현 금	450,000	(대) 선수금	450,000
⑦	(차) 현 금	500,000	(대) 수수료수익	500,000
⑧	(차) 급 여	839,000	(대) 현 금	839,000
⑨	(차) 임차료	300,000	(대) 현 금	300,000

6.

현 금

①자본금	1,000,000	④광고비	600,000
③자본금	100,000,000	⑤전기료	503,000
⑥선수금	450,000	⑧급료	839,000
⑦수수료수익	500,000	⑨임차료	300,000

자본금

		①현금	1,000,000
		③현금	100,000,000

기계장치

②지급어음	420,000		

지급어음

		②기계장치	420,000

광고비

④현금	600,000		

전기료

⑤현금	503,000		

선수금

		⑥현금	450,000

수수료수익

		⑦현금	500,000

급 여

⑧현금	839,000		

임차료

⑨현금	300,000		

7. ① 현금 ₩50,000,000을 출자하여 회사를 설립하다.

② 건물보증금 ₩10,000,000을 현금으로 지급하다.

③ 사무용비품 ₩6,000,000을 구입한 대금을 아직 지급하지 않았다.

④ 은행과 당좌거래를 계약하고 현금 ₩40,000,000을 입금하다.

⑤ 상품 ₩4,000,000을 외상으로 판매하다.

⑥ 사무용비품을 구입하고 미지급한 금액 ₩6,000,000을 수표로 지급하다.

⑦ 당좌예금에서 현금 ₩11,200,000을 인출하다.

⑧ 전기료 ₩500,000을 현금으로 지급하다.

⑨ 유류비 ₩700,000을 아직 지급하지 않았다.

⑩ 직원의 월급 ₩3,000,000을 수표로 지급하다.

8. ① 은행에서 ₩200,000을 차입하여, ₩100,000은 현금으로 보유하고 나머지 ₩100,000은 당좌예금계좌에 입금하였다.

② 상품 ₩100,000을 매입하면서, ₩50,000은 현금으로 지급하고 나머지 ₩50,000은 외상으로 하다.

③ 상품 ₩200,000을 판매하면서, 대금 중 ₩100,000은 현금으로 받고 나머지 ₩100,000은 외상으로 하다.

④ 매입채무 ₩30,000을 현금으로 지급하다.

⑤ 매입채무 ₩20,000을 수표를 발행하여 지급하다.

9. ① 사무용비품을 ₩50,000을 구입하고 현금을 지급하다.

② 상품 ₩60,000을 구입하고 ₩30,000은 현금으로 나머지는 외상으로 하다.

③ 건물을 구입하고 현금 ₩10,000을 지급하고 ₩20,000은 아직 지급하지 않았다.

④ 상품을 판매하고 판매대금 ₩75,000을 현금으로 받다.

⑤ 상품 ₩25,000을 외상으로 판매하다.

10. (1) 분 개

일자	차변	금액	대변	금액
4/ 1	(차) 현 금	50,000,000	(대) 자본금	50,000,000
3	(차) 건 물	10,000,000	(대) 현 금	10,000,000
4	(차) 비 품	8,000,000	(대) 현 금	8,000,000
10	(차) 당좌예금	30,000,000	(대) 현 금	30,000,000
13	(차) 현 금	5,000,000	(대) 단기차입금	5,000,000
19	(차) 미수수익	2,500,000	(대) 수수료수익	2,500,000
20	(차) 광고비	1,000,000	(대) 현 금	1,000,000
22	(차) 현 금	1,200,000	(대) 수수료수익	1,200,000
23	(차) 현 금	1,500,000	(대) 미수수익	1,500,000
27	(차) 차량유지비	300,000	(대) 현 금	300,000
28	(차) 당좌예금	3,000,000	(대) 현 금	3,000,000

30 (차) 전기료 30,000 (대) 미지급전기료 30,000

30 (차) 급 여 800,000 (대) 현 금 800,000

30 (차) 차입금 2,000,000 (대) 당좌예금 2,000,000

(2) 전 기

현 금

①자본금	50,000,000	②건물	10,000,000
⑤차입금	5,000,000	③비품	8,000,000
⑧수수료수익	1,200,000	④당좌예금	30,000,000
⑨미수수수료	1,500,000	⑦광고비	1,000,000
		⑩차량유지비	300,000
		⑪당좌예금	3,000,000
		⑬급료	800,000
		차기이월	4,600,000
합 계	57,700,000	합 계	57,700,000
전기이월	4,600,000		

자본금

차기이월	50,000,000	①현금	50,000,000
합 계	50,000,000	합 계	50,000,000
		전기이월	50,000,000

건 물

②현금	100,000,000	차기이월	100,000,000
합 계	100,000,000	합 계	100,000,000
전기이월	100,000,000		

비 품

③현금	8,000,000	차기이월	8,000,000
합 계	8,000,000	합 계	8,000,000
전기이월	8,000,000		

당좌예금

④현금	30,000,000	⑭차입금	2,000,000
⑪현금	3,000,000	차기이월	31,000,000
합 계	33,000,000	합 계	33,000,000
전기이월	31,000,000		

차입금

⑭당좌예금	2,000,000	⑤현금	5,000,000
차기이월	3,000,000		
합 계	5,000,000	합 계	5,000,000
		전기이월	3,000,000

광고비

⑦현금	1,000,000	집합손익	1,000,000

차량유지비

⑩현금	300,000	집합손익	300,000

전기료

⑫미지급전기료	30,000	집합손익	30,000

미지급전기료

차기이월	30,000	⑫전기료	30,000
합 계	30,000	합 계	30,000
		전기이월	30,000

급 여

⑬현금	800,000	집합손익	800,000

미수수수료

⑥수수료수익	2,500,000	⑨현금	1,500,000
		차기이월	1,000,000
합 계	2,500,000	합 계	2,500,000
전기이월	1,000,000		

수수료수익

집합손익	3,700,000	⑥미수수수료	2,500,000
		⑧현금	1,200,000

(3) 합계잔액시산표

합계잔액시산표

4월 30일 현재

동국컨설팅 (단위: 원)

차 변		계정과목	대 변	
잔 액	합 계		합 계	잔 액
4,600,000	57,700,000	현 금	53,100,000	
31,000,000	33,000,000	당좌예금	2,000,000	
1,000,000	2,500,000	미수수수료	1,500,000	
8,000,000	8,000,000	비 품	–	
10,000,000	10,000,000	건 물	–	
	–	미지급전기료	30,000	30,000
	2,000,000	차입금	5,000,000	3,000,000
	–	자본금	50,000,000	50,000,000
	–	수수료수익	3,700,000	3,700,000
1,000,000	1,000,000	광고비	–	
300,000	300,000	차량유지비	–	
30,000	30,000	전기료	–	
800,000	800,000	급 여	–	
56,730,000	115,330,000	합 계	115,330,000	56,730,000

제 4 장 회계순환과정

■ 객관식 문제

1. ② 2. ④ 3. ② 4. ③ 5. ①, ③, ⑤ 6. ② 7. ③ 8. ④ 9. ③ 10. ①
11. ⑤ 12. ① 13. ③

■ 주관식 문제

번호		차변	금액	대변	금액
1.	①	(차) 현 금	10,000,000	(대) 자본금	10,000,000
	②	(차) 당좌예금	10,000,000	(대) 차입금	10,000,000
	③	(차) 임차보증금	5,000,000	(대) 현 금	5,000,000
	④	(차) 매 입	1,000,000	(대) 매입채무	1,000,000
	⑤	(차) 선급보험료	120,000	(대) 현 금	120,000
	⑥	(차) 매출채권	1,040,000	(대) 매 출	1,040,000
	⑦	(차) 매 입	800,000	(대) 현 금	500,000
				매입채무	300,000
	⑧	(차) 이자비용	100,000	(대) 미지급이자	100,000
	⑨	(차) 선급금	1,000,000	(대) 현 금	1,000,000
2.	①	(차) 선급보험료	13,000	(대) 보험료	13,000
	②	(차) 임차료	18,000	(대) 선급임차료	18,000
	③	(차) 이자비용	12,000	(대) 미지급이자	12,000
	④	(차) 선수임대료	75,000	(대) 임대료수익	75,000
	⑤	(차) 감가상각비	85,000	(대) 감가상각누계액	85,000

3. ① 선급보험료 중 ₩240,000이 기간이 경과하다.
   ② 결산일 현재 급여 ₩1,000,000을 지급하지 못하다.
   ③ 선수임대료 중 ₩300,000이 기간이 경과하다.
   ④ 결산일 현재 사용하지 않고 남아 있는 소모품이 ₩60,000이 있다.
   ⑤ 구입한 소모품 중 당기에 사용된 것이 ₩40,000이다.
   ⑥ 당기에 발생한 감가상각비는 ₩254,000이다.
   ⑦ 결산일 현재 이자수익 ₩10,000이 발생하였으나, 현금으로 받지 못하다.
   ⑧ 결산일 현재 지급하지 못한 이자비용이 ₩8,000이 있다.
   ⑨ 결산일 현재 지급하지 못한 임차료가 ₩200,000이 있다.
   ⑩ 운송료 수익 중 ₩120,000은 차기의 운송료를 미리 받은 것이다.

4.

수정전시산표

2020년 12월 31일 현재

동국(주) (단위 : 원)

차 변	계정과목	대 변
236,000	현 금	
259,000	대여금	
22,000	소모품	
636,000	건 물	
1,050,000	토 지	
	미지급금	5,000
	장기차입금	1,200,000
	자본금	(?)
	이익잉여금	386,000
	용역수익	806,000
	이자수익	26,000
740,000	급 여	
9,000	이자비용	
51,000	광고비	
3,003,000	합 계	2,423,000

시산표에서 차변과 대변은 항상 동일하므로
자본금 = ₩3,003,000 − ₩2,423,000 = ₩580,000

5. ① (차) 소모품비 12,000 (대) 소모품 12,000
② (차) 선급광고비 20,000 (대) 광고비 20,000
③ (차) 이자수익 14,000 (대) 수수료수익 14,000
④ (차) 급 여 50,000 (대) 미지급급여 50,000
⑤ (차) 감가상각비 30,000 (대) 감가상각누계액 30,000

6. ① 10/1 (차) 현 금 600,000 (대) 임대료수익 600,000
12/31 (차) 임대료수익 450,000 (대) 선수임대료 450,000
또는
10/1 (차) 현 금 600,000 (대) 선수임대료 600,000
12/31 (차) 선수임대료 150,000 (대) 임대료수익 150,000

② 11/30	(차) 대여금	360,000	(대) 현 금		360,000
12/31	(차) 미수이자	3,600	(대) 이자수익		3,600

* ₩360,000×0.12×1/12=₩3,600

③ 7/1	(차) 보험료	120,000	(대) 현 금	120,000
12/31	(차) 선급보험료	60,000	(대) 보험료	60,000
또는 7/1	(차) 선급보험료	120,000	(대) 현 금	120,000
12/31	(차) 보험료	60,000	(대) 선급보험료	60,000
④ 10/1	(차) 현 금	5,000,000	(대) 은행차입금	5,000,000
12/31	(차) 이자비용	225,000	(대) 미지급이자	225,000

* ₩5,000,000×0.18×3/12=₩225,000

7.

①	(차) 소모품	20,000	(대) 소모품비	20,000
②	(차) 선급보험료	240,000	(대) 보험료	240,000
③	(차) 선수임대료	80,000	(대) 임대료수익	80,000

8. (1) 분개

①	(차) 미수수익	623,000	(대) 운송수익	623,000
②	(차) 소모품	6,500	(대) 현 금	6,500
③	(차) 현 금	100,000	(대) 차입금	100,000
④	(차) 현 금	305,000	(대) 미수수익	305,000
⑤	(차) 지급어음	260,000	(대) 현 금	260,000
⑥	(차) 급 여	386,000	(대) 현 금	193,000
			미지급급여	193,000
⑦	(차) 소모품비	12,000	(대) 소모품	12,000

(2) 전 기

현 금

전기이월	766,500	②소모품	6,500
③차입금	100,000	⑤지급어음	260,000
④미수수익	305,000	⑥급 여	193,000

미수수익

전기이월	640,500	④현 금	305,000
①운송수익	623,000		

소모품

전기이월	31,000	⑦소모품비	12,000
②현금	6,500		

차량운반구

전기이월	353,000		

차입금

		전기이월	74,000
		③현 금	100,000

지급어음

⑤ 현 금	260,000	전기이월	665,000

자본금

		전기이월	100,000

이익잉여금

		전기이월	52,000

운송수익

		①미수수익	623,000

급 여

⑥ 급 여	386,000		

미지급급여

		⑥급 여	193,000

소모품비

⑦소모품	12,000		

(3) 합계잔액시산표

잔액시산표

5월 31일 현재

동국익스프레스 (단위: 원)

차 변	계정과목	대 변
712,000	현 금	
958,500	미수수익	
25,500	소모품	
353,000	차량운반구	
	미지급급여	193,000
	지급어음	405,000
	차입금	174,000
	자본금	1,000,000
	이익잉여금	52,000
	수수료수익	623,000
386,000	급 여	
12,000	소모품비	
2,447,000	합 계	2,447,000

(4) 재무상태표와 포괄손익계산서

재무상태표

5월 31일 현재

동국익스프레스 (단위: 원)

계정과목	금 액	계정과목	금 액
현 금	712,000	미지급급여	193,000
미수수익	958,500	지급어음	405,000
소모품	25,500	차입금	174,000
차량운반구	353,000	자본금	1,000,000
		이익잉여금	52,000
		당기순이익	225,000
자산합계	2,049,000	부채와 자본합계	2,049,000

포괄손익계산서

5월 1일부터 ~ 5월 31일까지

동국익스프레스 (단위: 원)

급 여	386,000	수수료수익	623,000
소모품비	12,000		
당기순이익	225,000		
합 계	623,000	합 계	623,000

9. ① 현금 ₩60,000을 출자하여 회사를 설립하다.
② 소모품 ₩1,000을 현금으로 구입하다.
③ 기계장치 ₩15,000을 구입하며 현금 ₩5,000을 지급하고 나머지는 아직 지급하지 않았다.
④ 상품 ₩100,000을 판매하고 현금 ₩10,000을 받았으며, 나머지 금액은 아직 받지 못했다.
⑤ 기말현재 실제 사용된 소모품은 ₩300이다(또는, 소모품 미사용 잔액이 ₩700이다).

<분개>

① 현 금	60,000	/	자본금	60,000
② 소모품	1,000	/	현 금	1,000
③ 기계장치	15,000	/	현 금	5,000
			미지급금	10,000

④	현 금	10,000	/ 매 출	100,000
	매출채권	90,000		
⑤	소모품비	300	/ 소모품	300

제 5 장 상품매매업의 회계

■ 객관식 문제

1. ③ 2. ③ 3. ⑤ 4. ⑤ 5. ② 6. ① 7. ④ 8. ④

9. ① ₩92,800(순매출) − 33,000(매출총이익): ₩59,800

10. ② ₩30,000(기초상품) + 498,000(당기순매입) − 25,000(기말상품) = ₩503,000

11. ② ₩607,000(순매출액) − 503,000(매출원가): ₩104,000

12. ③ ₩77,400(순매출액) + 1,080(매출에누리) + 2,160(매출환입) = ₩80,640

13. ② 순매입: ₩54,000 − 1,800 = ₩52,200

기초상품재고액: ₩51,600(매출원가) + 10,800(기말상품) − 52,200(순매입) = ₩10,200

■ 주관식 문제

1.

일자	차변	금액		대변	금액
8/2:	매 입	16,400	/	매입채무	16,400
8:	매입채무	2,070	/	매 입	2,070
10:	매입채무	14,330	/	현 금	14,330
13:	매출채권	14,000	/	매 출	14,000
15:	소모품	5,100	/	현 금	5,100
18:	매 입	21,000	/	매입채무	21,000
20:	매 출	2,300	/	매출채권	2,300
25:	매입채무	5,000	/	매 입	5,000
29:	현 금	10,500	/	매 출	10,500
30:	현 금	11,700	/	매출채권	11,700

순매입액 = ₩30,330

순매출액 = ₩22,200

2.

	차변	금액		대변	금액
1)	매 입	663,000	/	매입채무	663,000
	매입채무	850	/	매입환출	850
	매출채권	725,000	/	매 출	725,000
	매출환입	580	/	매출채권	580

2) 조정항목 대체분개

매입환출	850	/	매 입	850
매 출	580	/	매출환입	580

(수정분개)

매출원가	54,000	/	상 품	54,000
매출원가	662,150	/	매 입	662,150
상 품	61,000	/	매출원가	61,000

3.

4/1:	당좌예금	2,000,000	/	단기차입금	2,000,000
5:	매 입	200,000	/	매입채무	200,000
10:	매입채무	20,000	/	매입환출	20,000
15:	현 금	40,000	/	매 출	40,000
	매출채권	100,000			100,000
20:	임차료	240,000	/	현 금	240,000
25:	매입채무	100,000	/	당좌예금	100,000
30:	현 금	98,000	/	매출채권	98,000
	매출할인	2,000			2,000
30:	이자비용	40,000	/	미지급이자	40,000

4. 가. 순매입액: ₩575,000(총매입원가) − 26,000(매입환출 및 에누리) − 22,000(매입할인) + 10,000(매입 운임) = ₩537,000

나. 매출총이익: ₩786,700(순매출액) − 360,600(매출원가) = ₩426,100

다. 기초상품재고액: ₩421,200(매출원가) + 155,600(기말상품) − 406,800(순매입액) = ₩170,000

라. 매출원가: ₩478,100(순매출액) − 56,900(매출총이익) = ₩421,200

마. 총매입원가: ₩1,244,400(순매입액) − 131,00(매입운임) + 56,500(매입할인) + 115,000(매입환출 및 에누리) = ₩1,284,900

바. 순매출액: ₩336,150(매출총이익) + 1,258,900(매출원가) = ₩1,595,050

5.

매 입	50,000	/	상 품	50,000
상 품	100,000	/	매 입	100,000
집합손익	950,000	/	매 입	950,000
매 출	1,400,000	/	집합손익	1,400,000
집합손익	450,000	/	매출총이익	450,000

6. 매입환출및에누리 56,000 / 매 입 56,000
매 출 74,000 / 매출환입및에누리 74,000
매출원가 156,000 / 상 품 156,000
매출원가 828,000 / 매 입 828,000
상 품 213,000 / 매출원가 213,000
집합손익 771,000 / 매출원가 771,000
매 출 1,466,000 / 집합손익 1,466,000
집합손익 695,000 / 매출총이익 695,000

7. 1) 매입환출및에누리 10,000 / 매 입 10,000
매 출 20,000 / 매출환입및에누리 20,000
매출원가 100,000 / 상 품 100,000
매출원가 490,000 / 매 입 490,000
상 품 80,000 / 매출원가 80,000
2) 매 출 780,000 / 집합손익 780,000
집합손익 510,000 / 매출원가 510,000
3) 매출총이익 = 270,000

8. 순매입액: 1,000 / 기초재고: 300 / 매출원가: 800
따라서, 기말재고 = 500

9. ① 판매가능상품: ₩300,000(기초상품) + 1,000,000(매입) = ₩1,300,000
② 매출원가: ₩1,300,000(판매가능상품) − 400,000(기말상품) = ₩900,000
③ 매출총이익: ₩1,400,000(매출액) − 900,000(매출원가) = ₩500,000
④ 기초상품재고액: ₩1,240,000(판매가능상품) − 1,000,000(당기매입액) = ₩240,000
⑤ 판매기능상품: ₩400,000(기말상품) + 840,000(매출원가) = ₩1,240,000
⑥ 매출총이익: ₩1,600,000(매출액) − 840,000(매출원가) = ₩760,000
⑦ 당기상품매입액: ₩900,000(매출원가) + 250,000(기말상품) − 300,000(기초상품)
= ₩850,000
⑧ 판매가능상품: ₩300,000(기초상품) + 850,000(당기매입액) = ₩1,150,000
⑨ 매출원가: ₩1,200,000(매출액) − 300,000(매출총이익) = ₩900,000
⑩ 1,100,000
⑪ 550,000
⑫ 150,000

10. 매출원가 = 순매출 − 매출총이익 ⇒ 매출원가 = 900 ⇒ 기말상품재고원가 = 400

11. 순매출 = 62,000 / 매출원가 = 22,000 / 매출총이익 = 40,000
기타비용 = 29,000 ⇒ 당기순이익 = 11,000

12. 2)

	차변	금액		대변	금액
①	매 입	60,000	/	상 품	60,000
	상 품	70,000	/	매 입	70,000
②	매출원가	60,000	/	상 품	60,000
	매출원가	235,000	/	매 입	235,000
	상 품	70,000	/	매출원가	70,000

3) 매출총이익 = 485,000 − 225,000 = 260,000

13. 1)

	차변	금액		대변	금액
②	매 입	1,000,000	/	현 금	500,000
				매입채무	500,000
③	매입채무	30,000	/	매 입	30,000
④	현 금	1,200,000	/	매 출	1,200,000
⑤	매 출	50,000	/	현 금	50,000

2) <수정분개>

차변	금액		대변	금액
매 입	150,000	/	상 품	150,000
상 품	180,000	/	매 입	180,000

<마감분개>

차변	금액		대변	금액
매 출	1,150,000	/	집합손익	1,150,000
집합손익	940,000	/	매 입	940,000

3) 매출총이익 = 210,000

14. 1) 결산수정분개

차변	금액		대변	금액
임대료수익	80,000	/	선수임대료	80,000
이자비용	20,000	/	미지급이자	20,000
보험료비용	30,000	/	선급보험료	30,000
감가상각비	20,000	/	감가상각누계액	20,000
매출원가	100,000	/	상 품	100,000
매출원가	400,000	/	매 입	400,000
상 품	120,000	/	매출원가	120,000

2) 포괄손익계산서

Ⅰ. 매 출		600,000
Ⅱ. 매출원가		(380,000)
Ⅲ. 매출총이익		220,000
Ⅳ. 판매비와관리비		
1. 광고비	50,000	
2. 급여 및 임금	50,000	
3. 보험료	30,000	
4. 감가상각비	20,000	(150,000)
Ⅴ. 영업이익		70,000
Ⅵ. 영업외수익		
임대료수익		160,000
Ⅶ. 영업외비용		
이자비용		(20,000)
Ⅷ. 당기순이익	210,000	

재무상태표

자 산		부채와 자본	
유동자산		부 채	
현 금	300,000	유동부채	
매출채권	200,000	매입채무	100,000
선급보험료	90,000	선수임대료	80,000
상 품	120,000	미지급이자	20,000
소모품	100,000	단기차입금	300,000
비유동자산		부채합계	500,000
건 물	2,000,000	자 본	
감가상각누계액	(100,000)	자본금	2,000,000
		이익잉여금	210,000
		자본합계	2,210,000
총자산	2,710,000	부채 및 자본합계	2,710,000

15. 1) 매출채권 5,000,000 / 매 출 5,000,000

2) 매출에누리 500,000 / 매출채권 500,000

3) 현 금 4,410,000 / 매출채권 4,500,000
   매출할인 90,000

제 6 장 유동자산과 유동부채

■ 객관식 문제

1. ① 2. ③
3. ①, ③
   ① 매입과정에서 발생되는 부대비용은 모두 비용으로 처리한다.
   ③ 당기손익-공정가치측정금융자산은 시가가 장부가액보다 높고 낮음에 관계없이 결산일의 공정가액(fair value)을 기준으로 평가하도록 규정하고 있다.
4. ⑤ 회사가 영업에 사용할 목적으로 보유하던 토지, 건물, 비품 등의 유형자산을 외상으로 처분한 경우에 발생한 채권을 미수금이라 한다.
5. ⑤
6. ③ 선수금은 유동부채에 속한다.
7. ④ 가지급금은 거래가 발생하였으나 그 거래의 내용과 금액, 거래처 등이 확실치 않을 경우에 임시로 처리하는 일종의 가계정이다.
8. ① ₩240,000 − (240,000 × 3/12) = ₩180,000
9. ① ₩4,800,000 × 8/12 = ₩3,200,000
10. ④ 예수금: 일반적 상거래 이외에 일시적으로 현금을 미리 받은 것.
11. ④
    b. 일반적으로 인정된 회계원칙에 따르면 부채 금액은 미래 상환할 형식적인 명목금액과 미래 상환금액의 현재가치와 차이가 중요한 경우 현재가치로 기록하여야 한다.
    c. 거래 은행이 여러 은행인 경우 특정은행은 당좌예금잔액이 양이고 특정은행의 잔액은 음이면 모두 합해서 보고하는 것이 아니라 잔액이 양이면 현금 및 현금성자산으로 당좌차월은 부채로 보고한다.
12. ⑤
13. ①

■ 주관식 문제

1.

	차변	금액		대변	금액
①	현 금	100,000	/	매 출	500,000
	매출채권	400,000			
②	매 입	200,000	/	매입채무	200,000
③	비 품	500,000	/	미지급금	500,000
④	미수금	1,000,000	/	토 지	1,000,000
⑤	현 금	100,000	/	매출채권	100,000
⑥	매입채무	50,000	/	현 금	50,000
⑦	선급금	100,000	/	현 금	100,000
⑧	현 금	240,000	/	선수임대료	240,000
⑨	선수임대료	140,000	/	임대료수익	140,000
⑩	이자비용	50,000	/	미지급이자	50,000
⑪	전기료	1,000,000	/	미지급전기료	1,000,000
⑫	현 금	100,000	/	선수수익	100,000

2.

	차변	금액		대변	금액
①	매출채권	100,000	/	매 출	100,000
②	단기매매증권	5,000	/	현 금	5,000
③	기계장치	250,000	/	미지급금	250,000
④	임원전도금	200,000	/	현 금	200,000
⑤	가지급금	100,000	/	현 금	100,000
⑥	선급보험료	12,000	/	현 금	12,000
⑦	가. 단기매매증권	1,000	/	단기매매증권평가이익	1,000
	나. 대손상각비	5,000	/	매출채권	5,000
	다. 숙박비	60,000			
	교통비	20,000	/	가지급금	100,000
	현 금	20,000			
	라. 보험료	7,000	/	선급보험료	7,000

3.

	차변	금액		대변	금액
①	단기매매증권(A):	600			
	단기매매증권(B):	1,200	/	현 금	2,800
	단기매매증권(C):	1,000			
②	단기매매증권(A):	200	/	단기매매증권평가이익	200
	단기매매증권평가손실	100	/	단기매매증권(C)	100

	③	현 금	1,000	/	단기매매증권(B)	1,200
		단기매매증권처분손실	200			
	④	800 + 900 = 1,700				
4.	①	매출채권	30,000	/	매 출	30,000
	②	대손상각비	500	/	매출채권	500
	③	현금회수액: 30,000 − 500 + 1,000 − 2,000 = 28,500				
		현 금	28,500	/	매출채권	28,500
5.	①	선급보험료	200	/	보험료	200
	②	이자수익	800	/	선수이자	800
	③	급 여	5,000	/	미지급급여	5,000
	④	단기매매증권	5,000	/	단기매매증권평가이익	5,000
6.	분 개					
	①	매 입	500,000	/	매입채무	500,000
	②	매출채권	810,000	/	매 출	810,000
	③	현 금	100,000	/	단기차입금(지급어음)	100,000
	④	임차료	12,000	/	선급임차료	4,000
					현 금	8,000
	⑤	급 여	50,000	/	현 금	50,000
	⑥	광고비	100,000	/	현 금	50,000
					미지급광고비	50,000
	⑦	현 금	500,000	/	매출채권	500,000
	⑧	매입채무	400,000	/	현 금	400,000
	⑨	미수이자	50,000	/	이자수익	50,000
	⑩	매출원가	130,000	/	상 품	130,000
		매출원가	500,000	/	매 입	500,000
		상 품	150,000	/	매출원가	150,000
	⑪	감가상각비	6,000	/	감가상각누계액	6,000
7.	1)	매입할인	2,000	/	매 입	2,000
		매출원가	10,000	/	상 품	10,000
		매출원가	18,000	/	매 입	18,000
		상 품	8,000	/	매출원가	8,000

	차변	금액		대변	금액
	2) 소모품	500	/	소모품비	500
	3) 선수임대료	1,000	/	임대료수익	1,000
	4) 급 여	1,000	/	미지급급여	1,000
	5) 감가상각비	4,000	/	감가상각누계액	4,000
	6) 이자비용	1,200	/	미지급이자	1,200
	7) 단기매매증권	10,000	/	단기매매증권평가이익	10,000
	8) 대손상각비	500	/	매출채권	500
8.	① 분개없음				
	② 매 입	2,000,000	/	매입채무 (또는 외상매입금)	2,000,000
	③ 매 입	3,000,000	/	매입채무 (또는 지급어음)	3,000,000
	④ 매 입	5,000,000	/	외상매입금	5,000,000
	⑤ 매입채무	2,000,000	/	당좌예금	2,000,000
9.	① 현 금	4,800,000	/	은행차입금 (또는 단기차입금)	5,000,000
	이자비용	200,000			
	② 매 입	3,000,000	/	당좌예금	3,000,000
	(또는)				
	매 입	3,000,000	/	당좌예금	2,500,000
				당좌차월	500,000
	③ 당좌예금	4,000,000	/	매출채권	4,000,000
	(또는)				
	당좌예금	3,500,000	/	매출채권	4,000,000
	당좌차월	500,000			
10.	① 차량운반구	25,000,000	/	당좌예금	5,000,000
				미지급금	20,000,000
	② 매 입	7,000,000	/	지급어음	3,000,000
				외상매입금	4,000,000
	③ 현 금	700,000	/	선수금	700,000
	④ 현 금	2,500,000	/	가수금	2,500,000

⑤ 가수금	2,500,000	/	매출채권	2,000,000
			선수금	500,000
⑥ 임차료비용	1,500,000	/	미지급임차료	1,500,000

제 7 장 재고자산

■ 객관식 문제

1. ⑤ 2. ⑤ 3. ② 4. ① 5. ① 6. ③ 7. ②

8. ② 매출원가 = ₩500,000 − 150,000 = 350,000
기말상품재고액 = ₩150,000(기초상품) + 300,000(당기 매입) − 350,000(매출원가) = 100,000

9. ⑤ 기말상품재고액 = (150개 × ₩700) + (100개 × ₩650) = ₩170,000

10. ② 기말상품재고액 = (100개 × ₩500) + (150개 × ₩600) = ₩140,000

11. ③ 총평균법 1개당 단가 = [(100개 × ₩500) + (200개 × ₩600) + (350개 × ₩650) + (150개 × ₩700)]/800개 = @₩628.125
기말상품재고액 = @₩628.125 × 250개 = ₩157,031

12. ③ 기말상품재고액 = (100개 × ₩650) + (100개 × ₩600) = ₩125,000

13. ① 기말상품재고액 = (50개 × ₩500) + (50개 × ₩650) + (100개 × ₩600) = ₩117,500

14. ③ 기말상품재고액 = (100개 × ₩629) + (100개 × ₩600) = ₩122,900

■ 주관식 문제

1. (1) 실지재고조사법
선입선출법: 기말상품재고액 = 30,750
매출원가 = 77,250
후입선출법: 기말상품재고액 = 28,000
매출원가 = 80,000

(2) 계속기록법
선입선출법: 기말상품재고액 = 30,750
매출원가 = 77,250
후입선출법: 기말상품재고액 = 28,250
매출원가 = 79,750

2. (1) 실지재고조사법

선입선출법: 기말상품재고액 = 210,000

매출원가 = 2,850,000

후입선출법: 기말상품재고액 = 150,000

매출원가 = 2,910,000

총평균법: 기말상품재고액 = 180,000

매출원가 = 2,880,000

(2) 계속기록법

선입선출법: 기말상품재고액 = 210,000

매출원가 = 2,850,000

후입선출법: 기말상품재고액 = 210,000

매출원가 = 2,850,000

이동평균법: 기말상품재고액 = 210,000

매출원가 = 2,850,000

3. 1) 선입선출법: 기말상품재고액 = 16,000

매출원가 = 51,000

평균법: 기말상품재고액 = 13,400

매출원가 = 53,600

2)와 3): 본문 참조

4. 화재손실액 = 기말상품재고액 = ?

매출원가 = 330,000,000 × 0.7 = 231,000,000

기말상품재고액 = 84,000,000

5. ₩2,800,000

매출원가 = ₩26,000,000 × 80% = ₩20,800,000

화재손실액 = ₩4,000,000 + 19,600,000 − 20,800,000 = ₩2,800,000

6. 1) 순매출액 = 98,500,000; 매출원가 = 58,000,000

2) 당기순이익 = 18,000,000

7. 1) 선입선출법: 기말상품재고액 = 26,000

평균법: 기말상품재고액 = 17,273

2) 수정분개:

① 매출원가 8,000 / 상품 8,000

매출원가 30,000 / 매입 30,000

상품 26,000 / 매출원가 26,000

② 소모품비 200 / 소모품 200

③ 선수임대료 1,200 / 임대료수익 1,200

④ 감가상각비 4,000 / 감가상각누계액 4,000

⑤ 이자비용 1,200 / 미지급이자 1,200

3) 마감분개

매출 58,000 / 집합손익 58,000

집합손익 33,400 / 각종비용 33,400

집합손익 12,000 / 매출원가 12,000

각종수익 14,200 / 집합손익 14,200

4) 이익잉여금 26,800 = 58,000 − (33,400 + 12,000) + 13,000 + 1,200

8. LIFO를 사용할 경우 매출원가가 ₩20,000 감소
따라서 매출총이익은 ₩20,000 증가
∴ LIFO 하의 매출총이익: 220,000 + 20,000 = 240,000

제 8 장 비유동자산

■ 객관식 문제

1. ④ ₩450,000 + 50,000 + 100,000 + 100,000 = ₩700,000
2. ③ 당초 예상되었던 성능수준을 유지하기 위한 것이므로 수익적 지출에 해당되며, 발생한 기간의 비용으로 인식한다.
3. ③ 감가상각은 해당자산을 추정내용연수 기간에 조직적이고 합리적인 방법으로 배분하는 것을 목적으로 하는 회계제도이며, 배분의 과정으로 정의하고 있다(AICPA).
4. ① 감가상각누계액: (₩3,000,000 − 300,000) × 2/5 = ₩1,080,000
5. ① 영업권은 상각하지 않고 매년 영업권의 가치를 평가하여 손상(impairment) 여부를 분석하여 가치의 손상이 있는 경우 손상차손을 인식한다.
6. ⑤
7. ①

■ 주관식 문제

1. ① 토 지 5,500,000 / 당좌예금 5,500,000

② 토 지 1,000,000 / 현 금 1,000,000

③ 건설중인자산 3,000,000 / 현 금 3,000,000

④ 건설중인자산 20,000,000 / 당좌예금 20,000,000

⑤ 건설중인자산 65,000,000 / 현 금 65,000,000

건 물 88,000,000 / 건설중인자산 88,000,000

2. ① 연수합계법 감가상각비: (₩36,000 − 4,000) × 4/10 = ₩12,800

② 정액법 감가상각누계액 = ₩32,000/4 = ₩8,000

③ 정률법 감가상각비 = ₩36,000 × 0.42 = ₩15,120

3. 감가상가누계액: (₩60,000 − 12,000) × 3/8 = ₩18,000

기계처분이익: (₩45,000 + 18,000) − ₩60,000 = ₩3,000

<분개>

(차)		(대)	
현 금	45,000	기계장치	60,000
감가상각누계액	18,000	기계장치처분이익	3,000

4. (₩1,500,000 + 500,000 − 600,000) × 30% = ₩420,000

5. ₩200,000 + 4,000 + 33,000 + 1,000 − 2,500) = ₩235,500

6. ① 감가상각비 5,000 / 건물감가상각누계액 5,000

② 현 금 33,000

유형자산처분손실 2,000 / 건 물 50,000

감가상각누계액 15,000

③ 정률법 2020년도 감가상각비 = 6,493.5

제 9 장 비유동부채

■ 객관식 문제

1. ③ ₩150,000 × 0.62092 + ₩12,000 × 3.79079 = ₩138,627

2. ④

3. ④

■ 주관식 문제

1. ①

차변	금액		대변	금액
현 금	1,920,000	/	사 채	2,000,000
사채할인발행차금	80,000			

②

차변	금액		대변	금액
현 금	920,000	/	사 채	1,000,000
사채할인발행차금	80,000			

③

차변	금액		대변	금액
현 금	1,100,000	/	사 채	1,000,000
			사채할증발행차금	100,000

2. ① 시장이자율 = 5%

사채발행가액 = ₩1,081,700

100,000 × $pv(n=3,\ i=5)$ + $PV(n=3,\ i=5)$ = ₩1,081,700

발행시 분개:

차변	금액		대변	금액
현 금	1,081,700	/	사 채	1,000,000
			사채할증발행차금	81,700

② 시장이자율 = 8% ⇒ 사채발행가액 = ₩1,000,000

발행시 분개:

차변	금액		대변	금액
현 금	1,000,000	/	사 채	1,000,000

③ 시장이자율 = 10% ⇒ 사채발행가액 = ₩950,258

1,000,000 × $PV(n=3,\ i=10)$ + 80,000 × $PV(n=3,\ i=10)$ = ₩950,258

발행시 분개:

차변	금액		대변	금액
현 금	950,258	/	사 채	1,000,000
사채할인발행차금	49,742			

3. ①

차변	금액		대변	금액
현 금	5,000,000	/	사 채	5,000,000

②

차변	금액		대변	금액
현 금	5,257,700	/	사 채	5,000,000
			사채할증발행차금	257,700

③

차변	금액		대변	금액
현 금	4,759,815	/	사 채	5,000,000
사채할인발행차금	240,185			

④

차변	금액		대변	금액
사 채	5,000,000	/	현 금	5,100,000
사채상환손실	100,000			

4. ① 2020년 매출액에 대한 판매보증비용 추정(매출액의 6%)

차변	금액	대변	금액
판매보증비용	36,000	판매보증충당부채	36,000

2020년 실제보증 발생액

차변	금액	대변	금액
판매보증충당부채	12,000	현 금	12,000

2021년 매출액에 대한 판매보증비용 추정(매출액의 6%)

판매보증비용	45,000	판매보증충당부채	45,000

2021년 실제보증 발생액

판매보증충당부채	40,000	현 금	40,000

② 판매보증충당부채 잔액 = 36,000 − 12,000 + 45,000 − 40,000 = ₩29,000

5. ① 손해배상의무가 거의 확실하고 그 금액을 합리적으로 추정할 수 있으므로 우발손실과 우발부채를 재무제표 본문에 기록하는 것이 바람직함.
② 패소할 가능성이 그리 높지 않으므로 재무제표의 주석사항으로 이에 대해 공시하는 것이 바람직함.
③ 손실을 입을 가능성이 거의 확실시되고 그 금액(₩1,500,000)을 합리적으로 추정할 수 있으므로 우발손실과 우발부채를 재무제표 본문에 기록하는 것이 바람직함.
∴ ₩5,000,000 + ₩1,500,000 = ₩6,500,000
비용으로 계상될 금액: ₩6,500,000

제10장 주식회사의 자본회계

■ 객관식 문제

1. ⑤ 미지급배당금은 유동부채다.
2. ② ₩5,000,000 − 2,000,000 − 300,000 + 1,500,000 = ₩4,200,000
3. ④ 투자자의 입장에서 주식배당과 자본잉여금의 자본전입은 총자본의 변화를 수반하지 않으므로 별도의 회계처리를 하지 않는다.
4. ③ ₩460,000 − ₩140,000 = ₩320,000
5. ① ₩3,000,000 + 2,000,000 − 700,000 − 200,000 = ₩4,100,000
6. ⑤ 주식발행비 ₩500,000은 주식발행초과금을 차감해준다.
7. ②
8. ③ 포괄이익: ₩150,000 − (120,000 + 12,000) + ₩52,000 = ₩70,000
9. ④
10. ③
11. ① 미교부주식 배당금은 자본에 가산할 자본조정항목이다.

12. ②

13. ⑤

■ 주관식 문제

1.

	차변	금액		대변	금액
①	현 금	22,000,000	/	자본금	20,000,000
				주식발행초과금	2,000,000
②	현 금	1,760,000	/	자본금	2,000,000
	주식할인발행차금	240,000			
③	주식발행초과금	2,400,000	/	자본금	2,400,000
④	미처분이익잉여금	4,000,000	/	미처리결손금	1,000,000
				이익준비금	200,000
				미지급배당금	1,400,000
				미교부주식배당금	1,400,000
⑤	이익준비금	2,400,000	/	결손금	2,400,000

2.

	차변	금액		대변	금액
①	자본금	5,000,000	/	현 금	5,000,000
②	자본금	2,500,000	/	미처리결손금	2,000,000
				감자차익	500,000

3. ① ₩8,700

   ₩2,200 + 3,000 + 3,800 − 500 + 200 = ₩8,700

   ② ₩8,900

   ₩2,000 + 3,000 + 4,000 − 250 + 200 − 50 = ₩8,900(− 50은 자기주식처분손실)

   ③ ₩3,910

   ₩4,000 − (90주 × ₩1) = ₩3,910

4. ① 발행주식수 = 100,000 ÷ 5 = 20,000주

   ② 총자본 = 100,000 + 509,600 + 50,000 + 2,000 − 32,000 = 629,600

5.

	차변	금액		대변	금액
①	현 금	80,000,000	/	자본금	50,000,000
				주식발행초과금	30,000,000
	주식발행초과금	5,000,000	/	자본금	5,000,000
②	미처분이익잉여금	29,000,000	/	미처리결손금	2,000,000
				이익준비금	3,000,000
				미지급배당금	20,000,000
				미교부주식배당금	4,000,000

6\.

	차변	금액		대변	금액
(1)	집합손익	50,000	/	미처분이익잉여금	50,000
(2)	미처분이익잉여금	1,500	/	미지급배당금	1,000
				미교부주식배당금	500
(3)	미처분이익잉여금	2,500	/	이익준비금	1,000
				재무구조개선적립금	500
				사업확장적립금	500
				감채적립금	500

7\. 분 개

	차변	금액		대변	금액
(1)	현 금	₩900,000	/	자본금	₩1,000,000
	주식할인발행차금	₩100,000			
(2)	현 금	100,000	/	자기주식	50,000
				자기주식처분이익	50,000
(3)	미처분이익잉여금	600,000	/	이익준비금	50,000
				사업확장적립금	20,000
				감채적립금	30,000
				미지급배당금	300,000
				미교부주식배당금	200,000
(4)	집합손익	200,000	/	미처분이익잉여금	200,000
(5)	매도가능증권	50,000	/	매도가능증권평가이익	50,000

자본변동표

2020년 1월 1일부터 2020년 12월 31일까지

회사명: 민국회사 (단위: 원)

구 분	자본금	자본 잉여금	자본조정	누적기타 포괄손익	이익 잉여금	총 계
2020년 1월 1일	2,000,000	800,000	(100,000)	50,000	2,000,000	4,750,000
(3) 연차배당			200,000		(500,000)	(300,000)
처분후 이익잉여금					1,500,000	4,450,000
(1) 유상증자	1,000,000		(100,000)			900,000
(4) 당기순이익					200,000	200,000
(2) 자기주식 처분		50,000	50,000			100,000
(5) 기타포괄손익-공정가치측정금융자산평가이익				50,000		50,000
2020년 12월 31일	3,000,000	850,000	50,000	100,000	1,700,000	5,700,000

8. ① 13,500,000(3,000,000 + 1,500,000 + 9,000,000)

② a. 미처분이익잉여금 300,000 / 미교부주식배당금 300,000

b. 자기주식 500,000 / 현 금 500,000

c. 현 금 600,000 / { 자기주식 500,000, 자기주식처분이익 100,000 }

d. 분개 없음

제11장 전환증권과 주당이익

▣ 객관식 문제

1. ③ 2. ③ 3. ⑤ 4. ④ 5. ⑤ 6. ① 7. ⑤ 8. ④ 9. ④

■ 주관식 문제

1. 1) 발행주식수

납입된 금액 2,100,000	=	1주당 발행가액 7,000	×	발행주식수
∴ 발행주식수	=	2,100,000	÷	7,000
	=	300주		

2) 액면가액

자본금 1,500,000	=	1주당 액면가액	×	발행주식수
∴ 1주당 액면가액	=	1,500,000	÷	300주
	=	₩5,000		

2. 유통보통주식수는 발행주식에서 자기주식을 차감하여 회계기간 동안에 가중평균한 주식수이다.

기간	유통주식수	가중치	가중평균
1/1~1/31	0주	1/12	0
2/1~6/30	30,000주×2* = 60,000주	5/12	25,000
7/1~12/31	27,000주×2* = 54,000주	6/12	27,000
		12/12	52,000주

* 주식분할의 소급조정

3. 1) 기본주당순이익의 계산

기본주당순이익 = 보통주 당기순이익 ÷ 유통보통주식수

$$= \frac{\text{당기순이익} - \text{우선주 배당금}}{\text{유통보통주식수}}$$

$$= \frac{18{,}000{,}000 - (2{,}000{,}000 \times 12\%)}{40{,}000\text{주}}$$

$$= ₩17{,}760{,}000 \div 40{,}000\text{주}$$

$$= ₩444$$

2) 희석주당순이익의 계산

희석주당순이익 = 희석 당기순이익 ÷ 희석유통보통주식수

$$= \frac{\text{보통주 당기순이익} + \text{세후전환사채이자비용} + \text{전환우선주 배당금}}{\text{유통보통주식수} + \text{희석증권주식수*}}$$

$$= \frac{17{,}760{,}000 + 500{,}000(1 - 0.4) + 240{,}000}{40{,}000\text{주} + 10{,}000\text{주} + 4{,}000\text{주}}$$

$$= ₩18{,}300{,}000 \div 54{,}000\text{주}$$

$$= ₩339$$

* 전환사채와 관련되어 전환가정법에 의한 희석증권주식수:

(5,000,000 ÷ 10,000) × 20주 = 10,000주

신주인수권부사채와 관련되어 자기주식법에 의한 희석증권주식수:

(2,000,000 ÷ 10,000) × 20주 = 4,000주

4. 1) 유통보통주식수의 계산

기간	유통보통주식수	가중치	가중평균
1/1~6/30	100,000주 × 1.1* = 110,000	6/12	55,000
7/1~10/31	120,000주 × 1.1* = 132,000	4/12	44,000
11/1~12/31	132,000주 − 1,000주 = 131,000	2/12	21,833
		12/12	120,833주

* 무상증자의 소급조정

2) 우선주배당금의 계산

- 구주: 20,000주 × ₩5,000 × 10% = ₩10,000,000
- 신주: 4,000주 × ₩5,000 × 6/12 = ₩1,000,000
- 우선주배당금: ₩10,000,000 + ₩1,000,000 = ₩11,000,000

3) 보통주 당기순이익의 계산

보통주 당기순이익 = 당기순이익 − 우선주배당금

= ₩600,000,000 − ₩11,000,000

= ₩589,000,000

5. 1) 유통보통주식수의 계산

기간	유통보통주식수	가중치	가중평균
1/1~4/30	10,000주 × (1 + 0.2*) = 12,000	4/12	4,000
5/1~12/31	12,000주 × (1 + 0.2*) = 14,400	8/12	9,600
		12/12	13,600주

* 주식배당의 소급조정

2) 보통주당순이익의 계산

기본주당순이익 = 보통주 당기순이익 ÷ 유통보통주식수

$$= \frac{\text{당기순이익} - \text{우선주 배당금}}{\text{유통보통주식수}}$$

$$= \frac{2,504,000 - 600,000}{13,600\text{주}}$$

= ₩1,904,000 ÷ 13,600주

= ₩140

6.

기간	유통보통주식수	가중치	가중평균
1/1~3/31	22,000주 × 1.1 × 2* = 48,400	3/12	12,100
4/1~5/31	27,000주 × 1.1 × 2* = 59,400	2/12	9,900
6/1~10/31	30,000 × 1.1 × 2* = 66,000	5/12	27,500
11/1~12/31	66,000 − 1,000 = 65,000	2/12	10,833
		12/12	60,833주

* 주식배당과 주식분할의 소급조정

제12장 증권시장과 재무제표분석

■ 객관식 문제

1. ③
2. ② ₩10,000/1,000 = ₩10.0
3. ① ₩500/₩10,000 = 5%
4. ④
5. ② ₩60,000/₩90,000 = 0.67
6. ① ₩500,000/₩10,000 = 5회
7. ① ₩1,000,000/₩120,000 = 8.33회
8. ③ ₩150,000/₩90,000 = 1.67회
9. ③ 1.5 × ₩2,000,000(유동부채) = ₩3,000,000

■ 주관식 문제

1. 1) 20,000/109,500 = 18.26%
   2) 139,000/45,000 = 3.09회
   3) 72,000/69,000 = 104.35%
   4) 10,000/33.33 = 300
2. 1) 140,000/70,000 = 200%
   2) 180,000/150,000 = 120%
   3) 20,000,000/310,000,000 = 6.45%
   4) 170,000/150,000 = 113.33%

부록 화폐의 시간가치

■ 객관식 문제

1. ② ₩1,000,000 × $(1+1.5\%)^{20}$ = ₩1,346,860
2. ② ₩10,000,000 × $[1/(1+5\%)^{3}]$ = ₩8,638,400
3. ④ ₩200,000 × $(1+10\%)^{1}$ = ₩220,000
4. ⑤
5. ③ ₩100,000,000/15.93742(10년, 10% 연금의 미래가치) = ₩6,274,541
6. ② ₩100,000 × 3.99271(5년, 8% 연금의 현재가치) = ₩399,271
7. ③ 제안2: ₩1,800,000 × 0.56743 = ₩1,021,374
   제안3: ₩190,000 × 5.65022 = ₩1,073,541

■ 주관식 문제

1. ① ₩200,000,000 = x × (n = 20, i = 3% 연금현가계수)
   = x × 14.87747
   ∴ x = ₩13,443,145
2. ① (차) 미수이자 72,000 (대) 이자수익 72,000
   이자수익: ₩9,600,000 × 9% × 1/12 = ₩72,000
   ② ₩9,600,000 + (₩9,600,000 × 9% × 3/12) = ₩9,816,000
3. ① ₩4,000,000 + $(1 \times 12\%)^{3}$ = ₩5,619,720
   ② ₩4,000,000 + $(1 \times 6\%)^{6}$ = ₩5,674,080
   ③ ₩4,000,000 + $(1 \times 3\%)^{12}$ = ₩5,703,040
   ④ ₩4,000,000 + $(1 \times 1\%)^{36}$ = ₩5,723,080
4. ① ₩500,000 × $[(1+i)^{1} + (1+i)^{2} + \cdots + (1+i)^{10}]$ = ₩5,730,000
   $i = 3\%$
   ② 11.46 ≒ 11.43589(10%): 8회
5. ① ₩58,655,710/13.57771 = ₩4,320,000
   ② ₩47,298,580/12.78336 = ₩3,700,011
6. C대안
   ① A대안: (100,000주 × @15,000) + (500,000,000 × 0.62092) = ₩1,810,460,000
   ② B대안: (₩300,000,000 + (₩250,000,000 × 6.14457) = ₩1,836,142,500
   ③ C대안: (₩1,500,000,000 × 0.75131) + (₩1,500,000,000 × 0.62092)
   = ₩2,058,345,000

7. ₩45,261,475

큰 딸: ₩8,000,000 × 연금현가(n : 4, i : 6) × 현재가치(n : 4, i : 6)

= ₩8,000,000 × 3.46511 × 0.79209

= ₩21,957,432

작은 딸: ₩9,000,000 × 연금현가(n : 4, i : 6) × 현재가치(n : 5, i : 6)

= ₩9,000,000 × 3.46511 × 0.74726

= ₩23,304,043

8. ₩9,238,500

₩10,000,000 × 0.92385(n = 4, i = 2 현가계수) = 9,238,500

9. ₩8,882,746

R × 연금현가(i = 8, n = 30) = 100,000,000

∴ R = 8,882,746

10. ₩16,983

R × 연금현가(i = 6, n = 10) = 125,000

∴ R = 16,983

11. 대안 2

대안 2: ₩4,000,000 × 2.48685(n = 3, i = 10 연금현가계수) = ₩9,947,400

12. ₩46,638,830

₩8,000,000 × 7.36009(n = 10, i = 6 연금현가계수) × 0.79209(n = 4, i = 6 현재가치)

= ₩46,638,830

13. ₩12,593

(₩1,000 + ₩1,000 × 1년 현가) + (₩2,000 × 연금 4년 현가 × 1년 현가)

+ (₩2,500 × 연금 4년 현가 × 5년 현가)

= (₩1,000 + ₩909) + (₩2,000 × 3.16987 × 0.90909)

+ (₩2,500 × 3.16987 × 0.62092)

= ₩1,909 + ₩5,763 + ₩4,921 = ₩12,593

14. ₩8,146,500

₩30,000,000 − ₩30,000,000 × (n = 16, i = 2 현가계수)

= ₩30,000,000 − ₩30,000,000 × 0.72845 = ₩8,146,500

15. ₩6,809,455

₩25,000,000 × 연금현가(n = 10, i = 4) = R × 연금미래가치(n = 20, i = 4)

∴ R = ₩25,000,000 × 8.11090 ÷ 29.77808 = ₩6,809,455

국문색인

영문색인

[저자 소개]

한진수(韓振洙)

서울대학교(문학사)
서울대학교(경영학 석사)
미국 Indiana University(MBA)
미국 Indiana University(경영학 박사)
미국 Indiana University, Associate Instructor
미국 University of Colorado 객원교수
공인회계사시험 출제위원
지방자치단체 회계기준제정 전문위원
정부투자기관 경영평가위원
한국회계학회 부회장
동국대 LA분교 총장
한국정부회계학회 회장
동국대학교 경영대학원장 겸 경영대학장
동국대학교 경영부총장
현 : 동국대학교 경영대학 회계학과 명예교수
e-mail : jshan@dongguk.edu

남혜정(南惠貞)

서울대학교(경영학 박사)
공인회계사, 세무사, 감정평가사 출제위원
금융위원회 회계제도심의위원회 위원
기획재정부 국가회계제도심의위원회 위원
한국회계기준원 리스회계기준 전문위원
현 : 동국대학교 경영대학 회계학과 교수
e-mail : namhj@dongguk.edu

IFRS 회계원리 –제4판

2017년 9월 15일 초 판 발행
2021년 7월 30일 제4판 발행

저 자 한진수 · 남혜정
발행인 김광범
발행처 도서출판 시대가치
주 소 서울특별시 마포구 토정로 222, 422–1호(한국출판콘텐츠센터)
전 화 02)3152–2620
팩 스 02)6442–2621
등 록 2017년 3월 23일 제2018–000088호
이메일 timepub2017@gmail.com

정가 34,000원 ISBN 979-11-89607-43-2 93320